2025 개정 세법 완벽 반영!

세무사 남정선의
전산세무 2급

이론 ➕ 실무 ➕ 최신기출

남정선 저자

KB188285

☑ 첫강부터 완강까지 무제한 무료강의
높은 퀄리티의 무료강의로 부담 없이!

☑ 전산세무는 어렵다?
세무알못도 세무잘알로 만드는 단기 합격 솔루션!

직업상점

INDEX
목차

PART 1
이론

이론 I
재무회계

01 재무회계

CHAPTER

1 회계의 기본개념

1 회계의 의의

회계란 ① 기업활동을 수행하는 과정에서 발생하는 수많은 거래들을 ② 체계적으로 기록·정리·요약하여 보고함으로써 ③ 회계정보를 이용하여 회계정보이용자에게 유용한 정보를 제공하는 것을 목적으로 하는 정보시스템이며, 정보이용자의 종류에 따라 다음과 같이 구분된다.

구 분	정보이용자의 종류
재 무 회 계	외부 정보이용자
관 리 회 계	내부 정보이용자
세 무 회 계	정부(국세청 등 과세당국)

2 재무제표의 종류

1 재무상태표

재무상태표 기본요소	자산·부채·자본
재무상태표 등식	자산 = 부채 + 자본

📝 재무상태표 작성기준

① **구분 표시의 원칙** : 자산·부채·자본 중 중요한 항목은 재무상태표 본문에 별도 항목으로 구분하여 표시한다. 다만, 중요하지 않은 항목은 성격 또는 기능이 유사한 항목에 통합하여 표시할 수 있으며, 통합할 적절한 항목이 없는 경우에는 기타 항목으로 통합할 수 있다. 이 경우 세부내용은 주석으로 기재해야 한다.

② **총액주의** : 재무상태표에서 자산·부채·자본은 총액 표시를 원칙으로 한다.

③ **유동성배열법** : 재무상태표의 계정과목은 유동성(현금으로의 전환가능성)이 높은 순서대로 배열한다. 이에 따라 재무상태표의 자산은 ⓐ 당좌자산 → ⓑ 재고자산 → ⓒ 투자자산 → ⓓ 유형자산 → ⓔ 무형자산 → ⓕ 기타비유동자산의 순서로 배열된다.

④ **잉여금 구분의 원칙** : 자본 항목 중 잉여금은 주주와의 거래인 자본잉여금과 영업활동의 결과인 이익잉여금으로 구분하여 표시한다.

⑤ 미결산항목(가지급금과 가수금 등) 및 비망계정은 재무제표에 표시되어서는 안된다.

⑥ **1년 기준** : 자산과 부채는 원칙적으로 결산일 현재 1년을 기준으로 유동항목과 비유동항목으로 구분하여 표시한다.

> **참고** **부채의 상계 표시의 예외**
>
> 자산과 부채는 원칙적으로 상계하여 표시하지 않는 것이 원칙이다. 그러나 기업이 채권과 채무를 상계할 수 있는 법적 구속력 있는 권리를 가지고 있고, 채권과 채무를 순액기준으로 결제하거나 채권과 채무를 동시에 결제할 의도가 있다면 상계하여 표시하여야 한다. 또는 매출채권에 대한 대손충당금 등은 해당 자산이나 부채에서 직접 가감하여 표시할 수 있다.

> **참고** **재무상태표 항목의 구분·통합 표시**
>
> 자산·부채·자본 중 중요한 항목은 재무상태표 본문에 별도 항목으로 구분하여 표시하여야 한다. 그러나 중요하지 않은 항목은 성격 또는 기능이 유사한 항목에 통합하여 표시할 수 있으며, 통합할 적절한 항목이 없는 경우에는 기타항목으로 통합할 수 있다. 다만, 다음의 항목은 재무상태표 본문에 별도 항목으로 구분하여 표시하여야 한다.
>
> • 현금및현금성자산은 별도 항목으로 구분하여 표시하여야 한다.
> • 자본금은 보통주자본금과 우선주자본금으로 구분하여 표시한다.
> • 자본잉여금은 주식발행초과금과 기타자본잉여금으로 구분하여 표시한다.
> • 자본조정 중 자기주식은 별도 항목으로 구분하여 표시한다.
> • 기타포괄손익누계액은 매도가능증권평가손익, 해외사업환산손익 및 현금흐름위험회피파생상품평가손익 등으로 구분하여 표시한다.
> • 이익잉여금은 법정적립금, 임의적립금 및 미처분이익잉여금(또는 미처리결손금)으로 구분하여 표시한다.

2 손익계산서

손익계산서란 회사의 **일정기간**(회계기간 : 12월말 법인의 경우 매년 1월 1일에서 12월 31일까지의 기간)동안의 회사의 **경영성과**에 대한 정보를 제공하는 재무제표이다. 경영성과를 나타내기 위해 회계기간 동안의 수익과 비용, 순이익에 대한 정보를 제공하는 것이다.

손익계산서 기본 요소	수익·비용·순이익
손익계산서 등식	비용 + 순이익 = 수익

📝 손익계산서 작성기준

① **발생주의** : 발생주의란 수익과 비용을 그 현금유출입이 있는 기간이 아니라 해당 거래나 사건이 발생한 기간에 정당하게 배분되도록 회계처리하는 것을 말한다.

② **실현주의** : 수익 인식의 원칙으로서 '수익은 실현된 시점에 인식해야 한다'는 원칙을 말한다.

③ **수익·비용 대응의 원칙** : 비용인식의 원칙으로서, '비용은 그와 관련된 수익이 인식된 회계연도에 당해 관련 수익에 대응시켜서 인식해야 한다'는 원칙을 말한다.

④ **총액주의** : 손익계산서 구성항목 중 수익과 비용은 각각 총액으로 보고하는 것이 원칙이다. 다만, 일반기업회계기준에서 수익과 비용을 상계하도록 요구하고 있는 경우에는 상계하여 표시하여야 하고, 상계표시를 허용하는 경우에는 상계하여 표시할 수 있다.

⑤ **구분 계산의 원칙** : 손익계산서상 이익은 매출총이익, 영업이익, 법인세차감전순이익, 당기순이익으로 구분되어 계산된다. (용어 주의 : 구분 표시의 원칙 아님!!)

🔖참고 포괄이익

포괄이익은 기업실체가 일정 기간 동안 소유주와의 자본거래를 제외한 모든 거래나 사건에서 인식한 자본의 변동을 말한다. 즉, 포괄이익에는 소유주의 투자 및 소유주에 대한 분배 등 자본거래를 제외한 모든 원천에서 인식된 자본의 변동이 포함된다.

손익의 인식 방법 : 현금주의와 발생주의 비교

- **발생주의** : 현금의 유출입에 관계없이 당기에 손익이 발생하면 당기의 수익과 비용으로 계상하는 기준을 말하는 것(회계기준에서는 발생주의를 적용함)

- **현금주의** : 현금의 유출입이 있을 때에 수익과 비용으로 계상하는 것

발생주의 : '발생'과 '이연' 항목을 포함

- **발생** : 당기의 비용 혹은 수익이지만 아직 현금수수가 이루어지지 않은 것. '미수수익, 미지급비용'이 발생항목이다.

- **이연** : 이미 현금의 수수가 이루어졌으나 당기의 수익 혹은 비용이 아닌 것. '선수수익, 선급비용'이 이연항목이다.

🔖참고 재무제표는 발생주의 적용하여 작성함

재무제표는 발생기준에 따라 작성된다. 발생주의 회계는 재무회계의 기본적 특징으로서 재무제표의 기본요소의 정의 및 인식, 측정과 관련이 있다. 다만, 현금흐름표는 발생주의에 따라 작성되지 않고, 현금주의에 의해 작성된다.

3 자본변동표

자본변동표는 자본의 크기와 그 변동에 관한 정보를 제공하는 재무보고서이다. 여기에는 자본금, 자본잉여금, 자본조정, 기타포괄손익누계액, 이익잉여금(또는 결손금)의 변동에 대한 포괄적인 정보가 제공된다.

4 현금흐름표

현금흐름표는 기업의 현금흐름을 나타내는 표로서 현금의 변동을 명확하게 보고하기 위하여 해당 회계기간에 속하는 현금의 유입·유출 내용을 적정하게 표시하여야 한다.

5 주석

주석은 재무상태표, 손익계산서, 현금흐름표 및 자본변동표의 본문에 금액으로 표시되는 항목에 대한 설명이나 금액의 세부내역 뿐만 아니라 소송사건 등과 같이 재무제표에 금액으로 표시되지 않는 항목에 대한 추가적인 정보를 포함하여 작성되는 재무보고서이다.

주석에는 다음의 사항이 포함되어야 한다.

① 재무제표 작성기준 및 유의적인 거래와 회계사건의 회계처리에 적용한 회계정책

② 일반기업회계기준에서 주석공시를 요구하는 사항

③ 재무상태표, 손익계산서, 현금흐름표 및 자본변동표의 본문에 표시되지 않는 사항으로서 재무제표를 이해하는 데 필요한 추가적인 정보

> **참고 보수주의**
>
> 보수주의란 불확실한 특정 상황에 대해 여러가지 회계처리 방법이 동시에 인정될 경우 가능한 한 기업의 재무적 기초를 튼튼히 하는 관점(순자산 또는 당기순이익이 적게 표시되는 방법)에 따라 회계처리하는 것을 말한다. 보수주의에 따라 회계처리를 할 경우에는 기업의 재무적 기초를 견고히 할 수 있는 장점은 있으나, 회계처리에 일관성이 없어 기간별 비교가능성을 왜곡시키며 주주에게는 일시적으로 불리한 정보가 제공되는 문제점이 있다.

> **참고 중요성**
>
> 중요성이란 특정 회계정보가 정보이용자의 의사결정에 영향을 미치는 정도를 말한다. 재무제표 정보가 생략되거나 잘못 기재되어 정보이용자의 의사결정에 영향을 미친다면 이는 중요한 정보이다. 중요성은 일반적으로 당해 항목의 성격과 금액의 크기에 의해 결정된다. 그러나 어떤 경우에는 금액이 작다고 하더라도 그 정보의 성격 자체만으로도 중요한 정보가 될 수도 있다는 점에 주의하여야 한다.

2 회계의 순환과정

1 회계의 순환과정

① **거래의 식별** : 회계상 거래(=회계처리의 대상)인지 판단
② **거래의 분개** : 대차평균의 원리에 의해 분개장에 거래의 발생 순서대로 기록
③ **전기** : 분개장에서 총계정원장으로 전기함으로써 각 계정과목별 원장 작성
④ **결산의 예비절차** : 수정전시산표 작성, 재고조사표 작성, 결산정리사항 정리, 수정후시산표 작성
⑤ **결산의 본절차(장부마감 절차)** : 수익·비용 계정의 마감, 자산·부채·자본 계정의 마감, 분개장 및 보조부 마감
⑥ **장부 마감** : 재무제표의 작성
📢 ①,②,③은 기초부터 기말까지 회계기간 내내 반복되는 작업이다. 반면, 회계기간 말이 되면 결산작업을 수행해야 하는데
  ④,⑤,⑥은 결산작업을 할 때에 수행하는 업무이다.

1 회계상 거래의 요건

① 자산·부채·자본의 증가 혹은 감소를 가져와야 함
② 자산·부채·자본의 변화를 금액으로 측정할 수 있어야 함

2 분개(회상 거래의 기록절차, 회계처리)

회계등식의 왼쪽을 차변, 오른쪽을 대변이라고 하는데, 하나의 거래를 기록할 때에 차변 금액의 합계와 대변 금액의 합계는 반드시 일치해야 한다. 이것을 '대차평균의 원리'라고 하며 재무제표는 대차평균의 원리에 의해 작성된다.

📝 거래의 8요소를 이용한 회계처리 방법

• 자산의 증가는 차변에, 자산의 감소는 대변에 기록한다.
• 부채의 증가는 대변에, 부채의 감소는 차변에 기록한다.
• 자본의 증가는 대변에, 자본의 감소는 차변에 기록한다.
• 수익의 발생은 대변에, 수익의 감소는 차변에 기록한다.
• 비용의 발생은 차변에, 비용의 감소는 대변에 기록한다.

3 전기(분개장 → 총계정원장)

회사는 회계상 거래가 발생하게 되면 이를 발생순서(날짜)에 따라 분개를 하게 되는데, 이처럼 분개를 <u>거래의 발생순서(날짜)에 따라 기록하는 서류를 분개장</u>이라고 한다. 분개장에 기입된 분개의 내용을 총계정원장으로 옮겨적는 절차를 전기라 한다. 전기가 잘못되면 합계잔액시산표상의 차변합계 금액과 대변합계 금액이 일치하지 않게 되므로 시산표를 작성하면 전기가 잘못되었는지의 여부를 파악할 수 있다.

4 결산의 예비절차 : 수정전시산표 작성

- **시산표** : 총계정원장의 모든 계정의 차변금액과 대변금액을 한곳에 모아 정리한 표
- **시산표의 기능** : 재무제표를 작성하기 전에 총계정원장의 차변과 대변 금액이 일치하는지 검증하고, 결산분개 및 재무제표 작성의 기초자료로 활용하기 위해 작성. 차변합계와 대변합계의 일치여부를 검증함으로써 분개와 전기가 올바로 되었는지 검토할 수 있게 함

5 결산정리분개 및 전기

재무제표는 발생주의에 의해 작성되어야 하는데 기중의 회계처리만으로는 발생(수익의 발생, 비용의 발생) 항목을 적절하게 반영할 수 없기 때문에 회계기간 말(보고기간말, 결산일)을 기준으로 하여 수익과 비용의 발생항목과 이연항목을 인식하고, 장기간에 걸쳐 발생하는 수익과 비용을 기간별로 나누어 배분하는 절차를 거쳐야 한다. 또한 회계기간 중에 잘못 회계처리한 내용이 있다면 이를 바로잡아 고쳐야 한다. 이러한 절차를 결산이라고 한다.

따라서 결산정리분개(수정분개)란 결산일 현재 회사의 자산·부채·자본의 장부가액을 회계기준에 맞는 금액으로 수정하는 회계처리이다. 또한 회계기간 동안의 수익과 비용 등에 대해 회계기준에 맞추어 회계처리되지 않은 계정과목이 있는 경우 장부상의 수익·비용을 회계기준에 맞는 금액으로 수정하는 회계처리 등을 말한다.

결산정리분개의 대표적 유형은 다음과 같다.

수정분개의 유형			수정분개의 내용
손익의 결산정리	매출원가의 계산		재고자산의 기초 재고액, 당기 매입액, 기말 재고액을 이용하여 당기의 매출원가를 계산
	수익의 결산	미수수익	수익이 당기에 발생하였으나 현금을 받지 못한 경우, 당기 수익을 인식(예 : 이자수익)
		선수수익	현금 수령은 먼저 했으나 수익의 귀속 시기가 당기가 아닌 차기 이후인 경우 수익을 이연
	비용의 결산	미지급비용	비용이 당기에 발생하였으나 현금 지급이 완료되지 않은 경우 당기 비용을 인식 (예 : 이자비용)
		선급비용	용역을 제공받기 이전에 그 대금을 미리 지급한 경우 당기 비용과 차기 이후의 비용을 구분

수정분개의 유형		수정분개의 내용
자산의 평가	재고자산 평가	재고자산 감모손실, 재고자산 평가손실 등을 인식
	대손충당금 설정	매출채권 및 미수금 등의 채권을 차기 이후에 회수 가능한 금액으로 평가
	감가상각비 회계처리	건물, 기계장치 등의 취득원가를 합리적인 기간 동안 나누어 비용으로 인식
	유가증권 평가	단기매매증권, 매도가능증권 등의 장부가액과 기말공정가액의 차이를 조정하여 결산일의 공정가액으로 계상
부채의 평가	부채의 유동성 대체	결산일 현재 비유동부채(예 : 장기차입금)의 만기가 결산일로부터 1년 이내에 도래하는 경우 유동부채(예 : 유동성장기부채)로 계정과목을 바꾸어 주는 절차
	퇴직급여충당부채 설정	결산일 현재 퇴직급여충당부채 설정 대상 직원의 퇴직금 추계액을 미리 비용처리하고 충당부채로 설정

6 수정후 시산표 작성

수정분개(결산정리분개)가 모두 완료된 후 작성한 시산표가 수정후시산표이다.

7 장부마감(손익계산서→ 이익잉여금처분계산서→ 재무상태표)과 재무제표 작성

재무제표 작성시 손익계산서의 당기순이익을 확정시킨 후, 그 금액을 이익잉여금처분계산서에 반영하면 당기순이익을 반영한 처분전 이익잉여금 금액을 구할 수 있다. 이 금액이 재무상태표의 이익잉여금에 반영되게 되므로 반드시 손익계산서를 먼저 작성한 후 이익잉여금처분계산서, 재무상태표의 순서로 재무제표 작성을 한다.

> **제조기업의 재무제표 작성 순서**
>
> 제조기업의 경우 손익계산서를 작성하기 위해서는 제품의 제조원가를 정확하게 구해야 하며 이는 제조원가명세서를 통해 구할 수 있다. 따라서 제조기업의 경우 제조원가명세서를 가장 먼저 작성하고 나서 손익계산서, 이익잉여금처분계산서, 재무상태표의 순서대로 장부 작성을 하여야 한다. 제조원가명세서는 재무제표는 아니지만 손익계산서상 제품매출원가를 정확히 구하기 위해 반드시 필요한 서류이다.
>
> 요약 제조원가명세서 → 손익계산서 → 이익잉여금처분계산서 → 재무상태표

3 재무회계 개념체계

재무회계 개념체계란 한국회계기준원이 회계기준을 제정함에 있어서 근거가 되는 지침으로서 회계정보 이용자, 재무제표 작성자 등에게 회계에 대한 일반적인 기준을 제공하는 것이다.

1 재무제표의 기본가정(기본전제, 회계공준이라고도 함)

※ 회계의 기본가정 ※	
(1) 기업실체	• 기업실체의 가정이란 기업을 소유주와는 독립적으로 존재하는 회계단위로 간주하고 이 회계단위의 관점에서 그 경제활동에 대한 재무정보를 측정·보고하는 것을 말한다. • 일반적으로 개별 기업은 하나의 독립된 회계단위로서 재무제표를 작성하는 기업실체에 해당한다. 그러나 기업실체 개념은 법적 실체와는 구별되는 개념이다. 예를 들어, 지배·종속관계에 있는 회사들의 경우 지배회사와 종속회사는 단일의 법적 실체가 아니지만 단일의 경제적 실체를 형성하여 하나의 회계단위로서 연결재무제표의 작성대상이 된다. 이때 지배회사와 모든 종속회사는 연결재무보고의 기업실체가 된다.
(2) 계속기업	• 계속기업의 가정이란 기업실체는 그 목적과 의무를 이행하기에 충분할 정도로 장기간 존속한다고 가정하는 것을 말한다. 즉, 기업실체는 그 경영활동을 청산하거나 중대하게 축소시킬 의도가 없을 뿐 아니라 청산이 요구되는 상황도 없다고 가정된다. • 그러나 기업실체의 중요한 경영활동이 축소되거나 기업실체를 청산시킬 의도나 상황이 존재하여 계속기업을 가정하기 어려운 경우에는 계속기업을 가정한 회계처리방법과는 다른 방법이 적용되어야 하며, 이때 적용된 회계처리방법은 적절히 공시되어야 한다. • 계속기업의 가정은 역사적원가주의의 근간이 된다.
(3) 기간별 보고	• 기간별 보고의 가정이란 기업실체의 존속기간을 일정한 기간 단위로 분할하여 각 기간별로 재무제표를 작성하는 것을 말한다. • 기업실체의 이해관계자는 지속적으로 의사결정을 해야 하므로 적시성이 있는 정보가 필요하게 된다. 이러한 정보수요를 충족시키기 위하여 기간별 보고가 도입될 필요가 있다. 따라서 기업실체의 존속기간을 일정한 회계기간 단위로 구분하고 각 회계기간에 대한 재무제표를 작성하여 기간별로 재무상태, 경영성과, 현금흐름, 자본변동 등에 대한 정보를 제공하게 된다. • 다만, 기업실체의 회계기간을 정함에 있어 회계기간의 장·단기에 따라 발생할 수 있는 정보의 목적적합성과 신뢰성간의 상충관계를 고려하여야 한다.

2 회계정보의 질적특성 : 목적적합성, 신뢰성, 비교가능성

1 목적적합성

회계정보가 정보이용자의 의사결정에 유용하기 위해서는 그 정보가 의사결정 목적과 관련성이 있어야 한다.

📝 목적적합성의 구성 요소

① **예측가치** : 정보이용자가 기업실체의 미래 재무상태, 경영성과, 순현금흐름 등을 예측하는 데에 그 정보가 활용될 수 있는 능력을 의미한다. 예를 들어, 반기 재무제표에 의해 발표되는 반기 이익은 올해의 연간 이익을 예측하는 데 활용될 수 있다.

② **피드백가치** : 피드백가치는 제공되는 회계정보가 기업실체의 재무상태, 경영성과, 순현금흐름, 자본변동 등에 대한 정보이용자의 당초 기대치(예측치)를 확인 또는 수정되게 함으로써 의사결정에 영향을 미칠 수 있는 능력을 말한다. 예를 들어, 어떤 기업실체의 투자자가 특정 회계연도의 재무제표가 발표되기 전에 그 해와 그 다음해의 이익을 예측하였으나 재무제표가 발표된 결과 당해 연도의 이익이 자신의 이익 예측치에 미달하는 경우, 투자자는 그 다음해의 이익 예측치를 하향 수정하게 된다. 이 예에서 당해 연도의 보고이익은 피드백가치를 갖고 있는 정보이다.

③ **적시성** : 회계정보가 정보이용자에게 유용하기 위해서는 그 정보가 의사결정에 반영될 수 있도록 적시에 제공되어야 한다. 적시성 있는 정보라 하여 반드시 목적적합성을 갖는 것은 아니나, 적시에 제공되지 않은 정보는 주어진 의사결정에 이용할 수 없으므로 목적적합성을 상실하게 된다. 그러나 적시성 있는 정보를 제공하기 위해 신뢰성을 희생해야 하는 경우가 있으므로 경영자는 정보의 적시성과 신뢰성간의 균형을 고려해야 한다.

특정 거래를 회계처리할 때 목적적합성과 신뢰성이 높은 회계처리 방법을 선택하면 회계정보의 유용성이 더 높아진다. 만약 목적적합성과 신뢰성 중 어느 하나가 완전히 상실된 경우에 그 정보는 유용하지 않다는 것에 주의하여야 한다.

구 분	목적적합성이 높은 방법	신뢰성이 높은 방법
자산의 평가 방법	공정가치법	역사적 원가법
용역의 수익인식 시기	진행기준	완성기준
손익의 인식 방법	발생주의	현금주의
회계정보 보고시점	중간보고서	연차보고서

2 신뢰성

정보가 유용하기 위해서는 믿을 수 있어야 한다.

📝 신뢰성의 구성 요소

① **표현의 충실성** : 기업실체의 경제적 자원과 의무, 그리고 이들의 변동을 초래하는 거래나 사건을 충실하게 표현해야 한다. 표현의 충실성은 재무제표상의 회계수치가 회계기간말 현재 기업실체가 보유하는 자산과 부채의 크기를 충실히 나타내야 한다는 것이다.

② **중립성** : 회계정보가 신뢰성을 갖기 위해서는 '편의없이' 중립적이어야 한다. 의도된 결과를 유도할 목적으로 회계기준을 제정하거나 재무제표에 특정 정보를 표시함으로써 정보이용자의 의사결정이나 판단에 영향을 미친다면 그러한 회계정보는 중립적이라 할 수 없다. 회계기준을 제정하거나 회계처리 방법을 적용함에 있어 정보의 목적적합성과 신뢰성을 우선적으로 고려하여야 하며 특정 이용자 또는 이용자 집단의 영향을 받아서는 안된다.

③ **검증가능성** : 동일한 경제적 사건이나 거래에 대하여 동일한 측정방법을 적용할 경우 다수의 독립적인 측정자가 유사한 결론에 도달할 수 있어야 한다. 예를 들어, 독립된 당사자간의 시장거래에서 현금으로 구입한 자산의 취득원가는 검증가능성이 높은 측정치이다. 그러나 검증가능성이 높다는 것이 표현의 충실성을 보장하는 것은 아니며, 또한 반드시 목적적합성이 높다는 것을 의미하지도 않는다.

> **질적 특성간의 상충관계**
>
> 회계정보의 질적특성은 서로 상충될 수 있다. 예를 들어, 유형자산을 역사적원가로 평가하면 일반적으로 검증가능성이 높으므로 측정의 신뢰성은 높아지는 대신 목적적합성은 저하될 수 있으며, 시장성 없는 유가증권에 대해 역사적원가를 적용하면 자산가액 측정치의 검증가능성은 높으나 유가증권의 실제 가치를 나타내지 못하여 표현의 충실성과 목적적합성이 낮아질 수 있다. 또한, 정보를 적시에 제공하기 위해 거래나 사건의 모든 내용이 확정되기 전에 보고하는 경우, 목적적합성은 향상되나 신뢰성은 저하될 수 있다. 이와 같이 질적특성간의 상충관계는 목적적합성과 신뢰성간에 발생할 수 있으며 주요 질적특성의 구성요소간에도 발생할 수 있다.

> 역사적원가주의는 미실현이익을 계상하지 않음에 따라, 객관적이고 검증가능한 회계정보를 산출할 수 있는 장점이 있다. 반면 시가주의는 적시성이 높은 회계정보를 산출할 수 있는 장점이 있다. 현행 회계기준은 자산과 부채의 평가에 대해 원칙적으로는 역사적원가주의를 채택하고 있다.

3 비교가능성

• **기간별 비교가능성** : 정보이용자는 한 기업의 재무상태와 성과의 추세를 식별하기 위해 재무제표를 기간별로 비교할 수 있어야 한다.

• **기업별 비교가능성** : 정보이용자는 다른 기업의 상대적인 재무상태와 성과 및 재무상태변동을 평가하기 위해 기업간 재무제표를 비교할 수 있어야 한다.

- **비용과 효익간의 균형** : 비용과 효익 간의 균형은 질적특성에 대한 포괄적 제약요인이다. 특정 정보에서 기대되는 효익은 그 정보를 제공하기 위하여 소요되는 원가보다 커야 한다는 것이다.
- **중요성** : 중요성이란 특정 회계정보가 정보이용자의 의사결정에 영향을 미치는 정도를 말한다. 재무제표상의 정보가 생략되거나 잘못 기재될 경우 동 재무제표를 기초로 한 경제적 의사결정이 잘못될 수 있다면 이는 중요한 정보이다. 회계정보의 유용성은 그 정보의 중요성에 의해 영향을 받는다. 예를 들어 소모품비와 같은 소액의 비용을 자산으로 처리하지 않고 발생즉시 당기비용으로 처리하는 것은 중요성 때문이다. 중요성은 회계항목이 정보로 제공되기 위한 최소한의 요건이다. 예를 들어, 신규 사업부문의 이익수치가 영(0)에 가까울 정도로 극히 작은 경우에도 그러한 이익수치는 정보이용자가 해당 기업실체가 직면하고 있는 위험과 기회를 평가하는 데 중요한 정보가 될 수 있다.

3 발생주의 회계

재무제표는 원칙적으로 발생주의(발생기준)에 따라 작성된다. 발생주의 회계는 재무회계의 기본적 특징으로서 재무제표의 기본요소의 정의 및 인식, 측정과 관련이 있다. 다만, 현금흐름표는 발생주의에 따라 작성되지 않는다.

참고 발생주의의 구체적 적용 방법

수익 인식의 원칙	수익은 실현된 시점에 수익으로 인식해야 한다.
수익·비용 대응의 원칙	비용은 관련된 수익이 인식될 때에 비용으로 회계처리한다.

- **수익 인식의 원칙**
  수익은 실현된 시점에 인식해야 한다는 원칙을 말한다. 수익의 실현 시점은 현금의 회수 시점과 일치하는 경우도 있지만 반드시 회수 시점과 일치하는 것은 아니다.
  예를 들어 외상판매가 발생한 경우에는 현금을 언제 회수하는지에 관계없이 상품을 인도하는 때를 수익의 실현 시점으로 보고 이때에 매출수익을 인식하도록 하고 있다.

- **수익·비용 대응의 원칙**
  수익비용대응의 원칙은 비용인식의 원칙으로서 비용은 그와 관련된 수익이 인식된 회계연도에 그 관련수익에 대응시켜서 인식해야 한다는 원칙을 말한다. 비용을 인식하는 가장 기본적인 원칙은 수익비용대응의 원칙이다. 그러나 수익과 비용의 인과관계를 파악할 수 없을 때에는 발생즉시 비용으로 처리하거나 합리적인 방법으로 여러 기간 동안 나누어 비용으로 처리하는 방법도 사용되고 있다.

참고 발생항목과 이연항목

발생항목	미수수익, 미지급비용
이연항목	선수수익, 선급비용

📝 **비용의 인식 방법 세가지**

ㄱ **관련 수익에 직접 대응** : 인과관계를 추적 가능한 경우

관련 수익과 개별적인 인과관계를 파악할 수 있는 비용은 직접적으로 수익에 대응시킴(예 : 매출원가)

ㄴ **기간대응(즉시 비용처리)**

관련 수익과의 개별적인 인과관계를 파악할 수 없거나, 당해 지출로 인한 미래효익의 실현가능성이 없거나 불확실한 비용(예 : 광고선전비)

ㄷ **합리적이고 체계적인 대응**

장기에 걸쳐 수익창출에 기여하는 비용으로서 관련된 지출이 수익에 기여하는 기간을 추정 가능한 경우(예 : 감가상각비)

4 재무제표의 구성요소

재무제표를 구성하는 기본요소는 자산·부채·자본·수익·비용·포괄이익·영업활동현금흐름·투자활동현금흐름·재무활동현금흐름이다.

1 재무상태표의 기본요소 : 자산·부채·자본

① **자산** : 과거 사건의 결과로서 현재 기업이 통제하고 있고 미래 경제적 효익이 기업에 유입될 것으로 기대되는 자원이다. (= 미래 현금의 유입)

② **부채** : 과거 사건에 의해 발생하였으며 경제적 효익을 갖는 자원이 기업으로부터 유출될 것으로 기대되는 현재의 의무이다. (= 미래 현금의 유출)

③ **자본** : 자본이란 자산총액에서 부채총액을 차감한 잔여지분으로서 순자산이라고도 한다. 기업실체의 자산에 대한 소유주의 잔여청구권으로서 '소유주지분'이라고도 한다. 자산의 증가, 부채의 감소, 수익의 발생이 일어나면 순자산은 증가한다. 또한 자산의 감소, 부채의 증가, 비용의 발생이 일어나면 순자산은 감소한다.

🔖참고 **재무상태표가 제공하는 정보**

회사의 경제적 자원, 의무 및 자본에 관한 재무상태 정보는 투자자와 채권자가 당해 기업실체의 재무건전성과 유동성을 평가하는 데 유용하다. 재무건전성은 기업실체의 장기적인 채무이행능력을 평가하는 요소이며, 유동성은 단기적인 채무이행능력을 평가하는 요소이다. 자산 항목의 일부와 대부분의 부채 항목은 기업실체에 대한 미래 현금유출입의 직접적 원천이다.

2 손익계산서의 기본요소 : 수익·비용·포괄이익

① **수익** : 회사의 경영활동과 관련된 재화의 판매 또는 용역의 제공 등에 대한 대가로 발생하는 자산의 유입 또는 부채의 감소를 수익이라 한다.

② **비용** : 회사의 경영활동과 관련된 재화의 판매 또는 용역의 제공에 따라 발생하는 자산의 유출이나 부채의 증가 등을 비용이라 한다.

③ 포괄이익 : 포괄이익이란 기업실체가 일정기간 동안 소유주와의 자본거래를 제외한 모든 거래나 사건에서 인식한 자본의 변동이다. 즉, 포괄이익에는 소유주의 투자 및 소유주에 대한 분배 등 자본거래를 제외한 모든 원천에서 인식된 순자산의 증감이 포함된다.

일정 기간에 대한 기업실체의 경영성과, 즉 회계이익과 그 구성요소에 대한 정보는 기업실체의 미래 순현금흐름을 예측하는 데 유용하다. 발생기준에 따라 측정된 이익정보는 현금주의에 의한 성과측정치보다 기업실체의 경영성과를 더 잘 나타내며, 현재의 회계이익은 현재의 순현금흐름보다 기업실체의 미래 순현금흐름의 예측에 더 유용한 것으로 인식되고 있다.

포괄이익은 일정기간 동안 주주와의 거래 외의 모든 거래 및 사건으로 인해 나타난 자본의 변동을 모두 포함하는 금액이다. 예를 들어 매도가능증권평가이익의 경우 이는 아직 실현되지 않은 이익이므로 당기순이익에는 반영되지 않지만 포괄이익에는 반영된다. 즉, 매도가능증권평가손익, 해외사업환산손익 등 당기순이익에 포함되지 않는 이익이 발생했다면 그 회사의 포괄이익과 손익계산서상의 당기순이익은 일치하지 않을 것이다. 현행 회계기준에서는 손익계산서에 발생기준(실현주의) 당기순이익을 표시하도록 하고 있으며 매도가능증권평가이익 등의 포괄이익은 손익계산서에 반영되지 않는다. 따라서 이러한 계정과목은 재무상태표의 자본항목 중 '기타포괄손익누계액'에 반영되게 된다.

3 현금흐름표의 기본요소

① 영업활동 현금흐름 : 제품의 생산과 판매활동, 상품의 구매와 판매활동 등 회사의 주된 영업활동과 관련한 현금흐름이다.

② 투자활동 현금흐름 : 투자부동산, 유형자산 등의 취득과 처분활동으로서 주로 자산계정과 관련된 현금흐름이다.

③ 재무활동 현금흐름 : 현금의 차입과 상환, 주식의 발행 등과 관련된 활동으로서 주로 부채 및 자본과 관련된 현금흐름이다.

일정 기간에 대한 현금흐름 정보는 기업실체가 영업활동에서 창출한 순현금흐름, 투자활동, 자금의 차입과 상환, 현금배당을 포함한 자본거래 및 기업실체의 유동성에 관한 정보를 제공한다.

4 자본변동표의 기본요소

① **소유주의 투자** : 주주가 회사에 대한 소유주로서의 권리를 취득 또는 증가시키기 위해 회사에 경제적 가치가 있는 유·무형의 자원을 이전시키는 것을 말한다. 그 결과 회사의 자본(순자산)이 증가하게 된다.

② **소유주에 대한 분배** : 회사가 주주 등에게 현금배당, 자기주식의 취득, 감자 등을 함으로서 회사의 자본(순자산)이 감소하게 되는 것을 말한다.

참고

기업실체(회사)의 자본변동에 관한 정보는 일정 기간 동안에 발생한 기업실체와 소유주(주주)간의 거래 내용을 이해하고 소유주에게 귀속될 이익 및 배당가능이익을 파악하는 데 유용하다.

참고 자본변동표가 제공하는 정보

기업실체의 자본변동에 관한 정보는 일정 기간 동안에 발생한 기업실체와 소유주(주주)간의 거래 내용을 이해하고 소유주에게 귀속될 이익 및 배당가능이익을 파악하는 데 유용하다.

재무제표 기본요소의 인식기준

재무제표 기본요소를 인식하기 위해서는 아래의 기준들이 모두 충족되어야 한다.

(가) 당해 항목이 재무제표 기본요소의 정의를 충족시켜야 하며,

(나) 당해 항목과 관련된 미래 경제적 효익이 기업실체에 유입되거나 또는 유출될 가능성이 매우 높고,

(다) 당해 항목에 대한 측정 속성이 있으며, 이 측정 속성이 신뢰성 있게 측정될 수 있어야 한다.

재무제표 정보의 특성과 한계

재무제표를 통해 제공되는 정보는 다음의 예와 같은 특성과 한계를 갖고 있다.

• 재무제표는 화폐단위로 측정된 정보를 주로 제공한다.

• 재무제표는 대부분 과거에 발생한 거래나 사건에 대한 정보를 나타낸다.

• 재무제표는 추정에 의한 측정치를 포함하고 있다.

• 재무제표는 특정 기업실체에 관한 정보를 제공하며, 산업 또는 경제 전반에 관한 정보를 제공하지는 않는다.

4 유동자산

유동자산은 보고기간 말로부터 1년 이내에 현금화되는 자산을 말하는 것으로서 당좌자산과 재고자산으로 구분된다. 일반기업회계기준에서는 다음의 자산을 유동자산으로 분류하도록 하고 있으며 그밖의 모든 자산은 비유동자산으로 분류한다.

일반기업회계기준 유동자산으로 분류하는 항목

- 사용의 제한이 없는 현금및현금성자산
- 기업의 정상적인 영업주기 내에 실현될 것으로 예상되거나 판매목적 또는 소비목적으로 보유하고 있는 자산
- 단기매매 목적으로 보유하는 자산
- 위 외에 보고기간 종료일로부터 1년 이내에 현금화 또는 실현될 것으로 예상되는 자산

구분	종류
당좌 자산	당좌자산은 현금및현금성자산(1년 이내에 사용제한이 없는 것), 외상매출금, 받을어음, 단기금융상품, 단기대여금, 미수금, 선급금, 미수수익, 선급비용, 단기매매증권 등을 포함하며, 당좌자산 내에 별도 표시하는 항목의 예는 다음과 같다. (1) 현금및현금성자산　　　　　(2) 단기투자자산 (3) 매출채권　　　　　　　　　(4) 선급비용 (5) 이연법인세자산　　　　　　(6) 기타(미수수익, 미수금, 선급금 등) →당좌자산의 구체적인 계정과목으로는 현금, 현금성자산, 외상매출금, 받을어음, 단기금융상품, 단기대여금, 미수금, 선급금, 미수수익, 선급비용, 단기매매증권 등이 있음
재고 자산	재고자산 내에 별도 표시하는 항목의 예는 다음과 같다. (1) 상품　　　　　　　　　　　(2) 제품 (3) 반제품　　　　　　　　　　(4) 재공품 (5) 원재료　　　　　　　　　　(6) 저장품 (7) 기타 →재무상태표의 '재고자산'은 팔리면 손익계산서의 '매출원가'로 바뀜

1 당좌자산

유동자산 중 재고자산을 제외한 나머지를 당좌자산이라고 한다.

1 현금및현금성자산 = 현금 + 요구불예금 + 현금성자산

[1] 현금

회계상 '현금'이란 일반적인 현금(지폐나 동전) 뿐 아니라 교환의 매개로 자유롭게 사용할 수 있는 타인발행수표 등의 통화대용증권을 포함한 개념이다. 현금에 포함되는 것은 통화 및 지폐, 타인발행수표(타사발행 당좌수표, 자기앞수표, 가계수표, 송금수표), 우편환증서, 온라인환증서, 배당금지급통지표, 만기가 도래한 국공채의 이자표 등이다. 어음은 원래 현금으로 분류하지 않으나 '만기가 도래한 어음'은 현금으로 분류한다.

> **현금 계정에 포함되지 않는 것(주의!!)**
>
> - **선일자수표** : 어음과 유사한 성격이므로 매출채권 등으로 회계처리
> - **부도수표** : 기타비유동자산으로 회계처리
> - **우표나 수입인지** : 소모품이나 통신비 등으로 회계처리
> - **급여가불증** : 가지급금 또는 단기대여금 등으로 회계처리

(2) 요구불예금

현금에 포함되는 요구불예금은 당좌예금, 보통예금, 별단예금 등이다. 요구불예금에 대해서는 1년 이내에 사용이 제한되어 있지 않아야 현금및현금성자산으로 본다.

> **현금과부족 계정의 운용**
>
> 회사가 가지고 있는 실제 현금잔액과 장부상의 현금 액수가 일치하지 않을 경우에 임시로 사용하는 계정이 '현금과부족'계정이다. 실제 현금이 장부상 현금보다 많을 경우에는 장부금액을 실제현금에 맞춰야 하므로 차변에 현금, 대변에 현금과부족으로 회계처리하면 된다. 반대로 실제 현금이 장부상 금액보다 적을 경우에는 장부금액을 실제 현금에 맞게 조정해야 하므로 대변에 현금, 차변에 현금과부족으로 회계처리하는데, 이러한 **현금과부족의 원인이 판명된 경우 현금과부족 금액을 해당 계정에 대체하고 결산시까지 현금과부족의 원인이 밝혀지지 않으면 이를 잡이익이나 잡손실로 처리한다.**

> **당좌예금과 당좌차월**
>
> - **당좌예금**
>
>   당좌예금이란 기업이 은행과 당좌거래 약정을 맺고 당좌수표를 발행할 수 있는 은행계좌를 말한다. 당좌예금을 이용하게 되면 기업의 현금 관리 업무가 당좌예금통장을 통해 가능하다(당좌예금은 보통예금과 거의 같은 것인데, 단지 수표를 발행할 수 있다는 차이점이 있을 뿐이다).
>
> - **당좌차월**
>
>   당좌예금의 잔액을 초과하여 지급된 금액을 당좌차월이라고 하는데 당좌차월은 부채로서 단기차입금으로 분류된다.
>
> - **당좌개설보증금**
>
>   당좌예금을 개설하기 위해 내는 당좌개설보증금은 전액 장기금융상품으로 처리해야 한다.

[3] 현금성자산

㉠ 큰 거래비용 없이 통화, 통화대용증권 또는 요구불예금으로 전환하기 쉽고, ㉡ 이자율 변동에 따른 가치변동의 위험이 중요하지 않은 채무증권이나 단기금융상품으로서 ㉢ 취득당시 만기가 3개월 이내에 도래하는 것을 현금성자산이라고 한다.

현금성자산의 예는 다음과 같다.

- 취득 당시의 만기가 3개월 이내에 도래하는 채권
- 취득 당시의 상환일까지의 기간이 3개월 이내인 상환우선주
- 3개월 이내의 환매조건인 환매채
- 취득당시 3개월 이내에 만기가 도래하는 단기금융상품(정기예금, CD, MMF, MMDA 등)

> 현금성자산은 결산일 현재 만기가 3개월 이내에 도래하는 것이 아니라 그 금융상품 등을 '취득했을 당시' 만기가 3개월 이내이어야 한다.

> '현금및현금성자산'이라는 계정은 재무제표(재무상태표) 작성시에 적용되는 계정이다. 회계기간 중 기업 내부에서는 현금, 당좌예금, 보통예금 등의 세부적인 계정과목으로 각각 회계처리하되 재무제표 작성시에만 이들을 통합하여 '현금및현금성자산'이라는 계정과목으로 합하여 공시하면 되는 것이다.

2 단기투자자산 = 단기금융상품 + 단기대여금 + 단기매매증권 등

단기투자자산은 회사가 여유자금의 활용목적으로 보유하는 단기예금, 단기매매증권, 단기대여금 및 유동자산으로 분류되는 매도가능증권과 만기보유증권 등의 자산을 포함한다. 이들 자산은 현금및현금성자산과 함께 기업의 단기 유동성을 파악하는 데에 중요한 정보이므로 현금및현금성자산과 단기투자자산은 재무상태표에 개별표시하도록 하고 있다. 단기투자자산은 각 항목별 금액 등이 중요한 경우에는 각각 표시하지만, 중요하지 않은 경우에는 모두 합하여 단기투자자산의 과목으로 통합하여 공시할 수 있다.

◥참고

단기금융상품, 단기매매증권, 단기대여금 등을 포함하여 재무상태표에 단기투자자산으로 통합 표시하여 기재할 수 있다. 다만, 각 과목의 중요성에 따라 개별 표시할 수도 있다.

[1] 단기금융상품

재무상태표일로부터 1년 이내에 만기가 도래하는 금융상품은 단기금융상품의 과목으로 하여 유동자산(당좌자산)에 표시하며, 재무상태표일로부터 1년 이내에 만기가 도래하지 않는 금융상품은 장기금융상품으로 하여 투자자산으로 표시한다.

- 단기금융상품만 당좌자산으로 분류되고, 장기금융상품은 비유동자산 중 투자자산으로 분류된다.
- **보통예금 중 사용의 제한이 없는 것은 현금및현금성자산으로 분류되고, 사용제한이 있는 보통예금은 단기금융상품으로 분류한다.**
- 정기예금 등 금융상품의 경우 가입당시 만기가 3개월 이내에 도래하는 경우에는 현금 및 현금성자산으로 분류하며, 나머지는 만기가 1년 이내에 도래하면 단기금융상품, 만기가 1년 이내에 도래하지 않으면 장기금융상품으로 분류한다.
- 예금 중 사용제한이 있는 예금의 경우에는 그 내용을 재무제표 중 주석에 기재하여야 한다.

(2) 단기매매증권

단기매매증권이란 주식이나 국채, 회사채 중 단기적(1년 이내)으로 처분할 목적으로 가지고 있는 것을 말한다. 단기매매증권이 유동자산으로 분류되기 위해서는 ① 그 증권이 시장에서 거래가 활발하게 일어나고 있어야 하며(시장성), ② 단기적 자금의 운용 목적 또는 1년 이내에 처분할 목적이 있어야 한다. 이 두가지 조건을 모두 갖춘 경우 아래와 같이 회계처리한다.

⊙ 단기매매증권 취득시 회계처리(매입부대비용은 당기 비용 처리)

취득원가 = 매입가액

자산의 취득원가는 매입가액에 매입부대비용을 더한 금액으로 하는 것이 원칙이다. 그런데, 단기매매증권은 이 원칙에서 벗어나는 경우이다.

단기매매증권의 경우 취득시 당해 주식이나 채권의 순수한 매입가액만 취득원가로 처리하고 취득과 관련된 수수료 등은 비용(영업외비용)으로 처리하도록 하고 있다. 그러나 만기보유증권과 매도가능증권의 경우에는 취득시의 매입가액에 매입부대비용을 더한 금액을 취득원가로 처리하도록 하고 있다. 유가증권의 취득과 관련된 매입부대비용에 대한 회계처리를 요약하면 다음과 같다.

금융자산의 분류	매입관련 부대비용의 회계처리
단기매매증권	당기 비용 처리(예 : 수수료비용(영업외비용))
매도가능증권	자산의 취득원가에 가산 ※ 회계처리시 차변에 매도가능증권 계정으로 기입
만기보유증권	자산의 취득원가에 가산 ※ 회계처리시 차변에 만기보유증권 계정으로 기입

유가증권의 단가 산정은 총평균법, 이동평균법, 선입선출법 등 합리적인 방법이면 모두 가능하며 종목별로 별도로 단가산정을 한다. 예를 들어 주식의 경우 우선주와 보통주는 별개의 종목으로 거래되므로 다른 종목으로 보아 각각 단가를 별도로 산정해야 한다.

ⓒ 단기매매증권 기말 평가의 회계처리

단기매매증권을 보유하고 있다면 회계기말에 단기매매증권을 공정가액으로 평가하는 절차를 밟아야 한다. 단기매매증권의 공정가액(시가)이 장부가액보다 크다면 '단기매매증권평가이익'의 과목으로 하여 영업외수익으로 반영하고 단기매매증권의 공정가액이 장부가액보다 작다면 이를 '단기매매증권평가손실'의 과목으로 하여 영업외비용으로 반영한다.

📋 회계처리 예시 : 기말 공정가액이 장부가액보다 하락한 경우

1,200원에 취득한 단기매매증권의 기말 공정가액이 800원이 된 경우

(차) 단기매매증권평가손실	400	(대) 단기매매증권	400

📋 회계처리 예시 : 기말공정가액이 장부가액보다 상승한 경우

1,200원에 취득한 단기매매증권의 기말 공정가액이 1,500원이 된 경우

(차) 단기매매증권	300	(대) 단기매매증권평가이익	300

단기매매증권평가이익과 단기매매증권평가손실은 기타수익 및 기타비용(영업외손익)으로서 당기의 손익계산서에 반영되게 된다.

🔖 참고

만약 위 유가증권이 매도가능증권인 경우의 회계처리를 살펴보자.

📋 회계처리 예시 : 기말 공정가액이 장부가액보다 하락한 경우

1,200원에 취득한 매도가능증권의 기말 공정가액이 800원이 된 경우

(차) 매도가능증권평가손실	400	(대) 매도가능증권	400

📋 회계처리 예시 : 기말공정가액이 장부가액보다 상승한 경우

1,200원에 취득한 단기매매증권의 기말 공정가액이 1,500원이 된 경우

(차) 매도가능증권	300	(대) 매도가능증권평가이익	400

위 분개에서 매도가능증권평가손실과 매도가능증권평가이익은 손익계산서에 반영되지 않고 재무상태표의 자본항목 중 기타포괄손익누계액에 반영되게 되어 당기의 손익에 영향을 미치지 않게 된다. 이 점이 단기매매증권과 다른 것이다. 단기매매증권의 평가는 매도가능증권의 평가와 비교하는 문제가 자주 출제되므로 이를 반드시 비교하여 학습해야 할 것이다.

매도가능증권평가이익을 계상할 때에는 당기 이전에 장부에 계상해 놓은 매도가능증권평가손실이 있다면 먼저 이를 상계시킨 후 나머지 금액을 매도가능증권평가이익으로 계상한다. 마찬가지로 매도가능증권평가손실을 계상할 때에는 장부에 매도가능증권평가이익이 있는 경우 이를 먼저 상계한 후 평가손실을 계상한다.

참고 단기매매증권평가손익과 매도가능증권평가손익의 비교

구분	계정		관련 재무제표
단기매매증권평가손익	수익 혹은 비용	영업외손익	손익계산서에 반영
매도가능증권평가손익	자본	기타포괄손익누계액	재무상태표에 반영

© 이자와 배당금 수령시 회계처리

회사가 유가증권을 보유하고 있는 경우 채권에 대해서는 이자를 받고, 주식에 대해서는 배당금을 받는다. 채권과 관련하여 이자를 받았을 때에는 이자수익으로 처리하고, 주식의 경우 배당금을 받았을 때에 배당금수익으로 회계처리한다.

🔲 이자수익의 회계처리 : 현금으로 이자 500원을 지급받은 경우

(차) 현금	500	(대) 이자수익	500

🔲 배당금수익의 회계처리 : 현금배당 500원을 지급받은 경우

배당금수익은 배당과 관련된 권리와 금액이 확정되는 시점(결의시점)에 수익을 인식한다. 따라서 배당금에 관하여는 배당결의시점과 실제 현금 수령시점의 회계처리로 각각 나누어 분개를 해야 한다.

• 현금배당 결의 시점

(차) 미수배당금	500	(대) 배당금수익	500

• 현금배당금 수령 시점

(차) 현금	500	(대) 미수배당금	500

주식배당 혹은 무상증자의 회계처리

유가증권을 보유하고 있는 투자자 입장에서 주식배당이나 무상증자를 받은 경우에 수익으로 회계처리를 별도로 하지 않는다. 다만, 주식배당이나 무상증자로 인해 변경된 보유주식 수량과 단가를 기록해 놓고, 나중에 주식의 처분 등을 할 때에 주식 처분이익 등의 산정에 반영하여야 한다.

② 단기매매증권 처분시 회계처리

단기매매증권을 팔 때에는 장부가액과 처분가액의 차이를 단기매매증권처분손익으로 하여 영업외손익(기타수익, 기타비용)으로 처리하며 이는 손익계산서의 당기손익에 반영된다.

3 매출채권(= 외상매출금 + 받을어음)

매출채권이란 회사가 주된 영업활동으로서의 상품이나 제품 판매, 혹은 서비스를 제공하고 아직 돈을 못받은 경우 그 금액을 말하는 것으로서 구체적으로는 외상매출금 계정과 받을어음 계정을 합한 금액을 매출채권으로 한다.

매출채권과 미수금의 구분

일반적으로 회사의 주된 상거래와 관련해서 발생하는 채권에 대해서는 외상매출금이나 받을어음과 같은 매출채권 계정을 사용하나 그 이외의 거래에서 발생하는 채권에 대하여는 미수금 계정을 사용한다.

매출채권과 대여금의 구분

(주)혜민이 (주)은성에 현금을 빌려주고 2개월 후에 이 돈을 받기로 하였다면 (주)혜민은 이를 대여금이라는 계정과목으로 계상하여야 한다. 이는 매출채권과 마찬가지로 '미래에 돈을 받을 권리'이기는 하지만 '미래 현금유입'의 발생 원인이 매출활동(주된 영업활동)이 아닌 자금의 대여로 인한 것이기 때문에 회계에서는 이 권리를 '대여금'이라는 계정과목으로 별도로 처리하도록 하고 있다.

실무관련 포인트 : < 전표입력 사례 비교 >

[1] 5월 3일 : 비사업자인 진종호에게 제품을 판매하고, 판매대금 440,000원(부가가치세 포함)은 신용카드 (대한카드)로 결제받았다.(3점)

< 회계처리 > 제품판매에 대한 대가이므로 외상매출금으로 처리함

(차) 외상매출금(대한카드)	440,000	(대) 제품매출	400,000
		부가세예수금	40,000

[2] 5월 3일 : 비사업자인 진종호에게 회사가 사용하던 중고컴퓨터(비품)를 처분하고, 처분대금 440,000원 (부가가치세 포함)은 신용카드(대한카드)로 결제받았다. 처분일 현재 비품의 취득가액은 500,000원이며 감가상각누계액은 200,000원이다.(3점)

< 회계처리 > 유형자산 처분에 대한 대가이므로 미수금으로 처리함

(차) 미수금(대한카드)	440,000	(대) 비품	500,000
감가상각누계액	200,000	부가세예수금	40,000
		유형자산처분이익	100,000

(1) 대손 회계처리의 개요

대손 회계처리는 매출채권, 미수금, 대여금 등의 채권을 못받게 된 경우 회수가 불가능해진 금액(못받게 된 금액)의 장부가액을 없애는 회계처리를 말한다. 회사가 외상대금 등을 못받게 될 경우 이를 '대손되었다'라고 표현하는데, 대손된 채권은 '미래 현금 유입'을 가져오지 않게 된 것이므로 자산으로 처리해 놨던 매출채권(외상 매출금과 받을어음)과 미수금, 대여금 등의 채권을 줄이는 대신 대손상각비 등의 비용으로 대체(또는 대손충당금 상계처리)하는 회계처리를 해야 한다.

(2) 대손충당금 설정시 회계처리 : 결산분개

㉠ 대손충당금 설정(매출채권 평가) : 결산분개

대손충당금 설정은 매 회계기간 말에 하는 것이며, 기중에 대손충당금을 새로 설정하지는 않는다. 따라서 대손충당금 설정은 대표적인 결산조정항목으로서 결산 시점에 회사의 채권 종류별로 각각 대손충당금을 설정하는 회계처리를 해야 한다. 이렇게 기말에 결산분개를 통해 설정해 놓은 대손충당금은 기중에 실제 채권이 대손되었을 때에 채권과 상계되게 된다.

대손충당금은 자산의 차감적 평가계정으로서, 관련된 채권의 차감항목으로 표시된다. 예를 들어 외상매출금이 100억원이고 이에 대해 1억원의 대손충당금이 설정된다면 재무상태표상 외상매출금 100억원과 외상매출금의 차감항목인 대손충당금 1억원이 함께 표시되며, 회사가 회수해야 할 채권 총액은 100억원인데, 그 중 1억원은 회수가 어려울 것이라는 것을 나타내게 된다. 따라서 대손충당금은 채권의 순실현가능가액(미래 현금 유입액 : 99억원)을 보여주도록 하는 기능을 하며, 따라서 대손충당금을 설정하면 기말에 매출채권의 순실현가능가액을 적절하게 표시하게 되므로 대손충당금 설정을 매출채권 평가라고 한다.

✎참고 ┃ 대손충당금 설정(⇒자동결산항목)

대손충당금 설정시 회계처리는 │ (차) 대손상각비 ××× (대) 대손충당금 ××× │ 으로 해야 하며 각각의 채권별로 대손충당금을 별도로 설정하는 것이다. 이처럼 대손충당금 설정 분개는 차변과 대변의 계정과목이 정형화되어 있기 때문에 전산회계 프로그램에 금액만 입력하면 자동으로 분개를 생성시킬 수 있도록 프로그래밍 되어 있으며 이러한 항목을 결산조정항목 중 자동 결산항목이라고 한다. 따라서 대손충당금 설정 분개는 실기 시험의 결산조정항목 중 자동결산항목의 대표적인 유형이다.

㉡ 대손충당금 설정 회계처리 : 보충법에 따른 회계처리

매출채권 잔액에 대손추정률을 곱한 금액을 대손추산액으로 하고 이 금액이 기말 재무상태표상 대손충당금 금액이 되도록 회계처리를 해야 한다.

대손충당금을 설정하는 것은 총액법과 보충법 두가지 방법이 있다. 장부에 남아 있는 기 설정 대손충당금을 모두 반대분개를 통해 없앤 후 새롭게 대손충당금 총액을 다시 설정하는 것이 총액법이며, 대손추산액에서 기 설정된 대손충당금 잔액을 뺀 나머지 금액만 추가로 설정하는 방법을 보충법이라고 한다. 어떤 방법으로 회계처리를 하든지 기말 재무상태표에 표시되는 대손충당금 금액은 대손추산액과 일치한다. 기업회계에서는 보충법을 원칙적으로 사용한다.

目 회계처리 예시:보충법에 따른 대손충당금 설정

- 기말의 대손추산액이 300원이고 기 설정 대손충당금 잔액이 100원 있는 경우

   (대손충당금 추가 설정액 = 300원 - 100원 = 200원)

(차) 대손상각비	200	(대) 대손충당금	200

- 기말의 대손추산액이 300원이고 기 설정 대손충당금 잔액이 400원 있는 경우

   (대손충당금 환입액 = 300원 - 400원 = △100원)

(차) 대손충당금	100	(대) 대손충당금환입	100

ⓒ 대손충당금의 성격

이렇게 설정된 대손충당금은 매출채권의 평가성 항목(자산의 차감적 평가계정)으로서 매출채권에서 차감하는 형식으로 표시한다. 따라서 대손충당금을 설정하면 기말 매출채권의 장부가액이 순실현가치로 적절하게 평가되어 외부정보이용자에게 차기 이후의 현금 유입에 대한 유용한 정보를 제공할 수 있게 된다.

[3] 충당금 설정법 적용 시 대손 발생 시의 대손 회계처리

㉠ 실제 대손발생시 회계처리 : 기중의 회계처리

회계기간 중 실제로 매출채권을 못받게 되어 대손처리해야 할 때에는 대손충당금 잔액이 있다면 우선적으로 충당금 잔액에서 대손금액을 상계한 후, 충당금 잔액이 부족할 때에는 대손상각비로 회계처리해야 한다.

㉡ 대손회계처리 예시 : 외상매출금 100원을 실제로 못받게 된 경우

예를 들어 거래처의 파산 등의 이유로 인해 외상매출금 100원을 못받게 되었을 경우 대손회계처리는 다음과 같다.

ⓐ 대손충당금 잔액이 300원 있는 경우

(차) 대손충당금	100	(대) 외상매출금	100

ⓑ 대손충당금 잔액이 30원인 경우

(차) 대손충당금	30	(대) 외상매출금	100
대손상각비	70		

ⓒ 대손충당금 잔액이 0(zero)인 경우

(차) 대손상각비	100	(대) 외상매출금	100

ⓒ 대손상각비의 성격

매출채권에서 발생한 '대손상각비'는 판매비와관리비로, 기타채권(미수금 등)에서 발생한 대손상각비는 '기타의대손상각비'라는 계정과목으로 하여 기타비용(영업외비용)으로 처리하도록 하고 있다. 반면 매출채권에서 발생한 대손충당금환입은 판매비와관리비의 부("－")의 성격을 가진다.

> **대손처리한 채권을 회수한 경우**
>
> 대손회계처리를 했던 채권을 회수한다면 이 경우 관련된 대손충당금을 증가시킨다. 당초 대손회계처리시 대손충당금과 상계했거나 대손상각비로 비용처리했는지의 여부를 따지지 말고 무조건 대변에 대손충당금을 증가시키는 분개를 하면 된다.(단, 당초의 채권이 외상매출금이었다면 외상매출금에 대한 대손충당금을 증가시키고, 당초의 채권이 받을어음이었다면 받을어음에 대한 대손충당금을 증가시키면 된다. 실기 시험 관련하여 대손된 채권의 회수 문제가 일반전표입력 문제로 출제되고 있음에 주의한다.)

4 기타의 당좌자산

현금및현금성자산, 단기투자자산, 매출채권 외에 미수금, 미수수익, 선급금, 선급비용, 이연법인세자산 등도 당좌자산에 해당된다. 이연법인세자산의 경우 유동자산에 해당되는 이연법인세자산도 있고 비유동자산에 해당되는 이연법인세자산도 있다. '유동자산으로 분류하는 이연법인세자산' 이외의 이연법인세자산은 비유동자산 중 기타비유동자산 항목으로 분류한다.

2 재고자산

재고자산이란 기업의 정상적인 영업활동과정에서 판매목적으로 보유하거나 판매할 제품의 생산을 위하여 사용되거나 소비될 자산을 말한다. 재고자산은 정상적인 영업활동 과정에서 판매할 것을 목적으로 한다는 점에서 사용을 목적으로 하는 유형·무형자산과 구분할 수 있고, 영업 과정과 무관하게 투자를 목적으로 보유하고 있는 투자자산과도 구분할 수 있다.

1 재고자산의 종류

재고자산이란 회사가 주된 영업활동을 통해 판매하려고 구입하거나 만들어낸 자산을 말한다. 상기업에서는 상품을 구입하여 다시 판매하는 과정을 통해 이익을 얻고, 제조기업에서는 각종 원료를 구입한 후 제품 등을 만들어 파는 과정을 통해 이익을 얻는다.

회사	재고자산 예시
상기업	상 품
제조기업	제품, 반제품, 재공품, 원재료, 저장품

재고자산은 재무상태표의 자산 중 유동자산이다. 상품, 제품, 원재료 등의 재고자산은 통합하여 재고자산이라는 계정과목으로 표시할 수도 있고, 각각의 세부 계정과목별로 개별 표시하는 것도 가능하다.

2 재고자산의 취득원가 결정(= 매입가액 + 매입부대비용)

재고자산은 취득원가를 장부금액으로 한다. 다만, 시가가 취득원가보다 낮은 경우에는 시가를 장부금액으로 한다(이하 '저가법'이라 한다).

재고자산의 취득원가는 매입원가(외부에서 구입하는 자산 : 상품) 또는 제조원가(자가제조하는 자산 : 제품)를 말한다. 재고자산의 취득원가에는 취득에 직접적으로 관련되어 있으며 정상적으로 발생되는 기타원가가 포함된다.

외부구입하는 재고자산의 취득원가는 매입가액에 매입부대비용을 합한 금액으로 한다. 매입부대비용이란 매입운임, 매입수수료, 하역비, 재고자산 구입을 위한 보험료 등을 말한다. 매입부대비용을 판매자가 부담하는 경우에는 판매자가 판매시점에 '비용'으로 처리하되 매입부대비용을 구입자가 부담하는 경우 재고자산의 취득원가에 가산하는 것이다.

또한 재고자산의 매입가액은 총매입가액에서 매입할인, 매입에누리 및 매입환출을 제외한 순매입액을 말한다. 만약 성격이 다른 재고자산을 일괄하여 구입한 경우에는 총 매입원가를 각 재고자산의 공정가치 비율에 따라 배분하여 개별 재고자산의 매입가액을 결정하여야 한다.

제품, 반제품 및 재공품 등 자가제조하는 재고자산의 취득원가는 제조원가와 매입부대비용을 합한 금액으로 한다. 제품, 반제품 및 재공품 등 자가제조하는 재고자산의 취득원가는 제조원가로 한다.

구분	취득원가
외부구입	매입가액 + 매입부대비용 − 매입에누리와 환출액 − 매입할인액
자가제조	직접재료비 + 직접노무비 + 제조간접비

참고 **매입할인, 매입환출및에누리**

- **매입에누리와 매입환출(판매자의 경우에는 매출에누리와 매출환입이 됨)**

  매입에누리란 구매자가 구입한 상품이나 원재료에 하자가 발견되어 원래의 매입가격보다 금액을 깎는 것을 말하며, 매입환출이란 물품을 반품하는 것을 말한다. 이는 판매자 입장에서는 매출에누리와 매출환입이 된다. 매입에누리와 매입환출은 재고자산 총매입액에서 차감하여야 한다.

- **매입할인(판매자의 경우에는 매출할인이 됨)**

  매입할인이란 구매자가 외상매입대금을 일정기간 이내에 지급하여 감액받은 것을 말하며, 매출할인이란 판매자가 외상매출대금을 조기에 회수하여 대금을 감액해 준 경우를 말한다. 매입할인 역시 재고자산의 매입가액에 포함시키지 않는다.

  ⇒ 매입자의 경우 매입액이란 총매입액에서 매입할인, 매입환출 및 매입에누리를 차감한 금액을 말한다. 마찬가지로 매출자의 경우에는 매출액은 총매출액에서 매출할인, 매출에누리, 매출환입을 차감한 나머지 금액을 말한다.

구분	구매자 입장	판매자 입장
• 판매한 상품이 반품되는 경우	매입환출	매출환입
• 하자나 결함 때문에 가격을 에누리하는 경우	매입에누리	매출에누리
• 외상대금을 할인기간 내에 조기결제하여 할인하는 경우	매입할인	매출할인

3 기말재고자산의 포함 여부 결정

구분		내용
운송중인 재고자산	선적지 인도기준	• 선적이 완료된 시점에 매입자의 재고자산이 됨 (매입자 입장에서는 '미착품, 미착상품' 등으로 처리)
	도착지 인도기준	• 도착지에서 인수되는 시점에 매입자의 재고자산이 됨. 따라서 기말 현재 운송중인 상품은 판매자의 재고자산임
할부판매상품		• 일반적인 경우 판매기준(인도기준) 적용 : 판매시점에 매입자의 재고자산이 됨 • 회수기일도래기준 적용시 : 회수기일 미도래분은 판매자의 재고자산임
위탁상품(적송품)		• 적송품이란 위탁자가 수탁자에게 판매를 위탁하기 위해 보낸 상품 등 • 기말 현재 수탁자의 창고에 있는 재고자산(적송품)은 위탁자의 재고자산
시송품(또는 시용품)		• 시용품은 매입자로 하여금 일정기간 사용한 후에 매입 여부를 결정하라는 조건으로 판매한 상품 등을 말함 • 매입자가 구매의사를 밝히는 시점부터 매입자의 재고자산이므로 아직 구매의사를 밝히지 않은 것은 판매자의 재고자산

이론 I 재무회계

4 기말 재고자산의 평가 : "수량 × 단가"

기말재고자산 장부가액과 실제 평가금액이 다를 경우에는 이를 실제 금액에 맞추는 회계처리를 해야 하는데 이러한 과정을 재고자산의 평가라고 한다.

참고 매출원가의 계산

구분	매출원가
상품 매출원가	기초상품재고액 + 당기매입액 − 기말상품 재고액
제품 매출원가	기초제품재고액 + 당기제품제조원가 − 기말제품 재고액

기말 재고자산 금액은 재고자산 수량(실제 수량)과 단가를 곱해서 구한다. 재고자산의 단가는 취득원가로 하는 것이 원칙이지만, 만약 재고자산의 시가가 취득원가보다 하락했다면 시가를 적용하여 단가를 재산정해야 한다.

(1) 기말 재고자산의 수량 결정 : 실지재고조사법, 계속기록법, 혼합법

기말재고자산의 수량을 결정하는 방법으로는 실지재고조사법과 계속기록법이 있다.

- **실지재고조사법** : 기말에 실제 조사한 수량을 기말재고자산 수량으로 결정
  실지재고조사법이란 상품의 출고는 기록하지 않고 입고만 기록한 후 회계기말에 남아있는 재고자산의 수량을 직접 조사해서 결정하는 방법이다.

- **계속기록법** : 장부상에 남아있는 재고자산 수량을 기말재고자산 수량으로 결정
  계속기록법은 기중에 재고자산의 변동이 있을 때마다(입고 및 출고 포함) 상품재고원장에 그 변동내용을 기록하여 연도 중 어느 시점에서든지 재고자산의 수량과 금액 및 매출원가를 상품재고원장만 보면 파악할 수 있도록 한 방법이다.

- **혼합법** : 실지재고조사법과 계속기록법을 모두 적용하는 방법

실지재고조사법과 계속기록법의 내용을 비교하면 다음과 같다.

구분	실지재고조사법	계속기록법
적용가능 업종	단위당 원가가 작고, 입·출고가 빈번한 상품을 취급하는 업종(대부분의 판매업)	고가의 상품을 소량으로 취급하는 업종 (귀금속판매업 등)
기말재고 수량	기말재고자산의 실사를 통하여 산출	상품재고원장의 기록에 의하여 산출
장점	매출시마다 재고자산에 대한 출고기록을 하지 않기 때문에 간편	재고자산 입고 뿐 아니라 출고 물량도 기록하므로 재고자산의 장부상 수량과 금액을 언제든지 파악 가능

구분	실지재고조사법	계속기록법
단점	• 실사를 하지 않고서는 재고자산의 수량과 금액을 파악하는 것이 불가능함 • 실사에 포함되지 않은 부분은 당기중에 모두 판매된 것으로 가정하므로, 감모수량이 매출원가에 포함됨	• 재고자산의 입출내역을 기록·유지하는 것이 매우 번거로움 • 매출원가로 기록한 금액 이외에는 기말재고로 간주하므로, 감모수량이 기말재고에 포함됨

• 계속기록법을 적용하면서 매 회계연도말 실지재고조사법을 병행하는 것이 가장 이상적인 방법임
• 위 두가지 방법을 혼용해야 파손, 도난, 분실, 증발 등의 원인에 의한 장부재고수량과 실지재고수량의 차이(재고자산감모손실)를 파악할 수 있음

재고자산감모손실

기말 재고자산의 실제 수량과 장부상 수량의 차이가 나는 경우 **수량 부족으로 인한 손실**이 발생하게 되는데 이를 **재고자산감모손실**이라고 한다.

재고자산감모손실은 정상적인 원인에 의한 것일 수도 있고 관리상의 부주의나 도난 등 비정상적인 이유로 인한 것일 수도 있다. 정상적인 재고자산감모손실의 경우 매출원가로 처리하도록 규정되어 있으며, 비정상적인 감모손실은 영업외비용으로 처리하도록 하고 있다. 회계기준에서는 재고자산 감모손실을 먼저 인식한 후 재고자산 평가손실을 나중에 인식하도록 하고 있다.

• 재고자산 감모손실 : (장부상 수량 - 실제 수량)×단위당 취득원가
• 정상적인 감모손실 : 매출원가에 가산
• 비정상적인 감모손실 : 영업외비용으로 처리

---

(2) 기말 재고자산의 단가 산정(= 원가흐름의 가정)

재고자산의 취득시기에 따라 재고자산의 구입단가가 계속하여 변동하는 경우에 재고자산이 어떤 순서로 팔리는지를 가정한 것이 '원가흐름의 가정'이다. 일반기업회계기준에서는 개별법, 선입선출법, 평균법(총평균법, 이동평균법) 및 후입선출법을 인정하고 있다. 다만, 유통업을 영위하고 있는 경우에는 매출가격환원법(소매재고법)도 인정된다.

📝 일반기업회계기준에서 인정하는 단가산정 방법

㉠ **개별법** : 재고자산의 개별물량흐름을 직접 추적하여 원가를 대응시키는 방법
㉡ **선입선출법** : 먼저 사 온 상품을 먼저 판매한다고 가정하는 방법
㉢ **후입선출법** : 나중에 사 온 상품을 먼저 판매한다고 가정하는 방법
㉣ **평균법** : 먼저 사온 상품과 나중에 사온 상품이 평균적으로 판매된다고 가정하는 방법
㉤ **매출가격환원법(소매재고법)** : 백화점이나 유통업종 등에서 적용하는 방법

🔧 참고

후입선출법은 한국채택국제회계기준에서는 인정하지 않는 방법이지만 일반기업회계기준에서는 허용하고 있다.

📝 일반기업회계기준에서 인정하지 않는 단가산정 방법

⑦ 기준재고법   ⓛ 화폐가치후입선출법   ⓒ 매출총이익률법

주의! 매출가격환원법은 일반기업회계기준에서 인정하는 방법이고 매출총이익률법은 일반기업회계기준에서 인정되지 않는 방법이다. 이 둘의 명칭이 비슷하여 시험에 자주 출제되므로 반드시 기억해 놓도록 하자.

📝 각 단가산정 방법의 특징 요약

• **개별법**은 실제 물량의 흐름과 원가흐름이 정확하게 일치하는 방법이다. 다만, 재고자산 수량이나 품목이 많을 경우 현실적으로 적용이 어렵다.
• 평균법은 총평균법과 이동평균법으로 나뉜다. **총평균법**은 기말에 한번만 평균을 내서 단가를 산정하는 방법으로서 **실지재고조사법 하에서의 평균법**이다. **이동평균법**은 재고자산의 수량이 바뀔 때마다 단가를 새로 평균내는 방법으로서 **계속기록법 하에서의 평균법**이다. 이동평균법은 매입거래가 발생할 때마다 단가를 재산정해야 하는 번거로움이 있다.
• 성격이나 용도가 다른 재고자산에 대해서는 서로 다른 취득단가 결정방법을 적용할 수 있으나, 일단 특정 방법을 선택한 후에는 정당한 사유 없이 새로운 재고자산평가방법으로 변경할 수 없다. 만약 정당한 사유가 있어서 재고자산 평가방법을 변경하였다면 이에 대한 내용을 주석으로 기재하여야 한다.

📝 물가상승시 각 방법의 비교 ★★★

• **기말 재고자산 평가액** : 선입선출법 ≥ 이동평균법 ≥ 총평균법 ≥ 후입선출법
• **매출원가** : 선입선출법 ≤ 이동평균법 ≤ 총평균법 ≤ 후입선출법
• **당기순이익** : 선입선출법 ≥ 이동평균법 ≥ 총평균법 ≥ 후입선출법

📝 선입선출법과 후입선출법의 비교(물가상승시)

구분	선입선출법	후입선출법
장점	① 물량흐름과 원가흐름이 대체적으로 일치 ② 기말 재고자산을 현행원가에 가깝게 표시 ③ 객관적이므로 이익조작 가능성이 낮음	① 수익·비용의 적절한 대응 ② 법인세 이연 효과 ③ 평가손실이 작게 계상됨
단점	① 수익·비용 대응이 부적절 ② 현금의 사외유출 촉진 ③ 매출원가가 적게 계상됨으로써 이익의 과대인식 가능성	① 이익의 감소에 따른 주가의 하락 가능성 ② 기말재고자산의 과소평가 ③ 일반적인 물량의 흐름과 상반됨 ④ 후입선출 청산시 이익의 과대계상 ⑤ 후입선출 청산을 통한 이익의 조작 가능성

(3) 재고자산 기말평가 : 저가법 적용

재고자산은 원칙적으로 취득원가를 기말 재무상태표가액으로 하여야 한다. 다만, 시가가 취득원가보다 낮은 경우에는 시가를 재무상태표 금액으로 한다.

즉, 재고자산 단가가 상승하는 경우 이를 별도로 회계처리하지 않는 것이다. 그러나 재고자산의 금액(단가)이 하락한 경우에는 재고자산평가손실을 인식하도록 하고 있으며 이를 저가법이라고 한다. 저가법으로 평가하는 방법은 이론적으로 종목별기준, 조별기준, 총계기준이 있다. 이 중 종목별기준을 적용하는 것을 원칙으로 하되, 예외적으로 조별기준도 허용하는 경우가 있다(총계기준은 적용 불가).

- 재고자산 단가 상승시 : 별도로 회계처리하지 않음, 따라서 재고자산평가이익이라는 계정과목은 나타나지 않음
- 재고자산 단가 하락시 : 재고자산평가손실을 인식하여 장부가액을 시가와 일치시킴

(4) 재고자산평가손실

기말에 재고자산의 시가가 당초에 취득한 가격보다 낮아진 경우에는 시가와 취득원가와의 차이를 재고자산평가손실로 계상하여야 한다. 재고자산감모손실과 재고자산평가손실이 모두 있을 경우에는 재고자산감모손실을 먼저 인식한 후 재고자산평가손실을 인식하여야 한다.

재고자산의 금액이 하락한 경우, 장부가액과 시가와의 차액은 재고자산평가충당금의 과목으로 하여 재고자산에서 차감하는 형식으로 표시하며, 재고자산평가손실은 매출원가에 가산하는 형식으로 표시한다.

향후 재고자산의 시가가 회복되는 경우에는 최초의 취득원가를 한도로 하여 시가회복분을 환입하고 동 환입액은 매출원가에서 차감한다.

재고자산의 시가는 제품, 상품, 재공품의 경우에는 순실현가능가치(정상판매가격·추정판매비)로 하며, 원재료의 경우에는 현행대체원가로 한다.

재고자산평가손실

- **재고자산평가손실** : 실제수량 × (단위당 원가 - 순실현가능가치)

  ※ 순실현가치란 예상판매가격에서 예상 판매부대비용을 차감한 가격을 말함

  ※ 원재료의 경우 순실현가능가치 대신 현행대체원가를 적용함

- 재고자산평가손실은 매출원가에 가산하고, 재고자산평가손실환입은 매출원가에서 차감함

- **재고자산평가충당금** : 재무상태표의 재고자산에서 차감하는 형식으로 표시

재고자산평가손실 인식과 환입의 회계처리

1. 재고자산평가손실 인식의 회계처리

(차) 재고자산평가손실	100	(대) 재고자산평가충당금	100
(매출원가 가산)		(재고자산 차감)	

2. 재고자산평가손실 환입의 회계처리

(차) 재고자산평가충당금	100	(대) 재고자산평가충당금환입	100
		(매출원가 차감)	

5 재고자산의 분류와 공시

재고자산은 총액으로 보고하거나 상품·제품·재공품·원재료 및 소모품 등으로 분류하여 재무상태표에 표시한다.

일반기업회계기준에 의해 재고자산의 단가산정시 후입선출법을 사용하였다면, 재무상태표에 표시된 금액과 선입선출법·평균법에 의하여 계산한 재고자산 금액과의 차이를 주석으로 기재해야 한다.

◥참고 재고자산과 매출원가의 관계

기초상품 재고액 + 당기상품 매입액 = 매출원가 + 타계정으로 대체액 + 기말상품 재고액

5 비유동자산

구분	종류
투자자산	장기금융상품, 투자부동산, 매도가능증권, 만기보유증권, 지분법적용투자주식 등
유형자산	영업활동에 사용하는 토지, 건물, 구축물, 기계장치, 차량운반구, 비품, 건설중인자산 등
무형자산	영업권, 산업재산권, 광업권, 어업권, 개발비, 소프트웨어 등
기타비유동자산	이연법인세자산(유동자산으로 분류되는 금액 제외), 전세권, 전신전화가입권, 임차보증금, 영업보증금, 장기매출채권 등

1 투자자산

투자자산은 기업의 정상적 영업활동과는 무관하게 투자를 목적으로 보유하는 자산을 말한다. 따라서 투자자산에는 장기적인 투자수익을 얻기 위해 가지고 있는 채권(채무증권)과 주식(지분증권), 지분법적용 투자주식, 영업활동에 사용되지 않는 토지와 설비자산, 설비확장 및 채무상환 등에 사용할 특정 목적의 예금을 포함한다. 투자자산 내에 별도 표시하는 분류 항목의 예는 다음과 같다.

- **투자부동산** : 영업활동과는 무관하게 투자목적으로 보유하고 있는 토지나 건물을 투자부동산이라고 한다.
- **장기투자증권** : 비유동자산으로 분류되는 매도가능증권과 만기보유증권을 통합하여 장기투자증권으로 표시할 수 있으며 이들의 금액이 중요하지 않은 경우에는 기타로 공시한다.
- **지분법적용투자주식** : 피투자기업에 대해 유의적인 영향력을 행사할 수 있는 지분상품을 지분법적용투자주식 이라고 한다.
- **장기대여금** : 이자수익을 받을 목적으로 타인에게 자금을 빌려준 경우 대여금이라고 하여 대여금 중 1년 이내에 만기가 도래하지 않는 것을 장기대여금이라고 한다.
- **기타** : 장기금융상품(정기예·적금 등 금융상품의 만기가 1년 이내에 도래하지 않는 것) 등을 기타로 분류한다.

> **· 단기대여금과 장기대여금의 분류**
>
> 대여금의 만기가 재무상태표일로부터 1년 이내에 도래하는 경우에는 단기대여금 계정으로 분류해야 하며, 1년 이상인 경우에는 장기대여금 계정으로 기록한다. 따라서 재무상태표 작성시에 단기대여금은 유동자산으로 분류하고 장기대여금은 투자자산으로 분류한다.
>
> **· 단기금융상품과 장기금융상품**
>
> 금융상품의 만기가 재무상태표일로부터 1년 이내에 도래하는 경우에는 단기금융상품 계정으로 분류해야 하며, 1년 이상인 경우에는 장기금융상품 계정으로 기록한다. 따라서 재무상태표 작성시에 단기금융상품은 유동자산으로 분류하고 장기금융상품은 투자자산으로 분류한다.

투자자산 중 시험에서 가장 많이 출제되는 부분은 유가증권에 대한 것이다. 아래에서 유가증권에 대한 내용을 정리하였으므로 이에 대해 정확하게 이해하도록 하자.

1 유가증권의 정의

유가증권은 재산권을 나타내는 증권을 말하며, 실물이 발행된 경우도 있고 명부에 등록만 되어 있을 수도 있다. 유가증권은 적절한 액면금액 단위로 분할되고 시장에서 거래되거나 투자의 대상이 된다. 유가증권에는 지분증권(주식 등)과 채무증권(채권 등)이 포함된다.

2 유가증권의 취득원가 = 매입가액 + 매입부대비용(단기매매증권 제외)

유가증권(단기매매증권 제외)의 취득원가는 매입가액에 매입부대비용을 합한 금액으로 한다. 이 경우 매입금액이 불분명한 경우 혹은 제공한 대가의 시장가격이 없는 경우에는 취득한 유가증권의 시장가격을 취득원가로 한다. 또한 제공한 대가와 취득한 유가증권 모두 시장가격이 없는 경우에는 공정가액을 추정하여 취득원가를 측정한다.

유가증권의 단가를 산정할 때에는 종목별로 합리적인 방법을 적용한다. 이 경우 합리적인 방법이란 총평균법, 이동평균법, 선입선출법 등의 방법을 말하는데 실무적으로는 이동평균법을 가장 많이 사용한다.

> ※ **참고** : 단기매매증권의 취득원가는 매입가액이다. 매입부대비용은 수수료비용(기타비용)으로 처리한다.

3 유가증권의 분류

유가증권을 취득한 경우 취득 목적에 따라 단기매매증권, 매도가능증권, 만기보유증권, 지분법적용투자주식 중의 하나로 분류하여 회계처리해야 한다.

※ 유가증권의 분류 ※

구 분	내　용	분 류
단기 매매 증권	주로 단기간 내의 매매차익을 목적으로 취득한 유가증권으로서, 매수와 매도가 적극적이고 빈번하게 이루어지는 유가증권 * 단기매매증권평가손익 ⇒ 영업외손익 ⇒ 손익계산서에 반영	유동자산 (당좌자산)
매도 가능 증권	단기매매증권이나 만기보유증권으로 분류되지 아니하는 유가증권 * 매도가능증권평가손익 ⇒ 기타포괄손익누계액 ⇒ 재무상태표에 반영	비유동자산 (투자자산)
만기 보유 증권	만기가 확정된 채무증권으로서 상환금액이 확정되었거나 확정이 가능한 채무증권을 만기까지 보유할 적극적인 의도와 능력이 있는 유가증권	
지분법 적용 투자 주식	주식 중 다른 회사에 중대한 영향력을 행사할 수 있는 주식을 지분법적용투자주식이라 한다. 여기서 다음의 하나에 해당하는 경우는 중대한 영향력을 행사할 수 있다고 판단한다. • 투자회사가 피투자회사의 의결권 있는 주식의 20% 이상을 보유 • 피투자회사의 이사회 또는 의사결정기관에의 참여 • 피투자회사의 이익잉여금 분배나 내부유보에 관한 의사결정과정에의 참여 • 피투자회사의 영업정책결정과정에의 참여 • 투자회사와 피투자회사 간의 중요한 내부거래 • 경영진의 인사교류 • 필수적인 기술정보의 교환	

유가증권은 지분증권(주식 등)과 채무증권(국공채, 사채 등)을 포함하는데 지분증권은 만기보유증권으로 분류할 수 없으며, 채무증권은 지분법적용투자주식으로는 분류가 불가능하다.

4 유가증권 보유 수익의 회계처리

유가증권 보유기간 중 주식에 대한 배당을 받거나 사채에 대한 이자를 받은 경우는 배당금수익(영업외수익)과 이자수익(영업외수익)으로 계상한다. 배당금수익과 관련하여 주식배당을 받은 경우(무상으로 주식을 배정받은 경우) 장부가액을 증가시키는 회계처리는 하지 않고, 수량과 단가를 재계산하여야 한다.

5 유가증권의 기말평가

자산과 부채는 역사적원가주의에 의해 재무상태표에 취득원가로 계상된다. 그런데 유가증권의 경우 공정가액에 관한 정보가 취득원가에 의한 정보보다 더 유용할 수 있으므로 이에 대하여 매 회계기간말에 공정가액과 장부가액의 차이를 조정하는 회계처리를 해야 한다. 이처럼 기말 현재 보유하고 있는 자산의 장부가액을 공정가액과 일치시켜 주는 회계처리를 유가증권의 평가라고 한다.

(1) 유가증권의 후속측정(기말 평가)

① 단기매매증권 및 매도가능증권

단기매매증권과 매도가능증권은 공정가치로 평가한다. 다만, 매도가능증권 중 시장성이 없는 지분증권의 공정가치를 신뢰성있게 측정할 수 없는 경우에는 취득원가로 평가한다. 단기매매증권에 대한 미실현보유손익은 당기손익항목으로 처리한다. 매도가능증권에 대한 미실현보유손익은 기타포괄손익누계액으로 처리하고, 당해 유가증권에 대한 기타포괄손익누계액은 그 유가증권을 처분하거나 손상차손을 인식하는 시점에 일괄하여 당기손익에 반영한다.

> 유가증권평가손익 = 결산기말 공정가액 - 장부가액

② 만기보유증권

만기보유증권은 상각후원가로 평가하여 재무상태표에 표시한다. 만기보유증권을 상각후원가로 측정할 때에는 장부금액과 만기액면금액의 차이를 상환기간에 걸쳐 유효이자율법에 의하여 상각하여 취득원가와 이자수익에 가감한다.

③ 지분법적용투자주식

지분법을 적용하여 평가한다.

(2) 유가증권 손상차손 인식

유가증권으로부터 회수할 수 있을 것으로 예상되는 금액(회수가능가액)이 유가증권의 취득가액보다 작은 경우에는 손상차손을 인식할 것을 고려하여야 한다. 즉, 매 회계기간의 재무상태표일마다 손상차손의 발생에 관한 객관적인 증거가 있는지 평가해야 하며, 그러한 증거가 있는 경우에는 유가증권의 회수가능가액을 추정하여 손상차손액을 당기손익에 반영하여야 한다.

유가증권 손상차손은 원칙적으로 개별 유가증권별로 측정하고 인식하는 것을 원칙으로 하며, 만기보유증권의 손상차손을 인식한 이후의 이자수익은 회수가능가액을 측정할 때 미래현금흐름의 할인율로 사용한 이자율을 적용하여 산출한다.

> 유가증권평가손익 = 결산기말 공정가액 - 장부가액

6 유가증권의 처분시 처분손익 인식

유가증권을 처분할 경우에는 처분가액과 처분 당시의 장부가액을 비교하여 처분손익을 계산하여 이를 당기손익에 반영해야 한다. 따라서 단기매매증권처분손익과 매도가능증권처분손익 모두 영업외손익 항목으로서 손익계산서에 반영되는 것이다. 단, 매도가능증권의 경우 처분시 매도가능증권평가이익이나 매도가능증권평가손실이 장부에 존재한다면 해당 평가이익이나 평가손실을 반영하여 처분손익을 인식하여야 한다.

> 유가증권처분손익 = 처분가액 - 처분 당시의 장부가액[주]

[주]단, 매도가능증권은 처분가액에서 취득원가를 차감하여 처분손익을 구함

📋 회계처리 예시 : 매도가능증권의 처분(사례 : 취득가액 7,000원인 주식)

- 처분시 장부가액 : 10,000원
- 처분시 장부상 매도가능증권평가이익 잔액 : 3,000원
- 처분가액(현금) : 15,000원

| (차) 현금 | 15,000 | (대) 매도가능증권 | 10,000 |
| 매도가능증권평가이익 | 3,000 | 매도가능증권처분이익 | 8,000 |

유가증권 처분시 수수료의 취급

유가증권 처분시에 발생하는 거래수수료나 증권거래세 등의 부대비용은 처분가액에서 직접 차감해야 한다. 별도로 수수료 계정으로 처리하는 것이 아니라는 점에 주의해야 한다. 특히 단기매매증권의 경우 취득시 수수료는 수수료비용으로 처리하지만 처분시의 수수료는 수수료비용으로 처리하지 않는다는 점에 주의한다.

※ 요약 : 유가증권 평가손익과 처분손익의 성격 구분 ※

구분	인식 시점	계정과목	성격	관련 재무제표
평가손익	결산일	단기매매증권평가손익	영업외손익	손익계산서
		매도가능증권평가손익	기타포괄손익누계액	재무상태표
처분손익	처분일	단기매매증권처분손익	영업외손익	손익계산서
		매도가능증권처분손익	영업외손익	손익계산서

7 유가증권의 재분류

유가증권의 보유의도와 보유능력에 변화가 있어서 재분류가 필요한 경우에는 다음과 같이 처리한다.

- 단기매매증권은 다른 유가증권으로 분류변경할 수 없으며 다른 유가증권도 단기매매증권으로 재분류할 수 없다. 다만, 극히 드물기는 하지만 더 이상 단기간 내의 매매차익을 목적으로 보유하지 않는 단기매매증권은 매도가능증권이나 만기보유증권으로 분류할 수 있으며, 단기매매증권이 시장성을 상실한 경우에는 매도가능증권으로 분류하여야 한다.

- 매도가능증권은 만기보유증권으로 재분류할 수 있으며, 만기보유증권은 매도가능증권으로 재분류할 수 있다.

- 유가증권과목의 분류를 변경할 때에는 재분류일 현재의 공정가치로 평가한 후 변경한다.

2 유형자산

유형자산이란 재화의 생산 및 판매, 용역의 제공 등 영업활동을 지원할 목적으로 장기간(1년 이상)에 걸쳐 소유하고 있는 비유동자산으로서 형태가 있는 것이다. 이는 회사의 영업활동을 위해 사용된다는 면에서 투자자산과 차이가 난다. 유형자산과 투자자산 중 현금화가 더 쉬운 것은 투자목적의 투자자산이라고 할 수 있으므로 재무상태표 작성시 유동성배열법에 의해 비유동자산 중 투자자산을 먼저 적은 후 유형자산을 적도록 하고 있다.

유형자산 중 별도 표시하는 분류항목의 예는 다음과 같다.

(1) 토지
(2) 설비자산
(3) 건설중인자산
(4) 기타
※ 감가상각을 하지 않는 토지는 감가상각 대상자산인 설비자산과 우선 구분하여 이들의 규모를 파악할 수 있도록 해야 한다.
　또한 미래 생산, 판매활동을 위해 건설중인 설비자산의 규모를 파악할 수 있도록 건설중인 자산을 개별 표시한다.

일반기업회계기준·유형자산의 정의

유형자산은 재화의 생산이나 용역의 제공, 타인에 대한 임대, 또는 자체적으로 사용할 목적으로 보유하고 있으며, 물리적 형태가 있는 비화폐성 자산으로서 토지, 건물, 기계장치 등을 포함한다.

1 유형자산의 종류

유형자산의 예는 다음과 같다.

(1) 토지

대지·임야·전·답 등을 회사의 영업활동을 위해 직접 사용할 때 '토지' 계정으로 처리하며 이는 감가상각 대상 자산이 아니다.

(2) 건물

회사의 사옥이나 창고, 공장, 냉난방, 조명 및 기타 건물 부속설비를 포함하여 건물이라고 한다. 건물은 감가상각 대상 자산이다.

(3) 구축물

구축물은 토지 위에 건설한 건축물 외의 설비를 말하는 것으로 교량, 저수지, 갱도, 상하수도, 터널, 전주, 지하도관, 신호장치, 정원 등을 말하는 것이다. 구축물 역시 감가상각 대상 자산이 된다.

(4) 기계장치

회사의 제품 제조를 위한 기계장치, 운송설비 등과 기타의 부속설비를 말하며 감가상각 대상 자산이다.

(5) 건설중인 자산

유형자산을 건설하기 위해 지출한 금액을 말하는 것으로서 아직 건설이 완료되지 않아 건물이나 구축물로 회계처리할 수 없는 경우 임시적으로 그 금액을 처리하는 계정을 말한다. 이는 해당 자산의 건설이 완료되는 때에 건물이나 구축물 등 해당 계정으로 대체된다. 건설중인 자산은 아직 사용을 시작하지 않았으므로 감가상각 대상이 아니다.

(6) 차량운반구

회사의 영업활동을 위해 사용되는 승용차, 트럭 등으로서 감가상각 대상 자산이다.

(7) 비품

비품이란 기업에서 1년 이상 사용하는 컴퓨터 등을 말하는 것이므로 기말에 감가상각을 해야 한다.

감가상각 대상이 아닌 유형자산의 종류

- **토지** : 물리적 가치가 하락하지 않으므로 상각 제외
- **건설중인 자산** : 취득이 종료되지 않아 수익이 발생하지 않으므로 감가상각 제외
- **폐기예정인 자산으로서 영업활동에 사용하지 않는 자산**

---

2 유형자산의 취득원가

유형자산 취득시의 취득원가는 매입가액에 매입을 위한 매입부대비용(직접비용)을 포함한 가격을 말한다.

외부구입	매입가액 + 매입부대비용
자가건설	제작원가 + 취득부대비용
무상취득	무상으로 증여받은 유형자산은 그 자산의 공정가치를 취득원가로 함

유형자산의 취득원가로 처리해야 하는 매입부대비용에는 아래와 같은 것이 있다.

- 설치장소 준비를 위한 지출
- 외부운송비
- 설치비 및 시운전비
- 설계와 관련하여 전문가에게 지급하는 수수료
- 유형자산의 취득과 관련하여 국공채 등을 불가피하게 매입하는 경우 당해 채권의 매입가액과 일반기업회계기준에 따라 평가한 현재가치와의 차액

- 자본화대상 금융비용(=차입원가 자본화)
- 취득세 등 유형자산의 취득과 직접 관련된 제세공과금
- **복구비용** : 해당 유형자산의 경제적 사용이 종료된 후에 원상회복을 위하여 그 자산을 제거·해체하는데 소요될 것으로 추정되는 비용이 충당부채의 인식요건을 충족하는 경우 그 지출의 현재가치를 '복구비용'이라고 함

그밖에 유형자산의 취득원가를 계산할 때에 주의해야 할 사항으로는 다음과 같은 것이 있다.

(1) 매입환출·매입에누리·매입할인

유형자산을 구입할 때 매입대금을 조기에 지급하고 매입대금의 일부를 할인받는 경우 이를 매입할인이라 하며 매입할인은 유형자산의 취득원가에서 차감한다. 이 외에 매입환출 및 매입에누리도 취득원가에서 차감한다.

(2) 장기연불구입시 취득원가

유형자산을 장기할부조건으로 구입한 경우 취득원가는 미래 지급액의 현재가치에 취득부대비용을 더한 금액으로 한다.

(3) 현물출자로 취득한 유형자산의 취득원가

회사가 자산을 취득하면서 그 대가로 회사의 미발행주식을 발행하여 교부해 주는 것을 현물출자라고 한다. 현물출자로 취득한 유형자산의 취득원가는 취득한 유형자산의 공정가치에 취득부대비용을 가산한 금액으로 한다. 만약 유형자산의 공정가치를 모를 경우에는 발행한 주식의 공정가치로 계산한다.

(4) 토지와 건물의 일괄취득시 토지와 건물 각각의 취득원가

여러개의 유형자산을 일괄하여 취득한 경우 각 유형자산의 취득원가는 각각의 상대적 공정가치 비율에 따라 안분하여 결정하여야 한다.

① 예를 들어 토지와 건물을 일괄하여 취득한 경우 토지와 건물을 모두 사용할 목적이라면 토지와 건물의 공정가치 비율에 따라 취득원가를 안분 계산한다.

② 반면 토지만 사용할 목적으로 토지와 건물을 일괄하여 취득한 경우 건물은 사용하기 위한 목적이 아니라 철거 목적이기 때문에 취득원가 전액을 토지의 원가로 회계처리해야 한다. 이 경우 구건물 철거비용 및 토지정지 비용은 토지를 사용하도록 하는 목적에 사용된 것이므로 토지의 원가에 가산되는 것이다.

③ 한편 새로운 건물을 신축하기 위해 기존 건물을 철거하는 경우에는 구건물의 장부가액은 처분손실로 반영하고 철거비용은 당기에 즉시 비용처리하여야 한다.

이러한 일괄취득의 회계처리를 요약하면 다음과 같다.

구분		회계처리
토지와 건물의 일괄구입 (신규 구입)	⊙ 둘 다 사용목적인 경우	상대적 공정가치에 따라 배분
	ⓒ 토지만 사용 목적인 경우	일괄매입금액과 건물 철거비용을 모두 토지 원가에 가산
ⓒ 기존 건물을 철거하고 신건물을 건축하는 경우		구건물 장부가액을 처분손실로 반영하고 철거비용은 당기비용

(5) 교환에 의한 취득시 취득원가

① **이종자산간 교환** : 다른 종류의 자산과 교환하여 새로운 유형자산을 취득하는 경우 유형자산의 취득원가는 교환을 위하여 제공한 자산의 공정가치로 하고, 공정가치와 장부금액의 차액은 원래 가지고 있던 자산의 처분손익으로 하여 당기손익에 반영한다.

② **동종자산간 교환** : 교환으로 받은 자산의 취득원가는 교환을 위하여 제공한 자산의 장부가액으로 한다.

(6) 정부보조금으로 인한 취득시 취득원가

상환의무가 없는 정부보조금 중 자산 취득에 사용한 금액은 당해 자산의 취득원가에서 차감되어야 한다. 그러나 자산가액을 직접 줄이지 않고 재무상태표상의 자산의 취득가액에서 정부보조금을 차감하는 형식으로 표시한다는 점에 주의해야 한다.

정부보조금은 상환의무가 있는지의 여부와 수령 목적에 따라 다음과 같이 회계처리한다.

정부보조금의 처리방법 요약

상환의무 유무	수령목적	처 리 방 법
상환의무 미확정	-	수령시점에 부채로 인식하였다가 상환의무가 확정되는 시점에 정산하여 처리
상환의무 있는 경우	-	부채로 처리
상환의무 없는 경우	자산 취득 목적	당해 자산에서 차감하는 형식으로 표시하고 내용연수에 걸쳐 환입하여 감가상각비와 상계처리
	비용 보전 목적	수령시점에 당해 비용과 상계처리
	기타의 목적	수령 시점에 영업수익 또는 영업외수익으로 처리
	조건부 수령	수령시점에 부채로 인식하였다가 조건 충족 시점에 영업수익 또는 영업외수익으로 처리

(7) 자산의 무상취득시 취득원가

무상으로 증여받은 유형자산은 공정가치로 취득원가를 계상한다. 예를 들어 주주로부터 시가 1억원의 건물을 증여받고, 취득세 2,000,000원을 현금으로 지출한 경우의 회계처리는 다음과 같다.

(차) 건물	100,000,000	(대) 자산수증이익(기타수익)	100,000,000

(차) 건물	2,000,000	(대) 현금	2,000,000

(8) 차입원가(건설과 관련된 이자 지급액)

차입원가는 기간비용으로 처리함을 원칙으로 한다. 다만, 유형자산, 무형자산 및 투자부동산과 제조, 매입, 건설 또는 개발이 개시된 날로부터 의도된 용도로 사용하거나 판매할 수 있는 상태가 되기까지 1년 이상이 소요되는 재고자산(이들을 적격자산이라고 함)의 취득을 위한 자금에 차입금이 포함된다면 이러한 차입금에 대한 차입원가는 취득원가에 포함하는 것으로 회계처리할 수 있다. 차입원가의 회계처리방법은 정당한 사유없이 변경하지 않는다.

자본화할 수 있는 차입원가는 적격자산을 취득할 목적으로 직접 차입한 자금(이를 특정차입금이라고 함)에 대한 차입원가와 일반적인 목적으로 차입한 자금 중 적격자산의 취득에 소요되었다고 볼 수 있는 자금(이를 일반차입금)에 대한 차입원가로 나누어 산정한다.

차입원가는 다음과 같은 항목을 포함한다.

- 차입금(장기, 단기 포함)과 사채에 대한 이자
- 사채발행차금상각액(환입액)
- 현재가치할인차금상각액
- 외화차입금에 대한 환율변동손익(외화환산손익, 외환차손익)
- 차입과 직접적으로 관련하여 발생한 수수료 등

3 유형자산 취득 이후의 지출 : 자본적 지출과 수익적 지출

유형자산을 취득한 이후에도 영업활동에 계속 사용하는 과정에서 각종 수선 및 유지를 위한 지출이 발생하게 되는 것이 일반적인데, 이 경우 회사는 이를 자본적 지출과 수익적 지출로 구분하여 적절한 회계처리를 하여야 한다. 유형자산에 대한 수익적 지출은 수선비 등의 과목으로 당기의 비용으로 처리해야 하며, 유형자산의 자본적 지출은 비용으로 처리하면 안되고 당해 유형자산의 계정과목으로 처리하여 자산의 취득원가를 구성하게 되어 나중에 감가상각을 통해 비용처리되게 된다.

수선비의 분류 : 수익적 지출과 자본적 지출

구 분	자본적 지출	수익적 지출
성격	자산의 가치를 실질적으로 증가(미래의 경제적 효익 증가)시키거나 내용연수를 연장시키는 지출	자산의 원상회복이나 능률유지를 위한 경상적인 지출
예시	• 본래의 용도를 변경하기 위한 개조 • 엘리베이터 또는 냉난방 장치의 설치 • 빌딩에 있어서 피난시설 등의 설치 • 재해 등으로 인한 건물, 기계, 설비 등이 멸실, 훼손되어 당해 자산의 본래의 용도에 이용가치가 없는 것의 복구 • 기타 개량, 확장, 증설 등 자산의 가치를 증가시키는 것	• 건물 또는 벽의 도장(페인트칠) • 파손된 유리나 기와의 대체 • 기계의 소모된 부속품과 벨트의 대체 • 자동차의 타이어 튜브의 대체 • 재해를 입은 자산에 대한 외장의 복구, 도장, 유리의 삽입 • 기타 조업가능한 상태의 유지 등을 위한 것
회계처리	자산의 취득원가로 계상	수선비 등으로 당기 비용처리

참고 유형자산의 재평가

유형자산을 최초로 인식한 이후에는 원가모형이나 재평가모형 중 하나를 회계정책으로 선택하여 유형자산 분류별로 동일하게 적용한다.

㉠ 원가모형

최초 인식 후에 유형자산은 원가에서 감가상각누계액과 손상차손누계액을 차감한 금액을 장부금액으로 한다.

㉡ 재평가모형

최초 인식 후에 공정가치를 신뢰성 있게 측정할 수 있는 유형자산은 재평가일의 공정가치에서 이후의 감가상각누계액과 손상차손누계액을 차감한 재평가금액을 장부금액으로 한다. 재평가는 보고기간말에 자산의 장부금액이 공정가치와 중요하게 차이가 나지 않도록 주기적으로 수행한다. 특정 유형자산을 재평가할 때, 해당 자산이 포함되는 유형자산 분류 전체를 재평가한다.

• 공정가치

일반적으로 토지와 건물의 공정가치는 시장에 근거한 증거를 기초로 수행된 평가에 의해 결정된다. 이 경우, 평가는 보통 전문적 자격이 있는 평가인에 의해 이루어진다. 일반적으로 설비장치와 기계장치의 공정가치는 감정에 의한 시장가치이다.

• 재평가 빈도

재평가의 빈도는 재평가되는 유형자산의 공정가치 변동에 따라 달라진다. 재평가된 자산의 공정가치가 장부금액과 중요하게 차이가 나는 경우에는 추가적인 재평가가 필요하다. 유의적이고 급격한 공정가치의 변동 때문에 매년 재평가가 필요한 유형자산이 있는 반면에 공정가치의 변동이 경미하여 빈번한 재평가가 필요하지 않은 유형자산도 있다. 즉, 매 3년이나 5년마다 재평가하는 것으로 충분한 유형자산도 있다.

• 재평가 후 감가상각

감가상각을 계속 하되, 재평가 시점에서 감가상각기초가액을 수정한 후 감가상각한다.

4 감가상각(취득원가를 합리적으로 비용 배분하는 과정)

일반적으로 유형자산은 취득시점 이후부터 수년간 영업활동에 사용됨으로써 기업의 수익을 창출해 내는데 공헌하게 된다. 수익·비용 대응을 위해 유형자산의 취득원가는 그 자산이 수익창출에 기여하는 기간 동안(당해 자산의 경제적 효익이 발생하는 기간 동안) 합리적인 방법을 통해 나누어 비용으로 처리해야 한다. 이처럼 유형자산의 취득원가를 그 자산이 수익창출에 기여하는 기간동안 나누어 비용으로 처리하는 과정을 감가상각이라고 한다. 감가상각은 매 결산기말에 하는 회계처리로서 대손충당금 설정과 더불어 기말에 결산분개를 해야하는 대표적인 사례이다.

(1) 감가상각 계산의 3요소

감가상각비를 계산하기 위해서는 취득원가, 잔존가치, 내용연수를 알아야 하는데, 이를 감가상각비 계산의 3요소라고 한다. 유형자산의 취득원가에서 잔존가치를 뺀 나머지 금액을 감가상각기준액이라고 하며 유형자산의 감가상각기준액을 내용연수 동안 체계적으로 배분하는 방법에는 정액법과 정률법, 연수합계법 등이 있다.

감가상각비 계산의 3요소	
취득원가	자산의 매입가액과 그 부대비용(자본적 지출액 포함)
잔존가치	내용연수 경과 후 자산의 '예상처분가액 - 예상처분비용'
내용연수	자산을 사용할 수 있는 예상연수

> 감가상각대상자산은 유형자산 중 정상적인 영업활동에 사용하고 있거나 일시적으로 운휴중에 있는 건물이나 비품 등이다. 건물과 비품은 감가상각대상자산이지만 토지는 시간이 지남에 따라 가치가 감소하지 않는 것이므로 감가상각대상자산이 아니다. 또한 폐기 예정으로 보관중인 자산은 감가상각 대상에서 제외된다.

(2) 감가상각 방법의 종류

• 정액법

정액법은 유형자산의 감가상각이 시간의 경과에 정비례해서 발생하는 것으로 가정하며 매년 동일한 금액을 감가상각비로 인식하는 방법이다. 정액법에 의한 연간 감가상각비 금액은 다음의 공식에 의해 계산된다.

> 연도별 감가상각비 = (취득원가 - 잔존가치) ÷ 내용연수 = 감가상각기준액 ÷ 내용연수

예를 들어 자산의 취득금액이 400원이고 잔존가치는 0(zero), 내용연수는 4년이라면 이 자산에 대해서는 4년 동안 매년 100원[= (400원 - 0원) ÷ 4년]의 감가상각비가 계상되는 것이다.

이처럼 정액법은 계산이 매우 간편하다는 장점이 있다. 그러나 실제적으로 감가상각에 영향을 미치는 요인은 시간만이 아니라 여러 가지 요인이 복합적으로 작용되어 결정되는 것으로 감가상각비를 단순히 시간에 대한 정비례 함수로 파악하는 것은 문제점이 있다.

• **정률법**

정률법은 유형자산의 취득원가에서 감가상각누계액을 차감한 미상각잔액에 일정한 상각률을 곱하여 각 연도별 감가상각비를 각각 구하는 방법이다.

> 연도별 감가상각비 = (취득원가 - 기초감가상각누계액) × 상각률 = 기초장부가액 × 상각률

예를 들어 자산의 취득원가가 400원이고 20×1년 기초의 기초감가상각누계액이 100원, 감가상각률이 0.25라면 20×1년의 감가상각비는 75원[= (400원 - 100원) × 0.25]의 감가상각비가 계상되는 것이다. 정률법에 의해 상각을 할 경우 첫해의 감가상각비가 가장 크게 계상된다. 따라서 초기에 비용처리를 많이 하고 싶다면 정률법으로 상각하면 된다. 정률법에 의한 경우 시간이 지남에 따라 감가상각비가 체감하게 된다는 특징이 있다.

• **연수합계법**

정률법과 마찬가지로 상각비가 체감하는 방법이며 아래와 같이 매년 감가상각비를 구한다. 아래 식에서 잔여내용연수란 전체 내용연수에서 경과된 내용연수를 차감한 내용연수를 말한다. 예를 들어 총 내용연수가 5년인 경우 2차연도의 잔여내용연수는 4년이다. 왜냐하면 5년에서 이미 경과된 1년을 빼기 때문이다.

> 연도별 감가상각비 = (취득원가 - 잔존가치) × $\dfrac{\text{잔여내용연수}}{\text{내용연수의 합계}}$

• **이중체감법**

이중체감법은 기초장부가액에 정액법 상각률의 2배가 되는 상각률을 곱하여 감가상각비를 구하는 방법이다.

> 연도별 감가상각비 = (취득원가 - 기초감가상각누계액) × (정액법 상각률 × 2배)
>
> = (취득원가 - 기초감가상각누계액) × $\dfrac{2}{\text{내용연수}}$

• **생산량비례법**

총 추정생산량 대비 당기 실제 생산량의 비율을 작업진행율로 계산하는 방법이다. 생산량 비례법은 감가상각이 생산량 또는 작업시간에 비례하여 이루어진다고 가정하는 방법이다. 이 방법은 1단위 또는 1시간당 감가상각비가 균등하게 계산된다.

> 연도별 감가상각비 = (취득원가 - 잔존가치) × $\dfrac{\text{당기 실제생산량}}{\text{총 추정생산량}}$

(3) 감가상각비 회계처리

감가상각비 금액이 결정되면 아래와 같이 회계처리한다. 감가상각누계액 계정은 자산의 차감적 평가계정으로서 재무상태표상 관련 자산계정에서 차감하는 형식으로 기재한다.(따라서 감가상각누계액은 증가할 때 대변에 기입하고, 감소할 때 차변에 기입한다.)

(차) 감가상각비	100	(대) 감가상각누계액	100

5 유형자산의 처분

유형자산을 처분하는 경우에는 유형자산의 장부가액과 처분가액을 비교하여 장부가액보다 처분가액이 큰 경우 유형자산처분이익을 영업외수익으로 보고하고, 장부가액보다 처분가액이 작은 경우 유형자산처분손실을 영업외비용으로 보고한다.

유형자산처분이익	유형자산의 장부가액 < 처분가액
유형자산처분손실	유형자산의 장부가액 > 처분가액

유형자산의 장부가액 = 취득원가 − 감가상각누계액

6 유형자산의 손상

회사가 유형자산을 보유하고 있다가 그 자산이 진부화되거나 시가가 급격히 하락하는 경우에는 그 유형자산에 대해 손상차손을 인식해야 한다. 즉, 유형자산의 미래 경제적 효익이 유형자산의 장부금액에 현저하게 미달할 가능성이 있는 다음의 경우에는 손상차손을 인식할 것을 검토하여야 한다.

- 유형자산의 시장가치의 현저한 하락
- 유형자산의 사용강도나 사용방법에 현저한 변화가 있거나 심각한 물리적인 변형이 초래된 경우
- 법률이나 기업환경의 변화 혹은 규제의 영향으로 인하여 해당 유형자산의 효용이 현저하게 감소된 경우
- 해당 유형자산으로부터 영업손실이나 순현금의 유출이 발생하고 미래에도 지속될 것이라고 판단된 경우

(1) 유형자산이 손상된 경우

유형자산의 회수가능가액이 장부금액에 미달하여 손상가능성이 있다고 판단되고 그 유형자산을 사용하였을 때 얻을 수 있는 이익 혹은 팔았을 때 받을 수 있는 금액(이를 회수가능액이라고 한다)이 현재의 장부가액보다 현저하게 적을 경우에는 장부가액을 회수가능액으로 조정하고 그 차액을 유형자산손상차손으로 당기비용 처리해야 한다.

이러한 회계처리의 예를 살펴보면 다음과 같다.

20×1년 1월 1일에 1,000원에 취득한 건물이 있다. 그런데 20×1년 12월 31일 현재 이 건물의 시가가 현저히 하락하여 현재 회수가능액이 200원인 것으로 판단되었다. 이 자산에 대한 감가상각과 손상차손 인식에 관한 회계처리를 하여라 (내용연수 5년, 잔존가액 0원, 정액법 사용).

(차) 감가상각비	200	(대) 감가상각누계액	200

(차) 유형자산손상차손	600	(대) 손상차손누계액	600

이 자산에 대해서는 먼저 감가상각비를 인식해야 한다. 따라서 20×1년의 감가상각비 200원(= $\frac{1,000원-0원}{5년}$)을 위와 같이 회계처리한다. 그러면 이 건물의 장부가액은 800원(=1,000원-200원)이 되는데 시가가 200원으로 현저하게 하락했으므로 건물에 대한 손상차손 600원(=800원-200원)을 인식해야 하는 것이다. 아래 회계처리에서 손상차손누계액은 감가상각누계액과 마찬가지로 당해 유형자산에서 차감하는 형식으로 기재한다.

(2) 유형자산의 회수가능가액이 회복된 경우

위와같이 손상차손을 인식한 경우에는 손상 후의 장부금액을 기준으로 잔존내용연수에 걸쳐 감가상각을 해야 한다. 또한 차기 이후에 손상된 자산의 회수가능액이 장부금액을 초과하는 경우에는 그 자산이 손상되기 전의 장부금액의 상각후 잔액을 한도로 하여 그 초과액을 손상차손 환입액으로 당기이익 처리해야 한다.

> 20×2년 12월 31일에 위 건물의 시가가 700원으로 회복되었다. 이 자산의 감가상각과 손상차손환입에 대한 회계처리를 하여라.

(차) 감가상각비	50	(대) 감가상각누계액	50
(차) 손상차손누계액	450	(대) 유형자산손상차손환입액	450

위 사례에서 유형자산의 손상차손을 인식하고 난 후의 그 자산 장부가액은 200원이다. 그리고 잔존내용연수가 4년이므로 이 자산에 대해 20×2년에 인식할 감가상각비는 50원(= $\frac{200원-0원}{4년}$)인 것이다. 이렇게 감가상각비를 먼저 인식하고 난 후 이 유형자산의 시가가 회복되었는지 여부를 판단해 보고 만약 시가가 올랐다면 예전에 인식했던 손상차손을 환입해서 자산의 장부금액을 늘려야 한다.

그런데 유형자산 손상차손환입액을 어떻게 계상해야 할 것인지에 대해서는 주의하여야 한다. 20×2년 말 현재 시가가 700원이라면 분명히 이 자산의 손상이 회복된 것이므로 손상차손을 환입하는 것이 맞다. 그러나 시가 700원과 20×2년 말 감가상각 후 장부가액 150원과의 차이를 환입하는 것이 아니라는 데에 주의해야 한다.

일단 이 자산에 대해 손상차손을 인식하지 않았더라면 20×2년도에 이 자산의 장부가액이 얼마가 되었을지 계산해 보자. 20×1년에 이어 20×2년에도 이 건물에 대해 200원의 감가상각비를 계상했을 것이고 따라서 20×2년 말 장부가액은 600원(1,000원-400원)이 되었을 것이다. 손상차손을 환입할 때에는 시가가 아무리 높다고 하더라도 이 600원보다 더 높게 장부가액을 회복시킬 수 없다. 따라서 20×2년에 손상차손환입액으로 인식해야 할 금액은 450원(=600원-150원)이 된다.

이러한 회계처리 결과, 감가상각 대상자산의 경우에는 손상차손을 인식한 후에 손상차손환입액을 인식하는 경우에는 손상차손누계액이 전액 해소되지 않고 약간 남아있을 수도 있다.

> **계정과목의 분류**
> - **유형자산손상차손** : 영업외비용
> - **유형자산손상차손환입액** : 영업외수익

3 무형자산

1 무형자산의 의의

무형자산은 물리적 형체는 없지만 식별가능하고 기업이 통제하고 있으며 미래경제적효익이 있는 비화폐성 자산으로서 산업재산권, 저작권, 개발비 등과 사업결합에서 발생한 영업권을 포함한다.

쉽게 말해 무형자산이란 유형자산처럼 구체적인 형태가 있는 것은 아니지만 이러한 자산을 소유함으로써 장기간에 걸쳐 영업활동에 유용하게 사용되는 자산을 가리키는 것이다.

무형자산은 다음의 두가지 요건을 모두 충족하는 경우에 자산으로 인식한다.

> • 자산에서 발생하는 미래경제적효익이 기업에 유입될 가능성이 매우 높다.
> • 자산의 원가를 신뢰성 있게 측정할 수 있다.

2 무형자산의 취득원가 = '매입가액 또는 제작원가' + 부대비용

무형자산의 취득원가 계산시 매입가액 및 제작원가에 부대비용(등록비, 세금 등)을 더한 금액을 무형자산의 취득원가로 한다. 즉, 무형자산의 취득도 유형자산의 취득과 마찬가지로 취득을 위한 직접적인 비용과 각종 부대비용을 합한 금액을 무형자산의 취득원가로 계상하여야 한다. 다만, 무형자산을 무상으로 취득한 경우, 무형자산의 공정가액을 취득원가로 계상하도록 한다.

무형자산의 취득 유형별로 다음과 같이 취득원가를 산정할 수 있다.

(1) 지분증권과의 교환의 경우

기업이 발행한 지분증권과 교환하여 취득한 무형자산의 취득원가는 그 지분증권의 공정가액으로 한다.

(2) 일괄취득의 경우

무형자산과 기타의 자산을 일괄하여 취득한 경우에는 총 취득원가를 무형자산과 기타의 자산의 공정가액에 비례하여 배분한 금액을 각각 무형자산과 기타의 자산의 취득원가로 한다.

(3) 정부보조금 수령시

정부보조금을 받아 무형자산을 무상 또는 공정가액보다 낮은 대가로 취득한 경우 그 무형자산의 취득원가는 취득일 현재의 공정가액으로 한다. 이 경우 정부보조금은 무형자산의 취득원가에서 차감하는 형식으로 표시하고 그 자산의 내용연수에 걸쳐 무형자산 상각금액과 상계하며, 그 자산을 처분하는 경우에는 그 잔액을 처분손익에 반영한다.

(4) 자산 교환에 의한 취득

이종자산간의 교환으로 무형자산을 취득하는 경우 무형자산의 취득원가는 교환으로 제공한 자산의 공정가액으로 측정한다. 반면 동종자산간 교환으로 무형자산을 취득한 경우에는 무형자산의 취득원가는 제공한 자산의 장부가액으로 한다. 자산의 교환에 현금수수액이 있는 경우에는 현금수수액을 반영하여 원가를 결정한다.

(5) 내부적으로 창출된 무형자산의 경우

내부적으로 창출된 무형자산의 취득원가는 그 자산의 창출·제조·사용준비에 직접 관련된 지출과 합리적이고 일관성 있게 배분된 간접지출을 모두 포함한다. 취득원가에 포함되는 항목의 예는 다음과 같다.

- 무형자산의 창출에 직접 종사한 인원에 대한 급여 등 인건비
- 무형자산의 창출에 직접 사용된 재료비, 용역비
- 무형자산의 창출에 직접 사용된 유형자산의 감가상각비와 무형자산(특허권 등)의 상각비
- 법적 권리를 등록하기 위한 수수료 등 무형자산을 창출하는데 직접적으로 관련있는 지출
- 무형자산의 창출에 필요하며 합리적이고 일관된 방법으로 배분할 수 있는 간접비용(보험료, 임차료, 연구직원의 인건비 등)
- 차입원가 중 자본화를 선택한 금액

> **차입원가의 자본화**
>
> ① **원칙** : 차입원가는 기간비용으로 처리함을 원칙으로 한다.
> ② **예외** : 유형자산·무형자산·투자부동산과 제조·매입·건설 또는 개발이 개시된 날로부터 의도된 용도로 사용하거나 판매할 수 있는 상태가 된 날까지 1년 이상의 기간이 소요되는 재고자산에 대한 차입원가는 자산의 매입부대비용으로 처리할 수 있다.

3 무형자산의 종류

무형자산 중 별도 표시하는 소분류 항목의 예는 다음과 같다.

(1) 영업권
(2) 산업재산권
(3) 개발비
(4) 기타
※기타는 라이선스와 프랜차이즈, 저작권, 컴퓨터소프트웨어, 광업권, 어업권 등을 포함한다. 다만, 이들 항목이 중요한 경우에는 개별적으로 표시하며 중요하지 않은 경우에는 통합해서 표시한다.

(1) 영업권

영업권은 쉽게 말해 일종의 '권리금'이라고 할 수 있다. 회사가 돈을 주고 다른 회사를 인수하거나 합병하는 과정에서 상대방 회사의 자산, 부채의 공정가치 평가 금액보다 더 많은 금액을 지불한다면 이는 권리금에 해당하는 금액을 추가로 지불한 것으로 볼 수 있다. 이렇게 외부와의 거래를 통해서 발생한 (권리금 등의) 초과지급액은 '영업권'이라는 계정과목으로 하여 무형자산으로 처리하고 일정한 기간 동안 상각을 통해 비용처리하도록 하고 있다. 단, 회사가 외부와의 거래없이 영업권을 계상하는 것(자가창설영업권)은 회계상 인정되지 않는다.

영업권은 취득한 후 <u>20년 이내의 기간</u> 내에 일정한 금액을 <u>정액법에 의해 직접 상각</u>하도록 하고 있다. 회계에서는 일반적으로 무형자산의 감가상각에 대해 감가상각이라는 용어를 사용하지 않는다. 대신 무형자산상각이라고 표현하며 무형자산상각비의 과목으로 하여 비용으로 계상하면 된다.

(2) 산업재산권(법률상의 권리)

산업재산권이란 특허권, 실용신안권, 디자인권, 상표권 등과 같이 일정기간 동안 독점적, 배타적으로 이용할 수 있는 권리를 말한다. 즉, 산업상의 무형의 이익을 누릴 수 있도록 법적으로 보장된 제반 권리를 산업재산권이라고 하는 것이지 산업재산권이라는 것이 따로 있는 것은 아니다. 다음은 산업재산권의 구체적인 예이다.

- **특허권** : 일정 기간 그 발명품에 대하여 독점적으로 이용할 수 있는 권리로서 특허법에서 규정

- **실용신안권** : 물건의 구조와 용도를 경제적으로 개선하여 생활에 편익을 줄 수 있도록 고안되어 전용권을 얻은 것으로 실용신안법에서 규정

- **디자인권** : 미관을 위주로 물품의 형상, 도안 등을 아름답게 개량하여 전용권을 인정받은 것으로 디자인보호법에서 규정

- **상표권** : 상품을 제조, 판매하는 자가 자신의 상품에 상표를 사용할 수 있도록 전용권을 인정한 것으로 상표법에서 규정

이러한 법률상의 권리에 대해서도 그 권리를 취득할 때에 소요된 모든 지급액을 취득원가로서 해당 계정의 차변에 기입해야 한다.

(3) 광업권과 어업권

광업권이란 일정한 광구에서 광물 등을 채굴하여 취득할 수 있는 권리로서 광업법에서 규정하고 있다. 어업권은 일정한 수역에서 어업을 경영할 수 있는 권리로서 수산업법에서 규정하고 있다. 광업권과 어업권은 모두 무형자산으로 계상하는 항목이다.

(4) 개발비

개발이란 상업적인 생산 또는 사용 전에 연구결과나 관련지식을 새로운 제품, 장치, 시스템, 소프트웨어 등의 생산을 위한 계획이나 설계에 적용하는 활동을 말한다. 따라서 개발비란 신제품 또는 신기술의 개발과 관련하여 비경상적으로 발생한 비용을 말한다.

개발비를 무형자산으로 계상하기 위해서는 개별적으로 식별 가능하고 미래의 경제적 효익을 확실하게 기대할 수 있어야 한다. 일반기업회계기준에서는 개발 활동에서 발생한 지출 중에서 다음의 조건을 모두 만족시키는 경우에는 개발비의 과목으로 무형자산으로 인식하도록 하고 있다.

📝 개발비를 무형자산으로 계상하기 위한 조건

- 무형자산을 완성시킬 수 있는 기술적 실현가능성이 있다.
- 무형자산을 완성하여 사용 또는 판매할 의도가 있다.
- 완성된 무형자산을 사용 또는 판매할 수 있는 능력이 있다.
- 무형자산이 어떻게 미래 경제적 효익을 창출할 것인가를 보여줄 수 있다.
- 무형자산의 개발을 완료하고 그것을 사용 또는 판매하는 데 필요한 금전적, 기술적 자원을 충분히 확보하고 있다.
- 관련 지출을 신뢰성 있게 구분하여 측정할 수 있다.

그러나 위의 조건을 충족시키지 못하는 지출은 '경상개발비'의 과목으로 하여 당기의 판매비와 관리비로 회계처리해야 한다. 또한 연구활동에서 발생한 지출도 무형자산으로 인식하지 않고 '연구비'의 과목으로 하여 당기의 판매비와 관리비로 회계처리한다. (KcLep 프로그램에서는 연구비와 경상개발비를 합해서 '경상연구개발비' 계정을 사용한다.)

개발비와 연구비의 회계처리		
지출활동 구분	계정과목	계정과목의 성격
연구활동	연 구 비	판매비와 관리비
개발활동	경상개발비	판매비와 관리비
	개 발 비	무 형 자 산

🔖참고 연구활동과 개발활동의 사례

연구활동의 사례	개발활동의 사례
(1) 새로운 지식을 얻고자 하는 활동 (2) 연구결과 또는 기타 지식을 탐색, 평가, 최종 선택 및 응용하는 활동 (3) 재료, 장치, 제품, 공정, 시스템, 용역 등에 대한 여러 가지 대체안을 탐색하는 활동 (4) 새롭거나 개선된 재료, 장치, 제품, 공정, 시스템, 용역 등에 대한 여러 가지 대체안을 제안, 설계, 평가 및 최종 선택하는 활동	(1) 생산 전 또는 사용 전의 시작품과 모형을 설계, 제작 및 시험하는 활동 (2) 새로운 기술과 관련된 공구, 금형, 주형 등을 설계하는 활동 (3) 상업적 생산목적이 아닌 소규모의 시험공장을 설계, 건설 및 가동하는 활동 (4) 새롭거나 개선된 재료, 장치, 제품, 공정, 시스템 및 용역 등에 대하여 최종적으로 선정된 안을 설계, 제작 및 시험하는 활동

(5) 기타의 무형자산

위 이외에도 아래와 같은 무형자산이 있다.

- **라이센스(또는 라이선스)**

  라이센스(License)란 자기가 직접 생산한 상품에 다른 기업의 상표를 사용할 수 있는 권리를 말한다.

- **프랜차이즈**

  프랜차이즈(Franchise)란 본사가 체인가맹점에 점포개설, 상품공급, 종업원의 교육 등의 노하우를 브랜드와 함께 제공하고 가맹점은 본사에 일정 금액의 가입비를 지급하고 정기적으로 매출액의 일정비율을 로얄티로 지급하는 형태를 말한다.

- **저작권**

  저작권이란 저작자가 자신의 저작물에 대해 복제·번역·방송 등을 할 때에 이를 독점적으로 이용할 수 있는 권리를 말한다.

- **소프트웨어**

  소프트웨어는 모두 알다시피 컴퓨터 프로그램을 말한다. 예를 들어 회사에서 회계프로그램을 사서 쓰거나 오피스 프로그램 혹은 한글 프로그램을 사용하는 경우 그 프로그램을 살 때 지출한 비용을 회사의 무형자산으로 계상하는 것이다. 소프트웨어는 CD나 전자적 형태로 존재하기는 하지만 이를 유형자산이 아니라 무형자산으로 분류한다는 점에 주의해야 한다.

★★★
4 무형자산의 상각방법

- 취득원가에서 상각액을 직접 차감할 수 있다(직접상각법 사용 가능).
- 직접상각법을 쓸 경우 재무상태표상의 무형자산은 미상각잔액으로 보고된다.
- 무형자산의 잔존가액은 "0"으로 하여 계산한다.
- 무형자산의 상각기간은 독점적·배타적인 권리를 부여하고 있는 관계 법령이나 계약에 정해진 경우를 제외하고는 20년을 초과할 수 없다.
- 무형자산의 상각방법에는 정액법, 체감잔액법(정률법 등), 연수합계법, 생산량비례법 등이 있다. 다만, 합리적인 상각방법을 정할 수 없는 경우에는 정액법을 사용한다.

4 기타비유동자산

기타비유동자산에는 임차보증금, 이연법인세자산(유동자산으로 분류되는 부분 제외), 장기매출채권 및 장기미수금 등 투자자산, 유형자산, 무형자산에 속하지 않는 비유동자산이 포함된다.

기타비유동자산 내에 별도 표시할 항목의 예는 다음과 같다.

(1) 이연법인세자산
(2) 기타

- **비유동자산으로 분류되는 이연법인세자산** : 차감할 일시적 차이 등으로 인해 미래에 경감될 법인세부담액으로서 미래의 현금흐름을 예측하는 데 유용한 정보를 제공하므로 구분표시한다.

- **기타** : 임차보증금, 장기선급비용, 장기선급금, 장기미수금을 포함한다. 이들 자산은 투자수익이 없고 다른 자산으로 분류하기 어려워 기타로 통합하여 표시한다. 다만, 이들 항목이 중요한 경우에는 별도 표시한다.

참고

임차보증금 지급액은 자산이고, 임대보증금 수취액은 부채이다.

6 부채

부채란 과거의 거래나 사건의 결과로서 기업실체가 부담하고 그 이행에 자원의 유출이 예상되는 현재시점의 의무를 말한다. 즉, 부채는 미래에 현금유출을 수반하거나 회사로 들어올 현금 유입을 줄이는 것을 말하는 것이다.

부채는 1년 기준에 의해 만기가 1년 이내에 도래하는 부채를 유동부채로 분류하고 만기가 1년 이상인 것은 비유동부채로 분류하는 것이 원칙이다.

다음과 같은 부채는 유동부채로 분류하고 그 외의 부채는 비유동부채로 분류한다.

(1) 기업의 정상적인 영업주기 내에 상환 등을 통하여 소멸할 것이 예상되는 매입채무와 미지급비용 등의 부채
(2) 보고기간 종료일로부터 1년 이내에 상환되어야 하는 단기차입금 등의 부채
(3) 보고기간 후 1년 이상 결제를 연기할 수 있는 무조건의 권리를 가지고 있지 않은 부채. 이 경우 계약상대방의 선택에 따라, 지분상품의 발행으로 결제할 수 있는 부채의 조건은 그 분류에 영향을 미치지 않음

구분	사례
유동부채	• 단기차입금 • 매입채무(외상매입금, 지급어음) • 미지급법인세 • 미지급금, 미지급비용 • 선수금, 선수수익 • 예수금 • 유동성장기차입금 • 이연법인세부채
비유동부채	• 사채 • 신주인수권부사채 • 전환사채 • 장기차입금 • 충당부채(퇴직급여충당부채, 장기제품보증충당부채 등) • 이연법인세부채(유동부채로 분류되는 부분 제외)

유동항목에서 발생한 이연법인세부채는 유동부채로 분류하고, 비유동항목에서 발생한 이연법인세부채는 비유동부채로 분류한다.

1 유동부채

1 유동부채의 종류

부채는 1년을 기준으로 유동부채와 비유동부채로 분류한다. 다만, 정상적인 영업주기 내에 소멸될 것으로 예상되는 매입채무와 미지급비용 등은 보고기간 종료일로부터 1년 이내에 결제되지 않더라도 유동부채로 분류한다. 이 경우 유동부채로 분류한 금액 중 1년 이내에 결제되지 않을 금액을 주석으로 기재한다.

당좌차월, 단기차입금 및 유동성장기차입금 등은 보고기간종료일로부터 1년 이내에 결제되어야 하므로 영업주기와 관계없이 유동부채로 분류한다. 또한 비유동부채 중 보고기간 종료일로부터 1년 이내에 자원의 유출이 예상되는 부분은 유동부채로 분류한다.

유동부채 내에 별도 표시할 수 있는 소분류 항목의 예는 다음과 같다.

> (1) 단기차입금
> (2) 매입채무
> (3) 당기법인세부채
> (4) 미지급비용

각 유동부채 계정의 의미는 다음과 같다.

- **매입채무** : 회사의 영업활동 관련 상거래에서 발생한 외상매입금과 지급어음

- **단기차입금** : 금융기관으로부터의 당좌차월액과 계약 당시 1년 이내에 상환될 차입금

- **당기법인세부채(미지급세금)** : 회사가 납부하여야 할 법인세부담액 중 아직 납부하지 않은 금액

- **미지급금** : 일반적 상거래 이외에서 발생한 채무(미지급비용 제외)

- **미지급비용** : 발생된 비용으로서 지급되지 않은 것

- **미지급법인세** : 법인세 등의 미지급액

- **선수금** : 수주공사·수주품 및 기타 일반적 상거래에서 발생한 선수 금액

- **선수수익** : 회사가 벌어들인 수익 중 차기 이후에 속하는 금액

- **예수금** : 일반적 상거래 이외에서 발생한 일시적 예수 금액, 직원급여 등을 지급하면서 원천징수한 금액의 경우 예수금으로 처리함

- **부가가치세예수금(부가세예수금)** : 부가가치세 과세대상 재화나 용역을 팔고 거래징수한 부가가치세 매출세액을 말함

- **유동성장기부채** : 비유동부채 중 결산시점으로부터 1년 이내에 만기가 도래하는 것에 대해 유동부채로 유동성대체를 하는 경우 사용하는 계정과목

당좌차월

금융기관과 당좌거래 약정을 맺고 당좌예금 거래시 예금잔액이 부족하더라도 일정한 한도 내에서는 결제가 되도록 약정을 맺은 경우, 기말 현재 당좌예금 잔액을 초과하여 지급된 금액을 말한다. 이러한 금액은 당좌차월 계정으로 처리한 후 당좌예금 계좌에 현금이 입금되면 가장 먼저 당좌차월 금액과 상계하도록 하고 있다. 주의할 것은 은행별로 당좌예금이 여러개 있는 경우 다른 은행의 당좌예금과 당좌차월은 서로 상계될 수 없다는 것이다. 당좌차월은 유동부채(단기차입금)로 분류된다.

유동부채의 사례

미지급금	토지나 건물 등 구입액 중 아직 지급하지 않은 것
미지급비용	기간 경과분 임차료와 이자비용 중 아직 지급하지 않은 것
선수금	상품이나 제품을 팔기로 계약하고 미리 받은 금액
선수수익	이미 대가는 다 받았지만 용역제공이 완료되지 않아 내년 이후에 귀속되야 하는 금액, 금전으로 변제하는 것이 아니라 용역 등을 제공해서 변제함

※미지급비용과 선수수익 계정은 주로 결산조정분개시 나타나는 항목으로서 기간경과에 따라 비용으로 계정대체된다는 특징이 있다.

예수금의 회계처리

예수금이란 일반적 상거래 이외에서 발생한 일시적 예수액을 말한다. 예를 들어 회사가 직원에게 급여를 지급할 때에 세금을 원천징수하고 원천징수한 후의 순액을 지급하게 된다. 회사는 이 세금을 다음달 10일까지 국가에 납부해야 하는데, 이렇게 일시적으로 보관중인 예수 금액을 예수금 계정으로 처리하게 된다. 예수금의 회계처리는 다음과 같다.

• 급여 지급시(급여 총액 500만원, 소득세 원천징수액 6만원, 나머지는 현금 지급 가정)

(차) 급여	5,000,000	(대) 현금	4,940,000
		예수금	60,000

• 원천징수한 소득세 납부시

(차) 예수금	60,000	(대) 현금	60,000

2 비유동부채

비유동부채란 재무상태표일로부터 만기가 1년 이상인 채무를 말하며, 비유동부채 내에 별도 표시할 소분류 항목의 예는 다음과 같다.

(1) 사채
(2) 신주인수권부사채
(3) 전환사채
(4) 장기차입금
(5) 퇴직급여충당부채
(6) 장기제품보증충당부채
(7) 이연법인세부채
(8) 기타

비유동부채로 분류되는 이연법인세부채는 가산할 일시적 차이로 인하여 미래에 부담하게 될 법인세부담액으로서 미래의 현금흐름을 예측하는 데 유용한 정보를 제공하므로 구분하여 표시하여야 한다.

기타의 비유동부채는 다른 항목으로 분류하기 어려운 성격의 부채를 모두 통합한 금액을 표시한다. 다만, 이들 항목이 중요한 경우에는 개별적으로 별도 표시한다.

비유동부채 중 사채와 충당부채 등이 시험에 자주 출제되므로 이들 항목에 대해 아래에서 살펴보기로 하자.

1 사채

[1] 사채의 의의

사채란 기업이 회사의 의무를 나타내는 증서를 발행해 주고 일반투자자들로부터 거액의 자금을 조달하는 방법으로, 사채를 발행할 때 기업이 교부하는 증서인 사채권면에는 액면가액, 액면이자율(=표시이자율), 이자지급일 및 만기일이 표시되어 있다.

※ 주식과 사채의 차이 ※

구분	주식	사채
공통점	장기적인 자금 조달 수단 유가증권 발행 일반 대중으로부터의 자금 조달	
차이점	자본 경영에 참가 가능함 배당금 지급 만기가 없음	부채 경영에 참가 불가능 이자 지급 만기가 있음

(2) 사채의 발행가액(= 액면가액의 현재가치 + 액면이자의 현재가치)

사채는 액면가액보다 높게 발행될 수도 있고 낮게 발행될 수도 있는데, 이러한 차이는 액면이자율과 시장이자율의 차이 때문에 발생한다. 액면이자율은 표시이자율이라고도 하는데 사채를 발행한 회사에서 지급하기로 약정한 증서에 표시된 이자율이며, 시장이자율이란 그 사채가 시장에서 거래될 때 사용되는 이자율이다.

액면이자율과 시장이자율이 같으면 사채는 액면발행, 액면이자율이 더 낮으면 할인발행, 액면이자율이 더 높으면 할증발행된다. 사채의 액면가액과 발행가액의 차이를 사채발행차금이라고 하는데, 이는 반드시 유효이자율법을 통해 상각해야 하며 정액법은 사용할 수 없다.

> ① **액면발행(액면가액 = 발행가액)** : 액면이자율 = 시장이자율
> ② **할인발행(액면가액 > 발행가액)** : 액면이자율 < 시장이자율
> ③ **할증발행(액면가액 < 발행가액)** : 액면이자율 > 시장이자율

> **· 사채할인발행차금과 사채할증발행차금의 성격**
>
> 사채할인발행차금은 사채의 차감항목의 성격이고, 사채할증발행차금은 사채의 가산항목의 성격이다.
>
> **· 사채발행차금 상각액은 매년 증가함**
>
> 사채발행시 액면가액과 발행가액의 차이는 할인발행의 경우는 '사채할인발행차금'으로, 할증발행의 경우는 '사채할증발행차금'으로 처리한다. 사채할인발행차금 혹은 사채할증발행차금은 유효이자율법을 적용하여 상각하도록 하고 있다. 사채발행차금의 상각액은 할인발행과 할증발행의 구분과 관계없이 유효이자율법을 적용하는 경우 매년 증가한다는 점에 주의해야 한다.
>
> ※ **참고** : 사채 발행시 지출되는 사채발행비는 사채의 발행가액에서 차감한다.

2 장기차입금

은행 등으로부터 1년 이상의 기간동안 돈을 빌린 경우 이를 장기차입금이라고 한다.

3 충당부채

(1) 충당부채의 의의

충당부채란 지출의무의 시기 또는 금액이 불확실한 부채 중 재무상태표일로부터 1년 이후에 만기가 도래하는 부채를 말한다.

📝 **충당부채의 인식 요건**

> ① 과거사건이나 거래의 결과로 현재의 의무가 존재한다.
> ② 당해 의무를 이행하기 위하여 자원이 유출될 가능성이 매우 높다.
> ③ 그 의무의 이행에 소요되는 금액을 신뢰성 있게 추정할 수 있다.

충당부채는 재무상태표일마다 그 잔액을 검토하고 최선의 추정치로 증감조정해야 한다. 이 경우 충당부채의 현재가치 평가에 사용할 할인율은 당초에 사용한 할인율을 그대로 적용하며 충당부채는 의도한 목적과 용도에만 사용한다. 다른 목적으로 충당부채를 사용하면 상이한 목적을 가진 두가지 지출의 영향이 적절하게 표시되지 못하기 때문이다.

(2) 퇴직급여충당부채

회사가 영업활동을 수행하기 위해서는 종업원의 업무활동이 필수적인 것이며, 종업원의 업무활동으로 인해 회사는 영업수익을 창출할 수 있다.

퇴직급여충당부채와 관련된 회계처리를 살펴보면 다음과 같다.

⊙ 기말 퇴직급여충당부채 500만원 설정시

(차) 퇴직급여(비용)	5,000,000	(대) 퇴직급여충당부채(부채)	5,000,000

ⓒ 퇴직금 300만원을 현금으로 지급시

ⓐ 퇴직급여충당부채 잔액이 500만원인 경우

(차) 퇴직급여충당부채	3,000,000	(대) 현금	3,000,000

ⓑ 퇴직급여충당부채 잔액이 200만원인 경우

(차) 퇴직급여충당부채	2,000,000	(대) 현금	3,000,000
퇴직급여	1,000,000		

4 기타

- 이연법인세부채 : 회계기준(한국채택국제회계기준 및 일반기업회계기준)과 세법의 일시적 차이(유보)로 인하여 법인세비용이 법인세법 등에 의해 납부해야 할 금액을 초과하는 경우 그 초과하는 금액을 이연법인세부채로 한다.

- 장기매입채무 : 매입금액을 지급하기로 한 시기가 1년 이상 남은 장기의 매입채무를 말한다.

비유동부채를 가지고 있다가 시간이 경과하여 결산일 현재 만기가 1년 이내로 도래하는 경우는 유동성장기부채의 과목으로 재분류하여 유동부채에 포함시켜야 한다. 이는 자산에 대해서도 적용되는 것으로 비유동자산의 만기가 결산일로부터 1년 이내에 도래하게 되는 때에 유동자산으로 분류하는 것이다.

예를 들어 국민은행으로부터 차입한 장기차입금 중 1,000,000원이 결산일로부터 1년 이내에 만기가 도래하게 된다면 결산 시점에 아래와 같이 회계처리하는 것이다.

(차) 장기차입금	1,000,000	(대) 유동성장기부채		1,000,000
(거래처 : 국민은행)		(거래처 : 국민은행)		

퇴직연금 제도의 이해

1. 의의

퇴직연금제도는 근로자퇴직급여보장법에 따라 회사가 근로자의 퇴직급여를 금융기관에 위탁하여 운용한 뒤 퇴직시에 연금 또는 일시금으로 금융기관에서 퇴직금을 지급하는 제도를 말한다.

2. 퇴직연금제도의 종류

(1) 확정급여형 퇴직연금 제도(Defiend Benefit)

근로자가 퇴직 후에 지급받을 급여의 수준이 사전에 이미 결정되어 있는 퇴직연금이다. 근로자는 퇴직 후 일정하게 정해진 금액을 수령하게 된다. 그러나 회사는 퇴직급여와 관련된 적립금의 운용을 책임지므로 적립금의 운용실적에 따라 회사가 부담해야 하는 기여금이 수시로 변동할 수 있다.

(2) 확정기여형 퇴직연금 제도(Defiend Contribution)

퇴직급여의 지급을 위하여 회사가 부담하여야 할 부담금의 수준이 사전에 결정되어 있는 퇴직연금 제도이다. 이 제도 하에서는 근로자가 적립금의 운용에 대한 책임을 진다. 확정기여형 퇴직연금 제도는 적립금이 사용자와 독립되어 개인 명의로 적립되므로 근로자 입장에서 기업이 도산해도 수급권이 100% 보장되며, 기업은 부담해야 할 금액이 정해져 있고 적립금 운용실적에 대하여 책임을 지지 않는다는 특징이 있다.

구분	확정급여형	확정기여형
기업부담금	적립금 운용실적에 따라 차이가 있음	기업의 부담금 확정(연간 급여의 1/12 이상) 근로자 추가납입 가능
퇴직급여	근속연수 × 30일분 평균임금 이상으로 확정	적립금 운용실적에 따라 차이가 있음

(3) 퇴직연금에 대한 회계처리

• 확정급여형 퇴직연금 제도

확정급여형 퇴직연금 제도에서 운용되는 자산은 기업이 적립금운용의 책임을 지므로 기업이 직접 보유하고 있는 것으로 보아 "퇴직연금운용자산"으로 표시하여 재무제표에 반영하며, 구성내역을 주석으로 공시한다.

[운용기금 납부시]

(차) 퇴직연금운용자산	×××	(대) 현금 및 현금성자산	×××

[퇴직전(기말)]

(차) 퇴직급여	×××	(대) 퇴직급여충당부채	×××

[퇴직시]

(차) 퇴직급여충당부채	×××	(대) 퇴직연금운용자산	×××
		현금	×××

[퇴직시에 일시금 대신 연금 선택시]

(차) 퇴직급여충당부채	×××	(대) 퇴직연금미지급금	×××

종업원이 퇴직급여를 일시금이 아닌 연금형태로 수령하는 경우에는 재무상태표일 이후 퇴직종업원에게 지급하여야 할 예상 퇴직연금 합계액의 현재가치를 퇴직연금미지급금으로 하여 부채에 가산한 후 연금 지급시 상계처리한다.

• **확정기여형 퇴직연금 제도**

확정기여형 퇴직연금 제도 하에서는 기업이 부담할 금액이 확정되고 운용실적에 대한 책임은 근로자가 부담하며, 차후 퇴직급여를 지급하는 것도 운용사와 직원과의 관계이므로 회사는 확정된 금액을 운용사에 지급시에 당기비용으로 처리한다.

[퇴직연금 적립시]

(차) 퇴직급여	×××	(대) 현금	×××

[퇴직시]

확정기여형 퇴직연금제도는 근로자가 직접 관리하는 것이므로 확정기여형으로 가입한 부분은 종업원이 퇴직시에 추가로 회계처리할 필요가 없다.

임대보증금과 임차보증금의 성격 구분

• 임차보증금 : 임차인이 지급한 보증금으로서 미래에 돌려받을 돈이므로 자산(기타비유동자산)임

• 임대보증금 : 임대인이 받은 보증금으로서 미래에 임차인에게 돌려줄 돈이므로 부채임

7 | 자본

1 자본의 의의

자본이란 자산총액에서 부채총액을 차감한 잔액(순자산)으로 주주지분 또는 소유주지분이라고도 한다. 이러한 자본의 종류는 아래와 같다.

구분	★★ 예시 (반드시 암기할 것!) ★★
자본금	자본금(보통주 자본금, 우선주 자본금)
자본잉여금	주식발행초과금, 감자차익, 기타자본잉여금(자기주식처분이익 등)
자본조정	주식할인발행차금, 감자차손, 자기주식, 자기주식처분손실
기타포괄손익누계액	매도가능증권평가손익, 해외사업환산손익, 현금흐름위험회피 파생상품 평가손익
이익잉여금	이익준비금, 기타법정적립금, 임의적립금, 미처분이익잉여금

2 자본의 종류

1 자본금 : 자본금은 법정자본금으로 한다.

자본금은 주식의 발행에 의해 불입되는 금액을 말하는 것으로 재무상태표에 표시되는 자본금의 금액은 발행주식의 액면총액(1주당 액면금액 × 발행주식총수)을 말한다. 주식의 액면금액을 법정자본금이라고 하므로 자본금은 법정자본금으로 하는 것이다.

자본금은 '보통주자본금'과 '우선주자본금'으로 구분하여 표시한다. 보통주와 우선주는 배당금 지급 등에 있어서 주주의 권리가 다르기 때문에 자본금을 구분하여 표시해야 하는 것이다.

참고 주식발행의 회계처리

주식을 발행하는 경우에도 사채와 마찬가지로 주식의 액면금액보다 더 많거나 적은 금액으로 발행할 수 있다. 액면금액과 발행금액이 같은 경우를 [액면발행]이라고 하고, 발행금액이 액면금액보다 큰 경우 이를 [할증발행], 액면 이하로 발행하는 경우를 [할인발행]이라고 한다.

회계처리 예시 : 액면가액 100원짜리 주식을 발행한 경우 회계처리

① 발행가액이 100원인 경우(액면발행)

(차) 현금	100	(대) 자본금	100

② 발행가액이 170원인 경우(할증발행)

| (차) 현금 | 170 | (대) 자본금 | 100 |
| | | 주식발행초과금 | 70 |

③ 발행가액이 80원인 경우(할인발행)

| (차) 현금 | 80 | (대) 자본금 | 100 |
| 주식할인발행차금 | 20 | | |

참고 신주발행비의 회계처리

신주발행비는 신주의 발행과 관련하여 직접적으로 발생하는 비용으로서 예를 들면 주식의 발행과 관련한 법률비용, 회계사수수료, 주권인쇄비, 등록비, 사무처리비, 광고비 등을 들 수 있다. 신주발행비는 기업의 영업활동과 관계가 없으므로 비용으로 처리하여서는 안되고 또한 자산으로 계상해도 안된다. 따라서 신주발행비는 주식발행으로부터 받은 현금수취액의 차감액으로 보아야 하므로 주식의 발행가액에서 직접 차감하여야 하는 것이다.

2 자본잉여금

자본잉여금이란 증자나 감자 등 주주와의 자본거래에서 발생하여 자본을 증가시키는 잉여금이다. 이는 영업활동을 통해 발생한 이익잉여금과 구분하여야 하며, 자본거래에 의한 잉여금이므로 손익계산서에 나타나지 않는 잉여금이다. 이들의 종류는 아래와 같으며 이들을 주식발행초과금과 기타자본잉여금으로 구분하여 표시하도록 하고 있다.

- **주식발행초과금** : 액면을 초과하여 주식을 발행한 때 그 액면을 초과하는 금액 (= 발행가액 − 액면가액)

- **기타자본잉여금** : 감자차익, 자기주식처분이익과 전환권대가, 신주인수권대가 등이 이에 해당함

자본잉여금은 그 처분에 있어서 상법에 의해 엄격한 제한을 받고 있다. 자본잉여금은 무상증자를 통한 자본금으로의 전입과 미처리결손금의 보전을 위해서만 사용될 수 있다. 따라서 자본잉여금은 잉여금처분의 대상이 될 수 없다.

> **감자차익**
>
> 주식을 매입소각하거나 결손금을 보전하기 위해 회사의 자본금을 일정한 방법에 의해 감소하는 것을 감자라 하며, 이와 같이 감자를 행한 후 주주에게 반환되지 않고 불입자본으로 남아있는 부분을 감자차익이라 함

3 자본조정

자본조정이란 당해 항목의 성격으로 보아 자본거래에 해당하나 최종 납입된 자본으로 볼 수 없거나 자본의 가감 성격으로서 자본잉여금으로 분류할 수 없는 것을 모두 포함한다. 즉, 자본조정이란 자본총액에 포함되는 항목이기는 하지만 자본금, 자본잉여금 또는 이익잉여금의 어느 항목에도 속하지 아니하고 자본총계에 가산 또는 차감하는 형식으로 표시되는 항목을 말한다.

- **주식할인발행차금** : 주식의 발행가액이 액면가액에 미달하는 경우

- **감자차손** : 기업이 주주에게 일정한 대가를 지불하고 자본금을 감소시킨 경우 감소된 자본금이 감자대가에 미달된 경우 동 미달금액

- **자기주식** : 기업이 이미 발행한 자기 회사의 주식을 다시 매입한 경우 당해 주식

- **자기주식처분손실** : 자기주식의 재발행가액이 취득원가에 미달한 경우 동 미달금액

- 주식선택권, 출자전환채무, 미교부주식배당금도 자본조정 항목에 해당된다.

이들 중 자기주식은 별도 항목으로 구분하여 표시한다. 주식할인발행차금, 주식선택권, 출자전환채무, 감자차손 및 자기주식처분손실 등은 기타자본조정으로 통합하여 표시할 수 있다.

주식발행초과금과 주식할인발행차금의 상계

주식의 발행금액이 액면금액보다 작다면 그 차액을 주식발행초과금의 범위 내에서 상계처리하고, 미상계된 잔액이 있는 경우에는 자본조정의 주식할인발행차금으로 회계처리한다. 이익잉여금(결손금) 처분(처리)으로 상각되지 않은 주식할인발행차금은 향후 발생하는 주식발행초과금과 우선적으로 상계한다.

자본조정의 표시

자본의 차감계정	자본의 부가계정
주식할인발행차금, 자기주식, 감자차손, 자기주식처분손실	주식선택권, 미교부주식배당금, 출자전환채무

※**주식선택권(스톡옵션)** : 회사가 재화나 용역을 제공받는 대가로 회사의 주식 등을 부여하거나(주식결제형), 주식등가치에 기초하여 현금 등을 지급하기로 하는 권리와 의무관계

자기주식의 회계처리

자기주식의 회계처리방법에는 원가법과 액면가액법이 있으나 일반기업회계기준은 원가법을 따르고 있다.

구 분	일반기업회계기준에 의한 회계처리
취득시	액면가액 5,000원인 자기주식을 7,000원에 취득한 경우 (차) 자기주식(자본조정)　7,000　(대) 현금　7,000 ※ 발행기업이 매입 등을 통하여 취득하는 자기주식은 취득원가를 자기주식의 과목으로 하여 자본조정으로 회계처리한다.
처분시	① [처분가액 > 취득원가]인 경우 : 취득원가 7,000원, 처분가액 10,000원인 경우 (차) 현금　10,000　(대) 자기주식　7,000 　　　　　　　　　　　　자기주식처분이익　3,000 　　　　　　　　　　　　(자본잉여금) ② [처분가액 < 취득가액]인 경우 : 취득원가 7,000원, 처분가액 3,000원인 경우 (차) 현금　3,000　(대) 자기주식　7,000 　　　자기주식처분손실　4,000 　　　(자본조정)
소각시	① [액면가액 > 취득원가]인 경우 : 액면가액 5,000원, 취득원가 4,000원인 경우 (차) 자본금　5,000　(대) 자기주식　4,000 　　　　　　　　　　　　감자차익　1,000 　　　　　　　　　　　　(자본잉여금) ② [액면가액 < 취득가액]인 경우 : 액면가액 5,000원, 취득원가 7,000원인 경우 (차) 자본금　5,000　(대) 자기주식　7,000 　　　감자차손　2,000 　　　(자본조정)

자기주식 처분

자기주식을 처분하는 경우 처분금액이 장부금액보다 크다면 그 차액을 자기주식처분이익으로 하여 자본잉여금으로 회계처리한다. 처분금액이 장부금액보다 작다면 그 차액을 자기주식처분이익의 범위 내에서 상계처리하고 미상계된 잔액이 있는 경우에는 자본조정의 자기주식처분손실로 회계처리한다. 이익잉여금(결손금) 처분(처리)으로 상각되지 않은 자기주식처분손실은 향후 발생하는 자기주식처분이익과 우선적으로 상계한다.

4 기타포괄손익누계액

기타포괄손익누계액은 보고기간 종료일 현재의 매도가능증권평가손익(매도가능증권평가이익, 매도가능증권평가손실)과 해외사업환산손익, 현금흐름위험회피 파생상품평가손익, 재평가잉여금 등의 잔액을 말한다.

매도가능증권평가손익이란 매도가능증권을 공정가액으로 평가함에 따라 발생되는 손익으로서 이는 기타포괄손익누계액에 계상하도록 하고 있다. 이러한 매도가능증권평가이익 또는 매도가능증권평가손실은 차기 이후 발생되는 매도가능증권평가손실이나 평가이익과 상계하고 해당 유가증권을 처분할 때에 생기는 처분손익에 가감하여야 한다.

5 이익잉여금(또는 결손금)

(1) 이익잉여금의 계정과목

회사의 영업활동으로 얻은 이익을 유보하여 축적한 것을 이익잉여금(마이너스인 경우 결손금이라고 함)이라고 하며, 이는 회사의 정상적인 영업활동 중 발생한 이익 중 배당으로 사외 유출되거나 자본금으로 대체되지 않고 사내에 유보되어 있는 금액을 말한다. 다시 말해 이익잉여금(또는 결손금)은 손익계산서에 보고된 손익과, 다른 자본항목에서 이입된 금액의 합계액에서 주주에 대한 배당, 자본금으로의 전입 및 자본조정 항목의 상각 등으로 처분된 금액을 차감한 잔액이다.

이익잉여금은 법정적립금(이익준비금과 기타법정적립금), 임의적립금 및 미처분이익잉여금(또는 미처리결손금)으로 구분하여 표시한다. 이익잉여금 중 법정적립금과 임의적립금의 세부 내용 및 법령 등에 따라 이익배당이 제한되어 있는 이익잉여금의 내용을 주석으로 기재해야 한다.

- **이익준비금** : 상법 규정에 의해 매 결산기의 금전에 의한 이익배당액의 10분의 1 이상의 금액을 적립하는 금액(자본금의 $\frac{1}{2}$ 에 달할 때까지 적립해야 함)으로서 이익준비금은 결손보전과 자본전입 외의 목적으로는 사용할 수 없다.

- **기타법정적립금** : 상법 이외의 법령에 의하여 적립된 유보이익을 말한다.

- **임의적립금** : 회사의 정관이나 주주총회의 결의로 임의로 적립된 금액으로서 감채기금적립금, 사업확장적립금, 배당평균적립금, 결손보전적립금 등이 있다.

- **미처분이익잉여금** : 회사의 이익 중 배당금이나 기타의 이익잉여금으로 처분되지 않고 남아 있는 잉여금을 말한다. 재무상태표에 표시되는 미처분이익잉여금 금액은 당기 이익잉여금 처분 내역을 반영하기 전의 금액이다. 미처분이익잉여금은 이익준비금, 기타법정적립금, 임의적립금으로 사내유보(적립)되거나 현금배당 등을 통해 사외유출되고, 남아있는 잔액은 차기이월미처분이익잉여금으로 이월된다. 이러한 이익잉여금의 처분내역은 '이익잉여금처분계산서'에 보여지며 이익잉여금 처분확정일은 주주총회결의일이다. (실기에서는 이익잉여금 처분 내역을 반영하기 전의 미처분이익잉여금을 이월이익잉여금 계정으로 표시하고 있다.)

3 잉여금의 처분 및 결손금 처리

1 이익잉여금의 처분

이익잉여금 처분을 하기 전의 잉여금 금액을 미처분이익잉여금이라고 한다. 미처분이익잉여금은 이익준비금, 기타법정적립금, 임의적립금으로 사내유보(적립)되거나 현금배당 등을 통해 사외유출되고, 남아있는 잔액은 차기이월미처분이익잉여금으로 이월된다. 이러한 처분내역은 이익잉여금처분계산서에 보여지며 이익잉여금 처분확정일은 주주총회결의일이다.

(1) 이익잉여금처분계산서

이익잉여금처분계산서는 한 회계기간동안 발생한 미처분이익잉여금의 총 변동사항을 요약하여 보고하는 재무제표이다. 이러한 이익잉여금처분계산서를 별도로 공시하는 이유는 미처분이익잉여금의 처분 및 변동 내역에 관한 정보를 제공해 주기 위해서이다.

(2) 결손금처리계산서

회사에 결손이 생기면 이익잉여금처분계산서 대신 결손금처리계산서를 작성한다. 결손금처리계산서에는 결손금처리액이 표시되는데, 이는 결손금의 보전을 의미한다. 미처리결손금이란 미처분이익잉여금이 마이너스인 경우를 의미한다.

(3) 배당 : 현금배당과 주식배당

배당이란 주주들의 납입자본을 원금으로 하여 영업활동을 수행한 결과 얻은 이익을 주주들에게 투자에 대한 보상의 의미로 지급하는 것을 말한다. 따라서 배당은 항상 이익잉여금에서 지급되어야 한다.

㉠ 현금배당

현금배당은 가장 일반적인 형태의 배당이다. 상법에서는 기업이 매 결산기마다 1회의 주주총회의 결의로서 배당하는 것을 원칙으로 하고 있으나 회계연도 중 1회에 한하여 중간배당을 인정하고 있다. 중간배당은 이사회 결의로 실시하는 것으로서 반드시 현금배당의 형태를 취한다. 현금배당을 하면 회사의 자산인 현금이 줄어들게 되므로 회사의 총 자산이 감소한다. 현금에 의한 배당 금액의 10분의 1 이상이 이익준비금으로 적립되어야 한다.

📋 현금배당의 회계처리

ⓐ 배당결의일의 회계처리

(차) 이월이익잉여금(자본)	×××	(대) 미지급배당금(부채)	×××

ⓑ 배당금지급시의 회계처리

(차) 미지급배당금	×××	(대) 현금	×××

㉡ 주식배당

주식배당은 주식을 나누어 주는 배당의 형태이다. 이는 이익잉여금이 납입자본으로 바뀌는 것으로서 자본의 구성항목간의 재분류에 불과하다. 따라서 회사의 자산이 감소하지 않고 미처분이익잉여금의 자본전입으로 발행주식수와 자본금이 증가될 뿐이다. 즉, 주식배당을 하면 발행주식수가 증가하되 기존주주의 지분비율이나 기업의 자산 및 부채에는 아무런 변화가 없다.

기업의 입장에서는 주식배당을 하면 주주들의 배당욕구를 충족시킬 뿐 아니라 자금을 사외로 유출시키지 않는 효과가 있다.

📋 주식배당의 회계처리

주식배당을 결의한 날에 주식배당으로 분배하는 주식의 액면가액에 해당하는 금액을 미처분이익잉여금(이월이익잉여금)에서 자본조정(미교부주식배당금) 계정으로 대체시킨다.

ⓐ 배당결의일의 회계처리

(차) 이월이익잉여금	×××	(대) 미교부주식배당금(자본조정)	×××

ⓑ 주식발행시의 회계처리

(차) 미교부주식배당금	×××	(대) 자본금	×××

이익잉여금을 자본금에 전입하는 경우 자본총액에는 변화가 없으며 단지 자본금만 증가한다.

무상증자, 주식배당 등의 비교

무상증자와 주식배당 모두 잉여금 등을 자본에 전입하는 상법상의 절차를 말하는데, 그 특징은 다음과 같다.

구분	무상증자	주식배당	주식분할
재원	자본잉여금, 이익준비금	이익잉여금	없음
발행주식수	증가	증가	증가
주당액면금액	불변	불변	감소
순자산가액	불변	불변	불변
자본금	증가	증가	불변
이익잉여금	이익준비금전입시감소가능	감소	불변
투자자의 이익	이익아님	이익아님	이익아님

기업회계기준상 자본의 분류		
1. 자본금	보통주 자본금	보통주 발행주식수 × 보통주 액면가액
	우선주 자본금	우선주 발행주식수 × 우선주 액면가액
2. 자본잉여금	주식발행초과금	발행가액 − 액면가액
	감자차익	감자대가가 자본금 감소액보다 적은 경우
	기타자본잉여금	자기주식처분이익
3. 자본조정	주식할인발행차금	자본의 차감계정 이익잉여금 처분으로 상각
	자기주식	자본의 차감계정
	미교부주식배당금	자본의 부가계정
	감자차손	자본의 차감계정
	자기주식처분손실	자본의 차감계정
	주식매수선택권	자본의 부가계정

기업회계기준상 자본의 분류		
4. 기타포괄손익누계액	매도가능증권평가이익	자본의 부가계정
	매도가능증권평가손실	자본의 차감계정
	해외사업환산이익	자본의 부가계정
	해외사업환산손실	자본의 차감계정
5. 이익잉여금	이익준비금	상법에 의거 적립
	선물거래책임준비금	선물거래법에 따라 적립
	임의적립금	정관 또는 주총 결의에 의해 적립
	미처분이익잉여금	처분 전의 이익잉여금 잔액

8 수익과 비용

수익과 비용은 손익계산서의 구성 항목이다. 손익계산서는 일정기간 동안 기업의 경영성과에 대한 정보를 제공하는 재무제표이다. 손익계산서는 당해 회계기간의 경영성과를 나타낼 뿐 아니라 기업의 미래현금흐름과 수익창출능력 등의 예측에 유용한 정보를 제공한다.

손익계산서는 아래 그림과 같이 구분하여 표시한다. 다만 제조업·판매업 및 건설업 외의 업종에 속하는 기업은 매출총손익의 구분표시를 생략할 수 있다.

일반기업회계기준에 의해 작성하는 손익계산서의 기본구조는 종전의 기업회계기준서의 손익계산서와 비교할 때 주당손익이 본문에서 제외되어 있다. 요약된 양식으로 이를 표시하면 다음과 같다.

📝 손익계산서

중단사업손익이 없을 경우
 I. 매출액
 II. 매출원가
 III. 매출총이익(매출총손실)
 IV. 판매비와 관리비
 V. 영업이익(영업손실)
 VI. 영업외수익(기타수익)
 VII. 영업외비용(기타비용)
 VIII. 법인세비용차감전 순손익
 IX. 법인세비용
 X. 당기순이익(또는 당기순손실)

1 수익

1 수익의 의의와 분류

수익이란 회사의 경영활동과 관련된 재화의 판매, 용역의 제공 등에 대한 대가로 발생하는 자산의 증가 혹은 부채의 감소를 말한다. 수익을 인식하게 되면 자산의 증가 혹은 부채의 감소가 나타나며 이에 따라 회사의 순자산이 증가하게 된다.

수익은 업종에 따라 다양한 명칭으로 표현될 수 있다. 예컨대 상품판매업은 상품매출, 제조업은 제품매출, 용역업은 용역수익, 건설업은 공사수익, 아파트 분양업은 분양수익 등의 계정과목을 사용한다. 이러한 명칭 여하에 불구하고 주된 영업활동의 결과 발생한 수익을 통틀어 매출액이라고 한다.

손익계산서상 이익의 구분

구분	계산
매출총이익	순매출액 - 매출원가
영업이익	매출총이익 - 판매비와관리비
법인세비용차감전 순이익	영업이익 + 영업외수익 - 영업외비용
당기순이익	법인세비용차감전이익 - 법인세비용

현행 회계에서 손익계산서는 발생주의에 의해 작성된다. 발생주의 회계의 기본적인 논리는 발생기준에 따라 수익과 비용을 인식하는 것이다. 발생기준은 기업실체의 경제적 거래나 사건에 대해 관련된 수익과 비용을 그 현금유출입이 있는 기간이 아니라 당해 거래나 사건이 발생한 기간에 인식하는 것을 말한다. 발생주의 회계는 현금거래 뿐 아니라, 신용거래, 재화 및 용역의 교환 또는 무상이전, 자산 및 부채의 가격변동 등과 같이 현금유출입을 동시에 수반하지 않는 거래나 사건을 인식함으로써 기업실체의 자산과 부채, 그리고 이들의 변동에 관한 정보를 제공하게 된다.

수익과 비용은 각각 총액으로 보고하는 것을 원칙으로 한다. 다만, 다른 장에서 수익과 비용을 상계하도록 요구하는 경우에는 상계하여 표시하고, 허용하는 경우에는 상계하여 표시할 수 있다.

참고 발생과 이연

• 발생주의 회계는 발생과 이연의 개념을 포함한다. 발생이란 미수수익과 같이 미래에 수취할 금액에 대한 자산을 관련된 부채나 수익과 함께 인식하거나, 또는 미지급비용과 같이 미래에 지급할 금액에 대한 부채를 관련된 자산이나 비용과 함께 인식하는 회계과정을 의미한다. 발생주의 회계에 의하면, 재화 및 용역을 신용으로 판매하거나 구매할 때 자산과 부채를 인식하게 되고, 현금이 지급되지 않은 이자 또는 급여 등에 대해 부채와 비용을 인식하게 된다.

• 이연이란 선수수익과 같이 미래에 수익을 인식하기 위해 현재의 현금유입액을 부채로 인식하거나, 선급비용과 같이 미래에 비용을 인식하기 위해 현재의 현금유출액을 자산으로 인식하는 회계과정을 의미한다. 전자의 경우 수익의 인식은 관련 부채에 내재된 의무의 일부 또는 전부가 이행될 때까지 연기된다. 또한 후자의 경우 비용의 인식은 관련 자산에 내재된 미래 경제적 효익의 일부 또는 전부가 사용될 때까지 연기된다.

• 이연에는 수익과 비용의 기간별 배분이 수반된다. 기간별 배분은 상각이라고도 하며, 이는 매 기간에 일정한 방식에 따라 금액을 감소시켜가는 회계과정을 말한다. 상각의 전형적인 예로는 감가상각 또는 감모상각에 의한 비용을 인식하는 것과 선수수익을 수익으로 인식하는 것을 들 수 있다.

[1] 매출액

상품 등의 판매 또는 용역의 제공으로 인하여 실현된 금액으로, 기업의 주된 영업활동 또는 경상적인 활동으로 얻은 영업수익을 매출액이라고 한다. 매출액은 기업의 주된 영업활동에서 발생한 제품, 상품, 용역 등의 총 판매가액(총매출액)에서 매출에누리·매출환입·매출할인을 차감한 금액이다. 다만, 차감 대상 금액이 중요한 경우에는 총매출액에서 차감하는 형식으로 표시하거나 주석으로 기재하도록 하고 있다.

> 순매출액 = 총매출액 – 매출에누리·매출환입 – 매출할인

매출액은 업종별이나 부문별로 구분하여 표시할 수 있으며, 반제품매출액·부산물매출액·작업폐물매출액· 수출액·장기할부매출액 등이 중요한 경우에는 이를 구분하여 표시하거나 주석으로 기재하여야 한다.

매출할인, 판매장려금 등의 회계처리

구 분		기업회계	부가가치세법
매출에누리와 매출환입		매출액에서 차감	과세표준에서 공제
매 출 할 인		매출액에서 차감	과세표준에서 공제
판매장려금	일정기간의 거래 수량이나 거래금액에 따라 매출액을 감액하는 것	매출액에서 감액	과세표준에서 불공제 (과세표준에 포함)
	그 외의 경우	판매부대비용 처리	과세표준에서 불공제

[2] 영업외수익(＝기타수익)

기업의 주된 영업활동과 관계없이 발생하는 수익을 말한다.

일반적인 회사의 경우 영업외수익에는 이자수익, 배당금수익(주식배당액은 제외), 임대료, 단기매매증권평가이익, 단기매매증권처분이익, 매도가능증권처분이익, 투자자산처분이익, 유형자산처분이익, 외환차익, 외화환산이익, 지분법이익, 장기투자증권손상차손환입, 사채상환이익, 자산수증이익, 채무면제이익, 보험차익 등이 포함된다.

2 수익의 인식

수익을 인식할 수 있는 기준은 진행기준, 완성기준, 인도기준, 회수기준 등이 있다. 이 중 진행기준과 완성기준은 주로 용역과 관련된 수익인식기준이고, 인도기준은 상품판매 등과 관련한 수익인식기준이다. 즉, 상품판매업의 경우 판매하는 사람 입장에서 보면 상품의 인도가 완료되었다면 상품판매와 관련된 가장 중요한 사건이 일어난 것이므로, 대금의 회수 여부와 관계없이 상품을 구매자에게 "인도"하고 나면 수익을 인식하는 것이다. 회계기준에서 정의하고 있는 재화와 용역의 판매시 수익인식 요건은 아래와 같다.

> **재화 판매거래의 수익인식 요건**
>
> - 재화의 소유에 따른 위험과 효익의 대부분이 구매자에게 이전된다.
> - 판매자는 판매한 재화에 대하여 소유권이 있을 때에도 통상적으로 행사하는 정도의 관리나 효과적인 통제를 할 수 없다.
> - 수익금액을 신뢰성 있게 측정할 수 있다.
> - 미래 경제적 효익의 유입가능성이 매우 높다.
> - 거래와 관련하여 발생하였거나 발생할 거래 원가와 관련 비용을 신뢰성 있게 측정할 수 있다.

> **용역 판매거래의 수익인식 요건(진행기준 적용 요건)**
>
> - 거래 전체의 수익금액을 신뢰성 있게 측정할 수 있다.
> - 미래 경제적 효익의 유입가능성이 매우 높다.
> - 진행률을 신뢰성 있게 측정할 수 있다.
> - 이미 발생한 원가 및 거래의 완료를 위하여 투입하여야 할 원가를 신뢰성 있게 측정할 수 있다.

(1) 수익의 인식기준

- **진행기준** : 생산계획 및 재료구입 이후 생산을 시작하여 생산이 완료되는 시점까지 작업 진행 정도에 따라 수익을 인식하는 방법
- **완성기준** : 생산이 완료된 시점에서 수익을 인식하는 방법
- **인도기준** : 판매기준, 재화를 구매자에게 인도한 시점에서 수익을 인식하는 방법
- **회수기준** : 판매대금을 회수한 시점에서 수익을 인식하는 방법

(2) 일반기업회계기준에 의한 매출의 수익인식 시기

- **상품 및 제품매출(현금판매, 외상판매, 할부판매 포함)** : 인도기준
- **용역매출 및 예약매출** : 진행기준
- **위탁매출** : 수탁자가 위탁품을 판매한 날
- **시용매출** : 구매자가 매입의사를 표시한 날
- **할부매출** : 인도한 날. 단, 장기할부매출의 경우에는 인도(판매)시점에서 현재가치로 수익을 인식하고, 이자상당액(현재가치할인차금)은 기간의 경과에 따라 유효이자율법을 이용하여 이자수익을 인식

기타수익의 인식 요건

ⓐ 이자·배당·로열티

• 수익금액을 신뢰성 있게 측정할 수 있고 미래 경제적 효익의 유입가능성이 매우 높은 시점에 인식한다.

ⓑ 정기간행물

• 구독기간에 걸쳐 정액법으로 수익을 인식한다.

• 다만, 구독신청에 의해 판매하는 품목의 금액이 기간별로 다른 경우에는 발송된 품목의 판매금액이 구독신청을 받은 모든 품목의 예상 총판매금액에서 차지하는 비율에 따라 수익을 인식한다.

ⓒ 상품권 판매

• 상품권을 판매시 선수금 등으로 계상할 뿐 수익을 인식하지 않는다.

• 상품권을 회수하고 재화 등을 인도한 때 매출로 인식한다.

ⓓ 수강료 수익

• 강의 기간 동안 발생주의에 따라 수익으로 인식한다.

기타의 수익인식 요건

재화의 판매, 용역의 제공, 이자, 배당금, 로열티로 분류할 수 없는 기타의 수익은 다음 조건을 모두 충족할 때 발생기준에 따라 합리적인 방법으로 인식한다.

• 수익 가득과정이 완료되었거나 실질적으로 거의 완료되었다.

• 수익금액을 신뢰성 있게 측정할 수 있다.

• 경제적 효익의 유입 가능성이 매우 높다.

진행기준에 의한 수익인식

• 용역매출 및 예약매출의 경우에는 진행기준에 따라 수익을 인식하도록 규정하고 있다. 예약매출이란 미리 주문을 받아 제품을 제조하여 완성한 후 인도하는 매출의 형태로서 도급공사, 아파트 분양, 대형선박 등의 판매가 이에 속한다.

• 진행기준이란 받기로 한 총계약금액에 진행률을 곱하여 수익을 인식하고 그 수익에 대응하여 실제로 발생한 비용을 공사원가로 계상하는 방법을 말한다.

• 진행기준은 진행률에 따라 수익을 비례적으로 매기 인식함으로써 수익·비용의 적절한 대응을 가능하게 한다는 장점이 있다.

2 비용

1 비용의 의의

비용이란 회사의 경영활동과 관련된 재화의 판매, 용역의 제공 등에 따라 발생하는 자산의 유출이나 사용 또는 부채의 증가를 말한다. 비용을 인식하게 되면 자산의 감소 혹은 부채의 증가가 나타나므로 결국 회사의 순자산이 감소한다.

회계상 비용을 인식함에 있어서는 전통적으로 "비용은 수익을 따라서 인식하라"는 원칙을 사용하여 오고 있는데, 이것이 소위 수익·비용 대응의 원칙이다. 즉, 비용은 현금지출시기에 따라 인식되는 것이 아니고, 수익을 창출하는데 기여했다고 인정되는 시기에 인식한다. 이밖에 비용을 인식하는 방법으로는 발생 즉시 당기 비용으로 처리하는 방법과 당해 지출이 수익을 창출하는 데 도움을 주는 기간 동안 합리적이고 체계적으로 나누어 비용처리 하는 방법도 사용되고 있다.

2 비용의 분류

(1) 매출원가

매출원가의 산출과정은 아래와 같으며 이러한 산출과정은 손익계산서 본문에 표시하거나 주석으로 기재하여야 한다.

- 상품매출원가 = 기초상품재고액 + 당기매입액 − 기말상품재고액 − 타계정으로 대체액
- 제품매출원가 = 기초제품재고액 + 당기제품제조원가 − 기말제품재고액 − 타계정으로 대체액
※ 기초재고액 + 당기매입액(혹은 당기제품제조원가)을 판매가능재고자산이라고도 함

> **매출총이익**
>
> 상품의 매출액에서 매출원가를 빼면 그 회사의 매출총이익을 구할 수 있다.
> ▶ 매출총이익 = 매출액 − 매출원가

(2) 판매비와 관리비

판매관리비는 제품·상품·용역 등의 판매활동과 기업의 관리활동에서 발생하는 비용으로서 매출원가에 속하지 않는 모든 영업비용을 포함한다. 쉽게 말해 회사의 주된 영업활동인 상품과 용역의 판매활동 또는 기업의 관리와 유지를 위해 발생하는 비용을 통틀어 판매비와 관리비라고 하는 것이다. 판매비와 관리비는 당해 비용을 표시하는 적절한 항목으로 구분하여 표시하거나 일괄하여 표시할 수 있다.

- **판매비와 관리비의 사례** : 본사 혹은 영업부 직원 등의 급여(직원급여, 임원급여, 급료, 임금, 제수당을 포함), 퇴직급여, 명예퇴직금(조기퇴직의 대가로 지급하는 인센티브 등을 포함), 복리후생비, 임차료, 기업업무추진비 (=접대비), 회의비, 감가상각비, 무형자산상각비(영업권상각비, 개발비상각비 등), 세금과공과금, 광고선전비, 경상연구개발비, 대손상각비, 여비교통비, 통신비, 수도광열비, 수선비, 차량유지비, 보험료, 운반비, 수수료비용, 판매수수료, 판매촉진비, 견본비, 포장비 등

주의 만약 위의 판매관리비에 해당되는 금액이 공장 등에서 발생되는 등 제조활동과 직접적으로 관련되는 비용인 경우에는 이를 판매비와관리비가 아니라 재고자산의 제조원가로 하였다가 추후 매출원가로 대체하게 된다. 그러나 재무회계 시험문제의 대부분은 상기업을 기준으로 출제되므로 이론 시험에서 별도의 언급이 없다면 위 비용은 판매비와 관리비로 구분한다고 생각하면 된다.

대손상각비의 구분

'대손상각비'는 매출채권에 대한 대손비용이므로 판매비와 관리비로 분류되며, '기타의대손상각비'는 매출채권 이외의 채권에 대한 대손비용이므로 영업외비용으로 분류된다.

대손상각비	판매비와 관리비
기타의 대손상각비	영업외비용

대손충당금 환입의 분류

영업활동과 관련하여 비용이 감소함에 따라 발생하는 퇴직급여충당부채환입, 판매보증충당부채환입 및 대손충당금환입 등은 판매비와관리비의 부(-)의 금액으로 표시한다.

· 영업이익

매출총이익에서 판매비와관리비를 빼면 영업이익을 구할 수 있다.

▶영업이익 = 매출총이익 - 판매비와 관리비

· 영업이익률 = 영업이익 / 매출액

영업이익률이란 매출액에서 영업이익이 차지하는 비율을 말하며 영업이익을 매출액으로 나누어 구할 수 있다.

---

(3) 영업외비용(=기타비용)

영업외비용은 기업의 주된 영업활동과 직접적인 관련없이 발생하는 비용으로서 매출원가와 판매관리비를 제외한 비용 항목을 말한다.

- **영업외비용의 사례** : 이자비용, 기타의 대손상각비, 단기투자자산처분손실, 단기투자자산평가손실, 단기매매증권평가손실, 단기매매증권처분손실, 매도가능증권처분손실, 재고자산감모손실(비정상적으로 발생한 재고자산감모손실) 기부금, 지분법손실, 장기투자증권손상차손, 투자자산처분손실, 외환차손, 외화환산손실, 유형자산처분손실, 사채상환손실, 재해손실, 잡손실 등

정상적인 재고감모손실은 매출원가에 포함시키고, 비정상적으로 발생한 재고자산감모손실을 영업외비용으로 분류하는 것은 종전의 회계기준과 동일하다.

> **법인세비용 차감전 순이익**
>
> 영업이익에 영업외수익을 더하고 영업외비용을 **빼면** 법인세비용차감전순이익을 구할 수 있다.
>
> ▶ 법인세비용차감전순이익 = 영업이익 + 영업외수익 − 영업외비용

3 손익계산서 작성 관련 주의점

1 중단사업손익의 분류 항목

사업중단직접비용과 중단사업손상차손을 포함한 중단사업으로부터 발생한 영업손익과 영업외손익을 중단사업손익으로 하여 법인세 효과를 차감한 후의 순액으로 중단사업손익을 보고하여야 한다.

2 계속사업손익의 표시

계속사업손익이 발생하는 경우에는 이에 대응하여 발생하는 법인세 효과를 계속사업손익법인세비용 항목으로 하여 마이너스(부수, "−")로 표시한다.

3 중단사업손익이 없을 경우

'법인세비용차감전계속사업손익'을 '법인세비용차감전순손익'으로 표시하고 '계속사업손익법인세비용'은 '법인세비용'으로 표시하며, '계속사업이익'은 별도로 표시하지 않는다.

> **자산부채·자본·수익·비용의 관계**
>
> 다른 조건이 일정할 때
> - 자산이 과대계상(과소계상)되면 자본이 과대계상(과소계상)된다.
> - 부채가 과대계상(과소계상)되면 자본이 과소계상(과대계상)된다.
> - 수익이 과대계상(과소계상)되면 자본이 과대계상(과소계상)된다.
> - 비용이 과대계상(과소계상)되면 자본이 과소계상(과대계상)된다.

외환차익과 외화환산이익의 차이

외환차익은 외화로 표시된 채권을 회수하거나 채무를 갚을 때 실제로 외화를 수령(또는 지급)하면서 장부상의 채권·채무 금액보다 실제 수령한(지급한) 외화의 원화 평가 금액이 많을(적을) 때에 처리하는 계정과목이다. 반면 외화환산이익은 해당 외화 표시 채권이나 채무를 그대로 가지고 있는 상태에서 결산일에 환율 변동분에 대한 평가를 할 경우에 나타나는 계정과목이다. 따라서 결산자료입력시 외화평가를 할 때에는 외화환산이익 또는 외화환산손실의 계정과목이 나타나는 것이 일반적이다.

9 회계변경과 오류수정

1 회계변경

회계변경이란 ㉠ 새로운 기업회계기준의 제정, ㉡ 경제환경의 변화, ㉢ 기술 및 기업경영환경의 변화 등으로 인해 기업이 현재 채택하고 있는 회계방침이 적절하지 못하게 되어 다른 회계방침으로 변경하는 것을 말한다. 이러한 회계변경으로 인해 회계정보의 유용성이 증진될 수 있는 반면 회계정보의 기간별 비교가능성(일관성)이 침해될 가능성이 있다. 회계변경은 회계정보의 비교가능성을 훼손할 수 있으므로 회계변경을 하는 기업은 반드시 회계변경의 정당성을 입증하여야 한다. 그러나 회계기준제정기구가 새로운 회계기준을 제정하거나 개정하는 경우에는 이익조정을 위한 자의적인 회계변경의 여지가 없으므로 회계변경의 정당성에 대한 입증을 필요로 하지 않는다.

📝 회계변경이란?

올바른 회계처리(GAAP) → 올바른 회계처리(GAAP)

📝 용어의 정의

- **회계변경** : 회계정책의 변경과 회계추정의 변경
- **회계정책** : 기업이 재무보고의 목적으로 선택한 기업회계기준과 그 적용방법
- **회계정책의 변경** : 재무제표의 작성과 보고에 적용하던 회계정책을 다른 회계정책으로 바꾸는 것
- **회계추정** : 기업환경의 불확실성하에서 미래의 재무적 결과를 사전적으로 예측하는 것
- **회계추정의 변경** : 기업환경의 변화, 새로운 정보의 획득 또는 경험의 축적에 따라 지금까지 사용해 오던 회계적 추정치의 근거와 방법 등을 바꾸는 것
- **오류수정** : 전기 또는 그 이전의 재무제표에 포함된 회계적 오류를 당기에 발견하여 이를 수정하는 것
- **중대한 오류** : 재무제표의 신뢰성을 심각하게 손상할 수 있는 매우 중요한 오류

1 회계변경의 유형

회계변경 = 회계정책의 변경 + 회계추정의 변경

(1) 회계정책의 변경

회계정책의 변경이란 재무제표의 작성과 보고에 적용하던 회계정책을 다른 회계정책으로 바꾸는 것을 말한다. 회계정책은 기업이 재무보고의 목적으로 선택한 기업회계기준과 그 적용방법을 말한다.

회계정책 변경의 예로는 다음과 같은 것이 있다.

- 재고자산의 가격결정방법을 선입선출법에서 후입선출법으로 변경
- 유가증권의 취득단가산정방법의 변경

(2) 회계추정의 변경

재무제표를 작성하기 위해서는 미래의 사건과 상황이 재무제표에 미치는 영향을 추정해야만 하는데 회계에서 추정이 필요한 것으로는 다음과 같은 것이 있다.

- 대손추산액

- 재고자산의 순실현가능가액

- 유형자산의 추정내용연수와 추정잔존가치

- 유형자산의 감가상각방법의 변경

그러나 새로운 사건의 발생이나 추가적인 정보의 입수 등으로 회계추정의 변경이 발생할 수 있으며 이러한 것을 회계추정의 변경이라고 한다.

2 회계변경의 회계처리

회계변경을 회계처리하는 방법으로는 소급법, 당기일괄처리법, 전진법이 있다. 현행 회계기준에서는 회계정책의 변경을 소급법으로 처리하고 회계추정의 변경은 전진법으로 처리하도록 하고 있다.

회계변경의 회계처리	회계변경의 누적효과
소급법	소급하여 기초이익잉여금에 반영
당기일괄처리법	당기손익에 전액 반영
전진법	당기와 당기 이후의 기간에 나누어서 반영

(1) 소급법

소급법에서는 회계변경의 누적효과를 계산하여 이를 회계변경연도의 기초이익잉여금(전기이월미처분이익잉여금)에 가감하여 수정한다. 소급법은 기간별비교가 가능하다는 장점이 있다.

(2) 당기일괄처리법

당기일괄처리법에서는 회계변경의 누적효과를 계산하여 이를 회계변경기간의 손익계산서에 보고하도록 하고 있다. 이러한 당기일괄처리법은 비교목적으로 작성하는 전기 재무제표를 새로 채택된 회계처리방법으로 수정하지 않으므로 기간별비교가능성이 떨어진다. 그러나 전기 재무제표를 수정하지 않으므로 이에 대한 신뢰성은 더 높다는 장점이 있다. 또한 당기일괄처리법은 회계변경의 영향을 손익계산서에 계상하므로 회계변경의 중요성을 부각시킬 수 있는 효과가 있다.

(3) 전진법

　전진법이란 장부상의 기초잔액을 수정하지 않고 변경 이후에만 변경된 회계처리방법을 적용하는 방법이다. 전진법은 회계변경의 누적효과를 산출할 필요도 없고 전년도 재무제표를 수정할 필요도 없으므로 회계변경에 대한 회계처리 중 가장 간편한 회계처리방법이다.

(4) 기업회계상 회계처리

회계정책의 변경	원 칙	소급법
	회계변경의 누적효과 결정이 어려운 경우	전진법
회계추정의 변경		전진법
정책의 변경과 추정의 변경이 동시에 이루어지는 경우		회계정책의 변경에 대해 먼저 소급법 적용한 후 추정의 변경에 대해 전진법 적용
정책의 변경과 추정의 변경의 구분이 어려운 경우		전진법

- 회계정책의 변경에 대해서는 소급법을 적용한다. 다만 회계정책의 변경에 따른 누적효과를 합리적으로 결정하기 어려운 경우에는 전진법을 선택하도록 하고 있다.

- 회계추정의 변경에 대해서는 전진법을 선택함으로써 그 효과를 당기와 차기 이후의 기간에 반영하도록 하고 있다.

- 회계정책의 변경과 회계추정의 변경이 동시에 이루어지는 경우에는 회계정책의 변경에 의한 누적효과를 먼저 계산하여 소급적용한 후 회계추정의 변경효과를 적용하도록 하고 있다. 또한 회계정책의 변경인지 회계추정의 변경인지 구분하기 어려운 경우에는 이를 회계추정의 변경으로 보도록 하고 있다.

- 회계추정 변경의 효과는 해당 회계연도 개시일부터 적용한다.

　회계변경의 누적효과란?

　　회계변경의 누적효과란 회계변경연도 이전의 기간에 변경 후의 방법을 적용하여 처리했을 경우와 변경 전의 방법으로 회계처리하였을 경우 순이익에 미치는 영향의 차액을 말한다.

📝 **정당한 사유에 의한 회계정책 및 회계추정 변경의 예는 다음과 같다.**

(1) 합병, 사업부신설, 대규모 투자, 사업의 양수도 등 기업환경의 중대한 변화에 의하여 총자산이나 매출액, 제품의 구성 등이 현저히 변동됨으로써 종전의 회계정책을 적용할 경우 재무제표가 왜곡되는 경우
(2) 동종산업에 속한 대부분의 기업이 채택한 회계정책 또는 추정방법으로 변경함에 있어서 새로운 회계정책 또는 추정방법이 종전보다 더 합리적이라고 판단되는 경우
(3) 일반기업회계기준의 제정, 개정 또는 기존의 일반기업회계기준에 대한 새로운 해석에 따라 회계변경을 하는 경우

(1) 단순히 세법의 규정을 따르기 위한 회계변경은 정당한 회계변경으로 보지 아니한다. 그 이유는 세무보고의 목적과 재무보고의 목적이 서로 다르기 때문이다.

(2) 또한 이익조정을 주된 목적으로 한 회계변경은 정당한 회계변경으로 보지 아니한다.

(3) 중요성의 판단에 따라 일반기업회계기준과 다르게 처리하던 항목들의 중요성이 커지게 되어 일반기업회계기준을 적용하는 경우

(4) 과거에는 발생한 경우가 없는 새로운 사건이나 거래에 대하여 회계정책을 선택하거나 회계추정을 하는 경우

2 오류수정

회계오류란 회계처리를 기업회계기준과 다르게 잘못 처리한 것을 말한다.

📝 오류수정이란?

잘못된 회계처리(non - GAAP) → 올바른 회계처리(GAAP)

1 회계오류의 유형

통상적으로 발생할 수 있는 오류로는 다음과 같은 것이 있다.

• **회계원칙 적용의 오류** : 일반적으로 인정되지 않는 회계원칙을 적용

• **추정의 오류** : 추정이 잘못된 경우(예:감가상각시 추정내용연수 등이 잘못된 경우)

• **계정분류의 오류** : 고의 또는 과실로 적절한 계정과목을 사용하지 않은 경우

• **계산상의 오류**

• **사실의 누락 및 오용** : 회계기말에 미수수익, 미지급비용, 선수수익, 선급비용 등을 계상하지 않은 경우, 정액법으로 감가상각할 때 잔존가치를 고려하지 않은 경우, 자본적지출을 수익적지출로 비용처리한 경우 등

이러한 회계오류는 자동조정오류(자동상쇄오류)와 비자동조정오류(비자동상쇄오류)로 나눌 수 있다.

(1) 자동조정오류(자동상쇄오류)

자동조정오류(자동상쇄오류)란 한 기간에 발생한 오류의 영향이 다음 기간에 상쇄됨으로써 자동적으로 수정되는 오류이다. 예를 들면 당기에 발생한 이자비용을 기록하지 않은 것과 같은 오류로써 이 경우 그해의 손익계산서상 이자비용이 과소계상되어 순이익이 과대계상된다. 한편 그 다음연도에는 회사가 전기의 미이자비용을 현금지급시에 이자비용으로 기록하므로 손익계산서상에 이자비용이 과대계상되어 순이익이 과소계상된다. 따라서 각각의 연도를 보면 손익계산서상 순이익이 잘못되지만 2개 연도를 합산하면 이자비용과 순이익 금액이 정확히 계상되는 것이다. 이처럼 오류가 발생한 차기회계연도에 전년도 오류가 상쇄되어 자동적으로 수정되는 것을 자동조정오류라고 한다.

(2) 비자동조정오류(비자동상쇄오류)

비자동조정오류(비자동상쇄오류)란 오류가 발생한 다음 연도에 자동적으로 오류가 상쇄되지 않는 오류이다.

구 분	오류의 사례
자동조정오류	• 미수수익, 미지급비용, 선수수익, 선급비용의 누락 • 기말재고자산의 과대 혹은 과소계상 오류 • 매입매출의 기간구분 오류
비자동조정오류	• 자본적지출과 수익적지출의 구분 오류 • 감가상각비의 과대 혹은 과소계상 오류

2 회계오류의 수정

당기에 발견한 전기 또는 그 이전기간의 오류는 당기손익계산서에 영업외손익 중 전기오류수정손익으로 보고한다.

다만, 전기 또는 그 이전에 발생한 중대한 오류의 수정은 전기이월미처분이익잉여금에 반영하고 관련 계정 잔액을 수정한다. 비교재무제표를 작성하는 경우 중대한 오류의 영향을 받는 회계기간의 재무제표 항목은 재작성한다. 이 때 오류수정은 그 발생원인과 내용 및 금액을 주석으로 기재해야 한다.

구 분	오류수정의 누적효과에 관한 회계처리	비교표시 전기재무제표
중대하지 않은 오류	전기오류수정손익(영업외손익)으로 반영 → 손익계산서에 표시	수정하지 않음
중대한 오류	전기이월 미처분이익잉여금에 반영 → 이익잉여금처분계산서에 표시	수정함

이론 II
원가회계

02 CHAPTER 원가회계

1 원가회계의 개요

1 원가회계의 의의

회계는 정보이용자의 특성에 따라 재무회계와 원가·관리회계로 구분지을 수 있는데 그 차이점은 다음과 같다.

구분	재무회계	원가·관리회계
목적	외부이해관계자의 의사결정에 유용한 정보의 제공	내부이해관계자의 의사결정에 유용한 정보의 제공
보고서	재무제표(정형화된 양식 있음)	특정 보고서(정형화된 양식 없음)

원가회계는 회사의 내부정보이용자를 위한 정보제공을 1차적 목표로 한다. 제조원가를 정확하게 파악해야 제품의 가격 결정, 투자의사결정 등을 적절하게 할 수 있기 때문에 원가회계는 관리회계의 기초가 된다. 또한 원가회계를 통해 제품의 제조원가를 정확하게 구해야 손익계산서의 매출원가도 정확하게 구할 수 있다.

기업을 형태별로 나누어 보면 크게 상기업과 제조기업으로 나누어 볼 수 있다. 상기업은 제3자가 완성한 제품을 구입하여 판매하는 도·소매기업이며 제조기업은 원재료와 노동력 등을 구입하여 스스로 제품을 제조하여 판매하는 기업이다. 상기업의 매출원가는 판매한 상품의 취득원가를 의미하지만 제조기업은 판매한 제품의 제조에 소요된 원가를 의미한다. 원가회계는 제품의 생산에 투입한 원가를 정확히 파악하여 제품의 제조원가를 계산하는 회계시스템이다.

> **참고 상기업과 제조기업의 주된 업무흐름**
> * **상기업** : 상품구매→상품판매→대금회수(구매와 판매활동)
> * **제조기업** : 원재료 구매→제품제조(생산)→제품판매→대금회수

기업	매출원가
상기업	판매한 상품의 구입원가(상품의 원가)
제조기업	판매한 제품의 제조원가(제품의 원가)

제조기업은 제품의 원가계산을 수행하여야만 매출원가와 재고자산 금액을 파악하여 손익계산서와 재무상태표를 작성할 수 있으므로 원가회계는 재무회계정보 작성의 중요한 일부를 담당하고 있다고 볼 수 있다.

한편, 기업의 경영자는 신제품의 생산, 특별주문의 수락여부, 성과평가와 같은 기업경영에 중요한 의사결정을 수행하는 데 있어서 관리회계시스템의 지원을 필요로 한다. 이러한 관리회계 보고서의 상당 부분이 원가회계 정보로 채워지게 된다.

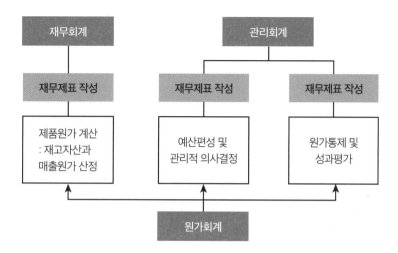

📌**참고** **원가회계의 목적**

- 원가 통제에 대한 유용한 원가정보를 제공한다.
- 새로운 투자안에 대한 의사결정을 하는 데에 도움을 준다.
- 경영자에게 경영의사결정에 유용한 원가정보를 제공한다.
- 재무제표의 작성에 유용한 원가정보를 제공한다. 손익계산서의 매출원가와 재무상태표의 기말 원재료, 재공품, 제품 금액은 원가회계를 통해 정확하게 구할 수 있기 때문이다.

2 원가의 개념

원가(cost)란 기업이 특정한 목적을 달성하기 위하여 지출한 경제적 자원의 희생을 화폐액으로 측정한 것이다. 이러한 원가 중에서 미래의 경제적 효익을 가져오는 부분은 미소멸원가로서 재무상태표에 자산으로 보고되며 미래의 경제적 효익이 없는 부분은 소멸원가로서 손익계산서에 비용으로 보고된다.

구 분	회계처리	
미래의 경제적 효익이 존재하는 원가 (미소멸원가)	⇨ 기말재고자산으로 재무상태표에 표시됨	
미래의 경제적 효익이 소멸된 원가 (소멸원가)	수익 창출에 기여한 경우	⇨ 매출원가
	수익 창출에 기여하지 못한 경우	⇨ 영업외비용(손실)

3 원가의 분류

원가는 사용 목적에 따라 다음과 같이 다양하게 분류할 수 있다.

[1] 발생시점에 따른 분류

실제원가(사후원가)	현재 시점에서 이미 발생된 원가
예정원가(사전원가)	미래에 발생될 것이라고 예측되는 원가

[2] 제품과의 관련성(추적가능성)에 따른 분류(직접원가와 간접원가)

직접원가(＝직접비)	특정 제품에 직접 관련시킬 수 있는 원가
간접원가(＝간접비)	여러 제품과 관련하여 공통적으로 발생한 원가로서 특정 제품에 직접적인 추적이 어려운 원가

㉠ 직접원가(직접재료비, 직접노무비)

어떤 원가를 특정 원가대상에 직접 대응시킬 수 있을 때 그 원가를 직접원가라고 한다. 여기서 원가대상(＝원가집적대상)이라 함은 제품, 부문, 제품라인 등과 같이 원가를 부담하는 목적물을 의미한다. 따라서 직접원가는 특정제품 또는 특정부분에 직접 관련시킬 수 있는 원가를 말한다. (예 : 직접재료비, 직접노무비)

㉡ 간접비(제조간접비)

어떤 원가가 특정 원가대상(＝원가집적대상)과 관련을 맺고 있다 하더라도 그 원가대상(＝원가집적대상)에 직접 대응시킬 수 없는 경우 그 원가를 간접비라고 한다. (예 : 제조간접비) 여러 제품의 생산에 공통으로 관련된 원가가 간접비이다.

[3] 원가행태에 따른 분류

원가행태란 조업도 수준이 변화함에 따라 총원가 발생액이 일정한 형태로 변하는 모양을 말한다. 원가행태에 따라 원가는 변동비, 고정비, 준변동비(혼합원가), 준고정비(계단원가)로 나뉜다.

변동원가	조업도 수준의 변동에 따라 총원가가 비례하여 변동하는 원가
고정원가	조업도 수준의 변동에 관계없이 총원가가 일정한 원가
준변동원가 = 혼합원가	변동원가 + 고정원가
준고정원가＝계단원가	관련범위 내에서는 고정원가이지만 관련범위를 벗어날 경우 일정액이 증가 또는 감소하는 원가

> **조업도**
>
> 기업의 경영활동수준을 조업도라 하며, 조업도는 매출액, 생산량, 고객수 등을 말한다.

⊙ 변동비(변동원가)

조업도가 증가하면 원가발생총액(총원가)이 증가하고 조업도가 감소하면 총원가가 감소하는 원가를 말한다. 이 경우 단위당 원가는 조업도의 증감에 관계없이 일정하다.

- **순수변동비** : 일반적으로 변동비라고 하면 순수변동비를 의미한다. 이는 조업도의 변동에 따라 직접적으로 비례하여 변동하는 원가로서 조업이 중단되었을 경우에는 전혀 발생하지 않는 원가를 말한다. 조업도가 증가함에 따라 총 순수변동비는 증가하며, 단위당 순수변동비는 일정하다는 특징이 있다. 다시 말해 순수변동비는 조업도가 증가하면 총변동비가 증가하고 단위당 변동비는 조업도와 관계없이 일정한 원가를 말한다.

- **준변동비(혼합원가)** : 준변동비는 조업도의 변화와 관계없이 발생하는 일정액의 고정비와 조업도의 변화에 따라 단위당 일정비율로 증가하는 변동비 두 부분으로 구성된 원가를 말하며 혼합원가라고도 한다. 따라서 준변동비는 조업도가 0(zero)일 때에도 고정비 부분만큼의 원가가 발생하며 조업도가 증가함에 따라 비례적으로 증가한다. 즉, 준변동비는 변동비와 고정비의 성격을 모두 가지고 있는 원가를 말한다. 이는 사용량이 영(0)인 경우에도 기본요금이 나오고 사용량이 증가함에 따라 비례적으로 금액이 증가하는 원가행태로서 택시비, 전화요금, 전기료 등을 예로 들 수 있다.

⊙ 고정비(고정원가)

조업도의 변화에 관계없이 총원가가 일정하게 발생하는 원가로서 단위당 원가는 조업도가 증가함에 따라 감소한다. (예 : 지급임차료, 보험료, 재산세, 감가상각비 등)

- **순수고정비** : 순수고정비는 조업도에 관계없이 항상 일정하게 발생하는 원가를 말한다. 즉, 가격변화와 같은 외부요인의 변동이 없는 한 조업도가 증가하거나 감소하더라도 이에 영향을 받지 않고 총액이 항상 일정하게 발생하는 원가를 의미한다. 따라서 조업도가 증가하면 단위당 순수고정비는 점차 감소하게 되고, 조업도가 감소하면 단위당 순수고정비는 점차 증가하게 된다. 다시 말해 순수고정비는 조업도의 변동과 관계없이 총고정비는 일정하나 단위당 고정비는 조업도의 증감에 반비례하는 행태의 원가이다.

- **준고정비(계단원가)** : 특정범위의 조업도 수준(관련범위)에서는 일정한 금액이 발생하지만, 관련범위를 벗어나면 원가총액이 일정액만큼 증가 또는 감소하는 원가를 말한다.

조업도가 증가할 때 변동비와 고정비의 크기 변화

구분	(순수) 변동비	(순수) 고정비
총원가	증가	일정
단위당 원가	일정	감소

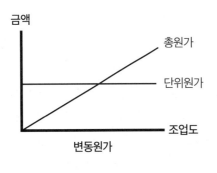

변동원가

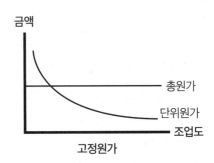

고정원가

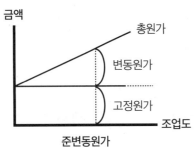

준변동원가

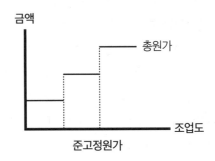

준고정원가

(4) 제조활동과의 관련성에 따른 분류(제조원가와 비제조원가)

㉠ 제조원가

제품생산과정에서 소비된 모든 원가를 말하며, 제품원가 또는 재고가능원가라고도 한다. (직접재료비, 직접노무비, 제조간접비)

• 직접재료비

직접재료비라 함은 완성품을 생산하는 데 사용되는 원재료의 원가 중 특정 제품에 직접적으로 추적할 수 있는 원가를 말한다.

• 직접노무비

직접노무비라 함은 특정제품에 대하여 직접 추적할 수 있는 노동에 지출된 원가를 의미한다. 즉, 공장직원의 급여 등을 말한다.

• 제조간접비

제조간접비란 직접재료비와 직접노무비 등 직접원가를 제외한 모든 제조원가를 말하며 다음의 항목들로 구성된다. 예를 들어 재료비 중 여러 가지 제품이 공통적으로 사용되어 어떤 한 제품에 직접적으로 대응시킬 수 없는 재료비는 간접제조비이므로 이는 제조간접비를 구성하는 것이다. 제조간접비는 변동제조간접비와 고정제조간접비로 나눌 수 있다.

간접재료비	기계를 작동하기 위한 윤활유, 세척제, 수선을 위한 부분품 등과 같이 완성품의 일부분을 구성하는 것은 아니지만 특정 제품을 생산하는데 반드시 필요한 간접재료의 소비액을 말함
간접노무비	생산감독자나 관리인, 수리공 등과 같이 특정 제품의 생산을 위한 직접적인 작업을 하지는 않지만 공장운영을 위해 필요한 자들에 지급하는 모든 지출을 말함
기타의 제조원가	공장건물이나 설비자산에 대한 감가상각비, 재산세 및 공장건물을 운영하는 데 발생한 난방비, 전기료 등과 같은 항목들이 여기에 해당됨

이론Ⅱ 원가회계

변동제조간접비와 고정제조간접비

제조간접비는 원가행태를 세분화하여 변동제조간접비와 고정제조간접비로 구분할 수 있으며 제조간접비라고 하면 변동제조간접비와 고정제조간접비를 합한 금액을 말한다.

㉠ **변동제조간접비** : 간접재료비, 간접노무비 등의 제조간접비는 조업도의 증감에 따라 변화한다.

㉡ **고정제조간접비** : 공장설비에 대한 감가상각비, 재산세 등의 제조간접비는 조업도와 관계없이 일정하게 발생한다.

기본원가와 가공원가

제조원가중 직접재료비와 직접노무비를 합하여 직접원가 또는 기본원가라 한다. 가공원가는 직접재료비를 제외한 모든 원가를 포함한 금액으로서 일반적으로는 직접노무비와 제조간접비를 합하여 구한다.

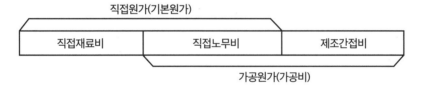

원가 요소의 구분

구분	내용
직접원가	직접재료비 + 직접노무비 + 직접경비
기본원가	직접재료비 + 직접노무비
가공원가	직접노무비 + 제조간접비

㉡ 비제조원가

제품생산활동과 관련이 없이 판매활동 및 관리활동과 관련된 원가로서 "기간비용" 또는 "재고불능원가"라고도 한다. (ex. 광고선전비, 판매관리직사원 급여, 본사 건물 감가상각비 등)

이론Ⅱ | 원가회계 **97**

제조원가	비제조원가
기계장치나 공장건물에 대한 감가상각비 보험료, 수선유지비, 생산직 관리자의 급여, 공장사무실의 운영비, 공장 소모품비, 공장의 전력비, 동력비 등	사무실 및 본사 건물에 대한 감가상각비 보험료, 수선유지비, 영업사원의 급여, 영업 및 판매부서, 본사 직원의 급여, 사무용 소모품비, 사무실 건물의 전력비·동력비 등

(5) 자산화 여부에 따른 분류(제품원가와 기간원가)

원가는 자산화 여부에 따라 제품원가와 기간원가로 나누어진다. 제품원가란 판매목적으로 제조하거나 구입한 제품에 대해 부과하는 원가를 말한다. 보통 제조원가가 이에 해당되며, 이러한 원가는 현금 등 지출시점이 아닌 제품의 판매시점에 제품매출원가로 비용처리한다.

• 제품원가

제품을 생산할 때 재고자산에 배부되는 모든 원가를 제품원가라고 한다. 제품원가는 원가가 발생되면 일단 재고자산으로 계상했다가 제품이 판매될 때 매출원가로 비용처리된다. 제품원가는 제품이 판매될 때까지 재고자산으로 계상하였다가 제품의 판매시점에 매출원가라는 비용계정으로 처리하도록 하고 있다. 따라서 제품원가는 재고자산의 원가를 구성하므로 이를 재고가능원가라고도 한다.

• 기간원가

제품생산과 관계없이 발생되어 항상 발생된 기간에 비용으로 처리되는 원가를 기간원가라고 한다. 일반적으로 판매비와 관리비가 기간원가에 속하며, 발생된 기간에 전액 비용으로 처리되므로 이를 재고불능원가라고도 한다.

(6) 통제 가능성에 따른 분류

• 통제가능원가

특정 관리자가 원가의 발생 정도에 영향을 미칠 수 있는 원가를 말한다.

• 통제불능원가

특정 관리자가 원가의 발생 정도에 영향을 줄 수 없는 원가로서 특정 관리자의 성과를 평가할 때에 통제불능 원가에 대해서는 고려하지 말아야 한다.

(7) 의사결정과의 관련성에 따른 분류

회사의 의사결정과의 관련성에 따라 원가를 분류하면 매몰원가, 기회비용, 관련원가와 비관련원가, 회피가능원가와 회피불능원가 등으로 나눌 수 있다.

- **매몰원가**

  과거 의사결정의 결과로 이미 발생된 원가를 말하는 것으로 현재의 의사결정을할 때 고려하면 안되는 원가이다. 다시 말해 매몰원가란 이미 발생한 과거원가로서 현재 혹은 미래의 의사결정과 관련이 없는 비관련원가이다.

- **기회비용(기회원가)**

  기회비용이란 재화와 용역, 생산설비 등의 자원을 현재의 용도 이외에 다른 대체적인 용도에 사용할 경우 얻을 수 있는 최대 금액을 말한다. 기회비용은 한 대체안의 선택으로 인해 다른 대체안을 포기하는 경우 포기한 대체안에서 얻을 수 있는 금액을 획득하지 못하게 된다는 의미에서 기회원가라고 표현하기도 한다. 기회비용은 의사결정을 할 때 고려해야 할 원가이다.

- **관련원가와 비관련원가**

  관련원가란 여러 대안 사이에 차이가 있는 미래원가로서 의사결정에 직접 관련되는 원가를 말하며, 비관련원가는 여러 대안 사이에 차이가 없는 원가로서 의사결정에 영향을 미치지 않는 원가를 말한다.

- **회피가능원가와 회피불능원가**

  회피가능원가란 특정한 대안을 선택함으로써 절약되거나 발생되지 않는 원가를 말하며, 회피불가능원가란 특정한 대체안을 선택하더라도 계속해서 발생하는 원가를 말한다.

4 원가회계 시스템의 종류

(1) 원가회계시스템의 의의

원가회계시스템이란 제품생산과 관련하여 발생된 원가를 집계하고 집계된 원가를 원가대상에 배분하는 일련의 절차를 말한다. 기업은 생산방식 및 원가정보의 특성에 맞는 적절한 원가회계시스템을 선택하여야 한다.

(2) 원가회계시스템의 분류

⊙ 원가의 집계방법에 따른 분류

- **개별원가계산**

  개별작업(Job order) 또는 개별제품별로 원가를 집계하여 계산하는 방법을 말한다.

- **종합원가계산**

  일정한 회계기간을 기준으로 공정(Process)별로 원가를 집계하여 이를 회계기간 중에 공정에서 생산된 완성품과 재공품에 배분하는 방법을 말한다.

ⓒ 제품원가의 범위에 따른 분류

• 전부원가계산

   고정제조간접비를 포함한 모든 제조원가를 제품원가에 포함하는 방법이다.

• 변동원가계산

   고정제조간접비를 제외한 변동제조원가(직접재료비, 직접노무비, 변동제조간접비)만을 제품원가에 포함하고
   고정제조간접비는 기간비용으로 처리하는 방법을 말한다.

구분	전부원가계산	변동원가계산
제품원가	직접재료비 직접노무비 변동제조간접비 고정제조간접비	직접재료비 직접노무비 변동제조간접비
기간비용	판매비와관리비	고정제조간접비 판매비와관리비

ⓒ 원가측정방법에 따른 분류

• 실제원가계산

   모든 원가요소를 실제발생한 원가를 기준으로 제품원가를 측정하는 방법이다.

• 정상(평준화)원가계산

   직접재료비와 직접노무비는 실제발생한 원가를 기준으로, 제조간접비는 미리 정해놓은 예정배부기준에 의해 구해진
   제조간접원가예정배부율을 기준으로 제품원가를 측정하는 방법이다.

• 표준원가계산

   모든 원가요소를 예정원가를 기준으로 측정하는 방법이다.

※ 원가요소별 원가 측정 방법

원가요소	실제원가계산	정상원가계산	표준원가계산
직접재료비	실제원가	실제원가	표준원가
직접노무비	실제원가	실제원가	표준원가
제조간접비	실제원가	예정원가	표준원가

[3] 원가회계 시스템의 종류

   원가회계 시스템은 원가의 집계방법·원가의 측정방법·제품원가의 범위에 따라 구분되며 이들을 적절히
결합하여 다음과 같은 다양한 조합의 원가회계 시스템을 구성할 수 있다. 단, 재무보고 목적의 제품원가 계산은
전부원가를 대상으로 하므로 변동원가계산제도는 재무보고 목적으로는 사용할 수 없다.

2 제조원가의 흐름

1 제조원가의 개념

기업은 제품을 생산하는 과정에서 원재료와 노동력 및 설비용역 등을 사용하게 된다. 이와 같이 기업의 제조활동에 소모된 모든 원가를 제조원가라 하며, 제조원가는 특정 원가대상에 추적가능 여부에 따라 직접재료비, 직접노무비, 제조간접비로 분류된다. 이들 직접재료비, 직접노무비, 제조간접비를 제조원가의 3요소라고 한다.

📝 제조원가 3요소

- 직접재료비 : 특정 제품의 생산에 소요된 원재료의 구입원가
- 직접노무비 : 특정 제품의 생산에 소요된 노동력의 구입원가
- 제조간접비 : 특정 제품과 관련성을 지을 수 없는 모든 제조원가

2 제조원가의 종류

제조기업은 상기업과는 달리 제조활동의 회계처리를 위하여 추가적인 계정이 필요하다. 그 중에서 대표적인 것이 원재료, 직접노무비, 제조간접비, 재공품, 제품 계정이라 할 수 있다.

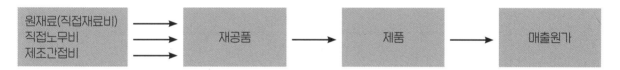

원재료를 비롯한 모든 제조원가는 생산에 투입되면 재공품 계정에 집계되며, 당기중 완성된 제품은 원가계산절차에 따라 제품계정으로 대체된다. 매출원가는 기초제품의 원가와 당기 완성품 원가를 합계한 금액에서 기말제품재고액을 차감하여 계산한다.

제조원가의 흐름을 살펴보면 직접재료비와 직접노무비, 제조간접비 금액은 제조과정에 있는 재공품 계정으로 배부된 후 제품이 완성되면 제품으로 대체되고 이후 판매될 때에 매출원가로 대체된다. 이러한 과정을 보면 다음과 같다.

> 당기총제조원가(직접재료비+직접노무비+제조간접비) → 재공품 → 제품 → (제품)매출원가

(1) 재료비(원재료비)

원재료비는 제품과의 추적가능성에 따라 직접재료비와 간접재료비로 분류한다.

- **원재료(생산과정에 투입하기 전)**

  원재료 계정은 제품의 제조활동에 사용할 원료·재료·매입부분품·미착원재료 등의 원가를 기록하는 재고자산 계정이다. 기업에 따라서는 소모품·소모공기구비품·수선용 부분품 등과 같이 제조공정에서 부수적으로 사용되는 물품을 별도의 저장품 계정으로 구분하여 표시할 수도 있고, 원재료 계정에 포함시킬 수도 있다.

원재료			
기초원재료	×××	직접재료비	×××
		간접재료비	×××
당기매입액	×××	기말원재료	×××

- **직접재료비(생산과정에 투입된 후)**

  특정 제품 제조에만 사용되는 원가로서 주요 재료비와 부품비를 말한다.

- **간접재료비(생산과정에 투입된 후)**

  여러 제품에 공통으로 사용된 원가로서 보조 재료비와 소모공구, 기구, 비품비 등이 이에 해당되며, 간접재료비는 제조간접비 계정 차변으로 대체된다.

원재료				
기초재고	×××	직접재료비	×××	→ 재공품 계정 차변으로 대체
		간접재료비	×××	→ 제조간접비 계정 차변으로 대체
당기매입	×××	기말재고	×××	
합계	×××	합계	×××	

〔2〕 **노무비**

노무비는 제조과정에 투입된 생산직 근로자의 임금 등 인건비를 말하는 것으로서 제품과의 추적 가능성에 따라 직접노무비와 간접노무비로 나눌 수 있다.

- **직접노무비**

  특정 제품 제조에 참여한 사원에게 지급된 인건비를 말한다.

- **간접노무비**

  여러 제품 제조에 공통으로 참여한 사원에게 지급된 인건비를 말한다.

노무비				
당기발생액	×××	직접노무비	×××	→ 재공품 계정 차변으로 대체
		간접노무비	×××	→ 제조간접비 계정 차변으로 대체
합계	×××	합계	×××	

\참고

당기에 임금을 지급하면 그 금액을 노무비 계정의 차변에 기입하고, 당기에 발생하였으나 기말 현재까지 지급하지 않은 미지급임금은 기말에 노무비 계정의 차변에 기입한다. 그리고 노무비를 지급한 경우 노무비 계정의 대변에 기입한다. 이러한 내용에 대해 각 계정을 그리지 않고 당기의 노무비 금액을 계산하는 방법에 대해 알고 있으면 간편할 것이다.

⇒ 당기발생 노무비=당기지급액 + 당기미지급액 – 당기선급액 + 전기선급액 – 전기미지급액

(3) 제조간접비

㉠ 제조간접비의 분류

직접재료비와 직접노무비를 제외한 대부분의 원가는 간접비의 성격을 지닌다. 이러한 간접비를 모두 합한 금액을 제조간접비라고 한다. 간접재료비와 간접노무비, 그리고 기타 간접경비를 모두 합하면 당기의 제조간접비를 구할 수 있다.

㉡ 당기의 제조간접비

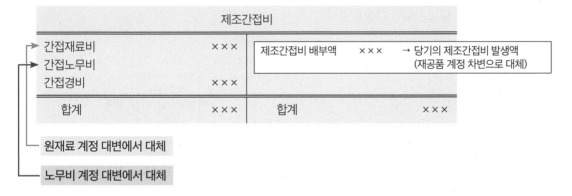

(4) 재공품(미완성품)

재공품이란 제조과정이 완료되지 않아 아직 제품으로 대체되지 않은 재고자산을 말하는데 제조과정에서 발생된 직접재료비, 직접노무비, 제조간접비 금액의 합계가 재공품 계정의 차변에 기록된다.

- 재공품 계정의 전기이월은 기초 재공품 재고액을 의미하고, 차기이월은 기말 재공품 재고액을 의미한다.
- 재공품 계정 차변의 직접재료비, 직접노무비, 제조간접비 합계액은 당기총제조원가이다.
  ※당기총제조원가 = 직접재료비 + 직접노무비 + 제조간접비
- 재공품 계정 대변의 제품(완성품)은 당기제품제조원가로 제품 계정의 차변으로 대체된다.

재공품			
전기이월(기초)	×××	당기제품제조원가	×××
직접재료비	×××		
직접노무비	×××		
제조간접비	×××	차기이월(기말)	×××

당기총제조원가 → 직접재료비, 직접노무비, 제조간접비

※ 따라서 "당기제품제조원가 = 기초재공품 재고액 + 당기총제조원가 – 기말재공품 재고액"이다.

(5) 제품(완성품)

제조과정이 완료되고 나서 판매를 위해 보관하고 있는 것을 제품이라고 한다. 완성된 제품에 배부된 원가 총액을 제품 계정의 차변에 대체해야 한다. 이러한 제품이 판매되면 이것이 매출원가가 되는데 매출원가는 제품 계정의 대변에 기록된다.

즉, 기초제품재고액(전기완성품)과 당기제품제조원가(당기완성품) 합계액인 판매가능액 중에서 판매된 것은 매출원가가 되고, 아직 판매되지 않은 것은 기말제품재고액(차기이월)이 된다.

제품			
기초제품	×××	매출원가	×××
당기제품제조원가	×××	기말제품	×××

※ 제품매출원가 = 기초제품재고액 + 당기제품제조원가 ⊠ 기말제품재고액

이러한 원가의 흐름을 도표로 표시하면 다음과 같다.

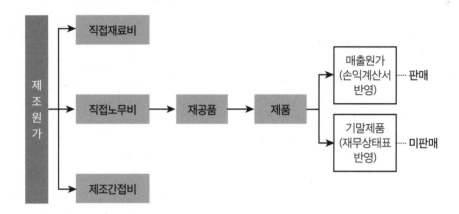

제품의 제조에 투입된 원가는 제품을 완성하여 판매하기 전까지는 재공품이나 제품 등 재고자산의 원가에 포함시키며, 그 제품을 판매하는 경우에는 매출원가의 일부분으로서 비용으로 계상한다.

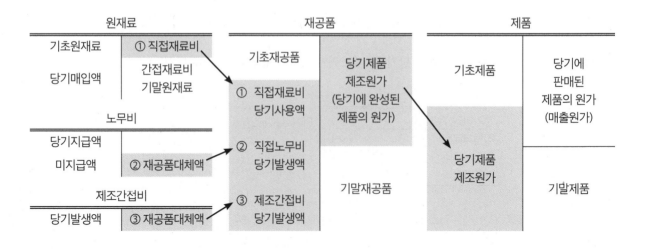

- 당기에 소비한 원가 중 직접원가는 재공품 계정 차변으로 대체된다.
- 당기에 소비한 원가 중 간접원가는 제조간접비 계정 차변으로 대체된다.
- 제조간접비 계정은 다시 재공품 계정 차변으로 대체된다.
- 재공품이 완성되면 그 금액은 제품 계정 차변으로 대체된다.(당기제품제조원가)
- 제품이 팔리면 그 금액은 매출원가로 손익계산서에 반영되게 되며, 제품 계정의 대변에 기록되게 된다.

원재료(자산), 원재료비(원가) 등이 어떤 재무제표에 반영되는지 확인하는 문제가 최근에 출제되었으므로 아래의 사항을 확인하여 두기로 하자.
- 기초 원재료, 기초 재공품, 기초 제품은 전기 재무상태표에서 확인할 수 있다.
- 기말 원재료, 기말 재공품, 기말 제품은 당기 재무상태표에서 확인할 수 있다.
- 원재료비(기초원재료, 당기매입원재료, 기말원재료)는 제조원가명세서에서 확인할 수 있다.
- 당기제품제조원가(기초재공품, 당기총제조원가, 기말재공품)는 제조원가명세서에서 확인할 수 있다.
- 매출원가(기초제품, 당기제품제조원가, 기말제품)는 손익계산서에서 확인할 수 있다.

3 제조원가의 흐름(원가 계산의 절차)

(1) 당기총제조원가

당기총제조원가는 당기에 제조과정에 투입된 모든 제조원가를 의미하는 것으로 당기에 투입된 직접재료비, 직접노무비, 제조간접비의 합계액을 의미한다.

> 당기총제조원가 = 직접재료비 + 직접노무비 + 제조간접비

- **직접재료비**는 당기에 투입한 원재료의 구입원가를 의미하며 이는 기초원재료와 당기구입원재료의 합계에서 기말원재료재고액을 차감한 금액이다.
- **직접노무비**는 특정제품생산을 위하여 당기에 제조과정에 투입된 생산직 근로자의 임금을 의미한다.
- **제조간접비**는 당기에 발생한 제조원가 중 직접재료비와 직접노무비를 제외한 모든 제조원가를 의미하며, 간접재료비, 간접노무비, 경비로 구분될 수 있다.

(2) 당기제품제조원가

당기제품제조원가는 당기에 완성한 제품의 제조원가를 의미하는 것으로 이는 기초재공품재고액과 당기총제조비용의 합계금액에서 기말재공품금액을 차감한 금액이다.

> 당기제품제조원가 = 기초재공품재고액 + 당기총제조원가 - 기말재공품재고액

[3] 매출원가(제품매출원가)

매출원가는 당기에 판매한 제품의 원가이며, 기초제품재고액과 당기제품제조원가의 합계에서 기말제품재고액을 차감하여 구한다.

> 매출원가 = 기초제품재고액 + 당기제품제조원가 - 기말제품재고액

요약 원가계산의 흐름

원가계산의 흐름을 도식화해보면 다음과 같다.

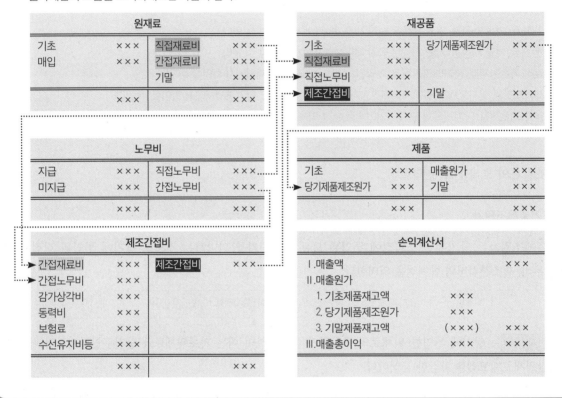

암기 원가계산의 흐름 요약

시험문제에서는 원가계산의 흐름 중 원재료, 재공품, 제품의 원가계산 흐름에 대한 계산문제를 자주 출제하고 있으므로 아래의 표는 무조건 암기하도록 하자.

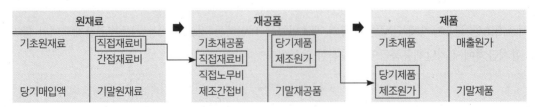

※ 이 중 원재료와 재공품 계정 관련 금액은 제조원가명세서에 반영되고,
  제품계정의 매출원가와 기말제품 등은 손익계산서에 반영되는 금액이다.

참고

제조간접비의 각 계정의 당기 발생액에 대해 구하고자 할 때에는 다음과 같이 당기 지급액과 당기 미지급액을 더한 후 여기에서 당기선급액을 빼고 전기에 선급한 금액을 더한 후 전기의 미지급액을 합하면 당기의 제조간접비 금액을 구할 수 있다.

⇒ 제조간접비 = 당기지급액 + 당기미지급액 - 당기선급액 + 전기선급액 - 전기미지급액

기본원가와 가공원가

- 기본원가(직접원가 = 기초원가) = 직접재료비 + 직접노무비
- 가공원가(가공비) = 직접노무비 + 제조간접비

원가의 3요소를 이용한 원가계산 방법

구분	내용
당기총제조원가 (당기총제조비용)	직접재료비 + 직접노무비 + 제조간접비
당기제품제조원가	기초재공품 + 당기총제조원가 - 기말재공품
매출원가	기초제품 + 당기제품제조원가 - 기말제품

4 제조원가명세서

제조원가명세서는 일정한 원가계산기간 동안 발생한 원가를 직접재료비, 직접노무비, 제조간접비를 각 원가요소별로 그 명세를 나타냄으로써 당해 원가계산기간 동안에 완성된 제품의 전체적인 원가금액의 내역을 나타내 주기 위해 작성되는 것이다.

제조원가명세서를 통해 당기에 발생한 직접재료비, 직접노무비, 제조간접비의 금액을 알 수 있으며, 이들 금액을 통해 당기총제조원가를 구할 수 있다. 당기총제조원가에 기초재공품을 더하고 기말재공품을 빼면 당기제품제조원가를 구하게 된다. 즉, 제조원가명세서를 통해 당기총제조원가와 당기제품제조원가를 파악할 수 있다. 다만, 당기의 매출원가는 제조원가명세서가 아니라 손익계산서에 반영된다.

제조원가명세서는 외부에 공시해야 하는 재무제표에는 포함되지 않는다.

3 원가배분

1 원가배분의 의의

 기업의 경영자는 제품원가계산이나 여러 가지 경영의사결정을 위하여 그 목적에 적합한 원가정보를 필요로 한다. 이러한 원가정보 중 복수의 원가대상에 공통적으로 발생한 원가를 집계한 후 합리적인 배분기준에 따라 원가대상에 배분하여야만 한다.

 원가배분(cost allocation)이란 "집계한 공통원가 또는 간접원가를 제품 또는 부문 등의 원가대상에 합리적인 원가유발 요인을 추적하여 대응시키는 것"을 말한다.

2 원가배분의 목적

 일반적으로 원가배분을 실시하는 목적은 재무회계적 목적과 관리회계적 목적으로 나누어 볼 수 있다. 재무회계적 목적은 외부보고용 재무제표의 작성에 필요한 기말재고와 매출원가를 측정하기 위하여 공통제조원가를 각 제품으로 배분한다.

 관리회계적 목적은 경제적인 의사결정, 동기부여 및 성과평가 등을 위하여 공통원가를 원가대상에 배분한다.

3 원가배분기준

 원가배분기준은 원가배분을 수행하는 주된 목적과 부합되도록 설정되어야 하는데 기본적으로 공정성과 공평성이 전제되어야 원가배분의 목적이 달성가능하다고 볼 수 있다. 이러한 원가배분의 지침이 되는 기준에는 인과관계기준, 수혜기준, 부담능력기준 등이 있다.

(1) 인과관계기준(causality criterion)

 배분하려는 원가와 원가대상 사이에 추적가능한 인과관계가 존재할 경우 이러한 인과관계에 따라 원가를 배분하는 기준이다. 이러한 인과관계기준은 원가배분의 기본적 전제인 공정성과 공평성을 달성하는 데 가장 이상적인 원가배분기준이다. 그러나 인과관계를 파악하기 어려운 경우 다른 원가배분기준을 사용할 수 밖에 없다.

(2) 수혜기준(benefits recieved criterion)

 배분대상원가로부터 원가대상에 제공된 경제적 효익을 측정할 수 있는 경우 이러한 경제적 효익의 크기에 비례하여 원가를 배분하는 기준이다. 한 예로서 기업 홍보관련 비용을 제품 매출액에 비례하여 각 제품에 배분하는 것을 들 수 있는데 이는 매출액이 높은 제품이 기업홍보의 혜택을 보다 많이 보았다는 사고에 기초한 것이다.

(3) 부담능력기준(ability - to - bear - criterion)

부담능력기준은 원가부담능력이 큰 원가대상에 더 많은 원가를 배분하는 것이다. 이익이 많은 제품이 적은 제품보다 더 많은 원가를 배분받는 것이다. 예로서 결합원가 배분시 순실현가치, 상대적 판매가치에 의하여 원가를 배분하는 것은 부담능력기준으로 원가를 배분하는 것이다.

원가계산의 절차

제조기업의 경우 원재료를 구입하여 이를 가공하여 제품을 만든 후 그 제품을 판매한다. 따라서 제조기업의 제품 매출원가를 구하기 위해서는 원재료의 투입액부터 시작하여 제조과정에 투입된 모든 원가의 흐름에 대한 이해를 정확히 해야 한다. 제품 1단위의 원가는 원칙적으로 다음의 단계를 거쳐 계산된다.

① 요소별 원가계산
② 부문별 원가계산
③ 제품별 원가계산

원가계산 방법

원가계산방법은 원가의 각 금액을 어떤 식으로 집계하느냐에 따라 개별원가계산과 종합원가계산으로 나눈다. 개별원가계산이란 제품원가를 개별 작업별로 구분하여 집계하는 원가계산방법을 말하며 종합원가계산은 제품원가를 제조공정별로 집계하는 원가계산제도로서 연속생산형태의 기업에 적합하다.

원가를 측정하는 방법에 따라 원가계산 제도는 다시 실제원가계산, 정상원가계산, 표준원가계산으로 나눌 수 있다. 실제원가계산은 직접재료비, 직접노무비, 제조간접비의 원가요소를 실제원가로 측정하는 방법이다. 정상원가계산은 직접재료비와 직접노무비는 실제원가로 측정하고 제조간접비는 사전에 정해 놓은 제조간접비 예정배부율에 의해 결정된 금액으로 측정하는 방법이다. 표준원가계산은 직접재료비, 직접노무비, 제조간접비 등의 모든 원가요소를 미리 정해 놓은 표준원가로 측정하는 방법이다.

기업의 재무제표는 실제원가계산에 의해 계산한 제품매출원가를 바탕으로 작성하여야 한다. 그러나 회사는 회사의 관리목적상 정상원가계산과 표준원가계산방식을 적용하기도 하는데, 이 경우에는 실제원가계산방식 하에서의 제조간접비 금액과 예정배부한 제조간접비 배부액과의 배부차이를 조정해야 한다.

• 제조간접비 배부차이

제조간접비를 실제금액이 아닌 예정배부율을 적용하여 예정배부할 경우에는 제조간접비 실제발생액과 제조간접비 예정배부액은 차이가 난다. 이를 제조간접비 배부차이라고 하는데, 예정배부액이 실제 배부액에 미달하는 경우에는 이를 '과소배부'라고 하며, 예정배부액이 실제 배부액을 초과할 경우에는 이를 '과대배부'라고 한다.

• 제조간접비 배부차이 조정

외부보고용 재무제표는 실제원가 및 그 근사치로 작성되어야 하므로 정상원가계산 혹은 표준원가계산에 의해 원가를 계산한 경우 기말에 제조간접비 배부 차이를 조정하는 절차가 필요하다. 제조간접비 배부차이의 조정방법에는 매출원가조정법, 비례배분법(총원가 비례배분법, 원가요소별 비례배분법), 영업외손익법이 있다.

4 부문별 원가계산 : 보조부문 원가의 배분

제품 원가를 정확하게 계산하기 위해서는 간접원가인 제조간접비를 정확하게 배분하여야 할 것이다. 제조간접비의 배분이란 제조간접비를 제품 및 작업단위에 배부하는 것이다. 회사에 제조부문 하나만 존재한다면 비교적 간단히 원가배분을 끝마칠 수 있으나, 복수의 제조부문과 더불어 제조를 보조하는 보조부문이 존재한다면 제조간접비는 일정한 단계를 통하여 제품에 배분되어진다.

일반적인 경우, 제조기업은 다음과 같은 절차를 거쳐서 제조간접비를 제품에 배분하고 있다.

① 1단계 : 부문직접비의 부과
② 2단계 : 부문의 제조간접비(공통비) 부과
③ 3단계 : 보조부문비를 각 제조부문에 배부
④ 4단계 : 제조부문비(제조부문 자체의 제조간접비와 보조부문에서 배부된 제조간접비의 합계)를 제품에 배부

1 부문공통원가의 개별부문에의 배분

각 부문에 관련성을 직접적으로 추적하기가 어려운 부문공통원가는 합리적인 방법에 의하여 제조부문과 보조부문으로 배분한다.

부문공통비의 배부기준 예시

부문공통비	배부기준
건물 감가상각비	건물의 점유면적
공장 인사관리 부문	종업원 인원수
건물의 임차료와 보험료	각 부문의 점유면적
식당부문	종업원 인원수
구매부문	주문횟수와 주문내용

2 보조부문원가의 제조부문에의 배분

제조기업에서 제조부문이란 직접 제조활동을 수행하는 부문을 말하며, 보조부문이란 제조부문이 사용하는 보조용역을 제공할 뿐 제조활동에는 직접적으로 참여하지 않는 부문을 말한다.

보조부문은 제조부문에만 용역을 제공하는 것이 아니라, 때에 따라서는 다른 보조부문에 용역을 제공하기도 하고, 용역의 일부를 스스로 사용하기도 한다. 그러나 보조부문의 모든 활동은 본질적으로 제조부문의 제조활동을 보조하기 위한 것이므로, 보조부문에서 발생하는 모든 원가는 당연히 제품의 제조원가를 구성하는 것으로 보아야 한다. 따라서 제품의 원가를 계산하기 위해서는 보조부문비를 제조부문에 적절히 배분하여야 한다.

(1) 보조부문간 용역수수관계를 어느 정도 고려하는지에 따른 구분 ★★★

구분	직접배분법	단계배분법	상호배분법
의의	보조부문비를 다른 보조부문에는 배분하지 않고 직접 제조부문에만 배부하는 방법	보조부문비를 배부순서에 따라 단계적으로 다른 보조부문과 제조부문에 배부하는 방법	보조부문비를 용역수수관계에 따라 다른 보조부문과 제조부문에 배부하는 방법
보조부문상호간의 용역수수관계 인식	전혀 인식하지 않음	일부만 인식	전부 인식
특징	• 계산이 가장 간단함 • 가장 쉬운 방법	• 직접배분법과 상호배분법의 절충적 방법 • 배부순서를 고려	• 계산이 가장 정확함 • 가장 어려운 방법

📢 **연습문제**

직접배분법

다음은 보조부문원가에 관한 자료이다. 보조부문의 제조간접비를 다른 보조부문에는 배부하지 않고 제조부문에만 직접 배부할 경우 수선부문에서 조립부문으로 배부될 제조간접비는 얼마인가?

구분		보조부문		제조부문	
		수선부문	관리부문	조립부문	절단부문
제조간접비		80,000원	100,000원		
부문별배부율	수선부문		20%	40%	40%
	관리부문	50%		20%	30%

① 24,000원　　② 32,000원　　③ 40,000원　　④ 50,000원

....

답 ③

해 $80,000원 \times \dfrac{40\%}{40\% + 40\%} = 40,000원$

보조부문의 배부방법 중 직접배부법에 대한 문제이다. 수선부와 관리부가 주고받는 용역 수수 비율에 대해서는 아예 없는 것으로 보고 문제를 풀면 된다.

단계배분법

두 개의 제조부문과 두 개의 보조부문으로 이루어진 (주)혜민의 부문간 용역수수에 관련된 다음 자료를 이용하여 제조부문 C에 배부되는 보조부문의 총액을 계산하면 얼마인가?(단, 단계배분법을 사용하고, A부문을 먼저 배분할 것)

사용 제공	보조부문		제조부문	
	수선부문	관리부문	조립부문	절단부문
A	-	40%	20%	40%
B	20%	-	50%	30%
발생원가	200,000원	300,000원	450,000원	600,000원

① 230,000원　　② 210,000원　　③ 277,500원　　④ 315,000원

답 ③

해 $200,000원 \times 20\% + (300,000원 + 200,000원 \times 40\%) \times \dfrac{50\%}{50\% + 30\%} = 277,500원$

(2) 보조부문의 행태별 배분

보조부문의 원가를 변동비와 고정비로 구분하느냐의 여부에 따라 단일배분율법과 이중배분율법으로 나눌 수 있다.

㉠ 단일배분율법

단일배분율법은 보조부문비를 변동비와 고정비로 구분하지 않고 모든 보조부문의 원가를 하나의 기준으로 배분하는 방법으로 보조부문비 중 고정비도 변동비처럼 배분된다. 이 방법은 이중배분율법에 비해서는 사용하기가 간편하지만 원가행태에 따른 정확한 배분이 되지 않기 때문에 부문의 최적의사결정이 조직 전체의 차원에서는 최적의사결정이 되지 않을 수도 있다.

• 보조부문비(변동비 + 고정비)를 하나의 배부기준(실제 사용량)을 적용하여 배분

㉡ 이중배분율법

이중배분율법은 보조부문비를 원가행태에 따라 변동비와 고정비로 분류하며 각각 다른 배분기준을 적용하는 방법이다.

• **변동비** : 실제 사용량 을 기준으로 배분
• **고정비** : 제조부문에서 사용할 수 있는 최대사용 가능량 을 기준으로 배분

- 보조부문비를 변동비와 고정비로 분류
- 변동비와 고정비에 대하여 각각 다른 배분기준을 적용하여 배분
- 변동비와 고정비가 발생하는 원인에 대한 차이점을 인식
- 단일배분율보다 합리적인 배분방법임

📢 연습문제

(주)신동의 보조부문에서 발생한 변동제조간접비는 1,500,000원, 고정제조간접비는 3,000,000원이 발생하였다. 이중배분율법에 의하여 보조부문의 제조간접비를 제조부문에 배분할 경우 절단부문에 배분할 제조간접비는 얼마인가?

구분	실제기계시간	최대기계시간
절단부문	2,500시간	7,000시간
조립부문	5,000시간	8,000시간

① 1,500,000원   ② 1,700,000원   ③ 1,900,000원   ④ 2,100,000원

답 ③

해 • 변동제조간접비 $= 1,500,000원 \times \dfrac{2,500시간}{7,500시간} = 500,000원$

• 고정제조간접비 $= 3,000,000원 \times \dfrac{7,000시간}{15,000시간} = 1,400,000원$

• 합계 $= 1,900,000원$

단일배분율법·이중배분율법과 직접배분법·단계배분법·상호배분법의 관계

보조부문 상호간의 용역수수에 의한 배분방법과 보조부문비의 원가행태에 의한 배분방법은 상호배타적이 아니라 서로 결합하여 사용할 수 있으므로 다음의 여섯가지 방법이 있을 수 있다.

원가행태에 의한 배분방법 \ 용역수수에 의한 배분방법	직접배분법	단계배분법	상호배분법
단일배분율법	○	○	○
이중배분율법	○	○	○

기계류 생산업체인 ㈜한솔의 작업공정은 두 개의 제조부문 X, Y와 이를 보조하는 두 개의 보조부문 S_1, S_2로 구성되어 있다. 20x1년도 각 부문의 생산자료는 다음과 같다. 한편, 동 기간중 보조부문에서의 발생원가는 다음과 같다고 할 때 요구사항에 답하시오.

구분	공급부문	제조부문 X	제조부문 Y	보조부문 S_1	보조부문 S_2	계
실제사용량	S_1	50	150	–	50	250
	S_2	280	70	150	–	500
최대사용가능량	S_1	150	150	–	100	400
	S_2	300	200	200	–	700

한편, 동 기간중 보조부문에서의 발생원가는 다음과 같다고 할 때 요구사항에 답하시오.

구분	변동원가	고정원가	계
보조부문 S_1	₩500,000	₩250,000	₩750,000
보조부문 S_2	₩400,000	₩1,800,000	₩2,200,000
계	₩900,000	₩2,050,000	₩2,950,000

1. 단일배분율법을 이용하여 직접배분법으로 보조부문의 원가를 제조부문별로 배분하라.
2. 이중배분율법을 이용하여 직접배분법으로 보조부문의 원가를 제조부문별로 배분하라.

해답

1. 단일배분율법 이용시

(1) 배분비율 산정 : 실제사용량 기준

	제조부문 X	제조부문 Y	보조부문 S_1	보조부문 S_2	계
S_1	50(25%)	150(75%)	–	–	200
S_2	280(80%)	70(20%)	–	–	350

(2) 배분계산

사용부문 / 제공부문	보조부문 S_1	보조부문 S_2	제조부문 X	제조부문 Y	계
배분대상원가	₩750,000	₩2,200,000	–	–	₩2,950,000
보조부문 S_1	(750,000)	–	₩187,500	₩562,500	0
보조부문 S_2		(2,200,000)	1,760,000	440,000	0
계	0	0	₩1,947,500	₩1,002,500	₩2,950,000

2. 이중배분율법 이용시

(1) 변동원가의 배분 : 실제사용량기준

제공부문 \ 사용부문	보조부문 S₁	보조부문 S₂	제조부문 X	제조부문 Y	계
배분대상원가	₩500,000	₩400,000	-	-	₩900,000
보조부문 S₁	(500,000)	-	₩125,000	₩375,000	0
보조부문 S₂	-	(400,000)	320,000	80,000	0
계	0	0	₩445,000	₩455,000	₩900,000

(2) 고정원가의 배분 : 최대사용가능량기준

① 배분비율 산정

	제조부문 X	제조부문 Y	보조부문 S₁	보조부문 S₂	계
S₁	150(50%)	150(50%)	-	-	300
S₂	300(60%)	200(40%)	-	-	500

② 배분계산

제공부문 \ 사용부문	보조부문 S₁	보조부문 S₂	제조부문 X	제조부문 Y	계
배분대상원가	₩250,000	₩1,800,000	-	-	₩2,050,000
보조부문 S₁	(250,000)	-	₩125,000	₩125,000	0
보조부문 S₂	-	(1,800,000)	1,080,000	720,000	0
계	0	0	₩1,205,000	₩845,000	₩2,050,000

(3) 배분원가의 집계

	변동원가		고정원가		계
제조부문 X 배분원가 =	₩445,000	+	₩1,205,000	=	1,650,000
제조부문 Y 배분원가 =	₩455,000	+	₩845,000	=	1,300,000
합계					2,950,000

5 결합원가계산

1 결합원가의 의의

동일한 공정에서 동일한 종류의 원재료를 투입하여 서로 다른 2종 이상의 제품이 생산되는 경우가 있다. 이 때 발생된 원가를 결합원가라 하며, 생산된 제품을 결합제품이라 한다.

원재료	결합제품의 사례
원유	휘발유, 등유, 경유, 중유 등
우유	버터, 치즈 등
원두(콩)	두부, 순두부 등
한우	안심, 등심, 갈비 등

2 분리점과 결합원가

결합제품의 제조과정에서 각 제품의 물리적 식별이 가능한 시점을 분리점이라 하며, 결합원가는 분리점 이전까지 투입된 원가를 의미한다. 분리점 이후에도 개별제품에 투입되는 원가가 있을 수 있으며, 이를 추가가공원가라 한다.

3 결합원가의 배분

결합원가는 복수의 제품에 배분하여야 하는 공통원가이다. 그러나 결합원가는 각 제품의 물리적인 실체가 확정되기 이전에 발생된 원가이므로 개별제품과의 인과관계를 추적하는 것이 불가능하다. 따라서 결합원가는 부담능력기준을 중심으로 제품에 배부하고 있으며 결합원가를 연산품에 배분하는 방법으로는 ① 상대적 판매가치법, ② 순실현가치법, ③ 균등이익률법, ④ 물량기준법 등이 있다.

(1) 상대적 판매가치법

상대적 판매가치란 분리점에서 개별제품을 시장에 판매한다면 획득할 수 있는 수익을 의미하며, 상대적 판매가치법이란 결합원가를 상대적판매가치를 기준으로 배분하는 것이다.

[2] 순실현가치법

순실현가치법은 각 결합제품의 최종판매가치에서 추가가공원가와 판매비용을 차감한 순실현가치를 기준으로 결합원가를 배분하는 방법이다.

[3] 균등이익률법

균등이익률법은 각 결합제품이 동일한 매출액대비 이익률을 갖도록 결합원가를 배분하는방법이다.

[4] 물량기준법

물량기준법은 결합제품의 중량, 부피 등을 기준으로 결합원가를 배분하는 방법이다. 이 방법은 수혜기준을 근거로 결합원가를 배분하는 방법으로 원가대상인 결합제품의 결합공정이 제품의 중량이나 부피에 밀접한 관계가 있을 경우 적용된다.

6 개별원가계산

제품생산의 형태, 제품원가의 범위 및 원가의 측정방법에 따라 다양한 원가계산제도가 존재한다. 이 중에서 생산형태에 의해 개별원가계산과 종합원가계산으로 나눌 수 있는데 이러한 구분은 생산물의 특성을 고려한 것으로 원가의 집계와 배분에 있어서 차이를 가져온다.

개별원가계산은 제품의 규격 및 종류가 다양하여 생산에 투입하는 노력이 개별작업별로 차이가 있을 때 사용하는 원가계산방법이다. 예를 들면, 조선업, 건설업, 인쇄업, 항공기 제조업 등이 있으며 주로 다품종 소량의 주문생산 기업에 적합하다.

1 개별원가계산의 의의

개별원가계산이란 고객의 주문에 따라 특정 제품을 개별적으로 생산하는 기업에서 사용하는 원가계산방법으로서 원가를 작업원가표를 통해 구분·집계하여 계산하는 방법이다. 즉, 개별원가계산방법에서는 제조원가를 직접재료비, 직접노무비, 제조간접비(직접제조간접비와 간접제조간접비)로 구분하여 작업원가표에 집계한다.

제조과정에서 여러개의 제품이 생산되었을 경우 각 제품별로 직접재료비와 직접노무비는 작업원가표에 직접 집계한다. 그러나 제조간접비는 그 특성상 각 제품이 직접 집계하지 못하므로 총 제조간접비 금액을 구한 후 관련되는 제품에 인위적으로 배분하는 절차를 거쳐야 한다. 즉, 직접비(직접재료비와 직접노무비)는 개별작업과 관련하여 직접적으로 추적이 가능하므로 발생한 원가를 즉시 개별작업에 배부하지만, 제조간접비는 개별작업과 관련하여 직접 추적이 불가능하므로 이를 기말에 별도로 배분하는 절차가 필요하다. 개별원가계산에서는 기말에 제조간접비의 배부절차를 행하고 나면 완성품과 기말재공품의 원가를 모두 파악할 수 있다는 특징이 있다.

> 개별원가계산에서 제조원가의 직접원가(직접비)와 간접원가(간접비)의 구분은 중요한 의미를 지니게 되는데 이는 작업단위별로 추적이 가능한 제조직접비는 원가대상에 직접 부과하지만 추적이 불가능한 제조간접비는 합리적인 배부기준을 설정하여 작업 단위별로 배분하기 때문이다.

작업원가표

개별원가계산제도에서는 고객의 주문에 따라 제품의 수량·형태 등이 결정되어 제조방법이 확정된다. 판매부서는 고객의 주문에 따라 판매지시서를 작성하여 생산부문에 전달하면 생산부문은 이를 기초로 작업지시서를 작성하여 생산현장에 통보한다.

생산현장에서는 작업지시서를 근거로 원재료와 노동력 등을 투입하여 생산을 하므로 이러한 개별작업에 투입된 노력을 집계하는 문서인 작업원가표가 필요하다. 직접재료비는 재료청구서, 직접노무비는 작업시간표를 근거로 집계하게 되며, 제조간접비는 제조간접비 배분표에 의하여 개별작업의 금액을 파악할 수 있다.

작업원가표는 개별작업별로 발생된 원가를 집계하여 나타내고 있으므로 개별원가계산의 가장 중요하며 기본적인 문서이다.

참고 원가배분

원가배분이란 원가집합에 집계된 공통원가 또는 간접원가를 합리적인 배부기준에 따라 원가대상에 대응시키는 과정을 말한다.

2 제조간접비의 배부 순서

제조간접비는 그 성격상 각 제품에 직접적으로 대응시키는 것이 불가능하므로, 제조간접비를 제품원가에 부과하기 위해서는 일정한 배부절차를 통해 간접적으로 배부할 수 밖에 없다. 제조간접비를 제품원가에 배부하기 위해서는 제조간접비를 모든 작업에 공평하게 배부할 수 있는 적정한 기준을 선택해야 한다. 일단 배부기준이 선택되면 이러한 배부기준 단위당 제조간접비를 얼마씩 배부할 것인지 결정하는데 이것을 제조간접비 배부율이라고 한다.

(1) 배부기준의 설정

제조간접비 배부기준(조업도)의 설정은 중요한 문제로 배부기준은 제조간접비 발생과의 관련성, 적용의 용이성의 두 가지 요건을 충족시켜야 한다. 대표적인 배부기준(조업도)의 예로서는 ① 직접노동시간, ② 직접노무비, ③ 기계시간, ④ 면적 등이 있다.

(2) 제조간접비의 배부

제조간접비의 개별작업 배부 과정은 다음과 같다.

⊙ 제조간접비 배부율 계산

$$제조간접비\ 배부율 = \frac{제조간접비}{배부기준(조업도)}$$

ⓒ 제조간접비의 배부

$$개별작업에\ 배부되는\ 제조간접비 = 제조간접비\ 배부율 \times 개별작업의\ 조업도\ 사용량$$

📝 **일반적인 개별원가계산절차는 다음과 같다.**

① 1단계 : 원가집적대상이 되는 개별작업을 파악
② 2단계 : 개별작업에 대한 직접재료비와 직접노무비를 계산하여 개별작업에 직접 부과
③ 3단계 : 개별작업에 직접 대응되지 않는 제조간접비를 파악
④ 4단계 : 3단계에서 집계된 제조간접비를 배부하기 위한 배부기준을 설정
⑤ 5단계 : 원가배부기준에 따라 제조간접비를 배부할 배부율을 계산하여 개별작업에 배부

3 실제개별원가계산과 정상개별원가계산 : 배부율 적용의 차이

제조간접비 배부율은 실제제조간접비 배부율과 예정제조간접비 배부율로 구분할 수 있다.

(1) 실제제조간접비 배부율과 예정제조간접비 배부율

⊙ 실제제조간접비 배부율

실제제조간접비 배부율은 실제제조간접비 발생액을 배부기준으로 나누어서 계산한다. 이를 산식으로 표시하면 다음과 같다.

- 실제제조간접비 배부율 = $\dfrac{실제제조간접비\ 합계}{실제\ 조업도}$

- 제조간접비 배부액 : 개별작업의 실제조업도×제조간접비 실제배부율

⊙ 예정제조간접비 배부율

예정제조간접비 배부율은 제조간접비 예산액을 기준조업도 혹은 예정조업도로 나누어서 구할 수 있다. 이를 산식으로 표시하면 다음과 같다.

- 예정제조간접비 배부율 = $\dfrac{제조간접비\ 예산액(예정제조간접비)}{예정조업도(기준조업도)}$

- 제조간접비 배부액 : 개별작업의 실제조업도×제조간접비 예정배부율

개별원가계산은 제조간접비를 배부할 때, 어떠한 배부율을 적용하느냐에 따라 실제개별원가계산과 정상개별원가계산으로 나뉘어진다. 실제제조간접비배부율을 적용하는 경우 실제개별원가계산이라고 하고, 예정제조간접비배부율을 적용하는 경우 이를 정상개별원가계산(또는 예정개별원가계산)이라고 한다.

4 정상개별원가 계산의 적용

정상(평준화)원가계산은 직접재료비와 직접노무비는 실제원가를 근거로 하나 제조간접비는 예정배부하는 원가계산제도이다.

[1] 제조간접비 예정배부율 계산

㉠ 제조간접비 예산

제조간접비는 변동제조간접비와 고정제조간접비로 분류되며, 변동제조간접비는 조업도 증가시 증가하며 고정제조간접비는 조업도가 증가하더라도 일정하게 발생한다. 따라서 예산액의 추정시 변동제조간접비는 예정조업도를 근거로 추정한다.

> 제조간접비 예산 = 변동제조간접비 예산 + 고정제조간접비 예산

㉡ 예정조업도

조업도란 원가의 발생과 밀접한 관계를 가진 원가요인으로서 직접노동시간, 기계가동시간 등이 대표적이다. 예정배부율 산정시 조업도의 추적은 필수사항이며 회사는 예정조업도를 과거 장기간의 평균조업도를 감안하여 추정하게 되는데, 이를 정상조업도(평준화조업도) 또는 기준조업도라 한다.

㉢ 예정배부율

① 공장전체 배부율 = $\dfrac{\text{공장 전체 제조간접비 예산}}{\text{공장 전체 예정조업도}}$

② 부문별 배부율 = $\dfrac{\text{부문별 제조간접비 예산}}{\text{부문별 예정조업도}}$

구분		실제개별원가계산	정상개별원가계산
원가요소	직접재료비	실제발생액	실제발생액
	직접노무비	실제발생액	실제발생액
	제조간접비	실제배부율 × 실제조업도	예정배부율 × 실제조업도
제조간접비	배부율	$\dfrac{\text{실제발생액}}{\text{실제조업도}}$	$\dfrac{\text{제조간접비 예산}}{\text{예정조업도}}$
제조간접비 배부차이		배부차이 없음	배부차이 발생

(2) 제조간접비 배부차이 조정

　　㉠ 배부차이의 개념

　　　　정상원가계산은 제품원가 계산시 직접재료비와 직접노무비는 실제 발생 원가를 각 제품에 직접 대응시키고 제조간접비는 예산에 근거해서 계산한 예정배부율에 의해 각 제품에 배부하는 원가계산방법이다. 제조간접비를 예정배부율에 따라 배부하다 보면 예정배부된 제조간접비와 실제 발생한 제조간접비 사이에 차이가 발생할 수 있다. 이를 제조간접비 배부차이라고 한다.

　　　　다시 말해, 정상개별원가계산에서는 회계기간중 회사 내부 원가관리 목적상 제조간접비 예정배부율에 의해 제조간접비를 배부하는데, 회사 외부보고용 재무제표는 실제원가 및 그 근사치로 작성되어야 하므로 결산시점에 제조간접비 예정배부액과 실제 발생액의 차이를 조정해 주는 절차가 필요하다.

　　　　배부차이 조정을 위해서는 제조간접비 과소배부액(실제보다 적게 배부됨)이 있을 경우 비용을 더 증가시켜주어야 하며, 제조간접비 과대배부액(실제보다 많게 배부됨)이 있을 경우 비용을 줄이는 회계처리를 해 주어야 한다.

실제 제조간접비 > 예정배부액	과소배부
실제 제조간접비 < 예정배부액	과대배부

　　㉡ 배부차이의 조정

　　　　제조간접비 배부차이를 회계처리하는 방법은 다음과 같다.

- 전액 매출원가에서 조정하는 방법
- 전액 영업외손익으로 처리하는 방법
- 매출원가와 기말재고자산에 배부하여 조정하는 방법

5 공장전체 배부율과 부문별 배부율

　공장에서 발생한 모든 제조간접비(부문공통원가 + 부문개별원가)를 단일의 조업도 기준으로 나누어 제조간접비 배분율을 계산하여 제품에 배분하는 방법을 공장전체 배분율법이라 한다.

　한편, 제조간접비를 부문공통원가와 부문개별원가로 구분하여 부문공통원가는 제조 및 보조부문에 배분한 후 보조부문의 원가도 제조부문으로 배분하는 과정을 통해 각 제조부문에 제조간접비를 최종적으로 집계하고, 이렇게 각 제조부문에 집계된 제조간접비를 부문별로 설정한 조업도를 이용하여 각 제조부문별로 다르게 제조간접비 배부율을 계산하여 제품에 배분하는 방법을 부문별 배분율법이라 한다.

(1) 공장전체 제조간접비 배부율

공장전체 제조간접비배부율은 다음과 같이 모든 제조부문의 활동을 나타내는 조업도로 공장전체 제조간접비를 나누어서 구한다.

- 공장전체 제조간접비 배부율 $= \dfrac{\text{공장전체 제조간접비}}{\text{공장전체 배부기준}}$
- 배부된 제조간접비 $=$ 공장전체 배부기준 $\times$ 공장전체 배부율

(2) 부문별 제조간접비 배부율

부문별로 각기 다른 제조간접비 배부율을 적용하는 방법에서는 제조간접비를 공장전체가 아니라 각 부문별로 구분하여 집계한 후, 이를 다음의 부문별 제조간접비 배부율에 따라 개별제품에 배부한다.

- 부문별 제조간접비 배부율 $= \dfrac{\text{부문별 제조간접비}}{\text{부문별 배부기준}}$
- 배부된 제조간접비 $=$ 부문별 배부기준 $\times$ 부문별 배부율

따라서 이 방법에서는 부문에 따라 상이한 조업도 측정치를 사용할 수 있다. 즉, 각 부문에서 발생하는 제조간접비와 보다 밀접한 인과관계를 갖는 조업도를 이용하여 제조간접비 배부율을 계산할 수 있으므로 공장전체 제조간접비 배부율을 사용하는 경우에 비해 더 정확한 원가계산이 가능하다.

7 종합원가계산

1 종합원가계산의 개념

동일공정에서 동일한 규격의 제품을 대량생산하는 경우는 개별제품별로 직접재료비와 직접노무비를 추적하고 제조간접비를 배분하는 작업은 현실적으로 적용하기 어렵다. 따라서 동일공정에서 동일한 기간에 생산된 동종제품의 단위당 원가는 동일하다는 기본 가정하에 ① 원가요소의 구분을 재료비와 가공비(전환원가)로 단순화하여 ② 공정별로 집계된 원가를 ③ 완성품환산량을 기준으로 ④ 완성품과 기말재공품으로 배분함으로써 원가계산을 단순화한 것이 종합원가계산이다.

종합원가계산은 공정별로 원가를 추적하여 집계한 후 배분함으로 공정별 원가계산이라고 하기도 한다.

공정별로 원가를 집계하는 종합원가계산은 다음과 같은 특성을 지니고 있다.

① 동일공정의 제품은 동질적이라는 가정에 따르므로 단위당 제품원가가 평준화된다.

② 연속적 대량생산의 형태이므로 일정기간동안 공정별로 원가를 집계한다. 즉, 기간개념이 중시된다.

③ 원가의 분류가 재료비와 가공비로 단순화되어 있다.

기업이 개별원가계산 또는 종합원가계산 중 어느 것을 선택하느냐의 문제는 전적으로 기업의 생산활동의 성격에 따라 달라지게 된다. 이를 비교하면 다음과 같다.

개별원가계산	종합원가계산
• 다품종 소량주문생산 • 조선업, 건설업, 서비스업 등의 업종에 적합 • 각 개별작업별로 원가집계 • 원가계산이 상대적으로 정확하나, 개별제품별로 원가집계를 하므로 많은 비용과 노력이 소요됨	• 동종제품 대량연속생산 • 식품제조, 정유업, 화학공업, 제지업, 금속공업, 시멘트, 방직업 등의 업종에 적당 • 각 공정별로 원가집계 • 원가계산시 공정별로 집계방식을 사용하므로 간편하고 경제적이나, 제품원가의 계산이 상대적으로 부정확함
• 재고자산의 평가에 있어서 작업이 완성된 것은 제품계정으로 대체되고 미완성의 제품은 재공품이 됨	• 재고자산의 평가에 있어서 제품은 완성수량에, 재공품은 기말재공품 환산량에 단위당 평균제조원가를 곱하여 계산
• 각 작업별로 작성	• 각 공정별로 작성
• 직접비와 간접비 : 직접비와 간접비의 구분 반드시 필요	• 재료비와 가공비 : 직접비와 간접비의 구분은 원칙적으로 불필요

종합원가계산은 모든 원가요소를 원가계산기간을 기준으로 하여 집계한다. 여기서 원가계산기간이란 회계기간과 일치할 수도 있으나 보통 1개월이나 분기 또는 반기를 기간단위로 하여 계산하는 것이 일반적이다. 또한 개별원가 계산처럼 제품별로 원가를 집계하는 것이 아니므로 원가를 직접비와 간접비로 구분할 필요는 없으며, 대체로 직접재료비와 가공비(직접노무비 및 제조간접)로 분류하게 되는데 그 이유는 재료비와 가공비가 기말재공품의 완성품환산량 계산시 완성도(진척도)에 있어서 차이가 나기 때문이다.

2 종합원가 계산의 종류

종합원가계산은 평균법과 선입선출법에 따라 각각 계산할 수 있다.

평균법이란 기초재공품 원가와 당기발생원가를 합한 총원가를 평균하여 완성품과 기말재공품에 배분하는 방법이다. 따라서 평균법에 의한 경우에는 기초재공품원가와 당기발생원가를 구분하지 않고 모두 합해서 총원가를 구해야 한다.

반면 선입선출법이란 당기 완성품의 구성내역에 대해 기초재공품으로 가지고 있던 것이 먼저 완성된 것으로 보는 방법이다. 따라서 기초재공품원가는 모두 완성품에 포함시키고 당기발생원가를 완성품과 기말재공품에 배분한다. 따라서 선입선출법에 의한 종합원가계산에서는 기초재공품 원가는 별도로 적어두었다가 완성품 원가에 더하여야 하며, 당기발생원가를 위 3단계의 배분할 원가로 요약하여 이를 완성품과 기말재공품으로 나누어 배분해야 한다.

- **평균법**:기초재공품과 당기투입분의 원가가 비례적으로 기말재공품에 포함되어 있다고 가정하고 기말재공품을 평가하는 방법
- **선입선출법**:전기에 착수한 기초재공품이 당기에 착수한 제품보다 먼저 생산된다고 가정하고 기초재공품원가를 먼저 완성품원가에 배부한 후 당기투입원가를 완성품원가와 기말재공품에 배부하는 방법

평균법에 의한 경우와 선입선출법에 의한 경우 완성품 환산량에 차이가 있으며 배분할 원가의 금액이 달라지며 완성품 원가 등이 달라진다. 이러한 내용을 아래의 각 단계별로 비교하며 살펴보기로 한다.

3 종합원가계산의 절차

종합원가계산은 다음의 5단계를 거친다.

① 물량흐름의 파악 → ② 완성품환산량 계산 → ③ 배분대상 원가의 원가요소별 파악 → ④ 완성품환산량 단위당 원가의 계산 → ⑤ 원가배분(완성품과 기말재공품)

(1) 물량의 흐름 파악

물량의 흐름은 다음과 같은 등식에 의해 파악한다.

기초재공품 수량 + 당기착수량 = 당기 완성량 + 기말재공품 수량

문제에서 기초재공품과 당기착수량을 주는 경우가 대부분이며 기말재공품이나 당기 완성품 수량 중 한가지만 제시한다. 물량의 흐름 파악 단계에서는 당기 완성량과 기말재공품 수량을 파악하는 것이 목적이다. 만약 문제에서 당기 완성품 수량과 기말재공품 수량을 제시하였다면 물량의 흐름은 이미 파악한 것이다.

구분	차이
평균법	완성품 수량을 기초재공품 수량과 당기착수량으로 구분하지 않는다.
선입선출법	완성품 수량을 기초재공품 수량과 당기착수량으로 구분한다.

[2] 완성품 환산량

완성품이란 당해 생산공정에서 생산이 완료된 것을 말하는 것으로 가공비의 완성도가 100%이다. 기말재공품이란 당해 생산공정에서 생산이 완료되지 않고 가공 중에 있는 것으로 가공비 완성도가 100% 미만에 해당한다. 따라서 재공품 계정 차변의 금액을 대변을 배분할 때 완성품과 기말재공품을 동일한 것으로 보아 단순한 수량을 기준으로 배분할 수는 없는 것이다. 따라서 완성품(100% 가공)과 기말재공품(100% 미만 가공)을 동일한 자격으로 일치시켜 주는 척도가 필요한데 이것이 완성품환산량이다.

- 완성품에 대한 완성품환산량 = 완성품수량 × 100%(환산이 필요없음)
- 기말재공품에 대한 완성품환산량 = 기말재공품수량 × 가공비 완성도

여기에서 완성도란 공정의 진척도를 나타내는 개념으로서 대개의 경우 완성품 1단위에 소요되는 원가의 몇 %가 투입되었는지를 의미한다.

구분	차이
평균법	총완성품환산량을 계산한다. 즉, 완성품 중 기초재공품에 해당하는 부분이 있음에도 불구하고 이를 당기에 착수된 것으로 보아 완성품 환산량을 계산하는 것이다.
선입선출법	당기완성품 환산량을 계산한다. 즉, 완성품을 기초재공품이 완성된 것과 당기착수분이 완성된 것으로 나누어 당기에 실제로 투입된 완성품 환산량을 계산한다.

📝 완성품환산량 계산

완성품환산량은 원가요소별로 파악하여야 하며, 종합원가계산의 원가요소는 단일공정에서는 재료비(직접재료비), 가공비(직접노무비 및 제조간접비)로 나누어지며, 연속공정에서는 앞선 공정에서 대체된 전공정원가가 추가되어진다.

① 재료비 : 일반적으로 공정의 착수시점 또는 중간시점에 전량 투입한다고 가정한다. 따라서 투입시점을 통과한 재공품의 재료비 완성도는 100%이다. 단, 문제에서 원재료 투입 시점을 별도로 제시한 경우에는 문제의 요구사항에 따라 별도로 계산해야 한다.

② 가공비 : 가공비는 전 공정에 걸쳐서 균등하게 발생한다고 가정하므로 공정의 진척도를 산출물의 완성도로 이용한다. 따라서 공정의 진행이 70%에 이른 100개의 기말 재공품의 가공비 완성품환산량은 70개이다.

③ 전공정비 : 연속공정을 통한 생산작업에 있어서 앞 공정의 완성품원가는 다음 공정의 원가계산시 재료를 공정의 착수시점에서 100% 투입하는 것과 동일하게 완성품환산량을 계산하면 된다.

[3] 배분할 원가의 요약

종합원가계산에서는 개별원가계산과 달리 제품원가를 제조공정별로 집계한 후 이를 그 공정의 완성품과 기말재공품에 배분하는데, 이를 위해서는 공정별로 배분할 원가가 얼마인지 파악하여야 한다.

구분	차이
평균법	기초재공품에 포함된 원가와 당기발생원가를 합한 총원가를 구한다.
선입선출법	당기발생원가만 요약하고 기초재공품원가는 더하지 않는다.

(4) 완성품환산량 단위당 원가 계산

위 (3)을 (2)로 나누면 완성품환산량 단위당 원가를 구할 수 있다.

(5) 완성품과 기말재공품 원가 계산

완성품 원가는 평균법의 경우에는 (4)와 (2)를 곱하여 구한다. 그러나 선입선출법의 경우에는 (4)와 (2)를 곱하여 구한 금액에 기초재공품 원가를 더한 것이다. 기말재공품 원가는 두 방법 모두 (4)와 (2)를 곱하면 된다. (기초재공품이 모두 당기에 완성된 경우에 한함)

> ① 완성품에 배분될 원가 : 환산량 단위당 원가 × 완성품의 완성품환산량
> ② 기말재공품에 배분될 원가 : 환산량 단위당 원가 × 기말재공품의 완성품환산량

구분	차이
평균법	완성품원가 계산시 완성품환산량 단위당원가와 완성품환산량을 곱하여 구한다.
선입선출법	완성품원가 계산시 완성품환산량 단위당원가와 완성품환산량을 곱한 후 여기에 기초재공품 원가를 더한다.

4 평균법에 의한 종합원가계산

이 방법은 기초재공품의 제조는 당기 이전에 착수하였음에도 불구하고 당기에 착수한 것으로 가정한다. 따라서 기초재공품원가를 당기에 발생한 당기총제조비용과 동일하게 취급하여 완성품과 기말재공품에 배분하는 방법이다. 그러므로 기말재공품원가는 기초재공품원가의 일부와 당기총제조비용의 일부로 계산되어 차기로 이월된다. 결국 평균법은 기초재공품의 완성도를 무시하는 방법이다.

원가계산절차

평균법에 의한 원가계산절차를 요약하면 다음과 같다.

<1단계> 물량흐름의 파악

① 완성품(기초재공품과 당기착수분을 구분하지 않음)

② 기말재공품

<2단계> 완성품환산량의 계산

각각의 원가요소별로 위에서 제시한 두가지 물량에 대한 당기의 완성품환산량 계산한 후, 이들 두 가지 완성품환산량을 각 원가요소별로 합계함으로써 원가요소별 총완성품환산량을 구한다.

> ① 완성품 완성품환산량 : 완성품 수량
> ② 기말재공품 완성품환산량 : 기말재공품 수량 × 기말재공품 완성도

<3단계> 총원가의 계산

원가요소별로 당기에 발생한 원가와 기초재공품의 원가를 합한 총원가를 구한다.

> 총원가 = 기초재공품원가 + 당기발생원가

<4단계> 완성품환산량 단위당 원가의 계산

위의 3단계에서 계산한 원가요소별 총원가를 2단계에서 계산한 원가요소별 총완성품환산량으로 나누어 다음과 같이 완성품환산량 단위당 원가를 구한다.

$$원가요소별\ 완성품환산량\ 단위당\ 원가 = \frac{원가요소별\ 기초재공품의\ 원가 + 원가요소별\ 당기발생총원가}{원가요소별\ 총완성품환산량}$$

<5단계> 완성품의 총원가와 기말재공품의 원가계산

완성품환산량 단위당 원가에 완성된 제품의 수량을 곱하여 완성품의 총원가를 계산하고, 완성품환산량 단위당 원가에 기말재공품의 완성품환산량을 곱하여 기말재공품의 원가를 구한다.

📢 사례

평균법에 의한 기말재공품과 완성품원가를 계산하라.

(1) 기초재공품 10,000개(가공비 진척도 50%)

　① 재료비 90,000원

　② 가공비 10,000원

(2) 당기투입량 70,000개

　① 재료비 350,000원

　② 가공비 120,000원

(3) 기말재공품 20,000개(가공비 진척도 25%)

(4) 재료는 공사 착수시점에 전량 투입된다.

해설

① 1단계 : 물량흐름의 파악

재공품			
기초	10,000개(50%)	당기완성	60,000개
당기투입	70,000개	기말	20,000개(25%)
	80,000개		80,000개

② 2단계 : 완성품환산량의 계산

	수량	완성품환산량	
		재료비	가공비
완성품	60,000개	60,000개	60,000개
기말재공품(25%)	20,000개	20,000개	5,000개*
		80,000개	65,000개

* 20,000개 × 25% = 5,000개

③ 3단계 : 총원가의 계산

	재료비	가공비
기초재공품	90,000원	10,000원
당기발생원가	350,000원	120,000원
계	440,000원	130,000원

④ 4단계 : 완성품 환산량 단위당 원가의 계산

- 재료비의 완성품환산량 단위당 원가 = $\dfrac{440,000원}{80,000개}$ = @5.5

- 가공비의 완성품환산량 단위당 원가 = $\dfrac{130,000원}{65,000개}$ = @2

⑤ 5단계 : 완성품의 총원가와 기말재공품의 원가계산
- 완성품 원가 : 450,000원(60,000개 × @5.5 + 60,000개 × @2)
- 기말재공품 원가 : 120,000원(20,000개 × @5.5 + 5,000개 × @2)

5 선입선출법에 의한 종합원가계산

이는 기초재공품을 우선적으로 가공하여 완성시킨 다음, 당기 투입분의 제조에 착수한다는 가정 아래서 당기 총제조비용을 배분하는 방법이다. 그러므로 선입선출법하에서 기말재공품의 원가는 모두 당기 제조비용의 일부로만 구성되어 있다고 가정을 하는 방법이다.

📝 원가계산 절차

선입선출법에 의한 원가계산 절차를 요약하면 다음과 같다.

<1단계> 물량흐름의 파악 : 다음과 같은 세가지 물량의 흐름을 파악한다.

① 완성품
  ㉠ 기초재공품
  ㉡ 당기에 착수하여 당기에 완성된 제품
② 기말재공품

<2단계> 완성품환산량 계산

각각의 원가요소별로 위에서 제시한 세가지 물량에 대한 당기의 완성품환산량을 계산한 후, 이들 세 가지 완성품환산량을 각 원가요소별로 합계함으로써 원가요소별 총완성품환산량을 구한다.

① 기초재공품 완성품환산량 : 기초재공품 수량×(1 - 기초재공품 완성도)
② 당기착수완성 완성품환산량 : 당기착수 완성수량
③ 기말재공품 완성품환산량 : 기말재공품 수량×기말재공품 완성도

<3단계> 당기 발생원가의 계산

원가요소별로 당기에 발생한 총원가를 구한다. 기초재공품 원가는 더하지 말고 별도로 기록해 둔다.

<4단계> 완성품환산량 단위당 원가의 계산

위의 3단계에서 계산한 원가요소별 총원가를 2단계에서 계산한 원가요소별 총완성품환산량으로 나누어 원가요소별로 당기의 완성품환산량 단위당 원가를 계산한다.

$$※ \text{원가요소별 완성환산량 단위당원가} = \frac{\text{원가요소별 당기발생총원가}}{\text{원가요소별 총완성품환산량}}$$

<5단계> 완성품의 총원가 및 기말재공품의 원가계산

다음과 같은 두 가지 종류의 원가를 합하여 완성품의 총원가를 계산한다.

① 기초재공품의 원가

② 당기에 완성된 제품 중 당기에 투입된 완성품환산량에 해당하는 완성품 원가

　(즉, 당기완성품 중 당기투입된 수량 × 완성품환산량 단위당 원가)

　기말재공품의 원가는 각 원가요소별로 기말재공품 완성품환산량에 당기의 완성품환산량 단위당 원가를 곱하여 원가요소별 기말재공품의 원가를 구한 다음, 이들 금액을 모두 합계하여 구한다.

📢 사례

선입선출법에 의한 기말재공품과 완성품원가를 계산하여라.

(1) 기초재공품 10,000개(가공비 진척도 50%)

　• 재료비 90,000원
　• 가공비 10,000원

(2) 당기투입량 70,000개

　• 재료비 350,000원
　• 가공비 120,000원

(3) 기말재공품 20,000개(가공비 진척도 25%)

(4) 재료는 공사착수시점에 전량 투입된다.

해설

① 1단계 : 물량흐름의 파악

재공품			
기초	10,000개(50%)	당기완성	60,000개
당기투입	70,000개	기말	20,000개(25%)
	80,000개		80,000개

② 2단계 : 완성품환산량의 계산

		수량	완성품환산량	
			재료비	가공비
완성품 ┬ 기초재공품		10,000개	-	5,000개*
└ 당기투입분		50,000개	50,000개	50,000개
기말재공품(25%)		20,000개	20,000개	5,000개**
			70,000개	60,000개

* 10,000개 × (1 - 50%) = 5,000개

** 20,000개 × 25% = 5,000개

③ 3단계 : 당기 발생원가의 계산
- 재료비 : 350,000원
- 가공비 : 120,000원

④ 4단계 : 완성품 환산량 단위당 원가의 계산

- 재료비의 완성품환산량 단위당 원가 $= \dfrac{350,000원}{70,000개} = @5$

- 가공비의 완성품환산량 단위당 원가 $= \dfrac{120,000원}{60,000개} = @2$

⑤ 5단계 : 완성품의 총원가와 기말재공품의 원가계산

<완성품의 총원가> 460,000원(①+②+③)

① 기초재공품원가	100,000원	(90,000원 + 10,000원)
② 기초재공품 당기완성분	10,000원	(5,000개 × @2)
③ 당기투입당기완성분	350,000원	(50,000개 × @5 + 50,000 × @2)
계	460,000원	

<기말재공품 원가> 20,000개 × @5 + 5,000개 × @2 = 110,000원

위 사례의 경우 완성품원가 460,000원과 기말재공품원가 110,000원을 합하면 570,000원이 된다.

이는 기초재공품과 당기투입량의 원가(재료비, 가공비)를 모두 합한 금액과 일치하는 것이다.

(= 90,000원 + 10,000원 + 350,000원 + 120,000원)

참고 연속공정의 통합원가계산

㉠ 둘 이상의 연속되는 공정을 통하여 완성되는 제품의 경우 처음공정의 완성품은 다음공정의 투입원가가 된다. 이를 후속공정에서는 전공정비(전공정대체원가)라 하며 후속공정의 재료비와 가공비와 마찬가지로 전공정비의 원가와 완성품환산량을 계산하여야 한다.

㉡ 전공정비의 완성품환산량은 재료가 초기에 100% 투입되는 것과 같이 계산한다. 연속공정의 원가계산시 후속공정의 전공정비는 앞 공정의 원가계산이 종료되어야 파악가능하므로 앞 공정의 원가계산을 수행한 후 비로소 후속공정의 원가계산을 수행할 수 있다.

6 공손품 회계

(1) 공손품의 의의

공손품이란 재료의 하자 및 가공공정의 실수로 인하여 품질 및 규격이 정상품에 미치지 못하는 불합격품이다. 이러한 공손품은 재작업하여 정상품이 될 수 있는 것과 재작업하여도 정상품이 될 수 없는 것으로 구분할 수 있는데, 종합원가계산의 공손품의 의미는 재작업이 불가능한 불합격품을 의미한다.

(2) 공손품 회계처리방법

불합격품인 공손품은 정상공손과 비정상공손으로 구분하여 다음과 같이 회계처리한다.

㉠ 정상공손

정상공손은 생산과정에서 불가피하게 발생하는 공손으로 회사는 사전에 발생수준을 파악할 수 있다. 이러한 정상공손원가는 생산활동에 기여한 것으로 보아 합격한 제품원가에 포함시킨다.

㉡ 비정상공손

비정상공손은 작업자의 실수나 생산공정의 비효율성으로 인하여 발생하는 공손으로 회사가 적절한 주의를 기울였다면 회피할 수 있는 공손을 의미한다. 비정상공손원가는 생산활동에 기여하지 못한 것으로 보아 영업외비용으로 회계처리한다.

- 공손품은 품질이나 규격이 일정한 기준에 미달하는 불량품이다.
- 정상공손원가는 완성품 혹은 기말재공품에 배분한다.
- 비정상공손원가는 영업외비용으로 처리한다.
- 작업폐물은 공손품이 아니라는 점에 주의한다.

여기서 정상적인 공손, 즉 제조원가로 처리하는 경우는 ① 완성품에만 부담시키는 방법, ② 완성품과 기말재공품에 안분하여 부담시키는 방법이 있는데 이는 공손품의 검사시점과 관련하여 다음과 같이 판단하면 된다.

- **공손품의 원가를 완성품에만 부담시키는 경우**

이는 공손품의 검사시점이 기말재공품의 완성도 이후인 경우에 해당된다. 이런 경우에는 동 공손품이 모두 완성품에서만 가려진 것이므로 기말재공품과는 아무 관련이 없는 것이다. 따라서 공손품에 이미 투입된 원가는 모두 완성품에만 부담시키게 된다.

- **공손품의 원가를 완성품과 기말재공품에 안분하여 부담시키는 경우**

공손품의 검사시점이 기말재공품의 완성도 이전인 경우에는 완성품과 기말재공품에 안분하여 부담시키게 된다.

구분	회계처리
정상공손원가	① 기말재공품이 검사받지 않은 경우 　→ 완성품원가로 처리 ② 기말재공품이 검사받은 경우 　→ 완성품과 기말재공품에 수량비율로 배분
비정상공손원가	영업외비용으로 처리

사례

(주)혜민은 종합원가계산제도를 적용하고 있으며 정상공손은 검사를 통과한 합격품의 10%이다. 당월에 발생한 생산자료는 다음과 같다.

- 공손수량 : 600개
- 당기착수량 : 4,500개
- 기초재공품 : 1,500개(40%완성)
- 기말재공품 : 2,100개(60%완성)

문제

검사시점 20%, 50% 및 100%일 경우를 각각 가정하고 정상공손수량과 비정상공손수량을 구하라.

해설

① 물량흐름의 파악

기초재공품	1,500개	완성수량	3,300개
당기착수량	4,500개	공손수량	600개
		기말재공품	2,100개
	6,000개		6,000개

② 당기검사 합격품 수량

	물량	검사시점		
		20%	50%	100%
기초재공 – 완성품	1,500개(60%)	0개	1,500개	1,500개
당기착수 – 완성품	1,800개	1,800개	1,800개	1,800개
기말재공품	2,100개(60%)	2,100개	2,100개	0개
합격품수량		3,900개	5,400개	3,300개
정상공손수량(합격품의 10%)		390개	540개	330개
비정상공손수량		210개	60개	270개
공손수량 계		600개	600개	600개

이론III
부가가치세

03 부가가치세

CHAPTER

1 부가가치세의 기본개념

1 부가가치세의 특징

부가가치세(Value Added Tax : VAT)란 재화나 용역이 유통되는 모든 거래단계에서 나타나는 부가가치를 과세대상으로 하는 간접세를 말한다.

1 간접세

우리나라의 부가가치세는 납세의무자와 담세자가 서로 다른 간접세이다. 즉, 부가가치세를 부담하는 담세자는 최종소비자이지만 부가가치세의 납세의무자는 부가가치세가 과세되는 재화 또는 용역을 공급하는 사업자이다.

2 물세(物稅)

우리나라의 부가가치세는 과세대상의 주체에 의한 분류에 따르면 인세(人稅)와 물세 중 물세라고 할 수 있다. '인세'란 개개인의 세금부담능력(담세력)을 고려하여 부과하는 세금이고, '물세'란 각 사람의 담세력을 고려하지 않고 수입이나 재산 그 자체에 대하여 부과하는 조세를 말한다.

3 일반소비세, 단일비례세율(세율 10%) 적용

부가가치세는 부가가치세법상 면제되는 재화·용역의 공급을 제외하고는 원칙적으로 "모든 재화 또는 용역의 공급"이 과세 대상이다. 호화사치품 등 특정 소비에 대하여만 과세하는 개별소비세 등과는 다르다.

4 전단계세액공제법 적용

우리나라의 부가가치세법은 전단계세액공제법을 채택하고 있다. 즉, 납부할 부가가치세는 매출세액(공급가액 × 세율)에서 '적법하게 발급받은 매입세금계산서에 의해 증명되는 매입세액을 공제'하여 계산한다. 따라서 매입할 때 부가가치세가 거래징수되었다고 하여도 적법한 세금계산서를 발급받지 않으면 매입세액을 공제받을 수 없다.(전단계거래액공제법 아님!!)

5 소비지국 과세원칙 적용(국가간 이중과세 방지)

우리나라의 부가가치세법은 소비지국 과세원칙을 채택하고 있다. 즉, 수출하는 재화는 부가가치세를 과세하지 않기 위해 영세율을 적용하며, 수입하는 재화는 세관 통과시 부가가치세를 과세한다.

2 납세의무자

1 납세의무자 = '사업자'와 '재화를 수입하는 자'

부가가치세법상의 납세의무 유무

구분				납세의무 유무
재화·용역의 공급자	사업자	과세사업자	일반과세자	납세의무자
			간이과세자	
		면세사업자		납세의무 없음
	비사업자			납세의무 없음
재화의 수입자	사업자·비사업자	과세재화의 수입		납세의무자
		면세재화의 수입		납세의무 없음

2 납세의무자의 요건

부가가치세 납세의무자는 사업목적이 영리이든 비영리이든 관계없이 '사업상 독립적으로 재화·용역을 공급하는 자(이하 '사업자'라고 함)'와 '재화를 수입하는 자'이다.

(1) '재화의 공급' 및 '용역의 공급'에 대한 납세의무자 : 사업자

㉠ 영리목적 여부와는 무관

부가가치세의 납세의무자는 사업목적이 영리이든 비영리이든 관계없이 사업상 독립적으로 재화 또는 용역을 공급하는 사업자를 말한다. 따라서 개인, 법인(국가·지방자치단체 및 지방자치단체조합 포함) 또는 법인격 단체 등도 다른 요건을 충족하면 부가가치세의 납세의무자가 될 수 있다.

㉡ 사업성(계속·반복성)을 갖추어야 함

부가가치세 납세의무자는 재화 또는 용역을 공급하는 사업자이어야 한다. 사업자란 부가가치를 창출해 낼 수 있는 정도의 사업형태를 갖추고 계속적이고 반복적으로 재화·용역을 공급하는 자를 말한다.

ⓒ **독립성을 갖추어야 함**

부가가치세 납세의무자는 독립적으로 재화·용역을 공급하여야 한다. 독립적인 지위로 공급하지 않고 다른 사업자에게 고용되어 있는 근로자의 경우에는 별도의 납세의무가 성립되지 않는다.

ⓔ **부가가치세 과세대상인 재화 또는 용역을 공급하여야 함**

부가가치세의 납세의무자는 부가가치세 과세 대상인 재화 또는 용역의 공급자이며, 부가가치세 면세 대상인 재화 또는 용역을 공급하는 자는 부가가치세법상 납세의무자가 아니다.

〔2〕 '재화의 수입' : 재화를 수입하는 자

재화를 수입하는 자는 사업자인지 여부에 관계없이 재화의 수입에 대하여 부가가치세의 납세의무를 진다.

납세의무자의 요건을 충족하는 경우에는 해당 사업자의 사업자등록 여부 및 공급시 부가가치세 거래징수를 했는지 여부에 불구하고 부가가치세를 신고·납부할 의무가 있다. 즉, 매입자가 개인이거나 면세사업자라고 하더라고 공급자가 사업자에 해당되면 부가가치세 신고·납부 의무가 있는 것이다.

> **신탁재산에 대한 부가가치세 납세의무자**
>
> <원칙> 수탁자(=신탁회사)
>
> <예외> 위탁자 명의로 공급하는 경우에는 위탁자에게 납세의무 있음
>   (이 경우 위탁자가 부가가치세를 체납한 경우 수탁자인 신탁회사는 신탁재산으로 부가가치세를 납부할 물적납세의무를 지게 됨)

3 과세기간

부가가치세의 과세기간은 일반과세자와 간이과세자로 이원화하여 별도로 규정되어 있다. **일반과세자는 1년을 제1기(1.1~6.30)와 제2기(7.1~12.31)로 구분**하며, **간이과세자의 과세기간은 매년 1월 1일에서 12월 31일까지**이다.

참고

일반과세자의 과세기간

과세기간				신고·납부기한 [주1]
1기	1월 1일 ~ 6월 30일	예정신고기간	1월 1일 - 3월 31일	4월 25일
		과세기간 최종 3개월	4월 1일 - 6월 30일	7월 25일
2기	7월 1일 ~ 12월 31일	예정신고기간	7월 1일 - 9월 30일	10월 25일
		과세기간 최종 3개월	10월 1일 - 12월 31일	다음해 1월 25일

[주1] 부가가치세의 신고·납부기한은 예정·확정신고기간 종료 후 25일이다.

특수한 경우의 과세기간은 다음과 같다.

1 신규사업자의 경우

신규사업자의 최초과세기간은 <mark>사업개시일</mark>로부터 그 날이 속하는 <mark>과세기간의 종료일</mark>까지이다. 예를 들어 3월 5일에 사업을 개시하는 사람은 3월 5일부터 6월 30일까지가 최초과세기간이 된다. 이 경우 사업개시 전에 사업자등록을 한 자의 최초과세기간은 그 <mark>신청한 날부터</mark> 그 날이 속하는 과세기간의 종료일까지로 한다.

2 폐업하는 경우

사업자가 폐업하는 경우의 과세기간은 <mark>폐업일이 속하는 과세기간의 개시일부터 폐업일까지</mark>이다(합병으로 소멸하는 법인의 경우 합병등기를 한 날까지). 다만, 신규로 사업을 개시하는 자가 사업개시일 전에 등록한 후 사업을 개시하지 아니하게 되는 때에는 사실상 그 사업을 개시하지 아니하게 되는 날까지로 한다. 폐업하는 경우 폐업일의 다음달 25일까지 부가가치세 신고·납부를 하여야 한다.

3 과세유형 전환이 되는 경우 간이과세자의 과세기간

직전 1역년의 공급대가 합계액이 1억 400만원에 미달하거나 1억 400만원 이상이 되어 "일반과세자가 간이과세자로 변경"되거나 "간이과세자가 일반과세자로 변경"되는 경우 그 변경되는 해에 간이과세자에 관한 규정이 적용되는 기간의 부가가치세의 과세기간은 다음의 기간으로 한다.

① **일반과세자가 간이과세자로 변경되는 경우**: 그 변경 이후 7월 1일부터 12월 31일까지
② **간이과세자가 일반과세자로 변경되는 경우**: 그 변경 이전 1월 1일부터 6월 30일까지

4 간이과세 포기를 한 경우의 과세기간

간이과세자가 간이과세 포기를 함으로써 일반과세자로 되는 경우 다음의 기간을 각각 하나의 과세기간으로 한다. 이 경우 ①의 기간은 간이과세자의 과세기간으로, ②의 기간은 일반과세자의 과세기간으로 한다.

① **간이과세자의 과세기간**: 간이과세의 적용 포기의 신고일이 속하는 과세기간의 개시일부터 그 신고일이 속하는 달의 마지막 날까지
② **일반과세자의 과세기간**: 간이과세 포기신고일이 속하는 달의 다음 달 1일부터 그 날이 속하는 과세기간의 종료일까지

4 납세지 (= "사업장"별 과세원칙)

1 부가가치세 납세지 = 사업장

부가가치세는 사업장별로 신고·납부하는 것이 원칙이다. 따라서 사업자등록·세금계산서 발급·세액의 경정 등도 사업장별로 한다.

2 사업장의 범위

사업장이란 사업자 또는 그 사용인이 상시적으로 주재하여 거래의 일부 또는 전부를 행하는 장소를 말한다.

(1) 업종별 사업장

업종별 사업장의 범위는 다음과 같다. 그러나 무인자동판매기사업을 제외하고는 사업자의 신청에 의해 다음의 사업장 이외의 장소도 추가로 사업장으로 등록할 수 있으며, 사업장을 설치하지 않은 경우에는 사업자의 주소 또는 거소를 사업장으로 한다.

업종별 사업장의 범위

업종	사업장
① 광업	광업사무소의 소재지. 광업사업사무소가 광구 밖에 있는 때에는 그 광업사무소에서 가장 가까운 광구 소재지
★ ② 제조업	최종 제품을 완성하는 장소. 다만, 따로 제품의 포장만하거나 용기에 충전만 하는 장소 및 저유소는 사업장이 아니다.
★ ③ 건설업·운수업·부동산매매업	㉠ **사업자가 법인인 경우** : 법인의 등기부상 소재지 (등기부상 지점소재지 포함)
	㉡ **사업자가 개인인 경우** : 업무총괄장소
★ ④ 부동산임대업	그 부동산의 등기부상 소재지. 다만, "부동산상의 권리만을 대여하는 경우"와 "전기사업자 등이 부동산을 임대하는 경우"에는 그 사업에 관한 업무를 총괄하는 장소
★ ⑤ 무인자동판매기를 통하여 재화 또는 용역을 공급하는 사업	업무총괄장소 ⇨ 무인자동판매기 설치장소는 사업장이 아니다.

(2) 직매장과 하치장

구분	정의	사업장 여부
직매장	직접 판매하기 위해 특별히 판매시설을 갖춘 장소(=판매목적 타사업장)	사업장에 해당함
하치장	재화의 단순한 보관·관리시설만을 갖춘 장소(=창고)로서 판매행위가 이루어지지 않는 장소(설치일로부터 10일 이내에 하치장관할세무서장에게 하치장 설치신고서를 제출하여야 함)	사업장이 아님

(3) 임시사업장

기존사업장 외에 각종 박람회 등이 개최되는 장소에서 임시사업장을 개설하는 경우에는 그 사업장을 별도의 사업장으로 보지 않고 기존사업장에 포함되는 것으로 한다. 임시사업장은 별도의 사업자등록이 필요 없으며, 임시사업장의 사업개시일 이후 10일 이내에 「임시사업장 개설신고서」를 임시사업장의 관할세무서장에게 제출하면 된다. 다만, 임시사업장 설치기일이 10일 이내인 경우에는 개설신고를 생략할 수 있다.

사업장별 과세원칙의 예외로 주사업장 총괄납부제도와 사업자단위 과세제도가 있다. 이에 대한 내용을 살펴보면 다음과 같다.

3 사업장별 과세원칙의 예외 ① :주사업장 총괄납부 제도

(1) 주사업장 총괄납부의 의의

사업장이 2 이상 있는 경우(또는 사업장이 하나이지만 신규로 사업을 추가하는 경우)에는 주사업장총괄납부를 신청하여 주된 사업장에서 부가가치세를 일괄하여 납부하거나 환급받을 수 있다. 이 때 부가가치세의 납부 및 환급만 주된 사업장에서 총괄하는 것이며, 신고 및 세금계산서 발급 등은 각 사업장별로 하여야 한다. 이 경우 주된 사업장은 법인인 경우 본점(주사무소 포함)또는 지점(분사무소 포함)중 선택할 수 있다.

(2) 주사업장총괄납부 신청

주된 사업장에서 총괄하여 납부하고자 하는 자는 총괄납부하고자 하는 과세기간 개시 20일 전에 「주사업장총괄 납부신청서」를 주된 사업장의 관할세무서장에게 제출하여야 한다. 다만, 신규로 사업을 개시한 자가 주된 사업장에서 총괄하여 납부하고자 하는 경우에는 주된 사업자의 사업자등록증을 받은 날부터 20일 이내에 「주사업장총괄납부신청서」를 주된 사업장의 관할세무서장에게 제출하여야 한다.

총괄납부 신청시기	계속사업자	총괄납부하고자 하는 과세기간 20일 전에 주사업장총괄납부신청서 제출
	신규사업자	주된 사업장의 사업자등록증을 받은 날로부터 20일 이내에 주사업장총괄납부신청서를 제출

(3) 주사업장총괄납부 포기

주사업장에서 총괄하여 납부하는 자가 총괄납부를 포기하고 각 사업장별로 납부하고자 할 때에는 해당 과세기간 개시 20일 전에 주된 사업장 관할세무서장에게 「주사업장총괄납부포기신청서」를 제출하여야 한다.

4 사업장별 과세원칙의 예외 ② : 사업자단위 과세제도

사업장이 2군데 이상인 사업자는 사업자단위로 해당 사업자의 본점 또는 주사무소 관할세무서장에게 등록할 수 있다.(관할세무서장의 승인이 필요하지 않음) 사업자단위로 등록한 사업자단위과세사업자는 그 사업자의 본점 또는 주사무소에서 총괄하여 신고·납부 및 세금계산서 발급 등을 하게 된다.(사업자단위과세 제도는 모든 업무를 주된 사업장인 본점에서 총괄하여 한다는 점에서 주사업장총괄납부와 다르다. 모든 업무 총괄을 하여야 하므로 지점은 주된 사업장이 될 수 없다.)

(1) 사업자단위과세 등록

이미 각 사업장별로 등록한 사업자가 사업자단위로 등록하려면 사업자단위과세사업자로 적용받으려는 과세기간 개시 20일 전까지 등록하여야 한다.

(2) 사업자단위과세의 포기

사업자단위과세사업자가 각 사업장별로 신고·납부하거나 주사업장총괄납부를 하려는 경우에는 그 납부하려는 과세기간이 시작하기 20일 전에 사업자단위과세포기신고서를 사업자단위과세적용사업장 관할세무서장에게 제출하여야 한다.

5 사업자등록

1 등록신청

(1) 등록신청자

사업자등록신청자는 부가가치세법상의 사업자이어야 한다. 이 경우 사업자란 부가가치세법상 과세사업자만을 의미하므로 면세 재화·용역의 공급자는 부가가치법상의 사업자등록의무가 없으며, 그 대신 법인세법 또는 소득세법상의 사업자등록을 한다. 그러나 과세사업과 면세사업을 겸영하는 사업자는 부가가치세법상의 사업자 등록을 하여야 한다.

> **사업자등록 의무**
>
> ① **부가가치세 과세사업자** : 부가가치세법상 사업자등록 의무
>
> ② **부가가치세 면세사업자** : 법인세법 또는 소득세법상 사업자등록 의무
>
> ③ **과세 및 면세 겸영사업자** : 부가가치세법상 사업자등록 의무

(2) 등록시기

사업자는 사업장마다 <u>사업개시일부터 20일 이내</u>에 소정의 절차를 밟아 사업장 관할세무서장에게 등록하여야 한다. 다만 <u>신규로 사업을 시작하려는 자는 사업개시일 전이라도 등록할 수 있다.</u>

사업장 단위로 등록한 사업자가 사업자단위로 등록하려면 <mark>사업자단위과세사업자로 적용받으려는 과세기간 개시 20일 전까지</mark> 등록하여야 한다.

> **사업개시일**
>
> • **제조업**:제조장별로 재화의 제조를 시작하는 날
>
> • **광업**:사업장별로 광물의 채취, 채광을 시작하는 날
>
> • **기타의 사업**:재화 또는 용역의 공급을 시작하는 날

(3) 사업자등록증의 발급

사업장 관할세무서장은 등록한 사업자에게 신청일로부터 **2일**(토요일·공휴일 또는 근로자의 날은 제외함) 이내에 신청자에게 발급하여야 한다. 다만, 사업장시설이나 사업현황을 확인하기 위하여 필요한 경우에는 발급기한을 <mark>5일 이내에서 연장</mark>하고 조사한 사실에 따라 사업자등록증을 발급할 수 있다.

(4) 직권등록:가능

사업자가 사업등록을 하지 않고 사업을 영위한 경우에는 관할세무서장이 조사하여 직권으로 등록시킬 수 있다.

(5) 등록거부:사업개시 전 등록신청에 한함

사업개시 전 사업자등록 신청을 받은 세무서장은 신청자가 사업을 사실상 개시하지 않을 것으로 인정되는 때에는 등록을 거부할 수 있다.

2 휴업 및 폐업신고

사업자가 휴업 또는 폐업하거나 사업개시일 전에 등록한 자가 사실상 사업을 개시하지 않게 된 때에는 지체없이 휴업(폐업)신고서에 사업자등록증과 폐업신고확인서 등을 첨부하여 세무서장 등에게 제출하여야 한다.

3 사업자등록 정정

다음 중 어느 하나에 해당하는 정정사유가 발생한 경우에는 지체없이 사업자등록 정정신고서에 사업자등록증을 첨부하여 제출하여야 한다.

정정사유	정정 재발급일
① 상호를 변경하는 때 ② 통신판매업자가 사이버몰의 명칭 또는 인터넷 도메인 이름을 변경하는 때	신청일 당일
③ 법인(또는 국세기본법에 의하여 법인으로 보는 단체 외의 단체로서 1거주자로 보는 단체)의 대표자를 변경하는 때 ④ 상속으로 인하여 사업자의 명의가 변경되는 때 ⑤ 임대인, 임대차 목적물, 그 면적, 보증금, 차임 또는 임대차 기간의 변경이 있거나 새로이 상가건물을 임차한 때 ⑥ 사업의 종류에 변동이 있는 때 ⑦ 사업장(사업자단위과세사업자의 경우에는 사업자단위과세적용사업장을 말함)을 이전하는 때 ⑧ 공동사업자의 구성원 또는 출자지분의 변동이 있는 때 ⑨ 사업자단위과세사업자가 종된 사업장을 신설 또는 이전하는 때 ⑩ 사업자단위과세사업자가 종된 사업장의 사업을 휴업하거나 폐업하는 때 ⑪ 사업자단위과세사업자가 사업자단위과세적용사업장을 변경하는 때	신청일로부터 2일 이내

4 미등록 사업자의 납세의무와 불이익

(1) 미등록 사업자의 납세의무

사업자가 부가가치세 과세 재화·용역을 공급하는 경우에는 해당 사업자가 사업자등록을 안했거나 부가가치세를 소비자로부터 거래징수하지 않았다고 하더라도 해당 재화·용역의 공급에 대해 부가가치세를 신고·납부할 의무가 있다.

(2) 미등록 사업자의 불이익

사업자가 사업개시일로부터 20일 이내에 사업자등록을 하지 않은 경우에는 다음과 같은 불이익이 있다.

- **미등록가산세의 부과** : 사업개시일로부터 20일 이내에 등록을 신청하지 않은 경우에는 등록을 신청한 날의 직전일까지의 공급가액의 1%에 상당하는 가산세를 부과한다.(명의위장 등록은 2% 가산세)
- **등록전 매입세액의 불공제** : 사업자등록을 하기 전에 발생한 매입세액은 매출세액에서 공제할 수 없다. 단, 사업개시일이 속하는 과세기간의 다음달 20일까지 사업자등록신청을 한 경우에는 사업자등록 신청일로부터 사업개시일이 속한 과세기간 기산일까지 역산한 기간 동안의 매입세액은 공제 가능하다.(단, 대표자 주민등록번호를 '공급받는자' 란에 기재하여야 함)

2 　과세거래

부가가치세법상 부가가치세 과세대상은 '재화와 공급'과 '용역의 공급' 그리고 '재화의 수입'이다. 재화의 공급이란 물건 또는 권리를 공급하는 것을 말하는 것이고 용역의 공급이란 서비스를 제공하는 것과 부동산 임대 등을 말한다.

1 　재화의 공급

재화의 공급은 '계약상·법률상의 모든 원인'에 의하여 '재화를 인도 또는 양도하는 것'을 말한다. 재화의 소유권을 이전하는 경우에는 재화공급의 원인이 거래 당사자의 자발적인 의사에 의한 계약상의 것이든, 정부의 수용 등에 의한 비자발적인 것이든 관계없이 원칙적으로는 모두 재화의 공급에 해당된다.

1 　재화의 범위

재화란 재산적 가치가 있는 모든 물건과 권리를 말한다. 단, 수표·어음 등의 화폐대용증권과 주식·채권 등의 유가증권은 부가가치세 과세대상에 포함되지 않는다. 또한 재산가치가 없는 바닷물이나 공기 등도 재화가 아니다.

> 동력, 가스, 전기, 열, 특허권, 실용신안권, 디자인권, 상표권, 어업권, 댐사용권 등도 재화의 공급에 해당된다.

2 　재화의 실질공급

재화의 실질공급은 다음의 유형으로 구분하여 설명할 수 있다.

[1] 매매계약에 의한 재화의 인도

현금판매·외상판매·할부판매·장기할부판매·조건부 및 기한부판매·위탁판매 등 매매계약에 의해 재화를 인도 또는 양도하는 것은 부가가치세 과세 대상이다.

[2] 가공계약에 의한 재화의 인도

가공계약 중 자기가 '주요 자재의 전부 또는 일부를 부담하고' 상대방으로부터 인도받는 재화에 공작을 가하여 새로운 재화를 만들어 인도하는 것은 재화의 공급으로 본다.

> 상대방으로부터 인도받은 재화에 '주요자재를 전혀 부담하지 않고' 단순히 가공만 하는 것은 '용역의 공급'으로 본다.

[3] 교환계약에 의한 재화의 인도 또는 양도

재화의 인도 대가로서 다른 재화를 인도받거나 용역을 제공받는 교환계약에 의하여 재화를 인도 또는 양도하는 것도 부가가치세 과세대상이다.

(4) 경매·공매·수용·현물출자 기타 계약상 또는 법률상의 원인

원칙	재화의 공급
예외	「국세징수법」 규정에 의한 공매, 「민사집행법」에 따른 강제경매 및 임의경매, 담보권 실행을 위한 경매, 「민법」, 「상법」 등 그 밖의 법률에 따른 경매를 포함)에 따라 재화를 인도·양도하는 것은 부가가치세 과세 대상이 아니다. 또한 「도시 및 주거환경정비법」, 「공익사업을 위한 토지 등의 취득 및 보상에 관한 법률」 등에 따른 수용 절차에 있어서 수용 대상인 재화의 소유자가 수용된 재화에 대한 대가를 받는 경우에는 재화의 공급으로 보지 않는다.

3 재화의 간주공급(공급의 의제)

부가가치세의 과세대상인 재화의 공급은 대가를 받고 해당 재화의 소유관계에 변동이 일어나거나 장소의 이동이 발생되는 것을 말한다. 그러나 이러한 요건을 다 갖추지 못하여 실질적인 재화의 공급으로 볼 수 없는 경우라고 하더라도, 재화의 공급이 일어난 것으로 보아 부가가치세를 과세하는 것이 있다.(이를 간주공급이라고 함) 이러한 간주공급에는 자가공급·개인적공급·사업상증여·폐업시 잔존재화의 4가지가 있다.

(1) 자가공급

사업자가 자기의 사업과 관련하여 생산하거나 취득한 재화를 자기의 사업을 위하여 직접 사용·소비하는 것 중 아래의 3가지 경우에는 이를 재화의 공급으로 본다. 단, 아래의 ⓐ, ⓑ는 당초에 매입세액 공제가 되지 않은 것은 재화의 공급으로 간주하지 않는다. ⓒ의 경우에는 당초 매입세액 공제 여부와 상관없이 재화의 공급으로 간주한다.

> ⓐ **면세전용 재화**:과세사업을 위해 매입한 재화를 자기의 면세사업에 사용하기 위해 용도를 변경하는 경우
> ⓑ **개별소비세 과세 대상 승용자동차**로서 영업용이 아닌 것으로 전용하거나 그 유지를 위하여 사용하는 경우 등
> ⓒ **판매목적 타사업장 반출(=직매장 반출)**:둘 이상의 사업장이 있는 사업자가 자기 사업과 관련하여 생산 또는 취득한 재화를 타인에게 직접 판매할 목적으로 다른 사업장에 반출하는 것은 재화의 공급으로 본다. 단, 주사업장총괄납부사업자 또는 사업자단위과세사업자가 직매장에 반출하는 것은 재화의 공급으로 보지 않는다. 그러나, 주사업장총괄납부사업자가 세금계산서를 발급하여 관할세무서장에게 신고한 경우에는 재화의 공급으로 보도록 하고 있다.

> **자가공급에 해당하지 않는 경우(= 재화의 공급으로 보지 않는 경우)**
>
> 사업자가 자기의 사업과 관련하여 생산하거나 취득한 재화를 자기의 과세사업을 위하여 다음과 같이 사용·소비하는 경우에는 재화의 공급으로 보지 않는다.
>
> ① 자기의 다른 사업장에서 원료·자재 등으로 사용·소비
>
> ② 자기 사업상의 기술개발을 위하여 시험용으로 사용·소비
>
> ③ 수선비 등에 대체하여 사용·소비
>
> ④ 사후 무료서비스 제공을 위하여 사용·소비
>
> ⑤ 불량품 교환 또는 광고선전을 위한 상품진열 등의 목적으로 자기의 다른 사업장으로 반출(판매목적 반출이 아닌 경우)

다음 중 어느 하나에 해당하는 자기생산·취득재화의 사용 또는 소비는 재화의 공급으로 본다.

① 사업자가 자기생산·취득재화를 매입세액이 불공제되는 개별소비세 과세 자동차로 사용 또는 소비하거나 그 자동차의 유지를 위하여 사용 또는 소비하는 것

② 운수업, 자동차 판매업 등의 사업을 경영하는 사업자가 자기생산·취득재화 중 개별소비세 과세 대상 자동차와 그 자동차의 유지를 위한 재화를 해당 업종에 직접 영업으로 사용하지 아니하고 다른 용도로 사용하는 것

개별소비세 과세 대상으로서 영업용이 아닌 것 (= 비영업용 소형승용차 = 업무용 승용차)

비영업용 소형승용차는 개별소비세 과세대상 차량으로서 영업용이 아닌 것을 말한다. 정원 8인승 이하의 승용차 중 배기량이 1,000cc를 초과하는 차량을 "소형승용자동차"라고 한다. 또한 운수업, 자동차판매업, 자동차임대업 및 운전학원업에서와 같이 자동차를 직접 영업에 사용하는 것 외의 목적으로 사용하는 자동차를 "비영업용" 차량이라고 한다. 비영업용 소형승용자동차는 부가가치세법상 여러가지 불이익이 있는데, 비영업용이면서 소형승용자동차라는 두가지 요건을 모두 갖춘 경우에만 간주공급, 매입세액 불공제 등의 불이익을 받게 된다.

(2) 개인적 공급

사업자가 자기의 사업과 관련하여 생산 또는 취득한 재화를 사업과 직접 관계없이 자기나 그 사용인의 개인적인 목적 또는 기타의 목적으로 사용 소비하는 것 중 사업자가 그 대가를 받지 않거나 시가보다 낮은 대가를 받는 경우에는 이를 재화의 공급으로 본다.

다만, 취득시 매입세액이 불공제된 것과 복리후생적인 목적으로 직원에게 재화를 무상으로 공급하는 것은 간주공급으로 보지 않는다.

개인적 공급으로 보지 않는 재화의 예

① 작업복·작업모·작업화

② 직장체육비·직장연예비와 관련된 재화

③ 경조사와 관련된 재화를 제공하는 경우(사용인 1명당 연간 10만원을 한도로 하며, 10만원을 초과하는 경우 해당 초과액에 대해서는 재화의 공급으로 봄)

④ 설날·추석과 관련된 재화(사용인 1명당 연간 10만원을 한도로 하며, 10만원을 초과하는 경우 해당 초과액에 대해서는 재화의 공급으로 봄)

⑤ 회사의 창립기념일 및 생일과 관련된 재화(사용인 1명당 연간 10만원을 한도로 하며, 10만원을 초과하는 경우 해당 초과액에 대해서는 재화의 공급으로 봄)

⑥ 구입 당시 매입세액이 불공제된 재화

(3) 사업상 증여

사업자가 자기의 사업과 관련하여 취득한 재화를 자기의 고객이나 타인에게 그 대가를 받지 않거나 매우 낮은 대가를 받고 증여하는 경우에 이를 재화의 공급으로 본다. 예를 들어 판매용으로 만든 제품을 거래처 접대용이나 판매장려금품으로 제공하는 경우에는 간주공급으로 보아 부가가치세가 과세된다.

> **사업상 증여로 보지 않는 재화의 예**
>
> ① 견본품 및 광고선전용으로 무상으로 배포하는 것
>
> ② 특별재난지역에 공급하는 물품
>
> ③ 자기적립마일리지등으로만 전부를 결제받고 공급하는 재화
>
> ④ 취득시 매입세액이 불공제된 것

(4) 폐업시 잔존재화

폐업시 잔존하는 재화는 사업자가 자기에게 공급하는 것으로 보아 부가가치세를 과세한다.

> **간주공급과 세금계산서 발급 여부**
>
> 간주공급 중 판매목적 타사업장 반출의 경우에만 세금계산서를 발급하고, 나머지의 간주공급에 대해서는 세금계산서를 발급하지 않는다. (세금계산서를 발급하지 않는 간주공급의 경우 부가가치세 신고서상의 '과세거래, 기타' 란에 기재하게 된다.)

구분				금액	세율	세액
과세표준 및 매출세액	과세	세금계산서 교부분	1		10/100	
		매입자발행 세금계산서	2		10/100	
		신용카드·현금영수증	3		10/100	
		기타	4		10/100	
	영세율	세금계산서 교부분	5		0/100	
		기타	6		0/100	
	예정신고누락분		7			
	대손세액가감		8			
	합계		9		㉑	

> **요약 당초 매입세액 공제 여부에 따른 간주공급**
>
> ① 면세전용, ② 비영업용 소형승용차와 그 유지를 위한 재화, ③ 개인적 공급, ④ 사업장 증여, ⑤ 폐업시 잔존재화는 당초 매입세액이 공제되지 아니한 경우 간주공급으로 보지 않음
>
> 당초 매입세액이 공제된 것은 다음의 것을 말한다.
>
> ① 해당 사업자가 공제받은 매입세액
>
> ② 사업양수인이 사업양도로 취득한 재화로서 사업양도인이 매입세액을 공제받은 재화
>
> ③ 내국신용장 및 구매확인서에 의해 구입하여 영세율이 적용된 것

4 재화의 공급으로 보지 않는 거래의 사례

구분	내용
담보의 제공	질권·저당권·양도담보의 목적으로 동산·부동산 및 부동산상의 권리를 제공하는 경우. 다만, 채무이행 등의 사유로 담보권자가 환가처분권을 행사하는 경우에는 재화의 공급(대물변제의 개념)에 해당한다.
사업의 양도	사업장별로 그 사업에 관한 권리와 의무를 포괄적으로 승계시키는 것. 이 경우 그 사업에 관한 권리와 의무 중 다음의 것을 제외하고 승계시킨 경우에도 해당 사업을 포괄적으로 승계시킨 것으로 본다. 　① 미수금 또는 미지급금에 관한 것 　② 해당 사업과 직접 관련이 없는 토지·건물 등에 관한 것 단, 그 사업을 양수받는 자가 대가를 지급하는 때에 그 대가를 받은 자로부터 부가가치세를 징수하여 대리납부한 경우는 사업 양도를 재화의 공급으로 본다.
조세의 물납	법률에 의하여 상속세·재산세 등을 납부하기 위해 금전 대신 사업용 자산(건물 등)으로 물납하는 경우
신탁재산의 소유권 이전(2018년 개정)	신탁재산의 소유권 이전으로서 다음 중 어느 하나에 해당하는 것은 재화의 공급으로 보지 않는다. 　① 위탁자로부터 수탁자에게 신탁재산을 이전하는 경우 　② 신탁의 종료로 인하여 수탁자로부터 위탁자에게 신탁재산을 이전하는 경우 　③ 수탁자가 변경되어 새로운 수탁자에게 신탁재산을 이전하는 경우
창고증권의 양도 중 일정한 거래	<원칙> 창고증권의 양도는 원칙적으로는 재화의 공급임 <예외> 다음에 해당하는 창고증권의 양도는 재화의 공급으로 보지 않음 　① 보세구역에 있는 조달청 창고에 보관된 물품에 대하여 조달청장이 발행하는 창고증권의 양도로서 임치물의 반환이 수반되지 않는 것 　② 보세구역에 있는 런던금속거래소의 지정창고에 보관된 물품에 대하여 해당 창고가 발행하는 창고증권의 양도로서 임치물의 반환이 수반되지 않는 것

2 용역의 공급

용역의 공급은 계약상·법률상의 모든 원인에 의하여 **"역무를 제공"**하거나 **"재화·시설물 또는 권리를 사용하게 하는 것"**을 말한다.

용역이란 재화 이외의 재산적 가치가 있는 모든 역무 및 기타행위(서비스)를 말한다. 부가가치세법에서는 건설업, 숙박 및 음식점업, 운수업, 방송통신및정보서비스업, 금융 및 보험업, 부동산업 및 임대업(단, 부동산 매매업은 재화의 공급으로 봄), 사업서비스업 등을 용역으로 본다.

> **용역의 무상공급**
>
> 용역의 무상공급은 원칙적으로 부가가치세 과세 대상이 아니다.
>
> 그러나 특수관계인에 대한 사업용 부동산 무상 임대에 대해서는 과세하도록 되어 있다.
>
> 단, 다음의 경우에는 사업용 부동산을 무상으로 임대한 경우에도 과세하지 않는다.
>
> 　① 산학협력단과 대학 간 사업용 부동산의 무상 임대용역
>
> 　② 「공공주택 특별법」의 규정을 적용받는 자와 부동산투자회사 간 사업용 부동산의 무상 임대용역

3 재화의 수입

재화의 수입은 다음 중 어느 하나에 해당하는 물품을 우리나라에 반입하는 것을 말한다.

① 외국으로부터 우리나라에 들어온 물품(외국의 선박에 의하여 공해에서 채취되거나 잡힌 수산물 포함)

② 수출신고가 수리된 물품으로서 선적이 완료된 것

3 부수재화 또는 용역의 공급

주된 거래인 재화 또는 용역의 공급에 필수적으로 부수되는 재화 또는 용역의 공급은 주된 거래인 재화의 공급에 포함되는 것으로 본다. 따라서 주된 재화·용역이 과세이면 필수적으로 부수되는 면세 재화·용역도 과세되며, 주된 재화·용역이 면세이면 필수적으로 부수되는 과세 재화·용역도 면세된다. 부수재화 또는 용역의 공급에는 다음의 네 가지 종류가 있다.

① 해당 대가가 주된 거래인 재화 또는 용역의 공급대가에 통상적으로 포함되어 공급되는 재화 또는 용역
② 거래의 관행으로 보아 통상적으로 주된 거래인 재화 또는 용역의 공급에 부수하여 공급되는 것으로 인정되는 재화 또는 용역
③ 주된 사업과 관련하여 우발적 또는 일시적으로 공급되는 재화 또는 용역(은행이나 학원 등 면세사업자가 업무에 사용하던 건물을 매각하는 경우 이에 대해서는 ⓒ 규정에 의해 건물의 매각을 면세 재화로 보게 된다.)
④ 주된 재화의 생산과정에서 필연적으로 부수하여 생산되는 재화(ex. 부산물)

재화의 수입에 대한 부가가치세 납부 유예 제도

세관장은 중소기업·중견기업이 물품을 제조·가공하기 위한 원재료 등을 수입하는 경우로서 법정요건을 충족하여 부가가치세의 납부유예를 미리 신청하면 해당 재화를 수입할 때 부가가치세의 납부를 유예할 수 있다. 부가가치세의 납부를 유예받은 중소·중견기업은 납세지 관할 세무서장에게 예정신고 또는 확정신고를 할 때 유예된 세액을 정산하거나 납부하여야 한다. 이 경우 납세지 관할 세무서장에게 납부한 세액은 세관장에게 납부한 것으로 본다.

4　거래시기(= 공급시기)

1　재화의 공급시기

1　일반원칙

① 재화의 이동이 필요한 경우에는 재화가 인도되는 때

② 재화의 이동이 필요하지 않은 경우에는 재화가 이용가능하게 되는 때

③ 위의 기준을 적용할 수 없는 경우에는 재화의 공급이 확정되는 때

2　거래형태별 공급시기

구체적인 거래형태별 공급시기는 다음과 같다.

거래형태	공급시기
① 현금판매·외상판매·할부판매	재화가 인도되거나 이용 가능하게 되는 때
② 상품권에 의한 판매	재화가 실제로 인도되는 때
③ 장기할부판매	대가의 각 부분을 받기로 한 때
④ 반환조건부판매·동의조건부판매 등 조건부판매 및 기한부판매	그 조건이 성취되거나 기한이 경과되어 판매가 확정되는 때
⑤ 완성도기준지급 또는 중간지급조건부로 재화를 공급하는 경우	대가의 각 부분을 받기로 한 때
⑥ 전력 기타 공급 단위를 구획할 수 없는 재화를 계속적으로 공급하는 경우	대가의 각 부분을 받기로 한 때
⑦ 재화의 공급으로 보는 가공	가공된 재화를 인도하는 때
⑧ 자가공급, 개인적공급, 사업상증여	재화가 사용, 소비되는 때
⑨ 폐업시 잔존재화	폐업하는 때
⑩ 무인판매기를 이용하여 재화를 공급하는 경우	무인판매기에서 현금을 인취하는 때
⑪ 내국물품을 외국으로 반출하거나 중계무역방식으로 수출하는 경우(내국물품의 외국반출을 '직수출'이라 함)	수출재화의 선적일(기적일)
⑫ 원양어업 및 위탁판매수출의 경우	수출재화의 공급가액이 확정되는 때
⑬ 위탁가공무역 또는 외국인도수출의 경우	외국에서 해당 재화가 인도되는 때
⑭ 위탁판매 또는 대리인에 의한 매매	수탁자 또는 대리인이 공급한 때

완성도기준지급과 중간지급조건부 공급 및 장기할부판매

구분	내용
장기할부판매	재화를 공급하고 그 대가를 월부·연부 기타 부불방법에 따라 받는 것 중 다음의 요건을 모두 갖춘 것 ① 2회 이상으로 분할하여 대가를 받는 것 ② 해당 재화의 인도일의 다음날부터 최종 부불금 지급기일까지의 기간이 1년 이상인 것
완성도 기준지급	재화의 제작기간이 장기간을 요하는 경우에 그 재화제작의 완성비율에 따라 대가를 지급받는 조건으로 공급하는 것
중간지급조건부	① 재화가 인도되기 전 또는 이용가능하게 되기 전, 또는 용역의 제공이 완료되기 전에 ② 계약금 이외의 대가를 분할하여 지급하는 경우로서 ③ 계약금을 지급하기로 한 날로부터 잔금을 지급하기로 한 날까지의 기간이 6개월 이상인 경우

2 용역의 공급시기

1 일반원칙

용역의 공급시기는 역무가 제공되거나 재화·시설물 또는 권리가 사용되는 때로 한다.

2 거래형태별 용역의 공급시기

구분	거래형태	공급시기
일반원칙	–	역무가 제공되거나 재화, 시설물 또는 권리가 사용되는 때
거래형태별 공급시기	통상적인 공급	역무의 제공이 완료되는 때
	완성도기준지급, 중간지급, 장기할부 또는 기타 조건부로 용역을 제공하거나 그 공급단위를 구획할 수 없는 용역을 계속적으로 공급하는 경우	대가의 각 부분을 받기로 한 때 (단기할부의 경우에는 역무의 제공이 완료되는 때)
	부동산임대용역에 대한 간주임대료	예정신고기간 또는 과세기간 종료일
	사업자가 2과세기간 이상에 걸쳐 부동산임대용역을 제공하고 그 대가를 선불 또는 후불로 받는 경우	예정신고기간 또는 과세기간 종료일

3 공급시기의 특례

1 폐업 전에 공급한 재화 또는 용역의 공급시기가 폐업일 이후에 도래하는 경우

폐업 전에 공급한 재화 또는 용역의 공급시기가 폐업일 이후에 도래하는 경우에는 그 폐업일을 공급시기로 본다.

2 공급시기가 되기 전에 세금계산서를 발급하는 경우

① 사업자가 공급시기가 되기 전에 재화 또는 용역에 대한 대가의 전부 또는 일부를 받고, 그 받은 대가에 대하여 세금계산서 또는 영수증을 발급하는 경우에는 그 발급하는 때를 각각 그 재화 또는 용역의 공급시기로 본다.

② 사업자가 다음의 공급시기가 도래하기 전에 세금계산서 또는 영수증을 발급하는 경우에는 대가의 수령 여부와 관계없이 그 발급하는 때를 그 재화 또는 용역의 공급시기로 본다.

- 장기할부판매의 공급시기
- 전력 기타 공급단위를 구획할 수 없는 재화를 계속적으로 공급하는 경우의 공급시기
- 장기할부 또는 통신 등 그 공급단위를 구획할 수 없는 용역을 계속적으로 공급하는 경우의 공급시기

③ 사업자가 재화 또는 용역의 공급시기가 도래하기 전에 세금계산서를 발급하고 그 계산서 발급일로부터 7일 이내에 대가를 지급받는 경우에는 적법하게 세금계산서를 발급한 것으로 본다.

④ 위 ③의 규정에 불구하고 대가를 지급하는 사업자가 다음의 요건을 모두 충족하는 경우에는 세금계산서를 먼저 발급한 후 7일이 지난 후 대가를 지급받더라도 그 발급받은 때를 적법한 세금계산서 발급시기로 본다.

- 거래 당사자 간의 계약서·약정서 등에 대금 청구시기와 지급시기를 따로 적고 대금의 청구시기와 지급시기 사이의 기간이 30일 이내일 것
- 재화 또는 용역의 공급시기가 세금계산서 발급일이 속하는 과세기간 내(공급받는 자가 조기환급을 받은 경우에는 세금계산서 발급일부터 30일 이내)에 도래하는 경우

재화와 용역의 거래장소

① 재화의 거래장소

재화의 거래장소는 공급시 재화의 이동이 필요한가에 따라 각각 다르다. 즉, 재화의 이동이 필요한 경우에는 재화의 이동이 개시되는 장소가 공급장소가 된다. 반면에 재화의 이동이 필요하지 않는 경우에는 재화가 공급되는 시기에 재화가 소재하는 장소가 공급장소가 된다.

② 용역의 거래장소

용역의 공급장소는 원칙적으로 역무가 제공되거나 재화, 시설물 또는 권리가 사용되는 장소이다. 그러나 국내 ·외에 걸쳐 용역이 제공되는 국제운송의 경우 사업자가 비거주자 또는 외국법인인 때에는 여객이 탑승하거나 화물이 적재되는 장소가 용역의 공급장소가 된다.

---

5 부가가치세 세율, 영세율 및 면세

현행 부가가치세의 세율은 10%이며, 수출 등 특정한 경우에는 예외적으로 0%의 세율(영세율)을 적용하고 있다. 대부분의 재화·용역의 공급에 대해서는 부가가치세가 과세되지만, 예외적으로 부가가치세의 납세의무가 없는 면세제도와 소규모 특정 사업자에 대한 간이과세 제도도 운영되고 있다. 여기에서는 먼저 영세율 제도와 면세 제도에 대해 살펴보기로 하자.

부가가치세법에서 사업자라 함은 과세사업자를 의미하므로 영세율사업자는 부가가치세법상 사업자이고 면세사업자는 부가가치세법상 사업자가 아니다.

1 영세율(완전면세, 국가간 이중과세 방지, 수출산업 지원육성, 0%의 세율)

영세율이란 재화나 용역을 공급할 때 매출세액으로 부과하는 세율을 영(0%)으로 하는 것을 말한다. 매출에 대하여 영세율을 적용받게 되면 재화나 용역의 매입단계에서 상대방에게 거래징수당한 부가가치세 매입세액을 전액 환급받게 된다.

영세율 제도는 원래 재화의 국제간 거래에 있어서 생산수출국에서 부가가치세를 부과하고 수입국(소비지국)에서도 이를 또 부과할 경우, 이중과세가 되는 문제점을 해소하기 위해 도입한 것으로서, 소비지국 과세원칙에 따라 생산수출국에서는 부가가치세를 완전히 면제하고 소비지국(소비하는 나라)에서 부가가치세를 과세하는 것이다.

이러한 영세율 적용 대상에는 아래 표와 같이 수출하는 재화, 국외에서 제공하는 용역, 선박 또는 항공기의 외국항행용역, 기타 외화획득사업 등이 있다.

구분	비고
수출하는 재화	내국신용장·구매확인서에 의한 공급, 한국국제협력단·한국국제보건의료재단, 대한적십자사 등에 공급하는 재화 포함
국외에서 제공하는 용역	해외건설용역 등
선박·항공기의 외국항행용역	국내에서 국외로, 국외에서 국내로 또는 국외에서 국외로 수송하는 것
기타 외화를 획득하는 재화 또는 용역	국내거래이지만 외화획득이 되는 거래임(ex. 외교공관에 공급하는 것)
조세특례제한법상 영세율 적용대상 재화·용역	조세 정책적 목적으로 규정함

영세율 적용대상자는 부가가치세법상의 과세사업자이다. 간이과세자 역시 영세율을 적용받을 수는 있으나 일반과세자는 환급을 받을 수 있는 반면 간이과세자는 환급이 불가능하다는 점에 있어 차이가 난다.

영세율은 원칙적으로 거주자 또는 내국법인에 대하여 적용되며, 사업자가 비거주자나 외국법인인 경우의 영세율 적용은 상호면세주의에 따른다.

2 면세(불완전면세, 부가가치세의 역진성 완화)

1 면세 제도의 의의

부가가치세법상 면세란 일정한 재화·용역 등에 대해 부가가치세의 납세의무가 면제되는 것을 말한다. 면세 대상인 재화·용역을 공급하는 자는 거래상대방으로부터 재화 또는 용역의 공급에 대한 부가가치세를 거래징수하지 않고, 재화나 용역을 공급받을 때 거래징수당한 부가가치세 매입세액은 공제받지 못한다. 즉, 매출세액도 없고 매입세액도 없는 형태이다. 부가가치세 신고 자체를 하지 않고, 따라서 매입세액 공제가 되지 않는다는 점이 영세율과 다른 점이다.

영세율사업자는 부가가치세법상의 사업자인데 비해, 면세사업자는 부가가치세법상 납세의무가 없는 사업자이다. 과세사업자가 부가가치세법에 따라 사업자등록을 하는 반면, 면세사업자는 법인세법이나 소득세법에 의한 사업자등록을 한다.

영세율과 면세를 비교하면 다음과 같다.

구분	영세율	면세
기본취지	소비지국 과세 원칙의 구현	부가가치세의 역진성 완화
적용대상	수출하는 재화 등 특정 거래	기초생활필수품 등
면세정도	완전면세	부분면세(불완전면세)
매입세액	매입세액이 전액 환급	매입세액이 공제되지 않음
사업자 여부	부가가치세법상 사업자임	부가가치세법상 사업자가 아님
의무	부가가치세법상 사업자로서의 제반 의무를 이행해야 함	• 부가가치세법상 사업자가 아니므로 원칙적으로는 제반 의무를 이행할 필요는 없음 • 단, 매입처별세금계산서합계표의 제출의무와 대리납부 의무는 있음

2 면세대상 재화·용역의 공급

부가가치세법상 면세대상 재화·용역의 사례를 살펴보면 다음과 같다.

(1) 기초생활필수품 및 용역

- 미가공식료품(식용으로 제공되는 농·축·수·임산물과 소금을 포함) : 식용은 내국산과 외국산을 포함하여 모두 면세
- 우리나라에서 생산된 식용으로 제공되지 않는 농·축·수·임산물
- 수돗물(생수 등은 제외)
- 여성용 생리처리 위생용품
- 연탄과 무연탄(유연탄·갈탄·착화탄 등은 제외)
- 여객운송용역(다만, 고급운송수단(항공기·우등고속버스·고급고속버스·전세버스·택시·특수자동차·특정선박 또는 고속철도)에 의한 운송용역 및 자동차대여 사업은 과세됨)

면세 대상 미가공식료품에 포함되는 것

- 단순가공식료품 : 김치·단무지·장아찌·젓갈류·두부·메주·간장·된장·고추장
- 생산물의 본래의 성질이 변하지 아니하는 정도로 1차 가공하는 과정에서 필수적으로 발생하는 부산물
- 미가공식료품을 단순히 혼합한 것
- 쌀에 식품첨가물 등을 첨가 또는 코팅하거나 버섯균 등을 배양시킨 것

부가가치세 과세 대상인 여객운송용역의 범위

① 항공기에 의한 여객운송 용역

② 여객자동차 운수사업 중 다음의 여객운송 용역

   ⊙ 우등고속버스 및 고급고속버스

   © 전세버스운송사업

   © 일반택시운송사업 및 개인택시운송사업

   ② 자동차대여사업(＝렌트카)

③ 다음의 선박에 의한 여객운송 용역

   ⊙ 수중익선

   © 에어쿠션선

   © 자동차운송 겸용 여객선

   ② 항해시속 20노트 이상의 여객선

④ 고속철도에 의한 여객운송 용역

(2) 국민의 후생관련 재화 및 용역

- 의료보건용역과 혈액. 다만, 국민건강보험법에 따라 요양급여의 대상에서 제외되는 성형수술(쌍꺼풀수술·코성형수술·유방확대및축소술·지방흡인술·주름살제거술 등)의 진료용역 등은 과세됨

- 치료·예방·진단 목적으로 공급하는 동물의 혈액도 면세됨(2025년 개정)

- **교육용역**:주문관청의 허가 또는 인가를 받거나 주무관청에 등록 또는 신고된 학교·학원·강습소·훈련원·교습소 또는 그밖의 비영리단체나 청소년수련시설에서 학생·수강생·훈련생·교습생 또는 청강생에게 지식·기술 등을 가르치는 것. 다만, 무도학원 또는 자동차운전학원에서 가르치는 것은 과세됨

- 주택과 이에 부수되는 토지의 임대용역

- 국민주택의 공급

- 우표(수집용 우표 제외)·인지·증지·복권과 공중전화

의료보건 용역 중 과세 용역의 범위

㉠ 쌍꺼풀수술, 코성형수술, 유방확대·축소술(유방암 수술에 따른 유방 재건술은 제외), 지방흡인술, 주름살제거술, 안면윤곽술, 치아성형(치아미백, 라미네이트와 잇몸성형술) 등 성형수술(성형수술로 인한 후유증 치료, 선천성 기형의 재건수술과 종양 제거에 따른 재건수술은 면세 대상임)과 악안면 교정술(치아교정치료가 선행되는 악안면 교정술은 제외한다)은 부가가치세 과세 대상임

㉡ 색소모반·주근깨·흑색점·기미치료술, 여드름치료술, 제모술, 탈모치료술, 모발이식술, 문신술 및 문신제거술, 피어싱, 지방융해술, 피부재생술, 피부미백술, 항노화치료술 및 모공축소술은 부가가치세 과세 대상임

㉢ 수의사가 제공하는 용역 중 동물의 진료용역은 대부분 면세 대상이며 애완용품 판매 등은 부가가치세 과세 대상임

---

(3) 문화관련 재화 및 용역

- 도서·신문·잡지·관보 등. 단, 광고는 과세

- 도서대여용역 및 실내도서열람

- 예술창작품(골동품 제외)·예술행사·문화행사와 비직업운동경기

- 도서관·과학관·박물관·미술관·동물원 또는 식물원에의 입장(극장에의 입장은 과세)

(4) 생산요소

- 토지(토지의 임대는 과세)

- 저술가·작곡가 등이 직업상 제공하는 일정한 인적 용역

- 금융·보험용역

(5) 국가·지방자치단체·지방자치단체조합이 공급하는 재화 또는 용역은 원칙은 면세 대상임

📝 **국가 등이 제공하더라도 부가가치세가 과세되는 것**

- 우정사업조직(우체국)이 소포우편물을 방문접수하여 배달하는 용역(우체국택배)과 우체국홈쇼핑
- 고속철도에 의한 여객운송용역
- 부동산임대업, 도·소매업, 음식·숙박업, 골프장·스키장, 기타 운동시설 운용업
  (단, 군인 등에게 공급하면 면세하되, 골프연습장 운영업은 과세)

(6) 국가·지방자치단체·지방자치단체조합 또는 공익단체에 무상으로 공급하는 재화 또는 용역 ⇨ 유상공급은 과세

🖋참고 건물의 공급과 건물의 임대 비교

건물의 공급	건물의 임대
① **원칙**: 과세 ② **예외**: 국민주택규모 이하의 주택은 면세	① **원칙**: 과세 ② **예외**: 주택임대는 면세(면적 불문)

🖋참고 토지의 공급과 토지의 임대 비교

토지의 공급	토지의 임대
면세	① **원칙**: 과세 ② **예외**: 주택의 부수토지 임대는 면세

3 면세 포기

부가가치세법에서 정하는 요건을 갖춘 경우에는 면세를 포기하고 부가가치세 과세사업자가 될 수 있다.

(1) 면세포기의 적용 대상

현행 부가가치세법에서는 영세율 적용 대상인 재화·용역과 학술연구단체 및 기술연구단체가 그 연구와 관련하여 실비 또는 무상으로 공급하는 재화·용역에 한하여 면세포기가 허용된다. 만일 면세 재화·용역을 국내공급도 하고 수출도 하는 경우에는 영세율 대상 재화에 대해서는 면세포기를 하여 영세율 적용을 받을 수 있다. 면세포기는 부분면세포기가 가능하다.

(2) 면세포기의 절차

면세를 포기하고자 하는 사업자는 관할 세무서장에게 포기신고를 하고, 지체없이 부가가치세법에 따른 사업등록을 하여야 한다. 이 때 관할세무서장의 승인은 필요하지 않고, 면세포기는 시기의 제한없이 언제든지 가능하다. 신규로 사업을 개시하는 경우에는 면세포기를 하려면 사업자등록신청서와 함께 면세포기신고서를 제출하면 된다.

(3) 면세포기의 효력

면세포기신고를 한 사업자는 신고한 날로부터 3년간은 다시 면세를 적용받을 수 없다.

(4) 면세의 재적용 신고

면세포기 신고를 한 사업자가 면세 포기일로부터 3년이 지난 뒤 부가가치세를 면제 받으려면(면세적용을 받으려면) 면세적용신고서를 제출하여야 한다. 면세적용신고서를 제출하지 않으면 계속해서 과세사업자로 적용된다.

6 과세표준 및 매출세액

과세표준이란 납세의무자가 납부해야 할 세액산출의 기초가 되는 과세대상의 수량 또는 가액을 말한다. 부가가치세 과세표준은 재화·용역을 공급함에 있어서 거래상대방으로부터 받은 대금·요금·수수료 기타 명목 여하에 불구하고 대가관계에 있는 모든 금전적 가치가 있는 것을 포함한 「공급가액」으로 한다.

매출세액은 일정기간의 재화 또는 용역의 공급에 대한 가액의 합계액, 즉 그 기간의 과세표준(공급가액)에 세율을 곱하여 계산한다. 부가가치세 세율은 일반세율은 10%이며, 영세율 적용시에는 0%가 적용된다.

> 매출세액 = (과세표준 × 세율) ± 대손세액가감

참고 공급가액과 공급대가

부가가치세를 포함하지 않은 금액을 공급가액이라고 하고 부가가치세를 포함한 금액을 공급대가라고 한다. 예를 들어 여러분이 오늘 2,200원짜리 물건을 샀다면 그 가격에는 부가가치세 200원이 포함되어 있는 것이다. 따라서 최종소비자가 내는 가격 2,200원 중 2,000원은 공급가액이고 200원은 부가가치세액이다. 또한 이 둘을 합한 2,200원은 공급대가라고 한다. 일반과세자의 과세표준은 부가가치세를 제외한 공급가액이며, 간이과세자의 과세표준은 부가가치세가 포함된 공급대가라는 점을 기억해야 한다.

1 실질공급의 과세표준

재화나 용역의 공급에 있어 부가가치세 과세표준은 아래 표와 같다.

받는 대가의 구분	공급가액(과세표준)
대가를 금전으로 받는 경우	해당 금전가액
금전 이외의 대가를 받은 경우	공급한 재화나 용역의 시가
특수관계자로부터 부당하게 낮은 대가를 받은 경우	공급한 재화나 용역의 시가
대가를 받지 않는 경우	공급한 재화의 시가(용역의 무상공급은 원칙적으로 과세거래 아님)
폐업시의 잔존재화	잔존재화의 시가

부가가치세법에서 시가라 함은 특수관계가 없는 제3자와 일반적으로 계속적으로 거래한 가격을 말한다.

> **외국통화 수령시 공급가액**
>
> - **공급시기 도래 전에 원화로 환가한 경우** : 그 환가한 금액
> - **위 이외의 경우** : 공급시기(예 : 선적일)의 기준환율 또는 재정환율로 계산한 금액

1 과세표준에 포함되는 항목

다음의 항목은 과세표준에 포함된다.

> ㉠ 할부판매의 이자상당액
>
> ㉡ 대가의 일부로 받는 운송보험료, 산재보험료
>
> ㉢ 대가의 일부로 받는 운송비, 포장비, 하역비
>
> ㉣ 개별소비세, 주세, 교육세, 농어촌특별세 및 교통 · 에너지 · 환경세

2 과세표준에 포함되지 않는 항목

다음의 금액은 과세표준에 포함되지 않으므로, 이를 차감한 금액을 과세표준으로 한다.

> ㉠ 부가가치세
>
> ㉡ 매출에누리액·매출환입액·매출할인액
>
> ㉢ 공급받는 자에게 도달하기 전에 파손·멸실된 재화의 가액
>
> ㉣ 재화·용역의 공급과 직접 관련되지 아니하는 국고보조금·공공보조금
>
> ㉤ 계약 등에 의하여 확정된 대가의 지급지연으로 인해 받는 연체이자
>
> ㉥ 반환조건이 붙은 포장용기 및 반환보증금
>
> ㉦ 용역대가와 봉사료를 구분하여 기재한 경우로서 봉사료를 해당 종업원에게 지급한 사실이 확인되는 경우
>
> ㉧ 공급받는 자가 부담하는 원재료
>
> ㉨ 부동산 임대료와 구분하여 징수하는 보험료·수도료·공공요금 등

봉사료의 공급가액 포함 여부

사업자가 음식 · 숙박 용역이나 개인서비스 용역을 공급하고 그 대가와 함께 받는 종업원의 봉사료를 세금계산서, 영수증 또는 신용카드매출전표등에 그 대가와 구분하여 적은 경우로서 봉사료를 해당 종업원에게 지급한 사실이 확인되는 경우에는 그 봉사료는 공급가액에 포함하지 아니한다. 다만, 사업자가 그 봉사료를 자기의 수입금액에 계상하는 경우에는 그러하지 아니하다.

제3자적립마일리지 결제시 과세표준 계산

제3자적립마일리지 등으로 대금의 전부 또는 일부를 결제받은 경우의 과세표준 = ① + ②

① 마일리지 등 외의 수단으로 결제받은 금액

② 마일리지 등으로 결제받은 부분에 대하여 재화 또는 용역을 공급받는 자 외의 자로부터 보전받았거나 보전받을 금액

단, 제3자적립마일리지 등으로 대금의 전부 또는 일부를 결제받은 경우로서 다른 자로부터 보전받지 아니하고 자기생산 · 취득재화를 공급한 경우 또는 특수관계인으로부터 부당하게 낮은 금액을 보전받거나 아무런 금액을 받지 아니하여 조세의 부담을 부당하게 감소시킬 것으로 인정되는 경우에는 시가를 과세표준으로 한다.

3 과세표준에서 공제하지 않는 항목

다음의 항목은 과세표준에서 공제하지 않으므로, 이를 차감하기 전의 금액을 과세표준으로 한다.

> ㉠ 판매장려금　　㉡ 하자보증금　　㉢ 대손금

> **✎참고**
>
> 판매장려금을 현물로 지급한 경우에는 이를 판매장려물품이라고 하며, 과세표준에서는 차감하지 않고 사업상증여로 처리되므로 과세표준이 증가한다.

> **✎참고**
>
> 대손금(대손된 채권의 공급가액)은 과세표준에서는 공제하지 않으며, 대손된 세액(대손된 채권의 부가가치세)을 대손세액공제함

4 재화의 수입에 대한 과세표준

재화수입에 대한 부가가치세의 과세표준은 관세의 과세가격과 관세·개별소비세·주세·교육세·교통에너지환경세 및 농어촌특별세의 합계액으로 한다.

> 과세표준 = ① 관세의 과세가격 + ② 관세 + ③ 개별소비세·주세·교통에너지환경세·교육세·농어촌특별세

2 간주공급의 과세표준

간주공급의 과세표준은 해당 재화가 감가상각대상 자산이 아닌 경우와 감가상각대상 자산인 경우로 구분하여 달리 규정하고 있다.

1 감가상각 대상 자산이 아닌 경우

간주공급에 해당되는 자산이 감가상각자산이 아닌 경우 과세표준은 다음과 같다.

구분		과세표준
자가공급·개인적공급·사업상증여·폐업시 잔존재화		해당 자산의 시가
자가공급 중 판매목적 타사업장 반출	㉠ 원칙	취득가액
	㉡ 취득가액에 일정액을 가산하여 공급하는 때	그 공급가액

2 감가상각대상 자산인 경우 : 간주시가 계산

간주공급에 해당되는 재화가 감가상각자산일 경우 시가를 계산하는 것이 현실적으로 어렵다. 그래서 부가가치세법에서는 취득가액에 자산별 가치감소율을 적용하여 계산한 금액을 시가로 본다.(= 간주시가 = 의제시가)

> 과세표준 = 취득가액 × (1 - 가치감소율 × 경과된 과세기간의 수)

> **가치감소율**
>
> 과세기간의 경과에 따른 가치감소율은 건물·구축물의 경우 1과세기간에 5%를 적용하고,
> 건물·구축물을 제외한 기타의 감가상각자산의 경우 25%를 적용한다.

3 부동산임대용역의 과세표준

> 과세표준 = 임대료 + 간주임대료 + 관리비

> **간주임대료의 과세표준**
>
> $$간주임대료 = 해당\ 기간의\ 임대보증금 \times \frac{과세기간\ 중\ 임대일수}{365(윤년\ 366)} \times 정기예금\ 이자율$$

4 대손세액공제

1 개념

공급받는 자가 파산되거나 소멸시효가 완성되는 등 세법이 정하는 사유로 인하여 해당 재화 또는 용역에 대한 외상매출금 기타 매출채권(부가가치세 포함)의 전부 또는 일부가 대손되어 회수할 수 없는 경우 대손세액(대손금액 중에 포함된 부가가치세)을 대손이 **확정된 날이 속하는 과세기간의 매출세액에서 차감**한다. 예정신고시에는 대손세액공제를 적용하지 않으며, 간이과세자는 대손세액공제를 적용받을 수 없다.

2 대손사유

부가가치세법상 대손세액 공제를 받을 수 있는 사유는 법인세법 및 소득세법상 대손사유와 일치한다.

3 대손세액 공제 범위

대손세액공제의 범위는 재화 또는 용역의 공급일로부터 10년이 지나는 날이 속하는 과세기간에 대한 확정신고 기한까지 확정되는 대손세액으로 한다.

4 대손세액공제액

대손세액공제액은 대손금액(부가가치세 포함) 중 부가가치세에 해당하는 부분이다. 대손세액공제액은 다음과 같이 계산된다.

$$\text{대손세액 공제액} = \text{대손금액(공급대가)} \times \frac{10}{110}$$

법인세법상 대손사유 예시

- 소멸시효의 완성
- 채무자의 파산, 강제집행, 사망, 실종 등
- 부도발생일로부터 6개월이 지난 수표 또는 어음상의 채권 및 중소기업의 외상매출금(부도발생일 이전의 것에 한함. 채무자의 재산에 저당권 설정한 경우 제외)
- 회수기일로부터 6개월 이상 지난 채권으로서 채무자별 채권가액 합계가 30만원 이하인 채권 등

7 　거래징수와 세금계산서

1 　세금계산서

1 　거래징수

사업자가 재화 또는 용역을 공급하는 때에는 과세표준에 세율을 적용하여 계산한 부가가치세를 그 재화 또는 용역을 공급받는 자로부터 징수하여야 하는데 이를 거래징수라 한다. 공급자가 부가가치세 과세 대상 재화·용역을 공급하기만 하면 공급받는 자가 비사업자, 면세사업자, 간이과세자인지를 불문하고 부가가치세를 거래징수하는 것이다.

이처럼 공급받는 자로부터 부가가치세를 거래징수한 경우 해당 거래징수에 대한 증명서류를 공급받는 자에게 발급해야 한다. 우리나라 부가가치세법은 거래징수에 대한 내역을 증명하기 위해 공급자가 공급받는 자에게 세금계산서를 발급하도록 하고 있다.

따라서 부가가치세 과세대상 재화·용역을 공급하는 자는 일반과세자와 간이과세자 모두 '세금계산서'를 발급하여야 한다. 그러나 소매업 등을 영위하는 사업자는 세금계산서 대신 '영수증'을 발급할 수 있으며, 직전연도의 공급대가가 4,800만원 미만인 간이과세자는 세금계산서를 발급할 수 없고 영수증만을 발급할 수 있다.

세금계산서 등 거래증명의 종류

구분			종류
과세사업자	일반과세자	원칙	세금계산서 발급해야 함
		소매업 등 영위 사업자	영수증 발급
	간이과세자	원칙	세금계산서 발급해야 함
		직전연도의 공급대가 4,800만원 미만인 경우와 신규간이과세자	영수증 발급의무 (세금계산서 발급 못함)
	세관장		수입세금계산서
	면세사업자		계산서 또는 영수증

계산서

부가가치세 납세의무가 없는 면세사업자는 세금계산서를 발급할 수 없으며 대신에 '계산서'를 발급한다.
세금계산서와 계산서의 가장 큰 차이점은 세금계산서의 경우 공급가액과 부가가치세가 표시되어 있지만 계산서는
부가가치세가 없으므로 공급가액만 표기되어 있다는 것이다.

세금계산서 발급의무 면제

사업자가 재화 또는 용역을 공급하는 때에는 세금계산서를 발급하는 것이 원칙이나 다음에 규정하는 재화 또는 용역을 공급하는 경우에는 세금계산서를 발급할 수 없다.(= 발급의무 면제)

① 택시운송사업자·노점·행상·무인판매기를 이용하여 재화·용역을 공급하는 자 등

② 소매업을 영위하는 자가 제공하는 재화·용역. 단, 공급받는 자가 세금계산서를 요구하는 경우에는 발급해야 함

③ 미용·욕탕·유사서비스업을 영위하는 자가 공급하는 용역. 이는 공급받는 자가 세금계산서를 요구하는 경우라고 하더라도 발급할 수 없음

④ 간주공급에 해당하는 재화의 공급 (직매장 반출은 세금계산서 발급이 원칙임)

⑤ 부동산임대용역 중 간주임대료(간주임대료에 대해서는 세금계산서를 발급하는 것이 원천적으로 불가능함)

⑥ 영세율 적용대상 재화·용역

  ㉠ 수출하는 재화(⇨ 내국신용장·구매확인서에 의한 공급, 한국국제협력단·한국국제보건의료재단에 공급하는 재화의 경우에는 세금계산서를 발급해야 함)

  ㉡ 국외에서 제공하는 용역

  ㉢ 항공기의 외국항행용역

  ㉣ 선박의 외국항행용역(⇨ 공급받는 자가 국내사업장이 있는 경우에는 발급해야 함)

  ㉤ 기타 외화획득 재화·용역 등

◀ 연습문제

다음 중 부가가치세법에 대한 설명으로 가장 틀린 것은?

① 수출하는 재화뿐만 아니라 국외에서 제공하는 용역도 영세율이 적용된다.
② 영세율이 적용되는 모든 사업자는 세금계산서를 발급하지 않아도 된다.
③ 영세율이 적용되는 경우에는 조기환급을 받을 수 있다.
④ 영세율이 적용되는 사업자는 부가가치세법상 과세사업자이어야 한다.

....

답 ②
해 내국신용장 또는 구매확인서에 의하여 공급하는 재화 등은 세금계산서를 발급하여야 한다.

2 세금계산서의 의의

세금계산서란 과세사업자(공급자)가 거래상대방으로부터 부가가치세를 징수하고, 그 징수사실을 증명하기 위하여 발급하는 부가가치세법상의 증명서류를 말한다. 세금계산서는 공급자가 2매를 발행하여 그 중 1매를 공급받는 자에게 발급한다. 이러한 세금계산서는 5년간 보관하여야 한다.(세금계산서는 원칙적으로 공급자가 발급하는 것이다. 단, 매입자발행세금계산서는 세무서의 확인을 받아 공급받는 자가 발급한다.)

수입하는 재화에 대하여 세관장은 부가가치세를 징수할 때 수입세금계산서를 발급하여야 한다. 부가가치세 납부가 유예되는 경우에도 세관장이 수입세금계산서를 발급한다.

3 세금계산서의 필요적 기재사항

세금계산서의 기재사항은 필요적 기재사항과 임의적 기재사항으로 나눌 수 있다. 필요적 기재사항은 그 전부 또는 일부가 기재되지 아니하거나 사실과 다른 때에는 ⓐ 정당한 세금계산서로 보지 아니하고, ⓑ 이러한 세금계산서를 발급한 사업자에 대해서는 가산세를 적용하며, ⓒ 발급받은 사업자에 대해서는 해당 매입세액이 불공제되는 불이익이 있다.

📝 세금계산서의 필요적 기재사항(★★★ 암기!!)

① 공급자의 사업자등록번호와 성명 또는 명칭
② 공급받는 자의 사업자등록번호
③ 작성연월일
④ 공급가액과 부가가치세액

〈참고〉

세금계산서의 작성연월일은 원칙적으로는 재화와 용역의 공급시기와 일치한다. 그러나 특례세금계산서 등을 발급할 수 있는 예외적인 사유가 있어 작성연월일과 공급시기가 일치하지 않는 경우도 있다.

4 세금계산서의 발급시기

(1) <원칙> 재화·용역의 공급시기에 발급해야 함

세금계산서는 재화 또는 용역을 공급하는 때(공급시기)에 발급하는 것을 원칙으로 한다.

(2) <예외> 공급시기의 특례 : 공급시기가 속하는 달의 다음달 10일까지 발급

다만, 다음의 경우에는 재화·용역의 공급일이 속하는 달의 다음달 10일(다음달 10일이 공휴일 또는 토요일인 때에는 그 다음날)까지 세금계산서를 발급할 수 있다.

ⓐ 거래처별로 1역월의 공급가액을 합계하여 해당 월의 말일자를 작성연월일로 하여 세금계산서를 발급하는 경우(특례세금계산서 또는 월합세금계산서라고 함)
ⓑ 거래처별로 1역월 이내에서 사업자가 임의로 정한 기간의 공급가액을 합계하여 그 기간의 종료일자를 작성연월일로 하여 세금계산서를 발급하는 경우
ⓒ 관계 증명서류 등에 의하여 실제 거래사실이 확인되는 경우로서 해당 거래일자를 작성연월일로 하여 세금계산서를 발급하는 경우

[3] <예외> 공급시기 전 발급

① 사업자가 공급시기가 도래하기 전에 재화·용역에 대한 대가의 일부 또는 전부를 받고 그 받은 대가에 대해 세금계산서를 발급한 경우 그 발급하는 때를 공급시기로 본다.

② **발급일로부터 7일 이내에 대가 지급** : 재화 또는 용역의 거래시기가 도래하기 전에 세금계산서를 발급하고 그 세금계산서 발급일로부터 7일 이내에 대가를 지급받는 경우에는 그 세금계산서를 발급한 때를 해당 재화 또는 용역의 공급시기로 본다.

③ **발급일로부터 7일 경과 대가 지급** : 다음의 요건을 모두 충족하는 경우에 세금계산서 발급 후 7일 경과 후 대가를 수령해도 적법한 것으로 인정한다.

ⓐ 거래 당사자 간의 계약서·약정서 등에 대금 청구시기와 지급시기를 따로 적고 대금의 청구시기와 지급시기 사이의 기간이 30일 이내일 것
ⓑ 재화 또는 용역의 공급시기가 세금계산서 발급일이 속하는 과세기간 내(공급받는 자가 조기환급을 받은 경우에는 세금계산서 발급일부터 30일 이내)에 도래하는 경우

2 수정세금계산서

세금계산서를 발급한 후 그 기재사항에 관하여 착오 또는 정정사유가 발생한 경우에는 수정세금계산서를 다음과 같이 발급할 수 있다.

㉠ 당초 공급한 재화가 환입된 경우
재화가 환입된 날을 작성일자로 기재하고 비고란에 당초 세금계산서 작성일자를 부기한 후 붉은색 글씨로 쓰거나 부(-)의 표시를 하여 발급한다.

㉡ 계약의 해제로 인하여 재화 또는 용역이 공급되지 않은 경우
계약이 해제된 때에 그 작성일자는 계약이 해제된 날을 기재하고 비고란에 당초 작성연월일을 부기한 후 붉은색 글씨로 쓰거나 부(-)의 표시를 하여 발급한다.

㉢ 계약의 해지 등에 따라 공급가액에 추가 또는 차감되는 금액이 발생한 경우
증감사유가 발생한 날을 작성일로 기재하고 추가되는 금액은 검은색 글씨로 쓰고, 차감되는 금액은 붉은새거 글씨로 쓰거나 부(-)의 표시를 하여 발급한다.

㉣ 내국신용장이나 구매확인서가 사후에 개설된 경우
재화 또는 용역을 공급한 후 공급시기가 속하는 과세기간 종료 후 25일 이내에 내국신용장이 개설되었거나 구매확인서가 발급된 경우 내국신용장 등이 개설된 때에 작성일자는 당초 세금계산서 작성일자를 기재하고 비고란에 내국신용장 개설일 등을 부기하여 영세율 적용분은 검은색 글씨로 세금계산서를 작성하여 발급하고, 추가하여 당초에 발급한 세금계산서의 내용대로 세금계산서를 붉은색 글씨로 또는 부(-)의 표시를 하여 작성하고 발급한다.

㉤ 필요적 기재사항 등이 착오로 잘못 기재된 경우(경정할 것을 미리 알고 발급한 경우 제외)
경정하여 통지하기 전까지 세금계서를 작성하되, 당초에 발급한 세금계산서의 내용대로 세금계산서를 붉은색 글씨로 작성하여 발급하고, 수정하여 발급하는 세금계산서는 검은색 글씨로 작성하여 발급한다.

㉥ 필요적 기재사항 등이 착오 외의 사유로 잘못 적힌 경우(경정할 것을 미리 알고 발급한 경우 제외)
재화 및 용역의 공급일이 속하는 과세기간에 대한 확정신고기한 다음날부터 1년 내에 세금계산서를 작성하되, 처음에 발급한 세금계산서의 내용대로 세금계산서를 붉은색 글씨로 쓰거나 부의 표시를 하여 발급하고, 수정하여 발급하는 세금계산서는 검은색 글씨로 작성하여 발급한다.

㉦ 착오로 전자세금계산서를 이중으로 발급한 경우
당초에 발급한 세금계산서의 내용대로 부의 표시를 하여 발급한다.

㉧ 면세 등 발급대상이 아닌 거래 등에 대하여 발급한 경우
처음에 발급한 세금계산서의 내용대로 붉은색 글씨로 쓰거나 부의 표시를 하여 발급한다.

㉨ 세율을 잘못 적용하여 발급한 경우
처음에 발급한 세금계산서의 내용대로 세금계산서를 붉은색 글씨로 쓰거나 부의 표시를 하여 발급하고, 수정하여 발급하는 세금계산서는 검은색 글씨로 작성하여 발급한다.

㉩ 과세유형이 변경된 이후 수정 발급사유 발생
일반과세자에서 간이과세자로, 또는 간이과세자가 일반과세자로 과세유형이 전환된 후 과세유형 전환 전에 공급한 재화 또는 용역에 대하여 수정발급사유가 생긴 경우에는 당초 세금계산서 작성일자를 수정세금계산서의 작성일자로 적고, 비고란에 사유발생일을 부기한 후 추가되는 금액은 검은색 글씨로 쓰고 차감되는 금액은 붉은색 글씨로 쓰거나 부의 표시를 하여 수정세금계산서를 발급할 수 있다.

사업자가 재화 또는 용역을 공급하고 세금계산서 발급 시기에 세금계산서를 발급하지 않은 경우(사업자의 부도·폐업 등으로 사업자가 수정세금계산서 또는 수정전자세금계산서를 발급하지 아니한 경우를 포함) 해당 재화 또는 용역을 공급받은 자는 관할세무서장의 확인을 받아 매입자발행세금계산서를 발행할 수 있다. 이 경우 매입자발행세금계산서에 기재된 부가가치세액은 공제할 수 있는 매입세액으로 본다.

- 거래사실의 확인신청 대상이 되는 거래 : 거래건당 공급대가가 5만원 이상인 경우
- 매입자발행세금계산서를 발행하려는 자는 해당 재화 또는 용역의 공급시기가 속하는 과세기간의 종료일부터 1년 이내에 거래사실확인신청서에 거래사실을 객관적으로 입증할 수 있는 서류를 첨부하여 신청인 관할 세무서장에게 거래사실의 확인을 신청하여야 한다.

3 전자세금계산서

1 발급 및 전송 의무

'법인'과 '직전 연도의 사업장별 재화 및 용역의 공급가액(면세공급가액을 포함)의 합계액이 8천만원 이상인 개인사업자'는 전자세금계산서를 발급하고 전자세금계산서 발급명세를 발급일의 다음날까지 전송하여야 한다.

이처럼 전자세금계산서 발급명세를 전송한 경우에는 해당 내용에 대한 매출·매입처별 세금계산서 합계표를 제출하지 않아도 되며, 5년간 세금계산서 보존의무가 면제된다.

2 전자세금계산서 발급 기간

전자세금계산서 의무발급 개인사업자가 전자세금계산서를 발급하여야 하는 기간은 사업장별 재화 및 용역의 공급가액 합계가 8천만원 이상인 해의 다음해 제2기 과세기간과 그 다음 해 제1기 과세기간으로 한다.

관할 세무서장은 개인사업자가 전자세금계산서 의무발급 개인사업자에 해당하는 경우에는 전자세금계산서를 발급하여야 하는 기간이 시작되기 1개월 전까지 그 사실을 해당 개인사업자에게 통지하여야 한다.

4 영수증

영수증이란 필요적 기재사항 중 공급받는 자와 부가가치세액을 따로 기재하지 않는 약식세금계산서를 말한다. 영수증에는 공급가액과 세액 등이 기재되지 않으므로 영수증을 발급받은 사업자는 자기의 매출세액에서 매입세액으로 공제받지 못한다.

1 영수증 발급 대상자

다음의 사업자는 세금계산서 발급의무가 면제된다.

소매업, 음식점업, 숙박업, 미용·욕탕 및 유사서비스업, 여객운송업, 입장권을 발행하여 영위하는 사업, 변호사업·변리사업·공인회계사업·세무사업·건축사업 등, 우체국택배, 성형 등 과세되는 의료용역을 공급하는 사업, 무도학원·자동차운전학원, 공인인증서를 발급하는 사업, 주로 사업자가 아닌 소비자에게 재화 또는 용역을 공급하는 사업(예를 들어 양복점업, 운수업, 주거용건물공급업, 주차장 운영업, 가사서비스업, 사회서비스업, 주거용 건물의 수리·보수·개량업 등) 등

2 영수증 발급 배제 : 영수증 대신 세금계산서 발급

단, 영수증 발급 대상 사업자 중 다음의 경우에는 공급받는 사업자가 사업자등록증을 제시하고 세금계산서의 발급을 요구하는 때에는 세금계산서를 발급해야 한다.

소매업, 음식점업, 숙박업, 전세버스 운송업, 우체국택배, 변호사업·변리사업·공인회계사업·세무사업·건축사업 등, 공인인증서를 발급하는 사업, 주로 사업자가 아닌 소비자에게 재화 또는 용역을 공급하는 사업(예를 들어 양복점업, 운수업, 주거용건물공급업, 주차장 운영업, 가사서비스업, 사회서비스업, 주거용 건물의 수리·보수·개량업 등) 등

대리납부

1. 일반적인 대리납부

다음 중 하나에 해당하는 자로부터 국내에서 용역 또는 권리를 공급(국내에 반입하는 것으로서 관세와 함께 부가가치세를 신고·납부하여야 하는 재화의 수입에 해당하지 아니하는 경우를 포함)받는 자(공급받은 그 용역 등을 과세사업에 제공하는 경우는 제외하되, 매입세액이 공제되지 아니하는 용역 등을 공급받는 경우는 포함)는 그 대가를 지급하는 때에 그 대가를 받은 자로부터 부가가치세를 징수하여야 한다.

㉠ 국내사업장이 없는 비거주자 또는 외국법인

㉡ 국내사업장이 있는 비거주자 또는 외국법인으로서 국내사업장과 관련 없이 용역 등을 공급하는 경우

2. 사업양수인의 대리납부

또한 사업의 포괄양도에 따라 그 사업을 양수받는 자는 그 대가를 지급하는 때에 그 대가를 받은 자로부터 부가가치세를 징수하여 그 대가를 지급하는 날이 속하는 달의 다음달 25일까지 사업장 관할 세무서장에게 납부할 수 있다. 또한 해당 대리납부세액은 공제받을 수 있는 매입세액이 된다.(사업의 양도에 해당하는지 여부가 분명하지 않은 경우를 포함)

📝 납부세액

납부세액이란 부가가치세 과세표준의 신고와 함께 국가에 납부해야 할 세액을 말한다. 우리나라에서는 자기가 공급한 재화·용역에 대한 매출세액에서 자기의 사업을 위하여 사용되었거나 사용될 재화·용역을 매입할 때 부담한 세액(매입세액)을 공제하여 납부세액을 계산한다.

매출세액에서 공제되는 매입액은 다음의 세액을 말한다.

1. 사업자가 자기의 사업을 위하여 사용하였거나 사용할 목적으로 공급받은 재화 또는 용역에 대한 부가가치세액(사업의 포괄양수시 대리납부한 부가가치세액을 포함한다)
2. 사업자가 자기의 사업을 위하여 사용하였거나 사용할 목적으로 수입하는 재화의 수입에 대한 부가가치세액

부가가치세는 기간별로 과세되므로 해당기간의 과세재화·용역의 공급에 대하여 매출세액을 납부하고, 동 기간에 이루어진 매입에 대한 매입세액을 공제 받는다. 이 경우 예정신고 때에 공제받지 못한 매입세액은 확정신고를 할 때 공제할 수 있다.(부가가치세 신고서상의 '예정신고누락분' 란에 반영함) 단, 매입세액 공제는 매입한 상품이 사용되는 시점에 공제되는 것이 아니라, 매입일(공급받은 날)이 속하는 과세기간에 이루어진다.

1　매입세액의 계산구조

매입세액	세금계산서 수취분	일반매입	(10)			
		수출기업 수입분 납부유예	(10-1)			
		고정자산 매입	(11)			
	예정 신고 누락분		(12)			
	매입자발행 세금계산서		(13)			
	그 밖의 공제매입세액		(14)			
	합계 (10)-(10-1)+(11)+(12)+(13)+(14)		(15)			
	공제받지 못할 매입세액		(16)			
	차감계 (15)-(16)		(17)		㉴	
납부(환급)세액 (매출세액㉮-매입세액㉴)					㉵	

2 매입세액 공제의 요건

매입세액이란 자기가 재화 또는 용역을 구입할 때, 혹은 수입할 때에 거래징수당한 부가가치세액을 말하는 것이다. 그러나 거래징수당했다는 것만으로 공제되는 것이 아니고 다음과 같이 매입처별세금계산서합계표 등을 제출해야 한다.

- 세금계산서의 적법한 수령 및 매입처별세금계산서합계표 제출
- 신용카드, 현금영수증 등 수령한 후 신용카드매출전표 등 수령명세서 제출

사업자가 일반과세자로부터 재화 또는 용역을 공급받고 부가가치세액이 별도로 구분가능한 (적법한) 신용카드 매출전표 등을 발급받은 때에는 매입세액공제를 받을 수 있다.

> **세금계산서 없이 매입세액공제가 가능한 것**
>
> ① 일반과세자가 발행한 신용카드매출전표 등을 수령한 경우
>
> ② 의제매입세액
>
> ③ 재활용폐자원 등 매입세액
>
> ④ 재고매입세액(간이과세자 ⇨ 일반과세자 전환시)

3 매입세액 불공제

세금계산서를 적법하게 발급받았다고 하더라도 다음의 매입세액은 매출세액에서 공제하지 않는다.

- 매입처별 세금계산서합계표의 미제출 및 부실, 허위기재한 경우의 매입세액
- 세금계산서의 미수취 및 부실, 허위기재한 경우의 매입세액
- 업무와 관련없는 지출에 대한 매입세액
- 개별소비세 과세 차량으로서 영업용이 아닌 것의 구입과 임차 및 유지에 대한 매입세액
- 기업업무추진비 관련 매입세액
- 면세사업 관련 매입세액
- 토지 관련 매입세액
- 사업자 등록을 하기 전의 매입세액
- ➡ 단, 공급시기가 속하는 과세기간이 지난 후 20일 이내에 등록 신청한 경우 등록 신청일부터 공급시기가 속하는 과세기간 기산일까지 역산한 기간 이내의 매입세액은 공제한다. (이 경우 아직 사업자등록번호가 없으므로 공급받는 자 란에 대표자의 주민등록번호를 기재하여야 함)

필요적 기재사항의 일부가 잘못 기재되었어도 매입세액 공제를 해 주는 경우

• 사업자등록을 신청한 사업자가 사업자등록증 발급일까지의 거래에 대하여 해당 사업자 또는 대표자의 주민등록번호를 적어 발급받은 경우

• 발급받은 세금계산서의 필요적 기재사항 중 일부가 착오로 사실과 다르게 적혔으나 그 세금계산서에 적힌 나머지 필요적 기재사항 또는 임의적 기재사항으로 보아 거래사실이 확인되는 경우

• 재화 또는 용역의 공급시기 이후에 발급받은 세금계산서로서 해당 공급시기가 속하는 과세기간에 발급받은 경우

• 적법하게 발급받은 전자세금계산서로서 공급자가 국세청장에게 전송되지 아니하였으나 발급한 사실이 확인되는 경우

• 전자세금계산서 외의 세금계산서로서 재화 또는 용역의 공급시기가 속하는 과세기간에 발급받았고, 그 거래사실도 확인되는 경우

• 실제로 재화 또는 용역을 공급하거나 공급받은 사업장이 아닌 사업장을 적은 세금계산서를 발급받았더라도 그 사업장이 주사업장총괄납부사업자 혹은 사업자단위 과세사업자에 해당하는 사업장인 경우로서 그 재화 또는 용역을 실제로 공급한 사업자가 납세지 관할 세무서장에게 해당 과세기간에 대한 납부세액을 신고하고 납부한 경우

• 면세 재화를 공급받으면서 세금계산서를 발급받고 공급한 사업자가 이를 해당 과세기간에 납세지 관할 세무서장에게 신고·납부한 경우, 그리고 이에 대해 수정세금계산서 및 수정전자세금계산서를 발급하지 않은 경우

토지 관련 매입세액

토지의 조성 등을 위한 자본적 지출에 관련된 다음의 매입세액은 공제하지 않음

① 토지의 취득 및 형질변경, 공장부지 및 택지의 조성 등에 관련된 매입세액

② 건축물이 있는 토지를 취득하여 그 건축물을 철거하고 토지만을 사용하는 경우에는 철거한 건축물의 취득 및 철거비용에 관련된 매입세액

③ 토지의 가치를 현실적으로 증가시켜 토지의 취득원가를 구성하는 비용에 관련된 매입세액

---

4 매입세액 공제의 시기

재화 또는 용역에 대한 매입세액의 공제시기는 해당 재화 또는 용역을 공급받은 거래시기가 속하는 예정신고기간 또는 과세기간의 매출세액에서 공제한다. 따라서 아직 미사용 상태이거나 거래상대방에게 대금을 지불하지 않았다고 하더라도 구입시기에 공제받는 것이다.

5 의제매입세액 공제

사업자가 면세로 공급받은 농산물·축산물·수산물 또는 임산물을 원재료로 하여 제조·가공한 재화 또는 창출한 용역의 공급이 과세되는 경우(면세를 포기하고 영세율이 적용되는 경우를 제외함)에는 공급받은 면세재화 매입가격에 의제매입세액 공제율을 곱하여 계산한 금액을 매입세액으로 공제할 수 있는 데 이를 의제매입세액공제라 한다.

1 의제매입세액 공제의 적용 요건

	구분	비고
①	일반과세자일 것	간이과세자는 어떠한 경우에도 의제매입세액공제 대상이 아님.
②	농산물 등을 면세로 공급받을 것	농·축·수·임산물 등을 구입하여 원재료로 사용할 것
③	과세재화·용역을 창출할 것	농산물 등을 원재료로 하여 과세되는 재화를 공급할 것
④	관련 증빙을 수취할 것	• 사업자로부터의 매입분은 계산서 혹은 신용카드영수증, 현금영수증 등을 받아서 보관하여야 함 • 단, 제조업의 경우 농어민으로부터의 직접 구입분은 영수증 수취분에 대해 의제매입세액공제 대상이 됨

의제매입세액 공제는 예정신고와 확정신고시에 모두 가능하다.

2 의제매입세액 공제율

의제매입세액은 면세농산물 등의 매입가액에 의제매입세액 공제율을 곱하여 구한다.

구분			공제율
음식점업	과세유흥장소의 경영자		2/102
	과세유흥장소 이외의 음식점업을 경영하는 자	법인사업자	6/106
		개인사업자(과세표준 2억원 초과, 일반과세자)	8/108
		개인사업자(과세표준 2억원 이하, 일반과세자)	9/109
		개인사업자(과세표준 4억원 이하, 간이과세자)	9/109
위 외의 업종	제조업(개인사업자 중 과자점, 도정업, 제분업, 떡방앗간)		6/106
	제조업(중소기업 및 위 이외 개인사업자)		4/104
	위 외의 경우		2/102

6 공통매입세액 안분 및 정산, 납부·환급세액 재계산

1 공통매입세액의 안분계산

과세사업과 면세사업을 겸영하는 경우 과세사업에서 발생한 매입세액에 한해서 매출세액에서 공제받을 수 있으며, 면세사업과 관련된 매입세액은 공제받지 못한다. 그러나 과세사업과 면세사업에 공통으로 사용되어 구분이 불가능한 매입세액의 경우에는 해당 과세기간의 총공급가액에서 해당 과세기간의 면세공급가액 비율에 따라 안분계산한다.

2 공통매입세액의 정산

사업자가 해당 과세기간의 공급가액이 없거나 그 어느 한 사업의 공급가액이 없어 예외적인 방법(공급가액비율 이외의 방법)에 의하여 공통매입세액을 안분계산한 경우에는 해당 재화의 취득으로 과세사업과 면세사업의 공급가액 또는 과세사업과 면세사업의 사용면적이 확정되는 과세기간에 대한 납부세액을 확정신고하는 때에 정산한다.

다만, 예정신고를 하는 때에는 예정신고기간에 있어서 총공급가액에 대한 면세공급가액의 비율 또는 총사용면적에 대한 면세사용면적의 비율에 의하여 안분계산하고, 확정신고하는 때에 정산한다.

📢 사례

공통매입세액의 안분 및 정산

구분	예정신고	확정신고	합계
과세공급가액	3억	4억	7억
면세공급가액	2억	1억	3억
공급가액합계	5억	5억	10억

예정신고기간의 공통매입세액 8,000,000원, 확정신고기간의 공통매입세액 10,000,000원

• 예정신고기간의 불공제 매입세액

$$8{,}000{,}000원 \times \frac{2억}{5억} = 3{,}200{,}000원$$

• 확정신고기간의 불공제매입세액

$$18{,}000{,}000원 \times \frac{3억}{10억} = 5{,}400{,}000원 - 3{,}200{,}000원(기불공제\ 매입세액) = 2{,}200{,}000원$$

---

3 납부세액·환급세액 재계산

과세사업과 면세사업에 공통적으로 사용되는 겸용재화는 공통매입세액의 안분계산규정에 의한 공급가액의 구성비에 따라 매입세액 공제액을 계산한다. 그러나 감가상각자산의 경우 해당 재화를 사용하는 기간 중에 면세비율이 계속 변하기 때문에 납부세액 또는 환급세액을 재계산하여 증가 또는 감소된 면세비율에 해당하는 금액을 납부세액에 가산 도는 공제하거나 환급세액에 가산 또는 공제하여 해당 과세기간의 확정신고와 함께 관할 세무서장에게 이를 신고납부하여야 하는데 이를 납부 또는 환급세액의 재계산이라 한다.

납부세액 또는 환급세액의 재계산은 다음의 세 가지 요건을 모두 갖춘 경우에만 적용된다.

• 감가상각자산의 경우
• 안분계산에 의하여 매입세액이 공제된 경우
• 면세비율이 취득한 과세기간 또는 직전 재계산한 과세기간보다 5% 이상 증가 또는 감소한 경우

납부 또는 환급세액의 재계산은 예정신고 때는 적용하지 않고 확정신고 때에만 적용한다.

📢 사례

납부환급세액의 재계산

기간	과세공급가액	면세공급가액	합계
20×1년 1기	4억원	1억원	5억원
20×1년 2기	3억원	3억원	6억원
20×2년 1기	2억원	3억원	5억원
20×2년 2기	1억원	4억원	5억원

20×1년 1기에 과세면세 공통사용할 화물차를 1억원(부가가치세 제외)에 구입

- 20×1년 1기에 불공제액 = $10,000,000원 \times \dfrac{1억원}{5억원}$ = 2,000,000원

- 20×1년 2기 추가 불공제액 = 10,000,000원×(1-25%×1)×(당기 50% - 당초 20%) = 2,250,000원
- 20×2년 1기 추가 불공제액 = 10,000,000원×(1-25%×2)×(당기 60% - 당초 50%) = 500,000원
- 20×2년 2기 추가 불공제액 = 10,000,000원×(1-25%×3)×(당기 80% - 당초 60%) = 500,000원

7 차감납부할 세액

차가감납부할 세액(환급받을 세액)은 매출세액에서 매입세액을 뺀 납부(환급)세액에서 각종 공제세액을 차감하고 가산세를 더하여 계산한다.

📝 차가감납부할 세액의 계산구조

	납 부 (환 급) 세 액 (매 출 세 액 ㉑ - 매 입 세 액 ㉣)			㉢	
경감 · 공제 세액	그 밖의 경감 · 공제세액	(18)			
	신용카드매출전표등 발행공제 등	(19)			
	합계	(20)		㉤	
소규모 개인사업자 부가가치세 감면세액		(20-1)		㉥	
예정 신고 미환급 세액		(21)		㉦	
예정 고지 세액		(22)		㉧	
사업양수자가 대리납부한 세액		(23)		㉨	
매입자 납부특례에 따라 납부한 세액		(24)		㉩	
신용카드업자가 대리납부한 세액		(25)		㉪	
가산세액 계		(26)		㉫	
차감 · 가감하여 납부할 세액(환급받을 세액)(㉢-㉤-㉥-㉦-㉧-㉨-㉩-㉪+㉫)		(27)			

1 경감·공제세액

(1) 신용카드매출전표 등 발행공제

㉠ 일반과세자 중 주로 사업자가 아닌 자에게 재화 또는 용역을 공급하는 사업으로서 영수증 발급 대상 사업자 (법인사업자와 직전 연도의 재화 또는 용역의 공급가액의 합계액이 10억원을 초과하는 개인사업자는 제외)와 ㉡ 영수증 발급 의무자인 간이과세자가 부가가치세가 과세되는 재화 또는 용역을 공급하고 법에 따른 세금계산서의 발급시기에 신용카드매출전표, 현금영수증을 발급하거나 전자적 결제 수단에 의하여 대금을 결제받는 경우에는 아래의 금액을 납부세액에서 공제한다. 이 경우 공제받는 금액이 해당 금액을 차감하기 전의 납부할 세액을 초과하는 경우에는 그 초과부분은 없는 것으로 본다.

㉠ 공제액 = 그 발급금액 또는 결제금액 × 1.3%
㉡ 공제한도 : 연간 1,000만원

(2) 전자신고에 대한 세액공제

납세자가 직접 전자신고방법에 의하여 부가가치세 확정신고를 하는 경우에는 해당 납부세액에서 10,000원을 공제하거나 환급세액에 가산한다.(예정신고시에는 적용하지 않음)

(3) 전자세금계산서 발급세액 공제

① (적용대상) ㉠ 또는 ㉡

㉠ 직전연도 공급가액 또는 사업장별 총수입금액 3억원 미만 개인사업자
㉡ 신규 사업자(개인)

② 공제금액

전자세금계사서 발급 및 전송 1건당 200원

③ 연간 한도 : 100만원

(4) 예정신고 미환급세액

일반적인 경우 예정신고기간의 환급세액은 환급되지 않고, 확정신고시 납부할 세액에서 공제세액으로 차감하게 된다. 단, 조기환급을 신청한 경우는 예정신고기간의 세액도 환급받을 수 있다.

(5) 예정고지세액

법인의 경우 예정신고를 반드시 해야 하지만, 개인은 일반과세자라 할지라도 예정신고를 하지 않고 고지납부한다. 이와 같이 납부한 예정고지 납부세액은 확정신고시 차감한다.

2 가산세

구분	내용	가산세율
미등록	사업자가 사업개시일로부터 20일 이내에 사업자등록을 신청하지 않은 경우	공급가액의 1% (간이과세자=0.5%)
명의위장 등록	타인의 명의로 사업자등록을 하거나 그 타인 명의의 사업자등록을 이용하여 사업을 하는 것으로 확인되는 경우	공급가액의 2% (간이과세자=1%)
세금계산서 미발급 등	① 재화 또는 용역을 공급하지 않고 세금계산서 및 신용카드매출전표 등을 발급한 경우 ② 재화 또는 용역을 공급받지 않고 세금계산서 및 신용카드 매출전표 등을 발급받은 경우 ③ 사업자가 아닌 자가 재화 또는 용역을 공급하지 아니하고 세금계산서를 발급하거나 재화 또는 용역을 공급받지 않고 세금계산서등을 발급받은 경우	공급가액의 3%
세금계산서 미발급 등	① 세금계산서를 발급하지 않은 경우 ② 재화 또는 용역을 공급하고 실제로 재화 또는 용역을 공급하는 자가 아닌 자 또는 실제로 재화 또는 용역을 공급받는 자가 아닌 자의 명의로 세금계산서 등을 발급한 경우 ③ 재화 또는 용역을 공급받고 실제로 재화 또는 용역을 공급하는 자가 아닌 자의 명의로 세금계산서 등을 발급받은 경우	공급가액의 2%
전자세금계산서 미발급	전자세금계산서를 발급하여야 하는 사업자가 전자세금계산서 외의 세금계산서를 세금계산서 발급시기에 발급한 경우	공급가액의 1%
세금계산서 부실기재	세금계산서의 발급시기를 경과하여 발급하거나 발급한 세금계산서의 필요적 기재사항이 착오·과실로 없거나 사실과 다른 경우	공급가액의 1%
매출처별 세금계산서합계표 불성실	① 매출처별 세금계산서합계표를 미제출한 경우 ② 기재사항 중 거래처별 등록번호 또는 공급가액이 사실과 다르게 기재된 경우	공급가액의 0.5%
매출처별 세금계산서합계표 지연제출	예정신고 때에 제출하여야 할 합계표를 확정신고와 함께 제출하는 경우	공급가액의 0.3%
전자세금계산서 발급명세 미전송	전자세금계산서를 발급한 사업자가 공급시기가 속한 과세기간의 확정신고기한까지 세금계산서 발급명세를 전송하지 아니한 경우	공급가액의 0.5%
전자세금계산서 발급명세 지연전송	전자세금계산서 발급명세 전송기한이 경과한 후 공급시기가 속하는 과세기간의 확정신고기한까지 세금계산서 발급명세를 전송하는 경우	공급가액의 0.3%
매입처별 세금계산서합계표 불성실	① 공급시기 이후에 발급받는 세금계산서로서 해당 공급시기가 속하는 과세기간의 확정신고기한 내에 발급받아 매입세액을 공제받는 경우 ② 예정신고 또는 확정신고시에 매입처별세금계산서합계표를 제출하지 아니하였으나 나중에 세금계산서를 제출하여 매입세액을 공제받는 경우 ③ 공급가액을 사실과 다르게 과다기재하여 신고한 경우	공급가액의 0.5%

구분	내용	가산세율
현금매출명세서 미제출가산세	예식장업, 부동산중개업, 산후조리업, 변호사업, 변리사업, 법무사업, 공인회계사업, 세무사업 등의 사업자가 현금매출명세서를 미제출 또는 금액이 틀린 경우	미체출 및 누락금액의 1%
부동산임대 공급가액 불성실 가산세	부동산임대업자가 부동산임대공급가액명세서를 미제출 또는 금액이 틀린 경우	미체출 및 누락금액의 1%
영세율과세표준 신고불성실	영세율적용 과세표준을 무신고·과소신고한 경우 (영세율첨부서류를 제출하지 않는 경우 포함)	무신고·과소신고한 영세율과세표준의 0.5%

1 예정신고와 확정신고

부가가치세의 과세기간은 일반과세자와 간이과세자가 각각 다른 과세기간 적용을 받는다. 간이과세자는 매년 1월 1일부터 12월 31일까지를 과세기간으로 한다. 그러나 일반과세자는 1년을 6개월 단위로 구분하여 제1기와 제2기로 나누고 있으며, 각 과세 기간의 전반부 3개월간을 예정신고기간으로 정하고 있다. 아래에서는 일반과세자의 과세기간을 중심으로 살펴보기로 한다.

법인사업자는 각 예정신고기간과 확정신고기간 종료일로부터 25일 이내에 부가가치세를 신고·납부해야 한다. 즉, 1기 예정신고기간인 1월부터 3월까지의 거래내역은 4월 25일까지 신고납부하며(=1기 예정신고), 1기 확정신고기간인 1월부터 6월까지의 거래내역 중 예정신고 때에 이미 신고된 거래내역(1월~3월)을 제외한 나머지 부분(4월~6월)을 7월 25일까지 신고·납부한다(=1기 확정신고). 단, 직전 과세기간 공급가액의 합계액이 1억 5천만원 미만인 법인사업자는 예정신고를 하지 않고 개인사업자와 동일하게 예정고지에 의한 납부를 하여야 한다.

그러나, 일반과세자인 개인사업자는 예정신고기간에 대해 예정신고를 하지 않고 예정고지를 받아 납부하기만 하면 된다. 따라서 개인사업자는 별도로 예정신고를 하지 않고 1월에서 6월까지의 기간을 대상으로 7월 25일까지 1기 확정신고를 하고 7월에서 12월까지의 기간에 대해 다음해 1월에 2기 확정신고를 하면 된다.(예정고지 금액은 직전 과세기간의 납부세액의 50퍼센트(1천원 미만의 단수는 버림)로 하며 예정고지 금액이 50만원 미만이면 고지를 생략한다.)

과세기간		신고·납부기한
제1기(1. 1~6. 30)	예정신고기간 : 1월 ~ 3월	4.25
	과세기간 최종 3개월 : 4월 ~ 6월	7.25
제2기(7. 1~12. 31)	예정신고기간 : 7월 ~ 9월	10.25
	과세기간 최종 3개월 : 10월 ~ 12월	다음연도 1.25

부가가치세의 신고·납부 기한은 예정·확정신고기간 종료후 25일이다.

2 환급

부가가치세는 거래징수한 매출세액에서 거래징수당한 매입세액을 공제하여 납부세액을 계산한다. 이 경우에 매입세액이 매출세액을 초과하게 되면 환급세액이 발생되는데, 이러한 환급세액은 각 과세기간별로 환급하는 것이 원칙이다. 그러나 일정한 경우에는 예외적으로 신속하게 환급을 받을 수 있는 제도가 있는데, 이를 일반적인 경우(일반환급)와 구분하여 조기환급이라 한다.(환급은 일반과세자에 대해 적용되는 규정이며, 간이과세자는 환급이 되지 않는다.)

1 일반환급

일반환급의 경우에는 과세기간별로 그 확정신고기한이 지난 후 30일 이내에 사업자에게 환급한다. 예정신고시 발생하는 환급세액은 확정신고시 납부세액에서 차감하고, 이를 차감한 후에는 환급세액이 발생하는 경우에 한하여 확정신고기한 경과 후 30일 내에 환급하게 된다.

2 조기환급의 대상 ★

(1) 다음에 해당하는 자들이 조기환급 신청을 한 경우에는 조기환급을 받을 수 있다.

- 영세율 적용대상자
- 사업설비(감가상각자산에 한함)를 신축·취득·확장 또는 증축한 자
- 재무구조개선계획을 이행중인 자

(2) 조기환급의 단위

조기환급은 매월, 매 2월 또는 예정신고기간 및 확정신고기간에 대해 조기환급이 가능하다.

(3) 조기환급의 신고기한 및 환급기간

조기환급의 신고기한은 조기환급기간 종료일로부터 25일 이내이며, 조기환급의 환급기한은 신고기한 경과 후 15일 이내이다.

> **참고**
> - 부가가치세 예정고지시 1,000원 미만은 절사
> - 폐업시 부가가치세 확정신고·납부기한 : '폐업일이 속하는 달의 말일로부터 25일 이내'

10 간이과세자

1 간이과세자의 범위

직전 연도의 재화와 용역의 공급대가(부가가치세 포함)가 1억 4백만원(부동산임대업과 과세유흥장소는 4천 8백만원에 미달하는 개인사업자는 간이과세 적용을 받을 수 있다. 단, 일반과세 사업장을 보유하고 있는 경우 혹은 부동산매매업 등 세법에서 정하는 간이과세 배제 업종에 해당되는 경우에는 간이과세자로 적용받을 수 없다.

직전 과세기간에 신규로 사업을 시작한 개인사업자에 대하여는 그 사업개시일부터 그 과세기간 종료일까지의 공급대가를 합한 금액을 12개월로 환산한 금액을 기준으로 하여 간이과세자인지 여부를 판단한다. 또한 법인회사는 간이과세 적용이 불가능하다.

> **참고 ◎ 간이과세 배제업종**
> - 광업, 제조업
> - 제조업, 다만 최종소비자에게 직접 재화를 공급하는 과자점, 도정업, 제분업, 양복점, 양장점, 양화점은 간이과세 적용 가능
> - 도매업(소매업을 겸영하는 경우에도 간이과세 배제함)
> - 부동산매매업
> - 변호사업, 변리사업, 법무사업, 공인회계사업, 세무사업, 의사업, 한의사업, 약사업, 수의사업 등
> - 전자세금계산서 의무발급 개인사업자가 경영하는 사업
> - 둘 이상의 사업장이 있는 사업자가 영위하는 사업으로서 그 둘 이상의 사업장의 공급대가 합계액이 1억 4백만원 이상인 경우 등

2 간이과세자의 특징

간이과세자는 일반과세자와 동일하게 세금계산서를 발급하는 것이 원칙이다. 단, 간이과세자라고 하더라도 영세율 규정과 미등록가산세 규정 등은 적용받고 있다. 간이과세자의 해당 과세기간의 공급대가가 4,800만원 미만인 경우에는 납부의무를 면제한다. 일반과세자는 환급세액이 있을 수 있는 반면 간이과세자는 환급세액이 발생하지 않는다.

3 예정부과와 납부

(1) 예정부과기간에 대한 고지

간이과세자에 대하여 직전 과세기간에 대한 납부세액의 50퍼센트(1천원 미만의 단수는 버림)에 해당하는 금액을 1월 1일부터 6월 30일(예정부과기간)까지의 납부세액으로 결정하여 예정부과기간이 끝난 후 25일 이내(예정부과 기한)까지 징수한다. 다만, 징수하여야 할 금액이 50만원 미만이거나 일반과세자에서 과세기간 개시일 현재 간이 과세자로 변경된 경우에는 이를 징수하지 아니한다.

(2) 예정부과기간에 대한 신고

예정부과기간 중 세금계산서를 발급한 경우에는 반드시 예정부과기간에 대한 신고를 7월 1일에서 7월 25일 사이에 해야 한다. 또한 간이과세자 중 휴업 또는 사업 부진으로 인해 예정부과기간의 공급대가의 합계액 또는 납부세액이 직전 과세기간의 공급대가 합계액 또는 납부세액의 3분의 1에 미달하는 자는 스스로 예정부과기간의 과세표준과 납부세액을 예정부과기한까지 사업장 관할세무서장에게 신고하는 것이 가능하다. 이러한 신고를 할 때에는 매입처별세금계산서합계표를 신고서와 함께 제출하여야 한다.

> **간이과세자의 의제매입세액공제**
>
> 간이과세자는 업종에 관계없이 의제매입세액 공제를 받지 못한다.

4 과세유형 전환(일반과세→간이과세, 간이과세→일반과세)시 과세기간

직전 1년의 공급대가가 간이과세 기준 금액에 미달되거나 초과하여 일반과세자가 간이과세자가 되거나, 간이과세자가 일반과세자가 되는 경우 간이과세에 관한 규정이 적용되는 기간은 다음과 같다.

- **일반과세자가 간이과세자로 변경되는 경우** : 그 변경 이후 7월 1일부터 12월 31일까지
- **간이과세자가 일반과세자로 변경되는 경우** : 그 변경 이전 1월 1일부터 6월 30일까지

또한 간이과세자가 간이과세를 포기함으로써 일반과세자로 되는 경우 다음의 기간을 각각 하나의 과세기간으로 한다. 이 경우 ㉠의 기간은 간이과세자의 과세기간으로, ㉡의 기간은 일반과세자의 과세기간으로 한다.

㉠ 간이과세의 적용 포기의 신고일이 속하는 과세기간의 개시일부터 그 신고일이 속하는 달의 마지막 날까지의 기간
㉡ 간이과세 포기 신고일이 속하는 달의 다음 달 1일부터 그 날이 속하는 과세기간의 종료일까지의 기간

신규로 사업을 개시한 사업자의 경우 간이과세자에 관한 규정이 적용되거나 적용되지 아니하게 되는 기간은 최초로 사업을 개시한 해의 다음 해의 7월 1일부터 그 다음 해의 6월 30일까지로 한다.

5 간이과세의 포기

간이과세자가 간이과세자에 관한 규정의 적용을 포기하고 일반과세자에 관한 규정을 적용받으려는 경우에는 납세지 관할 세무서장에게 간이과세 포기신고를 하여야 한다. 단, 간이과세 포기를 한 경우에는 일반과세자에 관한 규정을 적용받으려는 달의 1일(신규사업 개시자의 경우에는 사업개시일이 속하는 달의 1일)부터 3년이 되는 날이 속하는 과세기간까지는 간이과세자에 관한 규정을 적용받지 못한다. 단, 간이과세 포기 신고 당시 영수증 발급 의무자였던 경우에는 3년이 지나기 전이라도 간이과세 적용 신청이 가능하다.

이론 IV
소득세

04 CHAPTER
소득세

1 소득세의 기본개념

소득세는 개인을 납세의무자로 하여 일정기간 동안 벌어들인 소득을 과세대상으로 하여 부과하는 직접세이고 국세이다. 소득세의 특징을 살펴보면 다음과 같다.

1 소득세의 특징

(1) 개인단위 과세제도

개인별로 과세하며, 세대별 혹은 부부별로 합산하지 않는다. 다만, 조세회피 목적의 공동사업에 대해서는 세대단위로 합산과세 한다.

(2) 과세소득의 규정

<원칙> 열거주의 과세방식(세법에 구체적으로 열거된 것만 과세하는 방법)
<예외> 이자소득과 배당소득에 대해서는 유형별 포괄주의 적용
소득세 과세소득의 산정은 소득원천설을 근간으로 하여 열거주의 방식을 채택하고 있으며, 구체적으로 8가지의 소득을 열거하고 있다. 한편 이자소득과 배당소득에 대해서는 유형별 포괄주의 과세방식을 도입하여 운용하고 있다. 유형별 포괄주의란 법에 이미 열거된 소득과 유사한 소득이면 과세를 하는 방식을 말한다.

(3) 세율구조 : 초과누진세율 적용

소득세법은 <u>8단계 초과 누진세율(6%, 15%, 24%, 35%, 38%, 40%, 42%, 45%)</u>을 적용하는 것이 원칙이다. 소득이 증가하면 세금이 누진적으로 증가하도록 하기 위해 누진세율을 적용한다. 따라서 소득세법은 '<u>응능부담의 원칙</u>'을 따르는 것이다.

(4) 과세방법 : 종합과세와 분리과세, 분류과세

소득세 과세 방법의 종류 : 종합과세, 분리과세, 분류과세

(1) 종합과세

종합과세란 소득의 종류에 관계없이 과세기간별로 모든 소득을 합산하여 과세하는 것을 말한다. 이자소득·배당소득·사업소득·근로소득·연금소득 및 기타소득은 종합과세하는 것이 원칙이다. 즉 이자소득 등 6가지의 종합과세대상 소득을 모두 합산하여 종합소득금액을 구하고, 이를 기초로 종합소득세를 계산한다.

(2) 분리과세 = 원천징수 분리과세 + 신고납부 분리과세

① 원천징수 분리과세

원천징수 분리과세란 다른 소득과 합산하지 않고 소득을 지급할 때 소득을 지급하는 자가 소득세를 원천징수함으로써 과세를 종결하는 것을 말한다. 일반적으로 분리과세라 하면, '원천징수 분리과세'를 의미한다.

② 신고납부 분리과세

사업소득 중 분리과세 주택임대소득 등의 경우 종합소득 확정신고는 하되, 세금 계산시 초과누진세율을 적용하지 않고 단일세율(14%)을 적용할 수 있으며 이를 신고납부 분리과세라 한다.

(3) 분류과세

퇴직소득과 양도소득은 종합소득세에 합산하지 않고 소득별로 분류하여 과세한다.

퇴직소득과 양도소득은 장기간에 걸쳐 형성된 소득이 퇴직시점 또는 양도시점에 일시에 실현된다는 특징이 있다. 퇴직소득과 양도소득을 소득이 실현되는 시점에 다른 소득과 합산하여 과세하면 높은 세율이 적용되어 소득이 매년 실현되는 경우에 비해 조세부담이 증가하는 **결집효과**가 발생한다. 이러한 **결집효과를 완화**하기 위하여 퇴직소득과 양도소득은 종합과세하지 않고 소득별로 분류하여 각각 소득금액을 계산하고, 이를 기초로 퇴직소득세와 양도소득세를 각각 계산한다.

---

(5) 원천징수 제도 운용

원천징수란 소득을 지급하는 자가 <u>소득을 지급할 때</u> 세법에 따라 소득자로부터 일정한 세금을 징수하여 <u>다음달 10일까지</u> 국가에 납부하는 제도를 말한다.

(6) 인적사정 고려 : 인적공제 제도, 인세

개인의 부양가족 사정 등에 따라 세금을 부담할 수 있는 능력이 달라지므로 소득세는 부양가족 등의 인적사정을 고려하기 위해 종합소득공제 등을 적용하도록 하고 있으며, 따라서 소득세는 '<u>인세</u>'의 성격을 지닌다. (부가가치세는 '물세'임)

(7) 신고납세 제도

개인은 종합소득, 퇴직소득, 양도소득에 대한 소득세를 다음연도 5월에 확정신고하는 것이 원칙이다. 신고납세 제도는 법정신고기한 내에 과세표준신고서를 제출하여 세금 신고를 하면 그대로 세금이 확정되는 특징이 있다.

소득세법상 과세대상이 아닌 미열거소득

소득세법은 열거주의를 채택하고 있으므로 세법에 열거되지 않은 소득은 과세되지 않는다. 아래의 것들은 소득세법에 열거되지 않아 개인이 아래의 소득을 얻었을 경우에는 소득세를 내지 않는 것의 사례이다.

① 채권(국공채·회사채)의 매매차익. 단, 채권 또는 증권의 환매조건부매매차익과 채권의 보유기간 이자상당액은 이자소득으로 과세

② 주권상장법인주식의 매매차익

　단, 주권상장법인주식 중 '대주주 양도분'과 '장외거래주식'은 양도소득세 과세

③ 농업소득 중 곡물 및 기타식량재배업

④ 연구개발업에서 발생한 소득

　단, 수수료 또는 계약에 의하여 연구 및 개발용역을 제공하고 그 대가를 받는 사업은 사업소득으로 과세

2 소득의 구분

거주자의 소득은 종합소득·퇴직소득 및 양도소득으로 구분한다.

1 종합소득 : 종합소득은 **이자소득·배당소득·사업소득·근로소득·연금소득 및 기타소득을 합산한 것을 말한다.**(비과세 및 분리과세 대상 제외)

2 퇴직소득 : 퇴직소득은 퇴직으로 발생하는 소득과 국민연금법 또는 공무원연금법 등에 따라 지급받는 일시금을 말한다.

3 양도소득 : 양도소득은 부동산 등 일정한 자산의 양도로 발생하는 소득을 말한다.

※ 소득의 구분 ※

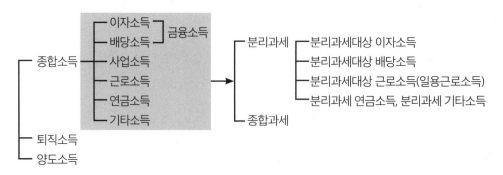

3   소득세의 과세기간과 확정신고기한

법인은 사업연도를 선택할 수 있으나, 개인은 과세기간을 선택할 수 없고 아래의 기간을 과세기간으로 하여야 한다. 개인이 사업을 개시하거나 폐업한 경우에도 1월 1일부터 12월 31일까지를 과세기간으로 한다.

구 분	과세기간	확정신고 기한
원 칙	1.1.~12.31.	다음연도 5.31.
거주자가 사망한 경우	1.1.~사망일	상속개시일이 속하는 달의 말일로부터 6개월이 되는 날
거주자가 비거주자가 되는 경우 (국외로 주소·거소 이전)	1.1.~출국일	출국일 전일

※참고 : 성실신고확인서 제출대상인 사업소득자는 다음연도 5월 1일부터 6월 30일까지 종합소득 확정신고를 해야한다.

4   소득세의 납세의무자

소득세의 납세의무자인 개인은 거주자와 비거주자로 구분된다. 거주자란 '국내에 주소'를 두거나 '183일 이상 거소를 둔' 개인을 말하며, 거주자가 아닌 자를 비거주자라 한다. 거주자는 국내원천소득 뿐 아니라 국외원천소득도 합산하여 과세하므로 무제한 납세의무자라고 하며, 비거주자는 국내원천소득에 대해서만 과세하므로 제한납세의무자라고 한다.

구 분	거주자	비거주자
정 의	국내에 주소를 두거나 183일 이상 거소를 둔 개인	거주자가 아닌 경우
과세소득의 범위	국내 원천소득 + 국외 원천소득	국내 원천소득

※참고 : 거소란 거소는 주소지 외의 장소 중 상당기간에 걸쳐 거주하는 장소로서 주소와 같이 밀접한 일반적 생활관계가 형성되지 아니한 장소임

1   거주자와 비거주자의 의제

(1) 일반적인 경우

일반적인 경우 거주자 또는 비거주자로 보는 경우는 다음과 같다.

거주자로 보는 경우	비거주자로 보는 경우
• 계속하여 183일 이상 국내에 거주할 것을 통상 필요로 하는 직업을 가진 때 • 국내에 생계를 같이하는 가족이 있고, 그 직업 및 자산상태에 비추어 계속하여 183일 이상 국내에 거주할 것으로 인정되는 때	• 국외에 거주 또는 근무하는 자가 외국 국적을 가졌거나 외국법령에 의하여 그 외국의 영주권을 얻은 자로서 국내에 생계를 같이하는 가족이 없고 그 직업 및 자산상태에 비추어 다시 입국하여 주로 국내에 거주하리라고 인정되지 아니하는 때에는 국내에 주소가 없는 것으로 본다.

(2) 외국항행 선박 또는 항공기의 승무원

외국을 항행하는 선박 또는 항공기의 승무원의 경우 그 승무원과 생계를 같이하는 가족이 거주하는 장소 또는 그 승무원이 근무기간 외의 기간 중 통상 체재하는 장소가 국내에 있는 때에는 당해 승무원의 주소는 국내에 있는 것으로 보고, 그 장소가 국외에 있는 때에는 당해 승무원의 주소가 국외에 있는 것으로 본다.

(3) 국외근무 공무원 및 해외 현지법인 등의 임직원 등에 대한 거주자 판정

㉠ 국외근무 공무원 및 ㉡ '거주자나 내국법인의 국외사업장 또는 해외현지법인(내국법인이 발행주식총수 또는 출자지분의 100분의 100을 직접 또는 간접 출자한 경우에 한정한다) 등에 파견된 임직원'은 거주자로 본다.

거주자 또는 비거주자가 되는 시기

비거주자가 거주자가 되는 시기	거주자가 비거주자가 되는 시기
1. 국내에 주소를 둔 날 2. 국내에 주소를 가지거나 국내에 주소를 가진 것으로 보는 사유가 발생한 날 3. 국내에 거소를 둔 기간이 183일이 되는 날	1. 거주자가 주소 또는 거소의 국외이전을 위하여 출국하는 날의 다음 날 2. 국내에 주소가 없는 것으로 보는 사유가 발생한 날의 다음 날

2 소득세법상 납세의무가 있는 '법인 아닌 단체'

법인이 아닌 사단·재단·그밖의 단체(이하 "법인 아닌 단체"라 함)는 국세기본법에 의해 법인으로 의제되는 경우에는 법인세의 납세의무를 지며, 그렇지 않은 경우에는 소득세법상 납세의무를 진다.

법인으로 보는 단체 외의 단체를 1거주자 등으로 보는 경우, '국내에 주사무소 또는 사업의 실질적 관리장소를 둔 경우에는 거주자'로 보고 그 밖의 경우에는 비거주자로 보아 소득세를 과세한다.

구분	소득세법상 취급
구성원간 이익의 분배방법이나 분배비율이 정해져 있거나 사실상 이익이 분배되는 것으로 확인되는 경우	해당 구성원이 공동으로 사업을 영위하는 것으로 보아 구성원별로 과세(구성원이 납세 의무를 지고, 단체는 소득세 납세의무 없음)
구성원간 이익의 분배방법이나 분배비율이 정해져 있지 않거나 확인되지 않는 경우	해당 단체를 1거주자 또는 1비거주자로 보아 과세 (구성원은 납세의무를 지지 않고, 단체가 소득세 납세의무를 짐)

소득세 납세의무의 범위

① 공동사업에 관한 소득금액을 계산하는 경우에는 해당 공동사업자별로 납세의무를 진다. 다만 주된 공동사업자에게 합산과세되는 경우 그 합산과세되는 소득금액에 대해서는 주된 공동사업자의 특수관계인은 손익분배비율에 해당하는 그의 소득금액을 한도로 주된 공동사업자와 연대하여 납세의무를 진다.

② 피상속인의 소득금액에 대해서 과세하는 경우에는 그 상속인이 납세의무를 진다.

③ 소득세법 규정에 따라 원천징수되는 소득으로서 분리과세 대상 또는 다른 법률에 따라 종합소득과세표준에 합산되지 아니하는 소득이 있는 자는 그 원천징수되는 소득세에 대해서 납세의무를 진다.

④ 신탁재산에 귀속되는 소득은 그 신탁의 수익자(수익자가 특별히 정해지지 아니하거나 존재하지 아니하는 경우에는 신탁의 위탁자 또는 그 상속인)에게 귀속되는 것으로 본다.(위탁자가 신탁재산을 통제하는 경우에는 위탁자가 납세의무자)

⑤ 공동으로 소유한 자산에 대한 양도소득금액을 계산하는 경우에는 해당 자산을 공동으로 소유하는 각 거주자가 납세의무를 진다.

5 소득세의 납세지

납세지란 납세자가 신고·신청·납부 등을 하는 관할세무서를 결정하는 기준이 된다. 소득세법상 납세지는 다음과 같다.

1 일반적인 소득세의 납세지

(1) 원칙적인 경우

구분	납세지
거주자	주소지 ⇨ 주소지가 없는 경우에는 거소지
비거주자	국내사업장의 소재지 ⇨ 국내사업장이 없는 경우에는 국내원천소득이 발생하는 장소

(2) 상속 등의 경우

구분	납세지
상속인	'피상속인·상속인·납세관리인'의 주소지나 거소지 중 신고하는 장소
비거주자의 납세관리인	'국내사업장의 소재지', '납세관리인의 주소지나 거소지' 중 신고하는 장소
국외 근무 공무원, 내국법인의 해외파견 임직원	그 가족의 생활근거지 또는 소속기관의 소재지

(3) 납세지의 지정

국세청장 또는 관할 지방국세청장은 사업소득이 있는 거주자가 사업장 소재지를 납세지로 신청한 때에는 납세지를 따로 지정할 수 있다. 이 경우 납세지 지정신청을 하려는 자는 해당 과세기간의 10월 1일부터 12월 31일까지 납세지지정신청서를 사업장관할세무서장에게 제출하여야 한다.

(4) 납세지 변경신고

납세지가 변경된 때에는 그 변경된 날부터 15일 이내에 납세지변경신고서를 변경 후의 납세지 관할세무서장에게 신고하여야 한다. 다만, 부가가치세법에 따라 사업자등록정정을 한 경우에는 납세지의 변경신고를 한 것으로 본다.

6 종합소득세의 계산구조

1 종합소득금액의 계산구조

종합소득금액이란 먼저 종합과세 대상 이자소득, 배당소득, 사업소득, 근로소득, 연금소득, 기타소득에 대해 각각의 소득금액을 구한 후 이를 다 더한 것을 말한다.

(1) 종합과세 대상 소득의 종류별 소득금액 구하기

이자소득, 배당소득, 사업소득, 근로소득, 연금소득, 기타소득의 6가지 소득에 대해 소득금액을 구하기 위해서는 총수입금액에서 각종 필요경비를 빼서 소득금액을 구한다. 여기서 총수입금액이란 벌어들인 소득 총액을 말하고, 필요경비란 총수입금액을 얻기 위해 쓴 비용을 말한다. 소득의 종류별 소득금액을 계산할 때에는 다음의 사항을 유의해야 한다.

- **총수입금액의 계산** : 총수입금액은 비과세소득과 분리과세소득을 제외한 금액으로 계산한다.

- **필요경비의 공제** : 개별 소득금액은 총수입금액에서 실제 필요경비를 공제한 금액으로 계산함을 원칙으로 하나 일부 소득에 대해서는 실제 필요경비를 인정하지 않는다. 근로소득과 연금소득에 대해서는 실제 경비 대신 근로소득공제 및 연금소득공제를 공제하며, 금융소득(이자·배당소득)에 대해서는 필요경비를 인정하지 않는다.

- **배당소득금액 계산시 배당가산액(Gross-up금액)의 가산** : 배당소득 총수입금액에 배당가산액(10%, Gross-up금액 또는 귀속법인세액이라고도 함)을 가산하여 배당소득금액을 계산한 후, 종합소득산출세액에서 배당가산액을 세액공제한다.

(2) 종합소득금액

각각의 이자소득금액, 배당소득금액, 사업소득금액, 근로소득금액, 연금소득금액, 기타소득금액을 구해서 모두 더하면 종합소득금액이 된다. 만약 근로소득만 있는 근로자의 경우라면 근로소득금액 자체가 종합소득금액이 되는 것이고 근로소득 외의 다른 소득도 있는 근로자라면 근로소득금액에 다른 소득금액을 합한 금액이 종합소득금액이 된다.

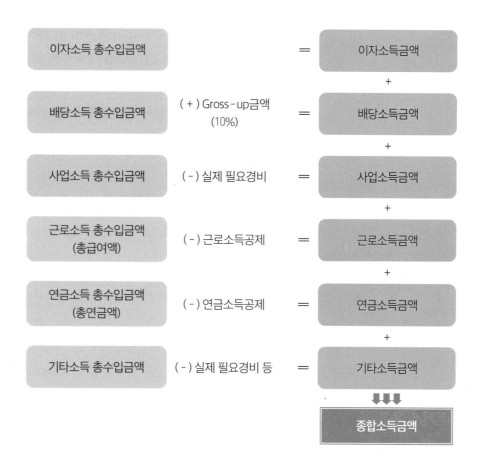

(3) 종합소득 과세표준

종합소득금액에서 종합소득공제를 빼고 나면 종합소득 과세표준이 된다. 종합소득공제는 각각의 사람의 인적사정에 대한 배려와 여러 가지 정책적인 목적에서 빼 주는 금액이다.

> 종합소득 과세표준 = 종합소득금액 - 종합소득공제

(4) 종합소득 산출세액(종합소득세 세율 : 8단계 초과누진세율)

위에서 구한 종합소득 과세표준에 아래의 세율을 곱하면 산출세액을 구할 수 있다. 이는 소득에 대해 내야 할 세금 총액을 말한다.

> 종합소득 산출세액 = 종합소득 과세표준 × 기본세율

과세표준	기본세율
1,400만원 이하	과세표준의 6%
1,400만원 초과 5,000만원 이하	84만원 + 1,400만원을 초과하는 금액의 15%
5,000만원 초과 8,800만원 이하	624만원 + 5,000만원을 초과하는 금액의 24%
8,800만원 초과 1억5천만원 이하	1,536만원 + 8,800만원을 초과하는 금액의 35%
1억 5천만원 초과 3억원 이하	3,706만원 + 1억 5천만원을 초과하는 금액의 38%
3억원 초과 5억원 이하	9,406만원 + 3억원 초과액의 40%
5억원 초과 10억원 이하	1억 7,406만원 + 5억원 초과액의 42%
10억원 초과	3억 8,406만원 + 10억원을 초과하는 금액의 45%

(5) 종합소득 결정세액

산출세액에서 세액공제와 세액감면을 빼면 비로소 최종적으로 납부해야 할 세금이 결정되는데 이것을 결정세액이라고 한다.

(6) 납부할 세액

결정세액에서 이미 납부한 세액을 빼면 실제 내야 할 세금을 구할 수 있는데 이를 납부할 세액이라고 한다.

7 원천징수 제도

1 원천징수의 의의 및 종류

원천징수란 소득의 지급자가 특정 소득(=세법에서 규정하고 있는 원천징수 대상소득)을 지급하는 때에 소정의 세율(=원천징수세율)을 적용하여 계산한 세액을 지급하는 해당 소득에서 직접 징수하여 과세당국에 납부하는 제도를 말한다.

원천징수는 완납적 원천징수와 예납적 원천징수로 구분된다. 원천징수 후 추가로 종합소득 확정신고를 하지 않고 원천징수로서 납세의무가 종결되는 것을 완납적 원천징수라고 한다. 이 외의 것은 원천징수를 하더라도 추후에 종합소득세 확정신고를 통해 원천징수된 세금을 정산해야 하는데 이는 단순히 세금을 미리 걷어놓은 개념에 지나지 않으므로 이를 예납적 원천징수라고 한다.

2 소득세법상 원천징수 대상 소득의 사례

- 근로소득과 퇴직소득

- 예금, 채권 등에 대한 이자소득

- 배당소득

- 상금, 원고료 등 일시적 성질의 기타소득

- 보험모집인, 연예인 등 인적용역자의 자유직업소득 등

3 원천징수세액의 납부

원천징수의무자는 원천징수한 세금을 다음달 10일까지 관할세무서에 납부해야 한다. 단, 세무서장의 승인을 받은 경우에는 6개월마다 반기별 납부도 가능하다. "반기별납부"란 상시고용인원이 20인 이하인 소규모의 업체 또는 종교인소득을 지급하는 자가 매년 1월부터 6월까지의 소득지급분에 대해서는 7월 10일까지, 7월부터 12월까지의 지급분에 대해서는 다음해 1월 10일까지 납부하는 제도를 말한다.

구분	원천징수일	원천징수세액의 납부기한
반기별 납부 사업자	소득 지급일	징수일이 1월 1일에서 6월 30일인 경우 ⇒ 7월 10일
		징수일이 7월 1일에서 12월 31일인 경우 ⇒ 다음연도 1월 10일
위 이외의 자	소득 지급일	징수일이 속하는 달의 다음달 10일(매월 납부)

2 | 종합소득세 과세대상 소득의 종류

종합소득세 과세대상 소득은 이자소득, 배당소득, 사업소득, 근로소득, 연금소득, 기타소득이다. (비과세 및 분리과세 소득 제외)

1 금융소득(= 이자소득 + 배당소득)

1 이자소득

이자소득은 해당 과세기간에 발생한 다음의 소득을 말한다. 이자소득에 대해서는 유형별 포괄주의를 채택하고 있으므로 법에 구체적으로 열거되어 있지 않은 경우에도 법에 열거된 소득과 유사한 소득으로서 금전의 사용대가의 성격이 있는 것은 이자소득에 포함한다.

구분	이자소득의 범위
① 예금의 이자	국내·국외에서 받는 예금(적금·부금·예탁금)의 이자 및 상호저축은행법의 신용부금으로 인한 이익
② 채권·증권의 이자와 할인액	㉠ 국가·지방자치단체·내국법인·외국법인의 국내 지점 또는 국내 영업소·외국법인이 발행한 채권 또는 증권의 이자와 할인액 ㉡ 채권 등 중도매매시 채권 등의 보유기간 이자상당액 포함
③ 채권·증권의 환매조건부 매매차익	금융기관이 환매기간에 따른 사전약정이율을 적용하여 환매수 또는 환매도하는 조건으로 매매하는 채권 또는 증권의 매매차익
④ 저축성 보험의 보험차익	㉠ 저축성 보험의 보험차익은 이자소득으로 과세함 ㉡ 단, 계약기간 10년 이상인 저축성 보험 중 법정요건을 충족한 것은 이자소득으로 보지 않으므로 소득세를 과세하지 않음)
⑤ 직장공제회 초과반환금	㉠ 근로자가 퇴직이나 탈퇴로 인하여 그 규약에 따라 직장공제회로부터 받는 반환금에서 납입공제료를 차감한 금액 ㉡ 직장공제회 초과반환금을 분할하여 지급받는 경우 발생한 이자('반환금 추가이익')도 이자소득으로 과세한다.
⑥ 비영업대금의 이익	사업성 없이 금전을 대여하고 지급받았거나 지급받기로 한 이자와 할인액 상당액(사업성이 있는 경우 사업소득임)
⑦ 위의 소득과 유사한 소득 (유형별 포괄주의)	위의 소득과 유사한 소득으로서 금전 사용에 따른 대가로서의 성격이 있는 것 (예 : 상업어음 할인액 등)
⑧ 파생금융상품의 이자	위의 이자소득을 발생시키는 거래 또는 행위와 파생상품이 결합된 경우 해당 파생상품의 거래 또는 행위로부터의 이익

저축성 보험의 보험차익 중 이자소득으로 과세하지 않는 것

① 일반 저축성 보험계약 : 계약자 1명당 납입보험료 합계액이 1억원 이하인 저축성 보험으로서 보험유지기간이 10년 이상일 것

② 월적립식 저축성보험계약 : 보험유지기간이 10년 이상이고, 최초납입일로부터 납입기간이 5년 이상, 계약자 1명당 매월 납입하는 보험료가 150만원 이하인 월적립식 계약일 것

③ 종신형 연금보험계약 : 계약자가 보험료 납입 계약기간 만료 후 만 55세 이후부터 사망시까지 보험금을 연금으로 지급받는 계약일 것

[1] 이자소득에서 제외되는 소득

㉠ 사업활동과 관련하여 발생하는 소득

사업활동과 관련하여 발생하는 소득은 사업소득으로 본다. 물품을 판매하고 대금의 결제방법에 따라 추가로 지급받는 금액과 장기할부조건으로 판매함으로써 현금거래 등에 비해 추가로 지급받는 금액은 사업소득 총수입금액에 포함하며, 매입에누리·매입할인액 등은 매입가액에서 차감한다.

한편 계약 등에 의하여 확정된 대가의 지급기일을 연장해 주고 추가로 지급받는 금액(연체이자)은 소비대차로 전환되었는지의 여부에 따라 이자소득 또는 사업소득 및 기타소득으로 본다.

구분	소득의 구분
소비대차로 전환된 경우	이자소득(비영업대금의 이익)으로 본다.
소비대차로 전환되지 않은 경우	㉠ 사업관련 채권(매출채권 등) : 사업소득 ㉡ 사업과 관련이 없는 채권(미수금 등) : 기타소득

㉡ 손해배상금의 법정이자

계약의 위약 또는 해약을 원인으로 지급받는 손해배상금과 그에 대한 법정이자는 기타소득으로 보며, 그 외의 원인에 의하여 지급받는 손해배상금과 그에 대한 법정이자에 대해서는 소득세를 과세하지 않는다.

구분	소득의 구분
계약의 위약 또는 해약을 원인으로 하는 경우	손해배상금과 법정이자를 기타소득으로 본다.
그 외의 원인에 의한 경우	손해배상금과 법정이자에 대하여 과세하지 않는다.

이론Ⅳ 소득세

(2) 이자소득금액의 계산

이자소득에 대해서는 필요경비가 인정되지 않으므로 이자소득 총수입금액이 이자소득금액이 된다. 이 경우 총수입금액에는 비과세소득 및 분리과세소득을 포함하지 않는다.

(3) 이자소득의 수입시기

㉠ 원칙 : 약정에 의한 이자지급일(권리의무 확정주의)

구분	이자소득의 수입시기
채권·증권의 이자와 할인액	㉠ 기명채권 : 약정에 따른 이자지급일 ㉡ 무기명채권 : 그 지급 받은 날 ㉢ 채권 등의 보유기간 이자상당액 : 채권 등의 매도일 또는 이자지급일
채권·증권의 환매조건부 매매 차익	약정에 의한 해당 채권 또는 증권의 환매수일 또는 환매도일 ⇨ 기일 전에 환매수 또는 환매도하는 경우 : 환매수일 또는 환매도일
직장공제회의 초과반환금	약정에 의한 공제회 반환금의 지급일
비영업대금의 이익	㉠ 원칙 : 약정에 의한 이자지급일 ㉡ 이자지급일의 약정이 없거나, 약정에 따른 이자지급일 전에 이자를 받는 경우 　또는 채무자의 파산 등의 사유로 회수할 수 없게 되어 총수입금액에서 　제외하였던 이자를 받는 경우 : 이자지급일
열기된 소득과 유사한 소득으로 금전의 사용에 따른 대가의 성격이 있는 것	약정에 의한 상환일 ⇨ 기일 전에 상환하는 경우 : 그 상환일

㉡ 예외 : 실제로 이자를 지급받는 날(금융기관으로부터 지급받는 이자)

구분	이자소득의 수입시기
보통예금·정기예금·적금 또는 부금의 이자	㉠ 원칙 : 실제로 이자를 받는 날 ㉡ 원본에 전입하는 뜻의 특약이 있는 이자 : 원본전입일 ㉢ 해약으로 인하여 지급되는 이자 : 해약일 ㉣ 계약기간을 연장하는 경우 : 연장하는 날
정기예금연결 정기적금의 경우 정기예금의 이자	정기예금 또는 정기적금을 해약하거나 정기적금의 저축기간이 끝나는 날
통지예금의 이자	인출일
저축성보험의 보험차익	보험금 또는 환급금의 지급일 ⇨ 기일 전에 해지하는 경우 : 해지일

㉢ 기타 : 이자소득이 발생하는 상속재산의 수입시기

이자소득이 발생하는 상속재산이 상속되거나 증여되는 경우에는 그 '상속개시일' 또는 '증여일'을 수입시기로 한다.

2 배당소득

배당이란 회사가 영업활동에서 얻은 이익을 주주 또는 출자자에게 분배하는 것을 말하며, 주주 또는 출자자가 이익을 분배받음으로써 얻은 소득을 배당소득이라고 한다.

배당소득은 해당 과세기간에 발생한 다음의 소득을 말한다. 배당소득에 대해서는 유형별 포괄주의를 채택하고 있으므로 법에 구체적으로 열거되어 있지 않은 경우에도 법에 열거된 소득과 유사한 소득으로서 수익배분의 성격이 있는 것은 배당소득에 포함한다.

구분	배당소득의 범위
① 실질배당	내국법인·외국법인·법인으로 보는 단체로부터 받는 이익이나 잉여금의 배당 또는 분배금
② 의제배당	⊙ 감자·퇴사·탈퇴·해산·합병·분할로 인한 의제배당 ⓒ 잉여금의 자본전입으로 인한 무상주 의제배당
③ 인정배당	법인세법에 따라 배당으로 처분된 금액
④ 집합투자기구로부터의 이익	국내 또는 국외에서 받는 집합투자기구(투자신탁, 투자유한회사, 투자합자회사, 투자조합, 투자익명조합)로부터의 이익
⑤ 파생결합증권 등 이익	파생결합증권, 파생결합사채로부터 얻은 이익
⑥ 간주배당	국제조세조정에 관한 법률(특정외국법인의 유보소득의 배당간주)에 따라 배당받은 것으로 간주된 금액
⑦ 출자공동사업자의 수익분배금	공동사업에서 발생한 소득금액 중 출자공동사업자의 손익분배비율에 해당하는 금액
⑧ 기타 유사한 소득(유형별 포괄주의)	위의 소득과 유사한 소득으로써 수익배분의 성격이 있는 것
⑨ 파생금융상품의 배당	①~⑦까지의 소득을 발생시키는 거래 또는 행위와 파생상품이 결합된 경우 해당 파생상품의 거래 또는 행위로부터의 이익

[1] 배당소득금액의 계산

배당소득에 대해서는 필요경비가 인정되지 않으므로 배당소득 총수입금액이 배당소득금액이 된다. 이 경우 총수입금액에는 비과세소득 및 분리과세소득을 포함하지 않는다. 다만, 개인주주의 배당소득에 대한 이중과세를 조정하기 위하여 배당소득 총수입금액에 배당가산액(Gross-up금액)을 가산한다. 배당가산액(gross-up금액)은 배당소득 총수입금액에 배당가산율(10%)을 곱한 금액으로 한다.

> 배당소득금액 = 배당소득 총수입금액(비과세·분리과세소득 제외) + 배당가산액

(2) 배당소득의 수입시기

구분	내용	수입시기
실지배당	무기명주식의 배당	실제지급일
	기명주식의 배당	잉여금처분결의일
	건설이자 배당	배당결의일
인정배당	법인세법에 의해 배당으로 소득처분받은 금액	해당법인의 결산확정일
의제배당	잉여금 자본전입으로 인한 의제배당	자본전입 결의일
	법인분할로 인한 의제배당	분할등기일
	법인의 합병으로 인한 의제배당	합병등기일
	법인의 해산으로 인한 의제배당	잔여재산가액 확정일
집합투자기구로부터의 이익		집합투자기구로부터의 이익을 지급받은 날 단, 원본전입 특약 있는 경우 원본전입일
파생결합증권 또는 파생결합사채의 이익		그 지급을 받은 날 단, 원본전입 특약 있는 경우 원본전입일
기타 수익분배의 성격이 있는 배당 또는 분배금		그 지급을 받은 날
출자공동사업자의 배당소득		과세기간 종료일
유형별 포괄주의, 파생금융상품의 배당		실제 지급일

이자소득과 배당소득의 원천징수세율

개인(법인 제외)이 지급받는 이자소득과 배당소득에 대해서는 그 지급액에 대해 다음의 원천징수세율을 곱한 금액을 원천징수해야 한다.

구분	소득의 종류	소득세 원천징수세율
실명이자	비영업대금 이익	25%
	위 이외 이자소득(원칙)	14%
실명배당	출자공동사업자의 배당소득	25%
	기타 배당소득	14%
비실명 거래에 대한 금융소득	금융기관과의 거래	90%
	금융기관 이외의 거래	45%

3 금융소득 과세방법

구분	종류
무조건 분리과세 대상 금융소득	• 비실명 금융소득(45%) • 직장공제회 초과반환금(기본세율) • 법원에 납부한 보증금 및 경락대금에서 발생하는 이자소득(14%) • 개인으로 보는 법인아닌 단체에 귀속되는 금융소득(14%)
조건부 종합과세 금융소득	• 대상 금융소득이 2천만원 이하인 경우 : 분리과세 • 대상 금융소득이 2천만원 초과인 경우 : 종합과세
무조건 종합과세 대상 금융소득	• 외국에서 수령한(원천징수 되지 않은) 금융소득 • 배당소득 중 출자공동사업자의 손익분배금

2 연금소득

1 연금소득의 범위

연금소득은 해당 과세기간에 발생한 다음의 소득으로 한다.

① 공적연금 : 공적연금 관련법에 따라 받는 각종 연금
② 연금계좌(연금저축계좌와 퇴직연금계좌)에서 연금수령한 연금

다음에 해당하는 금액을 연금계좌("연금저축계좌" 또는 "퇴직연금계좌")에서 대통령령으로 정하는 연금형태 등으로 인출을 하는 경우 이를 '연금수령'이라고 하며 이는 연금소득으로 과세된다.

• 퇴직소득 과세이연분 : 퇴직시 퇴직소득세가 원천징수되지 아니한 퇴직소득
• 개인연금(연금저축) : 연금계좌세액공제를 받은 연금계좌 납입액
• 연금계좌의 운용실적에 따라 증가된 금액

참고

연금계좌에서 연금수령 외의 형태로 인출하는 것을 '연금외수령'이라고 한다.

2 공적연금의 과세 체계

연금소득으로 과세되는 공적연금소득은 2002년 1월 1일 이후에 납입된 연금 기여금 및 사용자 부담금(국가 또는 지방자치단체의 부담금을 포함)을 기초로 하거나 2002년 1월 1일 이후 근로의 제공을 기초로 하여 받는 연금소득으로 한다.

구분		2001년 이전 불입분	2002년 이후 불입분
가입자가 연금보험료를 납입할 때		소득공제 불인정	전액 소득공제 인정
가입자가 나중에 연금액을 수령할 때	연금 형태로 수령	과세 제외	연금소득으로 과세
	일시금 형태로 수령	과세 제외	퇴직소득으로 과세

3 퇴직연금과 연금저축의 과세 체계

퇴직연금과 연금저축 불입액에 대해 연금을 수령할 때 이는 연금소득으로 하여 과세된다. 그러나 일시금 등 연금외수령의 경우에는 그 불입액의 원천에 따라 퇴직소득과 기타소득으로 구분하여 과세한다.

요컨대, 과세이연된 사적연금(퇴직연금과 연금저축 불입액 등)에 대해 연금을 수령할 때 이는 연금소득으로 하여 과세된다. 그러나 일시금 등 연금외 수령의 경우에는 그 불입액의 원천에 따라 퇴직소득과 기타소득으로 구분하여 과세한다.

(1) 연금수령 요건

연금수령이란 연금계좌에서 다음의 요건을 모두 갖추어 연금형태로 인출하는 것을 말한다.

① 가입자가 55세 이후 연금수령개시를 신청한 후 인출할 것

② 연금계좌의 가입일로부터 5년이 경과된 후에 인출할 것. 단, 이연퇴직소득이 연금계좌에 있는 경우에는 그러하지 아니하다.

③ 과세기간 개시일(연금수령 개시를 신청한 날이 속하는 과세기간에는 연금수령 개시를 신청한 날) 현재 "연금수령한도" 이내에서 인출할 것.

(2) 연금계좌의 인출순서

연금계좌에서 일부 금액이 인출되는 경우에는 다음의 금액이 순서대로 인출된 것으로 본다.

① 과세제외금액(과세이연에 해당하지 않는 금액) ➡ ② 이연퇴직소득 ➡ ③ 그 밖에 연금계좌에 있는 금액

4 비과세 연금소득

① 국민연금법에 따라 받는 유족연금 및 장애연금

② 공무원연금법·군인연금법·사립학교교직원연금법 또는 별정우체국법에 따라 받는 유족연금·장해연금 또는 상이연금

③ 산업재해보상보험법에 따라 받는 각종 연금

④ 국군포로 대우 등에 관한 법률에 따른 국군포로가 받는 연금

⑤ 국민연금과 직역연금(공무원연금 등)의 연계에 관한 법률에 따라 받는 연계노령유족연금 및 연계퇴직유족연금

5 연금소득금액의 계산구조

연금소득금액은 해당 과세기간의 총연금액(분리과세 및 비과세 연금소득을 제외한 금액)에서 연금소득공제를 차감한 금액으로 한다. 총연금은 공적연금과 사적연금으로 구성되며, 무조건 분리과세 대상을 제외한 사적연금소득이 1,500만원 이하인 경우에는 해당 사적연금소득은 분리과세를 선택할 수 있다.(공적연금은 분리과세 선택 불가능)

• 연금소득공제

연금소득공제는 다음의 금액으로 하되, 공제액이 900만원을 초과하는 경우에는 900만원을 한도로 한다.

총연금액	연금소득공제액
350만원 이하	총 연금액
350만원 초과 700만원 이하	350만원 + (총연금액 − 350만원) × 40%
700만원 초과 1,400만원 이하	490만원 + (총연금액 − 700만원) × 20%
1,400만원 초과 4,100만원 이하	630만원 + (총연금액 − 1,400만원) × 10%
4,100만원 초과	900만원(한도액)

6 연금소득의 수입시기

연금소득의 수입시기는 다음과 같다.

구분	수입시기
공적연금소득	공적연금 관련법에 따라 연금을 지급받기로 한 날
연금계좌에서 연금수령한 연금소득	연금수령한 날
그 밖의 연금소득	해당 연금을 지급받은 날

7 연금소득의 과세방법

구분	원천징수	과세방법
공적연금	연금소득 간이세액표에 의하여 원천징수함 (간이세액표는 기본세율 적용한 것임)	다음해 1월분 연금소득을 지급하는 때에 연말정산함 (타 종합과세 소득이 있는 경우 연말정산을 했어도 5월에 종합소득세 확정신고를 해야 함)
사적연금	연금 지급액의 5%를 원천징수함 <예외적인 원천징수세율> • 70세 이상 80세 미만 수령시 : 4% • 80세 이상 수령시 : 3% • 종신연금 연금수령 : 4% • 과세이연 퇴직소득의 연금수령 : 연금외수령 가정시 원천징수세율의 100분의 70 적용(10년 이후 수령분은 100분의 60)	종합과세를 원칙으로 하되 일정한 경우 분리과세를 선택하거나 무조건 분리과세 적용을 하는 제도를 두고 있다.

분리과세 연금소득의 범위

사적연금소득(사적연금계좌에서 연금수령한 경우) 중 다음에 해당하는 연금소득은 분리과세 연금소득으로 한다.
이 중 ①, ②의 경우 무조건 분리과세 대상이며, ③의 경우 분리과세를 선택할 수 있다.

<무조건 분리과세>

① 퇴직연금계좌에서 퇴직소득을 연금수령하는 연금소득

② 개인연금계좌에서 의료목적, 천재지변이나 그 밖에 부득이한 사유 등 대통령령으로 정하는 요건을 갖추어 인출하는 연금소득

<분리과세 선택 가능>

③ ①, ② 외의 사적연금소득의 합계액이 연 1천500만원 이하인 경우 그 연금소득

3 기타소득

1 기타소득의 범위

기타소득은 이자소득, 배당소득, 사업소득, 근로소득, 연금소득, 퇴직소득, 양도소득 이외의 소득으로서 소득세법에 열거된 것을 말한다. 기타소득은 일반적으로 일시적·우발적으로 발생한 소득이라는 특징을 가지고 있다.

2 기타소득의 필요경비

기타소득은 그 경비를 기록 또는 추정하기 어려운 점이 있기 때문에 세법에서는 일부 기타소득에 대해서는 추정한 경비를 인정해 주고, 일부에 대해서는 실제 발생한 경비를 필요경비로 인정한다.

(1) 추정 필요경비가 인정되는 기타소득

추정필요경비란 실제 발생 필요경비와 다음의 필요경비 중 큰 금액을 필요경비로 인정하는 것을 말한다.

추정 필요경비를 인정하는 기타소득의 범위		추정경비
• 주택입주지체상금		80%
• 공익법인이 주무관청의 승인을 얻어 시상하는 상금 및 부상 및 다수가 순위 경쟁하는 대회에서 입상자가 받는 상금 및 부상		
• 공익사업과 관련하여 지역권·지상권을 설정하거나 대여 하고 받는 금품		60%
• 다음에 해당하는 인적용역을 일시적으로 제공하고 받는 대가(＝면세 인적 용역) ㉠ 고용관계가 없이 다수인에게 강연을 하고 받은 강연료 등 대가를 받는 용역 ㉡ 라디오·텔레비젼 방송 등을 통하여 해설·계몽 또는 연기의 심사 등을 하고 받는 보수 또는 이와 유사한 성질의 대가를 받는 용역 ㉢ 변호사·공인회계사·세무사 그 밖에 전문적 지식 또는 기능을 활용하여 보수 또는 기타 대가를 받고 제공하는 용역 ㉣ 대학이 자체 연구관리비 규정에 따라 대학에서 연구비를 관리하는 경우에 교수가 제공하는 연구용역 ㉤ 기타의 용역으로서 고용관계 없이 수당 또는 이와 유사한 성질의 대가를 받고 제공하는 용역		
• 문예창작소득		
• 광업권, 어업권 산업재산권, 산업정보, 산업상 비밀, 상표권, 영업권(사업용 고정자산과 함께 양도하는 영업권 제외), 토사석의 채취 허가에 관한 권리,지하수개발·이용권 그밖에 이와 유사한 자산이나 권리를 양도하거나 대여하고 그 대가로 받는 금품		
• 서화·골동품의 양도로 인한 소득	보유기간 10년 미만인 서화·골동품의 양도로서 1억원 초과분	80%
	보유기간 10년 이상인 서화·골동품의 양도소득과 보유기간 10년 미만인 서화·골동품의 양도소득으로서 1억원 이하분	90%

[2] **종교인소득의 추정필요경비**

종교관련 종사자가 종교의식을 집행하는 등 종교관련 종사자로서의 활동과 관련하여 대통령령으로 정하는 종교단체로부터 받은 소득(이하 "종교인소득"이라 한다)은 기타소득으로 과세한다. 종교인소득에 대해서는 종교관련 종사자가 해당 과세기간에 받은 금액(비과세소득을 제외) 중 다음 표에 따른 금액을 필요경비로 한다. 다만, 실제 소요된 필요경비가 다음 표에 따른 금액을 초과하면 그 초과하는 금액도 필요경비에 산입한다.

종교관련 종사자가 받은 금액	필요경비
2천만원 이하	받은 금액의 80%
2천만원 초과 4천만원 이하	1,600만원 + 2천만원 초과 금액의 50%
4천만원 초과 6천만원 이하	2,600만원 + 4천만원 초과 금액의 30%
6천만원 초과	3,200만원 + 6천만원 초과 금액의 20%

[3] **실제 발생한 필요경비를 공제하는 기타소득**

- 복권·경품권 그 밖의 추첨권에 당첨되어 받는 금품
- 승마투표권·승자투표권·소싸움경기투표권 및 체육진흥투표권의 구매자가 받는 환급금
- 슬롯머신 및 투전기 등을 이용하는 행위에 참가하여 받는 당첨금품·배당금품 등
- 저작자 또는 실연자·음반제작자·방송사업자 이외의 자가 저작권 또는 저작인접권의 양도 또는 사용의 대가로 받는 금품[주]
- 영화필름, 라디오·텔레비전방송용 테이프 또는 필름 기타 이와 유사한 것으로서 대통령령으로 정하는 것의 양도·대여 또는 사용의 대가로 받는 금품
- 물품(유가증권 포함)또는 장소를 일시적으로 대여하고 사용료로서 받는 금품
- 유실물 습득·매장물의 발견으로 인한 보상금 등
- 소유자가 없는 물건의 점유로 소유권을 취득하는 자산
- 특수관계인으로부터 받는 경제적 이익으로서 급여·배당·증여로 보지 아니하는 금품
- 재산권에 대한 알선수수료·사례금
- 「법인세법」에 의하여 처분된 기타소득
- 연금계좌에서 연금 외 수령한 소득 및 연금계좌의 운용수익
- 퇴직전에 부여받은 주식매수선택권을 퇴직후에 행사하거나 고용관계 없이 주식매수선택권을 부여받아 이를 행사함으로써 얻는 이익
- 뇌물·알선수재 및 배임수재에 의하여 받는 금품
- 종업원등 또는 대학의 교직원이 퇴직한 후에 지급받는 직무발명보상금

[주]저작권 사용료는 저작자 등에게 귀속되면 사업소득(문예·학술·미술·음악·사진에 속하는 창작품에 대한 저작자인 경우에는 기타소득)으로 과세하고, 저작자 등 이외의 자에게 귀속되면 기타소득으로 과세한다.

3 비과세 기타소득

① 국가유공자 등 예우 및 지원에 관한 법률에 따라 받는 보훈급여금 및 학습보조비, 북한이탈주민의 보호 및 정착지원에 관한 법률에 따라 받는 정착금·보로금과 그밖의 금품

② 국가안보법에 따라 받는 상금과 보로금

③ 상훈법에 따른 훈장과 관련하여 받는 부상이나 그 밖에 법령으로 정하는 상금과 부상

④ 종업원 등 또는 대학의 교직원이 퇴직한 후에 지급받는 직무발명보상금으로서 700만원 이하의 금액(해당 과세기간에 근로소득에서 비과세된 금액이 있는 경우 700만원에서 해당 금액을 차감한 금액을 비과세함)

⑤ 국가지정문화재로 지정된 서화·골동품의 양도로 발생하는 소득

⑥ 서화·골동품을 박물관 또는 미술관에 양도함으로써 발생하는 소득

⑦ 국군포로의 송환 및 대우 등에 관한 법률에 따라 국군포로가 받는 정착금 그 밖의 금품

⑧ 종교관련 종사자가 소속 종교단체의 규약 또는 소속 종교단체의 의결기구의 의결·승인 등을 통하여 결정된 지급 기준에 따라 종교 활동을 위하여 통상적으로 사용할 목적으로 지급받은 금액 및 물품 등

4 기타소득금액의 계산구조

기타소득금액은 총수입금액에서 필요경비를 공제하여 계산한다.

5 기타소득에 대한 과세방법

(1) 원천징수

기타소득금액에 대한 원천징수 세액은 다음과 같다. (무조건 종합과세 대상에 해당하는 뇌물 등과 계약금이 위약금으로 대체되는 손해배상금은 원천징수 제외)

> 원천징수세액 = 기타소득금액×20%(또는 15%, 30%[주])

[주]원천징수세율은 20%를 원칙으로 하되, 무조건 분리과세대상인 복권당첨금은 당첨금이 3억원 초과시 초과분은 30%의 원천징수세율을 적용한다. 또한, 연금계좌에서 수령한 연금외수령 기타소득은 15% 세율로 원천징수한다. 복권 당첨금은 무조건 분리과세한다.

(2) 과세방법

기타소득은 종합과세를 원칙으로 하나 복권당첨소득 등은 무조건 분리과세하고, 뇌물 등은 무조건 종합과세하며, 연간 300만원 이하의 기타소득금액에 대하여는 종합과세 대신 분리과세를 선택할 수 있다.

구분		과세방법
무조건 종합과세		뇌물·알선수재·배임수재에 의하여 받는 금품
분리과세	무조건 분리과세 [20%(15%,30%)]	• 서화·골동품 양도로 발생하는 소득에 따른 기타소득금액 • 복권당첨소득(당첨금 3억원 초과분은 30% 원천징수세율 적용) • 승마투표권·승자투표권·소싸움경기투표권·체육진흥투표권의 환급금 • 슬롯머신 등의 당첨금품 등 • 연금계좌에서 연금외수령한 기타소득(15% 원천징수세율 적용)
	선택적 분리과세	• 뇌물·알선수재 및 배임수재에 따라 받는 금품과 무조건 분리과세 대상을 제외한 기타소득금액이 300만원 이하인 경우 분리과세를 선택할 수 있음 • 단, 계약의 위약·해약으로 인하여 받는 위약금·배상금 중 계약금이 위약금·배상금으로 대체되는 경우 그 금액은 원천징수 대상이 아니므로 분리과세를 선택한 경우 종합소득세 신고를 하되, 종합소득 과세표준에 합산하지 않고 20% 세율로 별도로 세액 계산 가능

6 기타소득의 과세최저한

다음 중 어느 하나에 해당되는 기타소득에 대하여 소득세를 과세하지 않는다.

구분	과세최저한
① 일반적인 경우 (연금계좌에서 수령한 기타소득 제외)	기타소득금액이 매 건별로 5만원 이하인 경우
② 승마투표권·승자투표권·소싸움경기투표권 ·체육진흥투표권의 경우	건별로 승마투표권, 승자투표권, 소싸움경기투표권, 체육진흥투표권의 권면에 표시된 금액의 합계액이 10만원 이하이고 다음 중 어느 하나에 해당하는 경우 • 적중한 개별투표당 환급금이 10만원 이하인 경우 • 단위투표금액당 환급금이 단위투표금액의 100배 이하이면서 적중한 개별투표당 환급금이 200만원 이하인 경우
③ 슬롯머신 등을 이용하는 행위에 참가하여 받는 당첨금품 및 복권당첨금	매 건별로 당첨금품 200만원 이하인 경우

1 근로소득의 의의

1 근로소득의 범위

근로소득이란 고용계약 또는 이와 유사한 계약에 의하여 일정한 고용주에게 고용되어 근로를 제공하고 받는 아래의 모든 대가를 말한다.

① 근로를 제공함으로써 받는 봉급·급료·보수·세비·임금·상여·수당과 이와 유사한 성질의 급여

② 법인의 주주총회·사원총회 또는 이에 준하는 의결기관의 결의에 따라 상여로 받는 소득

③ 법인세법에 따라 상여로 처분된 금액

④ 법인세법에 따라 손금불산입된 임원퇴직금 한도초과액 및 퇴직할 때 지급받는 소득으로서 퇴직소득에 속하지 않는 소득

⑤ 종업원 또는 대학의 교직원이 지급받는 직무발명보상금(퇴직한 후에 지급받는 직무발명보상금과 비과세에 해당하는 금액 제외)

> **일반근로소득(= 상용근로소득)과 일용근로소득**
>
> 근로소득은 일반근로소득과 일용근로소득으로 구분할 수 있다.
>
> 일용근로자란 근로를 제공한 날 또는 시간에 따라 근로대가를 계산하거나 근로를 제공한 날 또는 시간의 근로성과에 따라 급여를 계산하여 받는 사람으로서 근로계약에 따라 동일한 고용주에게 3개월(건설근로자는 1년) 이상 계속하여 고용되어 있지 아니한 사람을 말한다.일용근로자 이외의 자를 일반근로자라 한다. 일용근로자가 받는 일당을 일용근로소득이라고 하고, 일반근로자가 받는 급여 등을 일반근로소득이라고 한다. 일반근로소득은 종합과세대상이나, 일용근로소득은 분리과세대상이다. 따라서 근로소득 중 일반근로소득에 대해서는 매년 2월에 연말정산을 통해 종합과세한다.

2 비과세 근로소득

(1) 실비변상적 성질의 급여

① 일직료·숙직료로서 실비변상 정도의 금액

② **자기차량 운전보조금** : 종업원의 소유차량(또는 임차차량)을 종업원이 직접 운전하여 사용자의 업무수행에 이용하고 시내출장 등에 소요된 실제여비를 받는 대신에 그 소요경비를 해당 사업체의 규칙 등에 의하여 정하여진 지급기준에 따라 받는 금액(자가운전보조금) 중 월 20만원 이내의 금액(배우자와 공동명의 차량은 임직원 소유 차량으로 보아 비과세 적용 가능)

③ 유아교육법, 초·중등교육법 및 고등교육법에 따른 학교의 교원 및 일정한 연구기관의 연구원(중소·벤처기업 연구개발전담 부서의 연구전담요원 포함) 등이 받는 연구보조비 또는 연구활동비 중 월 20만원 이내의 금액

④ 방송기자 및 신문기자 등이 취재활동과 관련하여 받는 취재수당 중 월 20만원 이내의 금액

⑤ 선원이 받는 월 20만원 이내의 승선수당

⑥ 벽지에 근무함으로 인하여 받는 월 20만원 이내의 벽지수당

⑦ 천재지변 그밖의 재해로 인하여 받는 급여

⑧ 특수분야에 종사하는 군인이 받는 각종 위험수당 등

⑨ 광산근로자가 받는 입갱수당 및 발파수당

⑩ 법령 등에 따라 지방으로 이전하는 기관 종사자 등에게 지급되는 이주수당으로서 월 20만원 이내의 금액

(2) 복지후생적인 성격의 급여

① **근로자 본인의 업무관련 학자금** : 근로자 본인이 지급받는 학교와 직업능력개발훈련시설의 입학금·수업료· 수강료 기타 공납금 중 다음의 요건을 갖춘 학자금은 해당 과세기간에 납입한 금액을 한도로 비과세한다.

- 해당 근로자가 종사하는 사업체의 업무와 관련 있는 교육·훈련을 위하여 받는 것일 것
- 해당 근로자가 종사하는 사업체의 규칙 등에 의하여 정하여진 지급기준에 따라 받는 것일 것
- 교육·훈련기간이 6개월 이상인 경우 교육·훈련 후 해당 교육기간을 초과하여 근무하지 아니하는 때에는 지급받은 금액을 반납할 것을 조건으로 하여 받는 것일 것

② 국민건강보험, 고용보험, 국민연금 등 사용자 부담금

③ 월정액 급여가 210만원 이하이고 직전 과세기간의 총급여액이 3천만원 이하인 생산직 근로자가 연장근로· 야간근로 또는 휴일근로를 하여 받는 급여(연 240만원 한도 내에서 비과세)

📄 연장 · 야간 · 휴일근로수당 비과세 요건

(적용 대상)
- 직전 과세기간 총급여가 3천만원 이하로서 월정액급여 210만원 이하인 자
- 생산직 및 관련직 종사자, 일용근로자 포함
  *공장·광산 근로자, 어선원, 운전원 및 관련 종사자 등
  ➡비과세 한도 : 연 240만원 이하(광산 및 일용근로자는 한도 없음)

④ 근로자가 '사내급식 또는 이와 유사한 방법으로 제공받는 식사 기타 음식물'과 '식사 기타 음식물을 제공받지 않는 근로자가 받는 월 20만원 이하의 식사대'

⑤ 출산수당 및 보육수당

• **출산수당** : 임직원 출산 후 2년 이내에 일시금 또는 2회 분할하여 지급하는 출산수당은 전액 비과세

• **보육수당** : 과세기간 개시일(1월 1일) 현재 만 6세 이하인 자녀에 대한 보육수당은 월 20만원을 한도로 비과세

[3] 국외근로소득

구분	비과세 금액
① 국외 또는 북한지역에서 근로를 제공(국외 등을 항행하는 항공기에서 근로를 제공하는 것을 포함)하고 받는 보수	월 100만원 이내의 금액
② 원양어업 선원, 국외 등을 항행하는 선박 또는 국외 등의 건설현장 등에서 근로를 제공하고 받는 보수(해외건설현장에서 근로를 제공하는 감리업무 수행자에 대해서도 비과세 적용)	월 500만원 이내의 금액
③ 공무원·대한무역투자진흥공사·한국관광공사·한국국제협력단의 종사자가 국외 등에서 근무하고 받는 수당	해당 근로자가 국내에서 근무할 경우에 지급받을 금액 상당액을 초과하여 받는 금액

[4] 기타 비과세 근로소득

① 복무 중인 병이 받는 급여

② 법률에 따라 동원된 사람이 그 동원 직장에서 받는 급여

③ 산업재해보상보험법에 따라 수급권자가 받는 요양급여·휴업급여 등

④ 근로기준법 또는 선원법에 따라 근로자·선원 및 그 유족이 받는 요양보상금·휴업보상금·장애보상금·유족보상금 등

⑤ 고용보험법에 따라 받는 실업급여·육아휴직급여·산전후휴가급여·제대군인지원에 관한 법률에 따른 전직지원금 등

⑥ 육아기 근로시간 단축 급여액

⑦ 공무원연금법 등에 따라 받는 요양비·요양일시금 등

⑧ 외국정부(외국의 지방자치단체와 연방국가 외국의 지방정부를 포함)또는 국제연합과 그 소속기구에 근무하는 사람으로서 대한민국 국민이 아닌 사람이 공무수행의 대로 받는 급여(다만, 그 외국정부가 그 나라에서 근무하는 우리나라 공무원의 급여에 대하여 소득세를 과세하지 아니하는 경우에만 비과세함)

⑨ 교육기본법에 따라 받는 장학금 중 대학생이 근로를 대가로 지급받는 장학금

⑩ 「발명진흥법」에 따른 직무발명보상금과 대학의 교직원이 소속 대학에 설치된 산학협력단으로부터 받는 보상금(단, 연간 700만원 한도로 비과세함)

> **그밖의 비과세 근로소득**
>
> ① 비출자임원(주권상장법인 및 비상장법인의 소액주주인 임원 포함)과 종업원이 사택을 제공받음으로써 얻는 이익과 중소기업의 종업원이 받는 주택자금 대여이익(단, 지배주주와 특수관계인인 종업원은 근로소득세 과세)
>
> ② 사용자가 부담하는 보험료 등 중에서 다음에 해당하는 것
>
>   ㉠ 단체순수보장성보험과 단체환급부보장성보험의 보험료 중 연 70만원 이하의 금액
>
>   ㉡ 근로자퇴직급여보장법의 규정에 의한 퇴직보험 또는 퇴직일시금신탁의 보험료 등
>
>   ㉢ 건설근로자의 고용개선 등에 관한 법률에 따라 공제계약 사업주의 건설근로자 퇴직공제회에 납부한 공제부금
>
>   ㉣ 임직원의 고의(중과실을 포함) 외의 업무상 행위로 인한 손해의 배상청구를 보험금의 지급사유로 하고 임직원을 피보험자로 하는 보험의 보험료
>
> ③ 사업자가 종업원에게 지급한 경조금 중 사회통념상 타당하다고 인정되는 범위 내의 금액

2 근로소득금액의 계산구조

근로소득금액은 총급여액(비과세소득을 제외한 금액)에서 근로소득공제를 차감하여 계산한다.

> 근로소득금액 = 총급여액(비과세소득 제외) - 근로소득공제

근로소득공제액은 다음과 같으며 일반근로자의 경우 연간 2,000만원을 한도로 한다.

구분	총급여액	공제액
일반근로자	500만원 이하	총급여액의 70%
	500만원 초과 1,500만원 이하	350만원 + 500만원 초과액의 40%
	1,500만원 초과 4,500만원 이하	750만원 + 1,500만원 초과액의 15%
	3,000만원 초과 1억원 이하	1,200만원 + 4,500만원 초과액의 5%
	1억원 초과	1,475만원 + 1억원 초과액의 2%
일용근로자		일 15만원

3 근로소득의 수입시기

근로소득의 수입시기는 다음에 규정하는 날로 한다.

근로소득의 종류	수입시기
① 급여	근로를 제공한 날
② 잉여금 처분에 의한 상여	해당 법인의 잉여금 처분 결의일
③ 인정상여(=법인세법에 따라 처분된 상여)	해당 법인의 사업연도 중 근로를 제공한 날
④ 임원의 퇴직소득 중 퇴직소득 한도 초과로 근로소득으로 보는 금액	지급받거나 받기로 한 날
⑤ 주식매수선택권	주식매수선택권을 행사한 날

4 연말정산

연말정산이란 납세의무자에게 과세표준 확정신고의 부담을 덜어주기 위하여 소득의 지급자가 연간 소득지급액에 대해 소득세를 정산하는 제도이다. 현행 소득세법에서는 근로소득과 보험판매인 등의 사업소득, 공적연금소득, 종교인소득에 대해 연말정산하는 제도를 두고 있다. 공적연금소득은 매년 1월에 연말정산하며, 연말정산 대상 사업소득과 일반근로소득, 종교인소득은 매년 2월에 연말정산을 하게 된다.

연말정산을 하는 소득만 있는 경우 연말정산을 마치고 나면 소득세가 정확하게 징수된 것이므로 5월의 확정신고를 할 필요가 없다. 다만, 근로소득 등에 대해 연말정산을 했다고 하더라도 부동산임대업 등 타 사업소득이 있는 경우에는 근로소득과 합산하여 5월에 종합소득 확정신고를 반드시 해야 한다.

1 연말정산 대상 근로소득

근로소득 중에서 일용근로자는 하루 일당에 대해 일정한 금액을 원천징수하고 연말정산하지 않는다. 따라서 일용근로자의 근로소득은 분리과세(=원천징수 분리과세) 대상 소득이며, 일용근로자 외의 근로자(일반근로자)의 근로소득은 연말정산 대상이다.

구분		원천징수	연말정산
원천징수 대상 근로소득	일반근로자	○ (간이세액표, 기본세율)	○
	일용근로자	○ (6%)	—

> **일용근로자의 소득세 원천징수세액**
>
> 일용근로자의 근로소득은 종합소득 과세표준에 합산하지 않고 다음 산식에 의하여 계산한 세액을 원천징수함으로써 납세의무가 종결된다.(아래 금액은 소득세 원천징수 금액이며, 지방소득세(소득세의 10%)를 가산한 금액을 원천징수하는 것임)
>
> 원천징수세액 = [일급여액 − 150,000원] × 6% − 근로소득세액공제(산출세액 × 55%)

2 근로소득자의 종합소득 확정신고

근로소득은 종합과세되는 소득이므로 다른 종합소득과 합산하여 확정신고하는 것이 원칙이다. 다만, 원천징수되는 근로소득만이 있는 사람은 분리과세(일용근로자) 또는 연말정산(일반근로자)에 의하여 납세의무가 종결되므로 확정신고를 하지 않아도 된다. 한편 원천징수되지 않는 근로소득이 있거나 근로소득 외의 사업소득 등 종합합산과세 대상 타소득이 있는 근로소득자는 매년 5월에 종합소득 확정신고를 통해 소득을 합산신고하여야 한다.

4 사업소득에 대한 과세방법

1 사업소득의 범위

사업소득이란 영리를 목적으로 자기의 계산과 책임 하에 계속적·반복적으로 행하는 활동을 통하여 얻는 소득을 말한다. 소득세법에서는 농업(작물재배업 중 곡물 및 기타식량재배업 제외)·임업 및 어업·광업·제조업·건설업·도매 및 소매업·운수업·숙박 및 음식점업·부동산업 및 임대업 등 사업에서 발생하는 소득은 원칙적으로 사업소득에 포함된다. 다만, 다음에 해당하는 경우에는 사업소득으로 보지 않는다.

① 농업에 대해 과세하되, 작물재배업 중 곡물 및 기타식량재배업은 과세하지 않음

② 공익사업과 관련한 지상권과 지역권의 대여소득은 기타소득으로 과세함. 단, 공익사업과 관련되지 않는 지상권과 지역권의 대여소득은 사업소득으로 과세되며 부동산임대사업소득으로 봄

③ **연구개발업의 소득** : 단, 계약 등에 따라 그 대가를 받고 연구 및 개발용역을 제공하는 사업은 소득세가 과세

④ **교육서비스업 중 교육기관의 소득** : 「유아교육법」에 따른 유치원, 「초·중등교육법」, 「고등교육법」에 따른 학교, 사업주가 설치·운영하는 직업능력개발 훈련시설, 기타 교육기관 중 노인학교를 말함

⑤ **사회복지사업에서 발생하는 소득** : 아동수용복지시설, 성인수용복지시설, 장애인수용복지시설 등

전속계약금의 과세

연예인 및 직업운동선수 등이 사업활동과 관련하여 받는 전속계약금은 사업소득으로 과세한다.

부동산임대업의 범위

부동산 임대업이란 다음의 어느 하나에 해당하는 사업을 말한다.

① 부동산 또는 부동산상의 권리를 대여하는 사업(공익사업과 관련된 지상권·지역권 대여는 기타소득이고 공익사업과 관련없는 경우는 사업소득 중 부동산임대업소득임)

② 공장재단 또는 광업재단을 대여하는 사업

③ 광업권자·조광권자 또는 덕대가 채굴에 관한 권리를 대여하는 사업

이론Ⅳ 소득세

2 비과세 사업소득

1 논·밭을 작물생산에 이용하게 함으로써 발생하는 소득

논·밭을 작물생산에 이용한 경우에만 비과세하므로 논·밭(전·답)을 주차장 등 다른 용도로 이용하는 경우에는 소득세가 과세된다.

2 1세대 1주택자의 주택임대소득

1개의 주택을 소유하는 자의 주택임대소득은 비과세 대상 사업소득이다.

단, 아래의 경우 1개의 주택만 보유하고 있다고 하더라도 비과세 적용을 하지 않는다.

<비과세 배제 대상>
① 고가주택(기준시가 12억원 초과 주택)의 임대소득
② 국외에 소재하는 주택의 임대소득

3 농가부업소득

농·어민이 부업으로 영위하는 축산·고공품제조·민박·음식물판매·특산물 제조·전통차 제조 및 그 밖에 이와 유사한 활동에서 발생한 소득(농가부업소득) 중 아래의 금액은 비과세한다.

비과세 농가부업소득	비과세 규모
① 농가부업 규모의 축산에서 발생하는 소득	전액
② 축산 이외의 기타 농가부업소득	농가부업규모를 초과하는 축산에서 발생하는 소득과 합산하여 소득금액의 합계액을 기준으로 연 3,000만원 이하의 금액을 비과세한다.

4 전통주 제조소득

'전통주의 제조에서 발생하는 소득'이라 함은 전통주에 해당하는 주류를 수도권지역 외의 읍·면지역에서 제조함으로써 발생하는 소득으로서 소득금액의 합계액이 연 1,200만원 이하이면 비과세하고 소득금액이 연 1,200만원을 초과하면 전액 소득세를 과세한다.

5 조림기간 5년 이상인 임목의 양도소득

사업소득(임업) 중 조림기간 5년 이상인 임지의 임목의 벌채 또는 양도로 발생하는 소득으로서 소득금액 기준으로 연 600만원 이하의 금액을 비과세한다.

6 작물재배업(곡물 및 기타식량작물 재배업 제외) **소득 중 10억원 이하의 금액**

작물재배업(곡물 및 기타식량작물 재배업 제외)에서 발생하는 소득으로서 수입금액 10억원 이하의 소득을 비과세한다.(※참고 : 곡물 및 기타식량작물재배업은 미열거소득이므로 금액에 관계없이 과세대상이 아님)

7 어로어업, 연근해어업, 내수면어업, 양식업 소득 중 연간 5천만원 이하의 금액

3 사업소득금액의 계산구조

사업소득금액은 사업소득 총수입금액 총액에서 필요경비 총액을 차감하여 구한다.

1 총수입금액의 범위

소득세법상 사업소득 총수입금액이란 다음과 같다.

(1) 사업수입금액

사업수입금액이란 기업회계상 매출액을 말하며, 매출환입액과 매출에누리 및 매출할인은 총수입금액에서 차감하고, 거래수량이나 금액에 따라 상대방에게 지급하는 장려금 또는 대손금은 총수입금액에서 차감하지 아니하고 필요경비로 처리한다.

(2) 상대방으로부터 받는 판매장려금

(3) 관세환급금 등 필요경비로 지출된 세액의 환입액

(4) 사업과 관련된 자산수증이익·채무면제이익

사업과 관련된 자산수증이익과 채무면제이익은 총수입금액에 산입하지만, 이 중 이월결손금의 보전에 충당된 금액은 총수입금액에 불산입한다.

(5) 사업과 관련하여 사업용 자산의 손실로 인하여 취득하는 보험차익

(6) 퇴직일시금신탁의 이익 또는 분배금과 퇴직보험계약의 보험차익

※퇴직일시금신탁의 이익이란 사용자가 근로자의 퇴직에 대비하여 가입하는 신탁으로서 퇴직보험의 보험차익과 마찬가지로 사업과 관련하여 발생하므로 사업소득으로 분류한다.

(7) 부동산 보증금에 대한 간주임대료

① 거주자가 부동산(주택의 경우에는 3주택 이상을 소유한 경우로서 보증금의 합계가 3억원을 초과하는 경우에만 해당한다) 또는 그 부동산상의 권리 등을 대여하고 보증금·전세금 또는 이와 유사한 성질의 금액을 받은 경우에는 간주임대료(=보증금에 대한 이자상당액)를 총수입금액에 산입한다.

② 다만, 주택을 대여하고 보증금 등을 받은 경우에는 3주택(주거의 용도로만 쓰이는 면적이 1호 또는 1세대당 40㎡ 이하인 주택으로서 해당 과세기간의 기준시가가 2억원 이하인 주택은 주택 수에 포함하지 않는다) 이상을 소유하고 보증금 등의 합계액이 3억원을 초과하는 경우에 한하여 간주임대료를 총수입금액에 산입한다.

(8) 가사용 재고자산의 시가

거주자가 재고자산 또는 임목을 가사용으로 소비하거나 사용인 또는 타인에게 지급한 경우 소비 또는 지급한 때의 시가를 총수입금액에 산입하고, 그 원가를 필요경비에 산입한다.

(9) 산림의 분수계약에 의한 권리를 양도함으로써 얻는 수입금액과 분수계약의 당사자가 해당 계약의 목적이 된 산림의 벌채 또는 양도에 의한 수입금액을 해당 계약에 의한 분수율에 따라 수입하는 금액(임지의 임목을 벌채 또는 양도하는 사업의 총수입금액에 산입)

(10) 연예인 및 직업운동선수 등이 사업활동과 관련하여 받는 전속계약금

(11) 소득세법에 따른 복식부기의무자가 사업용 유형고정자산(업무용승용차를 포함하고, 부동산은 제외)를 매각하는 경우 그 매각가액을 매각일이 속하는 과세기간의 사업소득금액을 계산할 때에 총수입금액에 산입

(12) 기타 사업과 관련된 수입금액으로서 당해 사업자에게 귀속되었거나 귀속될 금액으로 대통령령이 정하는 것은 총수입금액에 산입한다.

> **복식부기 의무자의 사업용 유형자산 처분이익(부동산 제외) : 총수입금액 산입**
>
> 소득세법에서 복식부기의무자의 사업용 유형자산의 처분이익은 사업소득 총수입금액으로 산입한다. 이러한 사업용 유형자산이란 감가상각 대상이 되는 유형자산으로서 업무용 승용차는 포함하되, 부동산은 제외한다. 즉, 부동산의 처분은 양도소득으로 과세되기 때문이다. 또한 간편장부대상자는 사업용 유형고정자산 처분이익에 대하여 총수입금액에 산입하지 않는다.

참고   매출할인 금액의 귀속시기

외상매출금을 결제하는 경우의 매출할인금액은 거래상대방과의 약정에 의한 지급기일(지급기일이 정하여져 있지 아니한 경우에는 지급한 날)이 속하는 과세기간의 총수입금액에서 차감한다.

2 총수입금액 불산입 항목

소득세법에서는 이중과세의 조정, 조세정책적인 목적의 달성 등을 위하여 다음의 항목을 총수입금액에 산입하지 않는다.

[1] 소득세 또는 지방소득세 소득분을 환급받았거나 환급받은 금액 중 다른 세액에 충당한 금액

[2] 이월된 소득

이월된 소득금액이란 전년도의 과세소득으로 이미 과세된 소득으로 이중과세의 문제가 발생하므로 당기에는 총수입금액에 불산입한다.

[3] 사업과 관련된 자산수증이익·채무면제이익 중 이월결손금의 보전에 충당한 금액(일시상각충당금 등을 설정한 국고보조금 제외)

[4] 부가가치세 매출세액

부가가치세 매출세액은 부채에 해당하므로 총수입금액에 불산입한다.

[5] 자기의 총수입금액에 따라 납부하였거나 납부할 개별소비세, 교통·에너지·환경세, 주세

[6] 국세환급가산금 또는 지방세 환급가산금, 국세 및 지방세의 과오납금의 환급금에 대한 이자

[7] 사업자가 자가생산한 제품을 다른 제품의 원재료로 사용한 금액 등

3 필요경비의 범위

사업소득금액을 계산할 때 필요경비에 산입할 금액은 당해 연도의 총수입금액에 대응하는 비용으로서 일반적으로 용인되는 통상적인 것의 합계액으로 한다. 한편 당해 연도 전의 총수입금액에 대응하는 비용으로서 당해 연도에 확정된 것에 대하여는 당해 연도 전에 필요경비로 계상하지 아니한 것에 한하여 당해 연도의 필요경비로 본다.

[1] 판매한 상품 또는 제품에 대한 원료의 매입가액과 그 부대비용

매입가액은 매입할인액, 매입에누리액과 매입환출액을 제외한 금액을 말하며, 판매한 상품의 매입가액과 부대비용이란 기업회계상 매출원가를 말한다.

(2) 종업원의 급여

종업원의 급여는 필요경비에 산입하지만 대표자의 급여는 필요경비에 불산입한다.

구분	필요경비 산입 여부
대표자 급여	필요경비 불산입
대표자 가족 급여	사업에 종사하는 경우 필요경비 산입
이외 종업원 급여	필요경비 산입을 원칙으로 함

(3) 사업용 자산의 현상유지를 위한 수선비 등 사업용 자산에 대한 비용

(4) 사업과 관련 있는 제세공과금

(5) 사업용 자산에 대한 손해보험료(화재보험료·자동차보험료 등)

(6) 단체순수보장성보험 및 단체환급부보장성보험의 보험료

(7) 국민건강보험료, 고용보험료, 노인장기요양보험료 : 대표자 본인분 포함

(8) 거래수량 또는 거래금액에 따라 상대편에게 지급하는 장려금

(9) 총수입금액을 얻기 위하여 직접 사용된 부채에 대한 지급이자

(10) 사업용 고정자산의 감가상각비

(11) 자산의 평가차손

(12) 대손금

(13) 판매한 상품 또는 제품의 보관료, 포장비, 운반비, 판매장려금 및 판매수당 등 판매와 관련한 부대비용(판매장려금은 사전약정 없이 지급하는 경우를 포함)

(14) 매입한 상품·제품·부동산 및 산림 중 재해로 인하여 멸실된 것의 원가를 그 재해가 발생한 연도의 소득금액계산에 있어서 필요경비에 산입한 경우의 그 원가

(15) 종업원을 위한 직장체육비·직장문화비·가족계획사업지원비·직원회식비, 직장어린이집 운영비

(16) 보건복지부장관이 정하는 무료진료권에 의하여 행한 무료진료의 가액

(17) 업무와 관련이 있는 해외시찰·훈련비

[18] 근로청소년을 위한 특별학급 또는 산업체부설 중·고등학교의 운영비, 「영유아보육법」에 의하여 설치된 직장 보육시설의 운영비

[19] 광물의 탐광을 위한 지질조사 등을 위하여 지출한 비용과 그 개발비

[20] 건물건설업과 부동산개발 및 공급업의 부동산의 양도 당시의 장부가액(건물건설업 등 외의 업종은 양도소득으로 과세되므로 필요경비에 해당되지 않음).

[21] 영업자가 조직한 단체로서 법인이거나 주무관청에 등록된 조합 또는 협회에 지급하는 회비

[22] 광고·선전을 목적으로 견본품·달력·수첩·컵·부채 기타 이와 유사한 물품을 불특정 다수인에게 기증하기 위하여 지출한 비용(특정인에게 기증한 물품(개당 3만원 이하의 물품은 제외한다)의 경우에는 연간 5만원 이내의 금액에 한정한다)

[23] 기업업무추진비 및 기부금 필요경비 한도 이내의 금액(중소기업의 기업업무추진비 기본한도는 연간 3,600만원 이고, 비중소기업의 경우 기본한도는 연간 1,200만원이다.)

[24] 복식부기의무자의 사업용 유형자산의 처분시 장부가액(처분시 총수입금액에 산입하는 자산에 대한 장부가액을 필요경비로 산입)

4 필요경비 불산입 항목

[1] 소득세와 개인분 지방소득세

[2] 벌금, 과료(통고처분에 의한 금액 포함), 과태료, 가산금, 체납처분비, 징수불이행세액, 가산세

[3] 가사의 경비와 이와 관련되는 경비

'가사의 경비와 이에 관련되는 경비'라 함은 다음 각 호에 해당하는 것을 말한다.

　㉠ 가사관련경비 : 사업자가 가사와 관련하여 지출하였음이 확인되는 경비이 경우 직계존비속에게 무상대여한 주택에 관련된 경비는 가사와 관련하여 지출된 경비로 본다.

　㉡ 초과인출금에 대한 이자 : 사업용 자산의 합계액이 부채의 합계액에 미달하는 경우에 그 미달하는 금액에 상당하는 부채의 지급이자로서 기획재정부령이 정하는 바에 따라 계산한 금액

> 초과인출금에 대한 지급이자 = 지급이자×(초과인출금의 적수/총차입금의 적수)

　※ 1. 초과인출금 : 부채(충당금과 준비금 제외)가 사업용 자산가액을 초과하는 금액
　　 2. 초과인출금 적수 : 차입금 적수를 한도로 한다.

[4] 감가상각비 한도초과액

[5] 파손·부패로 인한 재고자산평가차손 또는 천재지변 등으로 파손 또는 멸실된 유형자산에 대한 평가차손

(6) 반출하였으나 판매하지 않은 제품에 대한 개별소비세, 교통·에너지·환경세 또는 주세의 미납액(단, 제품가액에 그 세액상당액을 가산한 경우에는 제외)

(7) 부가가치세 매입세액

필요경비 산입되는 부가가치세 매입세액	필요경비 불산입되는 부가가치세 매입세액
㉠ 면세사업자가 부담하는 매입세액 ㉡ 간이과세자가 납부한 부가가치세액 ㉢ 「개별소비세법」상 자동차(영업용 제외)의 유지관련 매입세액(자본적 지출 관련은 제외) ㉣ 영수증 관련 매입세액 ㉤ 기업업무추진비 관련 매입세액 ㉥ 간주임대료에 대한 부가가치세 매입세액	㉠ 사업관련 없는 매입세액 ㉡ 등록 전 매입세액 ㉢ 세금계산서 미수취·부실기재관련 매입세액 ㉣ 매입처별 세금계산서합계표 미제출·부실기재관련 매입세액

(8) 건설자금이자

(9) 채권자불분명 사채이자

(10) 법령에 의하여 의무적으로 납부하는 것이 아니거나 법령에 의한 의무의 불이행 또는 금지·제한 등의 위반에 대한 제재로서 부과되는 공과금

(11) 업무무관 경비

업무와 관련이 없다고 인정되는 금액을 말하며, 이에는 업무와 관련없는 자산을 취득하기 위하여 차입한 금액에 대한 지급이자가 포함된다.

업무무관 자산관련 차입금이자 = 지급이자×(업무무관 자산의 적수^{주}/차입금의 적수)

^{주} 업무무관 자산의 적수 : 차입금적수를 한도로 한다.

> 업무무관경비의 사례
>
> 1. 사업자가 그 업무와 관련없는 자산을 취득·관리함으로써 발생하는 취득비·유지비·수선비와 이와 관련되는 필요경비
> 2. 사업자가 그 사업에 직접 사용하지 아니하고 타인(종업원을 제외한다)이 주로 사용하는 토지·건물 등의 유지비 ·수선비·사용료와 이와 관련되는 지출금
> 3. 사업자가 그 업무와 관련없는 자산을 취득하기 위하여 차입한 금액에 대한 지급이자
> 4. 사업자가 사업과 관련없이 지출한 기업업무추진비
> 5. 사업자가 공여한 「형법」에 따른 뇌물 또는 「국제상거래에 있어서 외국공무원에 대한 뇌물방지법」상 뇌물에 해당하는 금전과 금전 외의 자산 및 경제적 이익의 합계액
> 6. 사업자가 「노동조합 및 노동관계 조정법」 제24조 제2항 및 제4항을 위반하여 지급하는 급여(=노조전임자 급여)

(12) 선급비용

(13) 업무와 관련하여 고의 또는 중대한 과실로 타인의 권리를 침해한 경우에 지급되는 손해배상금(고의 또는 중대한 과실이 아닌 경우에는 필요경비 인정)

(14) 기부금 한도초과액, 기업업무추진비 한도초과액

(15) 업무용승용차 관련 비용 중 사적으로 사용된 금액

업무용승용차 관련 비용 중 법에서 정하는 업무사용금액에 해당하지 않는 금액은 필요경비 불산입한다.

4 사업소득의 과세 방법

사업소득에는 분리과세 대상 소득이 없으므로 사업소득은 모두 종합소득에 합산하여 과세한다. 그리고 대부분의 사업소득에 대하여는 원천징수를 하지 않지만, 예외적으로 원천징수되는 사업소득과 납세조합징수 대상이 되는 사업소득이 있는데, 이를 정리하면 다음과 같다.

1 원천징수

(1) 특정 사업소득에 대한 원천징수 : 수입금액의 3%

특정 사업소득이란 부가가치세법상 면세 대상인 다음에 해당하는 용역의 공급에서 발생하는 소득으로 한다.

> ㉠ 의료보건용역(수의사의 면세 해당 용역 포함)
> ㉡ 저술가·작곡가 등이 제공하는 인적용역
>   (접대부·댄서와 기타 이와 유사한 인적용역은 제외 ⇨ 봉사료수입금액에 대한 원천징수규정을 적용)

특정사업소득을 지급하는 자는 해당 수입금액의 3%를 원천징수하여 그 징수일이 속하는 달의 다음달 10일까지 납부하여야 한다.

> 사업소득에 대한 원천징수세액 = 수입금액×3%

(2) 봉사료 수입금액에 대한 원천징수 : 수입금액의 5%

부가가치세가 면제되는 접대부·댄서와 이와 유사한 용역을 제공하는 자에게 지급하는 특정봉사료 수입금액에 대하여는 해당 수입금액의 5%를 원천징수하여야 한다.

> 봉사료에 대한 원천징수세액 = 특정봉사료 수입금액 × 5%

2 보험모집인 등의 사업소득에 대한 연말정산

보험모집인 중 간편장부 대상자 등에게 해당 사업소득을 지급하는 원천징수의무자는 매년 **2월**에 해당 사업소득에 대한 소득세 연말정산을 하여야 한다.

㉠ 보험모집인　　　㉡ 방문판매원　　　㉢ 음료품배달원

※ 연말정산된 사업소득 외의 다른 소득이 없는 경우에는 따로 종합소득 과세표준확정신고를 할 필요가 없다.

3 납세조합 징수

농·축·수산물 판매업자 등 일정한 사업자는 납세조합을 조직할 수 있다. 이 경우 납세조합은 해당 조합원의 사업소득에 대한 소득세를 매월 징수하여 그 징수일이 속하는 달의 다음달 10일까지 납부하여야 한다.

결손금 및 이월결손금의 공제

(1) 결손금 공제

부동산임대업이 아닌 사업소득과 주거용 건물임대업의 사업소득의 결손금은 주거용 건물임대업 이외의 부동산임대업의 소득금액에서 먼저 공제하고 종합소득금액 계산시 다음 순서로 공제한다.

① 근로소득 ➡ ② 연금소득 ➡ ③ 기타소득 ➡ ④ 이자소득 ➡ ⑤ 배당소득

단, 주거용 건물 임대 외의 부동산임대업에서 발생한 결손금은 해당 연도의 타소득과 통산이 불가능하고, 다음 연도로 이월된다.

(2) 이월결손금 공제

사업소득의 이월결손금은 해당 이월결손금이 발생한 과세기간의 종료일부터 10년 이내에 끝나는 과세기간의 소득금액을 계산할 때 먼저 발생한 과세기간의 이월결손금부터 순서대로 다음 각각의 구분에 따라 공제한다.

1) 사업소득(주거용 건물 임대 외의 부동산임대업 제외)의 이월결손금

① 사업소득 ➡ ② 근로소득 ➡ ③ 연금소득 ➡ ④ 기타소득 ➡ ⑤ 이자소득 ➡ ⑥ 배당소득

2) 주거용 건물 임대 외의 부동산임대업에서 발생한 이월결손금

사업소득 중 부동산임대업에서 발생한 이월결손금은 해당 부동산임대업의 소득금액에서 공제한다. 타소득에서는 공제할 수 없다는 점에 주의한다.

(3) 이월결손금 공제의 배제

소득금액을 추계신고·추계결정·경정하는 경우에는 이월결손금공제를 배제한다. 다만, 천재·지변 기타 불가항력으로 인하여 장부·기타 증빙서류가 멸실되어 추계신고·추계결정·경정하는 경우에는 이월결손금공제를 적용한다.

(4) 금융소득에 대한 이월결손금 공제

결손금 및 이월결손금을 공제할 때 종합과세되는 배당소득 또는 이자소득이 있으면 그 배당소득 또는 이자소득 중 원천징수세율을 적용받는 부분은 결손금 또는 이월결손금의 공제대상에서 제외하며, 그 배당소득 또는 이자소득 중 기본세율을 적용받는 부분에 대해서는 사업자가 그 소득금액의 범위에서 공제 여부 및 공제금액을 결정할 수 있다.

---

(5) 결손금 및 이월결손금의 공제 순서

결손금 및 이월결손금을 공제할 때 해당 과세기간에 결손금이 발생하고 이월결손금이 있는 경우에는 그 과세기간의 결손금을 먼저 소득금액에서 공제한다.

주거용 건물 임대업 외의 부동산임대업의 결손금

주거용 건물 임대업 외의 부동산임대업에서 발생한 결손금 및 이월결손금 : 결손금은 해당 과세기간의 다른 소득금액에서 공제되지 않고, 이월결손금은 부동산임대업의 소득금액에서만 이월공제된다.

결손금 소급공제

결손금 소급공제란 사업소득과 관련하여 해당 연도에 결손금이 발생시 전년도에 낸 소득세를 돌려받을 수 있도록 하는 제도를 말한다. 결손금 소급공제는 다음 요건을 모두 충족시킨 경우에 한해 적용받을 수 있다.

① 중소기업의 사업소득에서 발생한 결손금일 것

② 결손금 발생 연도와 그 직전 연도의 소득세를 신고기한 내에 신고한 경우일 것

③ 반드시 과세표준 확정신고기한 내에 소급공제 환급신청을 해야 함

➡ 단, 부동산임대업의 결손금은 소급공제 불가능함!!

공동사업에 대한 소득금액 계산의 특례

① 사업소득이 발생하는 사업을 공동으로 경영하고 그 손익을 분배하는 공동사업의 경우에는 해당 사업을 경영하는 장소를 1거주자로 보아 공동사업장별로 그 소득금액을 계산한다.

② 공동사업에서 발생한 소득금액은 해당 공동사업을 경영하는 각 거주자(출자공동사업자를 포함) 간에 약정된 손익분배비율(약정된 손익분배비율이 없는 경우에는 지분비율을 말함)에 의하여 분배되었거나 분배될 소득금액에 따라 각 공동사업자별로 분배한다.

③ 거주자 1인과 그의 대통령령으로 정하는 특수관계인이 공동사업자에 포함되어 있는 경우로서 손익분배비율을 거짓으로 정하는 등 대통령령으로 정하는 사유가 있는 경우에는 그 특수관계인의 소득금액은 그 손익분배비율이 큰 공동사업자의 소득금액으로 본다.

참고 현금영수증 의무발급 대상자

현금영수증 가맹점 가입 대상으로서 현금영수증 의무발급 업종을 영위하는 사업자는 10만원 이상(부가가치세 포함 금액)의 재화·용역을 공급하는 경우 공급받는 자의 요청이 없더라도 현금영수증을 발급하여야 한다.

참고 기업업무추진비의 적격증명서류 수취 의무

사업소득자가 기업업무추진비를 지출한 경우 건당 3만원(경조금은 20만원)을 초과하는 금액에 대해서는 반드시 적격증명서류를 수취하여야 한다. 만약 적격증명서류(세금계산서, 계산서, 신용카드전표, 현금영수증)를 수취하지 않은 경우 필요경비로 인정하지 않는다.(필요경비 불산입)

5 종합소득공제

종합소득금액에서 종합소득공제를 차감하여 종합소득 과세표준을 계산한다. 종합소득공제는 인적공제, 연금보험료공제, 특별소득공제 등이 있다. 이론시험 뿐 아니라 실무시험 문제에서도 종합소득공제에 대한 문제가 출제되고 있으므로 반드시 이러한 소득공제 및 세액공제(예 : 자녀세액공제, 연금계좌세액공제, 특별세액공제)에 대한 내용을 숙지하도록 하자.

1 인적공제

소득자 본인 및 배우자, 생계를 같이하는 부양가족에 대해 당해 소득자의 생계비용 등을 고려한 **기본공제·추가공제** 제도가 있으며 이를 총괄하여 "인적공제"라고 한다. 인적공제 대상자 및 자녀세액공제에 해당하는지의 여부는 해당 과세기간 종료일(12월 31일) 현재의 상황에 따른다. 다만, 과세기간 종료일 전에 사망한 사람 또는 장애가 치유된 사람에 대해서는 **사망일 전날 또는 치유일 전날**의 상황에 따른다. 인적공제 사항을 요약하면 다음과 같다.

구분			1인당 공제금액
인적공제		기본공제	150만원
	추가공제	경로자공제	100만원
		장애인공제	200만원
		부녀자공제 (종합소득금액 3,000만원 이하인 거주자에 한함)	50만원
		한부모공제	100만원

추가공제는 기본공제 대상자에 대해서만 공제 가능하다. 따라서 기본공제 대상자의 판단이 가장 중요하다. 인적공제는 소득의 종류에 관계없이 종합소득세 신고를 하는 사람이라면 모두 공제 가능하다. 이러한 인적공제의 합계액이 종합소득금액을 초과하는 경우에 그 초과금액은 없는 것으로 한다.

1 기본공제

· 기본공제 대상자가 되기 위한 요건 : 아래의 요건을 모두 충족해야 함

관계	공제요건			
	나이 요건*	소득금액 요건 (100만원 이하)	생계요건(동거요건)	
			주민등록동거	일시퇴거 허용
본인	×	×	×	
배우자	×	○	×	
직계존속(부모님)	60세 이상	○	△ (주거형편상 별거 허용)	
직계비속(자녀, 손자녀) 입양자	20세 이하	○	×	
장애인 직계비속의 장애인 배우자	×	○	×	
형제자매	60세 이상 20세 이하	○	○	○
국민기초생활보장법에 의한 수급자	×	○	○	○
위탁아동	18세 미만	○		

＊ 배우자와 장애인의 경우 나이요건 적용하지 않음
＊ 나이요건은 당해 과세기간 중 해당하는 날이 있는 경우 공제대상자로 함

(1) 관계 요건

기본공제 대상자는 본인, 배우자, 직계존속, 배우자의 직계존속, 직계존속의 배우자, 직계비속, 배우자의 직계비속, 입양자, 법정 요건을 충족하는 위탁아동(6개월 이상 위탁양육), 형제자매, 배우자의 형제자매, 수급자를 포함한다. 며느리와 사위(직계비속의 배우자)는 원칙적으로 기본공제를 받지 못하지만 본인의 직계비속과 그 배우자가 둘 다 장애인인 경우에는 해당 며느리와 사위를 기본공제 대상으로 한다.

(2) 생계 요건

생계를 같이 하는 부양가족은 과세기간 종료일 현재 주민등록표의 동거가족으로서 해당 거주자의 주소 또는 거소에서 현실적으로 생계를 같이 하는 사람으로 한다. 다만, 배우자 및 직계비속·입양자의 경우에는 주소가 다르다고 하더라도 생계를 같이하는 것으로 본다.

- 거주자 또는 동거가족이 취학·질병의 요양, 근무상 또는 사업상의 형편 등으로 본래의 주소 또는 거소에서 일시 퇴거한 경우에도 대통령령으로 정하는 사유에 해당할 때에는 생계를 같이 하는 사람으로 본다.
- 거주자의 부양가족 중 거주자(그 배우자를 포함)의 직계존속이 주거 형편에 따라 별거하고 있는 경우에는 생계를 같이 하는 사람으로 본다.
- 공제대상 배우자, 공제대상 부양가족, 공제대상 장애인 또는 공제대상 경로우대자에 해당하는지 여부의 판정은 해당 과세기간의 과세기간 종료일 현재의 상황에 따른다. 다만, 과세기간 종료일 전에 사망한 사람 또는 장애가 치유된 사람에 대해서는 사망일 전날 또는 치유일 전날의 상황에 따른다.

(3) 나이 요건

본인, 배우자, 장애인을 제외한 자들은 나이 요건을 충족해야 한다. 과세기간 종료일 현재 20세 이하 60세 이상인 자가 기본공제 대상자이다. 해당 과세기간의 과세기간 중에 해당 나이에 해당되는 날이 있는 경우에 공제대상자로 본다.

(4) 소득금액 요건

기본공제 대상자가 되기 위한 소득금액 요건이란 해당 연도의 종합소득금액, 양도소득금액, 퇴직소득금액의 합계가 100만원 이하여야 된다는 것이다. 따라서 비과세소득이나 분리과세소득만 있는 경우 소득금액 요건을 충족한 것으로 보아 기본공제를 받을 수 있다. 단, 타소득 없이 근로소득만 있다면 총급여액 500만원 이하인 자도 소득요건을 충족한 것으로 보아 기본공제 대상이 된다.

- 소득금액 = 총수입금액 - 필요경비
- 퇴직금의 경우 그 자체가 퇴직소득금액이 되므로, 부양가족의 퇴직금이 100만원을 초과하면 당해 부양가족은 공제대상에 해당하지 않음

구분	소득금액 요건을 충족하는 사례
근로소득	• 일용근로소득(분리과세 소득)만 있는 경우 • 근로소득만 있는 자의 총급여액이 500만원 이하인 경우
금융소득	• 비과세 금융소득만 있는 경우 • 금융소득의 합계액이 2천만원 이하인 경우(단, 원천징수된 것에 한함)
사업소득 등	• 농업 중 곡물 및 식량작물 재배 소득만 있는 직계존속 • 주택 1채(기준시가 12억 초과 고가주택 및 외국소재주택 제외)만 소유한 경우의 주택임대소득

> **공제 대상 여부 판정시기**
>
> 공제대상 배우자·공제대상 부양가족·공제대상 장애인 또는 공제대상 경로우대자에 해당하는지의 여부의 판정은 당해 연도 과세기간의 종료일 현재의 상황에 의한다. 다만, 다음의 경우에는 예외로 한다.
>
> ⊙ 과세기간 종료일 전에 사망한 자 또는 장애가 치유된 자에 대하여는 사망일 **전일** 또는 치유일 **전일**의 상황에 따른다.
>
> ⓒ 적용 대상 나이가 정해진 경우에는 해당 과세기간 중에 해당 나이에 해당되는 날이 있는 경우에는 기본공제 대상자로 본다.

2 추가공제

기본공제 대상자가 다음에 해당하는 경우 아래의 금액을 추가로 공제한다. 단, 해당 거주자가 한부모공제와 부녀자공제 모두 해당되는 경우에는 부녀자공제를 배제하고 한부모공제만 적용한다.

※ 추가공제 ※

구분	추가공제 사유	1인당 공제금액
경로우대공제	기본공제 대상자 중 70세 이상인 자가 있는 경우	연 100만원
장애인공제	기본공제 대상자 중 장애인이 있는 경우	연 200만원
부녀자공제	종합소득금액 3,000만원 이하인 여성 중 • 배우자 없는 여성으로서 부양가족이 있는 세대주 • 배우자 있는 여성	연 50만원
한부모공제	해당 거주자가 배우자가 없는 사람으로서 기본공제 대상자인 직계비속 또는 입양자가 있는 경우	연 100만원

2 연금보험료 공제(=국민연금 납입액)

소득자가 연금보험료 부담분 등 공적연금을 납부한 경우, 해당 연도의 종합소득금액에서 공제한다. 이 경우 연금보험료 공제액이 종합소득금액을 초과하는 경우에는 그 초과액은 없는 것으로 본다. (사적연금은 연금보험료 공제가 아닌 특별세액공제로 공제받음)

연금보험료 공제는 근로소득이 없는 경우에도 공제 가능하고, 지역가입자로 납부한 금액도 공제 가능하다.

※ 연금보험료의 구분 및 공제 한도액 ※

구분	종류	공제액
공적연금	• 국민연금법에 의한 연금보험료 • 공무원연금법·군인연금법·사립학교교직원연금법 또는 별정우체국법에 의한 기여금 또는 부담금	전액 공제

3 주택담보노후연금 이자비용 공제

연금소득이 있는 거주자가 주택담보노후연금을 받은 경우에는 그 받은 연금에 대해서 해당 과세기간에 발생한 이자비용을 해당 과세기간 연금소득금액에서 공제한다. 이 경우 공제할 이자 상당액이 200만원을 초과하는 경우에는 200만원을 공제하고, 연금소득금액을 초과하는 경우 그 초과금액은 없는 것으로 한다.

4 특별소득공제

특별소득공제는 보험료공제와 주택자금공제로 구성되며 이는 근로소득이 있는 자만 공제 가능하다.

• 특별소득공제의 종류와 공제 요건

항목	기본공제 대상자의 요건		근로기간에 지출한 비용만 공제	비고
	소득요건	나이요건		
① 보험료 소득공제	○	○	○	근로소득이 있는 자만 특별소득공제 적용 가능
② 주택자금 소득공제	○	○	○	

(1) 보험료 소득공제

근로자 본인이 해당 연도에 지출한 국민건강보험료, 고용보험료, 노인장기요양보험료는 전액을 공제한다.

(2) 주택자금 소득공제

근로자 본인이 지출한 주택자금으로서 본인이 세대주인 경우에 주택자금 공제가 가능하다.

5 신용카드 사용액에 대한 소득공제(근로자만 적용됨)

신용카드 등 사용금액이 총급여액의 25%를 초과하는 경우에는 신용카드 등 사용금액에 대한 소득공제를 받을 수 있다. 단, 형제자매가 사용한 신용카드 사용액은 공제되지 않으며 형제자매를 제외한 기본공제 대상자(연령요건 보지 않음)가 지출한 금액에 대해 소득공제한다.

1 공제대상 신용카드 등 사용금액

• 기본공제 대상자에 해당하는 근로자·배우자·직계존비속의 사용액(나이제한 없음, 형제자매 사용액은 공제 불가능)

• 신용카드·직불카드 또는 기명식선불카드, 현금영수증, 직불전자지급수단 등

신용카드 등 사용금액에 포함되지 않는 것

- 사업 관련 비용 지출액
- 비정상적인 사용 행위에 해당하는 경우
- 자동차(신규차량 및 중고차량 포함) 구입비용(중고자동차를 신용카드로 구입하는 경우 그 구입가액의 10%는 신용카드 등 사용금액에 포함됨)
- 국민건강보험료, 고용보험료, 연금보험료, 보장성 보험료 지불액
- 초·중·고등학교 및 대학교, 유치원에 납부한 입학금, 수업료 등
- 국세·지방세, 전기료·수도료·가스료·전화료
- 아파트관리비·텔레비전시청료 및 고속도로통행료
- 상품권 등 유가증권 구입비
- 리스료(자동차대여사업의 자동차대여료 포함)
- 취득세가 부과되는 재산의 구입비용
- 금융·보험용역과 관련된 지급액, 수수료, 보증료 등
- 기부금 지출액(고향사랑기부금 포함)
- 조세특례제한법에 따라 세액공제를 적용받는 월세액
- 국가·지방자치단체에 지급하는 사용료·수수료 등의 대가, 세금 납부액

※참고 : 의료비 사용액은 의료비 세액공제와 신용카드 사용액에 대한 공제를 모두 적용받을 수 있다.

종합소득공제 등의 배제

과세표준확정신고를 하여야 할 자가 소득공제에 필요한 서류를 제출하지 않은 경우에는 거주자 본인에 대한 기본공제와 표준세액공제만을 공제한다. 다만, 과세표준확정신고 여부와 관계없이 그 서류를 나중에 제출한 경우에는 그러하지 아니하다.

6 종합소득 산출세액

1 종합소득 기본세율(7단계 초과누진세율, 최소 6%~ 최고 45%)

과세표준	기본세율
1,400만원 이하	과세표준의 6%
1,400만원 초과 5,000만원 이하	84만원 + 1,400만원을 초과하는 금액의 15%
5,000만원 초과 8,800만원 이하	624만원 + 5,000만원을 초과하는 금액의 24%
8,800만원 초과 1억5천만원 이하	1,536만원 + 8,800만원을 초과하는 금액의 35%
1억 5천만원 초과 3억원 이하	3,706만원 + 1억 5천만원을 초과하는 금액의 38%
3억원 초과 5억원 이하	9,406만원 + 3억원 초과액의 40%
5억원 초과 10억원 이하	1억 7,406만원 + 5억원 초과액의 42%
10억원 초과	3억 8,406만원 + 10억원 초과액의 45%

2 세액공제

1 소득세법상 세액공제

소득세법상 세액공제는 외국납부세액공제, 배당세액공제, 근로소득세액공제, 기장세액공제, 재해손실세액공제, 자녀세액공제, 연금계좌세액공제, 특별세액공제, 표준세액공제가 있다.

구분	공제요건	세액공제	
외국납부 세액공제	외국납부세액이 있는 경우	공제액	외국납부세액
		한도액	산출세액 × $\dfrac{\text{국외원천소득}}{\text{종합소득금액}}$
		참 고	10년간 이월공제 가능
배 당 세액공제	배당소득에 배당가산액을 합산한 경우	공제액	배당가산액(Gross - up 금액)
		한도액	산출세액 − 종합소득 비교과세액
기 장 세액공제	간편장부 대상자가 복식부기로 기장한 경우	공제액	복식부기로 기장된 사업소득에 대한 산출세액 × 20% • 간편장부로 기장시 기장세액공제를 하지 않음
		한도액	100만원

구분	공제요건	세액공제	
재해손실 세액공제	재해상실 비율이 20% 이상인 경우	공제액	소득세액 × 재해상실 비율
		한도액	재해상실 자산가액
표 준 세액공제	• 근로소득이 있는 경우 : 13만원 • 성실사업자 : 12만원 • 근로소득이 없는 경우 : 7만원		

2 자녀세액공제(=①+②)

[1] 기본공제 대상 자녀 인원수에 따른 공제

종합소득이 있는 거주자의 기본공제대상자에 해당하는 자녀(입양자 및 위탁아동, 손자녀를 포함) 중 8세 이상인 자녀에 대해서는 다음의 금액을 세액공제한다.

공제 대상 자녀의 수	자녀세액공제 금액
1명	연 25만원
2명	연 55만원
3명	연 55만원과 2명을 초과하는 1명당 연 40만원을 합한 금액

[2] 해당 과세기간에 출생하거나 입양 신고한 공제대상 자녀가 있는 경우 1명당 다음의 금액을 종합소득 산출세액에서 공제한다.

㉠ 출산하거나 입양 신고한 공제대상 자녀가 첫째인 경우 : 연 30만원
㉡ 출산하거나 입양 신고한 공제대상 자녀가 둘째인 경우 : 연 50만원
㉢ 출산하거나 입양 신고한 공제대상 자녀가 셋째 이상인 경우 : 연 70만원

3 연금계좌 세액공제

종합소득이 있는 거주자가 연금계좌에 납입한 금액 중 다음에 해당하는 금액을 제외한 금액(= "연금계좌 납입액")의 100분의 12[해당 과세기간에 종합소득과세표준을 계산할 때 합산하는 종합소득금액이 4천500만원 이하 (근로소득만 있는 경우에는 총급여액 5천 500만원 이하)인 거주자에 대해서는 100분의 15]에 해당하는 금액을 해당 과세기간의 종합소득산출세액에서 공제한다. 다만, 연금계좌 중 연금저축계좌에 납입한 금액이 연 600만원을 초과하는 경우에는 그 초과하는 금액은 없는 것으로 하고, 연금저축계좌에 납입한 금액 중 400만원 이내의 금액과 퇴직연금계좌에 납입한 금액을 합한 금액이 연 900만원을 초과하는 경우에는 그 초과하는 금액은 없는 것으로 한다.

구　　분	연금계좌세액공제 공제율
종합소득금액 **4천5백만원** 이하인 자	15%
근로소득만 있는 경우 총급여액 **5천5백만원** 이하인 자	
위 이외의 자	12%

4 근로소득 세액공제

근로소득이 있는 거주자에 대해서는 그 근로소득에 대한 종합소득 산출세액에서 다음의 금액을 공제한다.

근로소득에 대한 종합소득 산출세액	근로소득에 대한 종합소득 산출세액
130만원 이하	산출세액의 100분의 55
130만원 초과	71만5천원 + (130만원을 초과하는 금액의 100분의 30

일반근로자의 근로소득 세액공제 한도액 계산은 다음과 같다.(일용근로자는 한도 적용하지 않음)

① 총급여액이 3천 300만원 이하인 경우 : 74만원
② 총급여액이 3천 300만원 초과 7천만원 이하인 경우 : 74만원 − [(총급여액 − 3천 300만원) × 8/1000]
　단, 위 금액이 66만원보다 적은 경우에는 66만원
③ 총급여액이 7천만원을 초과하는 경우 : 66만원 − [(총급여액 − 7천만원) × 1/2]
　단, 위 금액이 50만원보다 적은 경우에는 50만원
④ 총급여액이 1억2천만원을 초과하는 경우 : 50만원 − [(총급여액 − 1억2천만원) × 1/2]
　단, 위 금액이 20만원보다 적은 경우에는 20만원으로 한다.

5 특별세액공제(보험료, 의료비, 교육비, 기부금)

보험료, 의료비, 교육비, 기부금 등에 대해서는 특별세액공제를 적용하며 해당 내용은 다음과 같다.

[1] 보험료 특별세액공제

근로소득이 있는 거주자(일용근로자 제외)가 해당 과세기간에 보장성보험료를 지급한 경우 그 금액의 12% 또는 15%에 해당하는 금액을 해당 과세기간의 종합소득산출세액에서 공제한다.

구분	내용	지출액 한도	세액공제율
장애인전용 보장성보험	기본공제대상자 중 장애인을 피보험자로 하는 보험료	장애인전용보장성보험료 지줄액 중 100만원을 한도로 함	15%
일　　반 보장성보험	기본공제대상자를 피보험자로 하는 보험료	일반보장성보험료 지줄액 중 100만원을 한도로 함	12%

- 국민연금 납입액은 연금보험료공제로 소득공제하고 건강보험료, 노인장기요양보험료, 고용보험료 납입액은 보험료특별소득 공제로 소득공제한다.
- 반면, 일반보장성보험과 장애인전용보장성보험의 납입액은 보험료특별세액공제로 세액공제한다.

(2) 의료비 특별세액공제

근로소득이 있는 거주자가 기본공제대상자(나이 및 소득의 제한을 받지 않음)를 위하여 해당 과세기간에 대통령령으로 정하는 의료비를 지급한 경우 다음 금액의 100분의 15(난임시술비는 100분의 20)에 해당하는 금액을 해당 과세기간의 종합소득산출세액에서 공제한다. 본인등 의료비(한도 제한 없는 의료비)에는 중증질환, 희귀난치성질환, 결핵으로 진단받아 본인부담 산정특례대상자로 등록한 자, 6세 이하인 자에 대한 의료비도 포함된다.

구분	대상자	지출액 한도	세액공제율
본인 등 의료비	• 해당 거주자 본인 • 65세 이상인 자 • 6세 이하인 자 • 장애인 • 중증질환, 희귀난치성질환, 결핵으로 진단받아 본인부담 산정특례대상자로 등록한 자	한도 없음	15%
미숙아, 조산아		한도 없음	20%
난임시술비		한도 없음	30%
일반 의료비	위 외의 기본공제대상자를 위해 지출한 의료비	연간 700만원 한도(인별 한도 아님)	15%

공제대상 의료비의 사례

- 진찰·진료·질병예방을 위한 의료기관 지출액(미용·성형수술을 위한 비용 제외)
- 치료·요양을 위한 의약품 구입비(건강증진을 위한 의약품 구입비용 제외)
- 장애인보장구 구입·임차비용
- 의사·치과의사·한의사 등의 처방에 따른 의료기기 구입·임차비용
- 시력보정용 안경·콘택트렌즈 구입비(기본공제 대상자 1인당 50만원 이내 금액)
- 보청기 구입비
- 노인장기요양보험법에 따라 실제 의료비로 지출한 본인부담금
- 산후조리원 지출액(총급여액에 관계없이 공제 가능) : 출산 1회당 200만원 한도

[3] 교육비 특별세액공제

근로소득이 있는 거주자가 그 거주자와 기본공제대상자(나이의 제한을 받지 않음)를 위하여 해당 과세기간에 대통령령으로 정하는 교육비를 지급한 경우 다음 금액의 100분의 15에 해당하는 금액을 해당 과세기간의 종합소득 산출세액에서 공제한다. 다만, 소득세 또는 증여세가 비과세되는 교육비는 세액공제하지 않는다.

공제대상 피교육자	공제대상 교육비		한도 금액	
			지출액 한도	세액공제 한도
기본공제대상자 (직계존속 및 수급자 제외) • 배우자 • 직계비속 • 형제자매 • 입양자 및 위탁아동	대학생 (대학원 제외)	대학교, 전공대학, 원격대학, 학위취득과정, 학점인정기관	1인당 900만원	135만원
	초·중·고등학생	급식비, 교과서 구입비, 중고생 교복구입비(1인당 50만원 한도), 방과후학교 수업료, 방과후학교 교재구입비(사교육비 제외, 도서구입비만 인정), 수능응시료 포함	1인당 300만원	45만원
	영유아보육비, 유치원, 취학전아동 수강료(방과후학교 수업료 및 특별활동비와 교재구입비 포함), 체험학습비		1인당 300만원	45만원

거주자 본인	• 초·중·고 및 대학교 교육비
	  (대학원 및 직업능력개발훈련 수강료 포함)
	• 법 소정 학자금 대출의 원리금 상환에 지출한 교육비
	  (단, 연체이자, 감면받거나 면제받은 금액, 학자금 대출 중
	  생활비 대출에 대한 원리금 상환액은 제외)
			한도 없음	한도 없음

기본공제대상자에 대한
장애인특수교육비
	다음의 기관에 지출한 교육비(직계존속도 공제 가능)
	• 사회복지시설 및 비영리법인
	• 장애인의 기능향상과 행동발달을 위한 재활서비스를 제공하는
	  대통령령으로 정하는 기관
	• 위의 시설 또는 법인과 유사한 것으로서 외국에 있는 시설 또는
	  법인
			한도 없음	한도 없음

참고 교육비 특별세액공제 관련 주의사항

• 교육비 공제대상인 기본공제대상자는 배우자·직계비속·형제자매·입양자 및 위탁아동을 말한다. 장애인특수교육비 외에는 직계존속 교육비는 인정하지 않는다.
• 공제 대상 교육비는 수업료·입학금·보육비용·수강료 및 그 밖의 공교육비를 말하며, 사교육비는 제외한다. 단, 취학전 아동의 경우에는 피아노, 태권도 등 주 1회 이상 교육을 실시하는 학원 교육비를 공제 대상 금액으로 한다.
• 대학원 교육비는 부양가족에 대해서는 인정하지 않으나, 본인 자신을 위해 지출한 대학원 교육비는 공제 대상이 된다.
• 초·중·고등학생을 위한 교육비에는 「학교급식법」에 따라 학교급식을 실시하는 학교에 지급한 급식비와 학교에서 구입한 교과서대, 교복구입비(중고생에 한하며 1인당 50만원 한도) 및 방과후학교 수강료와 교재구입비를 포함한다.
• 「초·중등교육법」 「고등교육법」에 의한 학교란 인가를 받은 학교를 말하고 인가를 받지 않은 놀이방 등은 공제대상이 아니다.
• 유치원, 어린이집 등에서 실시하는 방과후학교 수업료 및 특별활동비와 교재구입비도 공제 대상에 포함한다.
• 부양가족을 위하여 지급한 교육비에는 대학원에 지급하거나 부양가족이 법 소정의 학자금 대출을 받아 지급하는 교육비는 제외한다.
• 학교가 교육과정으로 실시하는 현장체험학습에 지출한 비용(초·중·고등학생만 해당하며, 학생 1명당 연간 30만원을 한도로 함)

(4) 기부금 특별세액공제

거주자(사업소득만 있는 자는 세액공제가 아닌 필요경비로 공제해야 함)가 해당 과세기간에 지급한 기부금과 기본공제 대상자(나이 요건 제외, 다른 거주자의 기본공제를 적용받은 사람은 제외)가 지급한 기부금이 있는 경우 특례기부금과 일반기부금을 합한 금액에서 사업소득금액을 계산할 때 필요경비에 산입한 기부금을 뺀 금액의 100분의 15(해당 금액이 1천만원을 초과하는 경우 그 초과분에 대해서는 100분의 30)에 해당하는 금액(= "기부금세액공제액")을 해당 과세기간의 합산과세되는 종합소득 산출세액에서 공제한다. 단, 필요경비에 산입한 기부금이 있는 경우 사업소득에 대한 산출세액에서는 기부금세액공제를 공제하지 않는다.

㉠ 기부금 공제 순서

• 해당 연도의 기부금 지출액

해당 연도에 지출한 특례기부금과 일반기부금이 함께 있으면 특례기부금을 먼저 공제한다.

• 기부금 이월공제액

기부금 이월공제 대상 금액과 이번 과세기간에 지출한 기부금이 있는 경우 이월된 기부금을 먼저 공제한다.

(특례기부금 및 일반기부금 이월공제 : 10년간 가능)

> **✎참고**
>
> 사업소득만 있는 자는 기부금을 필요경비에 산입하도록 하고 기부금 특별세액공제를 받을 수 없다.

㉡ 기부금 세액공제 방법

• 사업소득만 있는 자 : 필요경비 산입만 가능

• 그 외 소득자 : 기부금세액공제(사업소득계산시 필요경비에 산입한 금액 제외)

㉢ 기부금 세액공제 대상 기부금

• 거주자의 기부금(정치자금기부금도 공제하되, 정치자금기부금 중 10만원 이내의 금액은 조세특례제한법에 의한 기부정치자금 세액공제 대상이 되고 10만원 초과 금액을 기부금특별세액공제로 공제함)

• 기본공제 대상인 배우자 및 부양가족의 기부금

㉣ 기부금 세액공제 한도

• 특례기부금은 소득금액의 100퍼센트를 한도로 한다.

• 일반기부금의 한도액은 소득금액의 30%(종교단체기부금은 10%)를 적용한다.

기부금 사례	기부금 유형
국가, 지방자치단체에 기부	특례기부금
사회복지공동모금회에 기부	
적십자사에 기부	
특별재해(재난)지역의 복구를 위한 자원봉사(8시간을 1일로, 1일에 8만원 적용)	
불우이웃돕기 기부금	일반기부금
노동조합비	

6 월세 세액공제

• 과세기간 종료일 현재 무주택 세대주(세대주가 주택자금특별소득공제를 받지 아니하는 경우에는 세대의 구성원)로서 해당 과세기간의 총급여액이 8천만원 이하인 근로소득이 있는 근로자가 월세액을 지급하는 경우 그 금액에 15%(총급여액이 5,500만원 이하인 자인 경우 17%) 적용한 금액을 해당 과세기간의 종합소득 산출세액에서 공제한다.

• 다만, 해당 월세액이 1,000만원을 초과하는 경우 그 초과하는 금액은 없는 것으로 한다.

참고 사업소득자의 적격 증명서류 수취의무

사업자가 사업과 관련한 지출을 하는 경우에는 세금계산서, 계산서, 신용카드매출전표, 현금영수증 등의 적격증명서류(적격증빙이라고도 함)를 수취하여 5년간 보관하여야 한다. 이러한 증명서류를 수취하지 않는 경우에는 거래금액의 2%에 해당하는 적격증명서류 미수취 가산세를 내야 한다. 단, 건당 3만원 이하의 거래 및 비사업자와의 거래에 대해서는 적격증빙을 수취하지 않아도 별도의 불이익은 없다. 또한 일정 규모 이하의 소규모 사업자는 적격증명서류 미수취 가산세 규정을 적용받지 않으며, 간이과세인 부동산임대업자로부터 임대용역을 제공받고, 금융기관을 이용하여 임차료를 지급하고, 경비등송금명세서를 제출한 경우에는 가산세를 면제한다.

참고 성실신고확인 제도

성실신고확인 제도란 업종별로 전년도 수입금액이 일정 기준 금액(예 : 도소매업 15억원, 제조업 7.5억원, 사회서비스업 5억원 등)을 초과하는 고소득 자영업자가 종합소득세 신고를 할 때에 사업소득의 신고 내용의 적정성 여부를 세무사 등으로부터 검증받는 제도이다. 이와 관련하여 성실신고확인대상사업자가 그 과세기간의 다음 연도 5월 1일부터 6월 30일까지 성실신고확인서를 납세지 관할세무서장에게 제출하지 아니한 경우에는 사업소득금액이 종합소득금액에서 차지하는 비율을 종합소득산출세액에 곱하여 계산한 금액의 100분의 5에 해당하는 금액을 가산세로 징수한다.(성실신고확인서 미제출 가산세)

3 세액감면

종합소득 자진납부세액 계산시 공제되는 세액감면은 「소득세법」상의 세액감면과 「조세특례제한법」상의 세액감면으로 구분된다. 세액감면은 이월공제가 허용되지 않으며 당해 연도에 공제되지 아니한 경우에는 소멸한다. 「소득세법」상의 세액감면은 외국인 근로소득에 대한 세액감면 등이 있다.

조세에 관한 법률을 적용할 때 소득세의 감면에 관한 규정과 세액공제에 관한 규정이 동시에 적용되는 경우 그 적용 순위는 다음 순서로 한다.

① 해당 과세기간의 소득에 대한 소득세의 감면
② 이월공제가 인정되지 아니하는 세액공제
③ 이월공제가 인정되는 세액공제. 이 경우 해당 과세기간 중에 발생한 세액공제액과 이전 과세기간에서 이월된 미공제액이 함께 있을 때에는 이월된 미공제액을 먼저 공제한다.

7 소득세의 신고 · 납부

소득세는 다음연도 5월 1일부터 5월 31일까지 확정신고와 동시에 세액을 납부함을 원칙으로 한다. 그러나 확정신고와는 별도로 과세기간 중에 이루어지는 납세절차가 있는데, 중간예납·예정신고·원천징수 및 수시부과 등이 이에 해당된다.

1 중간예납

1 의의

사업소득(부동산임대업소득 포함)이 있는 거주자는 중간예납 의무가 있다. 즉, 사업소득(부동산임대업소득 포함)이 있는 거주자는 전반기(1월-6월)의 소득세를 미리 납부해야 하는데 이를 중간예납이라고 한다.(중간예납은 매년 11월 1일에서 11월 30일 사이에 함)

다만, 다음에 해당하는 사람은 중간예납 의무가 없다.

> ① 신규사업자
> ② 사업소득(부동산임대소득 포함) 중 수시부과하는 소득
> ③ 보험모집인, 자영예술업, 방문판매인 등
> ④ 납세조합이 소득세를 매월 원천징수하여 납부하는 경우

중간예납의 절차는 중간예납기준에 의한 고지·징수를 원칙으로 하되, 예외적으로 납세의무자가 중간예납기간의 종합소득에 대한 소득세추계액(중간예납추계액)을 신고·납부하는 방법이 있다. 중간예납기준액이 없는 거주자가 해당 과세기간의 중간예납기간 중 종합소득이 있는 경우에는 소득세추계액을 구해서 중간예납 신고를 하여야 하며, 중간예납하여야 할 거주자의 중간예납추계액이 중간예납기준액의 30%에 미달하는 경우에는 중간예납 신고를 직접 할 수 있다.

단, 중간예납세액에 1천원 미만의 단수가 있을 때에는 그 단수금액은 버리고, 중간예납세액이 50만원 미만인 경우에는 징수하지 않는다.(소액부징수)

2 원천징수

원천징수란 소득을 지급하는 자가 그 소득을 지급할 때 일정한 세율을 적용한 세액을 징수하여 정부에 납부하는 제도를 말한다. 원천징수 대상 소득과 해당 원천징수세율은 다음과 같다.

구분	원천징수세율
① 이자소득·배당소득	㉠ 원칙 : 14% ㉡ 비영업대금의 이익·출자공동사업자의 분배금 : 25% ㉢ 비실명 이자소득 및 배당소득 : 45%
② 사업소득	수입금액 3%(외국인 직업운동선수는 계약기간에 관계없이 20%)
③ 근로소득	㉠ 매월 지급한 근로소득금액(일반근로소득) : 근로소득 간이세액표(기본세율)^{주} ㉡ 연말정산 : 근로소득 과세표준에 기본세율 적용 ㉢ 일용근로자의 급여 : 근로소득금액(과세표준)의 6%
④ 연금소득	㉠ 공적연금 : 연금소득 간이세액표(기본세율) ㉡ 사적연금 : 5% (4%, 3%), 퇴직연금계좌에서 연금수령한 경우에는 연금외수령한 경우의 70%(10년 이후 수령분은 60%)
⑤ 기타소득	기타소득금액의 20% <예외> • 무조건 분리과세대상인 복권당첨금으로서 당첨금품 3억원 초과분 : 30% • 연금계좌에서 연금외수령을 한 금액 : 15%
⑥ 퇴직소득	퇴직소득 과세표준에 기본세율 적용
⑦ 봉사료 수입금액	수입금액의 5%

^{주}근로소득자는 간이세액표의 80% 또는 120% 중 선택 가능함.

3 사업장현황신고

부가가치세 면세사업을 영위하는 개인사업자는 해당 사업장의 매출 및 매입 현황 등을 해당 과세기간의 다음 연도 2월 10일까지 사업장 소재지 관할 세무서장에게 신고하여야 하는데 이를 「사업장현황신고」라 한다. 사업장현황신고시에는 매출처별·매입처별 계산서합계표와 매입처별세금계산서합계표를 함께 제출하여야 한다. 이러한 사업장현황신고를 불성실하게 하였을 경우 의사, 수의사, 약사는 수입금액의 0.5%에 해당하는 가산세를 내야 한다.(사업장현황신고 의무불이행 가산세)

> **사업장현황신고 대상자**
>
> 면세사업을 영위하는 개인사업자로서 다음의 사업을 영위하는 자는 사업장현황신고를 하여야 한다. 따라서 부가가치세법상 과세사업자 및 법인사업자(과세 및 면세 포함)와 겸영사업자는 사업장현황신고를 하지 않는다.
>
> - 의사, 수의사, 한의사, 약사 등
> - 입시학원, 외국어학원 등
> - 축산업, 수산업 종사자와 농축수산물 도매업자 등
> - 주택임대사업자 등

4 확정신고

1 신고의무자의 범위

해당 과세기간의 종합소득금액·퇴직소득금액 또는 양도소득금액이 있는 거주자는 그 과세표준을 그 과세기간의 다음연도 5월 1일부터 5월 31일까지 확정신고를 해야 한다. 이 중 종합소득확정신고는 해당 과세기간의 과세표준이 없거나 결손금이 있는 때에도 신고하여야 한다.

2 확정신고 의무의 예외

다음에 해당하는 거주자는 해당 소득에 대하여 종합소득 과세표준 확정신고를 하지 않아도 된다.

구분	내용(단, 해당 소득만 있다고 가정)
연말정산대상 소득만있는 자	① 근로소득만 있는 자 ② 연금소득만 있는 자 ③ 연말정산대상 사업소득만 있는 자
퇴직소득만 있는 자	④ 퇴직소득만 있는 자
연말정산대상 소득과 퇴직소득만 있는 자	⑤ 근로소득과 퇴직소득만 있는 자 ⑥ 연금소득과 퇴직소득만 있는 자 ⑦ 연말정산대상 사업소득과 퇴직소득만 있는 자
분리과세소득만 있는 자	⑧ 분리과세이자소득·분리과세배당소득·분리과세연금소득·분리과세기타소득만 있는 자
분리과세와 복합되는 경우	⑨ 위 '①'에서 '⑦'에 해당하는 자로서 분리과세이자소득·분리과세배당소득·분리과세연금소득·분리과세기타소득이 있는 자
기 타	⑩ 수시부과 후 추가로 발생한 소득이 없는 자

1. 2인 이상으로부터 받은 근로소득·연금소득·퇴직소득 또는 연말정산대상 사업소득이 있는 자(일용근로자 제외)
2. 근로소득(일용근로소득 제외)·연금소득·퇴직소득 또는 연말정산대상 사업소득이 있는 자에 대하여 원천징수의무를 부담하는 자가 연말정산에 의하여 소득세를 납부하지 않은 경우
3. 연말정산대상 사업소득·근로소득 및 연금소득 중 2가지 이상의 소득이 있는 경우

3 과세표준 확정신고기한

과세표준 확정신고를 하여야 할 자는 해당 과세기간의 다음연도 5월 1일부터 5월 31일까지 납세지 관할세무서장에게 신고하여야 한다. 단, 사망한 자의 경우에는 상속개시일이 속하는 달의 말일로부터 6개월 이내에 확정신고한다. (상속인이 승계한 연금계좌 소득금액은 제외) 또한 성실신고확인대상자는 해당 과세기간의 다음연도 5월 1일부터 6월 30일까지 확정신고를 한다.

4 확정신고시 제출 서류

종합소득 과세표준 확정신고에 있어서는 그 신고서에 다음의 서류를 첨부하여 납세지 관할세무서장에게 제출하여야 한다. 이 경우 복식부기의무자가 아래 ③에 따른 서류를 제출하지 아니한 경우에는 종합소득 과세표준 확정신고를 하지 아니한 것으로 본다.

① 인적 공제, 연금보험료공제, 주택담보노후연금 이자비용공제 및 특별소득공제, 자녀세액공제, 연금계좌세액공제, 특별세액공제 대상임을 증명하는 서류

② 종합소득금액의 계산의 기초가 된 총수입금액과 필요경비의 계산에 필요한 서류

③ 사업소득금액을 규정에 의하여 비치·기장된 장부와 증빙서류에 의하여 계산한 경우에는 기업회계기준을 준용하여 작성한 재무상태표·손익계산서와 그 부속서류 및 합계잔액시산표와 대통령령이 정하는 바에 따라 작성한 조정계산서. 다만, 간편장부 규정에 의하여 기장을 한 사업자의 경우에는 간편장부소득금액계산서

④ 필요경비를 계상한 때에는 그 명세서

⑤ 사업자(대통령령이 정하는 소규모사업자를 제외)가 사업과 관련하여 다른 사업자(법인을 포함)로부터 재화 또는 용역을 공급받고 증빙서류 외의 증빙을 수취한 경우에는 영수증수취명세서

⑥ 사업소득금액을 비치·기장한 장부와 증빙서류에 의하여 계산하지 아니한 경우에는 추계소득금액계산서

5 분납(= 분할납부)

중간예납·예납신고·확정신고시 납부할 세액이 1천만원을 초과하는 자는 다음의 세액을 납부기한이 지난 후 2개월 이내에 분납할 수 있다.

- **납부할 세액이 2천만원 이하인 경우** : 1천만원을 초과하는 금액
- **납부할 세액이 2천만원을 초과하는 경우** : 세액의 50% 이하의 금액

6 소액부징수

소득세의 세액이 다음 중 하나에 해당되는 경우에는 해당 소득세를 징수하지 않는다.

① 원천징수세액이 1천원 미만인 경우(이자소득 및 면세인적용역 사업소득은 제외)

② 납세조합의 징수세액이 1천원 미만인 경우

③ 중간예납세액이 50만원 미만인 경우

지급명세서 제출시기

- 이자, 배당, 연금소득, 기타소득 : 다음연도 2월 말일
- 원천징수 대상 사업소득, 근로소득, 퇴직소득, 종교인소득 : 다음연도 3월 10일
- 일용근로자의 지급명세서

  일용근로자의 경우에는 지급명세서를 매월 지급일의 다음달 말일까지 제출

간이지급명세서 제출시기

- 일반근로소득 및 원천징수 대상 사업소득, 기타소득을 대상으로 함. 사업소득과 기타소득은 매월 지급일의 다음달 말일까지 제출해야 하며, 일반근로소득은 다음과 같이 제출한다.

일반근로소득 지급명세서 제출 대상 기간	지급명세서 제출 기한
1월 - 6월 소득	7월 말일
7월 - 12월의 소득	다음연도 1월 말일

지급명세서 제출 불성실 가산세

구분	지연제출 가산세	미제출 가산세
이자 · 배당 · 근로소득 등 지급명세서	0.5%	1%
근로소득 간이지급명세서	0.125%	0.25%

PART 2
실기

01 전산세무 2급 실기시험 개요

전산세무 2급 실무시험 출제경향 요약

번호	내용	점수	문제 유형 (1문항당 각 3점)
1번	일반전표 입력	15점	일반전표 입력 5문항★
2번	매입매출전표 입력	15점	매입매출전표 입력 5문항★
3번	부가가치세	10점	부가가치세 예정신고서·확정신고서 작성 및 전자신고★
			부가가치세 수정신고서 작성
			부동산임대공급가액명세서 작성
			공제받지못할매입세액명세서 작성(납부·환급세액 재계산)
			의제매입세액공제신고서 작성
			대손세액공제신고서, 수출실적명세서 등
4번	결산자료 입력	15점	대손충당금 보충설정액 입력
			당기 감가상각비 입력, 외화자산·부채 평가★
			퇴직급여충당금 당기설정액 입력
			법인세 입력(선납세금 및 미지급법인세)★
			미지급비용·미수이자·미지급이자 대체분개
			선급보험료·선급이자·선수이자 대체분개
			소모품비 대체분개·현금과부족계정 정리 등
5번	원천징수 (인사급여)	15점	사원등록★
			연말정산자료 입력★
			급여자료 입력★
			원천징수이행상황신고서 전자신고
			소득공제신고서 작성 등

전산세무 2급에서 요구하는 실무능력은 재무회계와 부가가치세 실무, 원천징수와 연말정산에 관련된 실무능력이다. 이에 따라 본서에서는 전표입력, 결산과 재무제표 작성, 사원등록과 급여자료입력 등 시험에 나오는 메뉴에 대해 배우게 될 것이다.

실무활용 : F2 키의 활용 ⇒ 코드도움

KcLep(케이렙) 프로그램을 사용할 때 계정과목 코드나 거래처코드 등을 조회하고자 하는 경우에는 여러 가지 기능을 활용할 수 있으나 가장 많이 쓰이는 것이 F2 기능키이다. F2는 계정코드, 거래처코드 등에 대한 [코드검색] 기능을 제공하므로 이 기능을 자주 활용하면 편리할 것이다.

실무활용 : 숫자 입력시 "+" 키의 기능 : "000" 입력

케이렙 프로그램에 숫자를 입력할 때에 1,000,000원 단위 혹은 10,000,000원 단위로 숫자를 입력하는 경우에는 키보드의 숫자판에 있는 +키를 누르면 "0"이 한꺼번에 세 개("000")씩 생성된다. 단위가 큰 숫자를 입력할 때 유용한 기능이므로 미리 알고 잘 활용하도록 하자.

esc 의 활용

실무프로그램 입력시 별도의 저장 탭이 없는 경우 esc를 누르거나, 화면 오른쪽 상단의 X 를 눌러 메뉴를 닫으면 저장이 완료되게 된다.

실기

02 CHAPTER 재무회계 실무능력 정복하기

1 일반전표입력

1 전표 입력시 주의할 사항

(1) 비용의 성격 구분 : 제조경비와 판매관리비의 구분

케이렙 프로그램에서는 제조경비는 500번대 계정을 사용하고 판매관리비는 800번대 계정을 사용한다. 500번대로 입력한 경비는 나중에 제품원가에 포함되어 매출원가를 구성하게 되므로 이들 경비의 구분은 매우 중요하다.

(2) 세금계산서 유무의 구분

세금계산서 등을 받지 않고 일반 영수증만 받은 경우에는 [일반전표]로 입력해야 하고 세금계산서 등을 받은 거래는 [매입매출전표]로 입력해야 한다. 특히 이 중 [매입매출전표]는 부가가치세 신고서와 세금계산서합계표, 매입매출장에 자동으로 반영되므로 주의를 기울여 정확하게 입력해야 한다. (다만, 전산세무 2급 시험에서는 일반전표 입력 혹은 매입매출전표 입력 여부를 수험생이 결정할 필요는 없고 문제에서 요구하는대로 입력하면 된다.)

비용 지출시 세금계산서 유무	입력 장소
세금계산서 등을 주고받은 거래 ⋯⋯▶ 부가가치세 신고서에 반영해야 하는 거래	전표입력 ⇨ 매입매출전표
세금계산서 등을 주고받지 않은 거래 ⋯⋯▶ 부가가치세 신고서에 반영하지 않는 거래	전표입력 ⇨ 일반전표

일반전표는 출금전표, 입금전표, 대체전표로 구분된다. 현금이 지출되거나 들어오는 거래에 대해서는 출금전표와 입금전표가 작성되고 현금이 오가지 않는 거래 및 선급금 등 다른 계정과목이 섞인 거래에 대해서는 대체전표를 작성한다. 현금전표, 즉 입금전표와 출금전표는 거래가 일어났을 때 전표 한장만 입력하면 분개가 완성된다. 반면 대체전표는 하나의 거래에 대해 차변과 대변 양쪽으로 입력을 해야 하므로 두 번 이상의 입력을 하게 된다.

구분	전표종류	내용	구분 입력	구분 표시
현금 전표	① 출금전표	현금의 지출이 있는 거래에서 사용 ⋯→ 분개의 차변과 대변에 각각 계정과목이 하나씩만 있고, 분개의 대변이 전액 현금인 경우 사용	1	출금
현금 전표	② 입금전표	현금의 수입이 있는 거래에서 사용 ⋯→ 분개의 차변과 대변에 각각 계정과목이 하나씩만 있고, 분개의 차변이 전액 현금인 경우 사용	2	입금
대체 전표	③ 차변전표	분개의 차변에 입력하기 위한 전표 ⋯→ 현금의 수입과 지출이 없거나 현금거래가 부분적인 경우 해당 거래의 차변 입력	3	차변
대체 전표	④ 대변전표	분개의 대변에 입력하기 위한 전표 ⋯→ 현금의 수입과 지출이 없거나 현금거래가 부분적인 경우 해당 거래의 대변 입력	4	대변

일반전표의 입력 방법에 대해 순서대로 알아보도록 하자.

1 입금전표

(주)경인전자(회사코드 5001)는 7월 4일에 국민은행에서 3년 만기 차입금 1억원을 빌렸으며, 동 금액은 현금으로 즉시 수령하였다.

<회계처리>

(차) 현금	100,000,000	(대) 장기차입금 (거래처 : 국민은행)	100,000,000

• [전체메뉴]의 [전표입력] 하단의 [일반전표입력]을 클릭한다.

전표입력
일반전표입력
매입매출전표입력
전자세금계산서발행

• 전표입력 화면이 나오면 왼쪽 상단의 ▢▾월 의 세모표시를 클릭한 후 입력하고자 하는 월을 선택하거나 직접 해당 월을 입력한다.

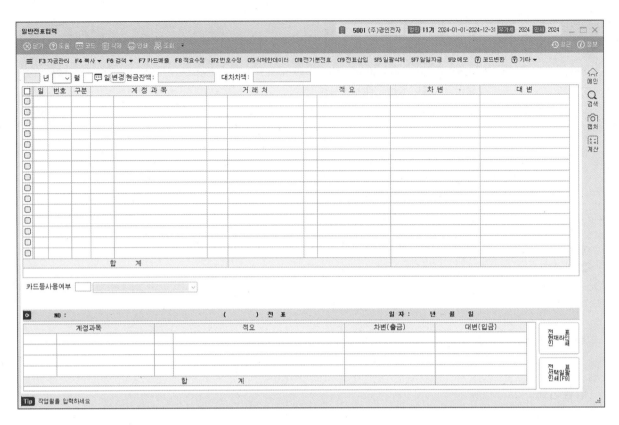

- 위 메뉴에서 7월을 선택한 후 일자까지 지정하고 싶으면 화면의 일자 란에 숫자를 입력하고 7월의 전표를 날짜 구분 없이 한꺼번에 입력하고 싶으면 화면의 일자 란에 숫자를 입력하지 말고 enter↵를 친다. 이 경우 날짜는 메뉴의 일자 란에 직접 입력하면 된다.

- [번호]는 전표일련번호를 말하는 것으로서 별도로 입력하지 말고 enter↵를 치면 자동으로 생성된다. 전표 일련번호를 수정할 때에는 화면 위쪽의 SF2 번호수정 탭을 클릭한 후 수정한다. 시험문제에서 전표 일련번호는 채점의 대상이 아니다.

- [구분]에 "2"를 입력하면 [입금]이라는 글자가 나타나는데 이것은 입금전표를 선택한다는 의미이다. [구분]을 입력한 후 enter↵를 치면 [계정과목] 칸으로 넘어간다. 계정과목은 이름을 입력하는 것이 아니라 해당되는 코드를 조회하여 이를 입력해야 한다. 계정코드를 모른다면 F2를 누르거나 코드의 공란을 더블클릭하여 계정과목을 입력한 후 enter↵를 눌러서 코드를 조회한다. 계정과목 조회시 2글자 이상 입력하면 해당 이름이 들어가는 계정이 모두 조회된다.

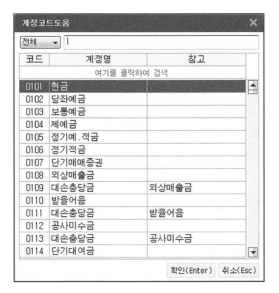

- 계정과목코드 도움박스를 클릭하여 화면 하단의 [검색]란에 '장기차'라는 글자를 입력해 보면 위의 그림과 같이 해당 이름이 들어가는 계정과목이 모두 조회되는 것을 볼 수 있다. 이 중 본 예제의 해당 계정은 '장기차입금'(3년 만기이므로)이므로 '장기차입금'을 클릭하여 입력한다.

□	일	번호	구분	계 정 과 목	거 래 처	적 요	차 변	대 변
☐	4		입금	0293 장기차입금				

- [계정과목] 코드 입력을 마친 후 [거래처] 코드를 입력하여야 한다. 단, 전산세무 2급 시험에서 채권·채무와 관련된 계정과목은 반드시 거래처코드 입력을 하여야 하지만 그 외의 계정과목에 대해서는 거래처 코드를 걸지 않아도 되므로 이 경우에는 거래처 코드 입력 없이 enter.⏎를 치고 넘어가면 된다. 이미 거래처등록이 되어 있는 회사와의 거래라면 F2를 눌러 거래처코드를 검색하여 입력하면 되고 거래처등록을 하지 않은 회사와의 거래라면 신규로 거래처등록을 하면 된다. 거래처 코드 조회도 계정과목 코드 조회와 마찬가지로 코드 란에 해당 이름을 2글자 이상 입력하여 조회한다. 이 예제의 경우 국민은행은 거래처코드 '98001'번으로 등록되어 있으므로 거래처코드를 선택하면 된다.

- 거래처를 입력한 후 적요는 등록된 번호 중 해당되는 것을 선택하거나 ☐ 적 요 ☐ 란에 직접 입력할 수 있다. 시험에서는 별도의 요구사항이 없는 한 적요 입력은 생략하면 된다. 다만, 타계정대체 거래에 대해서는 적요를 반드시 입력하여야 한다.

- 적요 입력을 한 후(또는 적요입력을 생략하려면 enter.⏎ 를 치고 넘어간 후) 대변에 기입할 금액을 입력한다. 입금전표는 해당 금액을 대변에 한번만 입력하면 차변과 대변에 모두 동일한 금액이 입력되게 되므로 차변의 현금 금액도 자동으로 기입되는 것이다.

□	일	번호	구분	계 정 과 목	거 래 처	적 요	차 변	대 변
☐	4	00001	입금	0293 장기차입금	98001 국민은행		(현금)	10,000,000

> **거래처코드를 걸어야 하는 계정과목의 종류**
>
> 회사의 채권·채무 및 각종 예금 계정 등에 대해서는 일반전표·매입매출전표 입력시 거래처코드를 반드시 걸어야 한다. 다만, 전산세무 2급 시험에서는 채권·채무 관련 계정과목에 대해 거래처코드를 등록하라고 하고 있으므로 문제에서 별다른 언급을 하지 않는다면 보통예금, 정기예금 등에 대해서는 거래처코드를 걸지 않아도 된다. 시험과 관련하여 거래처코드 등록을 반드시 해야 하는 계정과목은 대표적으로 "**외상매출금, 받을어음, 외상매입금, 지급어음, 미지급금, 미수금, 선급금, 선수금, 가지급금, 가수금, 단기차입금, 장기차입금, 유동성장기부채, 단기대여금, 장기대여금 등의 채권 및 채무**" 등이 있다.

2 출금전표

출금전표의 입력 방법도 입금전표와 거의 동일하다. 다만 [구분]에 숫자 "1"을 입력해야 [출금]이라는 글자가 나타나면서 출금전표 입력이 되게 된다는 것만 주의하면 된다.

> (주)경인전자(회사코드 5001)는 (주)가영상사에 대해 외상매입금 1,650만원(2월 26일에 발생)을 8월 15일에 현금으로 지급하였다.
>
> < 회계처리 >
>
> | (차) | 외상매입금 | 16,500,000 | (대) | 현금 | 16,500,000 |
> | --- | --- | --- | --- | --- | --- |
> | | (거래처 : (주)가영상사) | | | | |

- 날짜를 8월 15일로 선택한다.

- 출금전표를 입력하기 위해 [구분]에 "1"을 입력한다.

- 계정코드를 선택하고 코드를 모를 때에는 F2를 누르거나 코드란을 더블클릭한다. 혹은 코드의 숫자를 입력하는 란에 "외상"이라고 한글 두글자를 입력하면 관련 계정을 선택할 수 있는 화면이 나타나므로 이 중에서 외상매입금을 선택한다.

- 거래처코드를 선택하는데 코드란에 커서를 놓고 F2를 눌러 거래처 검색을 한 후 (주)가영상사를 선택한다. 또는 [코드]란에 '가영'이라고 입력한 후 enter 를 친다.

- 차변에 금액을 입력한 후 분개가 정확하게 되었는지 확인한다.

□	일	번호	구분	계 정 과 목	거 래 처	적 요	차 변	대 변
▣	15	00002	출금	0251 외상매입금	00204 (주)가영상사		16,500,000	(현금)

3 대체전표

현금의 거래가 없거나 현금과 외상 거래 등이 혼합된 경우 이를 대체거래라고 한다. 대체거래에 대해서는 차변계정과목에 대한 입력과 대변계정과목에 대한 입력을 별도로 각각 해야 한다. 차변계정과목에 대한 대체전표는 [구분]을 "3"으로 선택하고 대변계정과목에 대해서는 [구분]을 "4"로 선택해야 한다. 대체전표를 입력할 때에 차변과 대변 중 어느 것을 먼저 입력해도 상관없으며 거래에 따라서는 차변이 두 줄 이상이거나 대변이 두 줄 이상일 수도 있다.

> 출금전표는 분개의 대변이 전액 현금인 경우에 사용하는 전표이고, 입금전표는 분개의 차변이 전액 현금인 경우 사용하는 전표이다. 즉, 현금전표(출금전표와 입금전표)란 분개의 어느 한쪽이 완전히 현금인 거래에 대해 사용하는 것이다. 대체전표란 이러한 현금전표 이외의 거래에 해당하므로 분개의 한쪽에 현금계정이 다른 계정과목과 섞여서 나타나는 분개는 대체전표를 사용하면 된다.

계정과목	구분
차변계정과목	'3' [차변]
대변계정과목	'4' [대변]

(주)경인전자(회사코드 5001)는 9월 20일에 (주)은성기업의 주식 100주를 매입하였다.(장기보유 목적이며 (주)은성기업 주식은 상장주식임) 주식 1주당 단가는 10,000원이며 대금은 전액 보통예금 계좌에서 이체하여 지급하였다. 주식은 매도가능증권 (투자자산)으로 처리하기로 한다. 주식매입과 관련한 수수료 5만원이 현금으로 지급되었다.

<회계처리>

(차) 매도가능증권	1,050,000	(대) 보통예금	1,000,000
		현금	50,000

- 대체전표 입력시 거래처명이나 금액, 적요 등은 입금전표, 출금전표의 입력방법과 동일하다. 따라서 [구분]의 선택과 정확한 계정과목 코드 입력에만 주의하면 되며, 입력이 끝난 후에는 화면에 분개가 제대로 되었는지 확인해야 한다.

- 차변에 '매도가능증권'(투자자산)을 입력하기 위해서는 [구분]란에 숫자 "3"을 입력한 후 계정과목 코드 선택을 한다. [코드]란에 "매도"라고 입력한 후 [enter]를 치면 아래와 같이 매도가능증권 관련 코드가 모두 조회된다. 매도가능증권은 별도의 언급이 없는 한 투자자산으로 처리해야 하므로 투자자산 코드 범위에 해당하는 178번을 선택한 후 [enter]를 누른다.(투자자산 코드 범위는 [계정과목 및 적요등록] 메뉴에서 [코드체계]를 조회하면 알 수 있다.

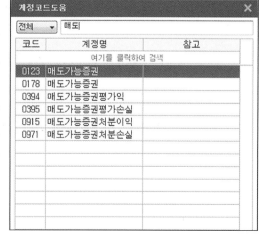

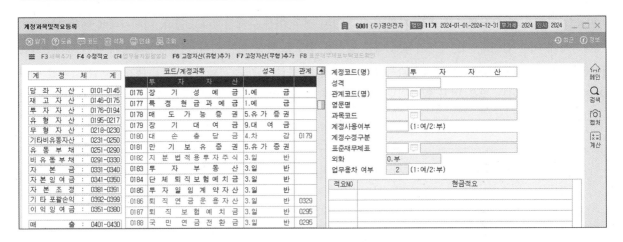

- 시험에서 일반적인 문제의 경우 적요 입력은 생략하며, 실무에서는 적절한 적요 번호를 선택하거나 적요번호에 "0"을 입력한 후 적요 내용을 수기로 입력할 수 있다. 단, 타계정대체 거래의 경우에는 적요코드를 반드시 걸어야 점수를 획득할 수 있다.

- 대변에 '보통예금'을 입력하기 위해서 [구분]에 "4"를 입력하고 보통예금코드 '103'을 입력한 후 100만원을 입력하면 된다. 현금 역시 "4"를 입력하고 5만원을 입력한다. 현금거래와 다른 결제 수단이 섞여 있기 때문에 이때에는 대체전표로 현금을 입력하는 것이다.

- 보통예금에 대해 실무에서는 거래처코드를 걸어야 하지만, 전산세무 2급 시험에서는 별도의 언급이 없는 한 채권, 채무에 대한 거래에만 거래처코드를 걸도록 하고 있다. 따라서 보통예금에 대해서는 거래처코드를 걸지 않아도 된다.

위 분개를 완성하면 다음과 같으며 화면 하단부 분개도 다음과 같이 나타난다.

□	일	번호	구분	계 정 과 목	거 래 처	적 요	차 변	대 변
☑	20	00001	차변	0178 매도가능증권			1,050,000	
☑	20	00001	대변	0103 보통예금				1,000,000
☑	20	00001	대변	0101 현금				50,000
				합 계			1,050,000	1,050,000

계정과목	적요	차변(출금)	대변(입금)	
0178 매도가능증권		1,050,000		전 표 현재라인 인 쇄
0103 보통예금			1,000,000	
0101 현금			50,000	
합 계		1,050,000	1,050,000	선택[1 6]

대체거래에 현금이 포함된 경우에는 입금전표나 출금전표를 별도로 입력하지 않고 대체거래(구분 3, 4)로 입력하면서 계정코드를 "101"로 선택하여 입력하면 된다.

출금전표나 입금전표를 대체전표로 입력하는 것도 가능하다.

예를 들어 "(차) 현금 1,000,000 (대) 상품매출 1,000,000"에 대한 분개를 입력하기 위해서는 입금전표 1장으로 입력해도 되고, 대체전표 2장(차변전표 1장 + 대변전표 1장)으로 입력해도 된다.

※ 입금전표로 입력한 경우 화면

□	일	번호	구분		계 정 과 목	거 래 처	적 요	차 변	대 변
▣	22	00001	입금	0401	상품매출			(현금)	1,000,000

계정과목		적요	차변(출금)	대변(입금)	
0401	상품매출			1,000,000	전표재라인 인 쇄
0101	현금		1,000,000		
합		계	1,000,000	1,000,000	

※ 대체전표(차변+대변)로 입력한 경우 화면

□	일	번호	구분		계 정 과 목	거 래 처	적 요	차 변	대 변
▣	22	00001	차변	0101	현금			1,000,000	
▣	22	00001	대변	0401	상품매출				1,000,000

계정과목		적요	차변(출금)	대변(입금)	
0101	현금		1,000,000		전표재라인 인 쇄
0401	상품매출			1,000,000	
합		계	1,000,000	1,000,000	

위 그림에서 알 수 있다시피 어떤 방법으로 입력하든 차변에 현금, 대변에 상품매출 계정과목이 생성된 것을 확인할 수 있을 것이다. 따라서 순수한 현금거래라고 하더라도 현금전표가 아닌 대체전표로 입력하여도 된다는 것을 알 수 있다.

전표입력시 대손충당금과 감가상각누계액 코드 = "관련 자산 코드 + 1"

대손충당금과 감가상각누계액은 관련된 자산에 대해 각각 설정해야 한다. 예를 들어 대손충당금의 경우 외상매출금에 대한 대손충당금과 받을어음에 대한 대손충당금은 각각 따로 설정되는 것이다. 외상매출금의 코드가 108이므로 외상매출금에 대해 설정한 대손충당금은 108에 "1"을 더한 109번이 되는 것이다. 감가상각누계액 코드도 관련 자산 코드에 "1"을 더하면 된다.

실기

타계정 대체 적요등록이 필요한 경우

원재료, 상품, 제품 등의 재고자산이 타계정에서 대체되거나 타계정으로 대체되는 경우에는 해당금액이 제조원가 명세서와 손익계산서 등에 반영될 수 있도록 하려면 반드시 적절한 적요를 선택해야만 한다. 적요를 알맞게 선택하지 않으면 전표를 입력했다고 하더라도 해당 금액이 제조원가명세서와 손익계산서에 반영되지 않으므로 반드시 올바른 적요를 입력해야 한다. 전산세무 2급 시험에서는 주로 '타계정으로 대체'가 출제되므로 이에 대해 살펴보기로 한다.

타계정으로 대체	재고자산이 해당 원가와 무관한 계정으로 대체되는 것이다. 예를 들어 차량을 만드는 회사에서 그 차량(제품)을 회사의 영업용으로 사용한 경우 '타계정으로 대체'가 된다. 즉, 재고자산인 제품이 해당 원가와 무관한 차량운반구 계정으로 대체되었으므로 반드시 적요 8번의 '타계정으로 대체'를 선택해야 하는 것이다.

예를 들어 제품의 경우를 보자.

① (차) 제품매출원가   1,000,000   (대) 제품 1,000,000

② (차) 기부금   1,000,000   (대) 제품 1,000,000

정상적인 거래의 경우 제품은 판매되어 제품매출원가로 대체되는 것이 일반적이다. 따라서 제품이 대변에 입력될 때에는 ①번과 같은 분개가 될 때에는 타계정대체 적요를 걸 필요가 없지만 ②번과 같은 분개(즉, 차변에 제품매출원가 이외의 계정과목이 오는 경우)를 입력할 때에는 제품 계정 입력시 반드시 [8번 타계정으로 대체] 적요를 걸어야 한다.

(차변)	(대변)	설명
제품매출원가	제품	제품, 상품, 재공품, 원재료 등이 대변에 기입되면서 차변에 제품매출원가, 상품매출원가 외의 계정과목이 기입되는 경우에는 대변의 재고자산 계정과목에 [8.타계정으로 대체] 적요를 입력
상품매출원가	상품	
제 품	재공품	
원재료비 또는 재공품	원재료	

• 원재료 계정의 적요(대체적요)

	적 요			적 요	
1	원재료 외상매입		6	의제매입세액공제신고서 자동반영분	
2	원재료 매입 부대비용		7	재활용폐자원매입세액공제신고서 자동반영분	
3	원재료 매입환출 및 에누리		8	타계정으로 대체액 원가명세서 반영분	
4	원재료 매입할인		9	타계정에서 대체액 원가명세서 반영분	
5	원재료비 대체		99	구리스크랩등매입세액공제신고서 자동반영분	

• 제품 계정의 적요(대체적요)

	적 요				
1	제조원가 제품대체				
2	제품 매출원가 대체				
6	제품 재고감모손실 대체				
8	타계정으로 대체액 손익계산서 반영분				
9	타계정에서 대체액 손익계산서 반영분				

• 상품 계정의 적요

적 요		
1	상품 외상매입	7 재활용폐자원매입세액공제신고서 반영분
2	상품 매입 부대비용	8 타계정으로 대체액 손익계산서 반영분
3	상품 매입환출 및 에누리	9 타계정에서 대체액 손익계산서 반영분
4	상품매출원가 대체	99 구리스크랩등매입세액공제신고서 자동반영분
6	의제매입세액공제신고서 반영분	

연습문제 | 일반전표입력

※ 일반전표 입력시 주의할 사항은 다음과 같다.

<table><tr><td align="center">입력시 유의사항</td></tr></table>

- 적요의 입력은 생략한다.

- 채권·채무와 관련된 거래는 별도의 요구가 없는 한 반드시 기 등록되어 있는 거래처코드를 선택하는 방법으로 거래처명을 입력한다.

- 제조경비는 500번대 계정코드를 사용한다.

- 판매비와 관리비는 800번대 계정코드를 사용한다.

- 타계정 대체거래는 적요입력시 반드시 적요번호를 선택한다.

- 회계처리과목은 별도제시가 없는 한 등록되어 있는 계정과목 중 가장 적절한 과목으로 한다.

1. 다음은 (주)경인전자(회사코드 5001)의 거래이다. 이를 일반전표입력 메뉴에 추가 입력하시오.

[1] 2월 25일 : 전기 이익잉여금처분계산서의 내역을 조회하여 결산확정일인 2월 25일에 필요한 회계처리를 하시오(원천징수 등은 무시하기로 한다). (3점)

[2] 2월 26일 : 공정가액이 230,000원인 공채를 300,000원에 현금으로 매입하다. 이 공채는 유형자산인 건물의 취득시 법령에 따라 매입한 것으로서 현행 회계기준상 단기매매증권으로 분류한다. (3점)

[3] 4월 10일 : 회사는 전기에 영업부 직원에 대한 퇴직급여충당부채 10,000,000원이 미계상된 점을 발견하고 일반기업회계기준에 따라 즉시 퇴직급여충당부채를 추가로 계상하였다(발견된 오류는 중대하지 않다). (3점)

실기

[4] 4월 22일 : 액면가액 50,000,000원인 사채 중 30,000,000원을 30,820,000원에 당좌수표를 발행하여 조기에 상환하다. 당사의 다른 사채는 없으며 상환일 현재 사채 전체에 대한 사채할증발행차금 잔액은 1,260,000원이다. (3점)

[5] 4월 29일 : 현재 총계정원장의 당좌예금 잔액을 은행의 잔액증명서 잔액과 비교한 결과 발견된 차액의 원인은 당좌차월에 대한 이자비용 200,000원으로 밝혀졌다. (3점)

[6] 12월 17일 : 야마다상사에 대한 외상매입금 $50,000(55,000,000원)을 보통예금에서 홍콩달러화로 환전하여 상환하였다. 당일의 적용환율은 1$당 1,300원이었다. (3점)

[7] 12월 20일 : 화재로 인하여 공장의 기계장치(취득가액 10,000,000원, 감가상각누계액 4,500,000원)가 소실되었다 (화재보험 가입은 되어있지 않았고, 당기 감가상각비는 고려하지 말고, 손상차손(소실)에 대한 계정과목은 기설정된 것 중 가장 적절한 것을 선택한다). (3점)

[8] 12월 25일 : 당사에서 구입했던 상품인 텐트 100개를 수재민을 도와주기 위해 서울시에 기부하였다. 텐트의 구입 원가는 10,000,000원이며 시가는 12,000,000원이다. (3점)

해답

번호	날짜	전표	분개			
[1]	2/25	대체	(차) 이월이익잉여금	31,000,000	(대) 미교부주식배당금	20,000,000
					미지급배당금	10,000,000
					이익준비금	1,000,000

□	일	번호	구분	계 정 과 목	거 래 처	적 요	차 변	대 변
	25	00007	차변	0375 이월이익잉여금			31,000,000	
	25	00007	대변	0387 미교부주식배당금				20,000,000
	25	00007	대변	0265 미지급배당금				10,000,000
	25	00007	대변	0351 이익준비금				1,000,000

번호	날짜	전표	분개			
[2]	2/26	대체	(차) 건물	70,000	(대) 현금	300,000
			단기매매증권	230,000		

□	일	번호	구분	계 정 과 목	거 래 처	적 요	차 변	대 변
	26	00006	차변	0202 건물			70,000	
	26	00006	차변	0107 단기매매증권			230,000	
	26	00006	대변	0101 현금				300,000

번호	날짜	전표	분개
[3]	4/10	대체	(차) 전기오류수정손실 10,000,000 (대) 퇴직급여충당부채 10,000,000 (962번, 영업외비용 코드에 반영)

※ 당기에 발견한 전기 또는 그 이전기간의 오류가 중대하지 않은 경우 당기 손익계산서에 영업외손익 중 전기오류수정손익으로 보고한다.

□	일	번호	구분	계 정 과 목	거 래 처	적 요	차 변	대 변	▲
☐	10	00004	차변	0962 전기오류수정손실			10,000,000		
☐	10	00004	대변	0295 퇴직급여충당부채				10,000,000	

번호	날짜	전표	분개
[4]	4/22	대체	(차) 사채 30,000,000 (대) 당좌예금 30,820,000 사채할증발행차금 756,000 사채상환손실 64,000

$$※ 사채할증발행차금 = 1,260,000원 \times \frac{30,000,000원}{50,000,000원} = 756,000원$$

□	일	번호	구분	계 정 과 목	거 래 처	적 요	차 변	대 변	▲
☐	22	00001	차변	0291 사채			30,000,000		
☐	22	00001	차변	0313 사채할증발행차금			756,000		
☐	22	00001	차변	0968 사채상환손실			64,000		
☐	22	00001	대변	0102 당좌예금				30,820,000	

번호	날짜	전표	분개
[5]	4/29	대체	(차) 이자비용 200,000 (대) 당좌예금 200,000

□	일	번호	구분	계 정 과 목	거 래 처	적 요	차 변	대 변	▲
☐	29	00002	차변	0951 이자비용			200,000		
☐	29	00002	대변	0102 당좌예금				200,000	

번호	날짜	전표	분개
[6]	12/17	대체	(차) 외상매입금 55,000,000 (대) 보통예금 65,000,000 (거래처 : 야마다상사) 외환차손 10,000,000

□	일	번호	구분	계 정 과 목	거 래 처	적 요	차 변	대 변	▲
☐	17	00001	차변	0251 외상매입금	00111 야마다상사		55,000,000		
☐	17	00001	차변	0952 외환차손			10,000,000		
☐	17	00001	대변	0103 보통예금				65,000,000	

번호	날짜	전표	분개
[7]	12/20	대체	(차) 감가상각누계액(207번) 4,500,000 (대) 기계장치 10,000,000 재해손실 5,500,000

※ 손실에 대한 계정과목은 '유형자산손상차손', '재해손실' 등을 사용할 수 있으나 기등록된 계정과목 중 '유형자산손상차손'은 없으므로 '재해손실'로 입력하면 된다.

□	일	번호	구분	계 정 과 목	거 래 처	적 요	차 변	대 변	▲
☐	20	00002	차변	0207 감가상각누계액			4,500,000		
☐	20	00002	차변	0961 재해손실			5,500,000		
☐	20	00002	대변	0206 기계장치				10,000,000	

번호	날짜	전표	분개
[8]	12/25	대체	(차) 기부금 10,000,000 (대) 상품 10,000,000 (적요 8번. 타계정으로 대체)

※ 기부한 금액에 대한 회계처리는 해당 상품이나 제품 등의 원가로 하여야 한다. 왜냐하면 장부에 있는 상품 등의 원가를 없애는 분개를 하면서 차변에 기부금을 처리하는 것이기 때문이다.

□	일	번호	구분	계 정 과 목	거 래 처	적 요	차 변	대 변	▲
☐	25	00004	차변	0953 기부금			10,000,000		
☐	25	00004	대변	0146 상품		8 타계정으로 대체액 손익		10,000,000	

2. 다음은 (주)경인전자(회사코드 5001)의 거래이다. 이를 일반전표입력 메뉴에 추가 입력하시오.

[1] 4월 05일 : (주)현대상사에 원재료를 구입하기로 하고 계약금 5,000,000원을 어음(만기일 2025년 6월 30일)으로 발행하여 지급하였다. (3점)

[2] 4월 22일 : 신축공장건물에 대한 소유권 보존 등기비용으로서 취득세 등 2,000,000원이 보통예금에서 인출되었다. (3점)

[3] 4월 28일 : 당사는 유상증자를 위하여 신주 1,000주를 5,000,000원(액면가 @5,000원)에 발행하고 전액 당좌예입하다. 주식발행과 관련하여 주권인쇄비 100,000원을 현금으로 지급하였다. (3점)

[4] 5월 10일 : (주)고은통신에 대한 외상매출금 중 11,000,000원의 소멸시효가 완성되어 대손처리하였다. 기 설정되어있는 대손충당금을 조회하여 적절한 회계처리를 하시오. 단, 부가가치세는 고려하지 않기로 한다. (3점)

[5] 6월 13일 : 매출처 사장과 매화식당에서 식사를 하고 식사대 100,000원을 우리법인카드로 지불하였다. (3점)

[6] 6월 15일 : 회사는 액면금액 5,000원인 자기주식을 1주당 6,000원에 1,000주를 취득하였으며 대금은 보통예금에서 계좌이체를 통해 지급했다. (3점)

[7] 8월 03일 : 뉴욕은행으로부터 차입한 외화장기차입금 $10,000(외화장기차입금 계정)와 이자 $200에 대해 거래은행에서 원화현금을 달러로 환전하여 상환하였다. 단, 하나의 전표로 회계처리 하시오. (3점)

- 장부상 회계처리 적용 환율 : $1당 1,000원   - 상환시 환전한 적용 환율 : $1당 1,100원

[8] 9월 10일 : 신축중인 사옥의 장기차입금 이자 750,000원을 당좌수표로 지급하였다. 사옥은 2026년 10월 30일 완공예정이다. 해당 거래는 자산으로 처리하기로 한다. (3점)

해답

번호	날짜	전표	분개
[1]	4/05	대체	(차) 선급금　　　　5,000,000　(대) 지급어음　　　　5,000,000
			(거래처 : (주)현대상사)　　　　　　(거래처 : (주)현대상사)

□	일	번호	구분	계 정 과 목	거 래 처	적 요	차 변	대 변
☑	5	00001	차변	0131 선급금	00330 (주)현대상사		5,000,000	
☑	5	00001	대변	0252 지급어음	00330 (주)현대상사			5,000,000

번호	날짜	전표	분개
[2]	4/22	대체	(차) 건물　　　　2,000,000　(대) 보통예금　　　　2,000,000

□	일	번호	구분	계 정 과 목	거 래 처	적 요	차 변	대 변
☑	22	00002	차변	0202 건물			2,000,000	
☑	22	00002	대변	0103 보통예금				2,000,000

번호	날짜	전표	분개
[3]	4/28	대체	(차) 당좌예금　　　　5,000,000　(대) 자본금　　　　5,000,000
			주식할인발행차금　100,000　　　현금　　　　100,000
			※ 주식 발행 수수료 등 관련 비용은 주식의 발행가액에서 직접 차감함

□	일	번호	구분	계 정 과 목	거 래 처	적 요	차 변	대 변
☑	28	00001	차변	0102 당좌예금			5,000,000	
☑	28	00001	차변	0381 주식할인발행차금			100,000	
☑	28	00001	대변	0331 자본금				5,000,000
☑	28	00001	대변	0101 현금				100,000

번호	날짜	전표	분개
[4]	5/10	대체	(차) 대손충당금(109번)　2,352,652　(대) 외상매출금　11,000,000
			대손상각비　　　　8,647,348　　　(거래처 : (주)고은통신)

□	일	번호	구분	계 정 과 목	거 래 처	적 요	차 변	대 변
☑	10	00005	차변	0109 대손충당금			2,352,652	
☑	10	00005	차변	0835 대손상각비			8,647,348	
☑	10	00005	대변	0108 외상매출금	00318 (주)고은통신			11,000,000

번호	날짜	전표	분개
[5]	6/13	대체	(차) 기업업무추진비(800번대)　100,000　(대) 미지급금　100,000
			(거래처 : 우리법인카드)

□	일	번호	구분	계 정 과 목	거 래 처	적 요	차 변	대 변
□	13	00002	차변	0813 기업업무추진비			100,000	
□	13	00002	대변	0253 미지급금	99900 우리법인카드			100,000

번호	날짜	전표	분개
[6]	6/15	대체	(차) 자기주식　　　　6,000,000　(대) 보통예금　　　　6,000,000

□	일	번호	구분	계 정 과 목	거 래 처	적 요	차 변	대 변
☑	15	00001	차변	0383 자기주식			6,000,000	
☑	15	00001	대변	0103 보통예금				6,000,000

번호	날짜	전표	분개
[7]	8/03	대체	(차) 외화장기차입금　10,000,000　(대) 현금　　　11,220,000
			(거래처 : 뉴욕은행)
			외환차손　　　　1,000,000
			이자비용　　　　　220,000

□	일	번호	구분	계 정 과 목	거 래 처	적 요	차 변	대 변
☑	3	00002	차변	0305 외화장기차입금	00116 뉴욕은행		10,000,000	
☑	3	00002	차변	0952 외환차손			1,000,000	
☑	3	00002	차변	0951 이자비용			220,000	
☑	3	00002	대변	0101 현금				11,220,000

번호	날짜	전표	분개
[8]	9/10	대체	(차) 건설중인자산　　750,000　(대) 당좌예금　　　750,000

□	일	번호	구분	계 정 과 목	거 래 처	적 요	차 변	대 변
☑	10	00004	차변	0214 건설중인자산			750,000	
☑	10	00004	대변	0102 당좌예금				750,000

실기

3. 다음은 (주)경인전자(회사코드 5001)의 거래이다. 이를 일반전표입력 메뉴에 추가 입력하시오.

[1] 3월 31일 : 제1기 부가가치세 예정신고시 적용할 원재료 매입에 대한 의제매입세액이 부가가치세법 규정에 따라 350,000원으로 계산되었다고 가정하고, 공제되는 의제매입세액에 대한 회계처리를 하시오(의제매입세액 외의 회계처리는 고려하지 않기로 하며, 회계처리 금액은 음수(−)로 처리하지 말것). (3점)

[2] 4월 27일 : 당사의 판매부서에 근무하는 직원인 김영업, 나진출씨에게 다음과 같은 원천징수 금액을 차감한 후 4월분 급여를 법인의 당좌예금 통장에서 이체하였다(국민연금 등은 본인부담분이며 공제액은 하나의 계정과목으로 처리한다).(사원등록 메뉴에 입력된 사항은 무시하고 본 문제의 요구사항에 따른다.) (3점)

구분	총급여	국민연금 등	소득세 등	차감지급액
김영업	2,000,000원	75,000원	120,000원	1,805,000원
나진출	1,600,000원	60,000원	85,000원	1,455,000원

[3] 5월 02일 : (주)부자로부터 건물(공정가치 : 200,000,000원)을 취득하면서 보유중인 토지(장부가액 120,000,000원, 공정가치 160,000,000원)와 당좌수표 40,000,000원을 발행하여 지급하였다(단, 현금수수가 중요한 것으로 판단한다). (3점)

[4] 5월 07일 : 광주로 출장갔던 판매사원 이한돌이 귀사하여 5월 1일 지급하며 가지급금으로 처리했던 여비교통비 200,000원 중에서 잔액 32,000원을 현금으로 반납하였다. 나머지 금액에 대해서는 여비교통비에 대한 지출 증명서류를 적절하게 수취하였다. (3점)

[5] 5월 27일 : 당사는 작년 8월 9일에 일본에 소재한 동경ABC사로부터 원재료 ¥1,000,000 어치를 구매하면서 이를 외상매입금으로 처리하였고, 금일 동 외상매입금 전액을 현금으로 상환하였다. 단, 전기말 외화자산·부채와 관련해서는 적절하게 평가하였다. (3점)

날짜	환율
05. 27	950원/100¥
08. 09	1,000원/100¥
12. 31	900원/100¥

[6] 6월 10일 : 6월 10일 현재 남아있는 (주)강서정보기술에 대한 외상매입금 중 5,000,000원은 보통예금 계좌에서
　　이체하였고, 나머지 금액은 다음과 같은 내용의 금전대차거래로 전환하기로 하였다. (3점)

- 이자율 : 연 5%(단, 원리금 상환 지체시 연 30% 추가)
- 원금상환기한 : 차용일로부터 8개월
- 이자지급기한 : 원금 상환시 일시지급
- 차용일 : 6월 10일

[7] 6월 24일 : 한국기술교육재단에서 실시하는 정기교육에 본사 회계부서 직원을 참가시키면서 교육참가비와 교재비
　　합계 150,000원을 삼성카드로 결제하였다. (3점)

[8] 7월 03일 : (주)최고생명에서 당사가 가입한 퇴직연금에 대한 이자 500,000원이 퇴직연금계좌로 입금되었다. 현재
　　당사는 (주)최고생명에 확정급여형(DB)퇴직연금에 가입되어 있다.(3점)

....

해답

번호	날짜	전표	분개			
[1]	3/31	대체	(차) 부가세대급금	350,000	(대) 원재료	350,000
			(또는 부가세예수금)		(적요 : 8.타계정대체)	10,000,000

□	일	번호	구분	계 정 과 목	거 래 처	적 요	차 변	대 변	
	31	00005	차변	0135 부가세대급금			350,000		
	31	00005	대변	0153 원재료		8 타계정으로 대체액 원가		350,000	

번호	날짜	전표	분개			
[2]	4/27	대체	(차) 직원급여(802번)	3,600,000	(대) 예수금	340,000
					당좌예금	3,260,000

□	일	번호	구분	계 정 과 목	거 래 처	적 요	차 변	대 변	
	27	00004	차변	0802 직원급여			3,600,000		
	27	00004	대변	0254 예수금				340,000	
	27	00004	대변	0102 당좌예금				3,260,000	

번호	날짜	전표	분개			
[3]	5/02	대체	(차) 건물	200,000,000	(대) 토지	120,000,000
					당좌예금	40,000,000
					유형자산처분이익	40,000,000

□	일	번호	구분	계 정 과 목	거 래 처	적 요	차 변	대 변	
	2	00003	차변	0202 건물			200,000,000		
	2	00003	대변	0201 토지				120,000,000	
	2	00003	대변	0102 당좌예금				40,000,000	
	2	00003	대변	0914 유형자산처분이익				40,000,000	

번호	날짜	전표	분개			
[4]	5/07	대체	(차) 여비교통비	168,000	(대) 가지급금	200,000
			현금	32,000	(거래처 : 이한돌)	

□	일	번호	구분	계 정 과 목	거 래 처	적 요	차 변	대 변
	7	00001	차변	0812 여비교통비			168,000	
	7	00001	차변	0101 현금			32,000	
	7	00001	대변	0134 가지급금	00504 이한돌			200,000

[5]	5/27	대체	(차) 외상매입금				9,000,000	(대) 현금			9,500,000

(거래처 : 동경ABC)

외환차손   500,000

□	일	번호	구분		계 정 과 목	거 래 처	적 요	차 변	대 변
▣	27	00001	차변	0251	외상매입금	00117 동경ABC		9,000,000	
▣	27	00001	차변	0952	외환차손			500,000	
▣	27	00001	대변	0101	현금				9,500,000

[6]	6/10	대체	(차) 외상매입금				90,454,900	(대) 보통예금			5,000,000

(거래처 : (주)강서정보기술)   단기차입금   85,454,900

(거래처 : (주)강서정보기술)

※ 6월 10일자 거래처원장을 조회하면 (주)강서정보기술에 대한 외상매입금 잔액을 확인할 수 있다.

□	일	번호	구분		계 정 과 목	거 래 처	적 요	차 변	대 변	
▣	10	00002	차변	0251	외상매입금	00321 (주)강서정보기술		90,454,900		▲
▣	10	00002	대변	0103	보통예금				5,000,000	
▣	10	00002	대변	0260	단기차입금	00321 (주)강서정보기술			85,454,900	

[7]	6/24	대체	(차) 교육훈련비(800번대)				150,000	(대) 미지급금			150,000

(거래처 : 삼성카드)

□	일	번호	구분		계 정 과 목	거 래 처	적 요	차 변	대 변
▣	24	00001	차변	0825	교육훈련비			150,000	
▣	24	00001	대변	0253	미지급금	99601 삼성카드			150,000

[8]	7/03	대체	(차) 퇴직연금운용자산				500,000	(대) 이자수익			500,000

□	일	번호	구분		계 정 과 목	거 래 처	적 요	차 변	대 변	
▣	3	00004	차변	0186	퇴직연금운용자산			500,000		▲
▣	3	00004	대변	0901	이자수익				500,000	

참고) 이종자산간 교환의 회계처리

- [3]번의 경우 토지와 건물을 교환한 것이므로 이를 이종자산간 교환으로 보아야 한다. 따라서 새로 취득한 건물의 취득원가는 제공한 자산(토지)의 공정가치 160,000,000원과 당좌수표 지급액 40,000,000원을 합한 200,000,000원이 된다. 따라서 유형자산처분이익 40,000,000원이 위 분개와 같이 나타나는 것이다.
- 자산의 교환에 관한 회계처리는 이종자산간 교환인지, 동종자산간 교환인지를 먼저 파악하여야 하므로 전표 입력시 상당한 어려움에 처하게 된다. 이 문제와 같이 이종자산간 교환의 경우에는 대부분의 경우 유형자산처분이익 혹은 유형자산처분손실이 나타나야 하며, 동종자산간 교환으로 판단되는 경우에는 유형자산처분이익 및 유형자산처분손실이 나타나면 안된다는 것에 유의하도록 한다.

2 매입매출전표 입력

매입매출전표를 입력하면 그 금액은 부가가치세 신고서에 자동으로 반영된다. 따라서 매입매출전표의 경우 입력을 잘못하면 부가가치세 신고서가 잘못되게 되어 추후 가산세 부담 등이 나타나게 되므로 입력 시 주의를 기울여야 한다.

매입매출전표는 원칙적으로는 세금계산서를 입력하는 메뉴이다. 그러나 매출의 경우에는 부가가치세법상 세금계산서 발급을 하였는지의 여부와 관계없이 모든 과세매출을 신고서에 반영하여 세금을 내도록 하고 있으므로 과세 대상 제품 등을 팔았다고 하면 모두 매출전표로 입력하여야 한다.

매출의 경우와 매입의 경우 세금계산서 모양이 다르므로 아래 표의 내용을 확인해 놓도록 하자. 특히 매입세액의 경우 매입세액공제가 가능한 금액은 부가가치세대급금(자산) 계정으로, 매출세액을 부가가치세예수금(부채) 계정으로 처리한다는 점은 반드시 기억해 두어야 할 사항이다.

구분	색깔	제목	관련 세액
매입세금계산서	파란색	공급받는자 보관용	매입세액(부가세대급금)
매출세금계산서	빨간색	공급자 보관용	매출세액(부가세예수금)

매입매출전표 입력 방법에 대해 알아보도록 하자.

[회계관리] 메뉴 중 [전표입력] 메뉴 하단의 [매입매출전표] 메뉴가 보일 것이다. 이를 클릭하면 아래와 같은 화면이 나타난다.

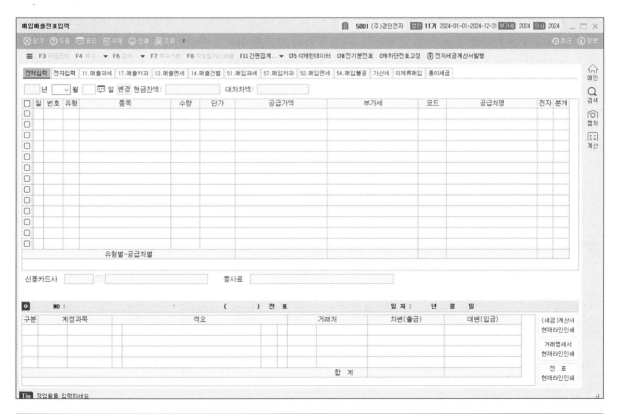

매입매출전표에 대한 회계처리는 두 단계를 거쳐 작성되는데, 먼저 화면의 위쪽에서 부가가치세 과세자료를 입력한 후 아래쪽에서 회계처리 내용을 입력하는 것이다. 즉, 화면 위쪽(상단부)은 부가가치세 신고를 위한 자료입력이며 아래쪽(하단부)은 회계장부(재무상태표, 손익계산서)를 작성하기 위한 입력 화면이라는 점을 기억하고 있어야 한다.

1 상단부 입력

매입매출전표입력 메뉴 중 아래의 화면을 상단부라고 하고 그 아래 부분을 하단부라고 한다. 상단부 입력방법은 다음과 같다.

□	일	번호	유형	품목	수량	단가	공급가액	부가세	코드	공급처명	사업자주민번호	전자	분개
□													
□													
□													
□													
□													
□													
□													
		유형별-공급처별 [1]건											

- **월·일** : 몇월인지는 화면 상단의 월 선택 메뉴를 통해 선택한다. 일자 란에 아무 숫자도 넣지 않고 enter.를 치면 해당 월의 모든 날짜를 입력할 수 있게 된다. 특정 일자의 전표를 여러장 한꺼번에 입력하고자 할 때에는 화면 상단의 일자 란에 해당 일자를 입력한 후 enter.를 치면 동일한 날짜의 전표를 여러장 한꺼번에 입력할 수 있게 된다.

- **유형** : 월·일을 입력하고 enter.를 치면 [유형]에 파란색 표시가 되며, 이 때에 아래와 같이 화면 아래에 [부가세 유형]의 설명이 나타난다. 아래 유형 코드를 보고 해당하는 숫자를 입력하면 된다. 매입매출전표 문제에서는 유형을 정확하게 선택해야 오류가 나는 것을 막을 수 있다. 코드체계 11번에서 24번까지는 매출에 대한 코드이고 51번에서 62번까지는 매입에 대한 코드이다. 이 중 해당되는 번호를 골라 클릭하거나 숫자를 직접 입력하여 세금계산서 유형을 선택해야 이것이 부가가치세 신고서에 적절하게 반영된다.

⬚				부 가 세 유 형					
		매출					매입		
11. 과세	과세매출	16. 수출	수출	21. 전자	전자화폐	51. 과세	과세매입	56. 금전	금전등록	61. 현과	현금과세
12. 영세	영세율	17. 카과	카드과세	22. 현과	현금과세	52. 영세	영세율	57. 카과	카드과세	62. 현면	현금면세
13. 면세	계산서	18. 카면	카드면세	23. 현면	현금면세	53. 면세	계산서	58. 카면	카드면세		
14. 건별	무증빙	19. 카영	카드영세	24. 현영	현금영세	54. 불공	불공제	59. 카영	카드영세		
15. 간이	간이과세	20. 면건	무증빙			55. 수입	수입분	60. 면건	무증빙		

이러한 유형 중 전산세무 2급 시험에 자주 출제되는 유형의 내용을 설명하면 다음과 같다.

코드	유형	내용
		매출유형
11	과세	부가가치세 과세 매출을 하고 세금계산서를 발급한 경우 입력 ⟶ 부가가치세 10%인 과세매출 + 세금계산서 발급
12	영세	내국신용장(Local L/C), 구매확인서 등에 의해 영세율 매출을 하고 세금계산서를 발급한 경우 선택(영세율 대상 거래 중 세금계산서 발급한 거래 입력) ⟶ 부가가치세 0%인 영세율매출 + 세금계산서 발급
13	면세	면세 매출을 하고 계산서를 발급한 경우 선택

14	건별	세금계산서가 발급되지 않은 과세매출 및 간주공급 입력시 선택
		(예 : 증빙을 전혀 발급하지 않거나 영수증·금전등록기 영수증 등을 발행시)
		
		• 간주공급 : 간주공급 중 직매장반출을 제외한 경우에는 세금계산서 발급 의무가 없으므로 이 경우 [14.건별]로 입력하여야 함
		
		• [건별]은 일반적인 경우 공급가액 란에 공급대가를 입력하고 enter.⏎를 치면 자동으로 공급가액과 부가가치세로 구분 기재됨(단, 기초정보관리 하단의 환경등록 메뉴에서 아래와 같이 [카과], [현과], [건별]에 대해 [부가세 포함 여부]가 [1.포함]으로 설정되어 있는 경우에만 공급대가를 기입하면 공급가액과 부가가치세액으로 자동으로 나누어 입력되는 것이다. 대부분의 시험문제는 환경등록이 아래와 같이 되어 있으나 그렇지 않은 경우에는 수기로 직접 공급가액과 부가가치세를 입력하면 된다.)
		
		┌─┐
		│4│ 부가세 포함 여부
		└─┘
		   카과, 현과의 공급가액에 부가세 포함 [1.전체포함]
		   건별 공급가액에 부가세 포함 [1.포함]
		   과세 공급가액에 부가세 포함 [0.전체미포함]

15	간이	간이과세자의 매출액을 입력
16	수출	직수출 등 세금계산서가 발급되지 않는 영세율 매출 입력

17	카과	부가가치세 과세 매출을 하고 신용카드로 결제받은 경우 입력(10% 매출)
		
		• 일반적인 경우 공급가액 란에 공급대가를 입력하고 enter.⏎를 치면 자동으로 공급가액과 부가가치세로 구분 기재됨(단, 기초정보관리 하단의 환경등록 메뉴에서 아래와 같이 [카과], [현과], [건별]에 대해 [부가세 포함 여부]가 [1.포함]으로 설정되어 있는 경우에만 공급대가를 기입하면 공급가액과 부가가치세액으로 자동으로 나누어 입력되는 것이다. 대부분의 시험문제는 환경등록이 아래와 같이 되어 있으나 그렇지 않은 경우에는 수기로 직접 공급가액과 부가가치세를 입력하면 된다.)
		
		┌─┐
		│4│ 부가세 포함 여부
		└─┘
		   카과, 현과의 공급가액에 부가세 포함 [1.전체포함]
		   건별 공급가액에 부가세 포함 [1.포함]
		   과세 공급가액에 부가세 포함 [0.전체미포함]

18	카면	부가가치세 면세 매출을 하고 신용카드로 결제받은 경우 입력
19	카영	영세율 적용 매출에 대해 신용카드로 결제받은 경우 입력(0% 매출)
20	면건	계산서가 발급되지 않은 면세 매출 입력(무증빙)
21	전자	전자적 결제수단으로 매출한 경우 입력(주의!!! : 전자세금계산서 아님!!)

코드	유형	내용
22	현과	현금영수증에 의한 과세매출(10%) 입력(지출증빙용 + 소득공제용 모두 입력) • 일반적인 경우 공급가액 란에 공급대가를 입력하고 enter.]를 치면 자동으로 공급가액과 부가가치세로 구분 기재됨(단, 기초정보관리 하단의 환경등록 메뉴에서 아래와 같이 [카과], [현과], [건별]에 대해 [부가세 포함 여부]가 [1.포함]으로 설정되어 있는 경우에만 공급대가를 기입하면 공급가액과 부가가치세액으로 자동으로 나누어 입력되는 것이다. 대부분의 시험문제는 환경등록이 아래와 같이 되어 있으나 그렇지 않은 경우에는 수기로 직접 공급가액과 부가가치세를 입력하면 된다.) 4 부가세 포함 여부 카과, 현과의 공급가액에 부가세 포함 1.전체포함 건별 공급가액에 부가세 포함 1.포함 과세 공급가액에 부가세 포함 0.전체미포함
23	현면	현금영수증에 의한 면세매출 입력
24	현영	영세율 대상 매출에 대해 현금영수증이 발급된 경우 입력

매입유형		
코드	유형	내용
51	과세	• 과세 재화 등을 공급받고 세금계산서를 적법하게 교부받은 경우 선택 • 부가가치세 10%인 과세매입으로서 매입세액 공제 대상인 것
52	영세	영세율 매입세금계산서를 발급받은 경우 입력
53	면세	면세분 매입계산서를 받은 경우 선택
54	불공	과세 재화 등을 공급받고 세금계산서를 적법하게 교부받았지만(증빙은 세금계산서임) 부가가치세법에서 매입세액 불공제 대상으로 규정하고 있는 것을 입력할 때에 선택(즉, 매입세액 불공제 대상인 세금계산서를 입력할 때 선택) ✎참고 **불공제 대상 매입세액의 종류** 사업자가 사업과 직접적 관련이 없는 지출을 하였거나 면세사업에 지출한 경우 등에는 해당 매입세액을 공제받을 수 없다. 이러한 불공 매입세액의 유형은 다음과 같다. <불공제사유> 54.불공을 선택하고 공급가액과 세액까지 입력하면 화면 중간에 [불공제사유]를 선택할 수 있는 메뉴가 활성화되는데 여기에서 ⌨ 를 클릭하면 아래와 같은 불공제 사유가 나타난다. 이 중 해당사항을 클릭한 후 아래쪽 [확인]을 클릭하면 된다. 불공제 사유는 반드시 입력하도록 연습하자. **출력현태** 전체 ∨ | <table><tr><td>번호</td><td>불공제사유</td></tr><tr><td></td><td>여기를 클릭하여 검색</td></tr><tr><td>1</td><td>①필요적 기재사항 누락 등</td></tr><tr><td>2</td><td>②사업과 직접 관련 없는 지출</td></tr><tr><td>3</td><td>③개별소비세법 제1조제2항제3호에 따른 자동차 ⋯</td></tr><tr><td>4</td><td>④기업업무추진비 및 이와 유사한 비용 관련</td></tr><tr><td>5</td><td>⑤면세사업 관련</td></tr><tr><td>6</td><td>⑥토지의 자본적 지출 관련</td></tr><tr><td>7</td><td>⑦사업자등록 전 매입세액</td></tr><tr><td>8</td><td>⑧금.구리 스크랩 거래계좌 미사용 관련 매입세액</td></tr><tr><td>9</td><td>⑨공통매입세액안분계산분</td></tr><tr><td>10</td><td>⑩대손처분받은 세액</td></tr><tr><td>11</td><td>⑪납부세액재계산분</td></tr></table>확인(Enter) 취소(Esc)
55	수입	재화의 수입시 세관장이 발행한 수입세금계산서 입력시 선택 ※ 수입세금계산서 입력시 세금계산서상의 공급가액을 상단부에 입력하되, 문제에서 별도의 요구사항이 없는 경우 하단부 분개 입력시에는 공급가액은 입력 대상이 아니고 부가가치세액만 입력하면 됨

코드	유형	내용
56	금전	현재는 입력하는 사항 없음
57	카과	매입세액 공제가 가능한 신용카드전표 입력시 선택 • 일반적인 경우 공급가액 란에 공급대가를 입력하고 [enter.]를 치면 자동으로 공급가액과 부가가치세로 구분 기재됨(단, 기초정보관리 하단의 환경등록 메뉴에서 아래와 같이 [카과], [현과], [건별]에 대해 [부가세 포함 여부]가 [1.포함]으로 설정되어 있는 경우에만 공급대가를 기입하면 공급가액과 부가가치세액으로 자동으로 나누어 입력되는 것이다. 대부분의 시험문제는 환경등록이 아래와 같이 되어 있으나 그렇지 않은 경우에는 수기로 직접 공급가액과 부가가치세를 입력하면 된다.) 4 부가세 포함 여부 카과, 현과의 공급가액에 부가세 포함　　1.전체포함 건별 공급가액에 부가세 포함　　1.포함 과세 공급가액에 부가세 포함　　0.전체미포함
58	카면	신용카드에 의한 면세 매입을 입력
59	카영	신용카드에 의한 영세율 적용 대상 매입을 입력
60	면건	계산서가 발급되지 않은 면세 매입 입력
61	현과	현금영수증(지출증빙용)에 의한 부가가치세 10%짜리 매입 입력 • 일반적인 경우 공급가액 란에 공급대가를 입력하고 [enter.]를 치면 자동으로 공급가액과 부가가치세로 구분 기재됨(단, 기초정보관리 하단의 환경등록 메뉴에서 아래와 같이 [카과], [현과], [건별]에 대해 [부가세 포함 여부]가 [1.포함]으로 설정되어 있는 경우에만 공급대가를 기입하면 공급가액과 부가가치세액으로 자동으로 나누어 입력되는 것이다. 대부분의 시험문제는 환경등록이 아래와 같이 되어 있으나 그렇지 않은 경우에는 수기로 직접 공급가액과 부가가치세를 입력하면 된다.) 4 부가세 포함 여부 카과, 현과의 공급가액에 부가세 포함　　1.전체포함 건별 공급가액에 부가세 포함　　1.포함 과세 공급가액에 부가세 포함　　0.전체미포함
62	현면	현금영수증에 의한 면세 매입 입력

• 수량, 단가 등 : 세금계산서상의 품목명, 수량, 단가를 그대로 입력하면 공급가액과 세액이 자동으로 계산된다. 또는 수량과 단가를 입력하지 않고 직접 공급가액과 부가가치세를 입력할 수도 있다.

• 공급가액 및 부가가치세 : 세금계산서 등에 적힌 공급가액을 정확하게 기입한다. 공급가액의 10%가 부가 가치세이며 이 금액은 [부가세]란에 반영된다.

• 거래처 : 매입매출전표를 입력할 때에는 반드시 거래처코드를 입력해야 하는데 거래처코드 입력을 하면 하단부의 분개시 자동으로 거래처코드가 연결된다. 거래처코드를 신규로 입력할 때에는 코드란에 "00000"이나 "+"키를 입력한 후 거래처명에 상호를 입력하면 거래처코드를 손쉽게 등록할 수 있다. 단, 거래처에 대한 보다 더 정확하게 자세한 사항을 입력하기 위해서는 전표 입력 전에 먼저 거래처등록 메뉴에 직접 거래처 등록을 한 후 전표 입력을 하는 것이 더 좋다.

• 전자 : 전자세금계산서 및 전자계산서를 발급하거나 발급받은 경우에 [전자]란에서 숫자 "1"을 입력하면 [여]로 표시된다.

2 하단부 입력

아래의 화면을 하단부라고 한다. 하단부 입력 방법은 다음과 같다.

구분	계정과목	적요		거래처	차변(출금)	대변(입금)	
							(세금)계산서 현재라인인쇄
							거래명세서 현재라인인쇄
							전 표 현재라인인쇄
			합 계				

하단부 분개의 내용을 입력하는 방법은 다음과 같다. 하단부 입력 방법은 상단부 메뉴의 [분개]의 [0], [1], [2], [3], [4] 중에서 어떤 것을 선택했는지에 따라 달라진다. 분개유형과 각각의 입력방법을 요약하면 다음과 같다.

• 분개 : [0.분개없음, 1.현금, 2.외상, 3.혼합, 4.카드] 중 하나를 선택한다.

하단부 분개를 하지 않으려는 경우에는 "0"을 입력하고, 전액 출금전표 혹은 입금전표로 처리할 수 있는 현금거래의 경우에는 "1"을 입력한다. 차변에 외상매출금, 혹은 대변에 외상매입금 전액을 기입하는 분개는 "2"를 입력한다. 또한 일반적인 대체거래(차변, 대변으로 나누어 입력하는 거래)의 경우에는 "3"을 입력한다. 마지막으로 "4.카드"의 경우, 일반적으로 신용카드 매출 또는 매입을 입력하는 경우에 선택한다.

전표 유형을 [17.카과]로 선택한 경우에는 공급처코드와 공급처명까지 입력을 하고 나면 화면 가운데의 신용카드사 코드 입력란으로 커서가 이동된다. 여기에서 ⌨를 클릭하면 거래처등록 메뉴에서 [매출]유형으로 등록해 놓은 카드거래처가 조회되며 이 중 해당하는 카드사를 클릭하면 된다. 최근 프로그램이 업그레이드되면서 [봉사료]를 기입하는 란도 있지만 시험에서 별도의 언급이 없는 한 시험과는 관계없는 것으로 보면 된다.

신용카드사: [   ] ⌨ [   ]   봉사료: [   ]

이와 마찬가지로 전표 유형을 [57.카과]를 선택한 경우에는 공급처명까지 입력하고 나면 역시 화면 가운데에 신용카드사 입력 메뉴가 활성화되는데 여기에서 ⌨를 눌러 카드사를 조회하면 [매입]유형으로 등록해 놓은 카드거래처가 조회된다. 이 중 해당하는 카드사를 클릭한다.

이러한 분개 유형별 특징을 요약하면 다음과 같다.

	분개	내용
0	분개없음	• 하단부에 분개를 입력하지 않는 경우 선택한다.
1	현금	• 전액 현금거래인 경우에 사용한다. • [1.현금]을 선택하는 경우 매출거래에 대해서는 하단부가 전액 "입금전표"로 처리되고 매입거래에 대해서는 하단부가 전액 "출금전표"로 처리된다.
2	외상	• 전액 외상매출금, 외상매입금으로 분개될 때 사용된다. • [2.외상]을 선택하는 경우 매출거래는 차변에 "외상매출금"이 자동으로 생성되고, 매입거래는 대변에 "외상매입금"이 자동으로 생성된다.
3	혼합	• 현금과 외상이 포함된 거래 등에 사용된다. 받을어음, 지급어음, 선급금, 선수금, 미지급금 등의 계정과목을 입력해야 한다면 3번 혼합분개로 입력하여야 한다. • 이 경우 하단부 분개는 매출거래의 경우 대변에 제품매출이나 상품매출 등 기본계정으로 등록해 놓은 매출 계정과목 코드가 기입되며 부가가치세 세액이 대변에 부가세예수금으로 기입된다. • 매입거래의 경우 차변에 원재료 혹은 상품 등 기본계정으로 등록해 놓은 매입 r계정과목 코드가 기입되며, 부가가치세 세액이 차변에 부가세대급금으로 된다, 다만, 불공제 대상 매입의 경우(54번 코드) 부가세대급금이 나타나지 않고 차변의 계정과목이 부가가치세 포함 금액(공급대가)으로 나타난다.
4	카드	• 해당 거래가 카드로 결제된 경우에 사용한다. [4.카드]를 선택했을 경우에는 매출의 경우에는 일반적으로 차변에 '미수금' 계정이 자동으로 생성되며, 매입의 경우에는 대변에 '미지급금' 계정이 자동으로 생성되도록 하는 기능이 있으며, 이 중 매출 내역은 자동으로 신용카드매출발행집계표에 반영된다. 단, 환경등록에서 신용카드 매출채권 계정이 외상매출금으로 되어 있는 경우에는 매출거래의 경우 [4.카드]를 입력하면 차변에 외상매출금이 나타나게 된다는 점에 주의한다.

아래 사례를 통해 매입매출전표 입력 방법에 대해 알아보자.

다음은 (주)열공테크(회사코드 2000)의 거래이다. (주)열공테크는 전자제품을 제조하여 판매하는 회사이다.

㉠ (주)열공테크는 (주)산마을에 제품인 노트북을 판매하고 아래와 같이 전자세금계산서를 발급하였다. 대금 중 500,000원은 현금으로 수령하고 나머지 금액은 보통예금 계좌(국민은행)로 즉시 입금되었다.

전자세금계산서						승인번호			
공급자	등록번호	105-86-54182	종사업장번호		공급받는자	등록번호	606-33-89534	종사업장번호	
	상호(법인명)	(주)열공테크	성명	이종하		상호(법인명)	(주)산마을	성명	이대성
	사업장주소	서울시 서초구 서초동 1101 바다빌딩 701				사업장주소	서울시 종로구 인사동 110		
	업태	제조업	종목	컴퓨터		업태	제조,도소매	종목	카메라외
	이메일					이메일			
						이메일			

작성일자	공급가액	세액	수정사유
2025/04/06	1,000,000	100,000	
비고			

월	일	품목	규격	수량	단가	공급가액	세액	비고
4	6	노트북				1,000,000	100,000	

합계금액	현금	수표	어음	외상미수금	이 금액을 (청구)함
1,100,000					

- **날짜** : 세금계산서상의 작성연월일인 "4월 6일"을 입력한다.

- **유형** : 세금계산서가 발행된 10%짜리 과세매출이므로 "과세[11번]" 코드를 선택한다.

- **품명** : 세금계산서상 품목을 보고 입력하므로 "노트북"이라고 입력한다.

- **수량, 단가** : 세금계산서에 숫자가 없으면 입력하지 않는다.

- **공급가액 및 부가세** : 공급가액 란에 1,000,000원을 입력한 후 `enter」`를 치면 부가가치세는 자동으로 반영된다.

- **공급처 코드 및 공급처명** : 공급처코드 란에 커서를 놓고 `F2`를 눌러 거래처 조회를 하거나 공급처명 란에 (주)산마을 중 두글자를 입력하여 코드를 입력한다. (주)산마을을 선택한 후 `enter」`를 친다.

- **전자** : 전자세금계산서에 해당되므로 [전자]란에 숫자 "1"을 입력한다.

- **분개** : 현금 거래와 보통예금 거래가 섞여 있을 경우에는 "3.혼합" 분개를 입력한다. "4.카드"로 입력하면 차변에 전액 미수금이 나타나므로 현금과 보통예금을 각각 입력하기 위해서는 "3"번 혼합으로 분개하는 것이다. 혼합 분개를 선택하면 아래 그림과 같이 하단분에 대변 기입사항은 공급가액은 제품매출 계정으로, 세액은 부가세예수금 각각 나타나는 것을 볼 수 있다. 여기에서 부가세예수금은 수정할 수 없으나 제품매출 계정은 계정코드를 다른 것으로 변경할 수 있다. 이 문제에서는 컴퓨터 제조 회사가 노트북(컴퓨터)를 판 것이므로 "제품매출"이 나타나는 것은 맞으므로 대변은 그대로 둔 채, 차변에 현금과 보통예금을 입력해야 한다. 해당 거래를 입력한 화면은 다음과 같다.

□	일	번호	유형	품목	수량	단가	공급가액	부가세	코드	공급처명	사업자주민번호	전자	분개
☐	6	50001	과세	노트북			1,000,000	100,000	00174	(주)산마을	606-33-89534	여	혼합
☐	6												
				유형별-공급처별 [1]건			1,000,000	100,000					

✎참고

시험에서는 채권, 채무에 대해서만 거래처 코드를 걸면 되므로 보통예금에 대해서는 거래처 코드를 별도로 걸지 않아도 된다. 그러나 실무에서는 보통예금, 당좌예금 등도 거래처 코드를 거는 것이 원칙이므로 아래와 같이 거래처코드를 국민은행으로 바꿀 수 있다는 것 정도는 알아두도록 하자.(시험 때에는 보통예금 등에 대해서는 문제에서 언급이 없는 한 거래처를 바꾸지 말고 `enter」`를 치고 넘어간다.)

ⓒ 회사의 배달용 트럭을 수리하고 대금은 전액 현금 지급을 한 후 아래와 같은 전자세금계산서를 발급받았다. 트럭 수리비용은 수익적 지출에 해당하며 회사는 이를 "수선비" 계정으로 처리하기로 한다.

전자세금계산서

	등록번호	134-81-78514	종사업장번호				등록번호	105-86-54182	종사업장번호		
공급자	상호(법인명)	(주)산대양장비	성명	이형섭		공급받는자	상호(법인명)	(주)얼공테크	성명	이종하	
	사업장주소	경기도 안산시 상록구 팔곡이동 50-18					사업장주소	서울 서초구 서초동 1101 배다빌딩 701			
	업태	서비스, 제조	종목	자동차및건설기계장비			업태	제조	종목	컴퓨터	
	이메일						이메일	1811samjung@hanmail.net			
							이메일				

작성일자	공급가액	세액	수정사유
2025/04/20	100,400	10,040	

비고

월	일	품목	규격	수량	단가	공급가액	세액	비고
04	20	차량수리비				100,400	10,040	

합계금액	현금	수표	어음	외상매수금	이 금액을 (영수)함
110,440					

- **날짜** : 세금계산서상의 작성연월일인 4월 20일을 입력한다.

- **유형** : 매입유형 중 매입세액 공제가 되는 과세[51번] 코드를 선택한다.

- **품명** : 세금계산서상 품목을 보고 입력하므로 "차량수리비"라고 입력한다.

- **수량, 단가** : 세금계산서에 숫자가 없으면 입력하지 않는다.

- **공급가액 및 부가세** : 공급가액 란에 100,400원을 입력한 후 enter를 치면 부가가치세는 자동으로 반영된다.

- **공급처 코드 및 공급처명** : 공급처코드 란에 커서를 놓고 (주)신대양정비 중 두글자만 입력한 후 enter를 치면 해당 거래처가 자동으로 입력된다.

- **전자** : 전자세금계산서이므로 [전자]란에 숫자 "1"을 입력한다.

- **분개** : 전액 현금으로 대금 결제를 하였다고 하였으므로 분개 란에 "1"을 입력하면 아래와 같이 [현금]분개가 생성되면서 하단부에 출금전표로 부가세대급금, 원재료가 나타나는 것이 보일 것이다. 이를 자세히 살펴보면 부가세대급금은 수정할 수 없게 되어 있다. 이는 부가가치세 공제가 되는 매입세액의 경우 차변에 부가세대급금으로 입력되는 것이 정확한 것이며 여기에 예외는 없기 때문에 전산회계 프로그램에서 계정과목을 고정시켜 놓는 것이다. 그러나 원재료의 경우 해당 계정과목을 수정할 수 있으며 수정하고자 하는 경우에는 원하는 계정과목 코드를 계정과목 명칭 앞의 코드 란에 입력하면 된다.

□	일	번호	유형	품목	수량	단가	공급가액	부가세	코드	공급처명	사업자주민번호	전자	분개
☐	20	50001	과세	차량수리비			100,400	10,040	00101	(주)신대양정비	134-81-78514	여	현금
☐	20												
			유형별-공급처별 [1]건				100,400	10,040					

구분		계정과목	적요		거래처		차변(출금)	대변(입금)	
출금	0135	부가세대급금	차량수리비		00101	(주)신대양:	10,040	(현금)	(세금)계산서 현재라인인쇄
출금	0820	수선비	차량수리비		00101	(주)신대양:	100,400	(현금)	거래명세서 현재라인인쇄
						합 계	110,440	110,440	전 표 현재라인인쇄

또한 문제에서 "수선비" 계정으로 처리하도록 했으므로 계정 코드를 조회하면 520번과 820번이 조회되는데 회사의 "배달용" 트럭이므로 판매활동을 위해 사용하는 트럭이고 이를 위한 수선비이므로 820번 수선비를 선택하면 된다.

계정코드도움

전체 ▾ 수선

코드	계정명	참고
	여기를 클릭하여 검색	
0520	수선비	제조원가
0620	수선비	도급원가
0670	수선비	보관원가
0720	수선비	분양원가
0770	수선비	운송원가
0820	수선비	판매관리비

확인(Enter) 취소(Esc)

※ 매입매출전표를 입력할 때 유의할 사항은 다음과 같다.

입력시 유의사항
• 적요의 입력은 생략한다.
• 세금계산서·계산서 수수거래와 채권·채무 관련거래는 별도의 요구가 없는 한 등록되어 있는 거래처코드를 선택하는 방법으로 거래처명을 반드시 입력한다.
• 제조경비는 500번대 계정코드를 사용한다.
• 판매비와 관리비는 800번대 계정코드를 사용한다.
• 타계정 대체거래는 적요입력시 반드시 적요번호를 선택한다.
• 회계처리시 계정과목은 등록되어 있는 계정과목 중 가장 적절한 과목으로 한다.
• 입력화면 하단의 분개까지 처리한다.

1. 다음은 (주)민성전자(회사코드 5003)의 거래이다. 이를 매입매출전표입력 메뉴에 추가 입력하시오.

[1] 4월 25일 : (주)한빛으로부터 소프트웨어를 취득하고 전자세금계산서(공급가액 35,000,000원, 부가가치세 별도)를 수령하였다. 회사는 주식(액면금액 25,000,000원, 공정가액 35,000,000원)을 발행하여 제공하고, 부가가치세는 현금으로 지급하였다. (3점)

[2] 5월 08일 : 회사는 (주)오영전자에 제품(공급가액 : 15,000,000원 부가가치세 1,500,000원)을 외상으로 납품하고 5월 8일자로 전자세금계산서를 발급하였다(매입매출전표에 정상적으로 회계처리 되었다고 가정). 동 거래는 수출과 관련된 것으로서 구매확인서는 7월 15일자로 발급받았다. 이와 관련하여 당사는 부가가치세법의 규정에 의하여 수정전자세금계산서를 발급하여 교부하였다. 적법하게 발급된 세금계산서에 대하여 매입매출전표 입력을 하시오. (6점)

[3] 5월 26일 : 영업부 직원의 업무수행을 위해 구리자동차로부터 승용차(5인승, 1600cc)를 임차(렌탈)하고, 월 이용료 800,000원(부가세 별도)를 현금으로 지출한 후 전자세금계산서를 수령하였다. (3점)

[4] 6월 01일 : 한국정육점에서 한우갈비세트를 1개월 후 지급조건으로 1,000,000원에 구입하고, 계산서를 수령하였다. 이 중 300,000원은 복리후생 차원에서 당사 공장 직원들에게 제공하였고, 나머지는 매출거래처에 증정하였다(하나의 전표로 입력할 것, 전자계산서 아니라고 가정). (3점)

[5] 6월 24일 : 비서실에서 사용하던 컴퓨터를 (주)동명물산에 350,000원(부가가치세 별도)에 매각하고 전자세금계산서를 발행하였다. 매각대금은 전액 현금으로 당일에 수취하였다. 컴퓨터 취득가액은 1,500,000원, 감가상각누계액은 1,300,000원이며, 매각시의 감가상각비는 고려하지 않는다. (3점)

[6] 7월 03일 : 비사업자인 김지평에게 제품을 판매하고, 판매대금 440,000원(부가가치세 포함)은 신용카드(현대카드)로 결제받았다. 단, 제품판매에 따른 채권은 외상매출금으로 처리한다. (3점)

[7] 7월 19일 : 회계담당 부서의 업무관련 서적을 대영문고로부터 구입하고 대금 500,000원을 보통예금에서 지급하고 전자계산서를 받았다. (3점)

[8] 8월 24일 : 임원용 승용차(3,800cc)를 (주)인성자동차에서 44,000,000원(부가가치세 포함)에 12개월 할부로 구입하고 전자세금계산서를 수취하였다. 취득세 등 4,600,000원은 (주)알파상사로부터 수취한 자기앞수표로 지급하였다. (하나의 전표로 입력할 것, 단 해당 거래는 인도일의 다음날부터 최종 잔금일까지의 거래가 1년 미만인 거래이다.)(3점)

해답

[1]

날짜	유형	공급가액	공급처명	전자	분개
4/25	과세[51]	35,000,000	(주)한빛	여	혼합

분개	(차)	부가세대급금	3,500,000	(대)	현금	3,500,000
		소프트웨어	35,000,000		자본금	25,000,000
					주식발행초과금	10,000,000

참고

부가가치세법상 금전 이외의 대가를 지급한 경우 과세표준은 소프트웨어의 시가인 35,000,000원이며, 일반기업 회계기준상 무형자산을 주식을 발행하여 취득하는 경우의 취득가액은 제공한 지분증권의 공정가액이므로 소프트웨어 취득가액은 주식의 공정가액 35,000,000원이다.

□	일	번호	유형	품목	수량	단가	공급가액	부가세	코드	공급처명	사업자주민번호	전자	분개
☐	25	50004	과세	소프트웨어			35,000,000	3,500,000	00201	(주)한빛	206-85-22365	여	혼합
☐	25												
				공급처별 매출(입)전체 [1]건			35,000,000	3,500,000					

구분	계정과목		적요	거래처		차변(출금)	대변(입금)	
차변	0135	부가세대급금	소프트웨어	00201	(주)한빛	3,500,000		(세금)계산서 현재라인인쇄
차변	0227	소프트웨어	소프트웨어	00201	(주)한빛	35,000,000		
대변	0101	현금	소프트웨어	00201	(주)한빛		3,500,000	거래명세서 현재라인인쇄
대변	0331	자본금	소프트웨어	00201	(주)한빛		25,000,000	
대변	0341	주식발행초과	소프트웨어	00201	(주)한빛		10,000,000	전 표 현재라인인쇄
				합 계		38,500,000	38,500,000	

[2] 5월 8일자로 수정세금계산서 2매를 발급하여야 하며, 이를 매입매출전표입력 메뉴에 2장을 각각 입력한다.

① 당초 발급한 5월 8일의 세금계산서에 대한 수정세금계산서 입력
　(공급가액 - 15,000,000원)

날짜	유형	공급가액	공급처명	전자	분개
5/08	과세[11]	−15,000,000	(주)오영전자	여	외상

분개	(차)	외상매출금	−16,500,000	(대)	제품매출	−15,000,000
		소프트웨어	35,000,000		부가세예수금	−1,500,000

□	일	번호	유형	품목	수량	단가	공급가액	부가세	코드	공급처명	사업자주민번호	전자	분개
□	8	50001	과세	제품			15,000,000	1,500,000	00205	(주)오영전자	120-81-62522	여	외상
□	8	50002	과세	제품			−15,000,000	−1,500,000	00205	(주)오영전자	120-81-62522	여	외상

② 5월 8일자로 새로 발급한 영세율 세금계산서 입력(공급가액 15,000,000원)

날짜	유형	공급가액	공급처명	전자	분개
5/08	영세[12]	15,000,000	(주)오영전자	여	외상

분개	(차)	외상매출금	15,000,000	(대)	제품매출	15,000,000

□	일	번호	유형	품목	수량	단가	공급가액	부가세	코드	공급처명	사업자주민번호	전자	분개
□	8	50003	영세	제품			15,000,000		00205	(주)오영전자	120-81-62522	여	외상
□	8												

✎참고

재화 또는 용역을 공급한 후 공급시기가 속하는 과세기간 종료 후 25일(7월 25일) 이내에 구매확인서가 발급이 되는 경우에는 당초 재화 또는 용역의 공급시에는 과세세금계산서를 발행하며 구매확인서가 과세기간 종료 후 25일 이내에 발급된 경우 당초 공급시기를 작성일자로 하여 기 발행 교부한 과세세금계산서에 대하여 수정세금계산서(공급가액에 "―"만 붙이고 다른 항목은 모두 동일하게 작성)와 영세율세금계산서를 발행하여 교부하여야 한다.

[3] 개별소비세 과세 대상 승용차의 구입·임차·유지비용은 모두 불공제 대상이므로 세금계산서를 발급받았다고 하더라도 매입세액 불공제 대상이다.

날짜	유형	공급가액	공급처명	전자	분개
5/26	불공[54] 3. 개별소비세 과세 자동차의 구입 및 유지·임차	800,000	구리자동차	여	현금

분개	(차)	임차료(819번)	880,000	(대)	현금	880,000

□	일	번호	유형	품목	수량	단가	공급가액	부가세	코드	공급처명	사업자주민번호	전자	분개
□	26	50001	불공	승용차임차			800,000	80,000	00102	구리자동차	108-23-20560	여	현금
□	26												
				공급처별 매출(입)전체 [1]건			800,000	80,000					

불공제사유	3	🖵 ③개별소비세법 제1조제2항제3호에 따른 자동차 구입 · 유지 및 임차

[4] 직원의 복리 목적으로 제공된 것은 복리후생비로, 나머지는 기업업무추진비로 처리한다.

날짜	유형	공급가액	공급처명	전자	분개
6/01	면세[53]	1,000,000	한국정육점	-	혼합
분개	(차) 복리후생비(511번) 기업업무추진비(813번)	300,000 700,000	(대) 미지급금		1,000,000

□	일	번호	유형	품목	수량	단가	공급가액	부가세	코드	공급처명	사업자주민번호	전자	분개
□	1	50003	면세	한우갈비세트			1,000,000		00111	한국정육점	120-91-12583		혼합
□	1												
			공급처별 매출(입)전체 [1]건				1,000,000	0					

[5] 유형자산의 처분가액인 350,000원을 공급가액으로 입력한다.

날짜	유형	공급가액	공급처명	전자	분개
6/24	매출[11]	350,000	(주)동명물산	여	혼합
분개	(차) 현금 감가상각누계액(213번)	385,000 1,300,000	(대) 부가세예수금 비품 유형자산처분이익		35,000 1,500,000 150,000

□	일	번호	유형	품목	수량	단가	공급가액	부가세	코드	공급처명	사업자주민번호	전자	분개
□	24	50001	과세	컴퓨터매각			350,000	35,000	00331	(주)동명물산	123-12-21349	여	혼합
□	24												
			공급처별 매출(입)전체 [1]건				350,000	35,000					

[6] 신용카드사 : 현대카드로 입력

날짜	유형	공급가액	공급처명	전자	분개
7/03	카과[17]	400,000	김지평	-	혼합
분개	(차) 외상매출금 (거래처 : 현대카드)	440,000	(대) 제품매출 부가세예수금		400,000 40,000
	※분개를 4.카드로 할 경우 차변에 미수금이 나타난다. 이는 (주)민성전자의 환경등록 메뉴에서 신용카드매출채권이 '미수금'으로 설정되어 있기 때문이다. 시험에서 환경등록을 바꾸라는 언급이 없으므로 환경등록을 별도로 건드릴 필요 없이 혼합분개로 입력하되, 외상매출금의 거래처를 현대카드로 바꾸어주는 작업을 꼭 해야 한다.					

□	일	번호	유형	품목	수량	단가	공급가액	부가세	코드	공급처명	사업자주민번호	전자	분개
□	3	50001	카과	제품			400,000	40,000	00503	김지평	650629-1227618		혼합
□	3												
			공급처별 매출(입)전체 [1]건				400,000	40,000					

[7] '전자'계산서이므로 [전자]란에 "여"라고 체크해야 함

날짜	유형	공급가액	공급처명	전자	분개
7/19	면세[53]	500,000	대영문고	여	혼합
분개	(차) 도서인쇄비(판)	500,000	(대) 보통예금		500,000

□	일	번호	유형	품목	수량	단가	공급가액	부가세	코드	공급처명	사업자주민번호	전자	분개
□	19	50002	면세	서적			500,000		00202	대영문고	113-81-12475	여	혼합
□	19												
			공급처별 매출(입)전체 [1]건				500,000	0					

[8] 취득세 납부는 부가가치세 관련 거래가 아니므로 원래 일반전표에 별도로 입력하여야 하나, 문제에서 하나의
    전표로 처리하라고 하였으므로 44,000,000원에 대한 매입가액 입력과 매입부대비용인 취득세 4,600,000원에 대한
    분개를 하단부에 한번에 입력하여야 함

날짜	유형	공급가액	공급처명	전자	분개
5/26	불공[54] 3. 개별소비세 과세 자동차의 구입 및 유지·임차	40,000,000	(주)인성자동차	여	혼합
분개	(차) 차량운반구	48,600,000	(대) 현금 미지급금		4,600,000 44,000,000

□	일	번호	유형	품목	수량	단가	공급가액	부가세	코드	공급처명	사업자주민번호	전자	분개	
□	24	50002	불공	승용차			40,000,000	4,000,000	00308	(주)인성자동차	211-81-51563	여	혼합	
□	24													
				공급처별 매출(입)전체 [1]건			40,000,000	4,000,000						

....

2. 다음은 (주)민성전자(회사코드 5003)의 거래이다. 이를 매입매출전표입력 메뉴에 추가 입력하시오.

[1] 7월 01일 : (주)명인건설에 제품(공급가액 3,000,000원, 부가가치세 별도)을 판매하고 전자세금계산서를 발급하였다.
      판매대금 중 1,000,000원은 (주)명인건설이 발행한 어음(만기 2026년 1월 30일)으로 받고, 나머지는 현금으로 받다.
      (3점)

[2] 7월 23일 : 수출업체인 (주)현대상사에 LOCAL L/C(내국신용장)에 의하여 제품(C제품 100개, 단위당 10,000원)을
      납품하고 영세율전자세금계산서를 발행하였으며 대금은 전액 외상으로 하였다. (3점)

[3] 8월 11일 : 영업부에서 사용할 소형승용차(1,500cc)를 (주)울산자동차에서 취득하였는데, 자동차를 운반하는 과정에서
      운반비가 150,000원(부가가치세 별도) 발생하여 전자세금계산서를 발급받았으며, 대금은 현금으로 지급하였다. 해당
      운반비 지급액에 대한 입력을 하시오. (3점)

[4] 9월 25일 : (주)전자나라에서 원재료 22,000,000원(부가가치세 별도)을 매입하고 전자세금계산서를 수취하였다.
      대금은 백두상사로부터 8월 1일에 수취한 약속어음을 배서양도하고 잔액은 현금으로 지급하였다. (3점)

[5] 9월 28일 : 구연상사로부터 공장에서 사용할 공기청정기 2대(단가 2,000,000원, 부가가치세 별도)를 구입하였으며, 세금계산서는 수취하지 않고 법인카드(우리법인카드)로 결제하였다. 신용카드 매출전표에 공급가액과 세액을 구분표시하여 받았다. 계정과목은 비품을 사용한다. (3점)

[6] 10월 07일 : 인수물산에 제품 10,000,000원(부가가치세 별도)을 판매하고 전자세금계산서를 교부하였다. 거래대금 중 2,000,000원은 인수물산의 백두상사에 대한 매출채권(받을어음이 아님)으로 양수하였고, 나머지는 보통예금으로 입금되었다. 단, 하나의 전표로 입력하시오. (3점)

[7] 10월 24일 : 수출업자인 (주)해성물류와 직접 도급계약을 체결하고 제공한 수출재화임가공용역 14,000,000원 (공급가액)에 대한 전자세금계산서를 교부하였다. 대금은 다음연도 7월 말에 받기로 하고 영세율첨부서류는 적정하게 제출하기로 한다. 단, 매출계정은 제품매출 계정, 외상대금은 매출채권 계정을 사용하기로 한다. (3점)

[8] 10월 25일 : 보세구역에 있는 원재료 운반에 따른 운반대금 550,000원(부가가치세 포함)을 (주)한빛에 보통예금으로 지급하고 현금영수증을 수취하였다. (3점)

해답

[1]

날짜	유형	공급가액	공급처명	전자	분개
7/01	과세[11]	3,000,000	(주)명인건설	여	혼합

분개	(차)	받을어음		1,000,000	(대)	제품매출		3,000,000
		현금		2,300,000		부가세예수금		300,000

□	일	번호	유형	품목	수량	단가	공급가액	부가세	코드	공급처명	사업자주민번호	전자	분개
□	1	50003	과세	제품			3,000,000	300,000	00305	(주)명인건설	129-81-66753	여	혼합
□	1												
			공급처별 매출(입)전체 [1]건				3,000,000	300,000					

[2]

날짜	유형	공급가액	공급처명	전자	분개	영세율 구분
7/23	영세[12]	1,000,000	(주)현대상사	여	외상	③ 내국신용장·구매확인서에 의해 공급하는 재화

분개	(차)	외상매출금	1,000,000	(대)	제품매출	1,000,000

□	일	번호	유형	품목	수량	단가	공급가액	부가세	코드	공급처명	사업자주민번호	전자	분개
□	23	50001	영세	제품			1,000,000		00330	(주)현대상사	131-81-12473	여	외상
□	23												
			공급처별 매출(입)전체 [1]건				1,000,000	0					

[3] 불공제 사유 : ③ 개별소비세 과세 자동차의 구입·유지 및 임차

날짜	유형	공급가액	공급처명	전자	분개
8/11	불공[54]	150,000	(주)울산자동차	여	현금

분개	(차) 차량운반구	165,000	(대) 현금			165,000
	※ 해당 지출은 매입운임이고 차량을 사용하기 위한 불가피한 지출이므로 차량의 취득부대비용이 되므로 취득원가로 처리해야 한다. 따라서 차변에 차량운반구로 기입하는 것이다.					

□	일	번호	유형	품목	수량	단가	공급가액	부가세	코드	공급처명	사업자주민번호	전자	분개
	11	50001	불공	소형승용차			150,000	15,000	00506	(주)울산자동차	214-82-36364	여	현금
	11												
		공급처별 매출(입)전체 [1]건					150,000	15,000					

[4]

날짜	유형	공급가액	공급처명	전자	분개
9/25	과세[51]	22,000,000	(주)전자나라	여	혼합

분개	(차) 원재료	22,000,000	(대) 받을어음	7,000,000
	부가세대급금	2,200,000	(거래처 : 백두상사)	
			현금	17,200,000

□	일	번호	유형	품목	수량	단가	공급가액	부가세	코드	공급처명	사업자주민번호	전자	분개
	25	50007	과세	원재료			22,000,000	2,200,000	00329	(주)전자나라	132-83-15628	여	혼합
	25												
		공급처별 매출(입)전체 [1]건					22,000,000	2,200,000					

[5]

날짜	유형	공급가액	공급처명	전자	분개
9/28	카과[57]	4,000,000	구연상사	-	카드

분개	(차) 비품	4,000,000	(대) 미지급금	4,400,000
	부가세대급금	400,000	(거래처 : 우리법인카드)	

□	일	번호	유형	품목	수량	단가	공급가액	부가세	코드	공급처명	사업자주민번호	전자	분개
	28	50001	카과	공기청정기			4,000,000	400,000	00116	구연상사	211-88-51072		카드
	28												
		공급처별 매출(입)전체 [1]건					4,000,000	400,000					

[6]

날짜	유형	공급가액	공급처명	전자	분개
10/07	과세[11]	10,000,000	인수물산	여	혼합

분개	(차) 보통예금	9,000,000	(대) 제품매출	10,000,000
	외상매출금	2,200,000	부가세예수금	1,000,000
	(거래처 : 백두상사)			
	※ 받을어음이 아닌 매출채권은 외상매출금이며 인수물산이 백두상사로부터 받아야 할 외상매출금을 양수받았다는 것이므로 차변에 외상매출금을 입력하되 해당 계정에 대해 거래처 코드를 백두상사로 바꾸어야 한다.			

□	일	번호	유형	품목	수량	단가	공급가액	부가세	코드	공급처명	사업자주민번호	전자	분개
	7	50001	과세	제품			10,000,000	1,000,000	00324	인수물산	107-81-03699	여	혼합
	7												
		공급처별 매출(입)전체 [1]건					10,000,000	1,000,000					

[7] 영세율 구분 : ⑩ 수출재화 임가공용역

날짜	유형	공급가액	공급처명	전자	분개
10/24	영세[12]	14,000,000	(주)해성물류	여	외상
분개	(차) 외상매출금 14,000,000 (대) 제품매출 14,000,000					
	※ 수출업자와 직접 도급계약에 의해 수출재화 임가공 용역을 공급하는 경우 이는 영세율 적용 대상이다. 따라서 영세율을 적용하되, 이러한 거래는 국내거래이므로 내국신용장이나 구매확인서에 의한 공급과 마찬가지로 영세율세금계산서를 발급해야 하는 거래이다.					

□	일	번호	유형	품목	수량	단가	공급가액	부가세	코드	공급처명	사업자주민번호	전자	분개
	24	50001	영세	도급계약			14,000,000		00207	(주)해성물류	132-81-21577	여	외상
	24												
		공급처별 매출(입)전체 [1]건					14,000,000	0					

[8]

날짜	유형	공급가액	공급처명	전자	분개
10/25	현과[61]	500,000	(주)한빛	-	혼합
분개	(차) 원재료 500,000 (대) 보통예금 550,000 부가세대급금 50,000					

□	일	번호	유형	품목	수량	단가	공급가액	부가세	코드	공급처명	사업자주민번호	전자	분개
	25	50004	현과	운반대금			500,000	50,000	00201	(주)한빛	206-85-22365		혼합
	25												
		공급처별 매출(입)전체 [1]건					500,000	50,000					

3. 다음은 (주)민성전자(회사코드 5003)의 거래이다. 이를 매입매출전표입력 메뉴에 추가 입력하시오.

[1] 7월 02일 : 구성상사에 제품 100개(@407,000원)를 40,700,000원(부가가치세 포함)에 매출하고 전자세금계산서를 발급하였으며, 대금은 외상으로 처리하였다. (3점)

[2] 7월 18일 : (주)팽성으로부터 원재료를 20,000,000원(부가가치세 별도)에 매입하고 전자세금계산서를 교부받았으며 대금결제는 강남상사가 발행한 약속어음 12,000,000원을 배서양도하고 잔액은 당좌수표를 발행하여 지급하였다. (3점)

[3] 8월 03일 : 매출거래처의 신규지점개설을 축하하기 위하여 해나유통으로부터 선물세트를 1,500,000원(부가가치세 별도)에 매입하고 종이세금계산서를 수령한 후 650,000원은 당좌수표를 발행하여 지급하였고 나머지 금액은 한달 후에 지급하기로 하였다. (3점)

[4] 8월 12일 : (주)민성전자는 (주)주영전자가 보유하고 있는 특허권을 취득하고 전자세금계산서를 교부받았으며, 특허권 취득에 대한 대가로 (주)민성전자의 주식 1,000주를 발행하여 교부하고 800,000원은 미지급하였다. (주)민성전자가 발행한 주식은 액면가액 @5,000원, 시가 @8,000원, 특허권의 시가는 8,000,000원이다. (3점)

[5] 9월 05일 : 창고에 있는 제품 중 일부를 (주)동명물산과 다음과 같은 수출품 납품계약에 의해 납품하고 Local L/C(내국신용장)를 근거로 영세율전자세금계산서를 발급하였다. 대금은 9월 1일에 우리은행 보통예금 계좌로 입금된 계약금을 상계한 잔액을 동 계좌로 받았다. (3점)

계약내용		
계약일자	9월 1일	
총계약금액	20,000,000원	
계약금	09. 01	2,000,000원
납품기일 및 금액	09. 05	18,000,000원

[6] 10월 03일 : 비사업자인 이규영에게 회사가 사용하던 중고컴퓨터(비품)를 매각하고, 판매대금 770,000원(부가가치세 포함)은 신용카드(비씨카드)로 결제받았다. 처분 당시 비품의 취득가액은 1,000,000원이고 감가상각누계액은 200,000원이었다. (3점)

[7] 10월 28일 : (주)대성에 제품 300,000,000원(부가가치세 별도)을 장기할부조건으로 판매하고, 10월 28일에 제품을 인도하였으며, 대가의 각 부분을 받기로 한 때 전자세금계산서를 정상적으로 발급하였다. 할부금은 약정기일에 정상적으로 보통예금에 입금되었다. 당기 10월 28일의 회계처리를 입력하시오.(3점)

구분	1차 할부	2차 할부	3차 할부	4차 할부	합계
약정기일	10.28	다음연도 3.28	다음연도 10.28	다음연도 12.28	
공급가액	75,000,000원	75,000,000원	75,000,000원	75,000,000원	300,000,000원
부가가치세	7,500,000원	7,500,000원	7,500,000원	7,500,000원	30,000,000원

[8] 11월 25일 : 본사 건물의 주차장으로 사용하기 위하여 토지를 구입한 후 토지의 정지비용과 구 건물철거와 관련한 비용으로 (주)명인건설에 32,000,000원(부가가치세 별도)을 보통예금으로 지급하고 전자세금계산서를 수취하였다.(3점)

날짜	유형	공급가액	공급처명	전자	분개
7/02	과세[11]	37,000,000	구성상사	여	외상

분개	(차) 외상매출금	40,700,000	(대) 제품매출	37,000,000
			부가세예수금	3,700,000

□	일	번호	유형	품목	수량	단가	공급가액	부가세	코드	공급처명	사업자주민번호	전자	분개
□	2	50001	과세	제품			37,000,000	3,700,000	00404	구성상사	124-86-51357	여	외상
□	2												
				공급처별 매출(입)전체 [1]건			37,000,000	3,700,000					

[2]

날짜	유형	공급가액	공급처명	전자	분개
7/18	과세[51]	20,000,000	(주)팽성	여	혼합

분개	(차) 원재료	20,000,000	(대) 받을어음	12,000,000
	부가세대급금	2,000,000	(거래처 : 강남상사)	
			당좌예금	10,000,000

□	일	번호	유형	품목	수량	단가	공급가액	부가세	코드	공급처명	사업자주민번호	전자	분개	
□	18	50002	과세	원재료			20,000,000	2,000,000	00203	(주)팽성	122-81-07995	여	혼합	
□	18													
				공급처별 매출(입)전체 [1]건			20,000,000	2,000,000						

[3] 불공제 사유 : ④ 기업업무추진비 및 이와 유사한 비용 관련

날짜	유형	공급가액	공급처명	전자	분개
8/03	불공[54]	1,500,000	해나유통	–	혼합

분개	(차) 기업업무추진비(813번)	1,650,000	(대) 미지급금	1,000,000
			당좌예금	650,000

□	일	번호	유형	품목	수량	단가	공급가액	부가세	코드	공급처명	사업자주민번호	전자	분개
□	3	50001	불공	선물세트			1,500,000	150,000	00314	해나유통	110-23-02624		혼합
□	3												
				공급처별 매출(입)전체 [1]건			1,500,000	150,000					

[4]

날짜	유형	공급가액	공급처명	전자	분개
8/12	과세[51]	8,000,000	(주)주영전자	여	혼합

분개	(차) 특허권	8,000,000	(대) 자본금	5,000,000
	부가세대급금	800,000	주식발행초과금	3,000,000
			미지급금	800,000

□	일	번호	유형	품목	수량	단가	공급가액	부가세	코드	공급처명	사업자주민번호	전자	분개
□	12	50001	과세	특허권			8,000,000	800,000	00401	(주)주영전자	132-84-56475	여	혼합
□	12												
				공급처별 매출(입)전체 [1]건			8,000,000	800,000					

실기

[5]

날짜	유형	공급가액	공급처명	전자	분개	영세율 구분
9/05	영세[12]	20,000,000	(주)동명물산	여	혼합	③ 내국신용장·구매확인서에 의해 공급하는 재화
분개	(차) 선수금 보통예금		2,000,000 18,000,000	(대) 제품매출		20,000,000

□	일	번호	유형	품목	수량	단가	공급가액	부가세	코드	공급처명	사업자주민번호	전자	분개
□	5	50006	영세	제품			20,000,000		00331	(주)동명물산	123-12-21349	여	혼합
□	5												
			공급처별 매출(입)전체 [1]건				20,000,000	0					

[6] 신용카드사 : 비씨카드로 입력

날짜	유형	공급가액	공급처명	전자	분개
10/03	카과[17]	700,000	이규영	-	혼합
분개	(차) 미수금(비씨카드) 감가상각누계액 유형자산처분손실	770,000 200,000 100,000	(대) 비품 부가세예수금		1,000,000 70,000
	※ 본 문제의 경우 회사의 주된 영업활동이 아닌 유형자산 매각 활동을 한 것이므로 본 거래에서 발생한 채권은 매출채권이 아니다. 따라서 차변에 미수금 계정을 사용하면 된다.				

□	일	번호	유형	품목	수량	단가	공급가액	부가세	코드	공급처명	사업자주민번호	전자	분개
□	3	50001	카과	중고컴퓨터ㅁ			700,000	70,000	00103	이규영	680218-2550216		혼합
□	3												
			공급처별 매출(입)전체 [1]건				700,000	70,000					

참고

본 문제의 경우 분개를 [4.카드]로 할 경우 대변에 비품의 취득가액을 입력하면 아래와 같이 제품매출이 대변에 자동기입되며 이를 수정하기 어려우므로 분개를 혼합으로 하는 것이다. 시험문제에서 이처럼 [1.현금]분개, [2.외상]분개 또는 [4.카드] 분개에서 오류가 나는 경우에는 [3.혼합]으로 분개하면 된다.

구분	계정과목	적요	거래처	차변(출금)	대변(입금)	
차변	0120 미수금	중고컴퓨터매각	99600 비씨카드	770,000		(세금)계산서 현재라인인쇄
대변	0255 부가세예수금	중고컴퓨터매각	00103 이규영		70,000	
대변	0212 비품	중고컴퓨터매각	00103 이규영		1,000,000	거래명세서 현재라인인쇄
대변	0404 제품매출	중고컴퓨터매각	00103 이규영		-300,000	
			합 계	770,000	770,000	전 표 현재라인인쇄

[7]

날짜	유형	공급가액	공급처명	전자	분개
10/28	과세[11]	75,000,000	(주)대성	여	혼합
분개	(차) 보통예금	82,500,000	(대) 제품매출 부가세예수금		75,000,000 7,500,000
분개	※ 장기할부판매의 경우 재화의 공급시기는 '대가의 각 부분을 받기로 한 때'이다. 따라서 10월 28일에는 받기로 한 금액 75,000,000원(부가가치세 별도)에 대한 세금계산서를 발급하고 해당 거래만 매입매출전표에 입력하는 것이다. 만약 본 문제가 단기할부판매에 해당된다면 인도일을 공급시기로 하므로 그 경우에는 공급가액이 3억원이 될 것이라는 점도 참고한다.				

□	일	번호	유형	품목	수량	단가	공급가액	부가세	코드	공급처명	사업자주민번호	전자	분개
□	28	50001	과세	제품			75,000,000	7,500,000	00114	(주)대성	220-81-12341	여	혼합
□	28												
			공급처별 매출(입)전체 [1]건				75,000,000	7,500,000					

[8] 불공제 사유 : ⑥ 토지의 자본적 지출 관련

날짜	유형	공급가액	공급처명	전자	분개
11/25	불공[54]	32,000,000	(주)명인건설	여	혼합
분개	(차) 토지　　　　　　　　　　35,200,000　(대)　보통예금　　　　　　　　　　　35,200,000				
	※ 토지 정지비용은 토지의 자본적 지출로서 매입세액 불공제 대상이다.				

□	일	번호	유형	품목	수량	단가	공급가액	부가세	코드	공급처명	사업자주민번호	전자	분개	▲
☐	25	50003	불공	토지			32,000,000	3,200,000	00305	(주)명인건설	129-81-66753	여	혼합	
☐	25													
			공급처별 매출(입)전체 [1]건				32,000,000	3,200,000						▼

3 결산 및 재무제표

결산이란 1년간의 회계처리에 대해 12월 31일에 장부를 마감하고 재무제표를 만들어내는 일련의 과정을 말한다. 12월 31일 일반전표로 결산수정분개를 모두 입력한 후 제조원가명세서, 손익계산서, 이익잉여금처분계산서, 재무상태표 등의 순서로 재무제표를 작성한다.

1 결산자료입력

결산자료입력이란 회계기간 말에 결산정리분개(수정분개)를 입력하는 과정을 말한다. 결산정리분개는 발생주의와 현금주의의 차이를 조정하거나 자산·부채의 평가 등을 함으로써 외부에 공시되는 재무제표가 일반기업회계기준에 맞게 공시되도록 하는 것을 말한다.

결산정리분개는 원칙적으로 12월 31일자 일반전표에 입력하는 것이다. 그런데, 이러한 결산분개 중 일부분은 분개의 차변과 대변 계정과목이 정해져 있어서 금액만 정확하게 찾으면 어느 누가 입력하더라도 정확하게 분개가 똑같은 모양이 나타나는 항목이 있다. 예를 들어 감가상각비 분개의 경우 무조건 차변에 감가상각비, 대변에 감가상각누계액 이라는 계정과목이 나타나므로 금액만 정확하게 찾으면 항상 분개의 모양은 똑같이 나타나게 된다.

이러한 분개를 묶어 케이렙 프로그램에서는 해당 금액만 입력하면 자동으로(한꺼번에) 12월 31일의 일반전표가 생성되도록 메뉴를 설정하여 놓았다. 이러한 메뉴에 입력하는 항목을 자동결산항목이라고 부르며, 그 이외의 분개(12월 31일자의 일반전표에 직접 수기로 입력해야 하는 분개)를 수동결산항목이라고 한다. 이들 항목 중 반드시 수동결산항목을 모두 입력하고 난 후 자동결산항목을 입력하고 분개를 생성시키는 [F3]전표추가] 탭을 눌러주어야 결산분개가 완성되는 것이다. 전산세무 2급의 결산자료입력 문제를 잘 풀기 위해서는 반드시 수동결산항목과 자동결산항목을 구분하는 것을 정확하게 연습하여야 한다.

결산분개를 하는 것은 원칙적으로는 12월 31일자의 일반전표에 수정분개를 입력하는 것이므로 자동결산항목이라고 하더라도 결산자료입력 메뉴에 입력하지 않고 12월 31일의 일반전표에 직접 전표를 입력하여 처리할 수도 있다. 다만, 실무편의와 시험시간 단축을 위해서는 자동결산항목을 제대로 추려내어 해당 메뉴에 금액만 입력하는 것이 가장 빠르고 정확할 것이다. 또한 결산을 완성하기 위해서는 문제에서 수동결산항목만 주어진다고 하더라도(즉, 자동결산항목 금액을 추가로 입력하지 않더라도) 해당 메뉴의 [F3]전표추가]키를 무조건 클릭해야 한다는 것도 알고 있어야 한다.

만약 문제에서 이익잉여금처분과 관련된 내역을 제시하면 ① 수동결산항목 입력 ② 자동결산항목 입력 ③ [전표추가] 클릭 ④ 제조원가명세서·손익계산서 등 조회 ⑤ 이익잉여금처분계산서 입력 후 [전표추가]의 순서로 결산작업을 진행하여야 한다. 시험문제에서 이익잉여금처분과 관련된 내역을 제시하지 않는 경우에는 위 단계 중 ①, ②, ③까지 하고 문제풀이를 완료하면 시간을 단축시킬 수 있다.

결산자료입력 문제의 구성	문제풀이 순서
이익잉여금 처분 문제가 없을 경우	① 수동결산항목 입력 : 12월 31일 일반전표 입력
	② 자동결산항목 입력 : [결산자료입력] 메뉴에 입력
	③ 결산자료입력 메뉴 상단의 [전표추가] 반드시 클릭
이익잉여금 처분 문제가 있을 경우	① 수동결산항목 입력 : 12월 31일 일반전표 입력
	② 자동결산항목 입력 : [결산자료입력] 메뉴에 입력
	③ 결산자료입력 메뉴 상단의 [전표추가] 반드시 클릭
	④ 제조원가명세서 12월 말일자로 조회
	⑤ 손익계산서 12월 말일자로 조회
	⑥ 이익잉여금처분계산서 조회 후 해당사항 입력
	⑦ 이익잉여금처분계산서 화면 상단의 [전표추가] 반드시 클릭
	⑧ 재무상태표 12월 말일자로 조회

자동결산항목과 수동결산항목의 사례는 다음과 같다.

수동결산	[결산자료입력] 메뉴에 자동결산항목으로 나타나지 않은 결산정리항목에 대해서는 수동결산을 해야 한다. 수동결산은 결산분개를 12월 31일자 일반전표로 입력하는 방법이다. 수동결산항목의 예는 다음과 같다.
	• 선급비용(예 : 화재보험료, 임차료 등의 선급액)의 계상
	• 선수수익(예 : 임대료 등의 선수액)의 계상
	• 미지급비용(예 : 이자비용 등의 미지급액)의 계상
	• 미수수익(예 : 이자수익 등의 미수액)의 계상
	• 외화자산·부채의 환산 : 외화환산이익 및 외화환산손실의 환산
	• 재고자산 감모손실(비정상적 감모손실)의 계상
	• 소모품, 소모품비의 적절한 계상
	• 비유동부채의 유동성 대체
	• 가지급금 및 가수금 정리
	• 단기매매증권·매도가능증권의 기말 평가 등
자동결산	[결산자료입력] 메뉴에 해당 금액을 입력한 후 메뉴의 [F3 전표추가]키를 이용하여 결산을 완료하는 방법을 말한다. 자동결산항목의 예는 다음과 같다.
	• 매출원가 계산(기말원재료 재고액, 기말재공품 재고액, 기말제품 재고액 입력)
	• 퇴직급여충당부채 전입액 : 퇴직급여(전입액)
	• 유형자산 감가상각비 계상
	• 무형자산상각비(개발비, 영업권 상각액 등) 계상
	• 대손충당금 설정
	• 법인세 등(선납세금 및 미지급세금 포함)

시험문제에서 별다른 언급이 없는 한, 결산자료입력 연습문제 풀이시 [전에 입력한 데이터를 불러오시겠습니까?] 라는 질문이 나오면 [아니오]를 클릭하고 문제를 푸시기 바랍니다.

1. 다음은 (주)건이부품(회사코드 5005)의 거래이다. 다음 결산자료를 입력하여 결산을 완료하시오.

[1] 결산일 현재 공장직원에 대한 퇴직금 추계액은 40,000,000원이고 본사 사무직 직원에 대한 퇴직금추계액은 60,000,000원이다. 당사는 매기 결산일에 퇴직급여충당부채를 보충법으로 퇴직금추계액의 100%를 설정하고자 한다.(3점)

[2] 다음과 같은 감가상각자산에 대해 감가상각비를 계상하다. 당해 자산에 대해서는 감가상각비를 계상한 적이 없다. 고정자산 등록을 한 후 감가상각을 하여라.(3점)

코드	자산명	계정과목	취득일자	취득가액	상각방법	내용연수
123	공장기계장치	기계장치	2024년 4월 1일	10,000,000원	정률법	5년
456	영업부컴퓨터	비품	2025년 7월 1일	5,000,000원	정액법	5년

[3] 당기 법인세 등(지방소득세 포함) 17,000,000원을 계상하다. 당기 중간예납세액과 원천징수세액은 선납세금 계정에 계상되어 있다.(3점)

[4] 기말 재고자산은 다음과 같다.(3점)

- 원재료 : 2,000,000원
- 재공품 : 1,500,000원
- 제품 : 2,300,000원
- 상품 : 3,000,000원

[5] 당기말 현재 한솔은행에 대한 장기차입금 내역은 다음과 같다. 아래 자료를 근거로 결산시 회계처리를 하시오.(3점)

구분	금액(원)	상환예정시기	차입일	상환방법
장기차입금	100,000,000	2026. 8. 31	2024. 8. 31	만기 일시상환
장기차입금	150,000,000	2027. 8. 31	2025. 8. 31	만기 일시상환
합계	250,000,000			

해답

[풀이 순서]

[5]번은 수동결산항목이고, [1][2][3][4]번은 자동결산항목이다. 따라서 [5]번의 유동성대체분개를 먼저 12월 31일자 일반전표로 입력한 후, [1][2][3][4]번을 모두 결산자료입력 메뉴에 입력한 후 [전표추가]키를 클릭한다. 단, 실무상 법인세는 가장 마지막에 입력하는 것이므로 연습할 때에도 가장 마지막에 입력하도록 습관을 들여놓도록 한다.

자동결산항목에 대한 결산자료입력이 끝나고 나면 반드시 화면 상단의 F3 전표추가 를 클릭하여 일반전표 추가 작업을 진행해야 하며 전표추가를 하지 않으면 감점 대상이 되므로 주의한다.

※ 결산자료 입력이 모두 끝나고 난 후에는 반드시 [결산자료입력]메뉴의 [F3]전표추가]키를 클릭하여 결산분개를 일반전표에 대체시켜야 한다.

[1] 자동결산항목 : [결산자료입력]메뉴에 입력(1월-12월로 조회)

결산자료입력 메뉴 상단의 CF8 퇴직충당 을 클릭하여 아래와 같은 화면이 나타나면 퇴직금추계액을 생산직과 사무직으로 나누어 각각 입력한다.

• 입력 전

코드	계정과목명	퇴직급여추계액	설정전 잔액				추가설정액(결산반영) (퇴직급여추계액-설정전잔액)	유형
			기초금액	당기증가	당기감소	잔액		
0508	퇴직급여		19,000,000			19,000,000	-19,000,000	제조
0806	퇴직급여		13,500,000			13,500,000	-13,500,000	판관

새로불러오기   결산반영   취소(Esc)

• 입력 후

코드	계정과목명	퇴직급여추계액	설정전 잔액				추가설정액(결산반영) (퇴직급여추계액-설정전잔액)	유형
			기초금액	당기증가	당기감소	잔액		
0508	퇴직급여	40,000,000	19,000,000			19,000,000	21,000,000	제조
0806	퇴직급여	60,000,000	13,500,000			13,500,000	46,500,000	판관

새로불러오기   결산반영   취소(Esc)

퇴직금추계액의 100%를 퇴직급여충당부채로 설정한다고 하였으므로 퇴직급여 추계액란에 각각 40,000,000원, 60,000,000원의 금액을 입력한다. 입력이 완료되면 화면 하단의 결산반영 탭을 눌러서 금액을 해당 란에 자동으로 입력하도록 한다.

[2] 자동결산항목 : [결산자료입력]메뉴에 입력

① 먼저 고정자산 등록을 한다. 고정자산등록시 문제에서 별도의 코드에 대한 언급이 없어도 [14.경비구분]을
500번대인지 800번대인지 반드시 체크하여야 결산자료입력시 자동계산 메뉴에 해당 금액이 반영된다.
고정자산등록을 한 화면은 다음과 같다.

• 공장 기계장치(상각방법 : 정률법)

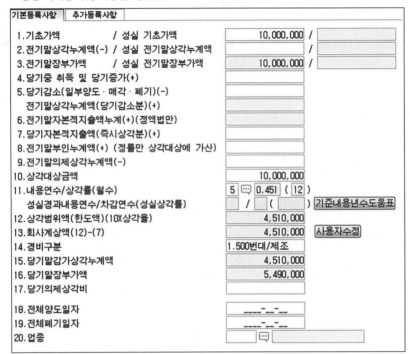

• 영업부 컴퓨터(상각방법 : 정액법)

② [F7]감가상각 탭을 클릭하여 자동으로 해당 금액을 계산 후 화면 하단의 을 클릭하여 자동으로 해당 결산반영
란에 금액을 입력한다.

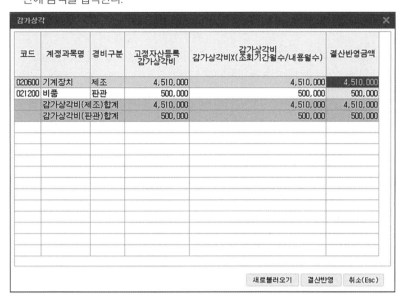

코드	계정과목명	경비구분	고정자산등록 감가상각비	감가상각비 감가상각비X(조회기간월수/내용월수)	결산반영금액
020600	기계장치	제조	4,510,000	4,510,000	4,510,000
021200	비품	판관	500,000	500,000	500,000
	감가상각비(제조)합계		4,510,000	4,510,000	4,510,000
	감가상각비(판관)합계		500,000	500,000	500,000

새로불러오기 결산반영 취소(Esc)

만약 본 메뉴를 이용하고 싶지 않을 때에는 아래와 같이 해당 란에 직접 금액을 입력하여도 된다.

• 제품매출원가 ➡ 7) 경비 ➡ 일반감가상각비 : 기계장치 4,510,000원 입력

• 판매비와 일반관리비 ➡ 4) 감가상각비 : 비품 500,000원 입력

[3] 자동결산항목 : [결산자료입력]메뉴에 입력

아래와 같이 [9.법인세등] 메뉴 하단에 선납세금과 추가계상액을 각각 10,000,000원, 7,000,000원 입력한다.

±	코드	과 목	결산분개금액	결산전금액	결산반영금액	결산후금액	▲
	0998	9. 법인세등			17,000,000	17,000,000	
	0136	1). 선납세금		10,000,000	10,000,000	10,000,000	
	0998	2). 추가계상액			7,000,000	7,000,000	

[4] 자동결산항목 : [결산자료입력]메뉴에 입력

[결산자료입력]메뉴에서 기말재고자산 금액을 각각 해당란에 입력한다.

㉠ 기말 원재료 재고액 : 2,000,000원

㉡ 기말 재공품 재고액 : 1,500,000원

㉢ 기말 제품 재고액 : 2,300,000원

㉣ 기말 상품 재고액 : 3,000,000원을 입력한다.

±	코드	과 목	결산분개금액	결산전금액	결산반영금액	결산후금액
		2. 매출원가		2,539,372,800		2,559,882,800
	0451	상품매출원가				17,000,000
	0146	② 당기 상품 매입액		20,000,000		20,000,000
	0146	⑩ 기말 상품 재고액			3,000,000	3,000,000
	0455	제품매출원가				2,542,882,800
		1)원재료비		1,983,484,800		1,981,484,800
	0501	원재료비		1,983,484,800		1,981,484,800
	0153	① 기초 원재료 재고액		67,000,000		67,000,000
	0153	② 당기 원재료 매입액		1,916,484,800		1,916,484,800
	0153	⑩ 기말 원재료 재고액			2,000,000	2,000,000

±	코드	과 목	결산분개금액	결산전금액	결산반영금액	결산후금액
	0455	8)당기 총제조비용		2,450,372,800		2,473,882,800
	0169	① 기초 재공품 재고액		15,000,000		15,000,000
	0169	⑩ 기말 재공품 재고액			1,500,000	1,500,000
	0150	9)당기완성품제조원가		2,465,372,800		2,487,382,800
	0150	① 기초 제품 재고액		54,000,000		54,000,000
	0150	⑩ 기말 제품 재고액			2,300,000	2,300,000

실기

[5] 수동결산항목 : 12월 31일 일반전표 입력

(차) 장기차입금	100,000,000	(대) 유동성장기부채	100,000,000
(거래처 : 한솔은행)		(거래처 : 한솔은행)	

※ 재고자산감모손실 또는 평가손실이 있는 경우에는 이를 일반전표에 먼저 입력하여야 하며, 재고자산감모손실 및 평가손실을 반영한 후의 재고자산 금액을 결산자료입력 메뉴에 입력하여야 한다.

□	일	번호	구분	계 정 과 목	거 래 처	적 요	차 변	대 변
☑	31	00017	차변	0293 장기차입금	98000 한솔은행		100,000,000	
■	31	00017	대변	0264 유동성장기부채	98000 한솔은행			100,000,000

2. 다음은 (주)육룡기업(회사코드 5007)의 거래이다. 다음 결산자료를 입력하여 결산을 완료하시오.

[1] 기말현재 장기차입금 계정에는 American trans사에 대한 장기차입금(미화 : $40,000) 44,000,000원이 포함되어 있다. (= $40,000 × 1,100원) 결산일 현재 환율은 1달러당 1,200원이다. 외화평가를 하여라. (3점)

[2] 기말 현재 외상매출금과 받을어음, 단기대여금에 대하여 대손충당금을 설정하고 기타의 채권에 대해서는 대손충당금을 설정하지 않는다. 보충법을 적용하되, 단기대여금에 대해서는 2%, 그 외의 채권에 대해서는 1.5%의 대손율을 적용한다. (3점)

[3] 결산일 현재 재고자산을 실사 평가한 결과는 다음과 같다. (6점)
제품의 수량감소는 감모손실로서 비정상적으로 발생된 것이다. 기말재고액 및 감모손실과 관련한 결산정리사항을 입력하시오.

구분	장부상내역			실사내역		
	단위당 취득원가	수량	평가액	단위당 시가	수량	평가액
제품	10,000원	1,000개	10,000,000원	10,000원	900개	9,000,000원
재공품	5,000원	1,000개	5,000,000원	5,000원	1,000개	5,000,000원
원재료	1,000원	2,000개	2,000,000원	1,000원	2,000개	2,000,000원

[4] 기말 현재 보유하고 있는 감가상각대상자산은 다음과 같다. 제시된 자료외 감가상각대상자산은 없다고 가정한다. 고정자산 등록을 한 후 결산자료입력을 하여라. (3점) (단위 : 원)

코드	계정과목	취득원가	잔존가치 내용연수	전기말 감가상각 누계액	취득 연월일	상각방법	상각률
100	본사 건물	100,000,000	0 20년	7,500,000	2024.7.20	정액법	0.05
200	공장기계장치	35,000,000	취득원가의 5% 5년	15,750,000	20211.4	정률법	0.451

[5] 이익잉여금처분계산서(안)의 이익잉여금 처분 내역으로 현금배당 10,000,000원과 이익준비금 1,000,000원을 반영하기로 하였다. 당기의 처분예정일은 2026년 2월 25일이고 전기의 이익잉여금처분계산서 처분확정일은 2025년 2월 25일이다. (3점)

··

해답

[풀이 순서]

[1]번은 수동결산항목, [3]번은 수동결산과 자동결산을 동시에 하여야 하는 항목이고 [2][4]번은 자동결산항목이다. 따라서 [1][3]번을 12월 31일자 일반전표에 모두 입력한 후 [2][3][4]번을 결산자료입력 메뉴에 입력한 후 [전표추가]를 클릭하여 전표를 생성시킨다. 본 문제의 경우 이익잉여금처분에 관한 문제가 나왔으므로 전표 생성을 시킨 후 반드시 [제조원가명세서 ➡ 손익계산서 ➡ 이익잉여금처분계산서]의 순서로 12월 31일자로 조회를 한 후 이익잉여금처분 계산서에 [5]번 내용을 입력한 후 [전표추가]를 반드시 클릭해야 한다.

[1] 수동결산항목 : 12월 31일 일반전표입력

(차) 외화환산손실	4,000,000	(대) 장기차입금 (거래처 : American trans사)	4,000,000

∵ $40,000 × (1,200원 - 1,100원) = 4,000,000원(외화환산손실)

□	일	번호	구분	계 정 과 목	거 래 처	적 요	차 변	대 변
▣	31	00002	차변	0955 외화환산손실			4,000,000	
■	31	00002	대변	0293 장기차입금	00101 American trans사			4,000,000

[2] 자동결산항목 : [결산자료입력]메뉴에 입력(1월 - 12월로 조회)

　　결산자료입력 화면 상단의 **F8 대손상각** 을 클릭하면 다음과 같은 화면이 나타난다.

　　문제에서 대부분의 채권에 대해서 1.5%의 대손율을 적용하라고 하였으므로 화면 상단의 대손율 란에 1.5라고 입력한다.

대손상각

대손율(%) 　1.00

코드	계정과목명	금액	설정전 충당금 잔액			추가설정액(결산반영) [(금액x대손율)-설정전충당금잔액]	유형
			코드	계정과목명	금액		
0108	외상매출금	278,700,000	0109	대손충당금	1,000,000	1,787,000	판관
0110	받을어음	343,000,000	0111	대손충당금	1,550,000	1,880,000	판관
0246	부도어음과수표	101,100,000	0247	대손충당금	1,011,000		판관
0114	단기대여금	63,000,000	0115	대손충당금		630,000	영업외
0120	미수금	2,200,000	0121	대손충당금		22,000	영업외
0131	선급금	90,291,089	0132	대손충당금		902,910	영업외
	대손상각비 합계					3,667,000	판관
	기타의 대손상각비					1,554,910	영업외

새로불러오기　결산반영　취소(Esc)

외상매출금과 받을어음, 공사미수금, 단기대여금에 대해서만 대손충당금 설정을 하여야 하므로 부도어음과수표, 미수금에 대해서는 추가설정액 금액을 "0원"으로 직접 수정하여 입력한다. 또한 단기대여금에 대해서는 대손율을 2%로 하라고 하였으므로 단기대여금에 대한 대손충당금 추가설정액은 직접 계산하여 금액을 수정입력한다.

※ 계산내역 : 63,000,000원 × 2% - 0원 = 1,260,000원

모든 입력을 완료한 후의 화면은 다음과 같다. 이렇게 금액을 수정입력한 후 화면 하단의 **결산반영** 탭을 눌러서 결산자료입력 메뉴에 해당 금액을 각각 반영한다. 이 중 매출채권인 외상매출금과 받을어음, 공사미수금에 대한 대손충당금 추가설정액은 판매비와 일반관리비에 '대손상각비' 계정으로 반영되고, 기타의 채권에 대한 대손충당금 추가설정액은 영업외비용의 '기타의대손상각비'에 반영되게 된다.

대손상각

대손율(%) 　1.50

코드	계정과목명	금액	설정전 충당금 잔액			추가설정액(결산반영) [(금액x대손율)-설정전충당금잔액]	유형
			코드	계정과목명	금액		
0108	외상매출금	278,700,000	0109	대손충당금	1,000,000	3,180,500	판관
0110	받을어음	343,000,000	0111	대손충당금	1,550,000	3,595,000	판관
0246	부도어음과수표	101,100,000	0247	대손충당금	1,011,000		판관
0114	단기대여금	63,000,000	0115	대손충당금		1,260,000	영업외
0120	미수금	2,200,000	0121	대손충당금			영업외
0131	선급금	90,291,089	0132	대손충당금		1,354,366	영업외
	대손상각비 합계					6,775,500	판관
	기타의 대손상각비					2,614,366	영업외

새로불러오기　결산반영　취소(Esc)

[3] 수동결산항목 + 자동결산항목

① 12월 31일 일반전표입력

| (차) 재고자산감모손실 | 1,000,000 | (대) 제품 | 1,000,000 |
| (영업외비용) | | (적요8 : 타계정으로 대체액) | |

※ 재고자산감모손실 또는 평가손실이 있는 경우에는 이를 일반전표에 먼저 입력하여야 하며, 재고자산감모손실 및 평가손실을 반영한 후의 재고자산 금액을 결산자료입력 메뉴에 입력하여야 한다.

□	일	번호	구분	계 정 과 목	거 래 처	적 요	차 변	대 변
☐	31	00003	차변	0959 재고자산감모손실			1,000,000	
☐	31	00003	대변	0150 제품		8 타계정으로 대체액 손익		1,000,000

② [결산자료입력]메뉴에 입력

• 기말 제품 재고액 : 9,000,000원

• 기말 재공품 재고액 : 5,000,000원

• 기말 원재료 재고액 : 2,000,000원

코드	과 목	결산분개금액	결산전금액	결산반영금액	결산후금액
0455	제품매출원가				1,011,254,911
	1)원재료비		755,217,438		753,217,438
0501	원재료비		755,217,438		753,217,438
0153	① 기초 원재료 재고액		117,082,431		117,082,431
0153	② 당기 원재료 매입액		638,135,007		638,135,007
0153	⑩ 기말 원재료 재고액			2,000,000	2,000,000

±	코드	과 목	결산분개금액	결산전금액	결산반영금액	결산후금액
	0455	8)당기 총제조비용		954,009,898		952,009,898
	0169	⑩ 기말 재공품 재고액			5,000,000	5,000,000
	0150	9)당기완성품제조원가		954,009,898		947,009,898
	0150	① 기초 제품 재고액		74,245,013		74,245,013
	0150	⑤ 타계정으로 대체액		1,000,000		1,000,000
	0150	⑩ 기말 제품 재고액			9,000,000	9,000,000

참고

• 제품의 실사 평가 결과 비정상적인 수량감소(비정상적인 감모손실) 100개가 발생하였으므로 해당 금액에 대해서 제품장부가액을 줄이는 분개를 하되, 8.타계정대체 적요를 걸어야 하므로 일반전표로 별도로 입력하는 것이다. (100개 × 10,000원)

• 제품 금액 중 (비정상적인) 재고감모손실 1,000,000원을 뺀 나머지 9,000,000원을 결산자료입력 메뉴의 기말 제품가액으로 입력한다.

[4] 자동결산항목 : 결산자료입력 메뉴에 입력

　① 먼저 고정자산등록 메뉴에 해당 자산을 등록한다.

건물 고정자산 등록 화면(상각방법 : 정액법)

| 기본등록사항 | 추가등록사항 |

1. 기초가액　　　　　 / 성실 기초가액	100,000,000 /	
2. 전기말상각누계액(-) / 성실 전기말상각누계액	7,500,000	
3. 전기말장부가액　　 / 성실 전기말장부가액	92,500,000 /	
4. 당기중 취득 및 당기증가(+)		
5. 당기감소(일부양도 · 매각 · 폐기)(-)		
전기말상각누계액(당기감소분)(+)		
6. 전기말자본적지출액누계(+)(정액법만)		
7. 당기자본적지출액(즉시상각분)(+)		
8. 전기말부인누계액(+) (정률만 상각대상에 가산)		
9. 전기말의제상각누계액(-)		
10. 상각대상금액	100,000,000	
11. 내용연수/상각률(월수)	20 ⬚ 0.05 (12)	
성실경과내용연수/차감연수(성실상각률)	/ ( )	기준내용년수도움표
12. 상각범위액(한도액)(10X상각율)	5,000,000	
13. 회사계상액(12)-(7)	5,000,000	사용자수정
14. 경비구분	6.800번대/판관비	
15. 당기말감가상각누계액	12,500,000	
16. 당기말장부가액	87,500,000	
17. 당기의제상각비		
18. 전체양도일자	----　-　--	
19. 전체폐기일자	----　-　--	
20. 업종	⬚	

건물 고정자산 등록 화면(상각방법 : 정액법)

| 기본등록사항 | 추가등록사항 |

1. 기초가액　　　　　 / 성실 기초가액	35,000,000 /	
2. 전기말상각누계액(-) / 성실 전기말상각누계액	15,750,000	
3. 전기말장부가액　　 / 성실 전기말장부가액	19,250,000 /	
4. 당기중 취득 및 당기증가(+)		
5. 당기감소(일부양도 · 매각 · 폐기)(-)		
전기말상각누계액(당기감소분)(+)		
6. 전기말자본적지출액누계(+)(정액법만)		
7. 당기자본적지출액(즉시상각분)(+)		
8. 전기말부인누계액(+) (정률만 상각대상에 가산)		
9. 전기말의제상각누계액(-)		
10. 상각대상금액	19,250,000	
11. 내용연수/상각률(월수)	5 ⬚ 0.451 (12)	
성실경과내용연수/차감연수(성실상각률)	/ ( )	기준내용년수도움표
12. 상각범위액(한도액)(10X상각율)	8,681,750	
13. 회사계상액(12)-(7)	8,681,750	사용자수정
14. 경비구분	1.500번대/제조	
15. 당기말감가상각누계액	24,431,750	
16. 당기말장부가액	10,568,250	
17. 당기의제상각비		
18. 전체양도일자	----　-　--	
19. 전체폐기일자	----　-　--	
20. 업종	⬚	

② 결산자료입력 메뉴에서 **F7 감가상각** 탭을 클릭하면 아래와 같은 화면이 나타난다.

코드	계정과목명	경비구분	고정자산등록 감가상각비	감가상각비 감가상각비X(조회기간월수/내용월수)	결산반영금액
020200	건물	판관	5,000,000	5,000,000	5,000,000
020600	기계장치	제조	8,681,750	8,681,750	8,681,750
	감가상각비(제조)합계		8,681,750	8,681,750	8,681,750
	감가상각비(판관)합계		5,000,000	5,000,000	5,000,000

새로불러오기 결산반영 취소(Esc)

자동으로 계산된 숫자를 입력하면 되므로 화면 하단의 **결산반영** 탭을 클릭하면 건물에 대한 감가상각비는 판관비로 반영되고 기계장치의 감가상각비는 제품매출원가로 자동으로 금액이 입력된다.

* 결산자료입력이 끝나고 나면 반드시 화면 상단의 [**F3** 전표추가]키를 클릭하여 반드시 결산분개를 일반전표에 자동으로 추가하여야 한다. 결산자료 입력이 끝난 후, 제조원가명세서, 손익계산서를 12월 말일로 순서대로 조회한 후 이익잉여금처분계산서 메뉴를 열어서 아래 [5]번을 입력한다.

[5] 이익잉여금처분계산서를 조회할 때 저장된 데이터를 불러오겠냐는 물음이 나오면 [아니오]를 클릭한다. 단, 문제에서 [예]를 선택하라고 하는 경우에는 [예]를 클릭하면 된다.

저장된 데이터가 있습니다.
저장된 데이터를 불러오시겠습니까?

예(Y) 아니오(N)

ⓐ 이익잉여금처분계산서 화면 상단의 2024년 귀속 이익잉여금의 처분확정일과 2025년 귀속 이익잉여금이 처분예정일을 각각 입력한다.

ⓑ [Ⅲ. 이익잉여금처분액] 입력 란에 4.배당금 중 [가.현금배당 10,000,000원]과 [1.이익준비금 1,000,000원]을 각각 입력한다.

ⓒ 입력이 완료된 후에는 화면 상단의 [**F6** 전표추가] 탭을 클릭한 후 이익잉여금처분계산서 메뉴를 닫는다.

ⓓ 재무상태표를 12월로 조회한 후 메뉴를 닫으면 결산이 완료된다.

CHAPTER 03

부가가치세 실무능력 정복하기

	코드		금액	금액	금액	금액
I.미처분이익잉여금				489,430,384		44,520,00
1.전기이월미처분이익잉여금			18,520,000		32,000,000	
2.회계변경의 누적효과	0369	회계변경의누적효과				
3.전기오류수정이익	0370	전기오류수정이익				
4.전기오류수정손실	0371	전기오류수정손실				
5.중간배당금	0372	중간배당금				
6.당기순이익			470,910,384		12,520,000	
II.임의적립금 등의 이입액						
1.						
2.						
합계				489,430,384		44,520,00
III.이익잉여금처분액				10,000,000		26,000,00
1.이익준비금	0351	이익준비금			1,000,000	
2.재무구조개선적립금	0354	재무구조개선적립금				
3.주식할인발행차금상각액	0381	주식할인발행차금				
4.배당금			10,000,000		20,000,000	
가. 현금배당	0265	미지급배당금	10,000,000		10,000,000	
주당배당금(률)		보통주				
		우선주				
나. 주식배당	0387	미교부주식배당금			10,000,000	
주당배당금(률)		보통주				
		우선주				
5.사업확장적립금	0356	사업확장적립금			5,000,000	
6.감채적립금	0357	감채적립금				

부가가치세 메인메뉴 화면이다.

KL 케이렙 - v. 20240419　교육용 - 전산세무 2급

회계관리　**부가가치**　원천징수　　　　　　　[2000] (주)열공테크 법인 1기 2024-01-01~2024-12-31 **부가세** 2024 **원천** 2024

검색 / 기수 / 회사 / 최근 / 변환

신고서/부속명세

부가가치세	부속명세서 I	부속명세서 II	부속명세서 III
부가가치세신고서	공제받지못할매입세액명세서	과세유흥장소과세표준신고서	과세표준및세액결정(경정)청구서
부가가치세신고서(간이과세자)	대손세액공제신고서	월별판매액합계표	과세표준수정신고서및추가자진납부
세금계산서합계표	부동산임대공급가액명세서	면세유류공급명세서	
계산서합계표	건물관리명세서	사업장별부가세납부(환급)신고서	
신용카드매출전표등수령명세서(갑)(을)	영세율첨부서류제출명세서	부동산임대등록	
신용카드매출전표등발행금액집계표	수출실적명세서	납부서	
매입자발행세금계산서합계표	내국신용장.구매확인서전자발급명세서		
	영세율매출명세서		
	의제매입세액공제신고서		
	재활용폐자원세액공제신고서		
	건물등감가상각자산취득명세서		
	현금매출명세서		
	스크랩등매입세액공제신고서		

전자신고

전자신고
국세청 홈택스 전자신고변환(교육용)

전산세무 2급 시험에서는 [부가가치세] 메뉴와 [부속명세서 Ⅰ]메뉴에서 시험문제가 주로 출제되고 있다.

실무상 부가가치세신고서를 작성하기 위해서는 부속신고서를 먼저 작성해야 신고서에 그 내용이 자동으로 반영된다. 따라서 부가가치세 신고서 작성 전에 첨부서류를 먼저 작성해야 한다는 것이 원칙이다. 시험문제에서 부가가치세 신고서와 부속신고서를 각각 별도의 문제로 제시한 경우에는 각각 풀면 되지만, 만약 시험문제에서 부속신고서를 작성한 후 부가가치세 신고서에 반영하라고 하면 반드시 부속신고서를 먼저 입력한 후 부가가치세 신고서 화면에서 이를 반영해 주어야 한다.

실기

1 부가가치세 기본 내용

부가가치세의 기본내용에 대해서는 이론편에서 공부해서 잘 알고 있을 것이다. 우리나라는 전단계세액공제법을 채택하고 있으므로 총매출세액에서 공제가능한 매입세액을 빼고 나머지 금액을 세무서에 납부하도록 되어 있다. 재화나 용역을 팔고 소비자에게 대신 받아놓은 세금을 '부가가치세예수금'이라고 하고, 이는 부가가치세법상 '매출세액'이라고 부른다. 부가가치세예수금은 부채이므로 부채의 증가는 대변항목이다. 따라서 매출세액이 발생하면 부가가치세예수금이 대변에 회계처리되어야 한다. 반대로 '부가가치세대급금'은 '(공제가능한) 매입세액'이고 나중에 낼 세금을 줄여주므로 자산에 해당되어 차변에 회계처리되어야 한다. 이러한 회계처리를 매입매출전표를 입력할 때 정확하게 입력하였다면 부가가치세신고서에 올바르게 반영된다. 따라서 시험문제에서는 날짜를 정확하게 입력하여 매입매출전표에 입력한 내용을 불러온 후 자동으로 반영된 숫자는 그대로 두고 몇가지 추가사항을 입력하거나 수정하는 문제가 출제되고 있다.

부가가치세예수금(대변)	매출세액
부가가치세대급금(차변)	(공제 가능한) 매입세액

2 부가가치세신고서 작성방법

[매입매출전표]로 입력된 내용과 각종 부속신고서(예 : 대손세액공제신고서, 의제매입세액신청서 등)의 내용이 반영되어 부가가치세 신고서의 금액이 자동으로 반영된다. 필요한 경우 이 금액 중 일부를 수정하거나 새로운 내용을 추가로 입력하면 부가가치세 신고서 작성이 완료된다. 신고서상의 금액을 수정하거나 삭제 혹은 추가로 입력해야 할 필요가 있는 경우에는 마우스, 화살표키를 이용하여 칸을 이동하여 작업할 수 있다.

부가가치세신고서 작성을 위한 기본적인 절차는 다음과 같다.

• [부가가치세] 메뉴 중 [부가가치세신고서]를 클릭한다.

• [일반과세]와 [간이과세] 중 하나의 탭을 선택한다. 전산세무 2급 시험은 법인회사(주식회사)를 기준으로 문제가 출제되므로 간이과세를 선택하지 않고 바로 날짜를 입력한다.

• 신고서 작성 대상 기간을 선택한다. 예를 들어 일반과세자 중 법인사업자의 경우 1기 예정신고시 1월 1일에서 3월 31일까지로 선택하면 된다. 아래의 각 과세기간은 반드시 암기해 두도록 하자.

신고 구분	과세대상 기간
1기 예정신고	1월 1일 ~ 3월 31일
1기 확정신고	4월 1일 ~ 6월 30일
2기 예정신고	7월 1일 ~ 9월 30일
2기 확정신고	10월 1일 ~ 12월 31일

전산세무 2급 실기시험은 주식회사(법인)를 대상 회사로 하므로 이들은 일반과세자이며 법인이다. 따라서 문제에서 별도의 언급이 없더라도 회사가 예정신고와 확정신고를 모두 하는 회사로 생각하고 문제를 풀면 된다. (주)하나패스에 대해 1월 1일부터 3월 31일까지로 기간 입력을 하면 아래와 같은 화면이 생성된다. 부가가치세 신고서 작성시 날짜를 입력한 후 enter를 치면 매입매출전표에 입력된 내용과 부가가치세 부속서류에 미리 작성하여 저장한 금액이 모두 자동으로 불려오게 된다.

- 부가가치세 신고서 화면을 열었다면 화면 왼쪽의 신고서 내역을 확인하면서 추가로 입력하거나 수정할 사항이 있는지 확인하여야 한다. 시험문제에서 부가가치세 확정신고서 작성시 예정신고누락분 매출이나 매입에 관한 내역을 입력하라고 할 경우에는 [7.예정신고누락분-매출] 또는 [12.예정신고누락분-매입]에 해당 금액을 입력하고 반드시 [26.가산세]에 해당사항이 있는지 검토하여 입력하여야 한다. 단, KcLep 프로그램에서는 예정신고 누락분을 화면 오른쪽에 직접 입력하도록 하고 있다. 아래의 33~37번 칸에 매출 관련 예정신고누락분 내역을 그 성격별로 입력하고, 38~40번에는 매입 관련 예정신고 누락분 내역을 성격별로 구분하여 입력하는 것이다.

구분			금액	세율	세액
7.매출(예정신고누락분)					
예정누락분	과세	세금계산서	33		10/100	
		기타	34		10/100	
	영세	세금계산서	35		0/100	
		기타	36		0/100	
	합계		37			
12.매입(예정신고누락분)					
예정누락분		세금계산서	38			
		그 밖의 공제매입세액	39			
	합계		40			
	신용카드매출	일반매입				
	수령금액합계	고정매입				
	의제매입세액					
	재활용폐자원등매입세액					
	과세사업전환매입세액					
	재고매입세액					
	변제대손세액					
	외국인관광객에대한환급/					
	합계					

1 과세표준과 매출세액

부가가치세 과세표준과 매출세액은 크게 과세분과 영세율분으로 나뉘며 해당 화면은 아래와 같다. 각 항목의 금액은 [매입매출전표]의 입력사항이 자동으로 반영되어 표시된다.

구분				정기신고금액		
				금액	세율	세액
과세표준및매출세액	과세	세금계산서발급분	1		10/100	
		매입자발행세금계산서	2		10/100	
		신용카드·현금영수증발행분	3		10/100	
		기타(정규영수증외매출분)	4			
	영세	세금계산서발급분	5		0/100	
		기타	6		0/100	
	예정신고누락분		7			
	대손세액가감		8			
	합계		9		㉚	

번호	구분	내용
1	[과세] 세금계산서 발급분	• 부가가치세 10% 과세대상 거래 중 세금계산서를 발행한 매출액 입력 • 매입매출전표에서 [11. 과세]로 입력한 매출액 자동으로 반영됨
2	[과세] 매입자발행 세금계산서	• 부가가치세법에 따라 매입자가 직접 매입자발행세금계산서를 적법하게 발행한 경우 그 매출액을 입력
3	[과세] 신용카드 현금영수증 발행분	• 세금계산서를 발급하지 않은 과세거래 중 신용카드 매출전표, 현금영수증을 발급한 거래를 입력한다. • 매입매출전표에서 [17. 카과], [22.현과]로 입력한 매출금액이 자동으로 반영됨
4	[과세] 기타 (정규영수증외 매출분)	• 부가가치세 과세대상 거래 중 세금계산서 등을 발행하지 않은 거래 • 매입매출전표에서 [14. 건별]로 입력한 매출금액이 자동으로 반영됨
5	[영세율] 세금계산서 발급분	• 영세율 대상 거래 중 세금계산서를 발행한 매출액을 입력 • 매입매출전표에서 [12.영세]로 입력한 매출액이 자동으로 반영됨
6	[영세율] 기타	• 영세율 대상 거래 중 세금계산서를 발급하지 않은 매출액 입력 • 매입매출전표에서 [16.수출]로 입력한 매출액 등이 자동으로 반영됨
7	예정신고 누락분 (★실무시험 빈출)	• 예정신고를 할 때에 누락한 매출금액을 확정신고 때에 신고하는 때에 그 금액을 입력하는 란임 • [7.예정신고누락분]은 예정신고누락분 명세의 36번 금액이 자동으로 반영됨. 단, 이를 입력할 때에는 7번 란에 입력하지 말고 화면 오른쪽의 예정누락분 33번~36번에 해당 내용을 각각 입력하여야 함 • 33번부터 36번의 칸에 문제에서 주어진 금액을 입력하면 37번과 7번 칸에 해당 공급가액과 세액이 자동으로 반영됨 • 매출과 매입 구분, 과세(세율 10%가 적용되는 매출)와 영세율 매출 구분 및 각각에 대해 세금계산서 발급 여부를 구분하여 입력하여야 함

번호	구분	내용
8	대손세액 가감	• '대손세액공제신고서'를 작성한 경우 해당 금액 자동 반영 • 대손세액공제를 받는 경우 대손세액을 마이너스 금액으로 입력하고 대손금액을 회수하여 그에 관련된 대손세액을 납부하는 경우에는 플러스 금액을 입력 • 예를 들어 대손세액공제 금액이 100,000원인 경우 대손세액가감 란은 다음과 같이 표시됨 대손세액가감 8 -100,000
9	합계	• 과세표준 및 매출세액의 합계가 자동으로 반영됨

2 매입세액

매입세액 관련 화면은 아래와 같다.

매입세액	세금계산서 수취분	일반매입	10		
		수출기업수입분납부유예	10		
		고정자산매입	11		
	예정신고누락분		12		
	매입자발행세금계산서		13		
	그 밖의 공제매입세액		14		
	합계(10)-(10-1)+(11)+(12)+(13)+(14)		15		
	공제받지못할매입세액		16		
	차감계 (15-16)		17	⑭	

번호	구분	내용
10	[세금계산서] 일반매입	• 매입매출전표에서 [51. 과세], [52. 영세], [54. 불공], [55. 수입]으로 입력한 매입금액의 총합계가 반영됨(고정자산 매입분 제외) • [54. 불공]으로 입력한 매입액은 아예 매입액에서 처음부터 제외시키는 것이 아니라 세금계산서를 받은 매입([10]혹은 [11])으로 자동반영되었다가 아래의 [16]'공제받지못할 매입세액'으로 차감되는 구조로 되어 있음
10	[세금계산서] 수출기업 수입분 납부유예	• 수입재화에 대하여 세관장에게 미리 신청하여 납부유예를 적용받는 수출기업의 경우 수입재화에 대하여 재화의 수입시 납부유예를 받고 수입세금계산서를 발급받으며 이를 예정신고 또는 확정신고시 납부 또는 정산함 • 납부유예를 받은 수입재화에 대한 공급가액과 부가가치세를 [10. 수출기업수입분납부유예] 칸에 입력함.
11	[세금계산서] 고정자산매입	• 세금계산서를 발급받은 매입액 중 고정자산 매입분은 [11]에 별도로 입력됨 • 여기에는 매입매출전표에서는 [51. 과세], [52. 영세], [54. 불공], [55. 수입]으로 입력하고 하단의 분개를 할 때 고정자산 코드로 입력된 계정의 매입액과 매입세액이 자동으로 반영됨
12	예정신고 누락분 (★실무시험 빈출)	• 예정신고를 하면서 누락된 매입세액을 확정신고시에 신고하는 경우 입력함 • 매출에서와 마찬가지로 12번 칸은 아래의 37번과 38번을 입력하면 자동으로 12번에 금액이 반영되는 것이므로 수험생은 예정신고시 누락된 매입세액은 화면 오른쪽(아래 그림)의 해당 란에 각각 입력하여야 함. • 예정신고누락된 매입 내역 중 세금계산서를 수령한 건은 37번 칸에 입력하되, 만약 그 금액 중 불공제 대상 금액이 있다면 37번에 입력한 후 16번의 공제받지 못할 매입세액에도 입력하여야 한다는 점에 주의

번호	구분	내용
12	예정신고 누락분 (★실무시험 빈출)	• 예정신고누락분 매입내역 중 세금계산서 외의 증빙을 수령한 경우에는 37번 칸에 직접 입력하는 것이 아니라 하단의 신용카드매출수령금액합계 등의 칸에 해당 항목별로 입력한다. 신용카드매출전표 수령금액 합계 내역 역시 일반매입과 고정자산매입을 구분하여 입력하여야 함 12.매입(예정신고누락분) 세금계산서 38 그 밖의 공제매입세액 39 합계 40 신용카드매출 일반매입 수령금액합계 고정매입 의제매입세액 재활용폐자원등매입세액 과세사업전환매입세액 재고매입세액 변제대손세액 외국인관광객에대한환급/ 합계
13	매입자발행 세금계산서	• 매입자발행세금계산서를 발행한 경우 그 금액을 입력함
14	기타공제 매입세액	• 재화나 용역의 매입시 신용카드매출전표를 발급받은 매입의 경우와 의제매입세액, 재활용폐자원에 대한 매입세액, 재고매입세액 등을 입력 • 14번 금액란은 부가가치세 신고서 화면 오른쪽 하단의 아래와 같은 세부적인 내역을 입력하면 합계 금액이 자동으로 반영됨 14.그 밖의 공제매입세액 신용카드매출 일반매입 41 수령금액합계표 고정매입 42 의제매입세액 43 뒤쪽 재활용폐자원등매입세액 44 뒤쪽 과세사업전환매입세액 45 재고매입세액 46 변제대손세액 47 외국인관광객에대한환급세액 48 합계 49 • [41] 신용카드매출전표 수령금액 합계표 제출분(일반) : 고정자산 매입 이외의 경우 신용카드매출전표등 수령금액 합계표를 제출하여 매입세액을 공제받는 경우 입력함 • [42] 신용카드매출전표등 수령금액 합계표 제출분(고정자산) : 고정자산 매입과 관련하여 신용카드매출전표등 수령금액 합계표를 제출하여 매입세액을 공제받는 경우 입력함 • [43] 의제매입세액 : 의제매입세액공제신고서를 먼저 작성한 후 부가가치세 신고서 작성을 나중에 하면 42번 의제매입세액공제 금액이 자동으로 반영됨 • [44] 재활용폐자원등 매입세액 : 재활용폐자원에 대한 매입세액을 공제받고자 하는 사업자는 재활용폐자원의 매입금액을 입력 • [45] 과세사업전환매입세액 : 면세사업자가 과세사업자로 전환한 경우, 당초 면세사업자일 때 매입한 재고자산, 유형자산 등에 대해서는 매입세액공제를 받지 못하였을 것인데, 과세사업으로 전환되는 시점에 보유하는 자산에 대해 매입세액 공제를 받게 해 주는 경우 해당 금액을 44번 란에 입력함 • [46] 재고매입세액 : 간이과세자에서 일반과세자로 변경된 사업자가 변경일 현재의 재고품 및 감가상각자산에 대해 매입세액공제를 받고자 하는 경우 입력 • [47] 변제대손세액 : 매입채무를 받지 못해 거래상대방이 대손세액공제를 받았을 때 자신의 매입세액을 불공제받았다가 나중에 다시 그 매입채무를 갚음(변제함)으로써 대손세액을 다시 공제받게 될 때 세액만 입력함

번호	구분	내용
16	공제받지못할 매입세액	• 부가가치세 신고서의 [16번. 공제받지 못할 매입세액] 란을 클릭하면 화면 오른쪽이 다음과 같이 바뀐다. 이 중 화면 상단의 [16.공제받지못할 매입세액] 란에 해당 금액을 입력하면 된다. <table><tr><td colspan="2">구분</td><td>금액</td><td>세율</td><td>세액</td></tr><tr><td colspan="2">16.공제받지못할매입세액</td><td></td><td></td><td></td></tr><tr><td>공제받지못할 매입세액</td><td>50</td><td></td><td></td><td></td></tr><tr><td>공통매입세액면세등사업분</td><td>51</td><td></td><td></td><td></td></tr><tr><td>대손처분받은세액</td><td>52</td><td></td><td></td><td></td></tr><tr><td>합계</td><td>53</td><td></td><td></td><td></td></tr><tr><td colspan="2">18.그 밖의 경감·공제세액</td><td></td><td></td><td></td></tr><tr><td>전자신고세액공제</td><td>54</td><td></td><td></td><td></td></tr><tr><td>전자세금계산서발급세액공제</td><td>55</td><td></td><td></td><td></td></tr><tr><td>택시운송사업자경감세액</td><td>56</td><td></td><td></td><td></td></tr><tr><td>대리납부세액공제</td><td>57</td><td></td><td></td><td></td></tr><tr><td>현금영수증사업자세액공제</td><td>58</td><td></td><td></td><td></td></tr><tr><td>기타</td><td>59</td><td></td><td></td><td></td></tr><tr><td>합계</td><td>60</td><td></td><td></td><td></td></tr></table> • [51]번 공통매입세액면세등사업분은 과세·면세 겸영사업자의 경우 과세사업과 면세사업에 공통되는 매입세액이 있을 경우 이를 안분계산하여 면세사업에 해당하는 공급가액과 세액을 입력, 공제받지못할매입세액명세서를 미리 작성한 경우 해당 서식의 금액이 51번 칸에 자동으로 반영됨 • 부가가치세가 과세되는 재화나 용역을 공급받고 매입세액공제를 받았는데, 매입채무를 갚지 못해 거래상대방이 이를 대손세액공제 받았다면 매입자는 관련 대손세액을 [52]대손처분받은세액 란에 입력

3 경감 · 공제세액

경감공제세액 화면은 아래와 같다.

경감	그 밖의 경감 · 공제세액	18			
공제	신용카드매출전표등 발행공제등	19			
세액	합계	20		㉮	

번호	구분	내용
18	기타경감 · 공제세액	• 부가가치세 신고서 오른쪽 화면의 각 항목별로 해당 금액을 입력하면 부가가치세 신고서 [18]번 란에 해당 금액이 자동으로 반영된다. <table><tr><td colspan="2">18.그 밖의 경감·공제세액</td><td></td><td></td><td></td></tr><tr><td>전자신고세액공제</td><td>54</td><td></td><td></td><td></td></tr><tr><td>전자세금계산서발급세액공제</td><td>55</td><td></td><td></td><td></td></tr><tr><td>택시운송사업자경감세액</td><td>56</td><td></td><td></td><td></td></tr><tr><td>대리납부세액공제</td><td>57</td><td></td><td></td><td></td></tr><tr><td>현금영수증사업자세액공제</td><td>58</td><td></td><td></td><td></td></tr><tr><td>기타</td><td>59</td><td></td><td></td><td></td></tr><tr><td>합계</td><td>60</td><td></td><td></td><td></td></tr></table> ※ 기타공제·경감세액의 종류(보조화면에 나옴) ▷ 전자신고 세액공제 ▷ 전자세금계산서 발급 세액공제(현재는 개인과 법인 모두 공제 불가) ▷ 택시운전사업자경감세액공제 ▷ 현금영수증사업자 세액공제 ▷ 기타

번호	구분	내용
18	기타경감· 공제세액	• [54] 전자신고세액공제 : 납세자 스스로 부가가치세를 전자신고한 경우 1만원을 공제함 • [55] 전자세금계산서발급세액공제 : 전자세금계산서를 발급 및 전송한 1건당 200원씩 공제, 연간 한도 100만원임. 단 2016년 이후 발급분은 공제대상 아님 • [54]외의 다른 세액공제는 시험문제에 나올 가능성이 희박하므로 설명 생략
19	신용카드 매출전표등 발행공제	• 개인사업자로서 소매업, 음식·숙박업 등을 영위하는 사업자가(영수증 교부대상 사업자) 신용카드나 현금영수증 등에 의한 매출을 한 경우 신용카드매출전표 발행공제를 받음(법인과 공급가액 10억원 초과 개인사업자는 제외) ※세액공제액 = 신용카드 등의 발행 금액(부가가치세 포함 금액) × 1.3%(음식점업, 숙박업을 영위하는 간이과세자의 경우 2.6%) ※ 단, 연간 공제 한도가 1,000만원이라는 점에 주의

4 예정신고미환급세액 · 예정고지세액 · 가산세액 등

예정신고미환급세액	21		㉮
예정고지세액	22		㉯
사업양수자의 대리납부 기납부세액	23		㉰
매입자 납부특례 기납부세액	24		㉱
신용카드업자의 대리납부 기납부세액	25		㉲
가산세액계	26		㉳

번호	구분	내용
21	예정신고 미환급세액	• 예정신고시 환급세액이 있었을 경우 반드시 여기에 그 금액을 적어야 함 • 부가가치세의 환급은 확정신고 때에만 이루어지므로 예정신고때 발생한 환급은 확정신고서의 [21]번에 적어서 확정신고 때에 환급받는 것임
22	예정고지세액	• 개인사업자는 대부분 예정신고를 하지 않고 예정고지를 받아 부가가치세를 납부하는데 그 금액을 [22]번에 입력
23	사업양수자의 대리납부 기납부세액	• 사업을 포괄양수하고 이에 대한 부가가치세를 대리납부한 경우 해당 대리납부세액을 대금 지급일이 속하는 달의 다음달 10일까지 대리납부하고 이를 부가가치세 신고시 공제받는 경우 해당 대리납부세액을 입력
26	가산세	• [26]가산세액 란을 작성하기 위해서는 부가가치세 신고서 화면 오른쪽의 하단 [26.가산세명세]에 각각의 세부 내역을 입력하여야 한다. 가산세는 부가가치세 이론과 매우 밀접한 관련이 있으므로 반드시 가산세에 대한 이론을 숙지한 후 가산세를 직접 계산하는 연습을 하여야 한다.

25.가산세명세				
사업자미등록등		61		1/100
세 금 계산서	지연발급 등	62		1/100
	지연수취	63		5/1,000
	미발급 등	64		뒤쪽참조
전자세금 발급명세	지연전송	65		3/1,000
	미전송	66		5/1,000
세금계산서 합계표	제출불성실	67		5/1,000
	지연제출	68		3/1,000
신고 불성실	무신고(일반)	69		뒤쪽
	무신고(부당)	70		뒤쪽
	과소·초과환급(일반)	71		뒤쪽
	과소·초과환급(부당)	72		뒤쪽
납부불성실		73		뒤쪽
영세율과세표준신고불성실		74		5/1,000
현금매출명세서불성실		75		1/100
부동산임대공급가액명세서		76		1/100
매입자 납부특례	거래계좌 미사용	77		뒤쪽
	거래계좌 지연입금	78		뒤쪽
합계		79		

가산세

실무시험의 부가가치세 문제에서는 예정신고누락분을 반영한 부가가치세확정신고서를 작성하라는 문제가 자주 출제되고 있다. 이 경우 반드시 예정신고누락분에 대한 가산세를 입력해야 한다는 점에 주의해야 한다. 가산세 문제는 감면 문제와 더불어 자주 출제되므로 기본적인 가산세 계산방법을 암기하되, 감면 규정에 대해서도 잘 알고 있어야 한다.

수정신고시 가산세 감면

법정신고기한 경과 후 6월 이내에 수정신고를 할 경우 다음의 가산세를 감면한다.

····▶ 과소신고가산세, 초과환급신고가산세, 영세율과세표준신고불성실가산세
　　(예정신고 누락분을 확정신고서에 반영하는 것도 수정신고의 개념임에 주의!)

법정신고기간 경과 후	감면율
1개월 이내 수정신고	90%
1개월 초과 3개월 이내	75%
3개월 초과 ~ 6개월 이내	50%
6개월 초과 ~ 1년 이내	30%
1년 초과 ~ 1년 6개월 이내	20%
1년 6개월 초과 ~ 2년 이내	10%

기한후신고시 가산세 감면

법정신고기한 경과 후 6월 이내에 기한후신고를 할 경우 다음의 가산세를 감면한다.

····▶ 무신고가산세

법정신고기간 경과 후	감면율
1개월 이내 기한 후 신고	50%
1개월 초과 ~ 3개월 이내	30%
3개월 초과 ~ 6개월 이내	20%

예정신고누락분을 확정신고서에 반영시 전표입력 주의사항

예정신고누락분을 확정신고서에 반영할 경우, 해당 매입매출전표를 입력시 메뉴 상단의 F11간편집계.. ▽ 의 왼쪽 세모를 눌러 아래와 같은 화면이 나타나면 이 중 [예정누락분]을 클릭한다. 여기에 확정신고 개시년월을 입력한 후 [확인]키를 반드시 클릭한다. 그러면 확정신고서에 예정신고누락분이 자동으로 반영되므로 수험생은 입력된 내용이 맞는지 확인하고 가산세 등 기타사항만 추가로 신고서에 입력하면 된다.

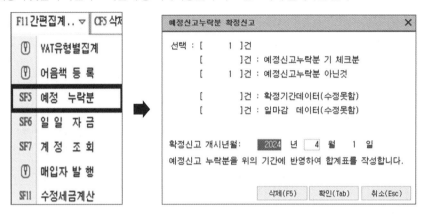

2 세금계산서 합계표

매출전표와 매입전표가 입력되고 나면 이는 세금계산서합계표에 자동으로 반영된다. 매출처별 혹은 매입처별 세금계산서합계표는 부가가치세 신고시 반드시 함께 제출해야 하는 서류이다. 세금계산서합계표 조회 화면 위쪽을 보면 거래처별 세금계산서 매수와 공급가액, 부가가치세를 볼 수 있도록 되어 있다. 또한 과세기간 종료일 다음달 11일까지 전송된 전자세금계산서 발급분과 그 외의 발급분이 구분되어 자동으로 작성된다.

본 메뉴는 매입매출전표만 입력하면 자동으로 작성되는 메뉴이므로 시험에서 작성 문제를 낸 적은 없다. 따라서 간단하게 조회하는 방법만 알고 있으면 될 것이다.

(주)하나패스(회사코드 5011)의 세금계산서 합계표 메뉴를 살펴보면 다음과 같다.

| 매 출 | 매 입 | ※ [확인]전송일자가 없는 거래는 전자세금계산서 발급분으로 반영 되므로 국세청 e세로 전송 세금계산서와 반드시 확인 합니다. | 메인 / 검색 / 최근 / 캡처 / 계산 / 정보 |

2. 매출세금계산서 총합계

구 분		매출처수	매 수	공급가액	세 액
합 계					
과세기간 종료일 다음달 11일까지전송된 전자세금계산서 발급분	사업자 번호 발급분				
	주민등록번호발급분				
	소 계				
위 전자세금계산서 외의 발급분(종이발급분+과세기간 종료일다음달 12일 이후분)	사업자 번호 발급분				
	주민등록번호발급분				
	소 계				

과세기간 종료일 다음달 11일까지 (전자분) | 과세기간 종료일 다음달 12일이후 (전자분), 그외 | 전체데이터   참고사항 : 2012년 7월 이후 변경사항

사업자등록번호	코드	거래처명	매수	공급가액	세 액	대표자성명	업 태	종 목	주류코드
		합 계							
		마 감 합 계							

기간선택방법

구분	기간선택	비고
1기 예정신고	1월 - 3월	
1기 확정신고	4월 - 6월	1기 예정신고를 하지 않고 예정고지를 받아 납부한 경우에는 [1월 - 6월]로 선택해야 함
2기 예정신고	7월 - 9월	
2기 확정신고	10월 - 12월	2기 예정신고를 하지 않고 예정고지를 받아 납부한 경우에는 [7월 - 12월]로 선택해야 함

* 전산세무 2급 실기시험은 주식회사(법인)을 기준으로 문제가 출제되므로 1기 확정신고는 4월~6월로 2기 확정신고는 10월에서 12월로 기간 조회를 하면 된다. (∵ 법인은 예정신고를 하기 때문임)

1 매출세금계산서합계표 조회

매 출	매 입	※ [확인]전송일자가 없는 거래는 전자세금계산서 발급분으로 반영 되므로 국세청 e세로 전송 세금계산서와 반드시 확인 합니다.

⬜➡ **2. 매출세금계산서 총합계**

구 분		매출처수	매 수	공급가액	세 액
합 계		15	34	456,585,000	44,658,500
과세기간 종료일 다음달 11일까지전송된 전자세금계산서 발급분	사업자 번호 발급분	15	34	456,585,000	44,658,500
	주민등록번호발급분				
	소 계	15	34	456,585,000	44,658,500
위 전자세금계산서 외의 발급분(종이발급분+과세기간 종료일다음달 12일 이후분)	사업자 번호 발급분				
	주민등록번호발급분				
	소 계				

과세기간 종료일 다음달 11일까지 (전자분)	과세기간 종료일 다음달 12일이후 (전자분), 그외	전체데이터	참고사항 : 2012년 7월 이후 변경사항

	사업자등록번호	코드	거래처명	매수	공급가액	세 액	대표자성명	업 태	종 목	주류코드
1	105-03-64106	00314	한진기계	1	65,000,000	6,500,000	하수민	제조		
2	105-05-23905	00315	한동식당	3	41,000,000	4,100,000	김한성	음식점	음식,숙박	
3	105-05-54107	00313	(주)광산식품	2	73,500,000	7,350,000	김태영	도매	식품	
4	109-07-89510	00823	네버pc방	3	4,050,000	405,000	김승한	서비스	pc방	
5	113-81-12344	00651	(주)여의도상사	1	7,000,000	700,000	최미숙			
6	117-82-41950	00715	오로라상사(주)	3	900,000	90,000	설기찬	소매	악기	
7	123-81-23421	00310	(주)강진자동차	1	900,000	90,000	최상길	도소매	자동차	
8	123-81-71923	00611	(주)매직상사	1	900,000	90,000	박민호	도소매		
9	125-82-15244	00699	한동건설(주)	1	10,000,000	1,000,000	안정훈	건설	토공사,방수공사?	
10	132-81-11332	00818	(주)공구철근	1	15,000,000	1,500,000	어명수	제조	철외	
11	201-81-14367	00311	명일상사	3	20,785,000	2,078,500	이휘순			
	합 계			34	456,585,000	44,658,500				
	마 감 합 계									

⬡ 사업자(주민)등록번호 기준으로 신고합니다.

3 신용카드매출전표등수령명세서(갑)(을)

신용카드매출전표등수령명세서(갑)(을)은 신용카드, 현금영수증 등을 수령하여 매입세액 공제를 받는 경우에 작성하는 서식이다. 실무에서는 매입매출전표의 매입유형 중 [카과][현과] 등으로 입력된 사항이 자동으로 불려오게 되므로 작성이 별로 어렵지 않으나 시험문제로 출제될 때에는 이를 전표로 입력하여 불러오기 하지 않고, 직접 작성을 하도록 출제가 되고 있어 주의가 요망된다. 신용카드매출전표등수령명세서(갑)(을)에는 매입세액 공제가 가능한 신용카드, 현금영수증 등이 입력되어야 하므로 간이과세자가 발행한 신용카드, 면세사업자가 발행한 신용카드, 기업업무추진비 관련 신용카드 전표, 비영업용 소형승용차 관련 신용카드 전표 등은 입력하지 않는다. 즉, 공급자가 일반과세자인 경우의 신용카드 전표 중에서 회사의 업무 관련 지출을 입력하되, 해당 지출이 기업업무추진비 등의 매입세액 불공제 대상 내역이 아닌 경우에 신용카드매출전표등수령명세서(갑)(을)에 반영하는 것이다.

㈜하나패스의 4월에서 6월 사이의 신용카드매출전표등수령명세서(갑)(을)을 조회한 화면은 다음과 같다. 화면 하단에 금액과 카드번호 등 구체적인 사항을 입력하면 입력한 사항의 집계 내역이 화면 상단에 자동으로 반영된다.

2. 신용카드 등 매입내역 합계			
구분	거래건수	공급가액	세액

		3. 거래내역입력						
	월/일	구분	공급자	공급자(가맹점) 사업자등록번호	카드회원번호	그 밖의 신용카드 등 거래내역 합계		
						거래건수	공급가액	세액
☐								
☐								
☐								
☐								
☐								
☐								
☐								
☐								
☐								
☐								
☐								
☐								
☐								
☐								
		합계						

- **월/일** : 해당 신용카드 등 지출일의 거래일자를 월일의 순서로 숫자만 입력하면 된다.

- **구분** : 현금영수증, 복지카드, 사업용카드, (일반)신용카드 중 하나를 선택입력한다. 화면 하단의 설명을 보면 각 구분의 번호가 나오므로 해당 번호를 입력하면 된다. 일반적으로 회사 법인카드는 '3.사업'으로 체크하면 되고, 임직원 개인명의의 카드는 '4.신용'으로 체크한다. '복지'는 화물운전자가 발급받은 화물운전자복지카드 사용금액을 적는 것이므로 시험문제에서는 출제 가능성이 낮다.

> 구분(1:현금 2:복지, 3:사업, 4:신용)

- **공급자, 공급자(가맹점) 사업자등록번호** : 공급자의 사업자등록번호를 입력한다. 공급자가 면세사업자이거나 과세사업자인 경우에는 해당 금액에 대해서는 매입세액 공제를 받을 수 없다. 또한 공급자가 일반과세자라고 하더라도 택시사업자, 목욕탕, 이용실, 미용실, 여객운송업 등 세법상 세금계산서 발급을 못하게 되어 있는 사업자인 경우에는 해당 매입세액은 공제 대상이 아니므로 입력하지 않는다. 공급자 란에 커서를 놓고 F2 를 누르면 해당 거래처 코드가 등록되어 있는지 확인할 수 있는데 만약 코드 등록이 되어 있으면 코드 입력을 하고 코드 입력이 되어 있지 않으면 공급자명과 공급자 사업자등록번호를 직접 입력하면 된다.

- **카드회원번호** : 카드회원번호를 입력한다. 단, 사업자등록번호 입력시 숫자와 숫자 사이에 있는 하이픈 "-"은 자동으로 생성되지만 카드회원번호의 경우에는 자동으로 생성되지 않으므로 수험생이 직접 문제에서 주어진 숫자를 입력하면 된다.

- **거래건수** : 해당되는 거래 건수를 입력한다.

- **공급가액, 세액** : 매입세액 공제 대상이 되는 공급가액과 세액을 입력한다.

- **새로불러오기** : 만약 위와 같이 직접 입력하지 않고 전표로 입력된 금액 등을 불러오고 싶다면 화면 상단의 [새로불러오기] 탭을 클릭한 후 아래와 같은 화면이 나타나면 [예]를 선택한다.(시험문제에서는 직접 금액 등을 입력하라고 하는 문제가 대부분임)

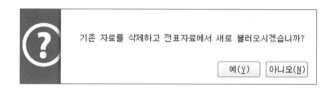

매입세액 불공제 대상은 입력하지 않음

기업업무추진비 등의 경우가 아니라면 회사법인카드로 사용한 금액뿐 아니라 회사 임직원 개인명의의 신용카드를 사용해도 다른 조건을 충족시킨다면 매입세액 공제가 가능하다. 따라서 회사 임직원 명의의 카드라고 하더라도 업무 관련 비용이고 원칙적으로 매입세액 공제가 가능하다면 이를 입력하면 된다. 따라서 기업업무추진비 관련 지출, 비영업용소형승용차 구입·유지·임차 관련 지출, 면세사업 관련 지출, 토지의 자본적 지출 관련 매입세액 등은 신용카드 전표가 있다고 하더라도 매입세액 공제 대상이 아니므로 본 메뉴에 입력하지 않는다.

4 신용카드매출전표발행집계표

신용카드매출전표발행집계표는 [부가가치세Ⅰ]메뉴 하단에 있다. 회사가 발행한 신용카드 금액 중 과세매출과 면세매출분을 신용카드등과 현금영수증으로 각각 구분하여 입력하는 것이다. 신용카드발행과 세금계산서, 계산서 교부가 동시에 된 금액은 화면 하단의 [3. 신용카드매출전표 등 발행금액 중 세금계산서 교부내역]란에 입력하면 된다.

또한 해당 서식은 부가가치세신고서 작성시 신용카드매출전표발행금액에 대한 공제를 받을 때 세액공제액 계산을 하는 근거를 제공한다. 신용카드매출전표발행집계표의 과세매출분 합계액이 신고서의 [19]번 금액 란에 반영되는 것이다. 단, 해당 공제는 법인은 받지 못하는 것이므로 시험문제가 출제되더라도 신용카드매출전표발행집계표만 작성하고 이를 신고서와 연관시켜서 작성하는 문제는 출제되지 않을 가능성이 높다.

• **신용카드매출전표 등 발행금액 현황** : 부가가치세 과세 매출분, 면세 매출분 및 봉사료로 각각 구분하여 기입하고, 과세 매출분란은 공급대가를 입력한다.

• **신용카드매출전표 등 발행금액 중 세금계산서 또는 계산서 발급내역** : [세금계산서교부금액]란은 과세 매출분 신용카드 및 현금영수증 합계금액 중 세금계산서를 발급한 금액을 기입하고, [계산서교부금액]란은 면세 매출분 신용카드와 현금영수증 합계 금액 중 계산서를 발급한 금액을 각각 입력한다.

[부가가치] 전체 메뉴 중 [부가가치세Ⅱ] 하단의 [공제받지못할매입세액명세서]를 클릭하면 아래와 같은 화면이 나타난다.

공제받지못할매입세액내역	공통매입세액안분계산내역	공통매입세액의정산내역	납부세액또는환급세액재계산		
매입세액 불공제 사유		세금계산서			
		매수	공급가액	매입세액	
합계					

화면 위쪽에 조회기간을 입력하면 해당 과세기간이 언제인지 [구분]란에 표시된다.

매입매출전표 입력시 [54.불공]으로 입력한 불공제 항목은 모두 본 메뉴의 [공제받지 못할 매입세액 내역] 탭에 반영된다. 단, 시험문제에서는 매입매출전표에 입력하지 않고 직접 매입세액불공제 사유(사유, 매수, 공급가액, 매입세액)를 입력하는 문제를 출제할 수도 있다.

과세사업과 면세사업을 겸영하는 겸영사업자의 경우에는 과세·면세 공통매입에 대한 매입세액을 안분, 정산하고 과세기간이 지나면 감가상각자산에 대한 납부환급세액 재계산을 하여야 하는데, 본 메뉴의 [공통매입세액안분계산내역], [공통매입세액의정산내역], [납부세액또는환급세액재계산] 탭에서 이러한 처리를 하게 된다. 각각의 탭의 모양을 살펴보면 다음과 같다.

• 공제받지 못할 매입세액 내역

공제받지못할매입세액내역	공통매입세액안분계산내역	공통매입세액의정산내역	납부세액또는환급세액재계산		
매입세액 불공제 사유		세금계산서			
		매수	공급가액	매입세액	
①필요적 기재사항 누락 등					
②사업과 직접 관련 없는 지출					
③개별소비세법 제1조제2항제3호에 따른 자동차 구입·유지					
④기업업무추진비 및 이와 유사한 비용 관련					
⑤면세사업등 관련					
⑥토지의 자본적 지출 관련					
⑦사업자등록 전 매입세액					
⑧금·구리 스크랩 거래계좌 미사용 관련 매입세액					

• 공통매입세액 안분계산 내역

| 산식 | 구분 | 과세·면세사업 공통매입 | | ⑫총공급가액등 | ⑬면세공급가액등 | 면세비율 (⑬÷⑫) | ⑭불공 |
		⑩공급가액	⑪세액				
	1:당해과세기간의 공급가액기준 2:당해과세기간의 매입가액기준 3:당해과세기간의 예정공급가액기준 4:당해과세기간의 예정사용면적기준 5:당해과세기간의 총도축두수						

• 공통매입세액의 정산내역

| 산식 | 구분 | (15)총공통
매입세액 | (16)면세 사업확정 비율 | | | (17)불공제매입
세액총액
((15)*(16)) | (18)기불공제
매입세액 | 세 |
			총공급가액	면세공급가액	면세비율			
	1:당해과세기간의 공급가액기준 2:당해과세기간의 매입가액기준 3:당해과세기간의 예정공급가액기준 4:당해과세기간의 예정사용면적기준 5:당해과세기간의 총도축두수							

• 납부세액 또는 환급세액 재계산

| 자산 | (20)해당재화의
매입세액 | (21)경감률[1-(체감률*
경과된과세기간의수)] | | | | (22)증가 또는 감소된 면세공급가액(사용면적)비율 | | | | | (23)가산또는
공제되는
매입세액
(20)*(21)*(22) |
| | | 취득년월 | 체감률 | 경과과
세기간 | 경감률 | 당기 | | 직전 | | 증가율 | |
						총공급	면세공급	총공급	면세공급		
1:건물,구축물 2:기타자산											

이 네가지 탭에 대한 입력방법을 모두 익혀놓아야 한다. 본 메뉴는 시험문제에서 자주 출제되므로 본 메뉴와 관련한 이론적 지식(부가가치세법상 공통매입세액 안분, 정산, 납부환급세액 재계산)도 다시한번 복습한 후 실무 연습을 하면 더 좋을 것이다.

1 공제받지 못할 매입세액 내역

본 메뉴는 총 8가지의 매입세액불공제 사유별로 해당되는 세금계산서의 매수와 공급가액, 세액을 입력한다. 이는 매입매출전표 입력시 [54]번 '불공'으로 입력한 세금계산서가 자동으로 반영되는 서식이다. 세금계산서를 받은 매입의 경우 원칙적으로는 매입세액 공제를 하는 것이 맞지만 기업업무 추진비 관련 매입세액 등 세법에서 정하는 몇가지 경우에는 세금계산서를 수령하였음에도 불구하고 매입세액 공제를 하지 않는 것이 있으며, 본 메뉴는 해당 사항을 정리한 것이라고 생각하면 된다. 시험에서는 매입매출전표 입력을 하지 않고 문제에서 주어진 요구사항대로 해당 불공제 매입세금계산서의 매수와 금액을 입력하도록 하는 문제를

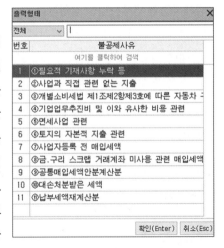

출제하고 있다. 따라서 수험목적상 매입세액불공제 대상과 공제 대상을 구분하고 매입세액불공제 대상에 대한 사유를 파악할 줄 아는 정도의 지식만 있으면 본 메뉴는 작성이 가능할 것이다.

시험문제에서 매입매출전표에 입력된 자료를 불러와서 작성하라는 요구사항이 있다면 화면 상단의 F4 불러오기 탭을 눌러서 기존에 전표로 입력된 자료를 자동으로 반영하면 된다.

2 공통매입세액 안분계산 내역

부가가치세 예정신고기간(1기 : 1월 1일-3월 31일, 2기 : 7월 1일-9월 30일)에 과세사업과 면세사업에 공통으로 사용하는 재화 등을 매입하고 이를 안분하는 경우에 사용하는 메뉴이다. 따라서 조회기간을 '1월에서 3월' 혹은 '7월에서 9월'로 입력하여야만 해당 메뉴의 조회·입력이 가능하다.

본 메뉴는 부가가치세 과세사업과 면세사업을 겸영하는 겸영사업자의 경우 과세사업과 면세사업에 공통으로 사용하는 자산을 매입한 경우 매입세액을 안분하는 메뉴이다. 매입세액을 안분하는 기준은 당해 과세기간의 공급가액을 기준으로 안분하는 것이 원칙이며, 만약 당해 과세기간의 공급가액이 문제에서 제시되어 있지 않거나 과세매출 혹은 면세매출 중 어느 한쪽의 공급가액이 "0"원이라면 당해 과세기간의 매입가액 기준을 적용한다. 매입가액도 없을 경우에는 예정공급가액 기준, 예정사용면적 기준의 순서로 적용하여야 한다.

따라서 본 메뉴의 조회기간을 1기 예정 또는 2기 예정 신고기간으로 입력하면 아래와 같이 산식을 [1][2][3][4]번 중 하나를 선택하게 되어 있는데 이 중 어느 하나를 자유롭게 선택하는 것이 아니라 문제에 당해 과세기간의 공급가액이 주어져 있으면 무조건 [1]번을 선택하는 것이다. 당해 과세기간의 공급가액이 없으면 매입가액이 있는지 확인하고 [2]번을 선택하는 식으로 하면 된다.

공제받지못할매입세액내역	공통매입세액안분계산내역		공통매입세액의정산내역	납부세액또는환급세액재계산			
산식	구분	과세·면세사업 공통매입		⑫총공급가액등	⑬면세공급가액등	면세비율 (⑬÷⑫)	⑭불공
		⑩공급가액	⑪세액				
	1:당해과세기간의 공급가액기준 2:당해과세기간의 매입가액기준 3:당해과세기간의 예정공급가액기준 4:당해과세기간의 예정사용면적기준 5:당해과세기간의 총도축두수						

[1]번을 클릭하면 아래와 같이 전표데이터를 불러올 것인지 묻는 화면이 나타나며 여기에서 [예]를 클릭한다. 해당 기간에 입력된 면세공급가액과 총공급가액이 자동으로 조회되어 나타나며 수험생은 여기에 과세·면세 공통매입의 공급가액을 입력하면 된다. 단, 시험문제에서 기존에 입력된 자료를 무시하고 문제에서 주어지는 자료를 활용하라고 할 경우에는 문제에서 제시된 공통매입세액, 총공급가액, 면세공급가액을 입력하면 된다.

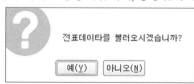

예를 들어 1월에서 3월까지의 공통매입 공급가액 100,000,000원, 총공급가액 1,000,000,000원, 면세공급가액 400,000,000원인 경우 입력 화면은 다음과 같다. 면세비율과 불공제매입세액은 자동으로 계산되므로 공통매입 공급가액 등 주어진 자료만 정확하게 입력하면 된다. (문제에서 구분입력에 대한 별도의 언급이 없을 경우 무시한다.)

공제받지못할매입세액내역	공통매입세액안분계산내역		공통매입세액의정산내역	납부세액또는환급세액재계산			
산식	구분	과세·면세사업 공통매입		⑫총공급가액등	⑬면세공급가액등	면세비율 (⑬÷⑫)	⑭불공제매입세액 [⑪*(⑬÷⑫)]
		⑩공급가액	⑪세액				
1.당해과세기간의 공급가액기준		100,000,000	10,000,000	1,000,000,000.00	400,000,000.00	40,000000	4,000,000

3 공통매입세액의 정산 내역

공통매입세액은 과세기간(일반과세자의 경우 6개월) 단위로 계산한 면세비율(총공급가액 대비 면세공급가액 비율)로 안분계산하는 것이 원칙이다. 그러므로 부가가치세 예정신고를 할 때에 공통매입세액 안분을 한 경우에는 반드시 부가가치세 확정신고를 할 때에 이를 정산하는 절차를 거쳐야 한다. 따라서 공통매입세액의 정산 내역은 확정신고 때에만 작성하는 것이므로 1기의 경우 '4월에서 6월'로, 2기의 경우 '10월에서 12월'로 기간 조회를 하여야 한다.

공통매입세액 정산도 공통매입세액 안분과 마찬가지로 당해 과세기간의 공급가액을 기준으로 안분하는 것이 원칙이며, 만약 당해 과세기간의 공급가액이 문제에서 제시되어 있지 않거나 과세매출 혹은 면세매출 중 어느 한쪽의 공급가액이 "0"원이라면 당해 과세기간의 매입가액 기준을 적용한다. 매입가액도 없을 경우에는 예정공급가액 기준, 예정사용면적 기준의 순서로 적용하여야 한다.

산식을 선택하면 아래와 같이 전표데이터를 불러올지 물어보는 메뉴가 나타난다.

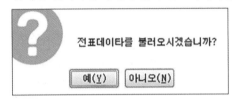

그러면 해당 과세기간의 총공급가액, 면세공급가액, 면세비율 등과 기불공제 매입세액(해당 과세기간의 공통매입세액 안분시 불공제된 매입세액)이 자동으로 반영된다. 여기에 해당 과세기간 6개월동안의 총 공통매입세액을 입력하면 된다. 예정신고 때의 공통매입세액도 포함한 금액을 입력해야 한다는 점에 주의한다. 공통매입세액 정산은 과세기간 단위로 하는 것이므로 1기 혹은 2기 전체 6개월단위의 공통매입세액, 총공급가액, 면세공급가액 등을 입력해야 한다는 점에 주의한다. 시험에서 기존에 입력된 자료는 무시하라고 가정하고 요구사항대로 입력하라고 하면 그대로 입력하면 된다.

예를 들어 아래와 같은 경우의 공통매입세액 정산내역은 다음과 같다.(단, 예정신고때에 기불공제세액 4,000,000원이 있다고 가정)

구분	예정신고기간	과세기간 최종 3개월	합계
면세공급가액	400,000,000원	600,000,000원	1,000,000,000원
과세공급가액	600,000,000원	2,400,000,000원	3,000,000,000원
총공급가액	1,000,000,000원	3,000,000,000원	4,000,000,000원
공통매입세액	10,000,000원	15,000,000원	25,000,000원

공제받지못할매입세액내역	공통매입세액안분계산내역	공통매입세액의정산내역	납부세액또는환급세액재계산					
산식	구분	(15)총공통매입세액	(16)면세 사업확정 비율			(17)불공제매입세액총액 ((15)×(16))	(18)기불공제매입세액	(19)가산또는공제되는매입세액((17)-(18))
			총공급가액	면세공급가액	면세비율			
1.당해과세기간의 공급가액기준		25,000,000	4,000,000,000.00	1,000,000,000.00	25.000000	6,250,000	4,000,000	2,250,000

6개월간(과세기간)의 총공급가액과 면세공급가액을 입력하면 면세비율이 25%로 자동계산되는데 총공통매입세액(예정+확정)에 25%를 곱한 금액이 6개월간 불공제 대상이 되는 것이다. 그런데 예정신고 때에 이미 4,000,000원이 불공제되었으므로 확정신고 때에는 6,250,000원에서 4,000,000원을 차감한 나머지 금액만 불공제하면 되는 것이다.

본 메뉴는 공제받지못할매입세액명세서 작성 문제 중 가장 자주 나오는 유형이므로 입력하는 방법을 자세히 기억해 두도록 한다.

4 납부(환급)세액 재계산

전산세무 2급 시험에서는 공통매입세액 안분, 공통매입세액 정산 문제가 주로 출제되는 편이다. 납부(환급)세액 재계산 문제는 상대적으로 출제 빈도가 낮은 편이지만 공통매입세액 안분 및 정산 관련한 메뉴이므로 잘 알아두도록 하자.

공제받지못할매입세액내역		공통매입세액안분계산내역		공통매입세액의정산내역		납부세액또는환급세액재계산					
자산	(20)해당재화의 매입세액	(21)경감률[1-(체감률* 경과된과세기간의수)]				(22)증가 또는 감소된 면세공급가액(사용면적)비율					(23)가산또는 공제되는 매입세액 (20)*(21)*(22)
		취득년월	체감률	경과과세기간	경감률	당기		직전		증가율	
						총공급	면세공급	총공급	면세공급		
	1:건물,구축물 2:기타자산										

당초에 공통매입세액 안분·정산을 했던 공통사용 재화 중 감가상각자산(건물, 구축물, 비품, 차량운반구, 기계장치 등)은 과세기간별로 면세 매출 비율이 변동되면 기존에 정산한 내역을 다시 수정하여 추가로 납부하거나 환급받는 등의 절차를 거치게 된다. 건물, 구축물은 20과세기간(10년) 동안 매 과세기간별로 5%씩의 체감율을 적용하여 재계산하도록 하고 있으며 기타의 감가상각자산은 4과세기간(2년) 동안 매 과세기간별로 25%의 체감율을 적용하여 재계산하도록 하고 있다.

납부환급세액 재계산은 예정신고 때에는 하지 않고 확정신고 때에 하는 것이다. 따라서 1기의 경우 4월에서 6월로 날짜를 조회하고 2기의 경우 10월에서 12월로 조회해야 메뉴 입력이 가능하다. 날짜 조회를 하면 가장 먼저 해당 자산이 건물과 구축물인지 그 외의 자산인지 선택해야 한다.

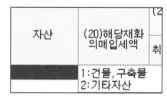

자산의 종류를 선택하면 건물, 구축물에 대해서는 5%, 기타의 감가상각자산에 대해서는 25%가 자동으로 선택된다. 여기에 해당 재화의 매입세액(매입시 부담한 부가가치세)과 취득년월, 경과된 과세기간 수, 이번 과세기간과 직전 과세기간의 총공급가액 및 면세공급가액을 입력한다.

경과된 과세기간 수

예를 들어 2019년 1기에 취득한 자산에 대해 2020년 1기에 재계산을 한다면 경과된 과세기간 수는 2과세기간이므로 숫자 "2"를 입력한 후 [enter↵]를 친다. 단, 케이렙 프로그램에서는 해당 자산의 취득연월을 입력하면 경과된 과세기간 수를 자동으로 계산해 주는 기능이 있으므로 시험에서는 취득연월을 정확히 입력하기만 하면 된다.

면세비율 증가율

케이렙 프로그램에 당기 과세기간과 직전 과세기간의 총공급가액(과세공급가액과 면세공급가액의 합계)과 면세공급가액을 각각 입력하면 면세비율의 증가 및 감소(증가율)가 자동으로 계산된다. 면세비율이 증가하면 증가율은 "+"로 표시되고 면세비율이 감소하면 증가율은 "-"로 표시된다. 면세비율까지 모두 계산되고 나면 가산 또는 공제되는 매입세액이 자동으로 계산된다.

모든 입력이 완료되면 저장을 하고 메뉴를 종료한다.

참고

위와 같이 입력한 공통매입세액 금액은 부가가치세 신고서상의 [16. 공제받지 못할 매입세액]란에 반영된다. 이를 반영하기 위해서는 부가가치세 신고서상의 화면 오른쪽의 [51]번 란에 해당 금액과 세액이 반영되게 하여야 하며, 공제받지못할 매입세액명세서를 먼저 정확히 작성한 후 저장하고 부가가치세 신고서를 조회하면 해당 금액이 자동으로 반영된다.

6 대손세액공제신고서

대손세액공제는 대손이 확정된 과세기간의 확정신고시에만 공제하도록 되어 있으므로 부가가치세 확정신고서를 작성할 때에 대손세액공제신고서를 작성하는 것이다. 원칙적으로는 대손세액공제신고서를 먼저 작성한 후 부가가치세 신고서를 작성하는 것이 올바른 순서이다.

※ 대손세액의 처리 ※

구분	공급자	공급받는 사업자
대손이 확정되는 경우	매출세액으로 납부한 대손세액을 매출세액에서 차감함	이미 매입세액으로 공제받은 경우 대손처분받은세액을 매입세액에서 차감함
대손이 변제되는 경우	공제받았던 대손세액을 매출세액에 가산함	공제받지 못한 변제대손세액을 매입세액에 가산함

1 작성 방법

부가가치세 메뉴 중 [부가가치세 Ⅱ] 하단에 대손세액공제신고서를 클릭한다.

대손세액공제신고서는 [대손발생] 탭과 [대손변제] 탭으로 구성되어 있는데, 공급자(매출자)의 입장에서 대손세액공제를 받거나 공제받은 대손세액을 다시 납부해야 하는 경우에는 [대손발생] 탭을 작성한다. 반면, 공급받는자(매입자)의 입장에서 대손처분받았던 세액을 공급자에게 다시 상환하고 이에 대해 매입세액공제를 다시 받고자 하는 경우에는 [대손변제]탭에 해당 내용을 작성하는 것이다.

전산세무 2급 실기에서는 공급자가 채권을 회수하지 못하여 대손된 경우를 대부분 가정하므로 시험에서는 대부분 [대손발생] 탭에 내용을 입력해야 한다.

- **대손확정일** : 대손이 확정된 날짜를 숫자로 기입한다. 예를 들어 2020년 2월 12일에 대손이 확정되었다면 "20200212"로 숫자만 입력하면 된다.

- **대손금액** : 대손금액은 부가가치세가 포함된 공급대가를 입력한다.

- **공제율** : 공제율은 10/110이 자동으로 반영되므로 공급대가를 입력하면 대손세액이 자동으로 계산된다. (대손세액은 부가가치세에 해당되는 부분임)

- **거래처** : 거래처 란에 커서가 오면 F2 를 눌러 거래처코드 도움박스를 통해 거래처 코드를 입력한다. 시험문제에서 거래처코드가 등록되어 있지 않은 경우에는 직접 거래처명을 입력하고 화면 하단에 대표자 성명, 사업자등록번호, 소재지 등을 입력한다.

- **대손사유** : 아래의 대손사유 중 해당되는 것을 클릭하거나 번호를 숫자로 입력하면 된다.

대손사유
1 : 파산
2 : 강제집행
3 : 사망, 실종
4 : 정리계획
5 : 부도(6개월경과)
6 : 소멸시효완성
7 : 직접입력

본 메뉴의 [대손세액]란에 자동계산된 금액은 부가가치세 신고서의 대손세액공제란에 반영된다. 단, 대손세액공제신고서의 세액의 부호가 "+"이면 이는 세액공제를 해주어서 세금이 줄어든다는 것이므로 부가가치세 신고서상의 숫자는 "-"로 반영되게 된다. 또한 대손세액공제신고서의 세액의 부호가 "-"이면 이는 기존에 대손세액공제를 받았으나 이를 다시 회수하여 세액공제가 취소되어야 하므로, 내야할 세금이 늘어난다는 것이므로 부가가치세 신고서상의 숫자는 "+"로 반영되게 된다.

참고

※ 대손금액 입력시 주의사항
- 대손확정 금액을 입력하되 반드시 부가가치세가 포함된 금액을 적어야 한다. 예를 들어 100만원(부가가치세 10만원 별도)짜리 물건을 외상으로 팔고 나중에 그 돈을 못받게 된 경우, [금액]란에 110만원을 적어야 하는 것이다. 그러면 케이렙 프로그램에서 110만원에 공제율 10/110을 곱한 대손세액 10만원을 자동으로 신고서에 반영하도록 되어 있다.
- 대손세액공제를 받았던 외상매출금을 다시 회수한 경우에는 [대손발생]에 입력하되 그 금액을 "—"로 입력해야 한다. 즉, 위 110만원을 다시 돌려받게 되었다면 대손세액공제를 받았던 금액을 다시 내야 하므로 [금액]란에 같은 방법으로 입력하되, "—"(마이너스)로 입력해야 하는 것이다.

부동산임대업을 영위하는 사업자는 부가가치세신고서와 함께 부동산임대공급가액명세서를 반드시 제출해야 한다. 부동산을 임대하는 방법에는 월세와 전세가 있다. 월세의 경우 소액의 보증금을 받고 매달 일정한 금액을 임대료로 받는 방법이다. 부가가치세법에서는 실제로 받은 월세뿐 아니라 보증금에 대한 이자 해당액도 월세를 받은 것으로 보아 이 금액을 합해 부가가치세를 내도록 하고 있는데 이것이 간주임대료이다. 간주임대료는 부동산임대공급가액명세서에서 작성된다. 정확한 금액을 계산하기 위해서는 필요한 항목을 정확하게 입력해야 하며 간주임대료 금액은 자동계산된다.

[부가가치세Ⅱ] 하단의 [부동산임대공급가액명세서]를 클릭한 후 해당 사항을 입력한다. (주)하나패스의 부동산임대공급가액명세서(기간 : 4월 1일 - 6월 30일)를 클릭한 초기 화면은 다음과 같다.

코드	거래처명(임차인)	동	층	호

☞ 등 록 사 항

1.사업자등록번호 ___-__-_____   2.주민등록번호 _____-_____

3.면적(㎡) _____ ㎡   4.용도 _____

5.임대기간에 따른 계약 내용

계약갱신일	임대기간

6.계 약 내 용	금 액	당해과세기간계	
보 증 금			
월 세			
관 리 비			
7.간주 임대료			일
8.과 세 표 준			

소 계

월 세		관 리 비	
간주임대료		과 세 표 준	

전 체 합 계

월세등	간주임대료	과세표준(계)

메인 / 검색 / 최근 / 캡처 / 계산 / 정보

부동산임대공급가액명세서를 작성하면 간주임대료를 구하여 이를 부가가치세 신고서에 반영할 수 있다. 작성 방법은 다음과 같다.

• **코드** : 임차인을 거래처로 등록해 놓은 경우 코드 조회를 통해 거래처를 입력할 수 있다. 거래처코드를 입력하면 거래처명(임차인)과 사업자등록번호 등이 반영된다.

• **거래처명(임차인)** : 거래처명(임차인) 란에 커서를 두고 해당 란에 입력한다. 만약 임차인의 거래처코드가 등록되어 있으면 거래처코드를 입력하면 되고, 코드 등록이 안되어 있다면 이를 직접 입력하면 된다.

• **사업자등록번호 및 주민등록번호** : 문제에서 주어진 번호를 입력한다.

• **면적** : 문제에서 제시한 면적을 ㎡ 단위로 입력한다.

- **용도** : 시험문제에서 '사무용' 혹은 '점포' 등 용도를 제시하면 그대로 입력하면 된다.

- **임대기간에 따른 계약내용** : 임대기간을 입력하되, 계약갱신을 했다면 당초의 임대기간에 대한 보증금, 월세 등의 정보를 입력한 후 계약갱신일 이후의 임대기간에 대한 보증금, 월세 등도 추가로 반드시 입력하여야 한다.

- **금액, 당해 과세기간계** : 각 임대기간별 보증금과 월세 및 관리비(월별 금액)를 아래의 [금액] 란에 입력하면 월세 및 관리비의 당해과세기간 합계 금액이 자동으로 계산된다. 또한 해당 기간의 보증금에 대한 간주임대료가 계산되어 자동으로 숫자가 나타난다.

6.계 약 내 용	금 액	당해과세기간계	
보 증 금			
월 세			
관 리 비			
7.간주 임대료			일
8.과 세 표 준			

모든 입력이 완료되면 화면 상단의 [F11 저장]을 눌러 저장한다.

- **이자율** : 시험문제에서 별도로 이자율을 변경하라고 하면 화면 상단의 [F6 이자율]을 클릭하여 이자율 변경을 한다.

8 수출실적명세서

수출실적명세서는 외국으로 재화를 직접 반출(수출)하여 영세율을 적용받는 사업자가 작성하는 서식이다. 수출신고번호가 있는 경우에는 화면 아래쪽에 해당 사항을 입력하고, 조회기간을 입력한 후 수출신고번호, 선적일 등 문제에서 주어진 자료를 입력하면 된다.

구분	건수	외화금액	원화금액	비고
⑨합계				
⑩수출재화[=⑨합계]				
⑪기타영세율적용				

		(13)수출신고번호	(14)선(기)적일자	(15)통화코드	(16)환율	금액		전표정보	
						(17)외화	(18)원화	거래처코드	거래처명
1	☐								
	☐								
	☐								
	☐								
	☐								
	☐								
	☐								
	☐								
	☐								
	☐								
	☐								
	☐								
	☐								
	☐								
	☐								
		합계							

- **수출신고번호** : 수출신고필증의 수출신고번호를 입력한다. 하이픈("—") 없이 숫자만 입력하면 자동으로 하이픈이 기입된다. 입력한 숫자에 오류가 있다면 아래와 같은 경고 메시지가 나타나므로 숫자를 다시 올바르게 고쳐야 한다.

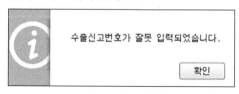

- **선적일자** : 선적일은 수출신고필증에 있는 선적일이 아닌 선하증권(B/L)상의 선적일을 기재하여야 한다. 연월일을 숫자만 입력한다. 예를 들어 2025년 4월 2일 선적을 했으면 20250402로 숫자를 입력하면 자동으로 연월일에 숫자가 기입된다.

- **통화코드** : 통화코드는 F2를 눌러서 아래와 같은 코드도움 박스가 나타나면 여기에서 해당 코드를 선택한다.

- **환율** : 수출재화의 선적일자에 해당하는 외국환거래법에 의한 기준환율(매매기준율) 또는 재정환율(재정된 매매기준율)을 기재한다.

통화코드도움	
전체 ▼	
통화코드	국가명
	여기를 클릭하여 검색
ADP	안도라
AED	아랍에미리트 연합
AFA	아프카니스탄
AGD	안티구아
ALL	알바니아
AMD	아르메니아
ANG	네덜란드 열도

- **외화** : 수출물품의 인도조건에 따라 지급받기로 한 전체 수출금액으로 소수점 미만 2자리까지 기재한다.

- **원화** : 환율과 외화 금액이 입력되면 원화 금액이 자동으로 반영된다. 단, 선적일 전에 수출대금(수출선수금)을 원화로 환가한 경우에는 그 금액을 원단위 미만은 절사하고 기재한다.

- **거래처코드 및 거래처명** : 거래처코드 란에 커서를 두고 F2를 누르면 거래처코드 도움박스가 나타난다. 여기에 등록된 거래처는 해당 코드를 선택한 후 [확인]키를 누르면 되고 만약 거래처등록이 되어 있지 않으면 직접 거래처명을 입력하면 된다.
모든 입력이 완료되면 화면 상단의 [F11 저장]을 클릭한다.

수출실적명세서 상단의 의 ⑩과 ⑪의 구분

⑩ **수출재화** : 관세청에 수출신고 후 외국으로 직접 반출(수출)하는 재화의 총건수, 외화금액 합계, 원화금액 합계를 기재하며, ⑫항란의 1번부터 마지막 번호까지를 모두 합계한 건수, 외화금액, 원화금액을 입력하면 ⑩번 란에 금액이 자동반영된다.

⑪ **기타영세율적용** : 관세청에 수출신고 후 외국으로 직접 반출(수출)하는 재화 이외의 영세율적용분(국외제공용역 등)으로 세금계산서를 발급하지 아니하는 분의 총건수, 외화금액 합계, 원화금액 합계를 기재한다. 즉, 수출신고번호가 없는 외국수출 등의 경우 ⑪번 란에 직접 입력하는 것이다.

---

9 의제매입세액공제 신고서

부가가치세 과세사업자가 면세사업자로부터 면세재화를 구입한 경우에는 이에 대해 매입세액공제를 받지 못한다. 이로 인해 거래의 중간단계에서 면세사업자와 거래하게 되면 부가가치세의 부담이 더 커지게 되는 효과가 발생하는데 이러한 문제를 줄이기 위해 의제매입세액공제 제도를 두고 있다.

과세사업을 영위하는 사업자가 면세로 농·축·수·임산물 등을 공급받아 원재료로 하여 과세재화를 생산한 경우에 면세농산물 등의 매입가액에 일정한 비율을 곱한 금액을 매입세액으로 공제해 주고 있는데, 이를 의제매입세액공제라고 한다.

1 의제매입세액 공제율

일반과세자의 의제매입액 공제율	
업종	의제매입세액 공제율
일반적인 경우	$\dfrac{2}{102}$
음식점 / 개별소비세 과세 대상 유흥주점	$\dfrac{2}{102}$
음식점 / (유흥주점 외) 법인 음식점	$\dfrac{6}{106}$
음식점 / (유흥주점 외) 개인 음식점	$\dfrac{8}{108}$ (과세표준 2억원 이하인 경우 $\dfrac{9}{109}$)
제조업 / 제조업 중 과자점, 도정업, 제분업 및 떡방앗간을 운영하는 개인사업자	$\dfrac{6}{102}$
제조업 / 개인사업자와 중소기업인 법인	$\dfrac{4}{104}$
제조업 / 중소기업이 아닌 법인	$\dfrac{2}{102}$

관리용	신고용									
공급자	사업자/주민등록번호		취득일자	구분	물품명	수량	매입가액	공제율	의제매입세액	건수

	합계				

	매입가액 계	의제매입세액 계	건수 계
계산서 합계			
신용카드등 합계			
농·어민등 합계			
총계			

| 면세농산물등 | 제조업 면세농산물등 | |

가. 과세기간 과세표준 및 공제가능한 금액등   불러오기

	과세표준			대상액 한도계산		B.당기매입액	공제대상금액 [MIN (A,B)]
합계	예정분	확정분	한도율 50/100	A.한도액		

나. 과세기간 공제할 세액

	공제대상세액		이미 공제받은 금액			공제(납부)할세액 (C-D)
공제율	C.공제대상금액	D.합계	예정신고분	월별조기분	

매입매출전표입력시 [53.면세] 등을 입력하면서 하단의 원재료 계정에 대해 6번 적요(의제매입세액공제신고서 자동반영분)를 걸면 의제매입세액공제신고서의 기간조회를 했을 때 해당 거래가 자동으로 반영된다. 그러나 매입매출전표 입력시 해당 적요 코드를 걸어주지 않으면 53번 면세 매입을 입력했다고 하더라도 의제매입세액 공제신고서에 해당 금액이 자동반영되지 않는다. 시험문제에서는 전표입력을 한 후 의제매입세액공제신고서를 작성하라고 하기도 하지만 대부분의 경우 본 서식을 직접 작성하라고 하는 경우가 많다.(매입매출전표 상단의 간편집계 메뉴 중 [의제매입세액 또는 재활용세액 계산] 메뉴를 활용해도 신고서에 자동반영이 가능하다.)

의제매입세액공제신고서를 직접 작성하는 방법은 다음과 같다. 일단 메뉴 상단은 관리용 탭과 신고용 탭으로 구성되어 있는데 이 중 관리용 탭에 입력을 하면 신고용 탭에서 신고서 서식이 나오는 것이므로 수험생은 관리용 탭에 입력하면 된다.

- **공급자 및 사업자등록번호** : 공급자 란에 커서를 놓고 [F2]를 눌러 거래처코드를 조회한 후 해당 거래처를 입력한다. 만약 문제에서 데이터에 거래처코드가 등록되어 있지 않으면 해당 거래처명과 사업자등록번호를 직접 입력한다.

- **취득일자** : 원재료의 취득일자를 숫자로 기입한다.

- **구분** : 원재료를 매입하면서 받은 증명서류가 '계산서'이면 1번을 클릭하고, '신용카드·직불카드·현금영수증 등'이면 2번을 클릭한다. 제조업의 경우에는 농어민으로부터의 직접 구입분에 대해서 의제매입세액 공제가 가능한데 이 경우에는 [3.농어민매입]을 클릭한다. 제조업이 아닌 업종은 농어민으로부터의 직접 구입분을 공제받지 못한다는 점에 주의해야 한다. 농어민매입분에 대해서는 사업자등록번호 대신 주민등록번호를 기재한다.

  | 1.계산서 |
  | 2.신용카드등 |
  | 3.농어민매입 |

- **물품명 및 수량, 매입가액** : 문제에서 주어진 물품명과 수량, 매입가액을 입력한다.

- **공제율** : 문제에서 주어진 업종에 맞는 공제율을 선택한다.

해당되는 내용을 모두 입력한 후에 화면 오른쪽 상단의 [F11 저장]을 클릭하면 작성이 완료된다. 의제매입세액 공제신고서 작성 자체는 어렵지 않으나 면세 매입 중 원재료 매입에 대해서만 의제매입세액공제가 가능하다는 점 등 여러가지 이론적인 점검이 필요한 메뉴이므로 반드시 부가가치세법 이론 중 의제매입세액 공제율을 암기해 놓도록 하자.

전표데이타 새로 불러오기

의제매입세액공제신고서 화면 오른쪽 위에 [F4 불러오기]라는 탭이 있다. 이것을 클릭하면 아래와 같은 화면이 나온다.

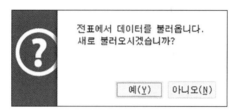

여기에서 [예]를 클릭하면 본 메뉴에서 수기로 입력한 다른 데이터는 모두 삭제되고 [일반전표입력]과 [매입매출 전표입력]에서 입력된 기존의 초기 데이터만 다시 불러들이는 것이므로 사용에 주의를 요한다.

전표 입력시 원재료 계정의 적요 6번 입력

일반전표 입력 혹은 매입매출전표 입력시 원재료 계정의 적요 6번 [의제매입세액공제신고서 자동반영분]을 선택한 경우 의제매입세액신청서에 해당 금액이 자동으로 반영됨

사업자로부터의 매입분이 원칙적인 공제 대상임(예외 : 제조업)

일반적인 경우 의제매입세액 공제는 계산서, 신용카드전표, 현금영수증 등을 수취하여야만 공제가능하다. 따라서 사업자로부터의 면세 농·축·수·임산물 매입시 공제가 되는 것이다. 그러나 제조업의 경우에는 농어민으로부터 직접 구입한 면세 농·축·수·임산물(영수증 수취분)도 의제매입세액 공제 대상이 된다. 이러한 내용을 잘 알아두어야 문제의 요구사항을 정확하게 입력할 수 있음에 주의하자.

의제매입세액공제 한도 체크

의제매입세액공제 한도는 예정신고 때에는 한도 적용을 하지 않고 확정신고 때에 한도 체크를 하여 한도초과 금액은 공제 대상에서 제외한다. 따라서 시험문제에서 확정신고시 의제매입세액공제신고서를 작성하라고 하면 화면 하단의 한도 체크 서식을 반드시 작성하여야 하며 이 경우 문제에서 주어지는 예정신고와 확정신고기간의 해당 공급가액(면세 매입과 관련된 공급가액)을 입력하고 이미 공제받은 세액을 입력하면 된다.

신용카드로 면세 원재료를 매입한 경우의 회계처리

의제매입세액공제 대상이 되는 미가공 농축수임산물을 구입하고 신용카드로 결제한 경우 그 회계처리는 다음과
같다.

< 매입매출전표 입력 > 유형 : [58.카면]

| (차) 원재료 | 100 | (대) 외상매입금 | 100 |
| (적요 : 6 의제매입세액 원재료 차감(부가)) | | | |

의제매입세액공제 대상이 되는 면세 매입액을 입력할 때에 위와 같이 차변의 원재료 계정에 6번 적요를 걸어놓으면
해당 금액이 의제매입세액공제신고서 작성시 자동으로 불러오게 된다. 전산세무 2급 시험에서 이러한 매입매출
전표 입력과 의제매입세액공제신고서 작성을 함께 하는 문제가 출제되었던 적이 있으므로 관련된 적요 코드를 잘
알아두어야 할 것이다.

의제매입세액공제신고서에 계산된 의제매입세액의 회계처리

의제매입세액이 있다면 부가가치세 과세기간 종료일자로 일반전표에 입력해야 한다.

예를 들어 의제매입세액 공제액이 100원이라면 그 회계처리는 다음과 같다.

< 일반전표 입력 >

| (차) 부가세대급금 | 100 | (대) 원재료 | 100 |
| | | (적요 : 8 타계정으로 대체액) | |

이와 같이 의제매입세액 금액은 일반전표에 입력하며 원재료를 차감하는 식으로 회계처리하게 되어 있다는 점을
기억하자. 또한 원재료를 대변에 입력할 때에는 적요 8번(타계정으로 대체)을 걸어야 매출원가 계산이 정확하게
된다.

취득내역						메인
감가상각자산종류	건수	공급가액	세 액	비 고		검색
합 계						최근
건물 · 구축물						캡처
기 계 장 치						계산
차 량 운 반 구						정보
기타감가상각자산						

거래처별 감가상각자산 취득명세						
월/일	상호	사업자등록번호	자산구분	공급가액	세액	건수

　건물 등 감가상각자산취득명세서는 건물이나 기계장치, 차량운반구 등을 취득하고 세금계산서 및 신용카드 전표 등을 받은 경우에 제출하는 서식이다.

　화면 위쪽에 조회기간을 입력하면 아래쪽에 취득월일과 거래상대방의 상호, 사업자등록번호, 자산구분 등을 입력하는 란이 나타나는데 여기에 해당 내용을 입력하면 된다.

　입력 방법은 다음과 같다.

- **월/일** : 날짜를 숫자로 입력한다. 예를 들어 4월 23일에 취득하였으면 "0423"으로 입력하면 된다.

- **상호 및 사업자등록번호** : 상호 란에 커서를 놓고 F2를 누르면 거래처 코드 도움박스가 나타나며 여기에서 해당되는 거래처 코드를 선택한다. 만약 거래처 등록이 되어 있지 않다면 시험문제에서 주어진 상호와 사업자등록번호를 직접 입력하면 된다.

- **자산구분** : 건물 및 구축물, 기계장치, 차량운반구, 기타 자산 중 하나를 선택한다. 예를 들어 컴퓨터(비품)의 경우에는 [4.기타]를 선택하면 된다.

```
1:건물,구축물
2:기계장치
3:차량운반구
4:기타
```

- **공급가액 및 세액** : 공급가액을 입력하면 세액은 자동으로 반영된다.

불러오기 기능의 활용

메뉴 상단의 [F4] 불러오기 메뉴를 클릭하면 아래와 같이 매입매출전표 입력시 하단부 분개가 차변에 202번, 204번 등의 코드로 입력된 자료를 불러오는 메시지가 나타난다. 여기에서 전표불러오기를 실행하려면 화면 하단의 [확인]키를 누른다.

구 분	코 드	계정과목명
(1)건물 · 건축물	0202	건물
	0204	구축물
(2)기 계 장 치	0206	기계장치
(3)차량. 운반구	0208	차량운반구
(4)기타감가상각자산	0212	비품

단, 전표불러오기를 실행하면 아래 메시지와 같이 기존에 서식에 입력된 자료가 삭제된다는 점에 주의한다.

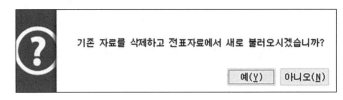

기존 자료를 삭제하고 전표자료에서 새로 불러오시겠습니까?

예(Y)   아니오(N)

모든 입력이 완료되고 나면 [F11]저장]을 클릭한다.

재활용폐자원에 대한 매입세액을 공제하는 경우에 작성하는 서식이다.

		(24)공급자		구분	(25)건수	(26)품명	(27)수량	(28)차량번호	(29)차대번호	(30)취득금액	(31)공제율	(32)공제액 ((30)×(31))	추
		성명 또는 거래처 상호(기관명)	주민등록번호또는 사업자등록번호										
☐													
☐													
☐													
☐													
☐													
☐													
☐													
☐													
		영수증수취분											
		계산서수취분											
		합계											

재활용폐자원 매입세액공제 관련 신고내용(이 란은 확정신고시 작성하며, 중고자동차(10/110)의 경우에는 작성하지 않습니다.)　[불러오기]

매출액			대상액한도계산		당기매입액			(16)공제가능한 금액(=(12)-(14))
(8)합계	(9)예정분	(10)확정분	(11)한도율	(12)한도액	(13)합계	(14)세금계산서	(15)영수증 등	

(17)공제대상금액(=(15)과 (16)의 금액중 적은 금액)	공제대상세액		이미 공제받은 세액			(23)공제(납부)할세액 (=(19)-(20))	{참고}10/110 공제액합계
	(18)공제율	(19)공제대상세액	(20)합계	(21)예정신고분	(22)월별조기분		

공급자명 및 사업자등록번호는 공급자 성명 란에 커서를 두고 코드조회를 하여 거래처 코드를 입력하는 방식으로 입력 가능하다. 문제에서 제시한대로 영수증 구분(영수증 또는 계산서), 품명, 수량, 취득가액을 제시하면 해당 금액을 입력한 후 공제율을 체크하면 된다. (중고자동차의 경우를 제외하면 공제율은 103분의 3을 클릭한다.)

공제 한도를 계산하기 위해 문제에서 매출액 및 당기 세금계산서 매입액, 이미 공제받은 세액 등을 제시하면 화면의 아래쪽 칸에 입력하면 재활용폐자원에 대한 매입세액이 자동으로 계산된다.

✎참고 재활용폐자원 등에 대한 매입세액공제

재활용폐자원 및 중고자동차를 수집하는 사업자가 세금계산서를 발급할 수 없는 자(국가, 지방자치단체, 면세사업자, 간이과세자 등)로부터 재활용폐자원 및 중고자동차를 취득하여 제조, 가공하거나 이를 공급하는 경우에는 다음의 금액을 매출세액에서 매입세액으로 공제할 수 있다. 단, 공제 대상 금액은 해당 과세기간의 영수증과 계산서 수취분 재활용 폐자원 취득가액으로 한다.

구분	재활용폐자원에 대한 매입세액
고철, 폐지, 폐유리, 폐합성수지, 폐합성고무, 폐금속캔, 폐건전지, 폐비출금속류, 폐타이어, 폐섬유, 폐유	공제대상 금액 $\times \dfrac{3}{103}$
중고자동차(출고일부터 수출면장발급일자까지의 기간이 1년 미만인 중고자동차를 수출하는 경우 제외)	취득가액 $\times \dfrac{10}{110}$

1. 다음은 (주)아태부품(회사코드 5009)의 자료이다. 부가가치세 신고와 관련하여 다음 물음에 답하시오.

다음은 제1기 부가가치세 예정신고시 누락된 내역이다. 해당 자료를 전표입력하고 1기 확정 부가가치세 신고서를
작성하시오. 예정신고누락 내역 외의 사항은 기존에 입력된 자료를 그대로 활용한다.(1기 예정신고 및 납부는 4월 25일에
하였으며, 1기 확정신고 및 납부는 7월 25일에 하였다. 부당한 과소신고가 아니라고 가정한다.)

예정신고 누락내역
① 2월 23일 나임대에게 공장 임차료 1,000,000원(부가가치세 별도)을 현금지급하고 발급받은 종이세금계산서
② 3월 29일 제품 2,000,000원(부가가치세 별도)을 (주)누리상사에 현금매출하고 발급한 전자세금계산서(4월 30일에 지연 발급하였으며, 전송은 적법하게 함)

············

해답

[1] 매입매출전표 입력

매입매출전표를 다음과 같이 입력한다.

날짜	유형	공급가액	공급처명	전자	분개
2/23	과세[51]	1,000,000	나임대	-	현금
분개	(차) 임차료(500번대) 　　　부가세대급금	1,000,000　(대) 현금 100,000			1,100,000

□	일	번호	유형	품목	수량	단가	공급가액	부가세	코드	공급처명	사업자주민번호	전자	분개
☐	23	50001	과세	임차료			1,000,000	100,000	01042	나임대	206-14-44466		현금
☐	23												
			공급처별 매출(입)전체 [1]건				1,000,000	100,000					

날짜	유형	공급가액	공급처명	전자	분개
3/29	과세[11]	2,000,000	(주)누리상사	여	현금
분개	(차) 현금	2,200,000　(대) 제품매출 　　　　　　 부가세예수금			2,000,000 200,000

□	일	번호	유형	품목	수량	단가	공급가액	부가세	코드	공급처명	사업자주민번호	전자	분개
☐	29	50001	과세	제품			2,000,000	200,000	01030	(주)누리상사	124-81-34620	여	현금
☐	29												
			공급처별 매출(입)전체 [1]건				2,000,000	200,000					

단, 입력시 **F11 간편집계 .. ▽** 의 왼쪽 세모를 눌러 아래와 같은 화면이 나타나면 이 중 [예정누락분]을 클릭한다.
여기에 확정신고 개시년월을 2020년 4월 1일로 입력한 후 [확인]키를 반드시 클릭한다. 정확하게 입력되면 화면 오른쪽
상단에 [누락]이라는 메시지가 표시되므로 반드시 이를 확인한 후 부가가치세 신고서를 작성하여야 한다.

[2] 부가가치세 신고서 작성

부가가치 메뉴 하단의 부가가치세 신고서를 작성하되 날짜는 4월 1일에서 6월 30일로 조회한다.

(1) 예정신고 누락분
- 매출 – 과세 – 세금계산서 : 공급가액 2,000,000원, 부가가치세 200,000원
- 매입 – 세금계산서 : 공급가액 1,000,000원, 부가가치세 100,000원

(2) 가산세 명세서
- 세금계산서 지연발급 가산세 : 2,000,000원 × 1% = 20,000원
- 신고불성실가산세(일반과소신고가산세) : 3개월 이내 수정신고이므로 가산세 75% 감면됨
  (200,000원 − 100,000원) × 10% × (1 − 75%) = 2,500원
- 납부지연가산세 : (200,000원 − 100,000원) × 22/100,000 × 91일 = 2,002원
- 합계 : 24,502원

....

2. 다음은 (주)아태부품(회사코드 5009)의 자료이다. 부가가치세 신고와 관련하여 다음 물음에 답하시오.

[1] 다음은 (주)아태부품(회사코드 5009)의 7월에서 9월까지의 매출과 매입 내역이다. 다음 자료를 보고 당사(과세 및
면세 겸영사업자로 가정)의 제 2기 예정 부가가치세 신고시 부가가치세 신고부속서류 중 공제받지못할 매입세액
명세서를 작성하라. 단, 아래의 매출과 매입은 모두 관련 세금계산서 또는 계산서를 적정하게 수수한 것이며, 과세분
매출과 면세분 매출은 모두 공통매입분과 관련된 것이다(기존에 입력된 자료는 무시하고 아래 자료에 따라 입력한다).

구분		공급가액	세액	합계액
매출내역	과세분	40,000,000	4,000,000	44,000,000
	면세분	60,000,000	–	60,000,000
	합계	100,000,000	4,000,000	104,000,000
매입내역	과세분	30,000,000	3,000,000	33,000,000
	공통분	50,000,000	5,000,000	55,000,000
	합계	80,000,000	8,000,000	88,000,000

[2] 다음은 (주)아태부품이 법인카드(우리법인카드)로 사용한 내역이다. 아래 자료를 보고 제 2기 확정분
신용카드매출전표등수령명세서를 작성하시오. 매입매출전표에 입력하지 않고, 카드유형은 사업용신용카드로서
개별거래를 해당 서식에 입력하시오.

※ 법인카드(우리법인카드)카드번호 : 5021 – 2365 – 6406 – 3125

거래처 (사업자등록번호)	성명	거래 일자	발행금액 (부가세포함)	내역	거래내용	비고
케이마트 (105 – 81 – 23909)	김성환	10.04	880,000원	복사 용지	영업부서 소모품	일반과세자
박진헤어샵 (213 – 85 – 53212)	정호진	10.17	220,000원	미용비	광고모델인 김하나의 미용비	일반과세자
대한의원 (135 – 04 – 29086)	이유나	10.20	100,000원	진료비	직원 독감 예방주사	면세사업자

거래처 (사업자등록번호)	성명	거래 일자	발행금액 (부가세포함)	내역	거래내용	비고
해바라기정비소 (124-81-00606)	김부자	10.21	550,000원	수리비	운반용 트럭 수리비	일반과세자
궁중요리 (105-05-91233)	도경환	11.22	660,000원	식사비	직원회식대	일반과세자
북경반점 (105-06-45605)	이광욱	12.23	77,000원	식사비	직원야식대	간이과세자

해답

[1] [부속명세서Ⅰ]메뉴 하단의 [공제받지못할매입세액명세서]를 클릭한 후 [공통매입세액 안분계산내역] 탭을 클릭한다. 그리고 공급가액 비율로 안분하는 [1번] 산식을 클릭한 후 공통매입가액과 면세공급가액, 총공급가액을 입력한다. 입력 후 화면은 다음과 같다. 입력이 끝난 후에는 반드시 [F11]저장]을 클릭한다. 본 문제에서는 해당 공제받지못할매입세액명세서를 부가가치세신고서에 반영하라는 언급이 없으므로 해당 서식만 작성하면 완료된다. (문제에서 구분입력에 대한 별도의 언급이 없을 경우 무시한다.)

공제받지못할매입세액내역	**공통매입세액안분계산내역**	공통매입세액의정산내역	납부세액또는환급세액재계산

산식	구분	과세·면세사업 공통매입		⑫총공급가액등	⑬면세공급가액등	면세비율 (⑬÷⑫)	⑭불공제매입세액 [⑪*(⑬÷⑫)]
		⑩공급가액	⑪세액				
1.당해과세기간의 공급가액기준		50,000,000	5,000,000	100,000,000.00	60,000,000.00	60.000000	3,000,000
합계		50,000,000	5,000,000	100,000,000	60,000,000		3,000,000

불공제매입세액 (3,000,000) = 세액(5,000,000) * 면세공급가액 (60,000,000)
─────────────────
총공급가액 (100,000,000)

[2] 신용카드매출전표등수령명세서(갑)(을)에 다음과 같이 입력한다.
(조회기간 : 10월 ~ 12월)

⇨ **2. 신용카드 등 매입내역 합계**

구분	거래건수	공급가액	세액
합 계	3	1,900,000	190,000
현금영수증			
화물운전자복지카드			
사업용신용카드	3	1,900,000	190,000
기 타 신용카드			

⇨ **3. 거래내역입력**

월/일	구분	공급자	공급자(가맹점) 사업자등록번호	카드회원번호	기타 신용카드 등 거래내역 합계		
					거래건수	공급가액	세액
10-04	사업	케이마트	105-81-23909	5021-2365-6406-3125	1	800,000	80,000
10-21	사업	해바라기정비소	124-81-00606	5021-2365-6406-3125	1	500,000	50,000
11-22	사업	궁중요리	105-05-91233	5021-2365-6406-3125	1	600,000	60,000
		합계			3	1,900,000	190,000

대한의원은 면세사업자이므로 부가가치세 매입세액 공제가 불가능하므로 입력하지 않는다. 북경반점은 공급자가 간이과세자이므로 매입세액 공제 대상이 아니며, 박진헤어샵(미용실)의 경우 일반과세자라고 할지라도 세금계산서를 발급할 수 없는 업종이므로 매입세액 공제가 불가능하다. 매입세액 공제가 불가능한 전표는 신용카드매출전표등수령명세서(갑)(을)에 반영하지 않는 것이다. 모든 입력이 끝나면 반드시 화면 상단의 [F11]저장] 탭을 클릭한다.

3. 다음은 (주)아태부품(회사코드 5009)의 자료이다. 부가가치세신고와 관련하여 다음 물음에 답하시오.

[1] 다음 자료에 따라 제 1기 예정신고시 제출할 부동산임대공급가액명세서를 작성하고 부가가치세 신고서에 추가 반영하시오. 간주임대료에 대한 정기예금이자율은 전산회계 프로그램에 적용된 이자율을 그대로 적용한다.

층	호수	상호 (사업자번호)	면적 (㎡)	용도	임대기간	보증금 (원)	월세 (원)	관리비 (원)
지상 1층	101	미림슈퍼 (451-02-17983)	400	점포	2024.11.01. ~ 2025.02.29	23,000,000	500,000	30,000
					2025.03.01. ~ 2026.02.28	35,000,000	550,000	40,000
지상 2층	201	우리호프 (105-05-91252)	600	점포	2025.01.05. ~ 2026.01.04	60,000,000	300,000	50,000
지상 3층	301	성수상사 (202-81-54324)	600	사무실	2024.04.03. ~ 2026.04.02	50,000,000	200,000	50,000

※ 월세와 관리비에 대해서는 세금계산서를 적법하게 발급하고 있으며, 해당 금액은 매입매출전표에 모두 적절하게 입력되어 있다고 가정한다. 위 표의 금액은 공급가액이다.

[2] 다음은 (주)아태부품(회사코드 5009)과 관련된 자료이다. 아래의 의제매입세액공제 대상이 되는 원재료의 매입자료 내역에 의하여 거래내용을 매입매출전표에 입력을 하고, 제 1기 확정분 의제매입세액공제신고서를 작성한 후 일반전표 입력을 하시오.(단, 매입매출전표는 복수거래로 입력하고, 부가가치세신고서 작성은 생략한다.)

<가정>

• 당사는 제조업(식료품가공업)을 영위하는 법인이며, 중소기업이 아니라고 가정한다.

• 카드 사용분은 외상매입금 계정과목을 사용하며, 의제매입세액공제액은 6월 30일자로 회계처리할 것

• 세법에 따라 의제매입세액 공제 한도를 반영하여 의제매입세액공제신고서를 작성할 것. 단, 회사의 제품매출 계정은 전액 의제매입세액공제 관련 매출액이다.

• 원재료 매입과 관련한 1기 예정신고기간의 제품매출은 4억원이고 4월에서 6월까지의 제품 매출은 3억원이라고 가정한다.

• 의제매입세액공제 대상이 되는 거래는 다음 거래뿐이라고 가정한다.

• 의제매입세액공제신고서에 수량은 300으로 반영할 것

상호 : 깊은산마트 210 - 13 - 98891 대표 : 이마음

서울 강동구 상일동 256 (02)2024 - 1234

영수증을 지참하시면 교환/환불시 더욱 편리합니다.

[등록] 2025 - 04 - 01 14 : 03 POS 번호 : 1025

상품코드	단가	수량	금액
001 양배추 8809093190580	60,000	100kg	6,000,000
002 토마토 8888021200126	21,000	200kg	4,200,000

부가세 과세 물품가액　　　　　0

상품가격에 이미 포함된 부가세 0

합계　　　　　**10,200,000**

상품코드 앞 * 표시가 되어 있는 품목은 부가세 과세 품목입니다.

0010 우리카드　××××/××

회 원 번 호 :　****23656406****

카 드 매 출 :　10,200,000

승 인 번 호 : KIS 30021238

C/D일련번호 :　0392

002개 거래 NO : 5589 캐셔 : 014318 위원영

해답

[1] ① 문제의 요구사항대로 부동산임대공급가액명세서를 먼저 작성한다.(조회기간 : 1월 1일 - 3월 31일)

- 미림슈퍼(계약갱신 전) : 2025년 1기 예정신고 대상 기간에 개약갱신이 이루어졌으므로 계약 갱신 전과 계약 갱신 후의 금액을 각각 아래와 같이 입력한다.

6. 계 약 내 용	금　액	당해과세기간계	
보 증 금	23,000,000	23,000,000	
월　　　세	500,000	1,000,000	
관 리 비	30,000	60,000	
7. 간 주 임 대 료	67,868	67,868	60 일
8. 과 세 표 준	597,868	1,127,868	

소　　계			
월　　　세	1,550,000	관 리 비	100,000
간주임대료	121,228	과 세 표 준	1,771,228

• 미림슈퍼(계약갱신 후)

6.계 약 내 용	금 액	당해과세기간계		
보 증 금	35,000,000	35,000,000		
월 세	550,000	550,000		
관 리 비	40,000	40,000		
7.간주 임대료	53,360	53,360	31	일
8.과 세 표 준	643,360	643,360		

소 계			
월 세	1,550,000	관 리 비	100,000
간주임대료	121,228	과 세 표 준	1,771,228

• 우리호프

6.계 약 내 용	금 액	당해과세기간계		
보 증 금	60,000,000	60,000,000		
월 세	300,000	900,000		
관 리 비	50,000	150,000		
7.간주 임대료	256,721	256,721	87	일
8.과 세 표 준	606,721	1,306,721		

소 계			
월 세	900,000	관 리 비	150,000
간주임대료	256,721	과 세 표 준	1,306,721

• 성수상사

6.계 약 내 용	금 액	당해과세기간계		
보 증 금	50,000,000	50,000,000		
월 세	200,000	600,000		
관 리 비	50,000	150,000		
7.간주 임대료	223,770	223,770	91	일
8.과 세 표 준	473,770	973,770		

소 계			
월 세	600,000	관 리 비	150,000
간주임대료	223,770	과 세 표 준	973,770

입력이 모두 완료된 후에는 화면 상단의 [F11 저장]을 반드시 클릭한다.

② 부동산임대공급가액명세서 메뉴 하단의 [간주임대료] 금액이 부가가치세 신고서의 [과세 - 기타 4번]란에 반영되어야하므로 이를 1기 예정 부가가치세신고서에 반영한 후 저장하면 된다. 간주임대료는 공급가액 입력란 (금액란)에 입력하여야 한다.

[2] ① 4월 1일 매입매출전표 입력

날짜	유형	공급가액	거래처	분개
4/01	카면[58]	10,200,000	깊은산마트	외상 또는 카드
분개	(차) 원 재 료 (적요6. 의제매입세액공제신고서 자동반영분)	10,200,000	(대) 외상매입금 (거래처 : 우리법인카드)	10,200,000

□	일	번호	유형	품목	수량	단가	공급가액	부가세	코드	공급처명	사업자주민번호	전자	분개
☐	1	50001	카면	양배추외			10,200,000		01021	깊은산마트	210-13-98891		외상
☐	1												
			공급처별 매출(입)전체 [1]건				10,200,000	0					

② 의제매입세액공제신고서 작성

- 4월에서 6월로 기간 조회를 하면 위에서 입력한 매입매출전표가 자동으로 입력된다.(전표입력시 원재료 계정에 적요 6번 코드를 걸었기 때문임)
- 의제매입세액 공제율 : 2/102 적용(중소기업과 개인사업자인 제조업은 4/104가 적용되지만 본 문제의 경우 중소기업이 아닌 법인에 대한 의제매입세액공제이므로 2/102가 적용됨)
- 수량 : 문제의 요구사항대로 수량은 300이라고 입력한다.
- 매입가액 : 10,20,000원 입력된 것을 확인한다.
- 의제매입세액 : 200,000원

이러한 사항을 모두 입력하면 아래와 같은 화면이 나타나는데, 아직 의제매입세액공제 한도가 확인되지 않은 것을 알 수 있다. 따라서 아래의 [가][나]란에서 의제매입세액공제 한도를 다시 점검하여야 한다. 입력 후 화면은 다음과 같다.

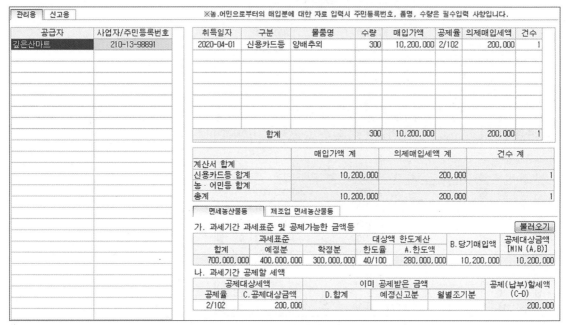

입력이 완료되면 화면 상단의 [F11]저장]을 반드시 누르면 의제매입세액공제신고서가 저장된다.

③ 일반전표 입력 : 6월 30일자로 세액공제액에 대한 일반전표 입력

| 6월 30일 | (차) 부가세대급금 | 200,000 | (대) 원재료
(적요 8. 타계정으로 대체액) | 200,000 |

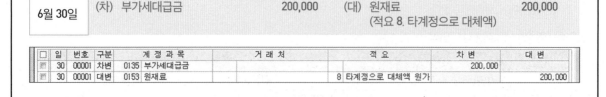

4. 다음은 (주)세무사랑(회사코드 5010)의 자료이다. 부가가치세신고와 관련하여 다음 물음에 답하시오. 단, [1]번을 먼저 작성한 후 [2]번의 신고서에 함께 반영할 것.

[1] 다음의 내용에 의하여 대손세액공제신고서를 작성하시오.(조회기간 4월 - 6월)

① (주)명성산업에 2023년 7월 1일 제품을 매출하고 수취한 받을어음 5,500,000원(부가가치세 포함)이 2024년 9월 1일 은행에서 부도처리되어 6개월이 지난 시점인 2025년 3월 2일 대손이 확정되었다. (어음의 부도발생일은 2024년 9월 1일)

② 거래처 (주)삼진전자의 파산으로 인해 (주)삼진전자의 외상매출금 6,600,000원이 대손되었다.(파산일은 2025년 5월 3일이다.)

③ (주)명성산업과 (주)삼진전자의 사업자등록번호 등은 거래처등록 메뉴에 입력된 자료를 활용한다.

[2] 다음 자료를 이용하여 2025년 1기 확정 부가가치세신고서를 작성하시오. 부가가치세신고서 이외에 과세표준명세 등 기타 부속서류는 작성과 전표입력은 생략한다. 단, 제시된 자료 이외의 거래는 없는 것으로 가정한다.

1. 매출관련 자료

※ 과소신고가산세는 일반과소신고산세를 적용한다. 예정신고 및 납부는 2025년 4월 25일에 하였으며, 확정신고 및 납부는 2025년 7월 24일에 하였다.

구분	과세표준	부가가치세
세금계산서 발행 매출액	30,000,000원	3,000,000원
신용카드 과세 매출액	17,000,000원	1,700,000원
예정신고 현금영수증 매출 누락분	1,000,000원	100,000원

2. 매입관련 자료

구분	과세표준	부가가치세
세금계산서 수령한 상품 구입액	20,000,000원	2,000,000원
세금계산서 수령한 사무실 비품(고정자산) 구입액	5,000,000원	500,000원
세금계산서 수령한 접대물품 구입액(위 상품 구입액과 별도)	2,000,000원	200,000원
신용카드로 구입한 상품 구입액	10,000,000원	1,000,000원

[해답]

[1] [부속명세서Ⅰ] 메뉴 하단의 [대손세액공제신고서]를 클릭한 후 아래와 같이 입력한다. 문제풀이시 반드시 대손세액공제신고서를 먼저 작성완료한 후 부가가치세 확정신고서를 작성하여 대손세액공제 금액이 부가가치세 신고서에 반영되도록 한다.

• (주)명성산업의 대손확정일을 2025년 3월 2일로 입력한 후 대손금액에 공급대가 5,500,000원을 입력한다. 공제율과 대손세액이 자동으로 반영되면 거래처 란에 커서를 놓고 **F2** 를 눌러서 거래처코드 조회를 한 후 입력한다. 대손사유를 [부도(6개월경과)]를 클릭하면 된다. 대손세액공제를 받고자 하는 경우 공급가액을 "+"로 입력한다는 점에 주의한다.

• (주)삼진전자의 경우 파산을 사유로 대손된 것이므로 대손금액 등은 (주)명성산업과 동일하게 입력하되, 대손사유를 [파산]으로 선택한다.

• 화면 하단의 대손세액 합계가 1,100,000원이므로 이를 부가가치세 신고서에 반영할 때에는 [8.대손세액가감]의 세액 란에 - 1,100,000원으로 입력되었는지 확인하면 된다.

실기

[2] 아래와 같이 예정신고누락분 명세 및 가산세 명세 등을 입력한다.

① 과세표준 및 매출세액

구분				금액	세율	세액
과세표준및매출세액	과세	세금계산서발급분	1	30,000,000	10/100	3,000,000
		매입자발행세금계산서	2		10/100	
		신용카드 · 현금영수증발행분	3	17,000,000	10/100	1,700,000
		기타(정규영수증외매출분)	4			
	영세	세금계산서발급분	5		0/100	
		기타	6		0/100	
	예정신고누락분		7	1,000,000		100,000
	대손세액가감		8			-1,100,000
	합계		9	48,000,000	㉙	3,700,000

② 매입세액

매입세액	세금계산서수취분	일반매입	10	22,000,000		2,200,000
		수출기업수입분납부유예	10			
		고정자산매입	11	5,000,000		500,000
	예정신고누락분		12			
	매입자발행세금계산서		13			
	그 밖의 공제매입세액		14	10,000,000		1,000,000
	합계(10)-(10-1)+(11)+(12)+(13)+(14)		15	37,000,000		3,700,000
	공제받지못할매입세액		16	2,000,000		200,000
	차감계 (15-16)		17	35,000,000	㉽	3,500,000

③ 가산세
- 과소신고가산세(일반) : 금액 100,000/세액 2,500(100,000원 × 10% × (1 - 75%) = 2,500원)
- 납부지연가산세 : 금액 100,000/세액 2,250(100,000원 × 90일 × 22/100,000 = 1,980원)
- 가산세 합계 : 4,480원

---

5. 다음은 (주)세무사랑(회사코드 5010)의 자료이다. 부가가치세신고와 관련하여 다음 물음에 답하시오.

[1] 다음은 제 2기 부가가치세 확정신고(2025. 10. 1 ~ 12. 31)에서 누락된 항목이다. 다음의 내용을 반영하여 부가가치세 수정신고서를 작성하여 신고 · 납부하려고 한다. 부당한 과소신고가 아니며, 당초 신고 및 납부는 2026년 1월 25일에 하였고 수정신고를 2026년 5월 20일에 하였다고 가정하고 부가가치세 신고서를 작성하시오. 단, 전표입력을 하되 회계처리는 생략해도 무방하고, 과세표준명세 작성 및 수정신고서의 적색기입은 생략하기로 한다.([1.정기신고] 탭에 작성할 것)

① 10월 5일 : 군산지점에 대해 제품의 판매목적 타사업장 반출(1,500,000원, 부가가치세 별도)을 하였으며 전자세금계산서를 발급 및 전송하였는데 이를 신고 누락하였다.

② 10월 20일 : 판매거래처((주)삼건통상)에 접대할 목적으로 자가제조 제품(시가 : 800,000원, 원가 : 600,000원, 부가가치세 별도)을 제공하였다.

③ 11월 25일 : HARRSON에 대한 제품 직수출액 20,000,000원이 누락되었다.

④ 11월 29일 : (주)한성에 대한 제품매출 전자세금계산서 1매(공급가액 3,000,000원, 부가가치세 300,000원)를 신고 누락하였다. 단, 전자세금계산서 발급 및 전송은 적법하다.

⑤ 11월 30일 : (주)제일상사로부터 거래처 이전 개업 축하선물을 매입하고 전자세금계산서 1매를 발급받았다. (공급가액 1,000,000원, 부가가치세 별도)

✎참고

- 예정신고시 환급세액 300,000원이 발생하였다.(조기환급 사유에 해당되지 않음)

[1] ① 매입매출전표에 다음과 같이 입력한다. (분개유형 [0.분개없음]으로 입력)

<10월>

□	일	번호	유형	품목	수량	단가	공급가액	부가세	코드	공급처명	사업/주민번호	전자	분개
☑	5	50001	과세	제품			1,500,000	150,000	00706	군산지점	231-81-29857	여	
☑	20	50005	건별	제품			800,000	80,000	00631	(주)삼건통상	120-81-09304		

<11월>

□	일	번호	유형	품목	수량	단가	공급가액	부가세	코드	공급처명	사업/주민번호	전자	분개
☑	25	50005	수출	제품			20,000,000		00713	HARRSON			
☑	29	50001	과세	제품			3,000,000	300,000	00651	(주)한성	113-81-12344	여	
☑	30	50001	불공	축하선물			1,000,000	100,000	00609	(주)제일상사	610-81-85503	여	

② 부가가치세 신고서(기간 10월 1일 - 12월 31일)

- [21]번 예정신고미환급세액 란에 300,000원 입력(조기환급사유에 해당되지 않는 경우 예정신고서상의 환급세액은 확정신고서의 [21]번 란에 반영함)
- 가산세는 [25번]에 커서를 두고 ⊟(탭)을 눌러 아래와 같이 입력한 후 [확인] 클릭

(1) 과소·초과환급신고가산세(일반)

530,000원(= 150,000원 + 80,000원 + 300,000원) × 10% × 50% = 26,500원

(* 3개월 초과 6개월 이내 수정신고이므로 과소신고가산세의 50% 감면)

(2) 납부불성실가산세

530,000원 × 22/100,000 × 115일 = 13,409원

(3) 영세율과세표준신고불성실가산세

20,000,000원 × 0.5% × 50% = 50,000원

(* 3개월 초과 6개월 이내 수정신고이므로 영세율과세표준신고불성실가산세의 50% 감면)

📌참고

전자세금계산서 발급 및 전송이 적법하게 이루어졌다면 매출처별세금계산서 합계표 관련 가산세는 적용되지 않는다.

6. 다음은 (주)하나패스(회사코드 5011)의 자료이다. 부가가치세신고와 관련하여 다음 물음에 답하시오.(본 문제에서는 (주)하나패스가 과세사업과 면세사업을 겸영하고 있는 사업자라고 가정하기로 한다.)

[1] 1기 예정 부가가치세 신고시 공통매입세액을 안분계산하고자 한다고 가정하자. 기존의 입력된 자료는 무시하고 1기 예정분 자료가 다음과 같다고 가정하여 부가가치세 신고 부속서류 중 공제받지못할매입세액명세서(공통매입세액의 안분계산 서식 포함)를 작성하시오.

- 과세매입가액 : 1,440,000,000원, 면세매입가액 : 160,000,000원
- 과세공급가액 : 1,785,000,000원, 면세공급가액 : 315,000,000원
- 과세사업예정사용면적 : 600㎡, 면세사업예정사용면적 : 200㎡
- 공통매입가액 : 240,000,000원, 공통매입세액 : 24,000,000원

[2] 다음 자료를 보고 2025년 1기 부가가치세 확정신고시 수출실적명세서를 작성하라. 단, 아래의 모든 거래는 영세율 적용대상거래(세금계산서 교부대상이 아님)로서, 거래대금은 모두 선적일 이전에 미국 달러화(USD)로 송금받았다. 단, 거래처코드와 거래처명은 입력 생략한다.

상대국	수출신고번호	선적일 (공급시기)	환전일	수출액	적용환율	
					선적(공급)시 기준환율	환전시 적용환율
미국	021-11-23-0897775-7	04.07	04.01	$10,000	1,130원/$	1,160원/$
일본	020-06-41-1257663-7	05.06	05.10	$20,000	1,150원/$	1,180원/$
독일	–	05.22	05.22	$1,000	1,250원/$	1,250원/$
영국	023-05-12-0321273-1	06.03	06.26	$2,000	1,330원/$	1,380원/$

• "수출신고번호"가 없는 거래는 국외제공용역 등의 거래에 해당한다.
• "환전일"은 수출대금을 원화로 환전한 날을 말한다.

....

해답

[1] ① 부가가치세 메인화면에서 [공제받지못할매입세액명세서]를 클릭한 후 조회기간을 1월에서 3월로 선택한다. [공통매입세액안분계산내역]을 클릭하여 아래와 같이 산식을 [1]번으로 선택하고 해당 공급가액을 입력한다. 총공급가액은 과세공급가액과 면세공급가액의 합계 금액이다. (조회기간 : 1월 ~ 3월)

조회기간 : 2018 년 01 ▼ 월 ~ 2018 년 03 ▼ 월   구분 : 1기 예정

		과세·면세사업 공통매입					
산식	구분	⑩공급가액	⑪세액	⑫총공급가액등	⑬면세공급가액 등	면세비율 (⑬÷⑫)	⑭불공제매입세액 [⑪×(⑬÷⑫)]
1. 당해과세기간의 공급가액기준		240,000,000	24,000,000	2,100,000,000.00	315,000,000.00	15.000000	3,600,000

탭: 공제받지못할매입세액내역 | 공통매입세액안분계산내역 | 공통매입세액의정산내역 | 납부세액또는환급세액재계산

이처럼 공통매입세액 안분계산한 내역이 나타난 것을 확인하고 저장한 후 화면을 종료시키면 문제풀이가 완료된 것이다.

[2] 수출실적명세서 입력시에는 월별로 조회하여 입력한 후 신고기간으로 재조회하면 된다.
• 수출신고번호 없는 거래는 ⑪번 기타영세율적용 란에 입력 : 외화 $1,000 입력하고 원화 1,250,000($1,000 × 1,250원/$ = 1,250,000) 입력, 건수는 1건으로 입력

구분		건수	외화금액	원화금액	비고	
⑨ 합계		4	33,000.00	38,510,000		
⑩ 수출재화(=⑫합계)		3	32,000.00	37,260,000		
⑪ 기타영세율적용		1	1,000.00	1,250,000		
⑫ 일련번호	⑬ 수출신고번호	⑭ 선(기)적 일자	⑮ 통화코드	⑯ 환율	금액	
					⑰ 외화	⑱ 원화
합계					32,000	37,260,000
1	021-11-23-0897775-7	2020.04.07	USD	1,160	10,000	11,600,000
2	020-06-41-1257663-7	2020.05.06	USD	1,150	20,000	23,000,000
3	023-05-12-0321273-1	2020.06.03	USD	1,330	2,000	2,660,000

참고

외화 환산시에는 선하증권(B/L)상의 선적일의 환율을 적용하는 것이 원칙이다. 그러나 예외적으로 선적일 전에 원화로 환가한 경우에는 선적일의 환율을 적용하지 않고 환가한 날의 환율을 적용해야 한다.

7. 다음은 제조 및 도매업을 영위하는 (주)하나패스(회사코드 5011)과 관련된 자료이다.

[1] 다음은 10월부터 12월까지 공급가액과 부가가치세를 구분 기재한 신용카드매출전표를 교부받은 내용이다. 「신용카드매출전표 등 수령명세서」 및 「건물 등 감가상각자산취득명세서」를 작성하고 제2기 확정 부가가치세신고서에 그 내용을 반영하시오(전표입력은 생략해도 무방).

사용한 신용카드내역	거래처명 (등록번호)	성명 (대표자)	거래 일자	발행금액 (VAT포함)	공급자의 업종 등	거래내용	비고
현대카드 (법인카드, 사업용카드) (번호: 9843-8765-3021-1234)	새움카센타 (213-85-53212)	김유림	10.10	220,000원	서비스업, 일반과세자	아반떼 수리비용	세금계산서 미수령
	한동식당 (105-05-23905)	김한성	11.03	440,000원	음식점업, 일반과세자	직원 회식대 (복리후생비)	세금계산서 미수령
	미도슈퍼 (204-23-22037)	김남한	12.15	330,000원	소매업, 간이과세자	소모품 구입	세금계산서 미수령
신한카드 (종업원 홍길동명의, 일반 신용카드) (번호: 1234-7896-4510-5461)	새로고속버스 (151-65-61565)	김정란	10.25	330,000원	여객운송업, 일반과세자	직원의 출장교통비	세금계산서 미수령
	컴퓨터사랑 (701-83-94128)	정수만	11.30	5,500,000원	소매업, 일반과세자	노트북 구입	세금계산서 미수령

※ 아반떼는 배기량 1,000CC 초과, 8인승 이하 차량으로서 영업부 직원들이 업무 관련 목적으로 사용하고 있다.

해답

[1] ① 신용카드매출전표등수령명세서(갑)(을)에 입력할 거래의 내용(10월~12월)

거래 일자	공급가액	세액	건수	상호 (공급자)	사업자 등록번호	카드 회원번호	카드 유형
11. 3	400,000	40,000	1	한동식당	105-05-23905	9843-8765-3021-1234	사업
11.30	5,000,000	500,000	1	컴퓨터사랑	701-83-94128	1234-7896-4510-5461	신용

공급자가 간이과세자인 경우, 공급자가 목욕, 이발, 미용업, 여객운송업(전세버스 제외), 입장권을 발행하여 영위하는 사업에 해당하는 일반과세자인 경우 신용카드등 매입세액공제 배제됨. 또한 매입세액 불공제 사유인 비영업용 소형승용차의 구입·유지·임차의 경우에도 매입세액이 불공제되므로 입력하지 않는다.

⊏▷ 2. 신용카드 등 매입내역 합계				
구분	거래건수		공급가액	세액
합 계	2		5,400,000	540,000
현금영수증				
화물운전자복지카드				
사업용신용카드	1		400,000	40,000
기 타 신용카드	1		5,000,000	500,000

⊏▷ 3. 거래내역입력							
월/일	구분	공급자	공급자(가맹점)사업자등록번호	카드회원번호	기타 신용카드 등 거래내역 합계		
					거래건수	공급가액	세액
11-03	사업	한동식당	105-05-23905	9843-8765-3021-1234	1	400,000	40,000
11-30	신용	컴퓨터사랑	701-83-94128	1234-7896-4510-5461	1	5,000,000	500,000
					거래건수		
		합계			2	5,400,000	540,000

② 건물 등 감가상각자산취득명세서 작성 (10월~12월)

　　매입매출전표 입력을 하지 않았으므로 새로불러오기를 해도 금액이 자동반영되지 않는다. 따라서 아래 그림과 같이 직접 입력하면 된다. 입력이 끝나면 반드시 저장을 한다.

⊏▷ 취득내역				
감가상각자산종류	건수	공급가액	세 액	비 고
합 계	1	5,000,000	500,000	
건물 · 구축물				
기 계 장 치				
차 량 운 반 구				
기타감가상각자산	1	5,000,000	500,000	

		거래처별 감가상각자산 취득명세					
	월/일	상호	사업자등록번호	자산구분	공급가액	세액	건수
1	11-30	컴퓨터사랑	701-83-94128	기타	5,000,000	500,000	1
2							
		합 계			5,000,000	500,000	

③ 제2기 확정 부가가치세신고서 [14번.기타공제매입세액]란에 5,400,000원(세액 540,000원)을 입력한다. 이는 신고서의 40번과 41번을 아래와 같이 입력하면 자동으로 반영된다.

14.그 밖의 공제매입세액						
신용카드매출	일반매입	41	400,000		40,000	
수령금액합계표	고정매입	42	5,000,000			
의제매입세액		43		뒤쪽		
재활용폐자원등매입세액		44		뒤쪽		
과세사업전환매입세액		45				
재고매입세액		46				
변제대손세액		47				
외국인관광객에대한환급세액		48				
합계		49	5,400,000		40,000	

(이는 매입매출전표 입력에서 상단부분에 [57.카과]로 입력하고, 하단분개시 고정자산 등 구분하여 입력하면 신고서에 자동 반영됨. 신용카드매출전표등수령명세서(갑)(을)를 작성했다고 하더라도 매입매출전표 입력을 안하면 해당 서식은 직접 입력하여 작성하여야 함)

04 CHAPTER 원천징수 실무능력 정복하기

원천징수 관련 메인화면은 다음과 같다. 원천징수 관련 실무시험은 일반적으로 실기 70점 중 15점이 배점되며 사원등록, 급여자료 입력, 연말정산추가자료입력, 근로소득원천징수영수증, 원천징수이행상황신고서 등에서 주로 출제된다. 특히 사원등록과 급여자료입력, 연말정산추가자료입력은 거의 매번 빠지지 않고 출제되는 문제이므로 시간이 부족한 수험생이라면 사원등록과 급여자료입력, 연말정산추가자료입력 메뉴부터 배우는 것이 효율적일 것이다. 본서에서는 수험생의 편의를 위하여 전산세무 2급 시험과 관련하여 주로 출제되는 메뉴 위주로 집중하여 설명하되, 시험문제의 대상이 되지 않는 메뉴는 설명을 간략하게 하거나 생략하기로 한다.

1 사원등록

사원등록 화면은 [원천징수] 탭의 [근로소득관리] 메뉴 하단에 있으며 사원등록 메뉴를 클릭하면 다음과 같은 화면이 나타난다. (사례 : (주)경인전자(회사코드 5001번))

사원등록에서는 각 사원의 기본사항과 부양가족명세, 추가사항을 입력한다.

기본사항에서는 입사일, 주민등록번호 등의 기초정보를 입력하며, 연말정산시 공제받을 수 있는 기본공제대상자를 등록하는 것은 부양가족명세 메뉴이다. 추가사항에서는 급여이체은행이나 전화번호, 직종, 직위 등 기타사항을 입력하도록 되어 있다. 따라서 시험에서는 기본사항과 부양가족명세에서 주로 문제가 출제된다.

사원등록 메뉴에 입력한 자료는 근로소득원천징수와 연말정산에 그대로 반영되므로 정확하게 기재해야 한다.

1 사원등록 방법

사원등록을 하기 위해서는 먼저 각 사원의 사원코드를 부여해야 하는데 이를 사번이라고 한다. 사원등록을 하기 위해서는 사번과 사원의 성명을 등록한 후 [기본사항]과 [부양가족명세] 등을 각각 입력해야 한다.

(1) 사번

숫자나 문자를 이용하여 10자 이내의 사원코드를 부여한다. 단, 한글은 5자 이내이며, 숫자와 문자를 혼합하여 사원코드로 사용할 수 있다.

(2) 성명

사원의 이름은 20자 이내로 입력한다.

(3) 주민(외국인)번호

[1.주민등록번호] 또는 [2.외국인등록번호], [3.여권번호] 중 하나를 선택한다. 일반적인 경우 시험문제에서는 내국인의 주민등록번호를 제시하고 있다.

1 기본사항

(1) 입사년월일

해당 사원의 입사일자를 입력한다.

(2) 내/외국인

내국인이면 [1]을, 외국인이면 [2]를 입력한다. 문제에서 별도의 언급이 없다면 내국인이므로 [1]을 입력하면 된다.

(3) 외국인국적

사원이 외국인인 경우 국적을 입력한다.

(4) 주민구분

주민등록번호, 외국인등록번호, 여권번호 중 하나를 선택한다. 대부분의 시험문제는 주민등록번호를 제시하므로 [1. 주민등록번호]를 클릭하고 주민등록번호를 입력한다.

(5) 거주구분, 거주지국코드

거주자인 경우에는 1.거주자 로 선택하고, 비거주자는 2.비거주자 로 선택한다. 거주자란 "국내에 주소가 있거나, 183일 이상 거소가 있는 자" 등이다. 거주자에 해당하는 경우에는 거주지국코드가 [한국]으로 선택된다. 만약 비거주자라면 를 눌러 거주지국코드를 선택하면 된다.

(6) 국외근로제공

국외근로소득이 있는 경우 일반적인 경우에는 [1.(일반) 100만원 비과세]로 입력한다. 국외근로소득이 원양어업선박, 국외 등을 항행하는 선박에서 발생하는 경우에는 [2.(원양,외항) 500만원 비과세]로 입력하고, 국외 등의 건설현장 근로자에게 지급되는 국외근로소득은 [3.(건설) 300만원 비과세]를 입력한다. 만약 국외근로소득이 없으면 [0.부]를 입력한다.

> **참고**
>
> 급여자료 입력시 비과세되는 국외근로소득을 입력하기 위해서는 먼저 사원등록 메뉴에서 국외근로제공 란에 해당 국외근로소득 코드를 입력한 후 급여자료입력 메뉴 상단에서 수당등록을 하여야 한다.

(7) 단일세율 적용

12월 31일 현재 국적이 외국인인 근로자인 경우 19% 단일세율을 적용하여 근로소득에 대한 소득세를 정산하고 분리과세 할 것인지 묻는 메뉴이다. 내국인 근로자는 체크할 필요가 없다.

(8) 생산직 여부

사무직이면 [0]을, 생산직이면 [1]을 입력한다.

소득세법상 연장근로수당 및 야간근로수당의 비과세적용 해당 사원은 반드시 [생산직여부]에서 [1.여]를 선택한다. 그리고 [야간근로비과세]에 [1.여]를 입력해야 한다. 만약 생산직이라고 하더라도 야간근로 등에 대해 비과세 적용을 받지 못하는 사원은 [생산직여부]에만 [1.여]로 체크하고 [야간근로비과세]는 [0.부]로 하여야 한다.

> **참고**
>
> 급여자료 입력시 생산직근로자의 연장근로수당 및 야간근로수당 비과세 항목을 입력하기 위해서는 가장 먼저 사원등록 메뉴에서 생산직 사원으로 체크한 후, [야간근로비과세]에 [1.여]로 체크해야 한다. 그러고 나서 급여자료입력 메뉴 상단에서 수당등록을 하여야 한다.

(9) 주소

주소 입력을 할 때에는 를 눌러서 도로명주소와 지번주소, 또는 건물명 주소의 우편번호 중 하나를 선택하여 도로명 또는 동이름 등을 입력하여 주소를 조회입력한다. 우편번호를 선택하여 기본적인 주소 입력이 되면 주소입력칸 하단에 상세 주소를 입력하면 된다.

📝 국민연금(기준소득월액), 건강보험료(표준보수월액), 고용보험보수월액, 산재보험

시험문제에서 사원등록을 하라고 하면서 국민연금, 건강보험, 고용보험 기준이 되는 금액을 제시하는 경우에는 사원등록 메뉴의 [기본사항]에 11번, 12번, 13번 칸에 각각 해당 금액을 입력하면 된다. 산재보험 적용 여부에 대한 언급이 나오면 14.산재보험적용 칸에 적용여부를 체크한다.

📝 퇴사년월일

사원이 퇴사한 경우 해당 연월일을 입력한다. 따라서 현재 회사에 근무하고 있는 사원의 경우 퇴사일은 입력되어 있지 않은 것이 정상이며, 시험문제에서 퇴사자에 대한 급여자료를 입력하라는 문항이 나오면 사원등록을 먼저 확인하여 퇴사일이 입력되어 있는지 확인하고 미입력시 추가로 입력하여야 한다.

2 부양가족명세

부양가족명세를 입력하는 화면은 다음과 같다. 본 메뉴는 근로자의 기본공제 대상자를 입력하고 이들에 대한 추가공제 여부를 입력하는 메뉴이다. 또한 기본공제 대상은 아니라고 하더라도 교육비(연령요건으로 인해 기본공제 배제된 자), 의료비(연령과 소득금액 요건으로 인해 기본공제 배제된 자) 등을 공제받을 수 있는 사람에 대한 인적사항도 여기에 입력해야 한다. (참고 : 근로자 본인의 이름을 남정선으로 등록한 화면이다. 그 외의 사항은 입력하지 않은 상태이므로 참고하도록 한다.)

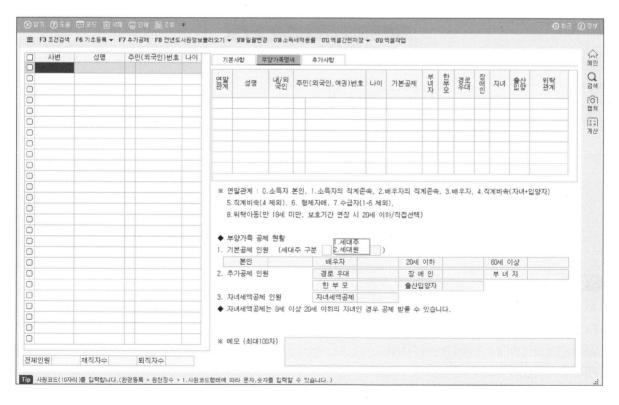

참고 추가공제 요건

추가공제 요건
- **경로우대** : 기본공제 대상자의 연령이 70세 이상인 경우 경로 우대 공제
- **장애인** : 기본공제 대상자가 장애인인 경우 장애인 공제
- **부녀자공제** : 근로자 본인이 '배우자가 있는 여성'이거나, '배우자 없는 세대주인 여성으로서 기본공제 대상인 부양가족이 있는 경우'(단, 본인의 종합소득금액이 3,000만원 이하인 자만 적용 가능하며 한부모공제와 중복적용 가능한 경우 부녀자공제를 적용 배제하고 한부모공제를 적용함)
- **한부모공제** : 근로자 본인이 한부모로서 기본공제 대상자인 직계비속, 입양자가 있는 자의 경우 한부모공제 대상임(단, 부녀자공제와 중복시 한부모공제만 적용함)

부양가족명세를 입력하는 문제는 시험문제에 자주 출제되는 것이므로 반드시 정확하게 숙지하여야 한다.

- **연말관계**:근로자 본인과 어떤 관계인지 입력하는 것으로서 아래 코드 중 하나를 선택한다. 직계존속이란 부모님, 조부모님 등을 말하고 직계비속이란 자녀, 손자녀 등을 말한다. 직계비속 중 자녀와 입양자에 대해서는 4번 코드로 입력하고 손자녀 등에 대해서는 5번 코드로 입력한다. 직계존속을 입력할 때에는 근로자 본인의 직계존속은 1번 코드로 입력하고, 배우자의 직계존속은 2번 코드로 입력한다.

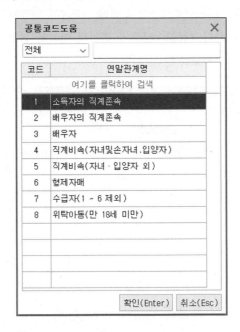

참고

자녀세액공제는 근로자의 기본공제 대상자인 자녀로서 법정 요건을 충족한 경우 1인당 일정금액을 공제해 주는 제도이다. 자녀세액공제 대상이 되는 경우 가장 먼저 [연말관계]란에 [4.직계비속·입양자]로 체크한 후 부양가족명세의 [자녀]란에 [1.여]로 입력하여야 한다. 이렇게 자녀세액공제 대상을 입력한 경우 이는 연말정산추가자료입력 메뉴의 [연말정산내역조회]란의 (56)번 자녀(세액공제)란에 해당 세액공제 금액이 반영된다.

- **성명** : 성명을 입력한다.

- **내/외국인** : 내국인이면 [1], 외국인이면 [2]를 입력한다. 별도의 입력 없이 [enter.]를 치면 내국인으로 자동 입력된다.

- **주민(외국인)번호** : 주민등록번호, 외국인등록번호, 여권번호 중 하나를 클릭한다. 일반적인 문제는 주민등록번호를 주므로 숫자로 1을 입력해도 되고 아래 화면의 1.주민등록번호를 클릭해도 된다. 주민등록번호란 앞에 숫자 "1"을 입력하지 않으면 나이가 자동으로 조회되지 않으므로 반드시 숫자 "1"을 입력하여야 한다. 주민등록번호는 가운데 하이픈"-"을 입력하지 않고 숫자만 입력하면 된다. 주민등록번호에 오류가 있을 경우 글자가 붉은색으로 표시된다는 점에 주의한다.

1	1:주민등록번호
	2:외국인등록번호
	3: 여권번호

- **나이** : 주민등록번호를 정확하게 입력하면 과세기간 종료일 현재의 나이를 프로그램에서 자동으로 계산하여 입력하여 준다.

- **기본공제** : 기본공제 대상자의 관계를 클릭한다. 본인, 배우자, 20세 이하, 60세 이상 등으로 클릭하되(장애인의 경우에도 해당 연령이 있으면 20세 이하 또는 60세 이상으로 입력), 20세 초과 60세 미만인 장애인이 기본공제 대상자에 해당될 때에는 [5.장애인]을 체크한다. 예를 들어 19세인 자녀가 장애인인 경우에는 [3.20세 이하]로 체크한 후 추가공제의 [장애인]을 [1.여]로 체크하고, 37세인 소득없는 동생이 장애인이어서 기본공제 대상이 되는 경우 기본공제를 [5.장애인]으로 체크한다.

참고

기본공제 대상이 아닌데 교육비 또는 의료비 세액공제를 입력해야 하는 경우([0.부]로 체크)
예를 들어 연령요건이 충족되지 않아 기본공제를 받지 못하는 자녀에 대한 교육비세액공제가 가능한 경우 등에는 기본공제 코드를 [부]로 체크하되 주민등록번호와 성명 등 인적사항은 입력해야 교육비, 의료비 등 입력이 가능하다.

- **부녀자** : 근로자 본인이 배우자가 있는 여성이거나, 연말현재 세대주로서 기본공제 대상인 부양가족이 있는 여성이면 배우자가 없더라도 부녀자공제를 받을 수 있다. 단, 근로자 본인의 종합소득금액이 3,000만원 이하인 경우에만 부녀자 공제를 적용할 수 있으며 한부모공제와 부녀자공제가 중복되는 경우에는 부녀자공제를 받을 수 없다. 만약 시험문제에서 부녀자공제를 받을 수 있다면 [1.여]를 클릭한다.(주민등록번호가 여성으로 입력되지 않는 경우 부녀자 란에 체크되지 않음)

- **한부모** : 근로자 본인이 배우자가 없는 자로서(여성 및 남성 포함) 기본공제 대상이 되는 직계비속 및 입양자가 있는 경우에는 한부모공제를 적용한다. 한부모공제 대상이 된다면 [1.여]를 클릭한다. 따라서 케이렙 프로그램에서는 부녀자공제와 한부모공제가 중복체크되지 않도록 설정되어 있다. 단, 프로그램 오류로 중복체크가 된 경우가 나타난다면 직접 부녀자공제 체크를 해제하여야 한다.

한부모 공제 및 부녀자공제

• 해당 거주자가 배우자가 없는 사람으로서 기본공제대상자인 직계비속 또는 입양자가 있는 경우에는 한부모공제 대상이 되며 이 경우 연 100만원을 공제한다. 한부모공제는 부녀자공제와 마찬가지로 거주자 본인(근로자 본인)만 받을 수 있다는 점에 주의한다. 단, 해당 거주자가 한부모공제와 부녀자공제 모두에 해당되는 경우에는 한부모공제만 적용한다.

• 부녀자 공제의 경우 종합소득금액이 3,000만원 이하인 경우에만 부녀자공제를 적용받을 수 있다는 점에 주의한다.

• **경로우대** : 12월 31일 현재 만 70세 이상인 자는 경로우대자에 대한 추가공제를 받을 수 있다. 주민등록번호 입력시 "1"을 입력하고 주민등록번호를 입력한 후 나이가 자동으로 나오면 70세 이상인 경우 경로우대 란에 [1.여]로 체크한다. 단, 장애인공제와 경로우대공제는 기본공제 대상에 대해서만 공제해 주는 것이므로 소득금액이 100만원 초과하는 자에 대해서는 경로우대공제를 받지 못한다는 점에 주의한다.

• **장애인** : 기본공제 대상자가 장애인인 경우에는 [1.여]를 클릭한다. 기본공제 관계를 [장애인]으로 체크한 경우 자동으로 장애인으로 입력되어 장애인추가공제를 받을 수 있다. 20세 이하이거나 60세 이상이어서 기본공제를 장애인으로 체크하지 않은 경우에는 장애인 란에서 [1.여]로 체크하면 장애인공제를 받을 수 있다. 문제에서 장애인복지법에 의한 장애인, 국가유공자, 중증환자 등에 해당하는 장애인인지 여부를 언급하면 아래의 1,2,3번 중 문제의 요구사항에 맞는 번호를 클릭하여 입력하여야 한다.

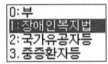

• **자녀** : 기본공제 대상인 자녀가 있는 경우 자녀 1인당 일정금액의 자녀세액공제를 받을 수 있으므로 이 경우 자녀 란에 [1.여]로 체크한다.

• **위탁관계** : [기본공제] 란에서는 배우자, 20세 이하, 60세 이상자 등 기본공제 대상자로서의 요건만 점검한다. 그런데 이들이 근로자 본인과 구체적으로 어떠한 관계인지는 [위탁관계]란에서 입력한다. 예를 들어 근로자 본인의 직계존속 중 부모님에 해당되면 2번,3번 코드를 입력 혹은 클릭하고, 직계존속 중 조부모님에 해당되면 46번 코드를 입력한다. (클릭하거나 숫자 "46"을 입력) 단, 시험에서는 별도의 언급이 없는 한 위탁관계는 입력하지 않아도 무방하다.

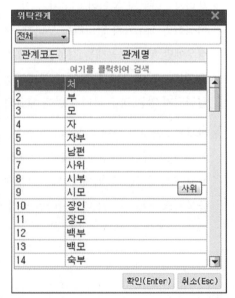

• **세대주 구분** : 근로자 본인이 세대주인지의 여부를 체크한다. 세대주이면 [1]을 입력하고 세대주가 아니면 [2]를 입력한다.

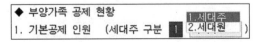

3 추가사항

추가사항 메뉴는 다음과 같다.

기본사항	부양가족명세	추가사항

1.급여이체(은행)		퇴직연금 가입일 ____-__-__
(계좌)		(예금주) 우미영
2.전화번호(일반)	___ - ___ - ___	(휴대폰) ___ - ___ - ___
3.부서		
4.직종		
5.직위		임원여부 0 부
6.현장		
7.호봉		
8.이메일		
9.회계처리(급여)	0802 사용자설정계정과목	(상여금) 0803 상여금
10.학자금상환공제여부	0 부 기간 ____-__ ~ ____-__	원천공제통지액
11.감면여부	0 없음	나이(만) 39 세
감면기간	____-__-__ ~ ____-__-__ 감면율 1 100(삭제) %	감면입력 1 급여입력
병역근무기간	____-__-__ ~ ____-__-__ 0 년 0 월	
12.소득세 적용률	1 100%	
13.두루누리사회보험여부	0 부 기간 ____-__ ~ ____-__	
고용보험 적용률	0 부	국민연금 적용률 0 부
14.종교관련종사자여부	0 부	
15.상시근로자구분	1 상시근로자(근로계약1년이상)	

급여이체은행, 전화번호, 직위, 이메일 등을 입력하는 메뉴이므로 본 메뉴는 시험문제에서 다루지 않았던 부분이다. 세법적인 지식이 필요한 메뉴가 아니기 때문에 추가등록 메뉴에 이러한 내용을 입력할 수 있다는 것만 알아두면 시험에서 관련 내용을 입력하라는 문제가 나오더라도 단순하게 입력만 하면 된다.

> **사원등록을 잘못한 경우 삭제 방법 : 메뉴 상단의 [🗑 삭제] 를 클릭하여 삭제**
>
> 사원등록을 잘못해서 그 사원에 관한 정보를 전부 삭제하고 싶을 경우 어떻게 해야 할까? 삭제하고자 하는 사원의 [사번] 앞 체크박스에 체크한 후 사원등록 메뉴 상단의 [🗑 삭제] 를 클릭하여 삭제하면 된다. 단, 급여자료가 이미 입력되어 있는 경우에는 해당 사원코드는 삭제가 불가능하다. 시험문제에서 사원등록을 하라고 했는데 코드 등을 잘못 입력한 경우에는 삭제 기능을 알고 있어야 편리할 것이다.

> 추가사항의 [12.소득세 적용율]은 간이세액표의 세액 그대로 원천징수할 경우에는 [1. 100%]를 선택하고 간이세액표의 80% 혹은 120%로 원천징수하는 것을 신청한 경우에는 [2. 80%] 혹은 [3. 120%]를 클릭한다.

실기 | 원천징수 실무능력 정복하기 357

[원천징수] 메뉴의 [근로소득관리] 하단 두번째에 [급여자료입력] 메뉴가 있다. 본 메뉴는 일반근로소득자(일용직 근로자가 아닌 근로자, 상용근로자)의 월 급여를 입력하는 메뉴이다.

급여자료를 입력하기 전에 회사의 급여 지급내역 중 식대, 자가운전보조금 등의 비과세 등록을 해야 한다면 메뉴 상단의 **F4 수당공제** 를 클릭하여 해당 사항을 미리 등록하여야 한다.

1 수당등록 및 공제등록

수당 및 공제등록 메뉴는 급여자료입력 메뉴의 **F4 수당공제** 를 클릭하여 입력한다. 메뉴는 아래와 같이 수당등록과 공제등록으로 구성되어 있다.

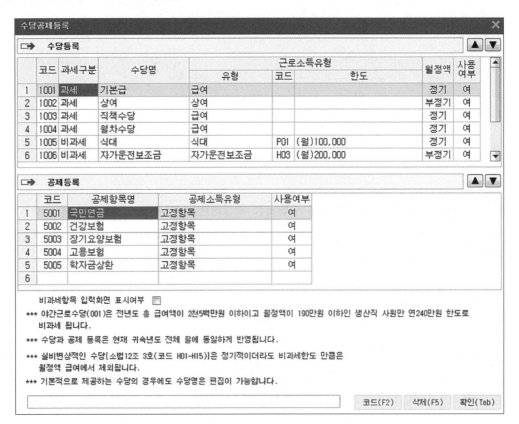

수당등록

| | 코드 | 과세구분 | 수당명 | 근로소득유형 | | | 월정액 | 사용여부 |
				유형	코드	한도		
1	1001	과세	기본급	급여			정기	여
2	1002	과세	상여	상여			부정기	여
3	1003	과세	직책수당	급여			정기	여
4	1004	과세	월차수당	급여			정기	여
5	1005	비과세	식대	식대	P01	(월)100,000	정기	여
6	1006	비과세	자가운전보조금	자가운전보조금	H03	(월)200,000	부정기	여

공제등록

	코드	공제항목명	공제소득유형	사용여부
1	5001	국민연금	고정항목	여
2	5002	건강보험	고정항목	여
3	5003	장기요양보험	고정항목	여
4	5004	고용보험	고정항목	여
5	5005	학자금상환	고정항목	여
6				

비과세항목 입력화면 표시여부 ☐

*** 야간근로수당(001)은 전년도 총 급여액이 2천5백만원 이하이고 월정액이 190만원 이하인 생산직 사원만 연240만원 한도로 비과세 됩니다.

*** 수당과 공제 등록은 현재 귀속년도 전체 월에 동일하게 반영됩니다.

*** 실비변상적인 수당[소법12조 3호(코드 H01~H15)]은 정기적이더라도 비과세한도 만큼은 월정액 급여에서 제외됩니다.

*** 기본적으로 제공하는 수당의 경우에도 수당명은 편집이 가능합니다.

코드(F2)   삭제(F5)   확인(Tab)

1 수당등록

	코드	과세구분	수당명	근로소득유형			월정액	사용여부
				유형	코드	한도		
1	1001	과세	기본급	급여			정기	여
2	1002	과세	상여	상여			부정기	여
3	1003	과세	직책수당	급여			정기	여
4	1004	과세	월차수당	급여			정기	여
5	1005	비과세	식대	식대	P01	(월)100,000	정기	여
6	1006	비과세	자가운전보조금	자가운전보조금	H03	(월)200,000	부정기	여

수당등록 메뉴에 이미 등록되어 있는 기본급, 상여 등과 비과세 항목인 식대, 자가운전보조금 등은 별도로 수정하지 못한다. 만약 시험문제에서 식대나 자가운전보조금 등을 비과세 요건을 충족하는 것으로 제시하면 이미 기 등록되어 있는 수당에 대해 사용여부를 [여]로 클릭하여 사용하면 된다. 그러나 만약 식대나 자가운전보조금에 대해 문제에서 비과세 요건을 충족시키지 못하는 것으로 제시하면 이 경우에는 기 등록되어 있는 비과세 수당을 고치지 않고, 과세 대상인 식대와 자가운전보조금을 새롭게 입력하여 사용여부를 [여]로 클릭한다. 이때 기존에 등록되어 있던 비과세 식대나 비과세 자가운전보조금 코드는 사용여부를 [0.부]로 클릭하여야 한다는 점에 주의하여야 한다.

새로운 수당을 등록하는 방법은 다음과 같다.

- **코드** : 코드는 자동으로 부여되므로 별도로 입력하지 않는다. 시험문제에서도 별도의 언급이 없다면 코드는 채점의 대상이 아니다.

- **과세구분** : 과세급여인지 비과세급여인지 입력한다. 과세구분 란에 커서를 놓으면 1:과세 2:비과세 라는 메뉴가 나타나며 이들 중 해당되는 항목을 클릭하면 된다. 만약 [2.비과세]를 클릭한 후 [수당명]에서 F2 를 누르면 아래와 같이 소득세법상 비과세 급여로 정해진 항목이 나타나는데 이들 중 해당되는 것을 찾아 클릭하면 해당 수당명칭이 자동으로 입력된다.

수당공제등록

No	코드	과세구분	수당명	근로소득유형 유형	코드	한도	월정액	통상임금	사용여부
1	1001	과세	기본급	급여			정기	여	여
2	1002	과세	상여	상여			부정기	부	여
3	1003	과세	직책수당	급여			정기	부	여
4	1004	과세	월차수당	급여			정기	부	여
5	1005	비과세	식대	식대	P01	(월)200,000	정기	부	여
6	1006	비과세	자가운전보조금	자가운전보조금	H03	(월)200,000	부정기	부	여

● 지급항목 계산방법일괄적용(임금명세서 반영), 계산방법 삭제 : F5

적용시작(귀속)월	계산방법

● 사원별 계산방법 등록 / 해당 사원만 입력합니다.(입력 없으면 계산방법일괄적용), 계산방법 삭제 : F5

No	사번	사원명	계산방법

비과세항목 입력화면 색깔표시 ☐　　　급여입력화면에 계산방법 표시 ☐　　　통상시급(원) 자동계산 ☐

*** 야간근로수당(O01)은 전년도 총 급여액이 3천만원 이하이고, 월정액이 210만원 이하인 생산직 사원만 연240만원 한도로 비과세 됩니다.

*** 수당과 공제 등록은 현재 귀속년도 전체 월에 동일하게 반영됩니다.

*** 실비변상적인 수당[소법12조 3호(코드 H01~H15)]은 정기적이더라도 비과세한도 만큼은 월정액 급여에서 제외됩니다.

*** 기본적으로 제공하는 수당의 경우에도 수당명은 편집이 가능합니다.

※ 통상시급자동계산
　　월 중에 통상임금 여부와 자동계산 체크 여부를 변경할 때 통상시급 변경시점은 급여항목 금액을 다시 입력할 때 입니다.
　　(금액 있는 상태에서 여부값 변경시 F6재계산 이용)

　　　　　　코드(F2)　삭제(F5)　확인(Tab)

• **수당명** : 문제에서 주어진 수당명칭을 정확하게 입력한다.

• **근로소득유형** : 해당되는 근로소득이 급여, 상여, 인정상여 등 아래 메뉴에 주어진 코드 중 어디에 해당되는지 선택하여 클릭하면 된다. 비과세 수당을 입력한 후 커서가 [수당명]에 있을 때, 수당 및 공제등록 메뉴 오른쪽 아래의 [코드 F2]를 클릭하면 아래와 같은 화면이 나타난다. 예를 들어 비과세 학자금의 경우에는 코드 G01번을 클릭하면 된다. 해당 코드를 클릭하면 비과세 한도가 있는 것은 한도 란에 금액이 표시된다.

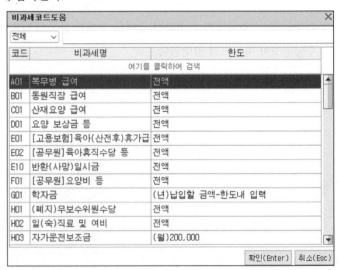

비과세코드도움

전체 ▼

코드	비과세명	한도
	여기를 클릭하여 검색	
A01	복무병 급여	전액
B01	동원직장 급여	전액
C01	산재요양 급여	전액
D01	요양 보상금 등	전액
E01	[고용보험]육아(산전후)휴가급	전액
E02	[공무원]육아휴직수당 등	전액
E10	반환(사망)일시금	전액
F01	[공무원]요양비 등	전액
G01	학자금	(년)납입할 금액-한도내 입력
H01	(폐지)무보수위원수당	전액
H02	일(숙)직료 및 여비	전액
H03	자가운전보조금	(월)200,000

확인(Enter)　취소(Esc)

• **월정액** : 생산직 근로자에 대한 연장근로수당 및 야간근로수당에 대한 비과세 적용시 월정액 급여를 계산할 때에 적용할 월정액 급여에 해당하는지 아니면 부정기적 급여라서 월정액 급여 계산시 포함하지 않는지 체크한다. 문제에서 별도의 언급이 없으면 [enter.]를 치고 넘어간다.

- **사용여부** : [0.부], [1.여] 중 하나를 선택한다. 기등록되어 있는 수당코드를 사용하지 않고자 할 때에는 [0.부]를 선택하고, 사용하고자 할 때에는 [1.여]를 선택하면 된다.

모든 입력사항이 입력되고 나면 화면 하단의 [확인]키를 클릭하여 저장하면 된다.

> **비과세되는 국외근로소득이 있을 경우**
>
> 비과세되는 국외근로소득이 있을 경우에는 사원등록메뉴에서 [7.국외근로제공]란에 해당 국외근로소득이 100만원 비과세, 500만원 비과세 중 어느 것인지를 먼저 체크해야 한다. 그러고 나서 급여자료입력 메뉴의 수당등록에서 국외근로소득에 대한 입력을 별도로 하되, 사원등록 메뉴에서 입력한 비과세 한도와 정확하게 일치하는 국외근로소득을 입력하여야 급여자료입력 메뉴에 국외근로소득 입력 란이 정상적으로 생성되고 비과세 금액 체크도 정확하게 진행된다.

2 공제등록

공제등록 역시 수당등록과 마찬가지로 급여자료 입력 전에 반드시 선행되어야 하는 작업이다. 이는 급여 총액(급여 및 상여, 기타 지급액 총 합계액)에서 차감하고 지급할 금액을 입력하는 란이다. 소득세와 소득분 지방소득세는 자동으로 차감되므로 별도로 입력하지 않는다. 국민연금 등 기 입력되어 있는 공제등록 사항 외에 노동조합비 등 회사에서 급여 지급시에 차감하고 지급하는 것이 있다면 해당 내역을 공제등록 메뉴에 등록한 후 금액을 입력하면 된다.

- **코드** : 코드는 자동으로 부여되므로 별도로 입력하지 않는다.

- **공제항목명** : 문제에서 주어진 공제항목명을 기입한다.

- **공제소득유형** : 공제항목명을 입력하고 enter 를 친 후 F2 를 누르면 다음과 같은 공통코드 도움박스가 나타난다 . 해당사항을 클릭하여 입력한다.

- **사용여부** : 사용할 것인지의 여부를 선택한다.

2 급여자료 입력

급여자료 입력은 일용직 근로자를 제외한 상용 근로자의 월별 급여와 상여를 입력하는 메뉴이다. [급여자료입력]에 입력된 자료는 [원천징수이행상황신고서]와 [소득자별 근로소득원천징수부]에 반영되게 되어 있다.

(주)선진테크(회사코드 1162)의 급여자료입력 메뉴는 다음과 같다.(1월 25일 지급 가정)

급여자료입력 메뉴에 날짜를 입력하였을 때 아래와 같은 화면이 나오면 문제에서 별도의 언급이 없는 한 [아니오]를 클릭하고 문제에서 주어진 자료를 직접 입력하여야 한다.

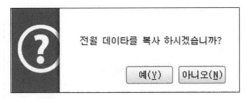

1 귀속년월, 지급년월일 등 입력 : 메뉴 상단

(1) 귀속년월

지급하는 급여가 몇 월분의 급여인지 해당 월을 직접 입력하거나 입력란 옆의 를 클릭하여 해당 월을 선택한다. 실제 급여를 지급한 달이 아니라 근로자가 일한 날이 속하는 달을 적어야 한다는 것에 주의한다. 예를 들어 3월분 급여를 5월에 지급받은 경우, 귀속연월은 실제로 일한 기간인 3월이 되는 것이다.

(2) 지급년월일

지급하는 급여의 지급년월일을 입력한다.

2 급여항목 및 공제항목 입력

급여의 지급연월일까지 입력을 하고 나면 화면 왼쪽에 회사에 근속중인 사원이 나타난다. 급여를 입력하고자 하는 사원의 코드를 클릭한 후 메뉴의 가운데 급여항목을 먼저 입력한다.

단, 국외근로소득이 있는 경우에는 사원등록 메뉴에 국외근로소득의 비과세 한도를 체크한 후 수당등록 메뉴에서도 별도로 비과세 수당으로 해당 국외근로소득을 등록해야 급여자료입력시 국외근로소득을 입력하는 메뉴가 생성된다는 점에 주의한다.

급여항목을 입력하고 나면 공제항목이 자동으로 반영된다. 시험문제에서 전산회계 프로그램의 자료 대신 문제에 있는 금액을 입력하라는 요구사항이 나오는 경우도 있는데 이 경우에는 해당 금액을 각각 직접 입력한다.

> 화면 아래쪽에 표시되는 '지급총액'이나 '과세', '비과세' 등의 숫자는 전체 사원의 인원과 기본급 등의 총합계이므로 문제에서 별 언급이 없다면 이를 참고하기만 하고 문제를 푼 후 검증용으로만 활용하면 된다.

> **중도퇴사자 정산 메뉴**
>
> 예를 들어 2025년 5월 말일자로 퇴사한 직원에 대한 연말정산을 하라는 문제가 나온다면 먼저 사원등록 메뉴의 하단에 퇴사일자를 입력하여야 한다. 그리고 나서 5월의 급여자료를 입력하여야 하는데 기본급, 상여 등 급여자료를 모두 입력한 후에는 화면 상단의 F7 중도퇴사자정산 ▾ 을 클릭한다. 그리고 나서 화면 하단의 [급여반영] 탭을 클릭하면 해당 내역이 반영되어 중도퇴사자의 연말정산 기본 절차가 완료된다. 만약 시험문제에서 중도퇴사자에 대한 연말정산을 하라고 하고 원천징수이행상황신고서를 작성하라는 요구사항을 제시한다면 위와 같이 급여를 입력하고 중도퇴사자 정산을 급여에 반영한 후 연말정산 추가자료입력 메뉴를 열어서 [중도]탭을 클릭하여 해당 사원에 대한 입력사항을 확인한 후 화면 하단의 [급여반영]을 클릭한 후에 원천징수이행상황신고서를 작성하면 된다.
>
> 중도퇴사자 정산을 적용하여 급여를 정상적으로 입력한 경우에는 화면 오른쪽 상단에 중도정산적용함 이라는 표시가 나타난다.

F6 지급일자

급여자료입력 메뉴 상단의 [F6 지급일자]를 클릭하면 아래와 같은 화면이 나타난다. 아래 화면은 급여자료를 전혀 입력하지 않은 상태에서 조회한 것이다. 만약 급여자료가 입력되어 있다면 귀속월, 인원, 총지급액 등이 조회되는데 이미 입력된 급여자료를 전부 삭제하고 싶다면 해당 월을 클릭한 후 화면 아래의 [삭제] 버튼을 누르면 된다. 시험에서는 본 메뉴를 물어보는 일이 없지만, 시험을 보다가 이미 입력한 급여자료를 삭제하여야 하는 불가피한 경우가 생길 수 있으므로 본 메뉴의 기능에 대해서는 알고 있도록 하자.

지급일자 수정, 복사(이동), 삭제

귀속월	인원	총지급액		지급일	지급구분	인원	총지급액	차인지급액	마감여부
2024-01	1	2,900,000		2024-01-31	급여	1	2,900,000	2,595,730	
2024-02	1	2,900,000							
2024-10	2	7,000,000							
					합계		2,900,000	2,595,730	
합계		12,800,000							

☑ 임금대장 포함 (근로기준법 시행령 제27조에 따른 기재 사항 포함)

선택(Tab) 지급일자수정(F3) 복사(F4) 다중복사(F7) 이동(F6) 삭제(F5) 종료(Esc)

3 연말정산추가자료입력

전산세무 2급 시험에서 연말정산추가자료를 입력하라는 문제는 거의 매회 출제되고 있다고 해도 과언이 아니다. 연말정산추가자료 입력 방법에 대해서는 반드시 숙지한 후 여러번 반복 연습을 통해 빠르고 정확하게 입력하는 것을 연습해야 한다.

연말정산추가자료 입력 화면은 다음과 같다.

본 메뉴는 [사원등록]과 [급여자료입력]의 데이터에 의해 작성되며, [연말정산추가자료입력] 결과는 [근로소득원천징수영수증] 및 [원천징수이행상황신고서]에 자동으로 반영된다.

근로소득자가 받을 수 있는 종합소득공제 중 인적공제(기본공제, 추가공제)는 사원등록 메뉴에서 입력하며, 그 외의 항목별공제 및 조세특례제한법에 의한 소득공제는 모두 연말정산추가자료입력 메뉴에 입력하는 것이 원칙이다.

다시 말해 [연말정산추가자료입력]은 [사원등록]이나 [급여자료입력]에서 입력하지 않은 종합소득공제 중 특별소득공제, 기타의 소득공제, 자녀세액공제, 특별세액공제, 감면세액, 종(전)근무지 급여자료 등을 추가로 입력하는 메뉴이다.(단, 부양가족 등록을 사원등록에서 하지 않고, 연말정산추가자료입력 메뉴의 [부양가족소득공제]란에서 직접 할 수도 있다.)

1 연말정산자료 입력 상단 메뉴

[연말정산추가자료입력] 메뉴의 상단에는 위와 같은 메뉴가 있다. 이 중 [전체사원] 기능과 [부양가족탭불러오기] 기능은 시험에서 활용될 여지가 있으므로 해당 기능에 대해 알아두어야 한다.

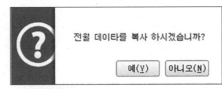

- **F3 전체사원** : [전체사원]탭을 클릭하면 아래와 같이 계속근무자(12월 31일 현재 근속하는 사원)를 모두 불러올 것인지 묻는 화면이 나타난다. 여기에서 전체 사원을 불러오기 위해서는 [예]를 클릭하면 된다.

- **F8 부양가족탭불러오기** : 부양가족소득공제 입력 탭에 기 입력한 자료를 불러오기 위해 사용하는 기능이다. [F8 부양가족탭불러오기] 탭을 클릭하면 아래와 같은 화면이 나타나는데 여기에서 필요한 명세서를 체크한 후 화면 하단의 [불러오기]를 클릭하면 된다.

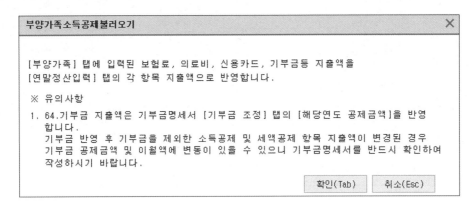

2 연말정산추가자료 입력 방법

1 사번 및 사원명

연말정산추가자료 입력을 하기 위해서는 먼저 연말정산 대상 사원의 사번을 입력해야 한다. 12월 31일 현재 근속하는 전체 사원을 불러오고 싶다면 화면 상단의 [전체사원] 탭을 클릭하면 되지만 전산세무 2급 시험에서는 전체사원이 아닌 어느 한 특정 사원에 대한 연말정산을 하라고 요구하는 문제가 대부분이므로 해당하는 사원의 사번을 입력하거나 조회하여 그 사원의 부양가족명세와 급여대장 등을 불러온 후 작업을 해야 한다.

화면 왼쪽 위에는 [계속], [중도], [총괄]이라는 표시가 있다. 연도중 중도 퇴사한 사원에 대한 연말정산 내역은 [중도]에서 조회되며, 12월 31일 현재 근속자에 대한 연말정산의 경우 [계속] 탭에서 조회된다. 모든 사원의 내역을 한꺼번에 보고 싶으면 [총괄]탭에서 작업하면 된다.

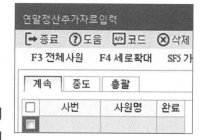

- **사번** : 사번 란을 클릭한 후 F2를 누르면 사원코드 도움박스가 나타나며 이 중 문제에서 요구하는 사원을 더블클릭하면 자동으로 해당 사원의 부양가족명세와 총급여액 등의 자료가 연말정산추가자료입력 화면에 반영되게 된다.

- **완료** : 해당 사원의 연말정산 추가자료 입력이 모두 완료되면 화면 상단의 CF1 작업완료 ▼ 를 눌러서 완료상태로 만든다. 완료상태에서는 추가적인 자료 입력이 불가능하므로 만약 입력한 내용을 수정하고 싶다면 [작업완료] 옆의 세모 표시를 눌러 화면 하단의 [완료취소](CF1 작업완료 ▼ CF3 / CF2 완료취소)를 누르면 된다.(단, 시험문제에서 별도의 언급이 없다면 작업완료를 체크하든 하지 않든 시험점수에는 지장이 없다. 문제에서 작업완료를 하라고 하면 반드시 작업완료를 해야 한다.)

2 소득명세

이번 연도 중 회사에 중도입사한 자가 있거나 근로소득이 2군데 이상의 회사에서 발생하는 이중근로자가 있다면 해당 사원의 종전 근무지의 원천징수영수증 등을 받아서 연말정산추가자료입력 메뉴에 이를 입력하여야 한다. 종전 근무지 원천징수영수증은 [소득명세]메뉴에 입력하며 화면 오른쪽의 [종(전)]탭에 입력하면 된다.

종전 근무지 원천징수영수증을 입력할 때에는 해당 금액을 있는대로 정확하게 입력하기만 하면 된다. 다만, 기납부세액의 소득세 및 지방소득세는 종전 근무지 원천징수영수증상의 [결정세액]이라는 점에만 주의하면 된다.

3 부양가족 소득공제 입력

사원등록 메뉴에 입력한 부양가족명세를 불러오거나 새롭게 입력할 수 있는 메뉴이다. 시험문제에서 사원등록 메뉴에 입력이 안되어 있거나 잘못 입력된 사항이 있다면 여기에서 수정해도 된다.

본인과 기본공제 대상자별로 아래와 같은 입력란이 화면 하단에 각각 생기는데 각 사람별로 보험료, 의료비, 교육비, 신용카드 사용액, 기부금 등 공제 대상 금액을 입력하되, 이를 국세청 자료와 국세청 외의 기타 자료로 구분하여 입력하여야 한다.

자료구분	보험료				의료비					교육비	
	건강	고용	일반보장성	장애인전용	일반	실손	선천성이상아	난임	65세,장애인	일반	장애인특수
국세청											
기타											

자료구분	신용카드등 사용액공제						기부금
	신용카드	직불카드등	현금영수증	전통시장사용분	대중교통이용분	도서공연 등	
국세청							
기타							

	자료구분	보험료				의료비					교육비	
		건강	고용	일반보장성	장애인전용	일반	실손	선천성이상아	난임	65세,장애인	일반	장애인특수
합	국세청											
	기타											
계	자료구분	신용카드등 사용액공제						기부금
		신용카드	직불카드등	현금영수증	전통시장사용분	대중교통이용분	도서공연 등	
	국세청							
	기타							

총급여	의료비 최소금액(총급여의 3%)	신용카드 등 최소금액(총급여의 25%)

아래 화면에는 소득공제 및 세액공제 대상이 되는 지출액을 입력한다는 점에 주의한다.(한도 체크는 프로그램에서 해 주므로 수험생은 소득공제 및 세액공제 가능한 금액을 총액 입력하면 된다.) 예를 들어 본인의 시력교정용 안경 구입비가 연간 70만원 지출되었다면 이 중 50만원까지만 세법상 의료비 세액공제가 가능하므로 50만원만 입력하는 것이다. 실기 문제에서 의료비나 보험료, 신용카드 사용액 등을 제시했을 때 해당 금액이 소득공제 및 세액공제 대상인지의 여부는 소득세법 이론에서 학습한 내용을 기준으로 판단하여야 하므로 원천징수 메뉴 중 연말정산추가자료입력 메뉴는 세법과 가장 밀접한 관련이 있는 메뉴라고 할 수 있다.

• **의료비 구분** : 의료비 지출액 란이 노란색으로 표시가 되며 해당 칸에서 space bar 를 누르거나 숫자를 입력하면 아래와 같은 화면이 나타난다. 여기에 해당 의료증빙코드와 의료비 공제 대상자, 지급금액 등을 문제에서 주어진대로 입력하면 된다.

소득명세	부양가족	신용카드 등	의료비	기부금	연금저축 등I	연금저축 등II	월세액	연말정산입력

2024년 의료비 지급명세서

	의료비 공제대상자				지급처			지급명세					14.산후조리원
성명	내/외	5.주민등록번호	6.본인등해당여부	9.증빙코드	8.상호	7.사업자등록번호	10.건수	11.금액	11-1.실손보험수령액	12.미숙아선천성이상아	13.난임여부	

합계					
일반의료비 (본인)	6세이하,65세이상인 건강보험산정특례자 장애인		일반의료비 (그 외)	난임시술비	
				미숙아.선천성이상아	

○ 의료비는 당해연도 1.1부터 12.31까지 지출한 금액의 합계액을 입력합니다.
○ 11번 지출액에서 11-1 실손의료보험금을 차감한 금액으로 공제세액대상금액을 산정합니다.

- **교육비 구분** : 교육비 란에 금액을 입력한 후 [enter.]를 누른 후 취학전아동이면 "1"을 입력하고, 초·중·고등학생이면 "2", 대학생이면 "3"을 입력한다. 본인의 교육비나 장애인특수교육비의 경우에는 "4"를 입력한다. 이러한 입력 코드는 화면 하단의 팁에 자세히 설명되어 있으므로 문제 풀이시 참고한다.

> ⓒ 1.취학전 아동(연300만원/1인), 2.초중고(연300만원/1인), 3.대학생(연900만원/1인), 4.본인/장애인(전액), 5.공제대상아님

- **신용** : 신용카드 사용액의 경우에는 신용카드 등, 직불카드, 전통시장, 대중교통 사용분을 각각 나누어 입력한다. 신용카드 입력 란을 클릭하면 아래와 같은 세부사항 입력 박스가 나타나는데 여기에 해당되는 금액을 모두 입력한다.

4 연금저축 등 I

[연금저축 등 I] 탭은 아래와 같다. 연금계좌 세액공제 대상인 퇴직연금계좌 및 연금저축계좌 납입 금액, 주택마련저축 납입금액 등에 대해 문제에서 요구사항이 있을 때에 여기에 입력하면 된다. 이들 연금저축 등은 근로자 본인이 납부한 금액 외에는 공제 대상이 되지 않는다는 점에 주의한다. 또한 주택마련저축의 경우 본인이 세대주인 경우에 한해서 본인이 지출한 금액만 공제 대상이 된다는 점에 주의한다.

- **연금계좌세액공제-퇴직연금계좌** : 화면의 [퇴직연금 구분] 란을 클릭하여 [퇴직연금]과 [과학기술인공제회] 중 해당하는 계좌를 클릭한다. 코드 란에서 F2를 눌러 금융기관을 조회한 후 클릭하면 코드와 금융회사 명칭이 자동으로 기입되므로 문제에서 주어진 계좌번호, 불입금액을 입력하면 세법에 따른 공제금액을 케이렙 프로그램이 자동으로 계산해 준다.

- **연금계좌세액공제-연금저축계좌** : [연금저축구분]을 클릭하여 [1.개인연금저축], [2.연금저축] 중 문제의 요구사항에서 제시하는 것을 클릭한다. 퇴직연금 입력과 동일하게 금융기관 코드를 조회하고 해당 계좌번호와 불입금액을 입력하면 된다.

- **주택마련저축공제** : [저축구분]을 클릭하면 아래와 같이 청약저축, 주택청약종합저축, 근로자주택마련저축에 대해 각각 금융회사, 계좌번호, 불입금액을 입력하는 란이 나타난다. 주택마련저축공제는 연말현재 세대주인 근로자가 원칙적으로 공제받는 것이다.

([연금저축 등 Ⅱ] 탭은 시험에 거의 출제되지 않으나 문제에서 해당 사항을 제시하면 [연금저축 등 Ⅰ]과 같은 방법으로 입력하면 된다.)

5 월세액

[월세액] 탭을 누르면 아래와 같은 화면이 나타난다. 본 메뉴에서는 월세에 대한 세액공제와 주택임차 차입금 원리금상환액에 대한 소득공제 대상 금액을 입력한다.

- **월세액 세액공제 명세** : 문제에서 주어진 임대인명, 주민등록번호(또는 사업자등록번호), 주소지, 계약기간, 월세 지출액을 입력하면 세법에 따라 공제되는 금액을 프로그램에서 자동으로 계산해 준다. 해당 금액은 [연말정산입력] 메뉴에 자동으로 반영된다. (단, 근로자 본인이 월세 공제를 받을 수 있는 대상자인지의 여부를 세법적으로 직접 판단할 수 있도록 소득세법 이론을 확인하여 두는 것은 필요하다.)

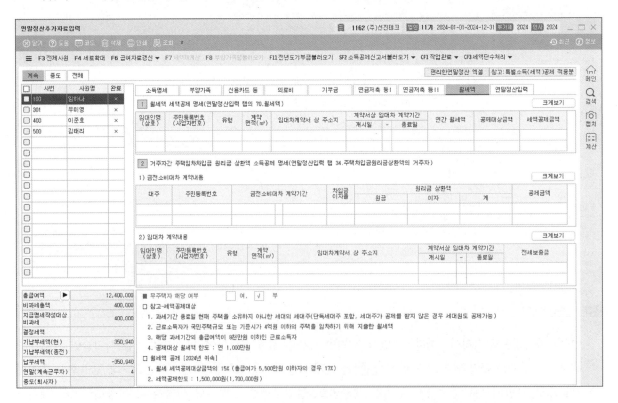

- **거주자간 주택임차차입금 원리금 상환액 소득공제** : 월세 공제와 마찬가지로 임대인명, 주민등록번호 등 문제에서 주어진 사항을 입력하면 된다.

6 연말정산입력

소득명세, 부양가족소득공제, 연금저축 등, 월세 및 주택임차차입금 원리금상환액을 모두 입력하였다면 이를 연말정산입력 탭에서 다시 정리하는 작업을 해야 한다.

부양가족소득명세에서는 기본공제 대상자별로 해당 금액을 국세청 자료와 기타자료로 나누어 입력하는 기능이었다면 연말정산입력 메뉴에서는 기본공제대상자가 지출한 금액을 각각의 항목별로 총 합계하여 이를 반영하는 것이다.

소득명세, 부양가족소득공제, 연금/저축 등을 모두 입력한 후 '연말정산입력'메뉴를 열 때 가장 먼저 메뉴 상단의 [F8 부양가족소득공제탭불러오기]를 클릭하여 부양가족탭의 입력자료를 불러온 후 추가자료를 입력하여야 한다. (단, 시험문제에서 부양가족소득공제 등을 입력하지 않고 연말정산입력 메뉴만 작성하라고 할 경우에는 본 과정은 생략해도 무방하지만 수험생의 입장에서는 전체 메뉴를 모두 입력한 후에 연말정산입력을 하는 것부터 연습하는 것이 더 좋을 것으로 판단된다.)

[연말정산입력] 메뉴 중 시험과 관련하여 중요한 것 위주로 아래에서 살펴보기로 한다.

(1) 31. 국민연금보험료(지역)

지역가입자로 납입한 국민연금보험료를 문제에서 제시하면 입력한다. 근로제공 기간 외의 기간에 지역가입자로서 납부한 국민연금 보험료도 공제 대상이 되므로 이를 입력하는 것이다.

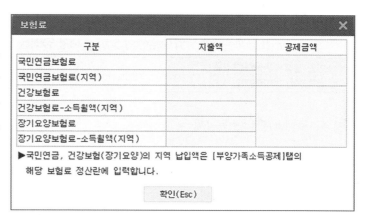

(2) 33. 건강보험료(지역) 및 장기요양보험료(지역)

국민연금과 달리 건강보험료와 장기요양보험료의 경우 근로제공 기간이 아닌 경우에 납입한 금액은 소득공제 대상이 아니다. 따라서 시험문제에서 지역가입자로서 납입한 건강보험료 등을 제시한 경우에는 해당 납입기간이 근로제공 기간과 일치하는지 확인을 반드시 해야 한다.

(3) 34. 주택차입금 원리금 상환액

본인이 세대주인 경우 주택임차차입금 원리금 상환액에 대한 소득공제와 월세액에 대한 세액공제가 가능하다.

• **대출기관** : 금융기관에서 차입한 주택임차차입금원리금상환액을 직접 입력한다.

• **거주자** : '거주자'란 금융기관이 아닌 거주자로부터 직접 차입한 차입금에 대한 원리금상환액을 말한다. 해당 원리금상환액은 [월세,주택임차차입]란에서 입력하면 세법상의 공제 금액이 자동으로 기입된다.

(4) 34. 장기주택저당차입금 이자 상환액

장기주택저당 차입금에 대한 이자상환액에 대한 공제 내역을 입력하는 란이다. 장기주택저당차입금 이자상환액에 대한 소득공제 역시 아주 예외적인 경우를 제외하고는 연말 현재 세대주인 근로자 본인이 지출한 금액에 한해서 공제 가능하다. 문제에서 제시하는 요건대로 해당 금액을 입력하면 된다.

(5) 35. 기부금 – 2013년 이전 이월분

2014년 이후 기부금 관련 공제가 대폭 개정되어 기부금 이월공제를 위한 칸이 별도로 존재한다. 문제에서 2013년 이전의 기부금 이월액을 제시하면 해당 금액을 [35.기부금-2013년 이전 이월분]의 해당 란에 입력하면 된다.

35.기부금-2013년이전이월분	

(6) 38. 개인연금저축 소득공제

조세특례제한법에 의한 소득공제 대상인 연금저축을 입력하는 칸이다. [연금저축 등] 메뉴에 입력한 내역이 자동으로 반영된다.(연금계좌세액공제와 다른 것임)

(7) 39. 소기업·소상공인 공제부금 소득공제

소기업·소상공인 공제부금에 납입한 금액이 있다면 해당 금액을 입력하면 된다.

39.소기업,소상	2015년이전가입	
공인 공제부금	2016년가입	

(8) 40. 주택마련저축소득공제

[연금저축 등] 메뉴에 입력한 내역이 자동으로 반영된다.

(9) 42. 신용카드 등 소득공제

[부양가족소득명세] 하단에 부양가족별 지출액을 입력한 후 [부양가족소득공제탭불러오기]를 클릭한다면 신용카드 사용액 입력 금액이 자동으로 불려오고, 공제 금액도 자동으로 계산된다. 문제에서 [연말정산입력] 탭만 작성하라고 요구하는 경우에는 세부내역을 직접 입력하면 된다.

(10) 특별세액공제(노란색 표시부분을 더블클릭하면 세부 입력 메뉴가 나타남)

　⊙ 61. 보장성보험 세액공제(일반보장성보험, 장애인전용보장성보험)

　　기본공제 대상자를 위해 지출한 일반보장성보험료의 12%와 장애인전용보장성보험료의 15%가 공제된다. 단, 일반보장성보험과 장애인전용보장성보험은 각각 지출액 기준 100만원 한도가 적용되는데 [부양가족소득명세] 하단에 부양가족별 보장성보험료 지출액을 입력한 후 [불러오기] 메뉴 하단의 [보험료, 의료비, 교육비, 신용카드] 등을 클릭한다면 보장성보험료 금액이 자동으로 불려오고, 공제 금액도 자동으로 계산된다. 시험문제 풀이시에는 공제 대상 지출액을 입력하면 지출액 기준 한도를 프로그램에서 자동으로 체크하여 계산해 준다.

61.보장	일반		
성보험	장애인		

ⓒ 62. 의료비 세액공제

- 기본공제 대상자를 위해 지출한 의료비의 15%를 세액공제한다.(미숙아는 20%, 난임시술비는 30%)

- [부양가족소득명세] 하단에 부양가족별 의료비지출액을 입력한 후 메뉴 상단의 [부양가족탭불러오기]를 클릭한다면 의료비 지출액 입력 금액이 자동으로 불러오고, 공제 금액도 자동으로 계산된다.

의료비				✕
구분	지출액	실손의료보험금	공제대상금액	공제금액
미숙아.선천성 이상아 치료비				
난임시술비				
본인				
6세이하,65세,장애인.건강보험산정특례자				
그 밖의 공제대상자				

▶ [부양가족] 탭 의료비 항목에서 입력합니다.
▶ 실손의료보험금은 공제대상자별 지출액에서 각각 차감 적용합니다.
▶ 공제대상금액란은 참고사항입니다.

확인(Esc)

ⓒ 63. 교육비 세액공제

- 기본공제 대상자를 위해 지출한 교육비의 15%를 세액공제한다.

- [부양가족소득명세] 하단에 부양가족별 교육비지출액과 [1.취학전아동], [2.초중고], [3.대학생], [4.본인/장애인] 코드를 입력한 후 [F8 부양가족소득공제탭불러오기] 메뉴를 클릭한다면 교육비 지출액 입력 금액이 자동으로 불러오고, 공제 금액도 자동으로 계산된다.

- [4.본인/장애인]에 있어서 장애인은 장애인에 대해 '장애인특수교육비'를 지출한 경우를 의미한다. 교육비는 직계존속 지출액은 공제되지 않지만 장애인특수교육비의 경우에는 직계존속 지출액도 공제되며, 지출액의 한도도 없다.

- 교육비의 경우 기본공제 대상자를 위해 지출한 의료비가 공제 대상이 되는데, 이 경우 기본공제 대상자를 판단할 때 나이에 관계없이 공제를 적용하며, 법에서 인정하는 해당 지출 금액에 15%를 곱한 금액이 세액공제된다.(프로그램에서 지출액의 한도와 세액공제 금액 등을 자동으로 계산해 주므로 수험생은 공제 대상 지출액을 정확하게 입력하기만 하면 됨)

ⓔ 64. 기부금 세액공제

- 기본공제 대상자(나이 요건 제외)가 지출한 기부금을 법정기부금과 지정기부금 등으로 나누어 세액공제한다.(예를 들어 27세인 소득없는 자녀와 형제자매는 기본공제 대상은 아니지만 기부금 세액공제는 가능하다.)

64.기부금		
1)정치자금 기부금	10만원이하	
	10만원초과	
2)고향사랑 기부금	10만원이하	
	10만원초과	
3)특례기부금(전액)		
4)우리사주조합기부금		
5)일반기부금(종교단체외)		
6)일반기부금(종교단체)		

- 부양가족소득명세 메뉴에 기부금을 입력하였더라도 해당 기부금이 법정기부금인지 지정기부금인지의 여부는 반드시 [연말정산입력] 메뉴 하단의 64.기부금(세액공제)란에서 별도로 입력하여야 한다. 문제의 요구사항대로 입력하되, 정치자금기부금이 있는 경우 10만원 이하의 금액은 먼저 [10만원 이하]란에 입력하고 나머지 금액을 [10만원 초과]란에 입력하면 된다.

실기

기부금

구분	지출액	공제대상금액	공제금액
정치자금(10만원 이하)			
정치자금(10만원 초과)			
고향사랑기부금(10만원 이하)			
고향사랑기부금(10만원 초과)			
특례기부금 2014년이월			
특례기부금 2015년이월			
특례기부금 2016년이월			
특례기부금 2017년이월			
특례기부금 2018년이월			
특례기부금 2019년이월			
특례기부금 2020년이월			
특례기부금 2021년이월			
특례기부금 2022년이월			
특례기부금 2023년이월			
특례기부금 당기			
우리사주조합기부금			
일반기부금(종교외) 2014년이월			
일반기부금(종교외) 2015년이월			
일반기부금(종교외) 2016년이월			
일반기부금(종교외) 2017년이월			
일반기부금(종교외) 2018년이월			
일반기부금(종교외) 2019년이월			
일반기부금(종교외) 2020년이월			
일반기부금(종교외) 2021년이월			
일반기부금(종교외) 2022년이월			
일반기부금(종교외) 2023년이월			
일반기부금(종교외) 당기			
일반기부금(종교) 2014년이월			
일반기부금(종교) 2015년이월			
일반기부금(종교) 2016년이월			
일반기부금(종교) 2017년이월			
일반기부금(종교) 2018년이월			
일반기부금(종교) 2019년이월			
일반기부금(종교) 2020년이월			
일반기부금(종교) 2021년이월			

4 신용카드 소득공제 신청서

신용카드 소득공제 신청서는 신용카드사용액에 대한 소득공제를 받고자 하는 경우 입력하는 것이다. 근로자 본인과 부양가족 각각의 소득공제 대상이 되는 신용카드 사용액 등을 전통시장 사용분, 대중교통 이용분, 직불카드 및 선불카드 사용분, 그 외의 신용카드 사용분과 현금영수증 사용분 등으로 구분하여 입력하는 메뉴이다. 이들 자료를 지출한 공제 대상자별로 국세청 자료와 그 외의 자료로 구분하여 입력하면 된다. 신용카드 사용액은 기본공제 대상자가 지출한 금액을 공제하되, 기본공제 대상자를 판단할 때에 연령은 적용하지 않는다.(단, 기본공제 대상자라고 하더라도 형제자매 신용카드 사용액은 공제 대상이 아님에 주의)

- **사번, 사원명** : 사번에 클릭한 후 F2를 누르면 사원코드 도움박스가 나타나며 여기에서 해당하는 사원을 클릭한 후 [확인]을 누른다.

- **공제대상자 및 공제대상금액 명세** : 사번과 사원명을 입력하면 사원등록 메뉴의 부양가족명세에 입력한 부양가족 자료가 불려온다. 각각의 사람별로 신용카드, 현금영수증 사용액 등을 국세청 자료와 그밖의 자료로 구분하여 해당 란에 입력한다.

기본공제 대상자라고 하더라도 형제자매가 사용한 신용카드 등 사용액은 공제 대상이 아님에 주의한다.

- **신용카드 등 소득공제액의 계산** : 메뉴 상단의 F11 총급여반영 을 누르면 해당 사원의 총급여액이 [17-1] 총급여액 란에 반영되며 공제 금액이 자동으로 계산된다. 단, 연말정산추가자료입력을 먼저 한 후에 신용카드소득공제 신청서를 작성하는 경우에는 총급여액 자료가 불려오지만, [연말정산 추가자료 입력]을 하지 않은 경우에는 총급여액을 불려오지 않는다.

5 의료비지급명세서

의료비 지급명세서 작성방법은 다음과 같다.

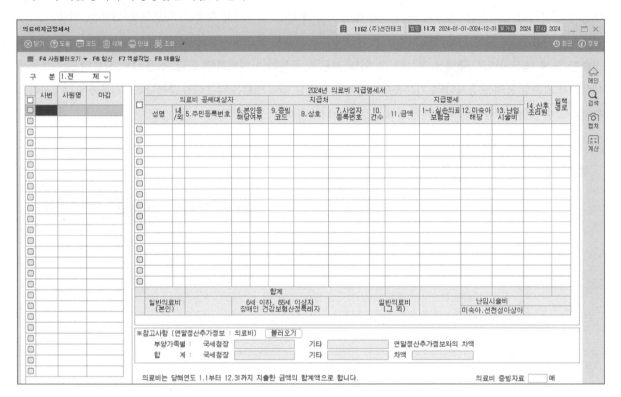

- **사번, 사원명** : 사번에 클릭한 후 [F2]를 누르면 사원코드 도움박스가 나타나며 여기에서 해당하는 사원을 클릭한 후 [확인]을 누른다.

- **의료증빙코드** : 사번과 사원명이 입력되면 왼쪽의 의료증빙코드로 커서가 넘어간다. 의료증빙코드는 아래와 같이 5개의 코드 중 하나를 클릭하면 된다. 시험문제에서 국세청에서 제공받은 자료라고 하면 1번을 클릭하고 국민건강보험공단에서 제공받은 자료라고 하면 2번을 클릭하면 되는 것이다.

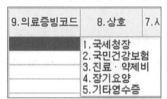

- **상호, 사업자등록번호** : 문제에서 주어진 의료기관의 상호와 사업자등록번호를 입력한다. 단, 의료증빙코드가 국세청장으로 되어 있는 경우에는 상호 및 사업자등록번호 입력 없이 의료비 공제 대상자 란으로 칸이 넘어간다.

- **성명, 내/외, 주민등록번호** : 성명, 내국인 여부, 주민등록번호를 입력한다. 성명 란에 커서를 놓고 [F2]를 누르면 아래와 같은 부양가족 코드 도움박스가 나타난다. 이 중 해당하는 사람을 클릭한 후 [확인] 키를 누르면 된다.

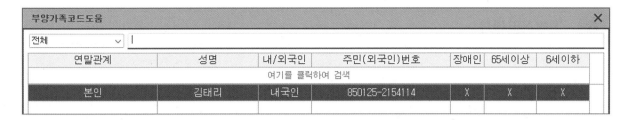

부양가족코드도움							✕
전체 ∨	I						
연말관계	성명	내/외국인	주민(외국인)번호	장애인	65세이상	6세이하	
여기를 클릭하여 검색							
본인	김태리	내국인	850125-2154114	X	X	X	

• **본인 등 해당 여부** : 부양가족코드를 조회하여 입력하였다면, 부양가족명세 란에 입력된 자료를 바탕으로 본인, 경로우대자(65세 이상), 장애인에 대해서는 자동으로 [본인등해당여부]란이 [o]로 표시된다. 이들에 대한 의료비는 전액공제 대상 의료비이므로 체크를 정확히 해야 한다.

• **건수 및 금액** : 문제에서 제시한 의료비 지급 건수 및 지급 총액을 입력한다.

기부금명세서를 클릭하면 아래와 같은 화면이 나타난다.

- **사번, 사원명** : 사번에 클릭한 후 F2를 누르면 사원코드 도움 박스가 나타나며 여기에서 해당하는 사원을 클릭한 후 [확인]을 누른다.

- **기부금 입력** : 주민등록번호 란에 커서를 놓고 F2를 누르면 사원코드 도움박스가 나타나며 여기에서 해당되는 사람을 클릭한 후 [확인]을 누른다. 주민등록번호, 관계코드, 내/외국인 여부, 성명이 모두 자동으로 입력된다.

- **구분(유형, 코드)** : 기부금 유형을 입력하는 란이다. [7.유형] 란에 커서를 놓고 F2를 누르면 기부금 유형 코드가 나타난다. 이 중 해당되는 기부금을 클릭하고 [확인]을 누르면 기부금 유형과 코드가 자동으로 입력된다.

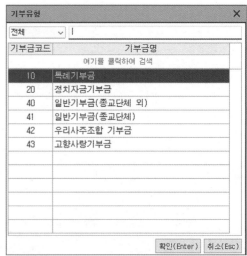

- **기부내용** : 아래와 같은 화면이 나타나면 금전기부, 현물기부 등을 선택한다.

구분		8.기부내용		노조회비여부
유형	7.코드			
특례	10		1.금전 2.현물	부

- **기부처, 사업자등록번호** : 기부를 받은 곳의 상호(법인명)과 사업자번호 또는 고유등록번호 등을 직접 입력한다.

- **기부내역** : 기부 건수와 금액 등을 입력한다.

1 기부금 조정

기부금 이월공제에 대한 내역을 입력해야 할 경우에는 [기부금조정] 탭에서 입력한다. 전년도에 기부금 이월액이 있었다면 화면 상단의 CF12 전년도 불러오기 를 클릭하여 전년도에 이월된 금액을 불러오면 된다. 당해연도 기부금 지출액 중 공제받지 못한 금액이 있는 경우에는 이를 이월금액 란에 반영하여 다음연도에 공제받을 수 있게 처리하는 메뉴이다.

기부금 입력	기부금 조정

4.기부금 조정 명세   공제금액계산

구분		기부연도	17.기부금액	18.전년도까지 공제된금액	19.공제대상 금액(17-18)	해당연도 공제금액	해당연도에 공제받지 못한	
유형	코드						소멸금액	이월금액

7 원천징수이행상황신고서

원천징수이행상황신고서는 원천징수의무자가 근로소득을 지급하면서 근로소득세를 원천징수한 날의 다음달 10일(반기별 납부자는 반기 마지막 달의 다음달 10일, 상시고용인원이 20인 이하인 경우)까지 관할세무서에 제출하는 서류이다. 비과세, 조정환급 또는 소액부징수 등으로 인하여 납부할 세액이 없는 때에도 신고서는 반드시 제출하여야 한다. 전산세무 2급 시험에서는 급여자료입력 문제를 낼 때에 원천징수이행상황신고서까지 작성하도록 하는 문제가 자주 출제되므로 해당 메뉴의 입력시 주의사항은 반드시 숙지하여야 한다.

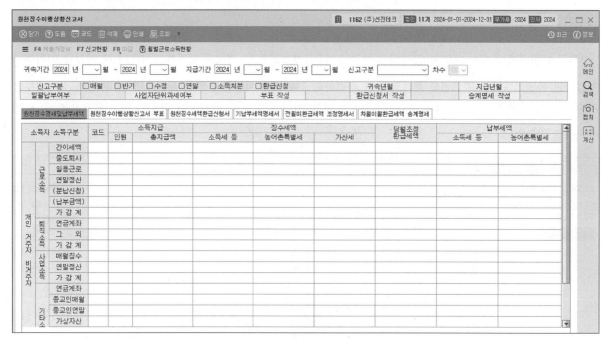

위 화면에서 귀속기간과 지급기간을 입력한 후 신고구분을 [1.정기신고], [2.수정신고], [3.기한후신고] 중 하나를 선택한다. 문제에서 별도의 언급이 없으면 [1.정기신고]를 선택하는 것이다.

원천징수이행상황신고서는 [급여자료입력], [퇴직소득자료입력], [사업소득자료입력], [기타의 소득자료입력] 메뉴 각각에 따른 입력자료를 반영하여 자동으로 작성된다. 전산세무 2급에서는 퇴직소득과 사업소득은 나오지 않고 급여자료입력 문제만 나오므로 급여자료 입력과 원천징수이행상황신고서 작성을 함께 하라는 문제가 자주 출제되고 있다.

만약 전월미환급세액이 있는 경우 하단의 [12.전월미환급세액] 란에 미환급세액을 입력하여 원천징수이행상황 신고서에 반영한다.

따라서 원천징수이행상황신고서 작성시에는 소득의 귀속기간과 지급기간을 정확하게 입력하는 연습을 하되, 문제에서 전월미환급세액을 주면 전월미환급세액 중 지방소득세를 제외한 소득세만 [12.전월미환급세액] 란에 입력하면 된다.

전월 미환급 세액의 계산			당월 발생 환급세액				18.조정대상환급(14+15+16+17)	19.당월조정환급세액계	20.차월이월환급세액	21.환급신청액
12.전월미환급	13.기환급	14.차감(12-13)	15.일반환급	16.신탁재산	금융회사 등	합병 등				

1. 다음은 (주)현중기업(회사코드 5002)의 2025년 귀속 원천징수자료이다. 다음의 물음에 답하시오.

[1] 다음 아래의 사항을 반영하여 생산직 사원 윤한평(100번 코드)의 사원등록사항을 입력하시오. 윤한평의 입사일은
2025년 2월 1일이며 부양가족은 현재 생계를 같이하고 있다. 가능한 공제를 모두 적용받는다고 가정하고 아래 항목에
대한 입력을 하시오.(전제 : 기본공제 대상자가 아닌 경우 입력하지 않기로 하며 공제 대상자 입력시에는 [위탁관계]도
입력하기로 한다.)

관계	성명	주민등록번호	참고사항
본인	윤한평	690301 - 1589632	• 내국인, 거주자, 상시근로자(근로계약 1년 이상) • 국외근로소득 있음(해외건설·원양어선 등의 근로자·외국법인 파견근로자 아님) • 주소 : (07618) 서울 강서구 방화대로 47(공항동) • 윤한평은 연말 현재 세대주임 • 국민연금 기준소득월액, 건강보험료 보수월액(보수월액 기준 적용), 고용보험 보수월액 : 각각 5,000,000원으로 가정 • 장기요양보험료와 산재보험 적용함 • 윤한평은 연장근로 및 야간근로 비과세 대상 아님 • 윤한평은 매달 간이세액표의 120%로 원천징수하기를 원하여 법정 절차에 맞게 이를 신청하였다.
배우자	정영자	610511 - 2584657	• 사업소득금액 130만원
장남	윤재량	960312 - 1896527	• 소득없음
차녀	윤명량	050705 - 4032227	• 대학생, 소득없음
차남	윤삼량	120303 - 3513492	• 초등학생, 소득없음
모친	한길여	460701 - 2896326	• 소득없음
동생	윤두평	731003 - 1579850	• 기타소득금액 600만원, 장애인복지법상 장애인

[2] 다음은 윤한평 사원의 2025년도 근로소득에 대한 내역이다.
① 아래의 자료를 참조하여 2025년 5월 근로소득세 원천징수의 급여자료 입력을 완성하라.

- 급여, 상여의 지급일 : 매월 말일
- 급여, 상여의 지급내역 : 기본급 5,000,000원, 식대(비과세) 200,000원
  자가운전보조금(과세) : 200,000원
- 위의 수당항목 외에는 수당등록 메뉴에서 사용여부를 [부]로 체크한다.
- 건강보험료와 연금보험료, 소득세 등은 자동으로 계산되는 금액을 반영한다.
- 필요한 경우 수당등록을 한 후 해당 항목을 입력하도록 한다.

② 위 1번의 급여자료를 근거로 원천징수이행상황신고서를 완성하라. 단, 신고일 현재 전월미환급세액이 지방소득세 포함하여 110,000원 있으며, 원천징수의 신고는 매월 하는 것으로 하며, 전월미환급세액을 반영하여 원천징수이행상황신고서 작성을 하여라.

해답

[1] [사원등록]메뉴에 입력

• 사번 : 100

• 성명명 : 윤한평

• 주민구분/주민번호 : [1] 690301 - 1589632

① [기본사항] 탭에 아래 사항을 입력

1. 입사년월일 : 2025년 2월 1일

2. 내/외국인 : [1.내국인]

5. 거주구분 : [1.거주자]

7. 국외근로제공 : [1.(일반) 월 100만원 비과세]

9. 생산직 여부 : [1.여], 야간근로비과세 [0.부]

10. 주소 : [우편번호]의 말풍선()을 눌러 '방화대로'로 조회하여 '서울 강서구 방화대로 235(공항동)'를 찾아 입력

② [부양가족명세]에 아래와 같이 입력

연말관계	성명	내/외국인	주민(외국인,여권)번호	나이	기본공제	부녀자	한부모	경로우대	장애인	자녀	출산입양	위탁관계
0	윤한평	내	1 690301-1589632	56	본인							
1	한길여	내	1 460701-2896326	79	60세이상			○				모
4	윤명량	내	1 050705-4032227	20	20세이하					○		자녀
4	윤삼량	내	1 120303-3513492	13	20세이하					○		자녀

※ 연말관계 : 0.소득자 본인, 1.소득자의 직계존속, 2.배우자의 직계존속, 3.배우자, 4.직계비속(자녀+입양자)
   5.직계비속(4 제외), 6. 형제자매, 7.수급자(1~6 제외),
   8.위탁아동(만 18세 미만, 보호기간 연장 시 20세 이하/직접선택)

◆ 부양가족 공제 현황
1. 기본공제 인원   (세대주 구분 1 세대주   )

본인	○	배우자	무	20세 이하	2	60세 이상	1

2. 추가공제 인원

경로 우대	1	장 애 인		부 녀 자	부
한 부 모	부	출산입양자			

3. 자녀세액공제 인원

자녀세액공제	2

◆ 자녀세액공제는 8세 이상 20세 이하의 자녀인 경우 공제 받을 수 있습니다.

• 정영자와 윤두평은 연간 소득금액 합계가 100만원을 초과하므로 공제 대상에서 제외된다.

③ [추가사항] 탭의 하단 [12.소득세 적용률]을 [3.120%] 로 클릭하고[15.상시근로자 구분]에 [1]로 입력

| 기본사항 | 부양가족명세 | 추가사항 |

1.급여이체(은행) [💬] [   ]   퇴직연금   가입일 [__-__-__]
  (계좌) [   ]   (예금주) [윤한평]
2.전화번호(일반) [ ] - [ ] - [ ]   (휴대폰) [ ] - [ ] - [ ]
3.부서 [ ] [💬] [   ]
4.직종 [ ] [💬] [   ]
5.직위 [ ] [💬] [   ]   임원여부 [ ] 부
6.현장 [ ] [💬] [   ]
7.호봉 [ ] [💬] [   ]
8.이메일 [   ]
9.회계처리(급여) [0504] [💬] [임금]   (상여금) [0505] [💬] [상여금]
10.학자금상환공제여부 [0] 부   기간 [__-__] ~ [__-__]   원천공제통지액 [   ]
11.감면여부 [0] 없음   나이(만) [56] 세
   감면기간 [__-__-__] ~ [__-__-__]   감면율 [ ] % 감면입력 [   ]
   병역근무기간 [__-__-__] ~ [__-__-__]   [0] 년 [0] 월
12.소득세 적용률 [3] 120%
13.두루누리사회보험여부 [0] 부   기간 [__-__] ~ [__-__]
   고용보험 적용률 [0] 부   국민연금 적용률 [0] 부
14.종교관련종사자여부 [0] 부
15.상시근로자구분 [1] 상시근로자(근로계약1년이상)

- 윤재량은 연령이 20세 이상이고 장애인이 아니므로 기본공제 대상에서 제외된다. 윤명량은 연도 중 20세에 해당하는 날이 있으므로 이번 연도까지 기본공제 가능하다.
- 이처럼 시험문제에서 사원등록을 새롭게 하라고 하는 경우에는 기본공제 대상이 아닌 가족은 별도의 언급이 없는 한 입력하지 않는다. 다만, 이들에 대해 의료비나 교육비 공제 등을 (기본공제는 못 받더라도 추가공제 가능한 경우) 받아야 하는 경우에는 이들 부양가족의 인적사항을 입력하되, [기본공제]에 [0.부]로 입력한다. [0.부]로 입력되면 추가공제 사항은 등록되지 않는다.(본 문제에서는 기본공제 대상이 아니면 입력하지 않기로 명확하게 요구사항을 제시하였으므로 정영자, 윤두평, 윤재량은 입력하지 않는다.)

[2] ① 급여자료입력

㉠ 수당공제 등록

급여자료입력 메뉴의 [수당등록] 메뉴를 클릭하여 아래와 같이 입력한다. 식대는 비과세 항목이므로 기 등록되어 있는 1005번 코드를 사용하되 화면 오른쪽의 [사용여부]를 [여]로 체크하고, 문제에서 입력하라고 한 수당항목 외에는 수당등록 메뉴에서 사용여부를 [부]로 체크한다. 윤한평의 자가운전보조금은 과세 급여라고 문제에서 제시했으므로 해당 수당은 아래와 같이 새롭게 등록하여야 한다. 이미 등록되어 있는 자가운전보조금은 비과세 급여 이므로 과세대상 자가운전보조금은 별도로 코드를 등록하는 것이다.

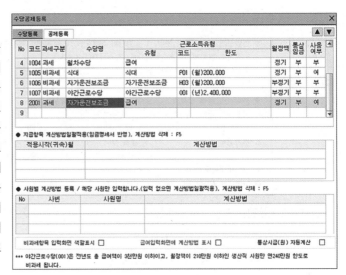

㉡ 귀속년월 : 2025년 5월, 지급년월일 : 2025년 5월 31일(말일 지급이므로)로 입력

ⓒ 급여자료 입력

기본급 5,000,000원, 식대 200,000원, 자가운전보조금 200,000원을 입력한다. 건강보험료, 국민연금(연금보험료)등은 프로그램에서 자동으로 반영되는 숫자를 그대로 반영한다.

모든 입력이 완료되면 국민연금 등의 각종 공제항목이 자동으로 반영되는 것을 확인할 수 있다. 화면 상단의 [→] 를 눌러 입력을 완료한다.

② 원천징수이행상황신고서

원천징수 메뉴의 [근로소득관리]메뉴 하단에 [원천징수이행상황신고서]를 클릭한 후 귀속기간 2025년 5월부터 5월, 지급기간 2025년 5월부터 5월로 입력한다. 신고 구분은 별도의 언급이 없으므로 [1.정기신고]를 클릭한다. 급여자료 입력한 내용이 자동으로 불러온 후 해당 메뉴 하단의 [전월 환급세액의 계산] 메뉴 중 [12.전월미환급] 란에 100,000원을 입력한 후 상단메뉴 중 [→ 종료]를 누르고 저장한뒤 종료한다.(지방소득세는 원천징수이행상황신고서에 반영하지 않으므로 지방소득세 10,000원을 차감한 소득세 금액 100,000원을 [12.전월미환급] 란에 입력한다.)

2. 다음은 (주)육룡기업(회사코드 5007)의 2025년 귀속 원천징수자료이다. 다음의 물음에 답하시오.

[1] 다음은 김훤(사번 : 300, 세대주) 사원(생산직)에 대한 자료이다. 사원등록을 수정하고 연말정산추가자료입력 메뉴의 ① 부양가족소득공제입력, ② 연금저축 등, ③ 연말정산입력을 각각 완성하시오.

(1) 김훤의 주소 : 서울특별시 강남구 강남대로 478(논현동, 제우빌딩)

(2) 김훤의 가족(2025년 12월 31일 현재 생계를 같이하고 있음)

성명	주민등록번호	근로자와의 관계	연령(만)	비고
김 훤	820310 - 1513253	본인	41세	
이미숙	460518 - 2074127	모친	77세	장애인, 소득없음
김우람	181205 - 3066547	장남	5세	소득없음
김민희	810401 - 2451613	형제자매	37세	장애인, 소득없음

※ 김훤은 2025년 연도 중에 배우자와 법률적으로 이혼하였으며 자녀는 김훤이 부양하고 있다.

※ 김훤의 월정액 급여는 280만원이다. 국민연금보수월액, 건강보험보수월액, 고용보험보수월액은 모두 280만원이라고 가정한다.

※ 주소 입력시 우편번호를 조회하여 입력할 것.

※ 부양가족명세 입력시 위탁관계는 생략하여도 무방함.

※ 이미숙과 김민희는 모두 장애인복지법상 장애인이다.

(3) 연말정산 관련 추가내용

이름	항목	금액	내용
김훤	보험료	880,000원	자동차보험료
	의료비	8,000,000원	척추 수술, 치료목적임(지급처 입력 생략)
	신용카드 사용	6,600,000원	전통시장 사용액 500,000원 포함
	직불카드 사용	3,050,000원	전통시장 사용액 1,200,000원 포함
	연금저축	10,000,000원	㈜우리은행에 납입(1002 - 601 - 654251)
	정치자금기부금	500,000원	금전 지급, 기부처 입력 생략, 건수 1건
김우람	의료비	270,000원	폐렴 치료비(건수 : 1건)
김민희	교육비	1,500,000원	야간대학교 등록금
	기부금	100,000원	교회 건축헌금, 금전 지급, 건수 1건, 기부처 생략
	신용카드 사용	5,500,000원	교육비 지출액(야간대학교 등록금) 1,500,000원을 포함한 금액이며 교육비 외의 금액은 전액 생활비 사용액이다.
이미숙	의료비	1,405,600원	전액 정형외과 수술비용임, 해외의료비(건수 : 1건)

※ 이미숙의 의료비를 제외한 모든 금액은 국내에서 지출한 것이며, 카드사용 이외의 금액은 모두 현금으로 사용한 것이며, 종교단체 기부금을 제외한 나머지는 모두 국세청 자료이다. 의료비 중 실손의료비를 지급받은 건은 없다고 가정한다.

(4) 연말정산추가자료입력은 '부양가족소득공제입력'탭과 '연금저축등'탭에 자료를 입력하여 '연말정산입력'탭에서 불러오기한다.(단, 기부금은 다시 직접 입력하도록 한다)

(문제의 요구사항 외에는 고려하지 않는다.)

* 의료비 등 입력시 문제에서 제시하지 않은 사항은 입력을 생략하기로 한다. 단, 의료증빙 코드는 [국세청장]으로 한다.
* 기부금은 금전으로 납부한 사실이 확인되었다. 기부금의 기부처 및 건수 등은 생략하기로 한다.
* 문제풀이 완료시 기부금명세서와 연말정산입력 메뉴의 기부금 금액의 차이는 고려하지 않기로 한다.

....

【해답】

[1] 1. 사원등록 메뉴 수정

(1) 기본사항 수정
• 10. 생산직여부 : 1.여 로 수정(월정액급여가 210만원을 초과하므로 김훤은 야간근로수당 비과세 대상이 아니므로 [야간근로비과세]는 [0.부]로 해야 함
• 11. 주소 : 주소 조회창(도로명 주소)을 검색하여 해당 주소 입력
입력 후 화면은 다음과 같다.

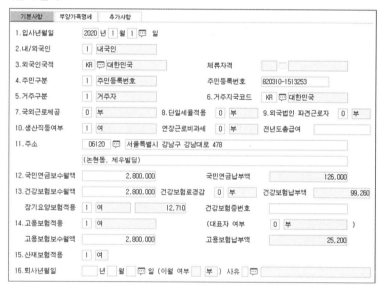

(2) 부양가족명세 수정

사원등록의 부양가족명세 탭에 다음의 사항을 고려하여 입력한다.
• 김훤은 배우자가 없는 한부모로서 기본공제 대상인 직계비속이 있으므로 한부모공제 대상이 된다.
• 김민희는 형제자매로서 20세를 초과하지만 장애인은 연령과 관계없이 공제 대상이 되므로 [기본공제]를 [장애인]으로 체크한다.
• 이미숙의 경우 60세 이상인 자이므로 일단 [기본공제]를 [60세이상]으로 체크하되 반드시 추가공제 중 [장애인]에 [1.여]로 체크한다. 단, 시험문제에서 별도의 언급이 없다면 이미숙의 [기본공제]는 [장애인]으로 입력해도 무방하다.
• 김우람은 기본공제 대상인 자녀로서 8세 이상인 자가 아니므로 자녀세액공제를 받을 수 없다.

기본사항	부양가족명세	추가사항

연말관계	성명	내/외국인		주민(외국인)번호	나이	기본공제	부녀자	한부모	경로우대	장애인	자녀	출산입양	위탁관계
0	김훤	내	1	820310-1513253	41	본인			○				
1	이미숙	내	1	460518-2074127	77	60세이상			○	1			
4	김우람	내	1	181205-3066547	5	20세이하							
6	김민희	내	1	810401-2451613	42	장애인				1			

※ 연말관계 : 0.소득자 본인, 1.소득자의 직계존속, 2.배우자의 직계존속, 3.배우자, 4.직계비속(자녀+입양자)

　　　5.직계비속(4 제외), 6. 형제자매, 7.수급자(1-6 제외),

　　　8.위탁아동(만 18세 미만, 보호기간 연장 시 20세 이하/직접선택)

◆ 부양가족 공제 현황

1. 기본공제 인원 　(세대주 구분 [1] 세대주　　　)

본인	○	배우자	무	20세 이하	1	60세 이상	1

2. 추가공제 인원

경로 우대	1	장 애 인	2	부 녀 자	부
한 부 모	여	출산입양자			

3. 자녀세액공제 인원　　| 자녀세액공제 |

◆ 자녀세액공제는 8세 이상 20세 이하의 자녀인 경우 공제 받을 수 있습니다.

2. 연말정산추가자료입력

연말정산추가자료입력 메뉴를 열어 [F2코드]를 조회하여 사번 300번 김훤 사원의 자료를 불러온다. 12월 31일 현재 근속자이므로 [계속] 탭에서 조회하면 된다.

(1) 부양가족소득공제 메뉴에 다음과 같이 입력

・김훤

신용카드 및 직불카드 사용액 중 전통시장 사용액은 별도 칸에 입력하고 신용카드 사용액과 직불카드 사용액은 나머지 금액을 따로 입력한다. 본인의 정치자금기부금은 전액 기부금 란에 입력한다.(연말정산입력 탭에서 정치자금 세액공제와 기부금특별세액공제로 각각 나누어 입력하고 부양가족소득공제 메뉴에서는 한꺼번에 입력함)

보험료 등 공제대상금액	
자료구분	국세청간소화
국민연금_직장	
국민연금_지역	
합 계	
건강보험료-보수월액	
장기요양보험료-보수월액	
건강보험료-소득월액(납부)	
기요양보험료-소득월액(납누	
합 계	
고용보험료	
보장성보험-일반	880,000
보장성보험-장애인	
합 계	880,000

소득명세	부양가족	신용카드 등	의료비	기부금	연금저축 등Ⅰ	연금저축 등Ⅱ	월세액	연말정산입력	

														14.산후조리원
	의료비 공제대상자				지급처			지급명세						
	성명	내/외	5.주민등록번호	6.본인등해당여부	9.증빙코드	8.상호	7.사업자등록번호	10.건수	11.금액	11-1.실손보험수령액	12.미숙아선천성이상아	13.납입여부		
□	김훤	내	820310-1513253	1	0	1			1	8,000,000	X	X	X	

2025년 의료비 지급명세서

	소득명세	부양가족	신용카드 등	의료비	기부금	연금저축 등 I	연금저축 등 II	월세액	연말정산입력	

	성명 생년월일	자료 구분	신용카드	직불,선불	현금영수증	도서등 신용	도서등 직불	도서등 현금	전통시장	대중교통	소비증가분 2024년	소비증가분 2025년
☐	김훤	국세청	6,100,000	1,850,000					1,700,000			9,650,000
	1982-03-10	기타										
☐	이미숙	국세청										
	1946-05-18	기타										
☐	김우람	국세청										
	2018-12-05	기타										
☐	김민희	국세청										
	1981-04-01	기타										

소득명세	부양가족	신용카드 등	의료비	기부금	연금저축 등 I	연금저축 등 II	월세액	연말정산입력

기부금 입력	기부금 조정

12.기부자 인적 사항(F2)

주민등록번호	관계코드	내·외국인	성명
820310-1513253	거주자(본인)	내국인	김훤
810401-2451613	형제자매	내국인	김민희

구분		9.기부내용	노조 회비 여부	기부처			기부명세			자료 구분
7.유형	8. 코드			10.상호 (법인명)	11.사업자 번호 등	건수	13.기부금합계 금액 (14+15)	14.공제대상 기부금액	15.기부장려금 신청 금액	
정치자금	20	금전	부	필수 입력	필수 입력		500,000	500,000		국세청

자료구분	보험료		일반보장성	장애인전용	의료비					65세,장애인	교육비	
	건강	고용			일반	실손	선천성이상아	난임			일반	장애인특수
국세청			880,000		8,000,000 1.전액							
기타	1,345,320	324,000										

자료구분	신용카드등 사용액공제						기부금
	신용카드	직불카드등	현금영수증	전통시장사용분	대중교통이용분	도서공연 등	
국세청	6,100,000	1,850,000		1,700,000			500,000
기타							

	자료 구분	보험료		일반보장성	장애인전용	의료비					65세,장애인	교육비	
합		건강	고용			일반	실손	선천성이상아	난임			일반	장애인특수
	국세청			880,000		8,000,000							
	기타	1,345,320	324,000										
계	자료 구분	신용카드등 사용액공제						기부금					
		신용카드	직불카드등	현금영수증	전통시장사용분	대중교통이용분	도서공연 등						
	국세청	6,100,000	1,850,000		1,700,000			600,000					
	기타												

총급여		36,000,000	의료비 최소금액(총급여의 3%)		1,080,000	신용카드 등 최소금액(총급여의 25%)		9,000,000

• 이미숙

이미숙의 의료비는 해외 의료비로서 해외에서 사용한 의료비는 공제 대상이 되지 않으므로 이미숙의 부양가족 소득공제는 입력할 사항이 없다.

실기

• 김우람의 의료비를 입력하면 [일반]으로 표시된다.

의료비지급명세서

<table>
<tr><td colspan="13" align="center">(2020) 년 의료비 지급명세</td></tr>
<tr><td colspan="3">지급처</td><td colspan="5">의료비 공제대상자</td><td colspan="3">지급명세</td><td rowspan="2">13.산후조리원
해당여부
(7천만원이하)</td></tr>
<tr><td>9.
의료증빙코드</td><td>8.상호</td><td>7.사업자
등록번호</td><td>성명</td><td>내/외</td><td>5.주민등록번호</td><td>6.본인등
해당여부</td><td>10.
건수</td><td>11.금액</td><td>11-1.실손의료
보험금</td><td>12.난임시술비
해당여부</td></tr>
<tr><td>국세청장</td><td></td><td></td><td>김훤</td><td>내</td><td>760109-1075011</td><td>1</td><td>0</td><td>8,000,000</td><td></td><td>X</td><td></td></tr>
<tr><td>국세청장</td><td></td><td></td><td>김우람</td><td>내</td><td>131205-3066541</td><td>2</td><td>0</td><td>270,000</td><td></td><td>X</td><td></td></tr>
<tr><td></td><td></td><td></td><td></td><td></td><td></td><td></td><td></td><td></td><td></td><td></td><td></td></tr>
<tr><td colspan="8" align="center">합계</td><td>8,270,000</td><td></td><td></td><td></td></tr>
<tr><td>일반의료비
(전액공제)</td><td>8,000,000</td><td>일반의료비
(그 외)</td><td></td><td colspan="2">난임시술비</td><td colspan="2"></td><td>장애인·건강보험
산정특례자</td><td>270,000</td><td></td><td></td></tr>
</table>

성명을 입력하세요. F2 코드도움을 하시면 부양가족 명세를 확인하실수 있습니다. [삭제(F5)] [확인(Esc)]

소득명세	부양가족	신용카드 등	의료비	기부금	연금저축 등I	연금저축 등II	월세액	연말정산입력

<table>
<tr><td>연말
관계</td><td>성명</td><td>내/외국인</td><td colspan="2">주민(외국인)번호</td><td>나이</td><td>기본공제</td><td>세대주
구분</td><td>부녀
자</td><td>한부
모</td><td>경로
우대</td><td>장애
인</td><td>자녀</td><td>출산
입양</td></tr>
<tr><td>0</td><td>김훤</td><td>내</td><td>1</td><td>820310-1513253</td><td>43</td><td>본인</td><td>세대주</td><td></td><td></td><td>○</td><td></td><td></td><td></td></tr>
<tr><td>1</td><td>이미숙</td><td>내</td><td>1</td><td>460518-2074127</td><td>79</td><td>60세이상</td><td></td><td></td><td></td><td>○</td><td>1</td><td></td><td></td></tr>
<tr><td>4</td><td>김우람</td><td>내</td><td>1</td><td>181205-3066547</td><td>7</td><td>20세이하</td><td></td><td></td><td></td><td></td><td></td><td></td><td></td></tr>
<tr><td>6</td><td>김민희</td><td>내</td><td>1</td><td>810401-2451613</td><td>44</td><td>장애인</td><td></td><td></td><td></td><td></td><td>1</td><td></td><td></td></tr>
<tr><td colspan="4" align="center">합 계 [명]</td><td></td><td></td><td></td><td>4</td><td></td><td>1</td><td>1</td><td>2</td><td></td><td></td></tr>
</table>

<table>
<tr><td rowspan="2">자료구분</td><td colspan="4">보험료</td><td colspan="6">의료비</td><td colspan="2">교육비</td></tr>
<tr><td>건강</td><td>고용</td><td>일반보장성</td><td>장애인전용</td><td>일반</td><td>실손</td><td>선천성이상아</td><td>난임</td><td>65세,장애인</td><td>일반</td><td>장애인특수</td></tr>
<tr><td>국세청</td><td></td><td></td><td></td><td></td><td>270,000
2.일반</td><td></td><td></td><td></td><td></td><td></td><td></td></tr>
<tr><td>기타</td><td></td><td></td><td></td><td></td><td></td><td></td><td></td><td></td><td></td><td></td><td></td></tr>
</table>

<table>
<tr><td rowspan="2">자료구분</td><td colspan="6">신용카드등 사용액공제</td><td rowspan="2">기부금</td></tr>
<tr><td>신용카드</td><td>직불카드등</td><td>현금영수증</td><td>전통시장사용분</td><td>대중교통이용분</td><td>도서공연 등</td></tr>
<tr><td>국세청</td><td></td><td></td><td></td><td></td><td></td><td></td><td></td></tr>
<tr><td>기타</td><td></td><td></td><td></td><td></td><td></td><td></td><td></td></tr>
</table>

• 김민희

김민희의 야간대학교 등록금은 공제 대상이다. 기본공제 대상자를 위해 지출한 교육비 이므로 공제 가능하다. 단, 이것은 장애인특수교육비가 아니므로 [3.대학교]로 코드 입력을 하여야 한다. 또한 김민희가 기본공제 대상자이므로 교회 건축헌금 역시 종교단 체기부금으로 기부금세액공제 가능하다. 형제자매에 대한 신용카드 사용액은 그 형제 자매가 기본공제 대상자라고 하더라도 공제 불가능하다. 따라서 교육비와 기부금만 입력한다. 종교단체 기부금은 국세청 자료가 아니라고 하였으므로 자료 구분을 자료구분 란에 1을 입력하여 [기타]로 입력한다. (화면 하단의 입력 코드 참고)

소득명세	부양가족	신용카드 등	의료비	기부금	연금저축 등I	연금저축 등II	월세액	연말정산입력

기부금 입력	기부금 조정

<table>
<tr><td colspan="4" align="center">12.기부자 인적 사항(F2)</td></tr>
<tr><td>주민등록번호</td><td>관계코드</td><td>내·외국인</td><td>성명</td></tr>
<tr><td>820310-1513253</td><td>거주자(본인)</td><td>내국인</td><td>김훤</td></tr>
<tr><td>810401-2451613</td><td>형제자매</td><td>내국인</td><td>김민희</td></tr>
<tr><td></td><td></td><td></td><td></td></tr>
</table>

<table>
<tr><td colspan="2">구분</td><td rowspan="2">9.기부내용</td><td rowspan="2">노조
회비
여부</td><td colspan="3">기부처</td><td colspan="3">기부명세</td><td rowspan="2">자료
구분</td></tr>
<tr><td>7.유형</td><td>8.
코드</td><td>10.상호
(법인명)</td><td>11.사업자
번호 등</td><td>건수</td><td>13.기부금합계
금액(14+15)</td><td>14.공제대상
기부금액</td><td>15.기부장려금
신청 금액</td></tr>
<tr><td>종교</td><td>41</td><td>금전</td><td>부</td><td>필수 입력</td><td>필수 입력</td><td></td><td>100,000</td><td>100,000</td><td></td><td>기타</td></tr>
</table>

소득명세	부양가족	신용카드 등	의료비	기부금	연금저축 등I	연금저축 등II	월세액	연말정산입력

연말관계	성명	내/외국인	주민(외국인)번호	나이	기본공제	세대주구분	부녀자	한부모	경로우대	장애인	자녀	출산입양
0	김원	내	1 820310-1513253	43	본인	세대주		○				
1	이미숙	내	1 460518-2074127	79	60세이상				○	1		
4	김우람	내	1 181205-3066547	7	20세이하							
6	김민희	내	1 810401-2451613	44	장애인					1		
합 계 [명]					4			1	1	2		

자료구분	보험료				의료비					교육비	
	건강	고용	일반보장성	장애인전용	일반	실손	선천성이상아	난임	65세,장애인	일반	장애인특수
국세청											
기타											

자료구분	신용카드등 사용액공제						기부금
	신용카드	직불카드등	현금영수증	전통시장사용분	대중교통이용분	도서공연 등	
국세청							
기타							100,000

(2) [연금저축 등 I] 메뉴에 연금저축 불입액 입력

소득명세	부양가족	신용카드 등	의료비	기부금	연금저축 등I	연금저축 등II	월세액	연말정산입력

1 연금계좌 세액공제		– 퇴직연금계좌(연말정산입력 탭의 58.과학기술인공제, 59.근로자퇴직연금)					크게보기
퇴직연금 구분	코드	금융회사 등	계좌번호(증권번호)	납입금액	공제대상금액	세액공제금액	
퇴직연금							
과학기술인공제회							

2 연금계좌 세액공제		– 연금저축계좌(연말정산입력 탭의 38.개인연금저축, 60.연금저축)					크게보기
연금저축구분	코드	금융회사 등	계좌번호(증권번호)	납입금액	공제대상금액	소득/세액공제액	
2.연금저축	1.개인연금저축 2.연금저축	리은행	1002-601-654251	10,000,000	6,000,000		
개인연금저축							
연금저축				10,000,000	6,000,000		

(3) [연말정산입력] 상단 메뉴 중 [F8 부양가족탭불러오기]를 눌러 부양가족 탭에 입력한 자료를 불러온다.부양가족
탭에 입력한 신용카드 소득공제, 보험료, 의료비, 교육비 세액공제 금액 및 연금저축세액공제 등이 자동으로
반영된다. 단, 기부금의 경우 지출액 총액이 집계되므로 [기부금] 탭에서 화면 오른쪽 위에 있는 [공제금액계산]
메뉴에서 아래와 같이 정치자금기부금 10만원 이하 금액과 10만원 초과 금액을 각각 별도의 칸에 입력한 후
[[공제금액 반영]]을 눌러 [연말정산입력] 메뉴에 해당 금액이 반영되도록 한다.(공제금액 계산 메뉴 하단의
[불러오기]를 클릭해도 됨)

기부금 공제금액 계산 참조								
근로소득금액	120,530,000		정치,고향기부금외 공제대상금액		100,000	세액공제가능액	20,497,938	
코드	구분	지출액	공제대상금액	공제율1 (15%, 20%)	공제율2 (25%,30%,35%)	공제율3 (40%)	소득/세액공제액	공제초과이월액
20	정치자금(10만원 이하)	100,000	100,000				90,909	
20	정치자금(10만원 초과)	400,000	400,000				60,000	
43	고향사랑기부금(10만원 이하)							
43	고향사랑기부금(10만원 초과)							

※ 신용카드소득공제 금액 입력 화면은 다음과 같다.

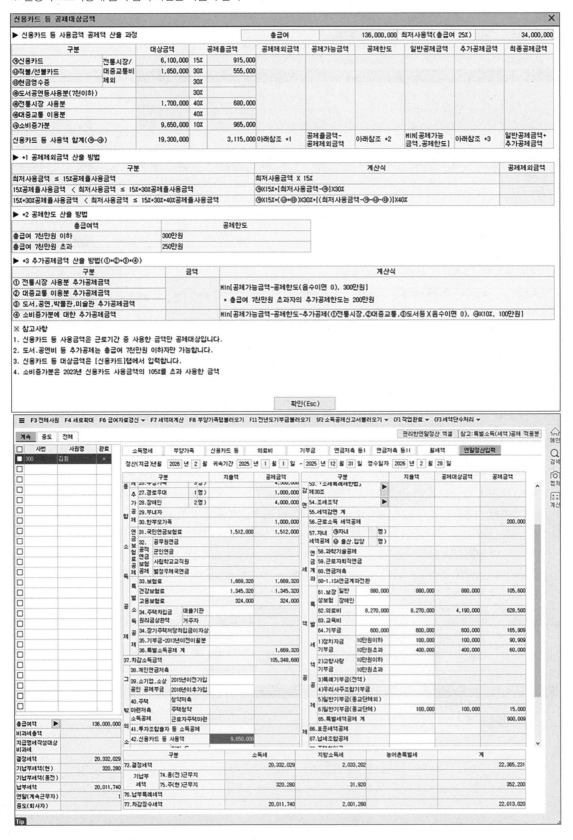

PART 3
기출문제

 **수험생 주의사항**

1. 입실 안내 〈시험시작 이후 입실 불가〉

구분	종목/급수		시험시간	시험시작	시험종료
1교시	세무회계 기업회계	3급	60분	09:30	10:30
		2급	80분		10:50
		1급	100분		11:10
2교시	전산회계 2급		60분	12:30	13:30
	전산세무 2급		90분		14:00
3교시	전산회계 1급		60분	15:00	16:00
	전산세무 1급		90분		16:30

2. 수험자 주의사항

• 유효신분증이 없으면 시험에 응시할 수 없으며, 시험이 시작된 이후에는 입실할 수 없습니다.

• 수험생은 시험지를 받은 후 본인의 응시 종목과 등급, 파본 여부, 페이지수가 맞는지 확인하고, 표지의 〈수험절차와 확인사항〉을 숙지하여 준수하여야 합니다.

• 시험시간은 제출용 답안매체인 USB에 저장하는 시간까지 포함되어 있으며, 답안을 저장한 USB를 감독관에게 직접 제출한 후 퇴실합니다.

• 신분증과 수험표는 시험을 종료할 때까지 책상 좌측 위에 두고, 지정된 필기구와 사칙연산용 일반계산기만 사용해야 합니다.

 ※ 공학용 및 재무용 계산기 · PC Window 계산기 사용 불가, 수험용 케이렙 프로그램 외 타프로그램 실행 불가

• 시험 중 질문이 있거나 시험용 PC에 이상이 있을 경우 조용히 손을 들어 감독관의 확인을 받고 그 지시에 따라야 합니다.

• 시험 중 휴대폰 · 인터넷 · 메신저 · 개인 USB 등을 사용하다가 적발될 경우 부정행위로 간주하여 즉시 퇴실 조치됩니다.

• 휴대폰 등 스마트기기 전원은 반드시 꺼야 하며, 시험 중 휴대폰 소리가 울리거나 진동이 오는 경우에도 퇴실 조치됩니다.

• 부정행위자는 시험을 무효로 하고, 향후 2년간 한국세무사회가 주관하는 모든 시험에 응시할 수 없습니다.

• 수험생은 시험 종료시간 20분 전까지 퇴실이 불가능합니다.

• 전산세무회계는 세무회계 지식을 기초로 프로그램 운용 능력을 평가하는 시험이니 불필요한 질문은 삼가해 주시기 바랍니다.

2024년 10월 6일 시행 제116회 전산세무회계자격시험	2교시	A형
• 종목 및 등급 : 전산세무2급	• 제한시간 : 90분(12 : 30 ~ 14 : 00)	
	• 페이지수 : 14p	

시험 시작 전 문제를 풀지 말 것

USB 수령	① 감독관으로부터 시험 응시에 필요한 종목별 수험용 BACKDATA 설치용 USB를 수령한다. ② USB 꼬리표가 본인의 응시 종목과 일치하는지 확인하고, 꼬리표 뒷면에 수험정보를 정확히 기재한다.
USB 설치	③ USB를 컴퓨터의 USB 포트에 삽입하여 인식된 해당 USB 드라이브로 이동한다. ④ USB 드라이브에서 수험용 BACKDATA 설치프로그램인 'Tax.exe' 파일을 실행한다. [주의] 수험용 BACKDATA 설치 이후, 시험 중 수험자 임의로 절대 재설치(초기화)하지 말 것.
수험정보입력	⑤ [수험번호(8자리)]와 [성명]을 정확히 입력한 후 [설치] 버튼을 클릭한다. ※입력한 수험정보는 이후 절대 수정이 불가하니 본인의 수험정보를 정확히 입력할 것.
시험지 수령	⑥ 시험지와 본인의 응시 종목 및 급수 일치 여부와 문제유형(A 또는 B)을 확인하고, 문제유형(A 또는 B)을 프로그램에 입력한다. ⑦ 시험지의 총 페이지수를 확인한다. ※응시 종목 및 급수와 파본 여부를 확인하지 않은 것에 대한 책임은 수험자에게 있음.
시험 시작	⑧ 감독관이 불러주는 '감독관확인번호'를 정확히 입력하고, 시험에 응시한다.
USB 저장	⑨ 이론문제의 답은 프로그램의 메인화면에서 [이론문제 답안작성] 을 클릭하여 입력한다. ⑩ 실무문제의 답은 문항별 요구사항을 수험자가 파악하여 각 메뉴에 입력한다. ⑪ 이론문제와 실무문제의 답안을 모두 입력한 후 [답안저장 (USB로 저장)] 을 클릭하여 답안을 저장한다. ⑫ [답안저장] 팝업창의 USB로 전송완료 메시지를 확인한다.
USB 제출	⑬ 답안이 수록된 USB 메모리를 빼서, <감독관>에게 제출 후 조용히 퇴실한다.

- 본 자격시험은 전산프로그램을 이용한 자격시험입니다. 컴퓨터의 사양에 따라 자격검정(KcLep)프로그램의 구동이 원활하지 않을 수 있으므로 자격검정(KcLep)프로그램의 진행 속도를 고려하여 입력해주시기를 바랍니다.
- 수험번호나 성명 등을 잘못 입력했거나, 답안을 USB에 저장하지 않음으로써 발생하는 일체의 불이익과 책임은 수험자 본인에게 있습니다.
- 타인의 답안을 자신의 답안으로 부정 복사한 경우 해당 관련자는 모두 불합격 처리됩니다.
- 타인 및 본인의 답안을 복사하거나 외부로 반출하는 행위는 모두 부정행위 처리됩니다.
- PC, 프로그램 등 조작 미숙으로 시험이 불가능하다고 판단될 경우 불합격 처리될 수 있습니다.
- 시험 진행 중에는 자격검정(KcLep)프로그램을 제외한 일체의 다른 프로그램을 사용할 수 없습니다.
  (예시. 인터넷, 메모장, 윈도우 계산기 등)

[이론문제 답안작성] 을 한번도 클릭하지 않으면 [답안저장 (USB로 저장)] 을 클릭해도 답안이 저장되지 않습니다.

이론시험

다음 문제를 보고 알맞은 것을 골라 이론문제 답안작성 메뉴에 입력하시오. (객관식 문항당 2점)

기본전제

문제에서 한국채택국제회계기준을 적용하도록 하는 전제조건이 없는 경우, 일반기업회계기준을 적용한다.

01

다음 중 자본적 지출 항목을 수익적 지출로 잘못 회계처리한 경우 재무제표에 미치는 영향으로 옳은 것은?

① 자산이 과소계상 된다.   ② 당기순이익이 과대계상 된다.

③ 부채가 과소계상 된다.   ④ 자본이 과대계상 된다.

02

다음 중 당좌자산에 해당하지 <u>않는</u> 항목은 무엇인가?

① 영업권   ② 매출채권   ③ 단기투자자산   ④ 선급비용

03

다음 중 회계추정의 변경에 해당하지 <u>않는</u> 것은 무엇인가?

① 감가상각자산의 내용연수 변경   ② 감가상각방법의 변경

③ 재고자산 평가방법의 변경   ④ 재고자산의 진부화 여부에 대한 판단

04

다음 중 자본에 대한 설명으로 옳지 <u>않은</u> 것은?

① 유상증자 시 주식이 할인발행된 경우 주식할인발행차금은 자본조정으로 계상한다.

② 신주발행비는 손익계산서상의 당기 비용으로 처리한다.

③ 주식분할의 경우 주식수만 증가할 뿐 자본금에 미치는 영향은 발생하지 않는다.

④ 무상감자는 주식소각 대가를 주주에게 지급하지 않으므로 형식적 감자에 해당한다.

05

다음의 자료를 이용하여 기말재고자산에 포함해야 할 총금액을 계산하면 얼마인가? 단, 창고 재고 금액은 고려하지 않는다.

- 반품률이 높지만, 그 반품률을 합리적으로 추정할 수 없는 상태로 판매한 상품 : 2,000,000원
- 시용판매 조건으로 판매된 시송품 총 3,000,000원 중 고객이 구매의사표시를 한 상품 : 1,000,000원
- 담보로 제공한 저당상품 : 9,000,000원
- 선적지 인도조건으로 매입한 미착상품 : 4,000,000원

① 15,000,000원　　　② 16,000,000원　　　③ 17,000,000원　　　④ 18,000,000원

06

다음 중 원가에 대한 설명으로 옳지 <u>않은</u> 것은?

① 조업도(제품생산량)가 증가함에 따라 단위당 변동원가는 일정하고 단위당 고정원가는 감소한다.

② 제조원가는 직접재료원가, 직접노무원가, 제조간접원가를 말한다.

③ 가공원가란 직접재료원가와 직접노무원가만을 합한 금액을 말한다.

④ 고정원가란 관련범위 내에서 조업도 수준과 관계없이 총원가가 일정한 원가를 말한다.

07

다음 중 개별원가계산과 종합원가계산에 대한 설명으로 옳지 <u>않은</u> 것은?

① 개별원가계산은 개별적으로 원가를 추적해야 하므로 공정별로 원가를 통제하기가 어렵다.

② 종합원가계산 중 평균법은 기초재공품 모두를 당기에 착수하여 완성한 것으로 가정한다.

③ 종합원가계산을 적용할 때 기초재공품이 없다면 평균법과 선입선출법에 의한 계산은 차이가 없다.

④ 종합원가계산은 개별원가계산과 달리 기말재공품의 평가문제가 발생하지 않는다.

08

다음 중 보조부문원가를 배분하는 방법에 대한 설명으로 옳지 <u>않은</u> 것은?

① 상호배분법은 보조부문 상호 간의 용역수수관계를 완전히 반영하는 방법이다.
② 단계배분법은 보조부문 상호 간의 용역수수관계를 전혀 반영하지 않는 방법이다.
③ 직접배분법은 보조부문 상호 간의 용역수수관계를 전혀 반영하지 않는 방법이다.
④ 상호배분법, 단계배분법, 직접배분법 중 어떤 방법을 사용하더라도 보조부문의 총원가는 제조부문에 모두 배분된다.

당사의 보험료를 제조부문에 80%, 영업부문에 20%로 배분하고 있다. 당월 지급액 100,000원, 전월 미지급액 30,000원, 당월 미지급액이 20,000원인 경우 당월 제조간접원가로 계상해야 하는 보험료는 얼마인가?

① 64,000원　　　　② 72,000원　　　　③ 80,000원　　　　④ 90,000원

종합원가계산을 적용할 경우, 다음의 자료를 이용하여 평균법과 선입선출법에 따른 가공원가의 완성품환산량을 각각 계산하면 몇 개인가?

- 기초재공품 : 300개(완성도 20%)
- 당기착수량 : 1,000개
- 당기완성량 : 1,100개
- 기말재공품 : 200개(완성도 60%)
- 원재료는 공정착수 시점에 전량 투입되며, 가공원가는 전체 공정에서 균등하게 발생한다.

	평균법	선입선출법
①	1,120개	1,060개
②	1,120개	1,080개
③	1,220개	1,180개
④	1,220개	1,160개

다음 중 부가가치세법상 부가가치세가 과세되는 재화 또는 용역의 공급에 해당하는 것은?

① 박물관에 입장하도록 하는 용역
② 고속철도에 의한 여객운송 용역
③ 도서 공급
④ 도서대여 용역

12

다음 중 부가가치세법상 매입세액공제가 가능한 경우는?

① 면세사업과 관련된 매입세액
② 기업업무추진비 지출과 관련된 매입세액
③ 토지의 형질변경과 관련된 매입세액
④ 제조업을 영위하는 사업자가 농민으로부터 면세로 구입한 농산물의 의제매입세액

13

다음 중 소득세법상 근로소득의 원천징수 시기로 옳지 <u>않은</u> 것은?

① 2024년 05월 귀속 근로소득을 2024년 05월 31일에 지급한 경우 : 2024년 05월 31일
② 2024년 07월 귀속 근로소득을 2024년 08월 10일에 지급한 경우 : 2024년 08월 10일
③ 2024년 11월 귀속 근로소득을 2025년 01월 31일에 지급한 경우 : 2024년 12월 31일
④ 2024년 12월 귀속 근로소득을 2025년 03월 31일에 지급한 경우 : 2024년 12월 31일

14

다음 중 소득세법상 사업소득에 대한 설명으로 가장 옳지 <u>않은</u> 것은?

① 간편장부대상자의 사업용 유형자산 처분으로 인하여 발생한 이익은 사업소득에 해당한다.
② 국세환급가산금은 총수입금액에 산입하지 않는다.
③ 거주자가 재고자산을 가사용으로 소비하는 경우 그 소비·지급한 때의 가액을 총수입금액에 산입한다.
④ 부동산임대와 관련 없는 사업소득의 이월결손금은 당해 연도의 다른 종합소득에서 공제될 수 있다.

15

다음 중 소득세법상 종합소득공제 및 세액공제에 대한 설명으로 옳지 <u>않은</u> 것은?

① 거주자의 직계존속이 주거 형편에 따라 별거하고 있는 경우에는 생계를 같이 하는 것으로 본다.
② 재학 중인 학교로부터 받은 장학금이 있는 경우 이를 차감한 금액을 세액공제 대상 교육비로 한다.
③ 배우자가 있는 여성은 배우자가 별도의 소득이 없는 경우에 한하여 부녀자공제를 받을 수 있다.
④ 맞벌이 부부 중 남편이 계약자이고 피보험자가 부부공동인 보장성보험의 보험료는 보험료 세액공제 대상이다.

㈜선진테크(회사코드 : 1162)는 컴퓨터 및 주변장치의 제조 및 도·소매업을 주업으로 영위하는 중소기업으로서 당기 (제11기)의 회계기간은 2024.1.1. ~ 2024.12.31.이다. 전산세무회계 수험용 프로그램을 이용하여 다음 물음에 답하시오.

기본전제

- 문제에서 한국채택국제회계기준을 적용하도록 하는 전제조건이 없는 경우, 일반기업회계기준을 적용하여 회계처리한다.
- 문제의 풀이와 답안작성은 제시된 문제의 순서대로 진행한다.

입력 시 유의사항

- 일반적인 적요의 입력은 생략하지만, 타계정 대체거래는 적요 번호를 선택하여 입력한다.
- 채권·채무와 관련된 거래는 별도의 요구가 없는 한 반드시 기등록된 거래처코드를 선택하는 방법으로 거래처명을 입력한다.
- 제조경비는 500번대 계정코드를, 판매비와관리비는 800번대 계정코드를 사용한다.
- 회계처리 시 계정과목은 별도의 제시가 없는 한 등록된 계정과목 중 가장 적절한 과목으로 한다.

문제 1 [일반전표입력] 메뉴를 이용하여 다음의 거래자료를 입력하시오. (15점)

[1] 01월 03일 전기에 하남상회에게 제품을 판매하고 계상했던 외상매출금 총 3,400,000원 중 1,400,000원은 하남상회가 발행한 약속어음으로 받고, 나머지는 보통예금 계좌로 즉시 입금받았다. (3점)

[2] 01월 15일 영업부에서 사용할 실무서적을 현금으로 구입하고, 다음의 영수증을 수취하였다. (3점)

NO.	영수증 (공급받는자용)				
	㈜선진테크 귀하				
공급자	사업자등록번호	145-91-12336			
	상 호	대일서점	성 명	김대일	
	사 업 장 소 재 지	서울시 강동구 천호대로 1(천호동)			
	업 태	도소매	종 목	서적	
	작성일자	금액합계		비고	
	2024.01.15.	25,000원			
	공급내역				
월/일	품명	수량	단가	금액	
1/15	영업전략실무	1	25,000원	25,000원	
	합계	₩		25,000	
	위 금액을 영수함				

[3] 08월 20일 당사는 공장신축용 토지를 취득한 후 취득세 18,000,000원과 지방채 12,000,000원(액면가 12,000,000원, 공정가치 10,500,000원, 만기 5년, 무이자부)을 보통예금 계좌에서 지급하였다. (단, 지방채는 매도가능증권으로 분류할 것) (3점)

[4] 10월 25일 다음의 제조부서 직원급여를 보통예금 계좌에서 이체하여 지급하였다. 예수금은 하나의 계정으로 처리하시오. (3점)

2024년 10월분 급여명세서

(단위 : 원)

사원코드 : 0008 부서 : 제조		사원명 : 김하나 직급 : 과장		입사일 : 2023.05.01
지급내역	지급액	공제내역		공제액
기본급	3,500,000	국민연금		265,500
상여	3,000,000	건강보험		230,420
		고용보험		58,500
		장기요양보험료		29,840
		소득세		530,000
		지방소득세		53,000
		공제액계		1,167,260
지급액계	6,500,000	차인지급액		5,332,740

귀하의 노고에 감사드립니다.   ㈜선진테크

[5] 12월 01일 지난 9월 2일 공장에서 사용할 목적으로 ㈜은성기계에서 기계장치를 구매하고 아래의 전자세금계산서를 수취하면서 미지급금으로 회계처리를 했던 거래에 대하여 12월 1일에 법인카드(신한카드)로 결제하여 지급하였다(단, 카드 결제분은 미지급금으로 처리할 것). (3점)

전자세금계산서					승인번호		20240902-31000013-44346111		
공급자	등록번호	180-81-41214	종사업장번호		공급받는자	등록번호	130-81-53506	종사업장번호	
	상호(법인명)	㈜은성기계	성명	박은성		상호(법인명)	㈜선진테크	성명	이득세
	사업장	서울특별시 성북구 장월로1길 28, 상가동 101호				사업장	경기도 부천 길주로 284, 105호(중동)		
	업태	제조업	종목	전자부품		업태	제조, 도소매 외	종목	컴퓨터 및 주변장치 외
	이메일	es@naver.com				이메일	jdcorp@naver.com		
						이메일			

작성일자	공급가액	세액	수정사유
2024/09/02	20,000,000	2,000,000	해당 없음
비고			

월	일	품목	규격	수량	단가	공급가액	세액	비고
09	02	기계장치				20,000,000	2,000,000	

합계금액	현금	수표	어음	외상미수금	이 금액을 (청구) 함
22,000,000				22,000,000	

문제 2 [매입매출전표입력] 메뉴를 이용하여 다음의 거래자료를 입력하시오. (15점)

< 입력 시 유의사항 >

- 일반적인 적요의 입력은 생략하지만, 타계정 대체거래는 적요 번호를 선택하여 입력한다.
- 채권·채무 관련 거래는 별도의 요구가 없는 한 반드시 기등록된 거래처코드를 선택하는 방법으로 거래처명을 입력한다.
- 제조경비는 500번대 계정코드를, 판매비와관리비는 800번대 계정코드를 사용한다.
- 회계처리 시 계정과목은 등록된 계정과목 중 가장 적절한 과목으로 한다.
- 입력 화면 하단의 분개까지 처리하고, 세금계산서 및 계산서는 전자 여부를 입력하여 반영한다.

[1] 01월 02일 제조부문에서 사용하던 기계장치(취득원가 5,000,000원, 감가상각누계액 4,300,000원)를 미래전자에 1,000,000원(부가가치세 별도)에 매각하면서 전자세금계산서를 발급하였으며, 대금 중 부가가치세는 현금으로 받고, 나머지는 전액 미래전자가 발행한 약속어음으로 수취하였다. (3점)

[2] 02월 12일 가공육선물세트를 구입하여 영업부 거래처에 접대를 목적으로 제공하고 아래의 전자세금계산서를 수취하면서 대금은 보통예금 계좌에서 지급하였다. (3점)

전자세금계산서					승인번호		20240212-100156-956214		
공급자	등록번호	130-81-23545	종사업장번호		공급받는자	등록번호	130-81-53506	종사업장번호	
	상호(법인명)	㈜롯데백화점 중동	성명	이시진		상호(법인명)	㈜선진테크	성명	이득세
	사업장주소	경기도 부천시 길주로 300 (중동)				사업장주소	경기도 부천시 길주로 284, 105호 (중동)		
	업태	서비스	종목	백화점		업태	제조, 도소매	종목	컴퓨터 및 주변장치 외
	이메일	fhdns@never.net				이메일	1111@daum.net		
						이메일			

작성일자	공급가액	세액	수정사유	비고
2024/02/12	7,100,000	710,000		

월	일	품목	규격	수량	단가	공급가액	세액	비고
02	12	가공육 선물세트 1호		100	71,000	7,100,000	710,000	

합계금액	현금	수표	어음	외상미수금	위 금액을 (영수) 함
7,810,000	7,810,000				

[3] 07월 17일 당사는 수출회사인 ㈜봉산실업에 내국신용장에 의해 제품을 판매하고 영세율전자세금계산서를 발급하였다. 대금 중 1,800,000원은 현금으로 받고, 나머지는 외상으로 하였다. (3점)

영세율전자세금계산서					승인번호		20240717-1000000-0000415871		
공급자	등록번호	130-81-53506	종사업장번호		공급받는자	등록번호	130-81-55668	종사업장번호	
	상호(법인명)	㈜선진테크	성명	이득세		상호(법인명)	㈜봉산실업	성명	안민애
	사업장	경기도 부천시 길주로 284, 105호 (중동)				사업장	서울 강남구 역삼로 1504-20		
	업태	제조 외	종목	컴퓨터 및 주변장치 외		업태	도소매	종목	전자제품
	이메일	1111@daum.net				이메일	semicom@naver.com		
						이메일			

작성일자	공급가액	세액	수정사유
2024/07/17	18,000,000	0	해당 없음
비고			

월	일	품목	규격	수량	단가	공급가액	세액	비고
07	17	제품	set	10	1,800,000	18,000,000	0	

합계금액	현금	수표	어음	외상미수금	이 금액을 (영수) 함
18,000,000	1,800,000			16,200,000	

[4] 08월 20일 ㈜하나로마트에서 한우갈비세트(부가가치세 면세 대상) 2,000,000원을 현금으로 결제하고 현금영수증 (지출증빙용)을 수취하였다. 이 중 600,000원 상당은 복리후생 차원에서 당사 공장 직원에게 제공하였고, 나머지는 영업부서 직원에게 제공하였다. (3점)

[5] 09월 10일 아래의 세금계산서를 2024년 제2기 부가가치세 예정신고 시 누락하였다. 반드시 2024년 제2기 부가가치세 확정신고서에 반영되도록 입력 및 설정한다. (3점)

세금계산서																책 번 호			권		호			
																일 련 번 호				-				

공급자	사업자등록번호	1 1 3 - 1 5 - 5 3 1 2 7	공급받는자	사업자등록번호	1 3 0 - 8 1 - 5 3 5 0 6
	상호(법인명)	풍성철강 성명(대표자) 이소희		상호(법인명)	㈜선진테크 성명(대표자) 이득세
	사업장 주소	서울시 금천구 시흥대로 53		사업장 주소	경기도 부천시 길주로 284, 105호 (중동)
	업태	도매업 종목 철강		업태	제조업 종목 컴퓨터 및 주변장치 외

작성			공급가액										세액										비고
연	월	일	공란수	백	십	억	천	백	십	만	천	백	십	일	십	억	천	백	십	만	천	백	십	일	
2024	09	10					1	0	0	0	0	0	0					1	0	0	0	0	0	

월	일	품목	규격	수량	단가	공급가액	세액	비고
09	10	원재료				1,000,000	100,000	

합계금액	현금	수표	어음	외상미수금	이 금액을 (청구) 함
1,100,000				1,100,000	

문제3 부가가치세 신고와 관련하여 다음 물음에 답하시오. (10점)

[1] 다음의 자료를 토대로 2024년 제1기 부가가치세 확정신고기간의 [부가가치세신고서]를 작성하시오(단, 아래 제시된 자료만 있는 것으로 가정함). (6점)

매출자료	• 세금계산서 발급분 과세 매출 : 공급가액 200,000,000원, 세액 20,000,000원 - 종이(전자 외) 세금계산서 발급분(공급가액 50,000,000원, 세액 5,000,000원)이 포함되어 있다. - 그 외 나머지는 모두 전자세금계산서 발급분이다. • 당사의 직원인 홍길동(임원 아님)에게 경조사와 관련하여 연간 100,000원(시가) 상당의 제품(당사가 제조한 제품임)을 무상으로 제공하였다. • 대손이 확정된 외상매출금 1,650,000원(부가가치세 포함)에 대하여 대손세액공제를 적용한다.
매입자료	• 수취한 매입세금계산서는 공급가액 120,000,000원, 세액 12,000,000원으로 내용은 아래와 같다. - 승용자동차(배기량 : 999cc, 경차에 해당됨) 취득분 : 공급가액 20,000,000원, 세액 2,000,000원 - 거래처 접대목적으로 구입한 물품(고정자산 아님) : 공급가액 5,000,000원, 세액 500,000원 - 그 외 나머지는 일반 매입분이다.
유의사항	• 세부담 최소화를 가정한다. • 불러온 자료는 무시하고 문제에 제시된 자료만 직접 입력한다. • 해당 법인은 홈택스 사이트를 통해 전자적인 방법으로 부가가치세 신고를 직접 한다. • 부가가치세 신고서 이외의 과세표준명세 등 기타 부속서류의 작성은 생략한다.

[2] 다음의 자료는 2024년 제2기 확정신고 시의 대손 관련 자료이다. 해당 자료를 이용하여 2024년 제2기 확정신고 시의 [대손세액공제신고서]를 작성하시오(단, 모든 거래는 부가가치세 과세대상에 해당함). (4점)

대손 확정일	당초 공급일	계정과목	대손금	매출처 상호	대손사유
2024.10.5.	2023.5.3.	미수금 (유형자산매각대금)	11,000,000원	㈜가경	파산종결 결정공고
2024.10.24.	2021.10.10.	외상매출금	22,000,000원	㈜용암	소멸시효완성
2024.5.19. (부도발생일)	2024.4.8.	받을어음	16,500,000원	㈜개신	부도발생 (저당권설정 안 됨)
2024.12.19. (부도발생일)	2024.8.25.	받을어음	13,200,000원	㈜비하	부도발생 (저당권설정 안 됨)

문제 4 결산정리사항은 다음과 같다. 관련 메뉴를 이용하여 결산을 완료하시오. (15점)

[1] 기존에 입력된 데이터는 무시하고, 2024년 제2기 부가가치세 확정신고와 관련된 내용이 다음과 같다고 가정한다. 12월 31일 부가세예수금과 부가세대급금을 정리하는 회계처리를 하시오(단, 납부세액(또는 환급세액)은 미지급세금(또는 미수금)으로, 경감공제세액은 잡이익으로, 가산세는 세금과공과(판)로 회계처리한다). (3점)

- 부가세대급금 : 9,500,000원
- 전자신고세액공제액 : 10,000원
- 부가세예수금 : 12,500,000원
- 세금계산서 미발급가산세 : 240,000원

[2] 아래의 내용을 참고하여 2024년 말 현재 보유 중인 매도가능증권(비유동자산)에 대한 결산 회계처리를 하시오(단, 매도가능증권과 관련된 2023년의 회계처리는 적절하게 수행함). (3점)

주식명	2023년 취득가액	2023년 말 공정가치	2024년 말 공정가치
엔비디아듀	1,000,000원	800,000원	2,000,000원

[3] 9월 1일에 영업부 차량보험에 가입하고 1년치 보험료 1,200,000원을 납부하였다. 보험료 납부 당시 회사는 전액 보험료로 회계처리 하였다(단, 월할계산할 것). (3점)

[4] 당사는 2024년 1월 1일에 사채(액면가액 10,000,000원)를 발행하고 매년 결산일(12월 31일)에 이자비용을 보통예금 계좌에서 지급하고 있다. 만기 2026년 12월 31일, 액면이자율 10%, 시장이자율 7%이며 발행시점의 발행가액은 10,787,300원이다. 2024년 12월 31일 결산일에 필요한 회계처리를 하시오(단, 원단위 이하는 절사할 것). (3점)

[5] 다음은 ㈜선진테크의 유형자산 명세서이다. 기존에 입력된 데이터는 무시하며 다음의 유형자산만 있다고 가정하고 감가상각과 관련된 회계처리를 하시오. (3점)

유형자산 명세서					
계정과목	자산명	당기분 회사 계상 감가상각비	상각 방법	내용 연수	사용 부서
건물	공장건물	10,000,000원	정액법	20년	제조부
기계장치	초정밀검사기	8,000,000원	정률법	10년	제조부
차량운반구	그랜져	7,000,000원	정액법	5년	영업부
비품	컴퓨터	3,000,000원	정률법	5년	영업부

문제 5 2024년 귀속 원천징수와 관련된 다음의 물음에 답하시오. (15점)

[1] 다음의 자료를 바탕으로 내국인이며 거주자인 생산직 사원 임하나(750128-2436815, 세대주, 입사일 : 2024.09.01.)의 세부담이 최소화 되도록 [사원등록] 메뉴의 [기본사항] 탭을 이용하여 아래의 내용 중에서 필요한 항목을 입력하고, 9월분 급여자료를 입력하시오(단, 급여지급일은 매월 말일이며, 사용하지 않는 수당항목은 '부'로 표시할 것). (6점)

> ※ 아래 〈자료〉를 통해 임하나의 [사원등록] 메뉴의 [기본사항] 탭에서 다음의 사항을 입력하고 9월분 급여자료를 입력하시오.
> • 10.생산직등여부, 연장근로비과세, 전년도총급여
> • 12.국민연금보수월액
> • 13.건강보험보수월액
> • 14.고용보험보수월액

〈자료〉

• 국민연금보수월액, 건강보험보수월액, 고용보험보수월액은 1,800,000원으로 신고하였다.
• 급여 및 제수당 내역은 다음과 같다.

급여 및 제수당	기본급	식대	시내교통비	출산·보육수당(육아수당)	야간근로수당
금액(원)	1,500,000	200,000	300,000	100,000	2,200,000

• 별도의 식사는 제공하지 않고 있으며, 식대로 매월 200,000원을 지급하고 있다.
• 출퇴근용 시내교통비로 매월 300,000원을 지급하고 있다.
• 출산 보육수당(육아수당)은 6세 이하 자녀를 양육하는 직원에게 지급하는 수당이다.
• 9월은 업무 특성상 야간근무를 하며, 이에 대하여 별도의 수당을 지급하고 있다.
  (→ 임하나 : 국내 근무, 월정액급여 1,800,000원, 전년도총급여 27,000,000원)
• 2024년 9월 1일 이전의 연장·야간근로수당으로서 비과세되는 금액은 없다.

[2] 다음은 퇴사자 우미영 사원(사번 : 301)의 2024년 3월 급여자료이다. [사원등록] 메뉴에서 퇴사년월일을 반영하고, 3월의 [급여자료입력]과 [원천징수이행상황신고서]를 작성하시오(단, 반드시 [급여자료입력]의 「F7 중도퇴사자정산」을 이용하여 중도퇴사자 정산 내역을 급여자료에 반영할 것). (6점)

- 퇴사일은 2024년 3월 31일이고, 3월 급여는 2024년 4월 5일에 지급되었다.
- 수당 및 공제항목은 중도퇴사자 정산과 관련된 부분을 제외하고 추가 및 변경하지 않기로 하며 사용하지 않는 항목은 그대로 둔다.
- 3월 급여자료(우미영에 대한 급여자료만 입력하도록 한다.)

급여 항목	금액	공제 항목	금액
기본급	2,700,000원	국민연금	121,500원
식대(비과세)	200,000원	건강보험	95,710원
		장기요양보험	12,390원
		고용보험	21,600원
		중도정산소득세	-96,500원
		중도정산지방소득세	-9,640원
		공제총액	145,060원
지급총액	2,900,000원	차인지급액	2,754,940원

[3] 다음 자료를 이용하여 이미 작성된 [원천징수이행상황신고서]를 조회하여 마감하고, 국세청 홈택스에 전자신고를 하시오. (3점)

< 전산프로그램에 입력된 소득자료 >

귀속월	지급월	소득구분	신고코드	인원	총지급액	소득세	비고
10월	10월	근로소득	A01	2명	7,000,000원	254,440원	매월(정기)신고

< 유의사항 >

1. 위 자료를 바탕으로 [원천징수이행상황신고서]가 작성되어 있다.
2. [원천징수이행상황신고서] 마감→[전자신고]→[국세청 홈택스 전자신고 변환(교육용)] 순으로 진행한다.
3. [전자신고] 메뉴의 [원천징수이행상황제작] 탭에서 신고인구분은 2.납세자 자진신고를 선택하고, 비밀번호는 "123456789"를 입력한다.
4. [국세청 홈택스 전자신고 변환(교육용)]→전자파일변환(변환대상파일선택)→ 찾아보기 에서 전자신고용 전자파일을 선택한다.
5. 전자신고용 전자파일 저장경로는 로컬디스크(C :)이며, 파일명은 "작성연월일.01.t사업자등록번호"다.
6. 형식검증하기 → 형식검증결과확인 → 내용검증하기 → 내용검증결과확인 → 전자파일제출 을 순서대로 클릭한다.
7. 최종적으로 전자파일 제출하기 를 완료한다.

이론과 실무문제의 답을 모두 입력한 후 답안저장 (USB로 저장) 을 클릭하여 저장하고, USB메모리를 제출하시기 바랍니다.

	2024년 8월 3일 시행 제115회 전산세무회계자격시험	2교시	A형
• 종목 및 등급 : 전산세무2급		• 제한시간 : 90분(12 : 30~14 : 00)	
		• 페이지수 : 14p	

시험 시작 전 문제를 풀지 말 것

USB 수령	① 감독관으로부터 시험 응시에 필요한 종목별 수험용 BACKDATA 설치용 USB를 수령한다. ② USB 꼬리표가 본인의 응시 종목과 일치하는지 확인하고, 꼬리표 뒷면에 수험정보를 정확히 기재한다.
USB 설치	③ USB를 컴퓨터의 USB 포트에 삽입하여 인식된 해당 USB 드라이브로 이동한다. ④ USB 드라이브에서 수험용 BACKDATA 설치프로그램인 'Tax.exe' 파일을 실행한다. [주의] 수험용 BACKDATA 설치 이후, 시험 중 수험자 임의로 절대 재설치(초기화)하지 말 것.
수험정보입력	⑤ [수험번호(8자리)]와 [성명]을 정확히 입력한 후 [설치] 버튼을 클릭한다. ※입력한 수험정보는 이후 절대 수정이 불가하니 본인의 수험정보를 정확히 입력할 것.
시험지 수령	⑥ 시험지와 본인의 응시 종목 및 급수 일치 여부와 문제유형(A 또는 B)을 확인하고, 문제유형(A 또는 B)을 프로그램에 입력한다. ⑦ 시험지의 총 페이지수를 확인한다. ※응시 종목 및 급수와 파본 여부를 확인하지 않은 것에 대한 책임은 수험자에게 있음.
시험 시작	⑧ 감독관이 불러주는 '감독관확인번호'를 정확히 입력하고, 시험에 응시한다.
(시험을 마치면) USB 저장	⑨ 이론문제의 답은 프로그램의 메인화면에서 `이론문제 답안작성` 을 클릭하여 입력한다. ⑩ 실무문제의 답은 문항별 요구사항을 수험자가 파악하여 각 메뉴에 입력한다. ⑪ 이론문제와 실무문제의 답안을 모두 입력한 후 `답안저장 (USB로 저장)` 을 클릭하여 답안을 저장한다. ⑫ [답안저장] 팝업창의 USB로 전송완료 메시지를 확인한다.
USB 제출	⑬ 답안이 수록된 USB 메모리를 빼서, <감독관>에게 제출 후 조용히 퇴실한다.

- 본 자격시험은 전산프로그램을 이용한 자격시험입니다. 컴퓨터의 사양에 따라 자격검정(KcLep)프로그램의 구동이 원활하지 않을 수 있으므로 자격검정(KcLep)프로그램의 진행 속도를 고려하여 입력해주시기를 바랍니다.
- 수험번호나 성명 등을 잘못 입력했거나, 답안을 USB에 저장하지 않음으로써 발생하는 일체의 불이익과 책임은 수험자 본인에게 있습니다.
- 타인의 답안을 자신의 답안으로 부정 복사한 경우 해당 관련자는 모두 불합격 처리됩니다.
- 타인 및 본인의 답안을 복사하거나 외부로 반출하는 행위는 모두 부정행위 처리됩니다.
- PC, 프로그램 등 조작 미숙으로 시험이 불가능하다고 판단될 경우 불합격 처리될 수 있습니다.
- 시험 진행 중에는 자격검정(KcLep)프로그램을 제외한 일체의 다른 프로그램을 사용할 수 없습니다.
 (예시. 인터넷, 메모장, 윈도우 계산기 등)

`이론문제 답안작성` 을 한번도 클릭하지 않으면 `답안저장 (USB로 저장)` 을 클릭해도 답안이 저장되지 않습니다.

제115회 기출문제

2024년 8월 3일 시행

이론시험

다음 문제를 보고 알맞은 것을 골라 [이론문제 답안작성] 메뉴에 입력하시오. (객관식 문항당 2점)

기본전제

문제에서 한국채택국제회계기준을 적용하도록 하는 전제조건이 없는 경우, 일반기업회계기준을 적용한다.

01

다음 중 재무제표의 기본가정에 해당하지 않는 것은?

① 기업실체를 중심으로 하여 기업실체의 경제적 현상을 재무제표에 보고해야 한다.

② 기업이 계속적으로 존재하지 않을 것이라는 반증이 없는 한, 기업실체의 본래 목적을 달성하기 위하여 계속적으로 존재한다.

③ 기업실체의 지속적인 경제적 활동을 인위적으로 일정 기간 단위로 분할하여 각 기간마다 경영자의 수탁책임을 보고한다.

④ 회계정보가 유용하기 위해서는 그 정보가 의사결정에 반영될 수 있도록 적시에 제공되어야 한다.

02

다음의 자료를 통해 2024년 12월 31일 결산 후 재무제표에서 확인 가능한 정보로 올바른 것은?

2022년 1월 1일 기계장치 취득
- 매입가액   20,000,000원
- 취득에 직접적으로 필요한 설치비   300,000원
- 2022년에 발생한 소모품 교체비   600,000원
- 2022년에 발생한 본래의 용도를 변경하기 위한 제조·개량비   4,000,000원

- 내용연수는 6년, 정액법으로 매년 정상적으로 상각함(월할계산할 것), 잔존가치는 없음.

① 기계장치의 취득원가는 24,000,000원으로 계상되어 있다.

② 손익계산서에 표시되는 감가상각비는 4,150,000원이다.

③ 재무상태표에 표시되는 감가상각누계액은 8,300,000원이다.

④ 상각 후 기계장치의 미상각잔액은 12,150,000원이다.

03

다음 중 일반기업회계기준상 무형자산 상각에 대한 설명으로 옳지 <u>않은</u> 것은?

① 무형자산의 상각대상 금액은 그 자산의 추정 내용연수 동안 체계적인 방법에 의하여 비용으로 배분된다.

② 제조와 관련된 무형자산의 상각비는 제조원가에 포함한다.

③ 무형자산의 상각방법으로는 정액법만 사용해야 한다.

④ 무형자산의 잔존가치는 없는 것을 원칙으로 한다.

04

다음 중 사채에 대한 설명으로 가장 옳지 <u>않은</u> 것은?

① 사채할인발행차금은 사채의 발행금액에서 차감하는 형식으로 표시한다.

② 액면이자율보다 시장이자율이 큰 경우에는 할인발행된다.

③ 사채할증발행차금은 사채의 액면금액에서 가산하는 형식으로 표시한다.

④ 액면이자율이 시장이자율보다 큰 경우에는 할증발행된다.

05

다음 중 회계정책, 회계추정의 변경 및 오류에 대한 설명으로 옳지 <u>않은</u> 것은?

① 회계정책의 변경은 기업환경의 변화, 새로운 정보의 획득 또는 경험의 축적에 따라 지금까지 사용해 오던 회계적 추정치의 근거와 방법 등을 바꾸는 것을 말한다.

② 회계추정의 변경은 전진적으로 처리하여 그 효과를 당기와 당기 이후의 기간에 반영한다.

③ 회계변경의 효과를 회계정책의 변경효과와 회계추정의 변경효과로 구분하는 것이 불가능한 경우 회계추정의 변경으로 본다.

④ 회계추정 변경의 효과는 당해 회계연도 개시일부터 적용한다.

06

다음 중 원가 집계과정에 대한 설명으로 옳지 <u>않은</u> 것은?

① 당기제품제조원가(당기완성품원가)는 원재료 계정의 차변으로 대체된다.

② 당기총제조원가는 재공품 계정의 차변으로 대체된다.

③ 당기제품제조원가(당기완성품원가)는 제품 계정의 차변으로 대체된다.

④ 제품매출원가는 매출원가 계정의 차변으로 대체된다.

07

다음 중 개별원가계산과 종합원가계산에 대한 설명으로 옳지 <u>않은</u> 것은?

① 개별원가계산은 주문받은 개별 제품별로 작성된 작업원가표에 집계하여 원가를 계산한다.

② 종합원가계산은 개별 제품별로 작업원가표를 작성하여 원가를 계산한다.

③ 개별원가계산은 각 제조지시별로 원가계산을 해야하므로 많은 시간과 비용이 발생한다.

④ 조선업, 건설업은 개별원가계산이 적합한 업종에 해당한다.

08

다음 중 제조원가명세서와 손익계산서 및 재무상태표의 관계에 대한 설명으로 옳지 <u>않은</u> 것은?

① 제조원가명세서의 기말원재료재고액은 재무상태표의 원재료 계정에 계상된다.

② 제조원가명세서의 기말재공품의 원가는 재무상태표의 재공품 계정으로 계상된다.

③ 제조원가명세서의 당기제품제조원가는 재무상태표의 매출원가에 계상된다.

④ 손익계산서의 기말제품재고액은 재무상태표의 제품 계정 금액과 같다.

09

다음의 자료를 이용하여 직접노무시간당 제조간접원가 예정배부율을 구하시오.

- 제조간접원가 실제 발생액 : 6,000,000원
- 제조간접원가 배부차이 : 400,000원(과대배부)
- 실제 직접노무시간 : 50,000시간

① 112원   ② 128원   ③ 136원   ④ 146원

10

기초재공품은 1,000개이고 완성도는 30%이다. 당기투입수량은 6,000개이고 기말재공품은 800개일 경우 선입선출법에 의한 가공원가의 완성품환산량이 6,100개라면, 기말재공품의 완성도는 몇 %인가? (단, 가공원가는 전공정에 걸쳐 균등하게 발생한다.)

① 10%   ② 15%   ③ 20%   ④ 25%

11

다음 중 부가가치세법상 과세기간에 대한 설명으로 옳지 <u>않은</u> 것은?

① 일반과세자의 과세기간은 원칙상 1년에 2개가 있다.

② 신규로 사업을 개시하는 것은 과세기간 개시일의 예외가 된다.

③ 매출이 기준금액에 미달하여 일반과세자가 간이과세자로 변경되는 경우 그 변경되는 해에 간이과세자에 관한 규정이 적용되는 과세기간은 그 변경 이전 1월 1일부터 6월 30일까지이다.

④ 간이과세자가 간이과세자에 관한 규정의 적용을 포기함으로써 일반과세자로 되는 경우에는 1년에 과세기간이 3개가 될 수 있다.

12

다음 중 부가가치세법상 재화의 공급에 해당하는 것은?

① 담보의 제공   ② 사업용 상가건물의 양도
③ 사업의 포괄적 양도   ④ 조세의 물납

13

다음 중 소득세법상 근로소득이 <u>없는</u> 거주자(사업소득자가 아님)가 받을 수 있는 특별세액공제는?

① 보험료세액공제   ② 의료비세액공제   ③ 교육비세액공제   ④ 기부금세액공제

14

다음 중 소득세법상 수입시기로 가장 옳지 <u>않은</u> 것은?

① 비영업대금의 이익 : 약정에 의한 이자 지급일

② 잉여금 처분에 의한 배당 : 잉여금 처분 결의일

③ 장기할부판매 : 대가의 각 부분을 받기로 한 날

④ 부동산 등의 판매 : 소유권이전등기일, 대금청산일, 사용수익일 중 빠른 날

다음 중 소득세법상 기타소득에 대한 설명으로 가장 옳지 <u>않은</u> 것은?

① 「공익법인의 설립·운영에 관한 법률」의 적용을 받는 공익법인이 주무관청의 승인을 받아 시상하는 상금 및 부상과 다수가 순위 경쟁하는 대회에서 입상자가 받는 상금 및 부상의 경우, 거주자가 받은 금액의 100분의 60에 상당하는 금액을 필요경비로 한다.

② 고용관계 없이 다수인에게 강연을 하고 강연료 등 대가를 받는 용역을 일시적으로 제공하고 받는 대가는 기타소득에 해당한다.

③ 이자소득·배당소득·사업소득·근로소득·연금소득·퇴직소득 및 양도소득 외의 소득으로서 재산권에 관한 알선수수료는 기타소득에 해당한다.

④ 이자소득·배당소득·사업소득·근로소득·연금소득·퇴직소득 및 양도소득 외의 소득으로서 상표권·영업권을 양도하거나 대여하고 받는 금품은 기타소득에 해당한다.

㈜은마상사(회사코드 : 1152)는 전자제품의 제조 및 도·소매업을 주업으로 영위하는 중소기업으로 당기(제17기)의 회계기간은 2024.1.1. ~ 2024.12.31.이다. 전산세무회계 수험용 프로그램을 이용하여 다음 물음에 답하시오.

기본전제

· 문제에서 한국채택국제회계기준을 적용하도록 하는 전제조건이 없는 경우, 일반기업회계기준을 적용하여 회계처리 한다.
· 문제의 풀이와 답안작성은 제시된 문제의 순서대로 진행한다.

문제 1 [일반전표입력] 메뉴를 이용하여 다음의 거래자료를 입력하시오. (15점)

입력 시 유의사항

· 일반적인 적요의 입력은 생략하지만, 타계정 대체거래는 적요 번호를 선택하여 입력한다.
· 채권·채무와 관련된 거래는 별도의 요구가 없는 한 반드시 기등록된 거래처코드를 선택하는 방법으로 거래처명을 입력한다.
· 제조경비는 500번대 계정코드를, 판매비와관리비는 800번대 계정코드를 사용한다.
· 회계처리 시 계정과목은 별도의 제시가 없는 한 등록된 계정과목 중 가장 적절한 과목으로 한다.

[1] 04월 11일 당사가 보유 중인 매도가능증권을 12,000,000원에 처분하고 처분대금은 보통예금 계좌로 입금받았다. 해당 매도가능증권의 취득가액은 10,000,000원이며, 2023년 말 공정가치는 11,000,000원이다. (3점)

[2] 06월 25일 당사의 거래처인 ㈜은비로부터 비품을 무상으로 받았다. 해당 비품의 공정가치는 5,000,000원이다. (3점)

[3] 08월 02일 ㈜은마상사의 사옥으로 사용할 토지를 비사업자로부터 다음과 같이 매입하였다. 그 중 토지 취득 관련 지출은 다음과 같다. 취득세는 현금으로 납부하고 토지대금과 등기수수료, 중개수수료는 보통예금 계좌에서 이체하였다. (3점)

· 토지가액	300,000,000원
· 토지 관련 취득세	13,000,000원
· 토지 취득 관련 법무사 등기수수료	300,000원
· 토지 취득 관련 중개수수료	2,700,000원

[4] 08월 10일 당기분 퇴직급여를 위하여 영업부서 직원에 대한 퇴직연금(DB형) 5,000,000원과 제조부서 직원에 대한 퇴직연금(DC형) 3,000,000원을 보통예금 계좌에서 이체하였다. (3점)

[5] 12월 13일 자기주식(취득가액:주당 58,000원) 120주를 주당 65,000원에 처분하여 매매대금이 보통예금 계좌로 입금되었다. 처분일 현재 자기주식처분손실 200,000원이 계상되어 있다. (3점)

문제 2 [매입매출전표입력] 메뉴를 이용하여 다음의 거래자료를 입력하시오. (15점)

입력 시 유의사항

- 일반적인 적요의 입력은 생략하지만, 타계정 대체거래는 적요 번호를 선택하여 입력한다.
- 채권·채무 관련 거래는 별도의 요구가 없는 한 반드시 기등록된 거래처코드를 선택하는 방법으로 거래처명을 입력한다.
- 제조경비는 500번대 계정코드를, 판매비와관리비는 800번대 계정코드를 사용한다.
- 회계처리 시 계정과목은 등록된 계정과목 중 가장 적절한 과목으로 한다.
- 입력화면 하단의 분개까지 처리하고, 세금계산서 및 계산서는 전자 여부를 입력하여 반영한다.

[1] 03월 12일 싱가포르에 소재하는 ABC사에 제품을 $30,000에 직수출하였다. 수출대금 중 $20,000가 선적과 동시에 보통예금 계좌에 입금되었으며 나머지 $10,000는 다음달 말일에 수취하기로 하였다(수출신고번호 입력은 생략할 것). (3점)

수출대금	대금수령일	기준환율	비고
$20,000	2024.03.12.	1,300원/$	선적일
$10,000	2024.04.30.	1,250원/$	잔금청산일

[2] 10월 01일 업무용으로 사용할 목적으로 거래처 달려요로부터 업무용승용차(990cc)를 중고로 구입하였다. 대금은 한 달 후에 지급하기로 하고, 다음의 종이세금계산서를 발급받았다. (3점)

													책 번 호			권			호											

공급자	등록번호	1 0 6 - 1 1 - 5 6 3 1 8	공급받는자	등록번호	688-85-01470
	상호(법인명)	달려요	성명(대표자)	정화물			상호(법인명)	㈜은마상사	성명(대표자)	박은마
	사업장 주소	경기도 성남시 중원구 성남대로 99			사업장 주소	경기도 평택시 가재길 14
	업 태	서비스	종 목	화물		업 태	도소매	종 목	전자제품

작성	공 급 가 액	세 액	비 고
연 월 일 빈칸 수	조 천 백 십 억 천 백 십 만 천 백 십 일	천 백 십 억 천 백 십 만 천 백 십 일	
24 10 01 4	2 0 0 0 0 0 0 0	2 0 0 0 0 0 0	

월	일	품 목	규 격	수 량	단 가	공 급 가 액	세 액	비 고
10	01	승용차				20,000,000	2,000,000	

합 계 금 액	현 금	수 표	어 음	외상미수금	이 금액을 **청구** 함
22,000,000				22,000,000	

[3] 10월 29일 업무용승용차를 ㈜월클파이낸셜로부터 운용리스 조건으로 리스하였다. 영업부서에서 사용하고 임차료 1,800,000원의 전자계산서를 발급받았다. 대금은 다음 달 5일에 지급하기로 하였다. (3점)

[4] 11월 01일 ㈜은마상사는 ㈜진산에 아래와 같은 전자세금계산서를 발급하였다. 제품 대금은 ㈜진산에게 지급해야할 미지급금(8,000,000원)과 상계하기로 상호 협의하였으며 잔액은 보통예금 계좌로 입금받았다. (3점)

전자세금계산서					승인번호		20241101-1547412-2014956		
공급자	등록번호	688-85-01470	종사업장번호		공급받는자	등록번호	259-81-15652	종사업장번호	
	상호(법인명)	㈜은마상사	성명	박은마		상호(법인명)	㈜진산	성명	이진산
	사업장주소	경기도 평택시 가재길 14				사업장주소	세종시 부강면 부곡리 128		
	업태	도소매	종목	전자제품		업태	건설업	종목	인테리어
	이메일					이메일			
						이메일			

작성일자	공급가액	세액	수정사유	비고
2024.11.01	10,000,000	1,000,000		

월	일	품목	규격	수량	단가	공급가액	세액	비고
11	01	전자제품				10,000,000	1,000,000	

합계금액	현금	수표	어음	외상미수금	위 금액을 (청구) 함
11,000,000	3,000,000			8,000,000	

[5] 11월 20일 ㈜코스트코코리아에서 제조부 사원들을 위해 공장에 비치할 목적으로 온풍기를 1,936,000원(부가가치세 포함)에 구입하고, 대금은 보통예금 계좌에서 이체하여 지급한 후 현금영수증(지출증빙용)을 수취하였다(단, 자산으로 처리할 것). (3점)

Home tax. 국세청홈택스 현금영수증

● 거래정보

거래일시	2024-11-20
승인번호	G45972376
거래구분	승인거래
거래용도	지출증빙
발급수단번호	688-85-01470

● 거래금액

공급가액	부가세	봉사료	총 거래금액
1,760,000	176,000	0	1,936,000

● 가맹점 정보

상호	㈜코스트코코리아
사업자번호	107-81-63829
대표자명	조만수
주소	경기도 부천시 길주로 284

부가가치세 신고와 관련하여 다음 물음에 답하시오. (10점)

[1] 다음 자료를 보고 제2기 확정신고기간의 [공제받지못할매입세액명세서] 중 [공제받지못할매입세액내역] 탭과 [공통매입세액의정산내역] 탭을 작성하시오(단, 불러온 자료는 무시하고 직접 입력할 것). (4점)

1. 매출 공급가액에 관한 자료

구분	과세사업	면세사업	합계
7월 ~ 12월	350,000,000원	150,000,000원	500,000,000원

2. 매입세액(세금계산서 수취분)에 관한 자료

구분	① 과세사업 관련			② 면세사업 관련		
	공급가액	매입세액	매수	공급가액	매입세액	매수
10월 ~ 12월	245,000,000원	24,500,000원	18매	90,000,000원	9,000,000원	12매

3. 총공통매입세액(7월 ~ 12월) : 3,800,000원
※ 제2기 예정신고 시 공통매입세액 중 불공제매입세액 : 500,000원

[2] 다음의 자료를 이용하여 2024년 제1기 확정신고기간에 대한 [부가가치세신고서]를 작성하시오(단, 과세표준명세 작성은 생략한다). (6점)

구분	자료
매출	1. 전자세금계산서 발급 매출 공급가액 : 500,000,000원(세액 50,000,000원) (→지연발급한 전자세금계산서의 매출 공급가액 1,000,000원이 포함되어 있음) 2. 신용카드 매출전표 발급 매출 공급대가 : 66,000,000원 (→전자세금계산서 발급 매출 공급가액 10,000,000원이 포함되어 있음) 3. 해외 직수출에 따른 매출 공급가액 : 30,000,000원
매입	1. 전자세금계산서 수취 매입(일반) 공급가액 : 320,000,000원(세액 32,000,000원) 2. 신용카드 매입 공급대가 : 12,100,000원 (→에어컨 구입비 3,300,000원(공급대가)이 포함되어 있음) 3. 제1기 예정신고 시 누락된 세금계산서 매입(일반) 공급가액 : 10,000,000원(세액 1,000,000원)
비고	1. 지난해 11월에 발생한 매출채권(5,500,000원, 부가가치세 포함)이 해당 거래처의 파산으로 대손이 확정되었다. 2. 2024년 제1기 예정신고미환급세액 : 3,000,000원 3. 국세청 홈택스에 전자신고를 완료하였다.

문제 4 결산정리사항은 다음과 같다. 관련 메뉴를 이용하여 결산을 완료하시오. (15점)

[1] 전기에 은혜은행으로부터 차입한 장기차입금 20,000,000원의 만기일은 2025년 4월 30일이다. (3점)

[2] 10월 01일에 팝업스토어 매장 임차료 1년분 금액 3,000,000원을 모두 지불하고 임차료로 계상하였다. 기말 결산 시 필요한 회계처리를 행하시오(단, 임차료는 월할 계산한다). (3점)

[3] 아래의 차입금 관련 자료를 이용하여 결산일까지 발생한 차입금 이자비용에 대한 당해연도분 미지급비용을 인식하는 회계처리를 하시오(단, 이자는 만기 시에 지급하고, 월할 계산한다). (3점)

• 금융기관 : ㈜중동은행	• 대출기간 : 2024년 05월 01일 ~ 2025년 04월 30일
• 대출금액 : 300,000,000원	• 대출이자율 : 연 6.8%

[4] 결산 시 당기 감가상각비 계상액은 다음과 같다. 결산을 완료하시오. (3점)

계정과목	경비구분	당기 감가상각비 계상액
건물	판매및관리	20,000,000원
기계장치	제조	4,000,000원
영업권	판매및관리	3,000,000원

[5] 결산일 현재 재고자산은 다음과 같다. 아래의 정보를 반영하여 결산자료입력을 수행하시오. (3점)

1. 기말재고자산
• 기말원재료 : 4,700,000원
• 기말재공품 : 800,000원
• 기말제품 : 16,300,000원

2. 추가정보(위 1.에 포함되지 않은 자료임)
• 도착지 인도조건으로 매입하여 운송 중인 미착원재료 : 2,300,000원
• 수탁자에게 인도한 위탁제품 14,000,000원 중에 수탁자가 판매 완료한 것은 9,000,000원으로 확인됨.

2024년 귀속 원천징수와 관련된 다음의 물음에 답하시오. (15점)

[1] 다음은 영업부 사원 김필영(사번 : 1001)의 부양가족 자료이다. 부양가족은 모두 생계를 함께하고 있으며 세부담 최소화를 위해 가능하면 김필영이 모두 공제받고자 한다. 본인 및 부양가족의 소득은 주어진 내용이 전부이다. [사원등록] 메뉴의 [부양가족명세] 탭을 작성하시오(단, 기본공제대상자가 아닌 경우도 기본공제 '부'로 입력할 것). (5점)

관계	성명	주민등록번호	동거 여부	비고
본인	김필영	820419-1234564	세대주	총급여 8,000만원
배우자	최하나	841006-2219118	동거	퇴직소득금액 100만원
아들	김이온	120712-3035892	동거	소득 없음
딸	김시온	190103-4035455	동거	소득 없음
부친	김경식	450103-1156778	주거형편상 별거	소득 없음, 「국가유공자법」에 따른 상이자로 장애인, 2024.03.08. 사망.
모친	이연화	490717-2155433	주거형편상 별거	양도소득금액 1,000만원, 장애인(중증환자)
장모	한수희	511111-2523454	주거형편상 별거	총급여 500만원
형	김필모	791230-1234574	동거	일용근로소득 720만원, 「장애인복지법」에 따른 장애인

[2] 다음은 회계부서에 재직 중인 이철수(사원코드 : 102) 사원의 연말정산 관련 자료이다. 아래의 자료를 이용하여 [연말정산추가자료입력] 메뉴의 [부양가족] 탭, [신용카드 등] 탭, [의료비] 탭을 입력하여 [연말정산입력] 탭을 완성하시오(단, 근로자 본인의 세부담 최소화를 가정한다). (10점)

1. 가족사항(모두 거주자인 내국인에 해당함)

성명	관계	주민등록번호	동거 여부	소득금액	비고
이철수	본인	830505-1478521		48,000,000원	총급여액(근로소득 외의 소득 없음), 세대주
강희영	배우자	840630-2547858	여	10,000,000원	양도소득금액
이명수	부친	561012-1587428	여	900,000원	부동산임대소득금액 : 총수입금액 20,000,000원 필요경비 19,100,000원
이현수	아들	140408-3852611	여	-	초등학생
이리수	딸	191104-4487122	여	-	취학 전 아동

※ 기본공제대상자가 아닌 경우도 기본공제 '부'로 입력할 것

2. 연말정산 관련 추가자료(모든 자료는 국세청에서 제공된 자료에 해당하며, 표준세액공제가 더 클 경우 표준세액공제를 적용한다.)

내역	비고
보장성 보험료	• 이철수(본인) : 자동차보험료 300,000원 • 강희영(배우자) : 보장성보험료 200,000원 • 이명수(부친) : 생명보험료 150,000원(만기까지 납입액이 만기환급액보다 큰 경우에 해당) • 이현수(아들) : 보장성보험료 350,000원
교육비	• 이철수(본인) : 정규 교육 과정 대학원 교육비 5,000,000원 • 이현수(아들) : 국내 소재 사립초등학교(「초·중등교육법」상의 정규 교육기관) 수업료 8,000,000원 　바이올린 학원비 2,400,000원 • 이리수(딸) : 「영유아보육법」상의 어린이집 교육비 1,800,000원
의료비	• 이철수(본인) : 질병 치료 목적 의료비 1,050,000원 • 이명수(부친) : 질병 치료 목적 국외 의료비 1,500,000원 • 이리수(딸) : 질병 치료 목적 의료비 250,000원
신용카드 사용액	• 이철수(본인) : 신용카드 사용액 32,500,000원 　(신용카드사용분 중 전통시장/대중교통/도서 등 사용분은 없음)

2024년 6월 1일 시행 제114회 전산세무회계자격시험	2교시	A형
• 종목 및 등급 : 전산세무2급	• 제한시간 : 90분(12:30~14:00)	
	📖 • 페이지수 : 14p	

📢 시험 시작 전 문제를 풀지 말 것

USB 수령	① 감독관으로부터 시험 응시에 필요한 종목별 수험용 BACKDATA 설치용 USB를 수령한다. ② USB 꼬리표가 본인의 응시 종목과 일치하는지 확인하고, 꼬리표 뒷면에 수험정보를 정확히 기재한다.
USB 설치	③ USB를 컴퓨터의 USB 포트에 삽입하여 인식된 해당 USB 드라이브로 이동한다. ④ USB 드라이브에서 수험용 BACKDATA 설치프로그램인 'Tax.exe' 파일을 실행한다. 　[주의] 수험용 BACKDATA 설치 이후, 시험 중 수험자 임의로 절대 재설치(초기화)하지 말 것.
수험정보입력	⑤ [수험번호(8자리)]와 [성명]을 정확히 입력한 후 [설치] 버튼을 클릭한다. ※입력한 수험정보는 이후 절대 수정이 불가하니 본인의 수험정보를 정확히 입력할 것.
시험지 수령	⑥ 시험지와 본인의 응시 종목 및 급수 일치 여부와 문제유형(A 또는 B)을 확인하고, 문제유형(A 또는 B)을 프로그램에 입력한다. ⑦ 시험지의 총 페이지수를 확인한다. 　※응시 종목 및 급수와 파본 여부를 확인하지 않은 것에 대한 책임은 수험자에게 있음.
시험 시작	⑧ 감독관이 불러주는 '감독관확인번호'를 정확히 입력하고, 시험에 응시한다.
(시험을 마치면) USB 저장	⑨ 이론문제의 답은 프로그램의 메인화면에서 　이론문제 답안작성　 을 클릭하여 입력한다. ⑩ 실무문제의 답은 문항별 요구사항을 수험자가 파악하여 각 메뉴에 입력한다. ⑪ 이론문제와 실무문제의 답안을 모두 입력한 후 　답안저장 (USB로 저장)　 을 클릭하여 답안을 저장한다. ⑫ [답안저장] 팝업창의 USB로 전송완료 메시지를 확인한다.
USB 제출	⑬ 답안이 수록된 USB 메모리를 빼서, <감독관>에게 제출 후 조용히 퇴실한다.

- 본 자격시험은 전산프로그램을 이용한 자격시험입니다. 컴퓨터의 사양에 따라 자격검정(KcLep)프로그램의 구동이 원활하지 않을 수 있으므로 자격검정(KcLep)프로그램의 진행 속도를 고려하여 입력해주시기를 바랍니다.
- 수험번호나 성명 등을 잘못 입력했거나, 답안을 USB에 저장하지 않음으로써 발생하는 일체의 불이익과 책임은 수험자 본인에게 있습니다.
- 타인의 답안을 자신의 답안으로 부정 복사한 경우 해당 관련자는 모두 불합격 처리됩니다.
- 타인 및 본인의 답안을 복사하거나 외부로 반출하는 행위는 모두 부정행위 처리됩니다.
- PC, 프로그램 등 조작 미숙으로 시험이 불가능하다고 판단될 경우 불합격 처리될 수 있습니다.
- 시험 진행 중에는 자격검정(KcLep)프로그램을 제외한 일체의 다른 프로그램을 사용할 수 없습니다.
  (예시. 인터넷, 메모장, 윈도우 계산기 등)

　이론문제 답안작성　 을 한번도 클릭하지 않으면 　답안저장 (USB로 저장)　 을 클릭해도 답안이 저장되지 않습니다.

이론시험

다음 문제를 보고 알맞은 것을 골라 [이론문제 답안작성] 메뉴에 입력하시오.(객관식 문항당 2점)

기본전제

문제에서 한국채택국제회계기준을 적용하도록 하는 전제조건이 없는 경우, 일반기업회계기준을 적용한다.

01

다음 중 재무상태표의 목적을 설명한 것으로 옳지 <u>않은</u> 것은?

① 일정시점 현재 기업이 보유하고 있는 경제적 자원에 대한 정보를 제공한다.

② 회계정보이용자들이 기업의 유동성, 재무적 탄력성, 수익성과 위험을 평가하는데 정보를 제공한다.

③ 기업이 보유하고 있는 자산과 부채, 그리고 자본에 대한 정보를 제공한다.

④ 종업원의 실적을 측정하여 근무태도를 평가한다.

02

재고자산의 단가결정방법 중 후입선출법에 대한 설명으로 바르지 <u>않은</u> 것은?

① 실제 물량흐름과 원가흐름이 대체로 일치한다.

② 기말재고가 가장 오래 전에 매입한 상품의 단가로 계상된다.

③ 물가가 상승한다는 가정에는 이익이 과소계상된다.

④ 물가가 상승한다는 가정에는 기말재고가 과소평가된다.

03

다음 중 일반기업회계기준상 거래형태별 수익 인식시점으로 가장 올바른 것은?

① 배당금 수익 : 배당금을 수취한 날

② 상품권 판매 : 상품권을 발행한 날

③ 장기할부판매 : 판매가격을 기간별로 안분하여 수익으로 인식한다.

④ 건설형 공사계약 : 공사 진행률에 따라 진행기준에 의해 수익을 인식한다.

04

다음 중 자본에 대한 설명으로 옳지 않은 것은?

① 상법 규정에 따라 자본금의 1/2에 달할 때까지 금전에 의한 이익배당액의 1/10 이상의 금액을 이익준비금으로 적립하여야 한다.

② 주식배당을 하면 자본금 계정과 자본총액은 변하지 않는다.

③ 자본은 주주의 납입자본에 기업활동을 통하여 획득하고 기업의 활동을 위해 유보된 금액을 가산하고, 기업활동으로 인한 손실 및 소유자에 대한 배당으로 인한 주주지분 감소액을 차감한 잔액이다.

④ 현금으로 배당하는 경우에는 배당액을 이익잉여금에서 차감한다.

다음은 시장성 있는 유가증권의 취득 및 처분에 대한 내역이다. 다음 중 아래의 자료에 대한 설명으로 **틀린** 것은?

- 2023년 07월 12일 : 주식회사 한세의 주식 10주를 주당 20,000원에 매입하였다.
- 2023년 12월 31일 : 주식회사 한세의 공정가치는 주당 19,000원이다.
- 2024년 05월 09일 : 주식회사 한세의 주식 전부를 주당 21,000원에 처분하였다.

① 단기매매증권으로 분류할 경우, 2023년 기말 장부가액은 200,000원이다.

② 매도가능증권으로 분류할 경우, 처분 시 매도가능증권처분이익은 10,000원이다.

③ 단기매매증권으로 분류할 경우, 처분 시 단기매매증권처분이익은 20,000원이다.

④ 매도가능증권으로 분류할 경우, 단기매매증권으로 분류하였을 경우보다 2024년 당기순이익이 감소한다.

06

다음 중 기본원가에 해당하면서 동시에 가공원가에 해당하는 것은?

① 직접재료원가   ② 직접노무원가
③ 제조간접원가   ④ 직접재료원가와 직접노무원가

㈜미르는 동일한 원재료를 투입하여 동일한 제조공정에서 제품 A, B, C를 생산하고 있다. 세 가지 제품에 공통적으로 투입된 결합원가가 400,000원일 때, 순실현가치법으로 결합원가를 배부하는 경우 제품 B의 제조원가는 얼마인가?

제품	생산량	단위당 판매가격	추가가공원가(총액)
A	200kg	@3,000원	없음
B	250kg	@2,000원	125,000원
C	500kg	@1,200원	75,000원

① 100,000원   ② 165,000원   ③ 200,000원   ④ 225,000원

08

다음 중 제조간접원가 배부차이 조정 방법에 해당하지 <u>않는</u> 것은?

① 매출원가조정법   ② 단계배분법   ③ 비례배분법   ④ 영업외손익법

09

다음 중 개별원가계산에 대한 설명으로 옳지 <u>않은</u> 것은?

① 제조간접원가는 원가대상에 직접 추적할 수 없으므로 배부기준을 정하여 배부율을 계산하여야 한다.

② 조선업이나 건설업 등에 적합한 원가계산 방법이다.

③ 단일 종류의 제품을 연속적으로 대량 생산하는 경우에 적용한다.

④ 실제개별원가계산에서는 제조간접원가를 기말 전에 배부할 수 없어 제품원가 계산이 지연된다는 단점이 있다.

10

다음 중 공손에 대한 설명으로 <u>틀린</u> 것을 고르시오.

① 정상품을 생산하는 과정에서 불가피하게 발생하는 계획된 공손을 정상공손이라고 한다.

② 정상공손은 예측이 가능하며 단기적으로 통제할 수 없다.

③ 비정상공손은 능률적인 생산조건 하에서는 발생하지 않을 것으로 예상되며 예측할 수 없다.

④ 비정상공손은 통제가능한 공손으로서 제품원가에 가산한다.

11

다음 중 우리나라 부가가치세법의 특징에 대한 설명으로 옳지 <u>않은</u> 것은?

① 전단계세액공제법   ② 간접세
③ 소비행위에 대하여 과세   ④ 생산지국 과세원칙

12

다음 중 부가가치세법상 공통매입세액 안분 계산을 생략하는 경우를 고르시오.

가. 해당 과세기간 중 공통매입세액이 5만원 미만인 경우
나. 해당 과세기간의 총공급가액 중 면세공급가액이 5% 미만이면서, 공통매입세액은 5백만원 이상인 경우
다. 해당 과세기간 중 공통매입세액이 없는 경우

① 가   ② 다   ③ 가, 다   ④ 가, 나, 다

13

다음 중 부가가치세법상 신고와 납부에 대한 설명으로 옳은 것은?

① 예정신고를 한 사업자는 이미 신고한 과세표준과 납부한 납부세액 또는 환급받은 세액은 각 과세기간의 확정신고에 대한 과세표준과 납부세액 또는 환급세액을 신고할 때 신고하지 아니한다.

② 모든 법인사업자는 예정신고기간의 과세표준과 납부세액을 관할 세무서장에게 신고해야 한다.

③ 신규로 사업을 시작하는 자에 대한 최초의 예정신고기간은 그 날이 속하는 과세기간의 개시일로부터 사업 개시일까지로 한다.

④ 모든 개인사업자는 예정신고를 하고 예정신고기간의 납부세액을 납부할 수 있다.

14

다음 중 소득세법상 과세 방법이 나머지와 다른 하나는 무엇인가?

① Gross-Up 대상 배당소득 2,400만원

② 일용근로소득 5,000만원

③ 주택임대소득이 아닌 부동산 임대소득 100만원

④ 인적용역을 일시적으로 제공하고 받은 대가 800만원

15

다음 중 소득세법상 사업소득 총수입금액에 산입하여야 하는 것은?

① 부가가치세 매출세액

② 사업과 관련된 자산수증이익

③ 사업용 고정자산 매각액 (복식부기의무자가 아님)

④ 자가생산한 제품을 타 제품의 원재료로 사용한 경우 그 금액

㈜효원상회(회사코드 : 1142)는 전자제품의 제조 및 도·소매업을 주업으로 영위하는 중소기업으로 당기(제11기)의 회계기간은 2024.1.1. ~ 2024.12.31.이다. 전산세무회계 수험용 프로그램을 이용하여 다음 물음에 답하시오.

기본전제

- 문제에서 한국채택국제회계기준을 적용하도록 하는 전제조건이 없는 경우, 일반기업회계기준을 적용하여 회계처리한다.
- 문제의 풀이와 답안작성은 제시된 문제의 순서대로 진행한다.

문제 1 [일반전표입력] 메뉴를 이용하여 다음의 거래자료를 입력하시오. (15점)

입력 시 유의사항

- 일반적인 적요의 입력은 생략하지만, 타계정 대체거래는 적요 번호를 선택하여 입력한다.
- 채권·채무와 관련된 거래는 별도의 요구가 없는 한 반드시 기등록된 거래처코드를 선택하는 방법으로 거래처명을 입력한다.
- 제조경비는 500번대 계정코드를, 판매비와관리비는 800번대 계정코드를 사용한다.
- 회계처리 시 계정과목은 별도의 제시가 없는 한 등록된 계정과목 중 가장 적절한 과목으로 한다.

[1] 01월 25일 미지급세금으로 계상되어 있는 2023년 제2기 확정 부가가치세 납부세액 8,500,000원을 국민카드로 납부하였다. 단, 납부대행수수료는 납부세액의 0.8%이며, 세금과공과(판)로 처리한다. (3점)

[2] 01월 31일 제품 판매대금으로 수령한 약속어음을 하나은행에 할인하고, 할인수수료 85,000원을 차감한 잔액이 보통예금 계좌로 입금되었다(단, 매각거래로 회계처리 할 것). (3점)

전 자 어 음

㈜효원상회 귀하

금 일천만원정   **10,000,000원**

지급기일 2024년 03월 31일   **발행일** 2023년 12월 31일
지 급 지 국민은행   **발행지**
지급장소 신중동역 종합금융센터   **주 소** 경기도 부천시 길주로 284, 805호
                    발행인 무인상사㈜

[3] 02월 04일 액면가액 10,000,000원(5년 만기)인 사채를 9,800,000원에 할인발행하였으며, 대금은 전액 보통예금 계좌로 입금되었다. (3점)

[4] 06월 17일 생산부에서 사용할 소모품을 현금으로 구입하고 아래의 간이영수증을 수령하였다(단, 당기 비용으로 처리할 것). (3점)

영 수 증(공급받는자용)					
No.		㈜효원상회 귀하			
공급자	사업자등록번호	150-45-51052			
	상 호	나래철물	성 명	이나래	(인)
	사 업 장 소 재 지	서울시 강남구 도곡동			
	업 태	도소매	종 목	철물점	
작성년월일		공급대가 총액		비고	
2024.06.17.		20,000원			
위 금액을 정히 영수(청구)함.					
월일	품목	수량	단가	공급가(금액)	
06.17.	청소용품	2	10,000원	20,000원	
합계				20,000원	
부가가치세법시행규칙 제25조의 규정에 의한 (영수증)으로 개정					

[5] 09월 13일 매입처인 ㈜제주상사로부터 일시적으로 차입한 50,000,000원에 대하여 이자를 지급하였다. 이자 200,000원에 대한 원천징수세액은 55,000원이다. 당사는 이자에서 원천징수세액을 차감한 금액을 보통예금 계좌에서 송금하였다. (3점)

입력 시 유의사항

- 일반적인 적요의 입력은 생략하지만, 타계정 대체거래는 적요 번호를 선택하여 입력한다.
- 채권·채무 관련 거래는 별도의 요구가 없는 한 반드시 기등록된 거래처코드를 선택하는 방법으로 거래처명을 입력한다.
- 제조경비는 500번대 계정코드를, 판매비와관리비는 800번대 계정코드를 사용한다.
- 회계처리 시 계정과목은 등록된 계정과목 중 가장 적절한 과목으로 한다.
- 입력 화면 하단의 분개까지 처리하고, 세금계산서 및 계산서는 전자 여부를 입력하여 반영한다.

[1] 07월 08일 내국신용장에 의하여 ㈜한빛에 제품을 22,000,000원에 판매하고, 영세율전자세금계산서를 발급하였다. 판매대금 중 계약금을 제외한 잔금은 ㈜한빛이 발행한 약속어음(만기 3개월)으로 수령하였으며, 계약금 7,000,000원은 작년 말에 현금으로 받았다(단, 서류번호 입력은 생략할 것). (3점)

[2] 07월 15일 회사 사옥을 신축하기 위하여 취득한 토지의 부동산중개수수료에 대하여 ㈜다양으로부터 아래의 전자세금계산서를 수취하였다. (3점)

전자세금계산서				승인번호		20240715-10454645-53811338		
공급자	등록번호	211-81-41992	종사업장번호		공급받는자	등록번호	651-81-00898	종사업장번호	
	상호(법인명)	㈜다양	성명	오미인		상호(법인명)	㈜효원상회	성명	오미자
	사업장	서울시 금천구 시흥대로 198-11				사업장	경기도 용인시 처인구 경안천로 2-7		
	업태	서비스	종목	부동산중개		업태	제조 외	종목	전자제품
	이메일	ds114@naver.com				이메일	jjsy77@naver.com		
						이메일			

작성일자	공급가액	세액	수정사유
2024/07/15	10,200,000	1,020,000	해당 없음
비고			

월	일	품목	규격	수량	단가	공급가액	세액	비고
07	15	토지 중개수수료				10,200,000	1,020,000	

합계금액	현금	수표	어음	외상미수금	이 금액을 (청구) 함
11,220,000				11,220,000	

[3] 08월 05일 생산부 직원들의 단합을 위한 회식을 하고 식사비용 275,000원(부가가치세 포함)을 현금으로 지급하였으며, 일반과세자인 ㈜벽돌갈비로부터 지출증빙용 현금영수증을 적법하게 발급받았다. (3점)

Hometax. 국세청홈택스 현금영수증

● 거래정보

거래일시	2024-08-05 20:12:55
승인번호	G00260107
거래구분	승인거래
거래용도	지출증빙
발급수단번호	651-81-00898

● 거래금액

공급가액	부가세	봉사료	총 거래금액
250,000	25,000	0	275,000

● 가맹점 정보

상호	㈜벽돌갈비
사업자번호	123-81-98766
대표자명	심재은
주소	서울시 송파구 방이동 12-2

● 익일 홈택스에서 현금영수증 발급 여부를 반드시 확인하시기 바랍니다.
● 홈페이지 (http : //www.hometax.go.kr)
 - 조회/발급 > 현금영수증 조회 > 사용내역(소득공제) 조회

[4] 08월 20일 영업부에서 사용하던 업무용 승용자동차(12고1234)를 헤이중고차상사㈜에 5,500,000원(부가가치세 포함)에 처분하고 전자세금계산서를 발급하였다. 대금은 전액 보통예금 계좌로 지급받았으며, 해당 차량은 20,000,000원에 취득한 것으로 처분일 현재 감가상각누계액은 16,000,000원이다. (3점)

[5] 09월 12일 제조공장의 임대인으로부터 다음의 전자세금계산서를 발급받았다. 단, 비용은 아래의 품목에 기재된 계정과목으로 각각 회계처리하시오. (3점)

전자세금계산서

승인번호	20240912-31000013-44346111

공급자

등록번호	130-55-08114	종사업장번호	
상호(법인명)	건물주	성명	편미선
사업장	경기도 부천시 길주로 1		
업태	부동산업	종목	부동산임대
이메일			

공급받는자

등록번호	651-81-00898	종사업장번호	
상호(법인명)	㈜효원상회	성명	오미자
사업장	경기도 용인시 처인구 경안천로 2-7		
업태	제조 외	종목	전자제품
이메일	jjsy77@naver.com		
이메일			

작성일자	공급가액	세액	수정사유
2024/09/12	3,000,000	300,000	해당 없음
비고			

월	일	품목	규격	수량	단가	공급가액	세액	비고
09	12	임차료				2,800,000	280,000	
09	12	건물관리비				200,000	20,000	

합계금액	현금	수표	어음	외상미수금	이 금액을 (청구) 함
3,300,000				3,300,000	

문제 3 부가가치세 신고와 관련하여 다음 물음에 답하시오. (10점)

[1] 아래의 자료를 이용하여 2024년 제1기 부가가치세 확정신고기간의 [수출실적명세서]를 작성하시오(단, 거래처코드와 거래처명은 등록된 거래처를 조회하여 사용할 것). (3점)

거래처	수출신고번호	선적일	환가일	통화	수출액	기준환율	
						선적일	환가일
BOB	12345-77-100066X	2024.06.15	2024.04.10	USD	$80,000	1,350원/$	1,300원/$
ORANGE	22244-88-100077X	2024.06.15	2024.06.30	EUR	52,000	1,400원/	1,410원/

[2] 다음의 자료만을 이용하여 2024년 제2기 확정신고기간의 [부가가치세신고서]를 작성하시오(단, 불러온 데이터 값은 무시하고 새로 입력할 것). (5점)

구분	자료
매출자료	1. 전자세금계산서 발급분 과세 매출액 : 공급가액 155,000,000원, 세액 15,500,000원 2. 종이세금계산서 발급분 과세 매출액 : 공급가액 12,500,000원, 세액 1,250,000원 3. 내국신용장에 의한 영세율 매출액 : 공급가액 100,000,000원, 세액 0원 4. 당기에 대손이 확정(대손세액 공제 요건 충족)된 채권 : 1,320,000원(VAT 포함)

매입자료

1. 전자세금계산서 수취분 매입내역

구분	공급가액	세액
일반 매입	185,000,000원	18,500,000원
일반 매입(접대성 물품)	2,400,000원	240,000원
제조부 화물차 구입	28,000,000원	2,800,000원
합계	215,400,000원	21,540,000원

2. 신용카드 사용분 매입내역

구분	공급가액	세액
일반 매입	18,554,200원	1,855,420원
사업과 관련 없는 매입	1,363,637원	136,363원
비품(고정자산) 매입	2,545,455원	254,545원
예정신고누락분(일반 매입)	500,000원	50,000원
합계	22,963,292원	2,296,328원

구분	자료
기타	1. 당사는 법인으로 전자세금계산서 의무발급대상자이나 종이세금계산서 발급 1건이 있다. (위 매출자료의 '2. 종이세금계산서 발급분 과세 매출액') 2. 위 '기타 1.' 외 전자세금계산서의 발급 및 국세청 전송은 정상적으로 이루어졌다. 3. 예정신고누락분은 확정신고 시에 반영하기로 한다. 4. 전자신고세액공제를 받기로 한다.

[3] 다음의 자료를 이용하여 2024년 제1기 부가가치세 예정신고기간(1월 1일~3월 31일)의 [부가가치세신고서] 및 관련 부속서류를 전자신고하시오. (2점)

1. 부가가치세신고서와 관련 부속서류는 마감되어 있다.
2. [전자신고] → [국세청 홈택스 전자신고변환(교육용)] 순으로 진행한다.
3. [전자신고]의 [전자신고제작] 탭에서 신고인구분은 2.납세자 자진신고를 선택하고, 비밀번호는 "12345678"로 입력한다.
4. 국세청 홈택스 전자신고변환(교육용) → 전자파일변환(변환대상파일선택) → 찾아보기 에서 전자신고용 전자파일을 선택한다.
5. 전자신고용 전자파일 저장경로는 로컬디스크(C:)이며, 파일명은 "enc작성연월일.101.v사업자등록번호"이다.
6. 형식검증하기 → 형식검증결과확인 → 내용검증하기 → 내용검증결과확인 → 전자파일제출 을 순서대로 클릭한다.
7. 최종적으로 전자파일 제출하기 를 완료한다.

문제 4 결산정리사항은 다음과 같다. 관련 메뉴를 이용하여 결산을 완료하시오. (15점)

[1] 당기 중 현금 시재가 부족하여 현금과부족으로 처리했던 1,200,000원의 원인이 결산일 현재 다음과 같이 확인되었다(단, 항목별로 적절한 계정과목으로 처리하고, 하나의 전표로 입력할 것). (3점)

내용	금액
불우이웃돕기 성금	1,000,000원
영업부 거래처 직원의 결혼 축의금	200,000원

[2] 제조부의 제품 생산공장에 대한 화재보험료 전액을 납부일에 즉시 비용으로 처리하였다. 결산일에 필요한 회계처리를 하시오(단, 보험료는 월할 계산한다). (3점)

구분	보장기간	납부일	납부액
제조부 제품 생산공장 화재보험료	2024.06.01.~2025.05.31.	2024.06.01.	3,600,000원

[3] 대표자에게 대여한 20,000,000원(대여기간 : 2024.01.01.~2024.12.31.)에 대하여 당좌대출이자율(연 4.6%)로 계산한 이자상당액을 보통예금 계좌로 입금받았다. (3점)

[4] 당사는 기말 현재 보유 중인 다음의 3가지 채권의 잔액에 대해서만 1%의 대손충당금을 보충법으로 설정하고 있다(단, 원 단위 미만은 절사한다). (3점)

구분	기말잔액	설정 전 대손충당금 잔액
외상매출금	548,550,000원	4,750,000원
받을어음	22,700,000원	20,000원
단기대여금	50,000,000원	0원

[5] 기말 현재 당기분 법인세(지방소득세 포함)는 8,400,000원으로 산출되었다. 단, 당기분 법인세 중간예납세액과 이자소득 원천징수세액의 합계액인 5,800,000원은 선납세금으로 계상되어 있다. (3점)

문제 5 | 2024년 귀속 원천징수와 관련된 다음의 물음에 답하시오. (15점)

[1] 다음은 영업부 대리 정기준(사번 : 33)의 급여 관련 자료이다. 필요한 [수당공제등록]을 하고 4월분 [급여자료입력]과 [원천징수이행상황신고서]를 작성하시오. (5점)

1. 4월의 급여 지급내역은 다음과 같다.

이름 : 정기준		지급일 : 2024년 04월 30일	
기본급	2,800,000원	국민연금	153,000원
직책수당	400,000원	건강보험	120,530원
야간근로수당	200,000원	장기요양보험	15,600원
(비과세) 식대	200,000원	고용보험	27,200원
(비과세) 자가운전보조금	200,000원	소득세	114,990원
(비과세) 출산보육수당	200,000원	지방소득세	11,490원
급여 합계	4,000,000원	공제합계	442,810원
		차인지급액	3,557,190원

2. 수당공제등록 시 다음에 주의하여 입력한다.
 • 수당등록 시 사용하는 수당 이외의 항목은 사용 여부를 "부"로 체크한다.(단, 월정액 여부와 통상임금 여부는 무시할 것)
 • 공제등록은 고려하지 않는다.
3. 급여자료입력 시 다음에 주의하여 입력한다.
 • 비과세에 해당하는 항목은 모두 비과세 요건을 충족하며, 최대한 반영하기로 한다.
 • 공제항목은 불러온 데이터를 무시하고 직접 입력하여 작성한다.
4. 원천징수는 매월하고 있으며, 전월 미환급세액은 601,040원이다.

[2] 다음은 2024.08.01. 홍보부에 입사한 홍상현(사원코드 : 1005, 세대주) 사원의 연말정산 관련 자료이다. 다음 자료를 이용하여 [연말정산추가자료입력] 메뉴의 [소득명세] 탭, [부양가족(보험료, 교육비)] 탭, [신용카드 등] 탭, [의료비] 탭을 작성하여 [연말정산입력] 탭에서 연말정산을 완료하시오(단, 근로자 본인의 세부담 최소화를 가정한다). (10점)

1. 전(前)근무지 근로소득원천징수영수증
• 근무기간 : 2024.01.01.~2024.07.31.
• 근무처 : 주식회사 두섬(사업자등록번호 : 103-81-62982)
• 소득명세 : 급여 26,000,000원, 상여 1,000,000원(비과세 급여, 비과세 상여 및 감면소득 없음)

세액명세	소득세	지방소득세	공제보험료 명세	건강보험료	905,300원
결정세액	340,000원	34,000원		장기요양보험료	115,900원
기납부세액	460,000원	46,000원		고용보험료	243,000원
차감징수세액	- 120,000원	- 12,000원		국민연금보험료	1,170,000원

2. 가족사항 : 모두 동거하며, 생계를 같이 함

성명	관계	주민번호	비고
홍상현	본인	860314-1287653	현근무지 총급여액 15,000,000원
이명지	배우자	860621-2044775	총급여액 6,000,000원
홍라율	자녀	190827-4842416	소득 없음
홍천운	부친	580919-1287035	소득 없음

※ 기본공제대상자가 아닌 경우, 기본공제 "부"로 입력할 것

3. 연말정산추가자료
(안경 구입비용을 제외한 연말정산 자료는 모두 국세청 홈택스 연말정산간소화서비스 자료임)

항목	내용
보험료	• 홍상현(본인) - 자동차운전자보험료 800,000원 • 이명지(배우자) - 보장성보험료 800,000원 • 홍라율(자녀) - 일반보장성보험료 500,000원

의료비	• 홍상현(본인) - 질병치료비 300,000원
	      - 시력보정용 안경 구입비용 700,000원
	        (상호 : 모든안경, 사업자등록번호 : 431-01-00574)
	• 홍라율(자녀) - 질병치료비 400,000원
	• 홍천운(부친) - 질병치료비 8,000,000원

교육비	• 홍상현(본인) - 정규 교육 과정 대학원 교육비 7,000,000원 • 홍라율(자녀) - 「영유아보육법」상의 어린이집 교육비 2,400,000원
신용카드 등 사용액	• 홍상현(본인) - 신용카드 사용액 23,000,000원(대중교통 사용분 1,000,000원 포함) - 현금영수증 사용액 7,000,000원(전통시장 사용분 4,000,000원 포함) • 홍상현의 신용카드 사용액은 위 의료비 지출액이 모두 포함된 금액이다. • 제시된 내용 외 전통시장/대중교통/도서 등 사용분은 없다.

이론과 실무문제의 답을 모두 입력한 후 답안저장 (USB로 저장) 을 클릭하여 저장하고, USB메모리를 제출하시기 바랍니다.

2024년 4월 6일 시행 제113회 전산세무회계자격시험	2교시	A형
• 종목 및 등급 : 전산세무2급	⏱ • 제한시간: 90분(12:30~14:00)	
	📖 • 페이지수: 14p	

📢 시험 시작 전 문제를 풀지 말 것

USB 수령	① 감독관으로부터 시험 응시에 필요한 종목별 수험용 BACKDATA 설치용 USB를 수령한다. ② USB 꼬리표가 본인의 응시 종목과 일치하는지 확인하고, 꼬리표 뒷면에 수험정보를 정확히 기재한다.
USB 설치	③ USB를 컴퓨터의 USB 포트에 삽입하여 인식된 해당 USB 드라이브로 이동한다. ④ USB 드라이브에서 수험용 BACKDATA 설치프로그램인 'Tax.exe' 파일을 실행한다. [주의] 수험용 BACKDATA 설치 이후, 시험 중 수험자 임의로 절대 재설치(초기화)하지 말 것.
수험정보입력	⑤ [수험번호(8자리)]와 [성명]을 정확히 입력한 후 [설치] 버튼을 클릭한다. ※입력한 수험정보는 이후 절대 수정이 불가하니 본인의 수험정보를 정확히 입력할 것.
시험지 수령	⑥ 시험지와 본인의 응시 종목 및 급수 일치 여부와 문제유형(A 또는 B)을 확인하고, 문제유형(A 또는 B)을 프로그램에 입력한다. ⑦ 시험지의 총 페이지수를 확인한다. 　※응시 종목 및 급수와 파본 여부를 확인하지 않은 것에 대한 책임은 수험자에게 있음.
시험 시작	⑧ 감독관이 불러주는 '감독관확인번호'를 정확히 입력하고, 시험에 응시한다.
(시험을 마치면) USB 저장	⑨ 이론문제의 답은 프로그램의 메인화면에서 [이론문제 답안작성] 을 클릭하여 입력한다. ⑩ 실무문제의 답은 문항별 요구사항을 수험자가 파악하여 각 메뉴에 입력한다. ⑪ 이론문제와 실무문제의 답안을 모두 입력한 후 [답안저장 (USB로 저장)] 을 클릭하여 답안을 저장한다. ⑫ [답안저장] 팝업창의 USB로 전송완료 메시지를 확인한다.
USB 제출	⑬ 답안이 수록된 USB 메모리를 빼서, <감독관>에게 제출 후 조용히 퇴실한다.

- 본 자격시험은 전산프로그램을 이용한 자격시험입니다. 컴퓨터의 사양에 따라 자격검정(KcLep)프로그램의 구동이 원활하지 않을 수 있으므로 자격검정(KcLep)프로그램의 진행 속도를 고려하여 입력해주시기를 바랍니다.
- 수험번호나 성명 등을 잘못 입력했거나, 답안을 USB에 저장하지 않음으로써 발생하는 일체의 불이익과 책임은 수험자 본인에게 있습니다.
- 타인의 답안을 자신의 답안으로 부정 복사한 경우 해당 관련자는 모두 불합격 처리됩니다.
- 타인 및 본인의 답안을 복사하거나 외부로 반출하는 행위는 모두 부정행위 처리됩니다.
- PC, 프로그램 등 조작 미숙으로 시험이 불가능하다고 판단될 경우 불합격 처리될 수 있습니다.
- 시험 진행 중에는 자격검정(KcLep)프로그램을 제외한 일체의 다른 프로그램을 사용할 수 없습니다.
  (예시. 인터넷, 메모장, 윈도우 계산기 등)

[이론문제 답안작성] 을 한번도 클릭하지 않으면 [답안저장 (USB로 저장)] 을 클릭해도 답안이 저장되지 않습니다.

이론시험

다음 문제를 보고 알맞은 것을 골라 **이론문제 답안작성** 메뉴에 입력하시오. (객관식 문항당 2점)

기본전제

문제에서 한국채택국제회계기준을 적용하도록 하는 전제조건이 없는 경우, 일반기업회계기준을 적용한다.

01

다음 중 재무상태표의 구성요소에 대한 설명으로 틀린 것은?

① 부채는 유동성에 따라 유동부채와 비유동부채로 구분한다.

② 자산과 부채는 유동성이 큰 항목부터 배열하는 것을 원칙으로 한다.

③ 자산은 유동자산과 비유동자산으로 구분하며 유동자산은 당좌자산과 투자자산으로 구분한다.

④ 자본은 자본금, 자본잉여금, 자본조정, 기타포괄손익누계액 및 이익잉여금(결손금)으로 구분한다.

02

다음의 자료를 이용하여 기말 자본잉여금을 구하시오. 단, 기초 자본잉여금은 10,000,000원이다.

당기에 발생한 자본 항목의 증감 내역은 아래와 같다.

- 주식발행초과금 증가 2,000,000원
- 이익준비금 적립 3,000,000원
- 자기주식처분이익 발생 300,000원
- 자본금 증가 5,000,000원

① 12,000,000원   ② 12,300,000원   ③ 15,000,000원   ④ 17, 000, 000원

03

다음 중 받을어음의 대손충당금을 과대 설정하였을 경우 재무제표에 미치는 영향으로 올바른 것은?

① 자산의 과소계상   ② 비용의 과소계상

③ 당기순이익 과대계상   ④ 이익잉여금의 과대계상

04

다음 중 일반기업회계기준에 따른 유형자산에 대한 설명으로 옳지 않은 것은?

① 취득원가는 구입원가 또는 제작원가 및 경영진이 의도하는 방식으로 자산을 가동하는 데 필요한 장소와 상태에 이르게 하는 데 직접 관련되는 원가로 구성된다.

② 취득세, 등록면허세 등 유형자산의 취득과 직접 관련된 제세공과금은 당기비용으로 처리한다.

③ 새로운 상품과 서비스를 소개하는 데 소요되는 원가(예 : 광고 및 판촉활동과 관련된 원가)는 유형자산의 원가를 구성하지 않는다.

④ 건물을 신축하기 위하여 사용 중인 기존 건물을 철거하는 경우 그 건물의 장부금액은 제거하여 처분손실로 반영하고, 철거비용은 전액 당기비용으로 처리한다.

05

다음 중 충당부채에 대한 설명으로 **틀린** 것은?

① 과거사건에 의해 충당부채를 인식하기 위해서는 그 사건이 기업의 미래행위와 독립적이어야 한다.

② 충당부채는 보고기간말마다 그 잔액을 검토하고, 보고기간말 현재 최선의 추정치를 반영하여 증감조정한다.

③ 충당부채를 발생시킨 사건과 밀접하게 관련된 자산의 예상되는 처분차익은 충당부채 금액의 측정에 고려하지 아니한다.

④ 의무발생사건의 결과로 현재의무가 존재하면 자원의 유출 가능성이 낮더라도 충당부채로 인식해야 한다.

06

㈜한국은 선입선출법에 의한 종합원가계산을 적용하고 있으며, 당기 생산 관련 자료는 아래와 같다. 품질검사는 완성도 30% 시점에서 이루어지며, 당기에 검사를 통과한 정상품의 3%를 정상공손으로 간주한다. 당기의 정상공손수량은 몇 개인가?

<물량흐름>			
	기초재공품	500개	(완성도 70%)
	당기착수량	2,000개	
	당기완성량	2,000개	
	기말재공품	300개	(완성도 50%)

① 51개　　② 54개　　③ 60개　　④ 75개

07

다음 중 원가회계의 목적과 거리가 **먼** 것은?

① 내부 경영 의사결정에 필요한 원가 정보를 제공하기 위함이다.

② 원가통제에 필요한 원가 정보를 제공하기 위함이다.

③ 손익계산서상 제품 원가에 대한 원가 정보를 제공하기 위함이다.

④ 이익잉여금처분계산서상 이익잉여금 처분 정보를 제공하기 위함이다.

08

다음은 정상원가계산을 채택하고 있는 ㈜서울의 2024년 원가 관련 자료이다. ㈜서울은 직접노동시간에 비례하여 제조간접원가를 배부한다. 제조간접원가 배부액을 구하시오.

- 제조간접원가 예산 : 39,690,000원
- 예산 직접노동시간 : 90,000시간
- 실제 제조간접원가 : 44,100,000원
- 실제 직접노동시간 : 70,000시간

① 30,870,000원   ② 34,300,000원   ③ 47,800,000원   ④ 51,030,000원

09

다음 중 제조원가의 분류로 잘못 구성된 것을 고르시오.

① 추적가능성에 따른 분류 : 직접재료원가, 간접재료원가, 직접노무원가, 간접노무원가
② 제조원가의 요소에 따른 분류 : 직접재료원가, 직접노무원가, 제조간접원가
③ 원가행태에 따른 분류 : 재료원가, 노무원가, 제조간접원가
④ 발생형태에 따른 분류 : 재료원가, 노무원가, 제조경비

10

다음 중 보조부문원가의 배분 방법에 대한 설명으로 옳은 것은?

① 직접배분법은 보조부문 상호간의 용역수수관계를 전혀 인식하지 않아 항상 가장 부정확하다.
② 상호배분법은 보조부문 상호간의 용역수수관계를 가장 정확하게 배분하므로 가장 많이 이용된다.
③ 단계배분법은 보조부문 상호간의 용역수수관계를 일부 인식하며 배분 순서에 따라 결과가 달라진다.
④ 단계배분법은 우선순위가 낮은 부문의 원가를 우선순위가 높은 부문과 제조부문에 먼저 배분한다.

11

다음 중 부가가치세법상 아래의 수정세금계산서 발급 방법에 대한 수정세금계산서 발급 사유로 옳은 것은?

(수정세금계산서 발급 방법)
사유 발생일을 작성일로 적고 비고란에 처음 세금계산서 작성일을 덧붙여 적은 후 붉은색 글씨로 쓰거나 음의 표시를 하여 발급

① 착오로 전자세금계산서를 이중으로 발급한 경우
② 계약의 해제로 재화 또는 용역이 공급되지 아니한 경우
③ 필요적 기재사항 등이 착오 외의 사유로 잘못 적힌 경우
④ 면세 등 세금계산서 발급 대상이 아닌 거래 등에 대하여 세금계산서를 발급한 경우

12

다음 중 부가가치세법상 공제하지 아니하는 매입세액이 <u>아닌</u> 것은?

① 토지에 관련된 매입세액
② 사업과 직접 관련이 없는 지출에 대한 매입세액
③ 기업업무추진비 및 이와 유사한 비용 지출에 대한 매입세액
④ 세금계산서 임의적 기재사항의 일부가 적히지 아니한 지출에 대한 매입세액

13

다음 중 부가가치세법상 환급에 대한 설명으로 가장 옳지 <u>않은</u> 것은?

① 각 과세기간별로 그 과세기간에 대한 환급세액을 확정신고한 사업자에게 그 확정신고기한이 지난 후 25일 이내에 환급하여야 한다.
② 재화 및 용역의 공급에 영세율을 적용받는 경우 조기환급 신고할 수 있다.
③ 조기환급 신고의 경우 조기환급 신고기한이 지난 후 15일 이내에 환급할 수 있다.
④ 사업 설비를 신설·취득·확장 또는 증축하는 경우 조기환급 신고할 수 있다.

14

다음 중 소득세법상 종합소득에 대한 설명으로 <u>틀린</u> 것은?

① 이자소득은 총수입금액과 소득금액이 동일하다.
② 퇴직소득과 양도소득은 종합소득에 해당하지 않는다.
③ 사업소득, 근로소득, 연금소득, 기타소득에는 비과세 소득이 존재한다.
④ 금융소득(이자 및 배당)은 납세자의 선택에 따라 금융소득종합과세를 적용할 수 있다.

15

다음 중 소득세법상 결손금과 이월결손금에 대한 설명으로 가장 옳지 <u>않은</u> 것은?

① 비주거용 부동산 임대업에서 발생한 이월결손금은 타 소득에서 공제할 수 없다.
② 추계 신고 시에는 원칙적으로 이월결손금을 공제할 수 없다.
③ 해당 과세기간에 일반사업소득에서 결손금이 발생하고 이월결손금도 있는 경우에는 이월결손금을 먼저 다른 소득금액에서 공제한다.
④ 결손금의 소급공제는 중소기업에 한하여 적용 가능하다.

㈜파도상회(회사코드 : 1132)는 전자제품의 제조 및 도·소매업을 주업으로 영위하는 중소기업으로, 당기(제13기)의 회계기간은 2024.1.1.~2024.12.31.이다. 전산세무회계 수험용 프로그램을 이용하여 다음 물음에 답하시오.

기본전제

• 문제에서 한국채택국제회계기준을 적용하도록 하는 전제조건이 없는 경우, 일반기업회계기준을 적용하여 회계처리한다.
• 문제의 풀이와 답안작성은 제시된 문제의 순서대로 진행한다.

문제 1 [일반전표입력] 메뉴를 이용하여 다음의 거래자료를 입력하시오. (15점)

입력 시 유의사항

• 일반적인 적요의 입력은 생략하지만, 타계정 대체거래는 적요 번호를 선택하여 입력한다.
• 채권·채무와 관련된 거래는 별도의 요구가 없는 한 반드시 기등록된 거래처코드를 선택하는 방법으로 거래처명을 입력한다.
• 제조경비는 500번대 계정코드를, 판매비와관리비는 800번대 계정코드를 사용한다.
• 회계처리 시 계정과목은 별도의 제시가 없는 한 등록된 계정과목 중 가장 적절한 과목으로 한다.

[1] 03월 21일 정기 주주총회에서 이익배당을 결의하다. 다음은 정기 주주총회 의사록이며, 실제 배당금 지급일은 4월로 예정되었다(단, 이익배당과 관련된 회계처리를 이월이익잉여금(375) 계정을 사용하여 회계처리할 것). (3점)

제12기 정기 주주총회 의사록

㈜파도상회

1. 일시 : 2024년 3월 21일 16시
2. 장소 : 경기도 부천시 길주로 284, 515호 (중동, 신중동역 헤리움 메트로타워)
3. 출석상황

주주총수 : 5명	주식총수 : 100,000주	
출석주주 : 5명	주식총수 : 100,000주	
참 석 율 : 100%		100%

의장인 사내이사 이도진은 정관 규정에 따라 의장석에 등단하여 위와 같이 법정수에 달하는 주주가 출석하여 본 총회가 적법하게 성립되었음을 알리고 개회를 선언하다.

제1호 의안 : 제12기(2023년 1월 1일부터 2023년 12월 31일까지) 재무제표 승인의 건
의장은 본 의안을 2023년 결산기가 2023년 12월 31일자로 종료됨에 따라 재무상태표 및 손익계산서를 보고하고 이에 따른 승인을 구한바 참석주주 전원의 일치로 이를 승인가결하다.

제2호 의안 : 제12기 이익배당의 건
의장은 제12기(2023년) 배당에 관한 안건을 상정하고 의안에 대한 설명 및 필요성을 설명하고 그 승인을 구한바, 만장일치로 찬성하여 다음과 같이 승인 가결하다.
  1) 배당에 관한 사항
  가. 1주당 배당금 : 보통주 1,000원
  나. 액면배당률 : 보통주   10%
  다. 배당총액 : 100,000,000원
  2) 기타사항
  가. 배당은 현금배당으로 하며, 이익배당액의 10%를 결의일에 이익준비금으로 적립한다.
이상으로서 금일의 의안 전부를 심의 종료하였으므로 의장은 폐회를 선언하다.

위 결의를 명확히 하기 위해 이 의사록을 작성하고 의장과 출석한 이사 및 감사 아래에 기명 날인한다.

---

[2] 03월 28일 남일상사에 대한 외상매입금 15,500,000원 중 7,000,000원은 보통예금 계좌에서 이체하여 지급하였으며 잔액은 대표자 개인 명의의 보통예금 계좌에서 이체하여 지급하였다(단, 가수금 계정을 사용하고, 거래처(00133)를 입력할 것). (3점)

[3] 06월 25일 외부 강사를 초청하여 영업부 직원들의 CS교육을 실시하고 강사료 2,400,000원에서 원천징수세액 (지방소득세 포함) 79,200원을 차감한 금액을 보통예금 계좌에서 지급하였다. (3점)

[4] 08월 10일 단기매매차익을 얻을 목적으로 전기에 취득하여 보유하고 있던 ㈜연홍의 주식(취득가액 500,000원)을 모두 1,000,000원에 처분하고 대금에서 거래수수료 등 제비용 50,000원을 차감한 잔액이 보통예금 계좌로 입금되었다. (3점)

[5] 09월 05일 제품 생산에 투입할 원재료로 사용하기 위해 구입하여 보관 중인 미가공식료품을 수재민을 도와주기 위하여 지방자치단체에 무상으로 기부하였다. 단, 취득원가는 2,000,000원이며, 시가는 2,100,000원이다. (3점)

문제 2 [매입매출전표입력] 메뉴를 이용하여 다음의 거래자료를 입력하시오. (15점)

입력 시 유의사항

- 일반적인 적요의 입력은 생략하지만, 타계정 대체거래는 적요 번호를 선택하여 입력한다.
- 채권·채무 관련 거래는 별도의 요구가 없는 한 반드시 기등록된 거래처코드를 선택하는 방법으로 거래처명을 입력한다.
- 제조경비는 500번대 계정코드를, 판매비와관리비는 800번대 계정코드를 사용한다.
- 회계처리 시 계정과목은 등록된 계정과목 중 가장 적절한 과목으로 한다.
- 입력 화면 하단의 분개까지 처리하고, 세금계산서 및 계산서는 전자 여부를 입력하여 반영한다.

[1] 07월 17일 비사업자인 개인 소비자 추미랑에게 제품을 판매하고 대금은 현금으로 받아 아래의 현금영수증을 발급하였다. (3점)

Hometax. 국세청홈택스	현금영수증

● 거래정보

거래일시	2024/07/17
승인번호	G45972376
거래구분	승인거래
거래용도	소득공제
발급수단번호	010 - **** - 9694

● 거래금액

공급가액	부가세	봉사료	총 거래금액
480,000	48,000	0	528,000

● 가맹점 정보

상호	㈜파도상회
사업자번호	124-86-94282
대표자명	이도진
주소	경기도 부천시 길주로 284, 515호

● 익일 홈택스에서 현금영수증 발급 여부를 반드시 확인하시기 바랍니다.
● 홈페이지 (http : //www.hometax.go.kr)
 - 조회/발급 > 현금영수증 조회 > 사용내역(소득공제) 조회
      > 매입내역(지출증빙) 조회
● 관련문의는 국세상담센터(☎126-1-1)

[2] 07월 28일 비사업자인 개인에게 영업부 사무실에서 사용하던 에어컨(취득원가 2,500,000원, 감가상각누계액 1,500,000원)을 1,100,000원(부가가치세 포함)에 판매하고, 대금은 보통예금 계좌로 받았다(단, 별도의 세금계산서나 현금영수증을 발급하지 않았으며, 거래처 입력은 생략할 것). (3점)

[3] 08월 28일 해외거래처인 LQTECH로부터 제품 생산에 필요한 원재료를 수입하면서 인천세관으로부터 아래의 수입전자세금계산서를 발급받고, 부가가치세는 현금으로 납부하였다(단, 재고자산에 대한 회계처리는 생략할 것). (3점)

수입전자세금계산서					승인번호	20240828-11324560-11134567		
세관명	등록번호	135-82-12512	종사업장번호		수입자	등록번호	124-86-94282	종사업장번호	
	세관명	인천세관	성명	김세관		상호(법인명)	㈜파도상회	성명	이도진
	세관주소	인천광역시 미추홀구 항구로				사업장주소	경기도 부천시 길주로 284, 515호		
	수입신고번호 또는 일괄발급기간(총건)					업태	제조업	종목	전자제품
납부일자		과세표준		세액	수정사유	비고		
2024/08/28		5,400,000		540,000	해당 없음			
월	일	품목	규격	수량	단가	공급가액	세액	비고
08	28	수입신고필증 참조				5,400,000	540,000	
합계금액		5,940,000						

[4] 09월 02일 사내 행사를 위하여 영업부 직원들에게 제공할 다과류를 구입하고 법인카드(비씨카드)로 결제하였다. (3점)

[5] 09월 11일 공장에서 사용할 목적으로 지난 4월 2일 ㈜오성기계와 체결한 기계장치 공급계약에 따라 절단로봇을 인도받고 시험가동을 완료하였다. 잔금은 보통예금 계좌에서 지급하고 아래의 전자세금계산서를 발급받았다. (3점)

고압제트 절단로봇 공급계약서	
(생략)	
제 2 조 위 공급계약의 총 계약금액은 22,000,000원(VAT 포함)으로 하며, 아래와 같이 지불하기로 한다.	
계약금	일금 이백만 원정 (₩ 2,000,000)은 계약 시에 지불한다.
잔 금	일금 이천만 원정 (₩ 20,000,000)은 2024년 09월 30일 내에 제품 인도 후 시험가동이 완료된 때에 지불한다.
(이하 생략)	

전자세금계산서

						승인번호		20240911-31000013-443461111	

	등록번호	130-81-08113	종사업장번호			등록번호	124-86-94282	종사업장번호	
공급자	상호(법인명)	㈜오성기계	성명	유오성	공급받는자	상호(법인명)	㈜파도상회	성명	이도진
	사업장	경기도 부천시 길주로 1				사업장	경기도 부천시 길주로 284, 515호		
	업태	제조	종목	생산로봇		업태	제조,도소매	종목	전자제품
	이메일	osung@naver.com				이메일	wavestore@naver.com		
						이메일			

작성일자	공급가액	세액	수정사유
2024/09/11	20,000,000	2,000,000	
비고			

월	일	품목	규격	수량	단가	공급가액	세액	비고
09	11	고압제트 절단 로봇	M701C			20,000,000	2,000,000	

합계금액	현금	수표	어음	외상미수금	이 금액을 (영수) 함
22,000,000	22,000,000				

문제 3 부가가치세 신고와 관련하여 다음 물음에 답하시오. (10점)

[1] 이 문제에 한정하여 ㈜파도상회는 음식점업만을 영위하는 법인으로 가정한다. 다음 자료를 이용하여 2024년 제1기 확정 신고기간(2024.04.01.~2024.06.30.)에 대한 의제매입세액공제신고서를 작성하시오. (4점)

1. 매입자료

취득일자	공급자	사업자등록번호(주민등록번호)	물품명	수량	매입가액	구분
2024.04.10.	은성	752-06-02023	야채	250개	1,020,000원	계산서
2024.04.30.	㈜이두식자재	872-87-85496	생닭	300마리	1,830,000원	신용카드
2024.05.20.	김어부	650321-1548905	갈치	80마리	790,000원	농어민 매입

2. 제1기 예정분 과세표준은 80,000,000원이며, 확정분 과세표준은 95,000,000원이다.
3. 제1기 예정신고 시 의제매입세액 75,000원을 공제받았다.
4. 위 자료 1의 면세 매입 물품은 모두 과세사업인 음식점업에 직접 사용하였다.

[2] 다음의 자료를 이용하여 2024년 제2기 부가가치세 확정신고기간에 대한 [건물등감가상각자산취득명세서]를 작성하시오(단, 아래의 자산은 모두 감가상각 대상에 해당함). (4점)

취득일	내용	공급가액	상호	비고
		부가가치세액	사업자등록번호	
10.04.	영업부의 업무용승용차(2,000cc) 구입	31,000,000원	㈜원대자동차	전자세금계산서 수취
		3,100,000원	210-81-13571	
11.26.	제조부의 공장 건물 신축공사비 지급	50,000,000원	아름건설	종이세금계산서 수취
		5,000,000원	101-26-97846	
12.09.	제조부 공장에서 사용할 포장기계 구입	2,500,000원	나라포장	법인 신용카드 결제
		250,000원	106-02-56785	

[3] 2024년 제1기 예정신고기간(2024.01.01.~2024.03.31.)의 [부가가치세신고서]를 전자신고하시오. (2점)

1. 부가가치세신고서와 관련 부속서류는 마감되어 있다.
2. [전자신고] → [국세청 홈택스 전자신고변환(교육용)] 순으로 진행한다.
3. [전자신고] 메뉴의 [전자신고제작] 탭에서 신고인구분은 2.납세자 자진신고를 선택하고, 비밀번호는 "12341234"로 입력한다.
4. [국세청 홈택스 전자신고변환(교육용)] → 전자파일변환(변환대상파일선택) → 찾아보기 에서 전자신고용 전자파일을 선택한다.
5. 전자신고용 전자파일 저장경로는 로컬디스크(C :)이며, 파일명은 "enc작성연월일.101.v사업자등록번호"다.
6. 형식검증하기 ➡ 형식검증결과확인 ➡ 내용검증하기 ➡ 내용검증결과확인 ➡ 전자파일제출 을 순서대로 클릭한다.
7. 최종적으로 전자파일 제출하기 를 완료한다.

문제 4 결산정리사항은 다음과 같다. 관련 메뉴를 이용하여 결산을 완료하시오. (15점)

[1] 아래의 자료를 이용하여 정기예금의 당기분 경과이자에 대한 회계처리를 하시오(단, 월할 계산할 것). (3점)

- 정기예금액 : 30,000,000원   · 예금가입기간 : 2024.04.01.~2025.03.31.   · 연이자율 : 3.4%
- 이자는 만기일(2025.03.31.)에 일시 수령한다.

[2] 일반기업회계기준에 따라 2024년 말 현재 보유 중인 매도가능증권에 대하여 결산일의 적절한 회계처리를 하시오(단, 매도가능증권은 비유동자산이며, 2023년의 회계처리는 적절하게 되었다). (3점)

주식명	2023년 취득가액	2023년 말 공정가치	2024년 말 공정가치
㈜엔지	5,000,000원	6,000,000원	4,800,000원

[3] 2024년 11월 중 캐나다 ZF사에 수출한 외상매출금 $100,000은 2025년 1월 15일에 외화 통장으로 회수될 예정이며, 일자별 기준환율은 다음과 같다. (3점)

구분	수출신고일 : 24.11.03.	선적일 : 24.11.10.	결산일 : 2024.12.31.
기준환율	900원/$	920원/$	950원/$

[4] 기존에 입력된 데이터는 무시하고 2024년 제2기 확정신고기간의 부가가치세와 관련된 내용은 다음과 같다고 가정한다. 12월 31일 부가세예수금과 부가세대급금을 정리하는 회계처리를 하시오. 단, 납부세액(또는 환급세액)은 미지급세금(또는 미수금)으로, 경감세액은 잡이익으로, 가산세는 세금과공과(판)로 회계처리한다. (3점)

- 부가세대급금 6,400,000원
- 전자신고세액공제액 10,000원
- 부가세예수금 8,240,000원
- 세금계산서지연발급가산세 84,000원

[5] 결산일 현재 무형자산인 영업권의 전기 말 상각 후 미상각잔액은 200,000,000원으로 이 영업권은 작년 1월 초 250,000,000원에 취득한 것이다. 이에 대한 회계처리를 하시오. 단, 회사는 무형자산에 대하여 5년간 월할 균등 상각하고 있으며, 상각기간 계산 시 1월 미만은 1월로 간주한다. (3점)

2024년 귀속 원천징수와 관련된 다음의 물음에 답하시오. (15점)

[1] 다음 자료를 이용하여 2024년 5월 귀속 [원천징수이행상황신고서]를 작성하시오. 단, 아래에 주어진 자료만을 이용하여 [원천징수이행상황신고서]를 직접 작성하고, [급여자료입력] 메뉴에서 불러오는 자료는 무시할 것. (5점)

[지급일자 : 2024년 06월 05일]				2024년 5월 귀속 급여대장					(단위 : 원)
구분	급여내역상세					공제내역상세			
성명	기본급	자격수당	식대	자가운전보조금	합계	4대보험	소득세	지방소득세	합계
김성현	2,600,000	-	200,000	200,000	3,000,000	234,000	90,000	9,000	333,000
서지은	2,700,000	300,000	200,000	-	3,200,000	270,000	- 200,000	- 20,000	50,000
합계	5,300,000	300,000	400,000	200,000	6,200,000	504,000	- 110,000	- 11,000	383,000

1. 위 급여내역 중 식대 및 자가운전보조금은 비과세 요건을 충족한다.
2. 5월 귀속 급여 지급일은 2024년 6월 5일이다.
3. 서지은(중도퇴사자) 관련 사항
 (1) 2024년 5월 31일까지 근무 후 중도퇴사하였다.
 (2) 2024년 1월부터 4월까지의 총지급액은 12,000,000원이라고 가정한다.
 (3) 소득세 및 지방소득세는 중도퇴사자 정산이 반영된 내역이며, 5월분 급여에 대해서는 원천징수하지 않았다.

[2] 함춘식 대리(사번 : 301, 입사일 : 2024년 04월 21일)의 2024년 귀속 연말정산과 관련된 자료는 다음과 같다. 아래의 자료를 이용하여 [연말정산추가자료입력] 메뉴의 [소득명세] 탭, [부양가족] 탭, [의료비] 탭, [신용카드등] 탭, [월세액] 탭을 작성하고 [연말정산입력] 탭에서 연말정산을 완료하시오(단, 제시된 소득 이외의 소득은 없으며, 세부담 최소화를 가정한다). (10점)

현근무지	• 급여총액 : 40,600,000원(비과세 급여, 상여, 감면소득 없음) • 소득세 기납부세액 : 2,368,370원(지방소득세 : 236,800원) • 이외 소득명세 탭의 자료는 불러오기 금액을 반영한다.
전(前)근무지 근로소득 원천징수영수증	• 근무처 : ㈜솔비공업사(사업자번호 : 956-85-02635) • 근무기간 : 2024.01.01.~2024.04.20. • 급여총액 : 12,200,000원(비과세 급여, 상여, 감면소득 없음) • 건강보험료 : 464,810원 • 장기요양보험료 : 97,290원 • 고용보험료 : 134,320원 • 국민연금 : 508,700원 • 소득세 결정세액 : 398,000원(지방소득세 결정세액 : 39,800원)

성명	관계	주민번호	비고
함춘식	본인	900919 - 1668321	무주택 세대주임
함덕주	부	501223 - 1589321	일용근로소득금액 4,300만원
박경자	모	530807 - 2548718	복권 당첨소득 500만원
함경리	누나	881229 - 2509019	중증환자 등 장애인으로 소득 없음

가족사항

- 기본공제대상자가 아닌 경우 기본공제 여부에 '부'로 표시할 것
- 위의 가족은 모두 내국인으로 생계를 같이 하는 것으로 한다.

2024년도 연말정산자료

항목	내용
보험료	• 함덕주(부) : 일반 보장성 보험료 50만원 • 함춘식(본인) : 저축성 보험료 120만원 • 함경리(누나) : 장애인 전용 보장성 보험료 70만원
의료비	• 박경자(모) : 임플란트 비용 200만원 • 함덕주(부) : 보청기 구입비용 30만원 • 함경리(누나) : 치료를 위한 한약 30만원 ※ 위 의료비는 모두 함춘식 본인의 신용카드로 결제하였고, 치료 목적으로 지출하였다. ※ 주어진 자료만 고려하여 입력한다.

신용카드등 사용액	• 함춘식(본인) 신용카드 사용액 : 2,100만원
	  - 대중교통 사용분 60만원, 아파트 관리비 100만원, 동거가족 의료비 260만원 포함
	• 함덕주(부) 체크카드 사용액 : 800만원
	  - 전통시장 사용분 200만원 포함

월세액	• 임대인 : 이고동(주민등록번호 691126 - 1904701) • 유형 및 면적 : 아파트, 84㎡ • 임대주택 주소지 : 경기도 안산시 단원구 중앙대로 620 • 임대차 기간 : 2024.01.01.~2025.12.31. • 월세액 : 월 60만원

※ 위 보험료, 의료비, 신용카드 등 사용액은 모두 국세청 연말정산 간소화 서비스에서 조회된 자료이다.

이론과 실무문제의 답을 모두 입력한 후 | 답안저장 (USB로 저장) | 을 클릭하여 저장하고, USB메모리를 제출하시기 바랍니다.

제116회 : 정답 및 해설

 이론시험 정답 및 해설

정답표(A형)														
01 ①	02 ①	03 ③	04 ②	05 ③	06 ③	07 ④	08 ②	09 ②	10 ④	11 ②	12 ④	13 ④	14 ①	15 ③

다음 문제를 보고 알맞은 것을 골라 이론문제 답안작성 메뉴에 입력하시오. (객관식 문항당 2점)

기본전제

문제에서 한국채택국제회계기준을 적용하도록 하는 전제조건이 없는 경우, 일반기업회계기준을 적용한다.

01

답 ①

해 자산을 비용으로 계상하면 자산과 당기순이익 및 자본이 과소계상 된다. 부채에는 영향이 없다.

02

답 ①

해 영업권은 무형자산에 해당한다.

03

답 ③

해 재고자산 평가방법의 변경은 회계정책의 변경에 해당한다.

04

답 ②

해 신주발행비는 주식의 발행대금에서 차감한다.

05

답 ③

해 17,000,000원

반품률 추정 불가 상품 2,000,000원 + 고객이 구매의사표시를 하지 않은 시송품 2,000,000원 + 담보제공 저당상품 9,000,000원 + 선적지 인도조건으로 매입한 미착상품 4,000,000원 = 17,000,000원

06

답 ③

해 가공원가는 직접노무원가와 제조간접원가를 합한 금액이다.

07

답 ④

해 종합원가계산은 공정별로 원가를 집계하므로 재공품 원가의 개별확인이 불가능하여 원가계산 기간말 현재 가공 중에 있는 재공품의 원가를 별도로 추정해야 한다.

08

답 ②

해 단계배분법은 보조부문 상호 간의 용역수수관계를 일부 반영하는 방법이다.

09

답 ②

해 72,000원

· 당월 발생 보험료 : 당월 지급액 100,000원 - 전월 미지급액 30,000원 + 당월 미지급액 20,000원 = 90,000원
· 당월 발생 보험료 중 제조부문에 대한 배부율이 80%이므로 72,000원(= 90,000원×80%)이 당월 제조간접원가로 계상된다.

10

답 ④

해 · 평균법 : 1,100개 + 200개×60% = 1,220개
· 선입선출법 : 300개×80% + 800개 + 200개×60% = 1,160개

11

탭 ②

해 일반적인 여객운송 용역은 부가가치세를 면제한다. 다만, 고속철도에 의한 여객운송 용역은 부가가치세를 면제하는 용역에서 제외한다.

12

탭 ④

해 부가가치세법 제42조에 의하여 매입세액공제가 가능하다.

13

탭 ④

해 **근로소득 원천징수시기에 대한 특례**
- 2024년 11월 귀속 근로소득을 2024년 1월에 지급한 경우, 원천징수시기는 2024년 12월 31일이다.
- 1월부터 11월까지의 근로소득을 해당 과세기간의 12월 31일까지 지급하지 않은 경우, 그 근로소득은 12월 31일에 지급한 것으로 보아 소득세를 원천징수한다.
- 12월 귀속 근로소득을 다음 연도 2월 말일까지 지급하지 않은 경우, 그 근로소득은 다음 연도 2월 말일에 지급한 것으로 보아 소득세를 원천징수한다.

14

탭 ①

해 복식부기의무자의 경우 사업용 유형자산의 처분으로 발생하는 이익을 사업소득에 포함시킨다.

15

탭 ③

해 배우자가 있는 여성인 경우 배우자의 소득유무에 불구하고 부녀자공제를 받을 수 있다.

문제 1 [일반전표입력] 메뉴를 이용하여 다음의 거래자료를 입력하시오. (15점)

[1] 01월 13일 일반전표입력

2024.01.03.	(차)	보통예금	2,000,000원	(대)	외상매출금(하남상회)	3,400,000원
		받을어음(하남상회)	1,400,000원			

[2] 01월 15일 일반전표입력

2024.01.15.	(차)	도서인쇄비(판)	25,000원	(대)	현금	25,000원

[3] 08월 20일 일반전표입력

2024.08.20.	(차)	토지	19,500,000원	(대)	보통예금	30,000,000원
		매도가능증권(178)	10,500,000원			

[4] 10월 25일 일반전표입력

2024.10.25.	(차)	임금(제)	3,500,000원	(대)	보통예금	30,000,000원
		(※ 또는 급여(제))			예수금	1,167,260원
		상여금(제)	3,000,000원			

[5] 12월 01일 일반전표입력

2024.12.01.	(차)	미지급금(㈜은성기계)	22,000,000원	(대)	미지급금(신한카드)	22,000,000원

문제 2 [매입매출전표입력] 메뉴를 이용하여 다음의 거래자료를 입력하시오. (15점)

[1] 01월 02일 매입매출전표입력

유형 : 11.과세,	공급가액 : 1,000,000원,	부가세 : 100,000원,	공급처명 : 미래전자,	전자 : 여,	분개 : 혼합

2024.01.02.	(차)	미수금	1,000,000원	(대)	기계장치	5,000,000원
		현금	100,000원		유형자산처분이익	300,000원
		감가상각누계액(207)	4,300,000원		부가세예수금	100,000원

[2] 02월 12일 매입매출전표입력

유형 : 54.불공,	공급가액 : 7,100,000원,	부가세 : 710,000원,	공급처명 : ㈜롯데백화점 중동,	전자 : 여,
분개 : 혼합,	불공제사유 : ④기업업무추진비 및 이와 유사한 비용 관련			

2024.02.12.	(차)	기업업무추진비(판)	7,810,000원	(대)	보통예금	7,810,000원

[3] 07월 17일 매입매출전표입력

유형 : 12.영세,	공급가액 : 18,000,000원,	부가세 : 0원	공급처명 : ㈜봉산실업,	전자 : 여,	분개 : 혼합
영세율구분 : ③내국신용장·구매확인서에 의하여 공급하는 재화					

2024.07.17.	(차) 현금	1,800,000원	(대) 제품매출	18,000,000원
	외상매출금	16,200,000원		

[4] 08월 20일 매입매출전표입력

유형 : 62.현면,	공급가액 : 2,000,000원,	부가세 : 0원,	공급처명 : ㈜하나로마트,	분개 : 현금 또는 혼합

2024.08.20.	(차) 복리후생비(제)	600,000원	(대) 현금	2,000,000원
	복리후생비(판)	1,400,000원		

[5] 09월 10일 매입매출전표입력

유형 : 51.과세,	공급가액 : 1,000,000원,	부가세 : 100,000원,	공급처명 : 풍성철강,	전자 : 부,	분개 : 외상 또는 혼합

2024.09.10.	(차) 원재료(153)	1,000,000원	(대) 외상매입금	1,100,000원
	부가세대급금	100,000원		

※해당 전표 선택 후 [shift] + [F5] > 예정신고누락분 확정신고 > 확정신고 개시연월 : 2024년 10월 입력 또는 상단 [F11 간편집계..▼] > SF5 예정 누락분 > 확정신고 개시연월 : 2024년 10월 입력(※ 또는 11월, 12월)

```
┌─────────────────────────────────────────────┐
│  예정신고누락분 확정신고                    ✕  │
├─────────────────────────────────────────────┤
│                                               │
│   선택 : [     1 ]건                          │
│          [       ]건 : 예정신고누락분 기 체크분 │
│          [     1 ]건 : 예정신고누락분 아닌것   │
│                                               │
│          [       ]건 : 확정기간데이터(수정못함) │
│          [       ]건 : 일마감  데이터(수정못함) │
│                                               │
│   확정신고 개시년월:  [ 2024 ] 년 [ 10 ] 월  1 일 │
│   예정신고 누락분을 위의 기간에 반영하여 합계표를 작성합니다. │
│                                               │
│              [ 삭제(F5) ] [ 확인(Tab) ] [ 취소(Esc) ] │
└─────────────────────────────────────────────┘
```

[1] [부가가치세신고서]

구분		금액	세율	세액
16.공제받지못할매입세액				
공제받지못할 매입세액	50	5,000,000		500,000
공통매입세액면세등사업분	51			
대손처분받은세액	52			
합계	53	5,000,000		500,000
18.그 밖의 경감·공제세액				
전자신고 및 전자고지 세액공제	54			10,000
전자세금계산서발급세액공제	55			
택시운송사업자경감세액	56			
대리납부세액공제	57			
현금영수증사업자세액공제	58			
기타	59			
합계	60			10,000

※부가가치세법 시행령 제19조의2 제3호, 경조사와 관련하여 직원에게 제공한 제품 등은 연간 100,000원 이하까지 재화의 공급으로 보지 않는다.

※단, 종이 세금계산서 발급분 가산세는 지연발급 등(62) 또는 미발급 등(64)에 입력한 답안 모두 정답으로 인정합니다.

일반과세 / 간이과세

조회기간 2024 년 4 월 1 일 ~ 2024 년 6 월 30 일 신고구분 1.정기신고

	구분			금액	세율	세액
과세표준및매출세액	과세	세금계산서발급분	1	200,000,000	10/100	20,000,000
		매입자발행세금계산서	2		10/100	
		신용카드·현금영수증발행분	3		10/100	
		기타(정규영수증외매출분)	4		10/100	
	영세	세금계산서발급분	5		0/100	
		기타	6		0/100	
	예정신고누락분		7			
	대손세액가감		8			-150,000
	합계		9	200,000,000	㉮	19,850,000
매입세액	세금계산서수취분	일반매입	10	100,000,000		10,000,000
		수출기업수입분납부유예	10-1			
		고정자산매입	11	20,000,000		2,000,000
	예정신고누락분		12			
	매입자발행세금계산서		13			
	그 밖의 공제매입세액		14			
	합계(10)-(10-1)+(11)+(12)+(13)+(14)		15	120,000,000		12,000,000
	공제받지못할매입세액		16	5,000,000		500,000
	차감계 (15-16)		17	115,000,000	㉯	11,500,000
납부(환급)세액(매출세액㉮-매입세액㉯)					㉰	8,350,000
경감공제세액	그 밖의 경감·공제세액		18			10,000
	신용카드매출전표등 발행공제등		19			
	합계		20		㉱	10,000
소규모 개인사업자 부가가치세 감면세액			20-1		㉲	
예정신고미환급세액			21		㉳	
예정고지세액			22		㉴	
사업양수자의 대리납부 기납부세액			23		㉵	
매입자 납부특례 기납부세액			24		㉶	
신용카드업자의 대리납부 기납부세액			25		㉷	
가산세액계			26		㉸	500,000
차가감하여 납부할세액(환급받을세액)㉰-㉱-㉲-㉳-㉴-㉵-㉶-㉷+㉸			27			8,840,000
총괄납부사업자가 납부할 세액(환급받을 세액)						

25.가산세명세			금액	세율	세액
사업자미등록등		61		1/100	
세금계산서	지연발급 등	62	50,000,000	1/100	500,000
	지연수취	63		5/1,000	
	미발급 등	64		뒤쪽참조	
전자세금발급명세	지연전송	65		3/1,000	
	미전송	66		5/1,000	
세금계산서합계표	제출불성실	67		5/1,000	
	지연제출	68		3/1,000	
신고불성실	무신고(일반)	69		뒤쪽	
	무신고(부당)	70		뒤쪽	
	과소·초과환급(일반)	71		뒤쪽	
	과소·초과환급(부당)	72		뒤쪽	
납부지연		73		뒤쪽	
영세율과세표준신고불성실		74		5/1,000	
현금매출명세서불성실		75		1/100	
부동산임대공급가액명세서		76		1/100	
매입자 납부특례	거래계좌 미사용	77		뒤쪽	
	거래계좌 지연입금	78		뒤쪽	
신용카드매출전표등수령명세서미제출·과다기재		79		5/1,000	
합계		80			500,000

[2] [대손세액공제신고서]

당초공급일	대손확정일	대손금액	공제율	대손세액	거래처		대손사유
2023-05-03	2024-10-05	11,000,000	10/110	1,000,000	(주)가경	1	파산
2021-10-10	2024-10-24	22,000,000	10/110	2,000,000	(주)용암	6	소멸시효완성
2024-04-08	2024-11-20	16,500,000	10/110	1,500,000	(주)개신	5	부도(6개월경과)

대손발생 대손변제

조회기간 2024 년 10 월 ~ 2024 년 12 월 2기 확정

| 합 계 | | 49,500,000 | | 4,500,000 | | | |

| 성명 | | | 사업자등록번호 | - - | |
| 소재지 | | | 주민등록번호 | - - | |

문제 4 결산정리사항은 다음과 같다. 관련 메뉴를 이용하여 결산을 완료하시오. (15점)

[1] 12월 31일 일반전표입력

2024.12.31.	(차) 부가세예수금	12,500,000원	(대) 부가세대급금	9,500,000원
	세금과공과(판)	240,000원	잡이익	10,000원
			미지급세금	3,230,000원

[2] 12월 31일 일반전표입력

2024.12.31.	(차) 매도가능증권(178)	1,200,000원	(대) 매도가능증권평가이익	1,000,000원
			매도가능증권평가손실	200,000원

2023년 말 인식한 매도가능증권평가손실 200,000원을 2024년 말 발생한 매도가능증권평가이익과 우선 상계하여 회계처리한다.

[3] 12월 31일 일반전표입력

2024.12.31.	(차) 선급비용	800,000원	(대) 보험료(판)	800,000원

- 당기 보험료 : 1,200,000원×4/12 = 400,000원
- 선급비용 : 1,200,000원 - 400,000원 = 800,000원

[4] 12월 31일 일반전표입력

| 2024.12.31. | (차) | 이자비용 | 755,111원 | (대) | 보통예금 | 1,000,000원 |
| | | 사채할증발행차금 | 244,889원 | | | |

또는

| 2024.12.31. | (차) | 이자비용 | 755,110원 | (대) | 보통예금 | 1,000,000원 |
| | | 사채할증발행차금 | 244,890원 | | | |

※ 문제의 조건에 따라 원단위 이하를 절사하여 입력한 전표도 정답으로 인정합니다.

- 시장이자율 < 액면이자율 : 사채가 할증발행된다.
- 2024년 이자비용 : 10,787,300원 × 7% = 755,111원
- 사채할증발행차금 상각액 : 1,000,000원 − 755,111원 = 244,889원

[5] 1. 12월 31일 일반전표입력

2024.12.31.	(차)	감가상각비(제)	18,000,000원	(대)	감가상각누계액(203)	10,000,000원
		감가상각비(판)	10,000,000원		감가상각누계액(207)	8,000,000원
					감가상각누계액(209)	7,000,000원
					감가상각누계액(213)	3,000,000원

또는

2024.12.31.	(차)	감가상각비(제)	10,000,000원	(대)	감가상각누계액(203)	10,000,000원
		감가상각비(제)	8,000,000원		감가상각누계액(207)	8,000,000원
		감가상각비(판)	7,000,000원		감가상각누계액(209)	7,000,000원
		감가상각비(판)	3,000,000원		감가상각누계액(213)	3,000,000원

2. 또는 [결산자료입력]

① 기간 : 2024년 1월 ~ 2024년 12월

② 2. 매출원가   : 7) 경비   : 2) 일반감가상각비   : 건물 10,000,000원 입력
                                                        : 기계장치 8,000,000원 입력

③ 4. 판매비와 일반관리비   : 4) 감가상각비   : 차량운반구 7,000,000원 입력
                                                        : 비품 3,000,000원 입력

④ F3 전표추가

[1] 1. [사원등록] 메뉴 → [기본사항] 탭

2. [급여자료입력] 메뉴 → [수당등록] 탭

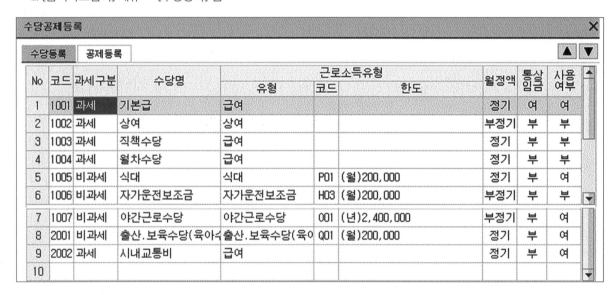

3. [급여자료입력]

[2] [사원등록] 메뉴 → 우미영 사원의 퇴사년월일 입력

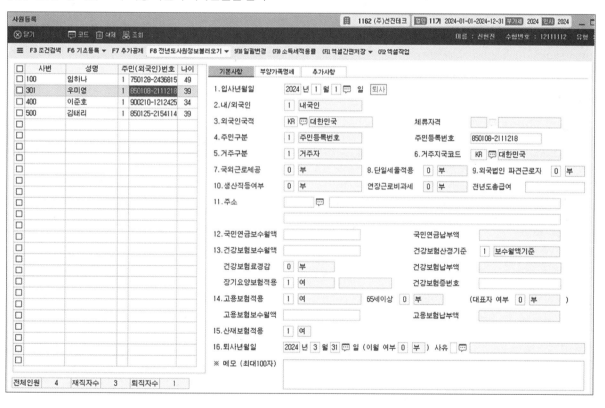

2. [급여자료입력] 메뉴 → 상단 [F7 중도퇴사자정산 ▾] 반영

3. [원천징수이행상황신고서] 메뉴

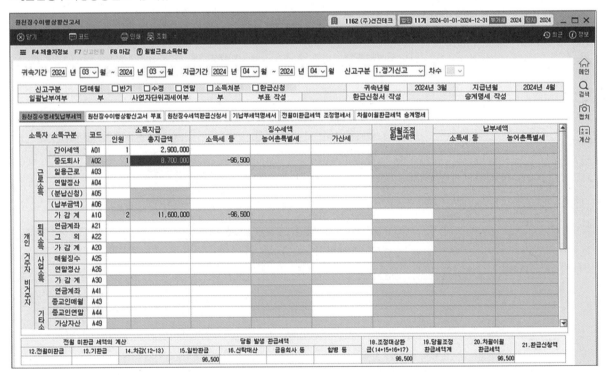

[3] 1. [원천징수이행상황신고서] 마감

2. 전자신고 파일 제작

3. 홈택스 전자파일 변환 및 제출

제115회 | 정답 및 해설

이론시험 정답 및 해설

정답표(A형)														
01 ④	02 ④	03 ③	04 ①	05 ①	06 ①	07 ②	08 ③	09 ②	10 ④	11 ③	12 ②	13 ④	14 ③	15 ①

01

답 ④

해 회계정보의 질적특성 중 목적적합성(적시성)에 대한 설명이다.

02

답 ④

해 ① 기계장치 취득원가 : 20,000,000원 + 300,000원 + 4,000,000원 = 24,300,000원
　　（•소모품 교체비는 수익적 지출로서 당기 비용으로 처리한다.）
② 감가상각비 : 24,300,000원 ÷ 6년 = 4,050,000원
③ 감가상각누계액 : 4,050,000원 × 3년 = 12,150,000원
　　（•2022년, 2023년, 2024년 감가상각비의 합계액）
④ 2024.12.31. 미상각잔액 : 24,300,000원 − 12,150,000원 = 12,150,000원

03

답 ③

해 무형자산의 상각방법은 합리적인 방법을 사용하며, 합리적인 상각방법을 정할 수 없는 경우에는 정액법을 사용한다.

04

답 ①

해 사채할인발행차금은 사채의 액면금액에서 차감하는 형식으로 표시한다.

05

📖 ①

📝 회계정책의 변경은 재무제표의 작성과 보고에 적용하던 회계정책을 다른 회계정책으로 바꾸는 것을 말한다.

06

📖 ①

📝 당기제품제조원가(당기완성품원가)는 재공품 계정의 대변으로 대체된다.

07

📖 ②

📝 작업원가표는 종합원가계산이 아닌, 개별원가계산을 적용할 때 작성한다.

08

📖 ③

📝 제조원가명세서의 당기제품제조원가는 손익계산서의 당기제품제조원가에 계상된다.

09

📖 ②

📝 128원
- = 예정배부액 6,400,000원 ÷ 50,000시간
- 예정배부액 : 6,000,000원 + 400,000원 = 6,400,000원

10

📖 ④

📝 25%
- 선입선출법에 의한 가공원가의 완성품환산량
  = 1,000개 × (1 - 30%) + 5,200개 + (800개 × 기말재공품의 완성도) = 6,100개
  ∴ 기말재공품의 완성도 = 25%

11

답 ③

해 일반과세자가 간이과세자로 변경되는 경우 그 변경되는 해에 간이과세자에 관한 규정이 적용되는 기간은 그 변경 이후 7월 1일부터 12월 31일까지이다.

12

해 ②

사업용 상가건물의 양도는 재화의 공급에 해당하지만, 담보의 제공, 사업의 포괄적 양도, 조세의 물납은 재화의 공급으로 보지 않는다.

13

답 ④

해 기부금세액공제는 종합소득(사업소득자는 필요경비 산입)이 있는 거주자가 받을 수 있다.

14

답 ③

해 소득세법상 장기할부판매의 수입시기는 상품 등을 인도한 날이며, 부가가치세법상 장기할부판매의 공급시기는 대가의 각 부분을 받기로 한 때이다.

15

답 ①

해 거주자가 받은 금액의 100분의 80에 상당하는 금액을 필요경비로 한다.

실무시험 정답 및 해설

문제 1 [일반전표입력] 메뉴를 이용하여 다음의 거래자료를 입력하시오. (15점)

[1] 04월 11일 일반전표입력

2024.04.11.	(차)	보통예금	12,000,000원	(대)	매도가능증권(178)	11,000,000원
		매도가능증권평가이익	1,000,000원		매도가능증권처분이익	2,000,000원

[2] 06월 25일 일반전표입력

2024.06.25.	(차)	비품	5,000,000원	(대)	자산수증이익	5,000,000원

[3] 08월 02일 일반전표입력

2024.08.02.	(차)	토지	316,000,000원	(대)	현금	13,000,000원
					보통예금	303,000,000원

[4] 08월 10일 일반전표입력

2024.08.10.	(차)	퇴직연금운용자산	5,000,000원	(대)	보통예금	8,000,000원
		퇴직급여(제)	3,000,000원			

[5] 12월 13일 일반전표입력

2024.12.13.	(차)	보통예금	7,800,000원	(대)	자기주식	6,960,000원
					자기주식처분손실	200,000원
					자기주식처분이익	640,000원

문제 2 [매입매출전표입력] 메뉴를 이용하여 다음의 거래자료를 입력하시오. (15점)

[1] 03월 12일 매입매출전표입력

유형 : 16.수출, 공급가액 : 39,000,000, 공급처명 : ABC사, 분개 : 혼합, 영세율구분 : ①직접수출(대행수출 포함)						
2024.03.12.	(차)	보통예금	26,000,000원	(대)	제품매출	39,000,000원
		외상매출금	13,000,000원			

[2] 10월 01일 매입매출전표입력

유형 : 1.과세, 공급가액 : 20,000,000원, 부가세 : 2,000,000원, 공급처명 : 달려요, 전자 : 부, 분개 : 혼합 또는 외상						
2024.10.01.	(차)	부가세대급금	2,000,000원	(대)	미지급금	22,000,000원
		차량운반구	20,000,000원			

1,000cc 이하의 경차는 부가가치세 매입세액공제가 가능하다.

[3] 10월 29일 매입매출전표입력

| 유형:53.면세, | 공급가액:1,800,000원, | 부가세:0원, | 공급처명:㈜월클파이낸셜, | 전자:여, | 분개:혼합 |

| 2024.10.29. | (차) | 임차료(판) | | 1,800,000원 | (대) | 미지급금(또는 미지급비용) | | 1,800,000원 |

[4] 11월 01일 매입매출전표입력

| 유형:11.과세, | 공급가액:10,000,000원, | 부가세:1,000,000원, | 공급처명:㈜진산, | 전자:여, | 분개:혼합 |

| 2024.11.01. | (차) | 보통예금 | 3,000,000원 | (대) | 부가세예수금 | 1,000,000원 |
| | | 미지급금 | 8,000,000원 | | 제품매출 | 10,000,000원 |

[5] 11월 20일 매입매출전표입력

| 유형:61.현과, | 공급가액:1,760,000원, | 부가세:176,000, | 공급처명:㈜코스트코코리아, | 분개:혼합 |

| 2024.11.20. | (차) | 부가세대급금 | 176,000원 | (대) | 보통예금 | 1,936,000원 |
| | | 비품 | 1,760,000원 | | | |

문제 3 부가가치세 신고와 관련하여 다음 물음에 답하시오. (10점)

[1] 1. [공제받지못할매입세액내역] 탭

| 조회기간 2024 년 10 월 ~ 2024 년 12 월   구분 2기 확정 |

| 공제받지못할매입세액내역 | 공통매입세액안분계산내역 | 공통매입세액의정산내역 | 납부세액또는환급세액재계산 |

매입세액 불공제 사유	세금계산서		
	매수	공급가액	매입세액
①필요적 기재사항 누락 등			
②사업과 직접 관련 없는 지출			
③비영업용 소형승용자동차 구입·유지 및 임차			
④접대비 및 이와 유사한 비용 관련			
⑤면세사업등 관련	12	90,000,000	9,000,000
⑥토지의 자본적 지출 관련			
⑦사업자등록 전 매입세액			
⑧금·구리 스크랩 거래계좌 미사용 관련 매입세액			
합계	12	90,000,000	9,000,000

2. [공통매입세액의정산내역] 탭

조회기간 2024 년 10 ✓ 월 ~ 2024 년 12 ✓ 월　구분 2기 확정

공제받지못할매입세액내역	공통매입세액안분계산내역	**공통매입세액의정산내역**	납부세액또는환급세액재계산

산식	구분	(15)총공통매입세액	(16)면세 사업확정 비율			(17)불공제매입세액총액 ((15)×(16))	(18)기불공제매입세액	(19)가산또는공제되는매입세액((17)-(18))
			총공급가액	면세공급가액	면세비율			
1.당해과세기간의 공급가액기준		3,800,000	500,000,000.00	150,000,000.00	30.000000	1,140,000	500,000	640,000
합계		3,800,000	500,000,000	150,000,000		1,140,000	500,000	640,000

가산또는공제되는매입세액(640,000) = 총공통매입세액(3,800,000) × 면세비율(%)(30.000000) - 기불공제매입세액(500,000)

[2] [부가가치세신고서]

일반과세 | 간이과세

조회기간 2024 년 4 월 1 일 ~ 2024 년 6 월 30 일 신고구분 1.정기신고 ∨ 신고차수 ∨ 부가율 41.72 확정

		구분		금액	세율	세액
과세표준및매출세액	과세	세금계산서발급분	1	500,000,000	10/100	50,000,000
		매입자발행세금계산서	2		10/100	
		신용카드·현금영수증발행분	3	50,000,000	10/100	5,000,000
		기타(정규영수증외매출분)	4			
	영세	세금계산서발급분	5		0/100	
		기타	6	30,000,000	0/100	
	예정신고누락분		7			
	대손세액가감		8			-500,000
	합계		9	580,000,000	㉮	54,500,000
매입세액	세금계산서수취분	일반매입	10	320,000,000		32,000,000
		수출기업수입분납부유예	10-1			
		고정자산매입	11			
	예정신고누락분		12	10,000,000		1,000,000
	매입자발행세금계산서		13			
	그 밖의 공제매입세액		14	11,000,000		1,100,000
	합계(10)-(10-1)+(11)+(12)+(13)+(14)		15	341,000,000		34,100,000
	공제받지못할매입세액		16			
	차감계 (15-16)		17	341,000,000	㉯	34,100,000
납부(환급)세액(매출세액㉮-매입세액㉯)					㉰	20,400,000
경감공제세액	그 밖의 경감·공제세액		18			10,000
	신용카드매출전표등 발행공제등		19			
	합계		20		㉱	10,000
소규모 개인사업자 부가가치세 감면세액			20-1		㉲	
예정신고미환급세액			21		㉳	3,000,000
예정고지세액			22		㉴	
사업양수자의 대리납부 기납부세액			23		㉵	
매입자 납부특례 기납부세액			24		㉶	
신용카드업자의 대리납부 기납부세액			25		㉷	
가산세액계			26		㉸	10,000
차가감하여 납부할세액(환급받을세액)㉰-㉱-㉲-㉳-㉴-㉵-㉶-㉷+㉸			27			17,400,000
총괄납부사업자가 납부할 세액(환급받을 세액)						

	구분		금액	세율	세액
7.매출(예정신고누락분)					
예정누락분	과세	세금계산서	33		10/100	
		기타	34		10/100	
	영세	세금계산서	35		0/100	
		기타	36		0/100	
	합계		37			
12.매입(예정신고누락분)					
예정누락분	세금계산서		38	10,000,000		1,000,000
	그 밖의 공제매입세액		39			
	합계		40	10,000,000		1,000,000
	신용카드매출	일반매입				
	수령금액합계	고정매입				
	의제매입세액					
	재활용폐자원등매입세액					
	과세사업전환매입세액					
	재고매입세액					
	변제대손세액					
	외국인관광객에대한환급세액					
	합계					
14.그 밖의 공제매입세액					
신용카드매출	일반매입		41	8,000,000		800,000
수령금액합계표	고정매입		42	3,000,000		300,000
의제매입세액			43		뒤쪽	
재활용폐자원등매입세액			44		뒤쪽	
과세사업전환매입세액			45			
재고매입세액			46			
변제대손세액			47			
외국인관광객에대한환급세액			48			
합계			49	11,000,000		1,100,000

	구분	금액	세율	세액
16.공제받지못할매입세액				
공제받지못할 매입세액	50			
공통매입세액면세등사업분	51			
대손처분받은세액	52			
합계	53			
18.그 밖의 경감·공제세액				
전자신고 및 전자고지 세액공제	54			10,000
전자세금계산서발급세액공제	55			
택시운송사업자경감세액	56			
대리납부세액공제	57			
현금영수증사업자세액공제	58			
기타	59			
합계	60			10,000

25.가산세명세			금액	세율	세액
사업자미등록등		61		1/100	
세금계산서	지연발급 등	62	1,000,000	1/100	10,000
	지연수취	63		5/1,000	
	미발급 등	64		뒤쪽참조	
전자세금발급명세	지연전송	65		3/1,000	
	미전송	66		5/1,000	
세금계산서합계표	제출불성실	67		5/1,000	
	지연제출	68		3/1,000	
신고불성실	무신고(일반)	69		뒤쪽	
	무신고(부당)	70		뒤쪽	
	과소·초과환급(일반)	71		뒤쪽	
	과소·초과환급(부당)	72		뒤쪽	
납부지연		73		뒤쪽	
영세율과세표준신고불성실		74		5/1,000	
현금매출명세서불성실		75		1/100	
부동산임대공급가액명세서		76		1/100	
매입자 납부특례	거래계좌 미사용	77		뒤쪽	
	거래계좌 지연입금	78		뒤쪽	
신용카드매출전표등수령명세서미제출·과다기재		79		5/1,000	
합계		80			10,000

문제 4 결산정리사항은 다음과 같다. 관련 메뉴를 이용하여 결산을 완료하시오. (15점)

[1] 12월 31일 일반전표입력

2024.12.31.	(차) 장기차입금(은혜은행)	20,000,000원	(대) 유동성장기부채(은혜은행)	20,000,000원

[2] 12월 31일 일반전표입력

2024.12.31.	(차) 선급비용	2,250,000원	(대) 임차료(판)	2,250,000원

선급비용 : 3,000,000원×9/12 = 2,250,000원

[3] 12월 31일 일반전표입력

2024.12.31.	(차) 이자비용	13,600,000원	(대) 미지급비용	13,600,000원

미지급비용 : 300,000,000원×6.8%×8개월/12개월 = 13,600,000원

[4] 1. [결산자료입력]

① 기간 : 2024년 01월 ~ 2024년 12월

② 2.매출원가   7).경비   2).일반감가상각비   기계장치 4,000,000원 입력

③ 4.판매비와 일반관리비   4).감가상각비   건물 20,000,000원 입력

     4.판매비와 일반관리비   6).무형자산상각비   영업권 3,000,000원 입력

④ F3 전표추가

  2. 또는 12월 31일 일반전표입력

2024.12.31.	(차)	감가상각비(판)	20,000,000원	(대)	감가상각누계액(203)	20,000,000원
		감가상각비(제)	4,000,000원		감가상각누계액(207)	4,000,000원
		무형자산상각비(판)	3,000,000원		영업권	3,000,000원

[5] [결산자료입력]

① 기간 : 2024년 01월 ~ 2024년 12월

② 2.매출원가   1).원재료비   ⑩기말원재료 재고액 4,700,000원 입력

     8).당기 총제조비용   ⑩기말재공품 재고액 800,000원 입력

     9).당기완성품제조원가   ⑩기말제품 재고액 21,300,000원 입력

③ F3 전표추가

도착지 인도조건으로 매입하여 운송 중인 미착원재료 2,300,000원은 기말재고에 포함하지 않고, 위탁제품 중 판매되지 않은 5,000,000원은 기말재고에 포함한다.

문제 5 2024년 귀속 원천징수와 관련된 다음의 물음에 답하시오. (15점)

[1] [사원등록] 메뉴 > [부양가족명세] 탭

□	사번	성명	주민(외국인)번호	나이		기본사항	부양가족명세	추가사항											
○	102	이철수	1 830505-1476521	41	연말관계	성명	내/외국인	주민(외국인,여권)번호	나이	기본공제	부녀자	한부모	경로우대	장애인	자녀	출산입양	위탁관계
■	1001	김필영	1 820419-1234564	42	0	김필영	내	1 820419-1234564	42	본인							
○					1	김경식	내	1 450103-1155778	79	60세이상			○	2			
○					2	한수희	내	1 511111-2523454	73	60세이상			○				
○					3	최하나	내	1 841006-2219118	40	배우자							
○					4	김이온	내	1 120712-3035692	12	20세이하					○		
○					4	김시온	내	1 190103-4035455	5	20세이하							
○					6	김필모	내	1 791230-1234574	45	장애인				1			
○					1	이연화	내	1 490717-2155433	75	부							

※ 단, 부친 김경식의 기본공제 항목 선택 : "60세 이상"과 "장애인" 모두 가능

[2] [연말정산추가자료입력] 메뉴

1. [부양가족] 탭

(1) 인적공제

연말관계	성명	내/외국인	주민(외국인)번호	나이	기본공제	세대주구분	부녀자	한부모	경로우대	장애인	자녀	출산입양
0	이철수	내	1 830505-1478521	41	본인	세대주						
1	이명수	내	1 561012-1587428	68	60세이상							
3	강희영	내	1 840630-2547858	40	부							
4	이현수	내	1 140408-3852611	10	20세이하						○	
4	이리수	내	1 191104-4487122	5	20세이하							
	합 계 [명]						4				1	

(2) 보험료

① 이철수(본인)

보험료 등 공제대상금액

자료구분	국세청간소화	급여/기타	정산	공제대상금액
국민연금_직장		2,160,000		2,160,000
국민연금_지역				
합 계		2,160,000		2,160,000
건강보험료-보수월액		1,701,600		1,701,600
장기요양보험료-보수월액		220,320		220,320
건강보험료-소득월액(납부)				
기요양보험료-소득월액(납늑				
합 계		1,921,920		1,921,920
고용보험료		384,000		384,000
보장성보험-일반	300,000			300,000
보장성보험-장애인				
합 계	300,000			300,000

② 이명수(부친)

보험료 등 공제대상금액

자료구분	국세청간소화	급여/기타	정산	공제대상금액
국민연금_직장				
국민연금_지역				
합 계				
건강보험료-보수월액				
장기요양보험료-보수월액				
건강보험료-소득월액(납부)				
기요양보험료-소득월액(납늑				
합 계				
고용보험료				
보장성보험-일반	150,000			150,000
보장성보험-장애인				
합 계	150,000			150,000

③ 이현수(아들)

보험료 등 공제대상금액 ✕

자료구분	국세청간소화	급여/기타	정산	공제대상금액
국민연금_직장				
국민연금_지역				
합 계				
건강보험료-보수월액				
장기요양보험료-보수월액				
건강보험료-소득월액(납부)				
기요양보험료-소득월액(납부)				
합 계				
고용보험료				
보장성보험-일반	350,000			350,000
보장성보험-장애인				
합 계	350,000			350,000

(3) 교육비

① 이철수(본인)

교육비	
일반	장애인특수
5,000,000 4.본인	

② 이현수(아들)

교육비	
일반	장애인특수
8,000,000 2.초중 고	

※ 또는 3,000,000

③ 이리수(딸)

교육비	
일반	장애인특수
1,800,000 1.취학 전	

2. [신용카드 등] 탭

| 소득명세 | 부양가족 | 신용카드 등 | 의료비 | 기부금 | 연금저축 등I | 연금저축 등II | 월세액 | 연말정산입력 |

	성명 생년월일	자료 구분	신용카드	직불,선불	현금영수증	도서등 신용	도서등 직불	도서등 현금	전통시장	대중교통	소비증가분	
											2023년	2024년
☐	이철수	국세청	32,500,000									32,500,000
	1983-05-05	기타										
☐	이명수	국세청										
	1956-10-12	기타										
☐	강희영	국세청										
	1984-06-30	기타										
☐	이현수	국세청										
	2014-04-08	기타										
☐	이리수	국세청										
	2019-11-04	기타										
☐												
☐												
☐												
☐												
☐												
☐												
☐												
☐												
☐												
☐												
☐												
	합계		32,500,000									32,500,000

3. [의료비] 탭 : 국외 의료비는 공제 대상 의료비에서 제외된다.

	소득명세		부양가족	신용카드 등		의료비	기부금		연금저축 등I	연금저축 등II		월세액		연말정산입력	

2024년 의료비 지급명세서

	의료비 공제대상자				지급처			지급명세					14.산후 조리원
	성명	내/외	5.주민등록번호	6.본인등 해당여부	9.증빙코드	8.상호	7.사업자 등록번호	10. 건수	11.금액	11-1.실손 보험수령액	12.미숙아 선천성이상아	13.난임여부	
☐	이철수	내	830505-1478521	1	0	1				1,050,000		X	X	X
☐	이리수	내	191104-4487122	2	0	1				250,000		X	X	X
☐														
☐														

	합계							1,300,000				

일반의료비 (본인)	1,050,000	6세이하,65세이상인 건강보험산정특례자 장애인	250,000	일반의료비 (그 외)		난임시술비	
						미숙아.선천성이상아	

4. [연말정산입력] 탭 : F8 부양가족탭 불러오기 실행

	소득명세		부양가족	신용카드 등	의료비	기부금		연금저축 등I	연금저축 등II		월세액		연말정산입력

정산(지급)년월 2025 년 2 월 귀속기간 2024 년 1 월 1 일 ~ 2024 년 12 월 31 일 영수일자 2025 년 2 월 28 일

	구분		지출액	공제금액		구분		지출액	공제대상금액	공제금액
특별소득공제	건강보험료		1,921,920	1,921,920	특별세액공제	61.보장 성보험	일반	800,000	800,000 800,000	96,000
	고용보험료		384,000	384,000			장애인			
	34.주택차입금	대출기관				62.의료비		1,300,000	1,300,000	
	원리금상환액	거주자				63.교육비		14,800,000	14,800,000 9,800,000	1,041,612
	34.장기주택저당차입금이자상					64.기부금				
	35.기부금-2013년이전이월분					1)정치자금 기부금	10만원이하			
	36.특별소득공제 계			2,305,920			10만원초과			
37.차감소득금액				25,384,080		2)고향사랑 기부금	10만원이하			
	38.개인연금저축						10만원초과			
그 밖 의 소 득 공 제	39.소기업,소상 공인 공제부금	2015년이전가입				3)특례기부금(전액)				
		2016년이후가입				4)우리사주조합기부금				
	40.주택 마련저축 소득공제	청약저축				5)일반기부금(종교단체외)				
		주택청약				6)일반기부금(종교단체)				
		근로자주택마련				65.특별세액공제 계				1,137,612
	41.투자조합출자 등 소득공제					66.표준세액공제				
	42.신용카드 등 사용액		32,500,000	4,000,000		67.납세조합공제				
	43.우리사주조합 출연금	일반 등				68.주택차입금				
		벤처 등				69.외국납부	▶			
	44.고용유지중소기업근로자					70.월세액				

이론시험 정답 및 해설

						정답표(A형)								
01 ④	02 ①	03 ④	04 ②	05 ①	06 ②	07 모두정답	08 ②	09 ③	10 ④	11 ④	12 ③	13 ①	14 ②	15 ②

01

답 ④

해 종업원의 근무태도를 평가하는 것은 재무상태표의 목적이 아니다.

02

답 ①

해 실제 물량 흐름과 원가흐름이 대체로 일치하는 것은 선입선출법에 대한 설명이다.

03

답 ④

해 • 배당금 수익 : 배당금을 받을 권리와 금액이 확정된 날
  • 상품권 판매 : 상품권을 회수하고 재화를 인도한 시점
  • 장기할부판매 : 재화의 인도 시점

04

답 ②

해 [일반기업회계기준 문단 15.16] 주식배당을 하면 이익잉여금 계정이 감소, 자본금 계정이 증가하고 자본총액은 변하지 않는다.

05

탭 ①

해 단기매매증권으로 분류할 경우, 2023년 기말 장부가액은 190,000원이다.

06

탭 ②

해 기본원가와 가공원가에 모두 포함되는 것은 직접노무원가이다.
- 직접재료원가 + 직접노무원가 = 기본원가
- 직접노무원가 + 제조간접원가 = 가공원가

07

탭 ④

해 225,000원 = 결합원가 배부액 100,000원 + 추가가공원가 125,000원

※ 연산품원가계산은 전산세무2급 시험의 평가범위가 아니므로 모두 정답으로 인정됨

구분	순실현가치	결합원가 배부액
A	200kg × @3,000원 = 600,000원	160,000원
B	250kg × @2,000원 − 125,000원 = 375,000원	100,000원
C	500kg × @1,200원 − 75,000원 = 525,000원	140,000원
합계	1,500,000원	400,000원

08

탭 ②

해 단계배분법은 보조부문원가의 배분방법에 해당한다.

09

탭 ③

해 종합원가계산에 대한 설명이다.

10

탭 ④

해 비정상공손은 통제가능한 공손으로서 제품원가로 처리할 수 없고, 발생한 기간에 손실로 처리한다.

11

답 ④

해 소비지국 과세원칙을 구현하기 위해 영세율 제도를 두고 있으며 재화의 수입에 대하여 내국물품과 동일하게 과세한다.

12

답 ③

해 해당 과세기간의 총공급가액 중 면세공급가액이 5% 미만이면서 공통매입세액 5백만원 미만이어야 한다.

13

답 ①

해 • 부가가치세법 제48조 제3항, 직전 과세기간 공급가액의 합계액이 1억5천만원 미만인 법인사업자는 예정고지에 의하여 부가가치세를 납부한다.
• 부가가치세법 제48조 제1항 단서, 신규로 사업을 시작하는 자에 대한 최초의 예정신고기간은 사업 개시일부터 그 날이 속하는 예정신고기간의 종료일까지로 한다.
• 부가가치세법 제48조 제4항, 휴업 또는 사업 부진으로 인하여 사업실적이 악화된 경우 등 대통령령으로 정하는 사유가 있는 사업자만 예정신고를 할 수 있다.

14

답 ②

해 일용근로소득은 금액과 관계없이 분리과세로 종결하며, 나머지는 종합과세 대상이다.
• 기타소득의 필요경비 60%를 공제한 기타소득금액이 320만원이므로 종합과세 대상에 해당한다.

15

답 ②

해 사업과 관련된 자산수증이익은 사업소득 총수입금액에 산입하여야 한다.

실무시험 정답 및 해설

문제 1 [일반전표입력] 메뉴를 이용하여 다음의 거래자료를 입력하시오. (15점)

입력 시 유의사항

- 일반적인 적요의 입력은 생략하지만, 타계정 대체거래는 적요 번호를 선택하여 입력한다.
- 채권·채무와 관련된 거래는 별도의 요구가 없는 한 반드시 기등록된 거래처코드를 선택하는 방법으로 거래처명을 입력한다.
- 제조경비는 500번대 계정코드를, 판매비와관리비는 800번대 계정코드를 사용한다.
- 회계처리 시 계정과목은 별도의 제시가 없는 한 등록된 계정과목 중 가장 적절한 과목으로 한다.

[1] 01월 25일 일반전표입력

2024.01.25.	(차)	미지급세금	8,500,000원	(대)	미지급금(국민카드)	8,568,000원
		세금과공과(판)	68,000원		(또는 미지급비용)	

[2] 01월 31일 일반전표입력

2024.01.31.	(차)	보통예금	9,915,000원	(대)	받을어음(무인상사㈜)	10,000,000원
		매출채권처분손실	85,000원			

[3] 02월 04일 일반전표입력

2024.02.04.	(차)	보통예금	9,800,000원	(대)	사채	10,000,000원
		사채할인발행차금	200,000원			

[4] 06월 17일 일반전표입력

2024.06.17.	(차)	소모품비(제)	20,000원	(대)	현금	20,000원

[5] 09월 13일 일반전표입력

2024.09.13.	(차)	이자비용	200,000원	(대)	예수금	55,000원
					보통예금	145,000원

[1] 07월 08일 매입매출전표입력

유형:12.영세	공급가액:22,000,000원	부가세:0원	공급처명:㈜한빛	전자:여 분개:혼합
영세율구분:③내국신용장·구매확인서에 의하여 공급하는 재화				
2024.07.08. (차) 선수금		7,000,000원	(대) 제품매출	22,000,000원
받을어음		15,000,000원		

[2] 07월 15일 매입매출전표입력

유형:54.불공	공급가액:10,200,000원	부가세:1,020,000원	공급처명:㈜다양	전자:여 분개:혼합
불공제사유:⑥토지의 자본적 지출 관련				
2024.07.15. (차) 토지		11,220,000원	(대) 미지급금	11,220,000원

[3] 08월 05일 매입매출전표입력

유형:61.현과	공급가액:250,000원	부가세:25,000원	공급처명:㈜벽돌갈비	분개:현금 또는 혼합
2024.08.05. (차) 복리후생비(제)		250,000원	(대) 현금	275,000원
부가세대급금		25,000원		

[4] 08월 20일 매입매출전표입력

유형:61.현과	공급가액:250,000원	부가세:25,000원	공급처명:㈜벽돌갈비	분개:현금 또는 혼합
2024.08.20. (차) 보통예금		5,500,000원	(대) 부가세예수금	500,000원
감가상각누계액(209)		16,000,000원	차량운반구	20,000,000원
			유형자산처분이익	1,000,000원

[5] 09월 12일 매입매출전표입력

유형:51.과세	공급가액:3,000,000원	부가세:300,000원	공급처명:건물주	전자:여 분개:혼합
2024.09.12. (차) 부가세대급금		300,000원	(대) 미지급금 (또는 미지급비용)	3,300,000원
임차료(제)		2,800,000원		
건물관리비(제)		200,000원		

※ 복수거래 입력 여부는 관계없음.

문제 3 부가가치세 신고와 관련하여 다음 물음에 답하시오. (10점)

[1] [수출실적명세서]

조회기간 2024 년 04 월 ~ 2024 년 06 월 구분 : 1기 확정 | 과세기간별입력

구분	건수	외화금액	원화금액	비고
⑨합계	2	132,000.00	176,800,000	
⑩수출재화[=⑫합계]	2	132,000.00	176,800,000	
⑪기타영세율적용				

No	□	(13)수출신고번호	(14)선(기)적일자	(15)통화코드	(16)환율	(17)외화	(18)원화	거래처코드	거래처명
						금액		전표정보	
1	□	12345-77-100066X	2024-06-15	USD	1,300.0000	80,000.00	104,000,000	00178	BOB
2	□	22244-88-100077X	2024-06-15	EUR	1,400.0000	52,000.00	72,800,000	00179	ORANGE
3	■								
	□								
	□								
	□								
	□								
	□								
	□								
	□								
		합계				132,000	176,800,000		

[2] [부가가치세신고서]

일반과세 | 간이과세

조회기간 2024 년 10 월 1 일 ~ 2024 년 12 월 31 일 신고구분 1.정기신고 ∨ 신고차수 ∨ 부가율 22.82 확정

		구분		정기신고금액					구분		금액	세율	세액
				금액	세율	세액			7.매출(예정신고누락분)				
과세표준및매출세액	과세	세금계산서발급분	1	167,500,000	10/100	16,750,000	예정누락분	과세	세금계산서	33		10/100	
		매입자발행세금계산서	2		10/100				기타	34		10/100	
		신용카드·현금영수증발행분	3		10/100			영세	세금계산서	35		0/100	
		기타(정규영수증외매출분)	4		10/100				기타	36		0/100	
	영세	세금계산서발급분	5	100,000,000	0/100				합계	37			
		기타	6		0/100		12.매입(예정신고누락분)						
	예정신고누락분		7				예정누락분		세금계산서	38			
	대손세액가감		8			-120,000			그 밖의 공제매입세액	39	500,000		50,000
	합계		9	267,500,000	㉮	16,630,000			합계	40	500,000		50,000
매입세액	세금계산서수취분	일반매입	10	187,400,000		18,740,000			신용카드매출 일반매입		500,000		50,000
		수출기업수입분납부유예	10-1						수령금액합계 고정매입				
		고정자산매입	11	28,000,000		2,800,000			의제매입세액				
	예정신고누락분		12	500,000		50,000			재활용폐자원등매입세액				
	매입자발행세금계산서		13						과세사업전환매입세액				
	그 밖의 공제매입세액		14	21,099,655		2,109,965			재고매입세액				
	합계(10)-(10-1)+(11)+(12)+(13)+(14)		15	236,999,655		23,699,965			변제대손세액				
	공제받지못할매입세액		16	2,400,000		240,000			외국인관광객에대한환급세액				
	차감계 (15-16)		17	234,599,655	㉯	23,459,965			합계		500,000		50,000
납부(환급)세액(매출세액㉮-매입세액㉯)			㉰			-6,829,965	14.그 밖의 공제매입세액						
경감공제세액	그 밖의 경감·공제세액		18			10,000			신용카드매출 일반매입	41	18,554,200		1,855,420
	신용카드매출전표등 발행공제등		19						수령금액합계표 고정매입	42	2,545,455		254,545
	합계		20		㉱	10,000			의제매입세액	43	뒤쪽		
소규모 개인사업자 부가가치세 감면세액			20-1		㉲				재활용폐자원등매입세액	44	뒤쪽		
예정신고미환급세액			21		㉳				과세사업전환매입세액	45			
예정고지세액			22		㉴				재고매입세액	46			
사업양수자의 대리납부 기납부세액			23		㉵				변제대손세액	47			
매입자 납부특례 기납부세액			24		㉶				외국인관광객에대한환급세액	48			
신용카드업자의 대리납부 기납부세액			25		㉷				합계	49	21,099,655		2,109,965
가산세액계			26		㉸	125,000							
차가감하여 납부할세액(환급받을세액)㉮-㉯-㉱-㉲-㉳-㉴-㉵-㉶-㉷+㉸			27			-6,714,965							
총괄납부사업자가 납부할 세액(환급받을 세액)													

	구분		금액	세율	세액		25.가산세명세			금액	세율	세액
16.공제받지못할매입세액							사업자미등록등		61		1/100	
공제받지못할 매입세액		50	2,400,000		240,000	세금계산서	지연발급 등	62		1/100	
공통매입세액면세등사업분		51					지연수취	63		5/1,000	
대손처분받은세액		52					미발급 등	64	12,500,000	뒤쪽참조	125,000
합계		53	2,400,000		240,000	전자세금발급명세	지연전송	65		3/1,000	
18.그 밖의 경감·공제세액							미전송	66		5/1,000	
전자신고 및 전자고지 세액공제		54			10,000	세금계산서합계표	제출불성실	67		5/1,000	
전자세금계산서발급세액공제		55					지연제출	68		3/1,000	
택시운송사업자경감세액		56				신고불성실	무신고(일반)	69		뒤쪽	
대리납부세액공제		57					무신고(부당)	70		뒤쪽	
현금영수증사업자세액공제		58					과소·초과환급(일반)	71		뒤쪽	
기타		59					과소·초과환급(부당)	72		뒤쪽	
합계		60			10,000	납부지연		73		뒤쪽	
						영세율과세표준신고불성실		74		5/1,000	
						현금매출명세서불성실		75		1/100	
						부동산임대공급가액명세서		76		1/100	
						매입자 납부특례	거래계좌 미사용	77		뒤쪽	
							거래계좌 지연입금	78		뒤쪽	
						신용카드매출전표등수령명세서미제출·과다기재		79		5/1,000	
						합계		80			125,000

전자세금계산서 미발급분 가산세 : 미발급 등(64) 또는 지연발급 등(62)

[3] 1. [부가가치세신고서] 및 관련 부속서류 마감 확인

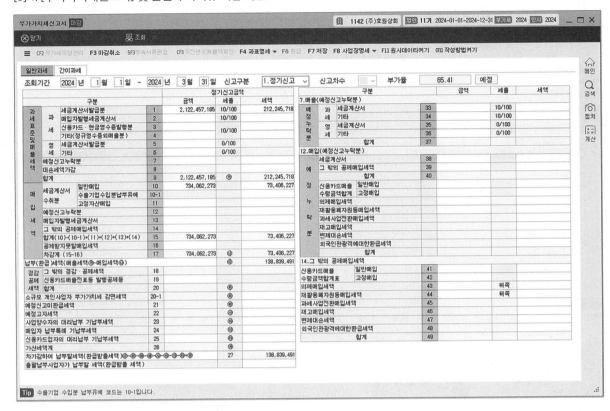

2. [전자신고] > [전자신고제작] 탭 > F4 제작 > 비밀번호 입력

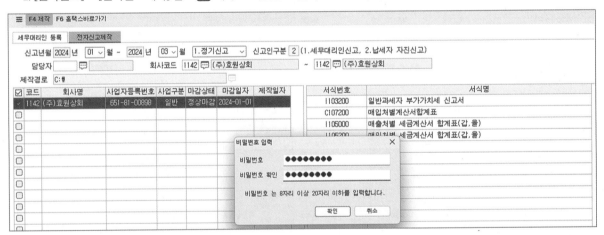

3. [국세청 홈택스 전자신고변환(교육용)]

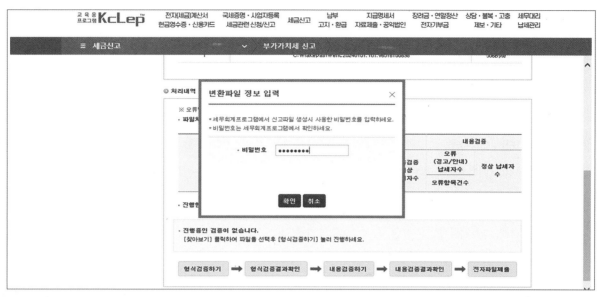

문제 4 결산정리사항은 다음과 같다. 관련 메뉴를 이용하여 결산을 완료하시오. (15점)

[1] 12월 31일 일반전표입력

| 2024.12.31. | (차) | 기부금 | 1,000,000원 | (대) | 현금과부족 | 1,200,000원 |
| | | 기업업무추진비(판) | 200,000원 | | | |

[2] 12월 31일 일반전표입력

| 2024.12.31. | (차) | 선급비용 | 1,500,000원 | (대) | 보험료(제) | 1,500,000원 |

3,600,000원×5개월/12개월 = 1,500,000원

[3] 12월 31일 일반전표입력

| 2024.12.31. | (차) | 보통예금 | 920,000원 | (대) | 이자수익 | 920,000원 |

20,000,000원×4.6% = 920,000원

[4] 1. 결산자료입력 > F8 대손상각 > 대손율 1% > • 외상매출금 735,500원 입력 > 결산반영 > F3 전표추가
　　　　　　　　　　　　　　　　　　　• 받을어음 207,000원 입력
　　　　　　　　　　　　　　　　　　　• 단기대여금 500,000원 입력

　2. 또는 일반전표입력

2024.12.31.	(차)	대손상각비	942,500원	(대)	대손충당금(109)	735,500원
		기타의대손상각비	500,000원		대손충당금(111)	207,000원
					대손충당금(115)	500,000원

　또는

2024.12.31.	(차)	대손상각비	735,500원	(대)	대손충당금(109)	735,500원
		대손상각비	207,000원		대손충당금(111)	207,000원
		기타의대손상각비	500,000원		대손충당금(115)	500,000원

[5] 1. [결산자료입력] > 9. 법인세등 > • 1) 선납세금 결산반영금액 5,800,000원 입력　　　　> F3 전표추가
　　　　　　　　　　　　　　　• 2) 추가계상액 결산반영금액 2,600,000원 입력

　2. 또는 일반전표입력

| 2024.12.31. | (차) | 법인세등 | 8,400,000원 | (대) | 선납세금 | 5,800,000원 |
| | | | | | 미지급세금 | 2,600,000원 |

문제 5 2024년 귀속 원천징수와 관련된 다음의 물음에 답하시오. (15점)

[1] 1. [급여자료입력]

 (1) [수당등록] 탭

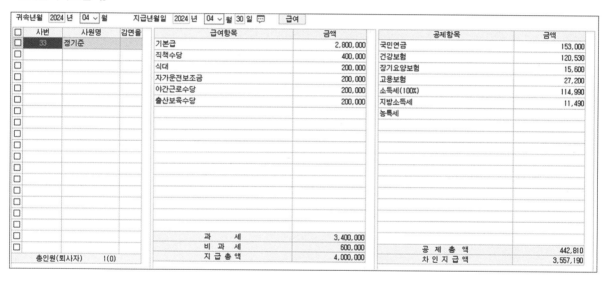

No	코드	과세구분	수당명	근로소득유형 유형	코드	한도	월정액	통상임금	사용여부
1	1001	과세	기본급	급여			정기	여	여
2	1002	과세	상여	상여			부정기	부	부
3	1003	과세	직책수당	급여			정기	부	여
4	1004	과세	월차수당	급여			정기	부	부
5	1005	비과세	식대	식대	P01	(월)200,000	정기	부	여
6	1006	비과세	자가운전보조금	자가운전보조금	H03	(월)200,000	부정기	부	여
7	1007	비과세	야간근로수당	야간근로수당	O01	(년)2,400,000	부정기	부	여
8	2001	비과세	출산.보육수당(육아	출산.보육수당(육아	Q01	(월)200,000	정기	부	여
9									

 (2) [급여자료입력]

귀속년월 2024년 04월   지급년월일 2024년 04월 30일   급여

급여항목	금액		공제항목	금액
기본급	2,800,000		국민연금	153,000
직책수당	400,000		건강보험	120,530
식대	200,000		장기요양보험	15,600
자가운전보조금	200,000		고용보험	27,200
야간근로수당	200,000		소득세(100%)	114,990
출산보육수당	200,000		지방소득세	11,490
			농특세	
과 세	3,400,000			
비 과 세	600,000		공 제 총 액	442,810
지 급 총 액	4,000,000		차 인 지 급 액	3,557,190

사번 33 사원명 정기준 총인원(퇴사자) 1(0)

3. [원천징수이행상황신고서]

귀속기간 2024 년 04 월 ~ 2024 년 04 월 지급기간 2024 년 04 월 ~ 2024 년 04 월 신고구분 1.정기신고 차수

신고구분	☑매월 □반기 □수정 □연말 □소득처분 □환급신청		귀속년월	2024년 4월	지급년월	2024년 4월
일괄납부여부	부 사업자단위과세여부 부 부표 작성		환급신청서 작성		승계명세 작성	

원천징수명세및납부세액 | 원천징수이행상황신고서 부표 | 원천징수세액환급신청서 | 기납부세액명세서 | 전월미환급세액 조정명세서 | 차월이월환급세액 승계명세

소득자 소득구분		코드	소득지급		징수세액			당월조정 환급세액	납부세액	
			인원	총지급액	소득세 등	농어촌특별세	가산세		소득세 등	농어촌특별세
개인 거주자 비거주자	근로소득	간이세액	A01	1	3,800,000	114,990					
		중도퇴사	A02								
		일용근로	A03								
		연말정산	A04								
		(분납신청)	A05								
		(납부금액)	A06								
		가 감 계	A10	1	3,800,000	114,990			114,990		
	퇴직소득	연금계좌	A21								
		그 외	A22								
		가 감 계	A20								
	사업소득	매월징수	A25								
		연말정산	A26								
		가 감 계	A30								
	기타소득	연금계좌	A41								
		종교인매월	A43								
		종교인연말	A44								
		가상자산	A49								
		인적용역	A59								
		그 외	A42								
		가 감 계	A40								
	이 자 소 득		A50								
	배 당 소 득		A60								
	그 외 소 득		▶								
법인 내/외국법인원천		A80								
수정신고(세액)		A90								
총 합 계		A99	1	3,800,000	114,990			114,990		

전월 미환급 세액의 계산				당월 발생 환급세액			18.조정대상환급(14+15+16+17)	19.당월조정환급세액계	20.차월이월환급세액	21.환급신청액
12.전월미환급	13.기환급	14.차감(12-13)	15.일반환급	16.신탁재산	금융회사 등	합병 등				
601,040		601,040					601,040	114,990	486,050	

[2] [연말정산추가자료입력]

1. [소득명세] 탭

소득명세	부양가족	신용카드 등	의료비	기부금	연금저축 등I	연금저축 등II	월세액	연말정산입력

	구분	합계	주(현)	납세조합	종(전) [1/2]
소득명세	9.근무처명		(주)효원상회		주식회사 두섬
	9-1.종교관련 종사자		부		부
	10.사업자등록번호		651-81-00898	----.--.-----	103-81-62982
	11.근무기간		2024-08-01 ~ 2024-12-31	-----.--.-- ~ -----.--.--	2024-01-01 ~ 2024-07-31
	12.감면기간		-----.--.-- ~ -----.--.--	-----.--.-- ~ -----.--.--	-----.--.-- ~ -----.--.--
	13-1.급여(급여자료입력)	41,000,000	15,000,000		26,000,000
	13-2.비과세한도초과액				
	13-3.과세대상추가(인정상여추가)				
	14.상여	1,000,000			1,000,000
	15.인정상여				
	15-1.주식매수선택권행사이익				
	15-2.우리사주조합 인출금				
	15-3.임원퇴직소득금액한도초과액				
	15-4.직무발명보상금				
	16.계	42,000,000	15,000,000		27,000,000
비 / 직장	건강보험료(직장)(33)	1,437,050	531,750		905,300
	장기요양보험료(33)	184,750	68,850		115,900
	고용보험료(33)	363,000	120,000		243,000
	국민연금보험료(31)	1,845,000	675,000		1,170,000
공적연금보험료	공무원 연금(32)				
	군인연금(32)				
	사립학교교직원연금(32)				
	별정우체국연금(32)				
기납부세액	소득세	711,750	371,750		340,000
	지방소득세	71,150	37,150		34,000
	농어촌특별세				
납부특례세액	소득세				
	지방소득세				
	농어촌특별세				

2. [부양가족] 탭

(1) 인적공제

소득명세	부양가족	신용카드 등	의료비	기부금	연금저축 등I	연금저축 등II	월세액	연말정산입력

연말관계	성명	내/외국인	주민(외국인)번호	나이	기본공제	세대주구분	부녀자	한부모	경로우대	장애인	자녀	출산입양
0	홍상현	내	1 860314-1287653	38	본인	세대주						
3	이명지	내	1 860621-2044775	38	부							
4	홍라율	내	1 190827-4842416	5	20세이하							
1	홍천운	내	1 580919-1287035	66	60세이상							
	합 계 [명]				3							

(2) 교육비

① 홍상현(본인)

교육비		
일반		장애인특수
7,000,000	4.본인	

② 홍라율(자녀)

교육비		
일반		장애인특수
2,400,000	1.취학전	

(3) 보험료

① 홍상현(본인)

자료구분	국세청간소화	급여/기타	정산	공제대상금액
국민연금_직장		1,845,000		1,845,000
국민연금_지역				
합 계		1,845,000		1,845,000
건강보험료-보수월액		1,437,050		1,437,050
장기요양보험료-보수월액		184,750		184,750
건강보험료-소득월액(납부)				
기요양보험료-소득월액(납부				
합 계		1,621,800		1,621,800
고용보험료		363,000		363,000
보장성보험-일반	800,000			800,000
보장성보험-장애인				
합 계	800,000			800,000

② 홍라율(자녀)

자료구분	국세청간소화	급여/기타	정산	공제대상금액
국민연금_직장				
국민연금_지역				
합 계				
건강보험료-보수월액				
장기요양보험료-보수월액				
건강보험료-소득월액(납부)				
기요양보험료-소득월액(납부				
합 계				
고용보험료				
보장성보험-일반	500,000			500,000
보장성보험-장애인				
합 계	500,000			500,000

3. [신용카드 등] 탭

	소득명세	부양가족	신용카드 등	의료비	기부금	연금저축 등 I	연금저축 등 II	월세액	연말정산입력	

	성명 생년월일	자료구분	신용카드	직불,선불	현금영수증	도서등신용	도서등직불	도서등현금	전통시장	대중교통	소비증가분 2023년	소비증가분 2024년
☐	홍상현	국세청	22,000,000		3,000,000				4,000,000	1,000,000		30,000,000
	1986-03-14	기타										
☐	홍천운	국세청										
	1958-09-19	기타										
☐	이명지	국세청										
	1986-06-21	기타										
☐	홍라율	국세청										
	2019-08-27	기타										
☐												
☐												
☐												
☐												
	합계		22,000,000		3,000,000				4,000,000	1,000,000		30,000,000

총급여		42,000,000	신용카드 등 최소금액(총급여의 25%)		10,500,000

4. [의료비] 탭

	소득명세	부양가족	신용카드 등	의료비	기부금	연금저축 등 I	연금저축 등 II	월세액	연말정산입력	

2024년 의료비 지급명세서

	의료비 공제대상자					지급처		지급명세				14.산후조리원
	성명	내/외	5.주민등록번호	6.본인등해당여부	9.증빙코드	8.상호	7.사업자등록번호	10.건수	11.금액	11-1.실손보험수령액	12.미숙아선천성이상아	13.난임여부	
☐	홍상현	내	860314-1287653	1	0				300,000		X	X	X
☐	홍상현	내	860314-1287653	1	0	5	모든안경	431-01-00574	1	500,000		X	X	X
☐	홍라율	내	190827-4842416	2	0	1				400,000		X	X	X
☐	홍천운	내	580919-1287035	2	0	1				8,000,000		X	X	X
☐													
			합계					1	9,200,000				

일반의료비(본인)	800,000	6세이하,65세이상인건강보험산정특례자장애인	8,400,000	일반의료비(그 외)		난임시술비	
						미숙아,선천성이상아	

- ㅇ 의료비는 당해연도 1.1부터 12.31까지 지출한 금액의 합계액을 입력합니다.
- ㅇ 11번 지출액에서 11-1 실손의료보험금을 차감한 금액으로 공제세액대상금액을 산정합니다.
  (실손의료보험금 수령액은 세액공제 대상의료비를 지출한 연도에서 차감하여야 하므로 2024년도에 수령한
  실손의료보험금 중 2023.12.31.이전 지출한 의료비 해당분은 제외하고 입력합니다.)
- ㅇ 14.산후조리원비용 공제한도는 출산1회당 200만원 입니다.

총급여		42,000,000	의료비 최소금액(총급여의 3%)		1,260,000

5. [연말정산입력] 탭 : F8 부양가족탭불러오기 실행

| 소득명세 | 부양가족 | 신용카드 등 | 의료비 | 기부금 | 연금저축 등I | 연금저축 등II | 월세액 | 연말정산입력 |

정산(지급)년월 2025 년 2 월 귀속기간 2024 년 8 월 1 일 ~ 2024 년 12 월 31 일 영수일자 2025 년 2 월 28 일

구분		지출액	공제금액		구분		지출액	공제대상금액	공제금액
21.총급여			42,000,000		49.종합소득 과세표준				16,120,200
22.근로소득공제			11,550,000		50.산출세액				1,158,030
23.근로소득금액			30,450,000	세	51.「소득세법」 ▶				
기본공제 종합소득공제	24.본인		1,500,000		52.「조세특례제한법」 (53제외) ▶				
	25.배우자			액					
	26.부양가족 (2명)		3,000,000	감	53.「조세특례제한법」 제30조 ▶				
추가공제	27.경로우대 (명)				54.조세조약 ▶				
	28.장애인 (명)			면	55.세액감면 계				
	29.부녀자				56.근로소득 세액공제				636,916
	30.한부모가족				57.자녀 ㉮자녀 (명)				
연금보험료공제	31.국민연금보험료	1,845,000	1,845,000		세액공제 ㉯ 출산.입양 (명)				
	32. 공적연금보험료공제 공무원연금			연금계좌	58.과학기술공제				
	군인연금				59.근로자퇴직연금				
	사립학교교직원			세	60.연금저축				
	별정우체국연금			좌	60-1.ISA연금계좌전환				
특별소득공제	33.보험료	1,984,800	1,984,800		61.보장 일반 성보험	1,300,000	1,300,000	1,000,000	120,000
	건강보험료	1,621,800	1,621,800		장애인				
	고용보험료	363,000	363,000	특	62.의료비	9,200,000	9,200,000	7,940,000	401,114
	34.주택차입금 원리금상환액 대출기관			별	63.교육비	9,400,000	9,400,000	9,400,000	
	거주자				64.기부금				
	34.장기주택저당차입금이자상			세	1)정치자금 10만원이하 기부금 10만원초과				
	35.기부금-2013년이전이월분								
	36.특별소득공제 계		1,984,800	액	2)고향사랑 10만원이하 기부금 10만원초과				
37.차감소득금액			22,120,200						
	38.개인연금저축				3)특례기부금(전액)				
그밖의소득공제	39.소기업,소상 공인 공제부금 2015년이전가입			공	4)우리사주조합기부금				
	2016년이후가입				5)일반기부금(종교단체외)				
	40.주택 마련저축 소득공제 청약저축			제	6)일반기부금(종교단체)				
	주택청약				65.특별세액공제 계				521,114
	근로자주택마련				66.표준세액공제				
	41.투자조합출자 등 소득공제				67.납세조합공제				
	42.신용카드 등 사용액	30,000,000	6,000,000	제	68.주택차입금				
	43.우리사주조합 출연금 일반 등				69.외국납부 ▶				
	벤처 등				70.월세액				
	44.고용유지중소기업근로자				71.세액공제 계				1,158,030
	45.장기집합투자증권저축				72.결정세액((50)-(55)-(71))				
	46.청년형장기집합투자증권저축				82.실효세율(%) [(72/21)]X100				
	47.그 밖의 소득공제 계		6,000,000						
48.소득공제 종합한도 초과액 ▶									

구분		소득세	지방소득세	농어촌특별세	계
73.결정세액					
기납부 세액	74.종(전)근무지	340,000	34,000		374,000
	75.주(현)근무지	371,750	37,150		408,900
76.납부특례세액					
77.차감징수세액		-711,750	-71,150		-782,900

제113회 | 정답 및 해설

이론시험 정답 및 해설

정답표(A형)														
01 ③	02 ②	03 ①	04 ②	05 ④	06 ②	07 ④	08 ①	09 ③	10 ③	11 ②	12 ④	13 ①	14 ④	15 ③

01

답 ③

해 유동자산은 당좌자산과 재고자산으로 구분하고 투자자산은 비유동자산에 속한다.

02

답 ②

해 12,300,000원
= 기초 자본잉여금 10,000,000원 + 주식발행초과금 2,000,000원 + 자기주식처분이익 300,000원

03

답 ①

해 대손충당금 과대 설정은 동시에 대손상각비가 과대 계상된다.

04

답 ②

해 취득세, 등록면허세 등 유형자산의 취득과 직접 관련된 제세공과금은 유형자산의 원가를 구성한다.

05

답 ④

해 충당부채는 과거사건이나 거래의 결과에 의한 현재의무로서, 지출의 시기 또는 금액이 불확실하지만 그 의무를 이행하기 위하여 자원이 유출될 가능성이 매우 높고 또한 당해 금액을 신뢰성 있게 추정할 수 있는 의무를 말한다.

06

답 ②

해 54개
- 당기에 검사를 통과한 정상품 : 1,500개 + 300개 = 1,800개
- 정상공손수량 : 1,800개×3% = 54개

07

답 ④

해 이익잉여금처분은 주주에게 지급하는 배당 등을 의미하며 주주인 외부 이해관계자에게 제공하는 것은 재무회계의 목적에 해당한다.

08

답 ①

해 30,870,000원 = 실제 직접노동시간 70,000시간×제조간접원가 예정배부율 441원
- 제조간접원가 예정배부율 : 제조간접원가 예산 39,690,000원÷예산 직접노동시간 90,000시간
    = 441원/직접노동시간

09

답 ③

해 제조원가를 원가행태에 따른 분류하면 변동제조원가, 고정제조원가로 분류한다.

10

답 ③

해 단계배분법은 우선순위가 높은 부문의 보조부문원가를 우선순위가 낮은 부문과 제조부문에 먼저 배분하는 방법으로 상호간의 용역수수관계를 일부 인식하지만 배분 순서가 부적절한 경우 직접배분법보다도 정확성이 떨어질 수 있다.
- 상호배분법은 보조부문 상호간의 용역수수관계를 가장 정확하게 배분하지만 보조부문의 수가 여러 개일 경우 시간과 비용이 많이 소요되고 계산하기가 어려워 실무상 거의 사용되지 않는다.

11

🅐 ②

🅗 부가가치세법 시행령 제70조 제1항 제2호
- 면세 등 세금계산서 발급 대상이 아닌 거래 등에 대하여 세금계산서를 발급한 경우 : 처음에 발급한 세금계산서의 내용대로 붉은색 글씨로 쓰거나 음의 표시를 하여 발급(부가가치세법 시행령 제70조 제1항 제8호)
- 필요적 기재사항 등이 착오 외의 사유로 잘못 적힌 경우 : 처음에 발급한 세금계산서의 내용대로 세금계산서를 붉은색 글씨로 쓰거나 음의 표시를 하여 발급하고, 수정하여 발급하는 세금계산서는 검은색 글씨로 작성하여 발급(부가가치세법 시행령 제70조 제1항 제6호)
- 착오로 전자세금계산서를 이중으로 발급한 경우 : 처음에 발급한 세금계산서의 내용대로 음의 표시를 하여 발급(부가가치세법 시행령 제70조 제1항 제7호)

12

🅐 ④

🅗 세금계산서 임의적 기재사항의 일부가 적히지 아니한 지출에 대한 매입세액은 공제가 가능하다. 필요적 기재사항의 일부가 적히지 아니한 지출에 대한 매입세액에 대해서는 공제 불가하다.

13

🅐 ①

🅗 부가가치세법 제59조, 납세지 관할 세무서장은 각 과세기간별로 그 과세기간에 대한 환급세액을 확정신고한 사업자에게 그 확정신고기한이 지난 후 30일 이내(제2항 각 호의 어느 하나에 해당하는 경우에는 15일 이내)에 대통령령으로 정하는 바에 따라 환급하여야 한다.

14

🅐 ④

🅗 금융소득은 납세자의 선택에 따라 종합소득합산과세를 적용할 수 없으며 금융소득이 연 2천만원을 초과하는 경우 금융소득종합과세를 적용 한다.

15

🅐 ③

🅗 당해 과세기간에 발생한 결손금을 먼저 다른 소득금액에서 공제한다.

문제1 [일반전표입력] 메뉴를 이용하여 다음의 거래자료를 입력하시오. (15점)

[1] 03월 21일 일반전표입력

| 2024.03.21. | (차) | 이월이익잉여금(375) | 110,000,000원 | (대) | 미지급배당금 | 100,000,000원 |
| | | | | | 이익준비금 | 10,000,000원 |

[2] 03월 28일 일반전표입력

| 2024.03.28. | (차) | 외상매입금(남일상사) | 15,500,000원 | (대) | 보통예금 | 7,000,000원 |
| | | | | | 가수금(대표자) | 8,500,000원 |

[3] 06월 25일 일반전표입력

| 2024.06.25. | (차) | 교육훈련비(판) | 2,400,000원 | (대) | 예수금 | 79,200원 |
| | | | | | 보통예금 | 2,320,800원 |

[4] 08월 10일 일반전표입력

| 2024.08.10. | (차) | 보통예금 | 950,000원 | (대) | 단기매매증권 | 500,000원 |
| | | | | | 단기매매증권처분이익 | 450,000원 |

[5] 09월 05일 일반전표입력

| 2024.09.05. | (차) | 기부금 | 2,000,000원 | (대) | 원재료 | 2,000,000원 |
| | | | | | (적요 8. 타계정으로 대체액) | |

문제2 [매입매출전표입력] 메뉴를 이용하여 다음의 거래자료를 입력하시오. (15점)

[1] 07월 17일 매입매출전표입력

유형 : 22.현과	공급가액 : 480,000원	부가세 : 48,000원	공급처명 : 추미랑	분개 : 현금 또는 혼합
2024.07.17. (차) 현금	528,000원	(대)	제품매출	480,000원
			부가세예수금	48,000원

[2] 07월 28일 매입매출전표입력

유형 : 14.건별	공급가액 : 1,000,000원	부가세 : 100,000원	공급처명 : 없음	분개 : 혼합
2024.07.28. (차) 보통예금	1,100,000원	(대)	부가세예수금	100,000원
감가상각누계액(213)	1,500,000원		비품	2,500,000원

[3] 08월 28일 매입매출전표입력

유형 : 55.수입	공급가액 : 5,400,000원	부가세 : 540,000원	공급처명 : 인천세관	전자 : 여	분개 : 현금 또는 혼합
2024.08.28.	(차) 부가세대급금	540,000원	(대) 현금		540,000원

[4] 09월 02일 매입매출전표입력

유형 : 57.카과	공급가액 : 1,000,000원	부가세 : 100,000원	공급처명 : 과자나라㈜	분개 : 카드 또는 혼합
신용카드사 : 비씨카드				
2024.09.02.	(차) 부가세대급금	100,000원	(대) 미지급금(비씨카드)	1,100,000원
	복리후생비(판)	1,000,000원	(또는 미지급비용)	

[5] 09월 11일 매입매출전표입력

유형 : 51.과세	공급가액 : 20,000,000원	부가세 : 2,000,000	공급처명 : ㈜오성기계	전자 : 여	분개 : 혼합
2024.09.11.	(차) 기계장치	20,000,000원	(대) 보통예금		20,000,000원
	부가세대급금	2,000,000원	선급금		2,000,000원

문제 3 부가가치세 신고와 관련하여 다음 물음에 답하시오. (10점)

[1] [의제매입세액공제신고서]

※ 농어민으로부터의 매입은 제조업자에 한하여 가능하다.

조회기간 2024 년 04 월 ~ 2024 년 06 월 1기 확정   관리용 = 신고용

관리용 | 신고용

※농.어민으로부터의 매입분에 대한 자료 입력시 주민등록번호, 품명, 수량은 필수입력 사항입니다.

공급자	사업자/주민등록번호
(주)이두식자재	872-87-85496
은성	752-06-02023

취득일자	구분	물품명	수량	매입가액	공제율	의제매입세액	건수
2024-04-30	신용카드등	생닭	300	1,830,000	6/106	103,584	1
	합계		300	1,830,000		103,584	1

	매입가액 계	의제매입세액 계	건수 계
계산서 합계	1,020,000	57,735	1
신용카드등 합계	1,830,000	103,584	1
농·어민등 합계			
총계	2,850,000	161,319	2

면세농산물등 | 제조업 면세농산물등

가. 과세기간 과세표준 및 공제가능한 금액등

과세표준			대상액 한도계산		B. 당기매입액	공제대상금액 [MIN (A,B)]
합계	예정분	확정분	한도율	A.한도액		
175,000,000	80,000,000	95,000,000	50/100	87,500,000	4,175,000	4,175,000

나. 과세기간 공제할 세액

공제대상세액		이미 공제받은 금액			공제(납부)할세액 (C-D)
공제율	C.공제대상금액	D.합계	예정신고분	월별조기분	
6/106	236,320	75,000	75,000		161,320

| 조회기간 | 2024 년 04 ∨ 월 ~ 2024 년 06 ∨ 월 | 1기 확정 | 관리용 = 신고용 |

| 관리용 | 신고용 | ※농.어민으로부터의 매입분에 대한 자료 입력시 주민등록번호, 품명, 수량은 필수입력 사항입니다. |

공급자	사업자/주민등록번호		취득일자	구분	물품명	수량	매입가액	공제율	의제매입세액	건수
(주)이두식자재	872-87-85496		2024-04-10	계산서	야채	250	1,020,000	6/106	57,735	1
은성	752-06-02023									
					합계	250	1,020,000		57,735	1

	매입가액 계	의제매입세액 계	건수 계
계산서 합계	1,020,000	57,735	1
신용카드등 합계	1,830,000	103,584	1
농·어민등 합계			
총계	2,850,000	161,319	2

| 면세농산물등 | 제조업 면세농산물등 | | | | | | 불러오기 |

가. 과세기간 과세표준 및 공제가능한 금액등

과세표준			대상액 한도계산		B.당기매입액	공제대상금액 [MIN (A,B)]
합계	예정분	확정분	한도율	A.한도액		
175,000,000	80,000,000	95,000,000	50/100	87,500,000	4,175,000	4,175,000

나. 과세기간 공제할 세액

공제대상세액		이미 공제받은 금액			공제(납부)할세액 (C-D)
공제율	C.공제대상금액	D.합계	예정신고분	월별조기분	
6/106	236,320	75,000	75,000		161,320

※ 당기매입액 : 예정신고기간 매입액 1,325,000원주1) + 확정신고기간 매입액 2,850,000원 = 4,175,000원

　주1)예정신고기간 매입액 : 예정신고 시 의제매입세액 75,000원÷6/106 = 1,325,000원

다만, 예정신고기간 분에 대한 의제매입액을 명시하고 있지 아니하므로 의제매입세액공제신고서 하단의 B.당기매입액 2,850,000원, C.공제대상금액 161,320원으로 입력한 경우도 정답으로 인정합니다.

[2] [건물등감가상각자산취득명세서]

| 조회기간 | 2024 년 10 ∨ 월 ~ 2024 년 12 ∨ 월 | 구분 2기 확정 |

취득내역

감가상각자산종류	건수	공급가액	세액	비고
합 계	3	83,500,000	8,350,000	
건물 · 구축물	1	50,000,000	5,000,000	
기 계 장 치	1	2,500,000	250,000	
차 량 운 반 구	1	31,000,000	3,100,000	
기타감가상각자산				

거래처별 감가상각자산 취득명세

No	월/일	상호	사업자등록번호	자산구분	공급가액	세액	건수
1	10-04	(주)원대자동차	210-81-13571	차량운반구	31,000,000	3,100,000	1
2	11-26	아름건설	101-26-97846	건물,구축물	50,000,000	5,000,000	1
3	12-09	나라포장	106-02-56785	기계장치	2,500,000	250,000	1
4							
		합 계			83,500,000	8,350,000	3

[3] 1. [부가가치세신고서] 및 관련 부속서류 마감 확인

2. [전자신고] > [전자신고제작] 탭 > F4 제작 > 비밀번호 입력

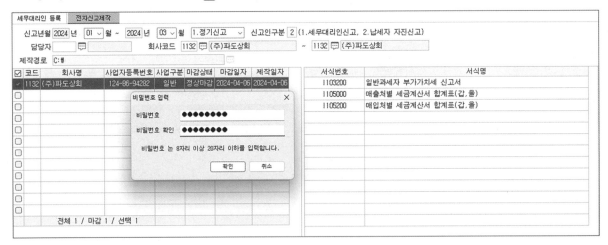

3. [국세청 홈택스 전자신고변환(교육용)]

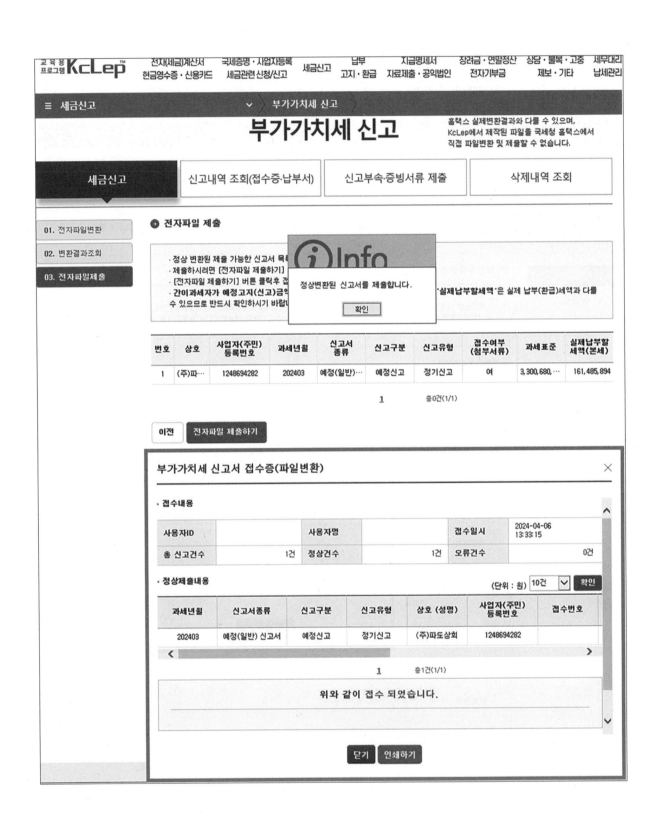

문제 4 결산정리사항은 다음과 같다. 관련 메뉴를 이용하여 결산을 완료하시오. (15점)

[1] 12월 31일 일반전표입력

| 2024.12.31. | (차) | 미수수익 | 765,000원 | (대) | 이자수익 | 765,000원 |

미수수익 : 30,000,000원×3.4%×9/12 = 765,000원

[2] 12월 31일 일반전표입력

| 2024.12.31. | (차) | 매도가능증권평가이익 | 1,000,000원 | (대) | 매도가능증권(178) | 1,200,000원 |
| | | 매도가능증권평가손실 | 200,000원 | | | |

- 2023년 말 인식한 매도가능증권평가이익(기타포괄손익누계액) 1,000,000원을 2024년 말 발생한 매도가능증권평가손실과 우선 상계하여 회계처리한다.
- 매도가능증권평가손실은 재무상태표상 자본 항목 중 기타포괄손익누계액 항목으로 차기 이후 발생하는 평가손익과 상계하여 회계처리한다.

[3] 12월 31일 일반전표입력

| 2024.12.31. | (차) | 외상매출금(캐나다 ZF사) | 3,000,000원 | (대) | 외화환산이익* | 3,000,000원 |

* $100,000×(950원 – 920원) = 3,000,000원

[4] 12월 31일 일반전표입력

2024.12.31.	(차)	부가세예수금	8,240,000원	(대)	부가세대급금	6,400,000원
		세금과공과(판)	84,000원		잡이익	10,000원
					미지급세금	1,914,000원

[5] 1. [결산자료입력] > 4. 판매비와일반관리비
> 6). 무형자산상각비
> 영업권 결산반영금액란 : 50,000,000원 입력 > F3 전표추가

2. 또는 일반전표입력

| 2024.12.31. | (차) | 무형자산상각비 | 50,000,000원 | (대) | 영업권 | 50,000,000원 |

정답 및 해설 | 제113회

[1] 원천징수이행상황신고서

귀속기간	2024 년	05 ∨ 월	~ 2024 년	05 ∨ 월	지급기간	2024 년	06 ∨ 월	~ 2024 년	06 ∨ 월	신고구분	1.정기신고	차수	

신고구분	☑매월	□반기	□수정	□연말	□소득처분	□환급신청		귀속년월	2024년 5월	지급년월	2024년 6월
일괄납부여부	부		사업자단위과세여부		부	부표 작성		환급신청서 작성		승계명세 작성	

원천징수명세및납부세액 | 원천징수이행상황신고서 부표 | 원천징수세액환급신청서 | 기납부세액명세서 | 전월미환급세액 조정명세서 | 차월이월환급세액 승계명세

소득자 소득구분		코드	소득지급		징수세액			당월조정환급세액	납부세액	
			인원	총지급액	소득세 등	농어촌특별세	가산세		소득세 등	농어촌특별세
근로소득	간이세액	A01	2	6,000,000	90,000					
	중도퇴사	A02	1	15,200,000	-200,000					
	일용근로	A03								
	연말정산	A04								
	(분납신청)	A05								
	(납부금액)	A06								
	가 감 계	A10	3	21,200,000	-110,000					
총	합 계	A99	3	21,200,000						

전월 미환급 세액의 계산			당월 발생 환급세액				18.조정대상환급(14+15+16+17)	19.당월조정환급세액계	20.차월이월환급세액	21.환급신청액
12.전월미환급	13.기환급	14.차감(12-13)	15.일반환급	16.신탁재산	금융회사 등	합병 등				
			110,000					110,000	110,000	

- 간이세액[A01] 총지급액 : 급여 합계 6,200,000원 - 미제출비과세(자가운전보조금) 200,000원
  = 6,000,000원

※ 원천세 신고 및 지급명세서 작성 시 식대는 제출비과세 항목이며, 자가운전보조금은 미제출비과세 항목이다.

- 중도퇴사[A02] : 1월~4월 총지급액 12,000,000원 + 5월 총지급액 3,200,000원 = 15,200,000원

[2] 1. [소득명세] 탭

소득명세	부양가족	신용카드 등	의료비	기부금	연금저축 등I	연금저축 등II	월세액	연말정산입력

	구분		합계	주(현)	납세조합	종(전) [1/2]
소득명세	9.근무처명			(주)파도상회		(주)솔비공업사
	9-1.종교관련 종사자			부		부
	10.사업자등록번호			124-86-94282	---.--.-----	956-85-02635
	11.근무기간			2024-04-21 ~ 2024-12-31	-----.--.-- ~ -----.--.--	2024-01-01 ~ 2024-04-20
	12.감면기간			----.--.-- ~ ----.--.--	----.--.-- ~ ----.--.--	----.--.-- ~ ----.--.--
	13-1.급여(급여자료입력)		52,800,000	40,600,000		12,200,000
	13-2.비과세한도초과액					
	13-3.과세대상추가(인정상여추가)					
	14.상여					
	15.인정상여					
	15-1.주식매수선택권행사이익					
	15-2.우리사주조합 인출금					
	15-3.임원퇴직소득금액한도초과액					
	15-4.직무발명보상금					
	16.계		52,800,000	40,600,000		12,200,000
공제보험료명세	직장	건강보험료(직장)(33)	1,904,000	1,439,190		464,810
		장기요양보험료(33)	283,640	186,350		97,290
		고용보험료(33)	459,120	324,800		134,320
		국민연금보험료(31)	2,335,700	1,827,000		508,700
	공적연금보험료	공무원 연금(32)				
		군인연금(32)				
		사립학교교직원연금(32)				
		별정우체국연금(32)				
세액명세	기납부세액	소득세	2,766,370	2,368,370		398,000
		지방소득세	276,600	236,800		39,800
		농어촌특별세				
	납부특례세액	소득세				
		지방소득세				
		농어촌특별세				

2. [부양가족] 탭

1) 부양가족명세

소득명세	부양가족	신용카드 등	의료비	기부금	연금저축 등I	연금저축 등II	월세액	연말정산입력			

연말 관계	성명	내/외국인	주민(외국인)번호	나이	기본공제	세대주 구분	부녀 자	한부 모	경로 우대	장애 인	자녀	출산 입양
0	함춘식	내	1 900919-1668321	34	본인	세대주						
1	함덕주	내	1 501223-1589321	74	60세이상				○			
1	박경자	내	1 530807-2548718	71	60세이상				○			
6	함경리	내	1 881229-2509019	36	장애인					3		
	합 계 [명]					4				2	1	

2) 보험료

• 함춘식(본인) : 저축성 보험료는 공제 대상에 해당하지 않는다.

• 함덕주(부) : 일반 보장성보험료

보험료 등 공제대상금액				✕
자료구분	국세청간소화	급여/기타	정산	공제대상금액
국민연금_직장				
국민연금_지역				
합 계				
건강보험료-보수월액				
장기요양보험료-보수월액				
건강보험료-소득월액(납부)				
기요양보험료-소득월액(납부				
합 계				
고용보험료				
보장성보험-일반	500,000			500,000
보장성보험-장애인				
합 계	500,000			500,000

• 함경리(누나) : 장애인전용 보장성보험료

보험료 등 공제대상금액				✕
자료구분	국세청간소화	급여/기타	정산	공제대상금액
국민연금_직장				
국민연금_지역				
합 계				
건강보험료-보수월액				
장기요양보험료-보수월액				
건강보험료-소득월액(납부)				
기요양보험료-소득월액(납부				
합 계				
고용보험료				
보장성보험-일반				
보장성보험-장애인	700,000			700,000
합 계	700,000			700,000

※ 일반보장성 보험료와 장애인전용 보장성 보험료는 각각 100만원을 한도로 공제 가능하다.

3. [의료비] 탭

소득명세	부양가족	신용카드 등	의료비	기부금	연금저축 등I	연금저축 등II	월세액	연말정산입력

2024년 의료비 지급명세서

의료비 공제대상자					지급처		지급명세						14.산후조리원
성명	내/외	5.주민등록번호	6.본인등해당여부	9.증빙코드	8.상호	7.사업자등록번호	10.건수	11.금액	11-1.실손보험수령핵	12.미숙아선천성이상아	13.난임여부		
박경자	내	530807-2548718	2	0	1				2,000,000		X	X	X
합덕주	내	501223-1589321	2	0	1				300,000		X	X	X
합경리	내	881229-2509019	2	0	1				300,000		X	X	X
					합계			2,600,000					
일반의료비 (본인)			65세 이상자,장애인 건강보험산정특례자		2,600,000	일반의료비 (그 외)			난임시술비				
									미숙아,선천성이상아				

4. [신용카드 등] 탭

소득명세	부양가족	신용카드 등	의료비	기부금	연금저축 등I	연금저축 등II	월세액	연말정산입력

	성명 생년월일	자료구분	신용카드	직불,선불	현금영수증	도서등신용	도서등직불	도서등현금	전통시장	대중교통	소비증가분	
											2023년	2024년
☐	함춘식	국세청	19,400,000							600,000		20,000,000
	1990-09-19	기타										
☐	합덕주	국세청		6,000,000					2,000,000			8,000,000
	1950-12-23	기타										
☐	박경자	국세청										
	1953-08-07	기타										
☐	합경리	국세청										
	1988-12-29	기타										
☐												
☐												
☐												
☐												
	합계		19,400,000	6,000,000					2,000,000	600,000		28,000,000
	총급여				52,800,000	신용카드 등 최소금액(총급여의 25%)						13,200,000

- 함춘식의 신용카드 사용액 중 아파트 관리비 100만원은 공제 대상 신용카드 사용 금액에서 제외된다.

5. [월세액] 탭

소득명세	부양가족	신용카드 등	의료비	기부금	연금저축 등I	연금저축 등II	월세액	연말정산입력

1	월세액 세액공제 명세(연말정산입력 탭의 70.월세액)								크게보기

임대인명 (상호)	주민등록번호 (사업자번호)	유형	계약면적(㎡)	임대차계약서 상 주소지	계약서상 임대차 계약기간		연간 월세액	공제대상금액	세액공제금액
					개시일	~ 종료일			
이고동	691126-1904701	아파트	84.00	경기도 안산시 단원구 중앙대	2024-01-01	~ 2025-12-31	7,200,000	7,200,000	820,731

6. [연말정산입력] 탭 : F8 부양가족탭불러오기 실행

| 소득명세 | 부양가족 | 신용카드 등 | 의료비 | 기부금 | 연금저축 등 I | 연금저축 등 II | 월세액 | **연말정산입력** |

정산(지급)년월 2025 년 2 월 귀속기간 2024 년 4 월 21 일 ~ 2024 년 12 월 31 일 영수일자 2025 년 2 월 28 일

구분			지출액	공제금액	구분			지출액	공제대상금액	공제금액
21.총급여				52,800,000	49.종합소득 과세표준					20,387,540
22.근로소득공제				12,390,000	50.산출세액					1,798,131
23.근로소득금액				40,410,000	세액감면	51.「소득세법」 ▶				
종합소득공제	기본공제	24.본인		1,500,000		52.「조세특례제한법」(53제외) ▶				
		25.배우자				53.「조세특례제한법」제30조 ▶				
		26.부양가족 3명)		4,500,000		54.조세조약 ▶				
	추가공제	27.경로우대 2명)		2,000,000		55.세액감면 계				
		28.장애인 1명)		2,000,000		56.근로소득 세액공제				660,000
		29.부녀자			57.자녀세액공제	㉮자녀 명)				
		30.한부모가족				㉯출산.입양 명)				
	연금보험료공제	31.국민연금보험료	2,335,700	2,335,700	연금계좌	58.과학기술공제				
		32.공적연금보험공제 공무원연금				59.근로자퇴직연금				
		군인연금				60.연금저축				
		사립학교교직원				60-1.ISA연금계좌전환				
		별정우체국연금			특별세액공제	61.보장성보험 일반	500,000	500,000	500,000	60,000
	특별소득공제	33.보험료	2,646,760	2,646,760		장애인	700,000	700,000	700,000	105,000
		건강보험료	2,187,640	2,187,640		62.의료비	2,600,000	2,600,000	1,016,000	152,400
		고용보험료	459,120	459,120		63.교육비				
		34.주택차입금 대출기관				64.기부금				
		원리금상환액 거주자				1)정치자금기부금 10만원이하				
		34.장기주택저당차입금이자상				10만원초과				
		35.기부금-2013년이전이월분				2)고향사랑기부금 10만원이하				
		36.특별소득공제 계		2,646,760		10만원초과				
	37.차감소득금액			25,427,540		3)특례기부금(전액)				
	그밖의소득공제	38.개인연금저축				4)우리사주조합기부금				
		39.소기업,소상공인 공제부금 2015년이전가입				5)일반기부금(종교단체외)				
		2016년이후가입				6)일반기부금(종교단체)				
		40.주택마련저축소득공제 청약저축				65.특별세액공제 계				317,400
		주택청약				66.표준세액공제				
		근로자주택마련				67.납세조합공제				
		41.투자조합출자 등 소득공제				68.주택차입금				
		42.신용카드 등 사용액	28,000,000	5,040,000		69.외국납부 ▶				
		43.우리사주조합 출연금 일반 등				70.월세액	7,200,000	7,200,000	820,731
		벤처 등				71.세액공제 계				1,798,131
		44.고용유지중소기업근로자				72.결정세액((50)-(55)-(71))				
		45.장기집합투자증권저축				82.실효세율(%) [(72/21)]X100				
		46.청년형장기집합투자증권저축								
		47.그 밖의 소득공제 계		5,040,000						
	48.소득공제 종합한도 초과액 ▶									

구분		소득세	지방소득세	농어촌특별세	계
73.결정세액					
기납부세액	74.종(전)근무지	398,000	39,800		437,800
	75.주(현)근무지	2,368,370	236,800		2,605,170
76.납부특례세액					
77.차감징수세액		-2,766,370	-276,600		-3,042,970

2025 세무사 남정선의

전산세무 2급 이론+실무+최신기출 전체 무료강의

발행일 2025년 2월 28일

발행처 직업상점

발행인 박유진

편저자 남정선

디자인 김현수

정 가 33,000원   **ISBN** 979-11-989204-9-2